연·세전 교장 에비슨 자료집(Ⅷ)

-교육·선교 서한집(6) : 1927~1929-

연·세전 교장 에비슨 자료집(Ⅷ)
―교육·선교 서한집(6) : 1927~1929―

초판 1쇄 발행   2025년 6월 30일

편　　자 | 연세대학교 국학연구원 연세학연구소
번　　역 | 문백란
감　　수 | 김도형
발 행 인 | 윤관백
발 행 처 | 선인

등록 | 제5-77호(1998.11.4)
주소 | 서울시 양천구 남부순환로 48길 1
전화 | 02)718-6252 / 6257　　팩스 | 02)718-6253
Email | suninbook@naver.com

정가   59,000원

ISBN 979-11-6068-966-2　94900
ISBN 979-11-6068-622-7　(세트)

· 잘못된 책은 바꿔 드립니다.

연세사료총서 7

연·세전 교장
에비슨 자료집(Ⅷ)
―교육·선교 서한집(6) : 1927~1929―

연세학연구소 편

선인

책머리에

에비슨(Oliver R. Avison, 1860~1956)은 1893년 제중원 의사로서 처음 내한한 후 세브란스병원의 원장과 의학교 교장으로 봉직하다 1917년부터 1934년까지 연희전문학교와 세브란스연합의학전문학교의 교장을 겸직하고 1935년 귀국하였다. 본 연세학연구소는 그가 한국에서 활동하던 시기에 기고한 잡지 기사들과 주고받은 편지들을 모은 에비슨 자료집을 간행하고 있고, 이 책은 이 자료집의 8번째(Ⅷ)이고, 두 학교의 교장으로서 대외적으로 주고받은 편지를 모은 "교육·선교 서한집"으로는 6번째이다. 자료집에 수록된 문서들은 1927~1929년의 서한 100건이다.

세전과 연전은 1920년대 후반에 재정뿐 아니라 학교 경영에서도 크게 도약하였다. 에비슨은 1924년 3월부터 1926년 8월까지 미국에서 두 학교의 운영자금을 위한 모금 활동을 한 바 있는데, 직무에 복귀한 후에 심각한 재정난 속에 있는 두 학교에 대해 강도 높은 긴축 정책을 폈다. 그런 기조 위에서 두 학교는 적자를 메우고 재정 흑자를 이루기 시작하였다. 아울러 세전은 최초로 한국인 교수들의 안식년 제도를 마련하였고, 연전은 원한경을 부교장으로 임명하였으며 새로 백낙준이 부임하여 문과와 신과를 활성화하였다. 두 학교의 교정에 언더우드, 에비슨 두 사람의 동상이 건립된 것도 이때였다.

자료집의 문서들은 필라델피아의 장로교문서보관소, 뉴저지주의 드류대학교 내 연합감리교회 문헌보관소와 캐나다 토론토대학 내 빅토리아대학 문서보관소에 소장된 것이다. 대부분의 자료는 본교의 원로 동문이신 최재건 교수(성결대 석좌교수)께서 수집해 주셨다. 이 자료를 정리하고 번역하여 출판을 준비하는 일은 연세대학교 '총장정책과제'로 수행되었으며, 국학연구원 원장 겸 연세학풍연구소(현 연세학연구소) 소장을 지내고 퇴임한 사학과 김도형 교수(전 동북아역사재단 이사장)의 실무 책임 아래 진행되었다. 수집된 문서의 정리·보완, 번역은 연세학연구소 전문연구원 문백란 박사가 맡았다. 책 출판은 이번에도 선인출판사에서 맡아주었다. 기여하신 모든 분께 깊은 감사를 드린다.

2025년 3월
연세대학교 국학연구원장
김현주

일러두기

1. 수록한 문서는 에비슨이 송·수신한 서한, 보고서, 전보 등으로, 그 출처는 문서 말미에 제시하였다. 구체적인 소장처와 그 약어는 다음과 같다.

    ① PHS : 미국 필라델피아 장로교문서보관소(Presbyterian Historical Society). 마이크로필름으로 된 "Presbyterian Church in the U.S.A. Board of Foreign Missions, Korea Mission Records 1903~1957" 및 "Presbyterian Church in the U.S.A. Commission on Ecumenical Mission and Relations. Secretaries Files : Korea Mission, 1903~1972" 및 "Korea Mission records, 1904~1960."

    ② UMAC : 미국 뉴저지, 드류대학교(Drew University)의 연합감리교 문헌보관소(The United Methodist Archives Center).

    ③ PCC & UCC : 토론토대학 내 빅토리아대학. 마이크로 필름으로 제공된 "Correspondences of Presbyterian Church in Canada Foreign Mission Committee, Eastern Section Board of Foreign Missions Korea Mission 1898~1925."

2. 원문과 번역문을 각각의 문서로 묶어서 원문을 쉽게 대조할 수 있게 하였다.

3. 번역은 직역을 원칙으로 하되, 가독성을 높이기 위해 긴 문장을 둘 이상의 문장으로 나누기도 하였다.

4. 편지 원문의 서식과 부호의 형태·위치를 번역문에서 가급적 그대로 따랐다. 원문에서 밑줄이 있는 곳은 번역문에서도 같은 모양으로 표시하였다. 그러나 경우에 따라 원문에는 없어도 의미소통을 위해 필요한 단어나 간략한 해설문을 '[ ]' 부호로 싸서

문장에 삽입하였다. 대명사를 문맥상의 실제 지시어로 번역하기도 하였다.
5. 경어체로 번역하였지만, 존댓말이 과하여 분위기가 경직되지 않도록 격식을 약간 갖춘 정도의 어투로 번역하였다.
6. 이해를 돕기 위해 각주를 달았다. 각주 설명이 필요한 인명, 단체명, 특정 용어 등에 대해서는 그 명칭이 맨 처음 등장한 곳에 각주를 달았다.
7. 교단별 선교지휘부를 가리키는 'Board of Foreign Missions' 또는 그것의 약칭인 'Board'는 각 교단 총회 산하의 부서란 점에서 '해외선교부' 또는 '선교부'로 번역하였다. 한국에 있는 선교사들의 교단별 집단을 가리키는 'Mission'은 '선교회'로, 'Mission'의 지방거점을 가리키는 'Station'은 선교회의 지방지회란 의미에서 '선교지회'로 번역하였다. 'Board'가 대학이사회를 가리키는 "Board of Managers"의 약칭으로 표기되거나 연희전문·세브란스의전을 위한 선교부들의 후원 조직인 "Cooperating Board"의 약칭으로 표기되기도 하여 문맥에 따라 '이사회' 또는 '협력이사회'로 번역하였다.

▌차 례 ▌

책머리에 / 5
일러두기 / 7
해제 / 15
사진 / 36

【1927년】

1. 에비슨이 서덜랜드[협력이사회 회계]에게 (1월 3일)······················49
2. 에드워즈[북감리회 선교부 총무]가 에비슨에게 (1월 31일)············54
3. 에비슨이 그랜트[캐나다장로회 선교부 총무]에게 (2월 2일)···········56
4. 서덜랜드가 에비슨에게 (2월 4일)··72
5. 에비슨이 서덜랜드에게 (2월 12일)··76
6. 오웬스가 홀[협력이사회 총무]에게 (2월 15일)······························78
7. 에비슨이 브라운[북장로회 선교부 총무]에게 (2월 21일)··············110
8. 에비슨이 암스트롱[캐나다연합교회 선교부 총무]에게 (3월 1일)···113
9. 에비슨이 에드워즈에게 (3월 1일)··116
10. 타운젠드[주유기 제조회사 사장]가 에비슨에게 (4월 12일)········118
11. 에비슨이 서덜랜드에게 (4월 16일)··121
12. 에비슨이 서덜랜드에게 (4월 20일)··123
13. 에비슨이 서덜랜드에게 (5월 17일)··128
14. 에비슨이 크램에게 (5월 21일)···132
15. 에비슨이 서덜랜드에게 (5월 21일)··136

16. 연희전문 교장보고서 (5월 25일) ·· 138
17. 에비슨의 개인 연례보고서 (5월 31일) ·· 145
18. 에비슨 부인의 개인 연례보고서 (5월 31일) ································ 158
19. 연희전문 교장 보고서 (6월) ·· 161
20. 에비슨이 서덜랜드에게 (전보) (6월 9일) ···································· 179
21. 서덜랜드가 에비슨에게 (6월 10일) ·· 181
22. 서덜랜드가 에비슨에게 (전보) (6월 10일) ·································· 183
23. 에비슨이 서덜랜드에게 (7월 27일) ·· 185
24. 윌러[전 협력이사회 총무]가 에비슨에게 (9월 19일) ················· 187
25. 에비슨이 존 언더우드[협력이사회 이사장]에게 (10월 3일) ····· 189
26. 에비슨이 에드워즈에게 (10월 4일) ·· 220
27. 에비슨이 브라운에게 (10월 6일) ·· 222
28. 에비슨이 서덜랜드에게 (10월 6일) ·· 227
29. 에비슨이 에드워즈에게 (10월 8일) ·· 229
30. 에비슨이 윌러에게 (10월 28일) ·· 232
31. 서울지회에 제출한 연희전문 교장 보고서 (11월 8일) ·············· 237
32. 에비슨이 아인스워스[남감리회 감독]에게 (11월 12일) ············ 241
33. 에비슨이 브라운에게 (11월 28일) ·· 246
34. 세브란스의전의 북장로회 서울지회 제출 보고서 (12월) ·········· 250
35. 서덜랜드가 에비슨에게 (12월 27일) ·· 262

【1928년】

36. 에비슨이 서덜랜드에게 (1월 9일) ·· 266
37. 에비슨이 암스트롱에게 (1월 20일) ·· 270
38. 에비슨이 브라운에게 (1월 20일) ·· 283
39. 에비슨이 서덜랜드에게 (1월 20일) ·· 291
40. 연희전문 농업사역 계획서 (1월 27일) ·· 299
41. 에비슨이 서덜랜드에게 (1월 30일) ·· 306

42. 에비슨이 협력이사회 임원들에게 (2월 1일) ······················· 308
43. 세전 에비슨 동상 제막식과 신병실 봉헌식 보고서 (3월 20일) ········· 319
44. 에비슨이 존 언더우드에게 (4월 24일) ······························ 349
45. 암스트롱이 에비슨에게 (5월 12일) ································· 357
46. 에비슨이 노스에게 (5월 17일) ···································· 360
47. 에비슨 부인의 개인 연례보고서 (5월 21일) ·························· 362
48. 에비슨의 개인 연례보고서 (5월 31일) ······························ 367
49. 에비슨이 브라운에게 (6월 4일) (1) ································ 372
50. 에비슨이 브라운에게 (6월 4일) (2) ································ 374
51. 에비슨이 에드워즈에게 (6월 4일) ·································· 376
52. 에비슨이 암스트롱에게 (6월 5일) ·································· 378
53. 노스가 에비슨에게 (6월 5일) ····································· 382
54. 에비슨이 노스에게 (7월 2일) ····································· 384
55. 에비슨이 선교부에 (7월 30일) ···································· 386
56. 서덜랜드가 에비슨에게 (8월 13일) ································· 388
57. 에비슨이 서덜랜드에게 (9월 6일) ·································· 391
58. 연희전문 교장보고서 (9월 20일) ··································· 394
59. 에비슨이 브라운에게 (9월 25일) ··································· 411
60. 에비슨이 에드워즈에게 (9월 25일) ································· 413
61. 에비슨이 홀에게 (9월 25일) ······································ 415
62. 에비슨이 에드워즈에게 (9월 27일) ································· 419
63. 에비슨이 세브란스 남매에게 (9월 28일) ···························· 421
64. 에비슨이 존 언더우드에게 (9월 28일) ······························ 428
65. 연전에서 미국의 후원자들에게 (10월 1일) ·························· 439
66. 에비슨이 협력이사회 임원들에게 (10월 15일) ······················· 450
67. 에드워즈가 에비슨에게 (10월 29일) ································ 453
68. 반버스커크가 에비슨에게 (전보) (12월 18일) ······················· 455
69. 반버스커크가 에비슨에게 (전보) (12월 20일) ······················· 457

【1929년】

70. 에드워즈가 에비슨에게 (1월 24일) ·· 459
71. 에비슨이 서덜랜드에게 (1월 31일) ·· 463
72. 에비슨이 브라운에게 (3월 5일) ·· 465
73. 에비슨이 북감리회 선교부에 (전보) (3월 16일) ································ 469
74. 에드워즈가 에비슨에게 (3월 26일) ·· 471
75. 에비슨의 개인 연례보고서 (3월 31일) ··· 474
76. 에비슨이 에드워즈에게 (4월 2일) ·· 478
77. 서덜랜드가 에비슨에게 (4월 6일) ·· 482
78. 에드워즈가 에비슨에게 (4월 29일) ·· 487
79. 에비슨이 암스트롱에게 (5월 9일) ·· 489
80. 서덜랜드가 에비슨에게 (전보) (5월 16일) ·· 509
81. 에비슨 부인의 개인 연례보고서 (5월 21일) ···································· 511
82. 에비슨이 미국 북감리회 선교부에 (전보) (5월 27일) ······················· 516
83. 에비슨이 브라운에게 (6월 10일) ··· 518
84. 서덜랜드가 에비슨에게 (전보) (6월 20일) ······································· 520
85. 북감리회 선교부에서 에비슨에게 (전보) (6월 27일) ························ 522
86. 서덜랜드가 에비슨에게 (전보) (6월 29일) ······································· 525
87. 서덜랜드가 에비슨에게 (전보) (7월 24일) ······································· 527
88. 서덜랜드가 에비슨에게 (7월 24일) ·· 529
89. 에비슨이 크노프[미국 건축업자]에게 (9월 13일) ····························· 533
90. 연전 교장 보고서 (9월 20일) ·· 543
91. 에비슨이 에드워즈에게 (9월 28일) ·· 555
92. 에비슨이 북장로회 선교부 한국 담당 총무에게 (9월 28일) ············· 558
93. 에비슨이 에드워즈에게 (9월 30일) ·· 561
94. 에비슨이 서덜랜드에게 (10월 16일) ·· 564
95. 에드워즈가 에비슨에게 (10월 25일) ·· 566
96. 서덜랜드가 에비슨에게 (11월 12일) ·· 568
97. 에비슨이 홀에게 (12월 13일) ·· 570
98. 크노프가 에비슨에게 (12월 14일) ··· 575

99. 연·세전 교장이 교직원에게 보내는 크리스마스 인사 (12월)······················580
100. 연·세전 교장이 학생들에게 보내는 크리스마스 인사 (12월)·····················582

찾아보기 / 585

해 제

이 책에 수록한 문서는 에비슨(O. R. Avison, 1860~1956)이 1927년부터 1929년까지 연·세전 교장직을 수행하는 동안 주고받은 100건의 문서(편지 76건, 보고서 13건, 전보 11건)이다. 연전 관련 문서가 35건, 세전 관련 문서가 31건, 두 학교 모두에 해당하는 문서가 13건이며, 학교와 직접 관련이 없는 문서는 10건이다. 자료집(Ⅶ)에 정리한 바 있듯이, 에비슨은 1924년 4월부터 약 2년간 미국에 체류하면서 모금 활동을 벌여, 항상 부족했던 재정문제를 일부 해결하였고, 1927~29년에 두 학교와 병원을 다소 안정적으로 운영, 확장하면서 두 학교의 통합을 모색하였다. 수록된 문서를 통해 두 학교의 운영상황을 정리하면 다음과 같다.

1. 연희전문학교의 운영

1) 재정 상황과 기부금

2년간의 미국 모금 활동을 마치고 1926년 8월에 돌아온 에비슨은 학교가 큰 적자를 낼 형편에 있는 것을 알게 되었다(17번). 이에 장부를 조사하여, 그 원인이 예산을 세울 때 학생의 수를 과도하게 예측하여 예상 학비 수입을 너무 높였고, 매년 받는 선교회들의 지급금을 몇 군데로부터 받지 못하였으며, 한 해의 환율을 오판하였던 데에 있었고, 초과 지출은 그다지 많지 않았던 것을 알게 되었다. 그리하여 잘못된 점을 바로잡고 일부 교원을 내보내며 여러 곳에서 삭감을 단행하였고, 일부 교원들도 자진해서 봉급 인상 요구를 철회하였다. 때마침 에비슨이 미국에서 다 쓰지 않고 남긴 모금 활동 경비를 뉴욕에서 보내주어 1927년 3월에 끝나는 회계연도를 적은 액수이지만 899.96원의 흑자로 마감할 수 있었다(16, 19, 58번). 그러나 그때까지 누적되어온 적자는 그것으로 제하더라도 여전히 24,148.21원이 남았다(25번). 에비슨은 이 적자를 없애기 위해 후원 선교부들의 연합체인 협력이사회가 더 많이 지원해주기를 바랐지만, 협력이사회는 연전 이사회의 재정위원회에 앞으로 적자를 다 갚을 때까지 예산에 매년 1천 원을 첫 번째 지출 항목으로 두도록 지시하였다(25번). 에비슨은 이 1천 원을 우리가 어디에서 찾아내야 할지 모르고, 매년 1천 원씩 갚아가는 속도로 가면 적자 청산에 24년이 걸릴 것이라고 하소연하였다. 그래도 연전 이사회는 이 지시에 따라 매년 지출 예산에 1천 원을 책정하도록 정하였고(37, 38, 39, 58번), 서점의 손실을 만회하기 위한 500원의 항목도 예산에 책정하게 하였다(58번).

연전은 1927년 2월 현재 20만 불가량의 기본재산을 보유하고 있었고, 매년 예산 책정을 위해 북장로회에서 5천 불, 북감리회에서 4천 불, 남감리회에서 2천 5백 불, 캐나다연합교회에서 5백 불을 받고 있었다(3번). 그러나 그 돈을 받지 못한 경우도 더러 있었고, 예산을 별도로 세워서 집행하는 건축공사비를 초과 지출한 경우도 많았다. 뉴욕 한인들의 기부금으로 시작한 백양로 끝 돌계단의 완공을 위해서는 1927년 4월 현재 242불이 더 필요하였다(12번). 아펜젤러관의 공사를 위해 초과 지출된 금액은 언더우드관 건축기금으로 메꿨으나 그때까지 벌충하지 못하였다(12번).

그러던 중 재정 부족으로 신과의 운영이 큰 타격을 받게 되자 에비슨은 신과 과장 로즈(Harry A. Rhodes)의 친구인 펜실베이니아주 로체스터의 타운젠드(W. S. Townsend)에게 도움을 요청하는 편지를 썼다(58번). 타운젠드는 이에 호응하여 개인적인 기부금과 자신이 운영하는 개런티 리퀴드 매저 컴퍼니(Guarantee Liquid Measure Company)란 주유기 회사의 기부금을 합하여 1927년부터 3년간 5천여 불을 신과를 위해 제공하겠다고 약속하였다(10, 37, 38, 58번). 타운젠드는 로즈를 통해 백낙준과도 친분을 쌓았는데, 백낙준이 신과 교수로 부임하는 때에 맞춰 이 후원금을 보냄으로써 백낙준의 한국 귀국 여비를 조달하고 그가 신과에서 활발하게 일할 수 있게 하였다(10, 13번).

1927년 9월에는 협력이사회의 총무를 맡은 적이 있던 윌러(W. Reginald Wheeler) 목사가 2만 불을 지원받을 가능성이 있다는 솔깃한 이야기를 에비슨에게 해주었지만(24, 30번), 이 일은 무위로 끝났다.

1928년 3월 말에 마감된 1927~28년 회계연도에는 연전이 전보다 더 많은 흑자를 내어 적자를 22,223.19원으로 줄였다(58번). 이는 누적 적자와 서점의 손실을 갚기 위해 1천 5백 원의 항목을 지출 예산에 넣고, 북감리회 선교부로부터 특별 기부금 1천 불을 받은 덕분이기도 하였다.

1929년 9월, 에비슨은 1924~26년 미국에서 벌인 모금 활동 결과로서 연전이 그때까지 받은 것 가운데 가장 큰 단일 기부금인 20만 불을 홀 재단(Hall Estate)으로부터 받았고, 존 언더우드의 기부금 1만 4천 불과 또 다른 1만 불도 받았다고 이사회에 보고하였다(90번). 홀 재단으로부터는 전에 5만 불을 받았으므로 모두 1백만 불의 ¼을 받은 것이라고 설명하였다. 그 덕분에 연전은 새로운 기본재산에서 얻은 소득으로 누적 적자를 모두 청산할 수 있게 되었고, 자본금에서 빌려 쓴 것을 모금 운동 때 받은 약정금 수입으로 상환할 수 있게 되었다. 당시에 엔화 가치가 상승하여 환율이 유리했던 것과 재정 운영을 신중히 했던 것도 적자 청산의 일부 요인이 되었다. 그리하여 연전은 총 772,311원의 가치가 있는 고정자산, 84,026.10원의 비가용 자본금, 409,000불의 기본재산을 보유하게 되었다(90번).

한편으로 에비슨은 여러 재원에서의 수입이 줄어들 것을 걱정하였다(86번). 이는 타운젠트의 약정금 3년 기한이 끝나고, 엔화 가치의 변동이 예상되며, 상과의 동맹휴학 사태로 학생 수가 감소하게 되었기 때문이었다. 그는 이 때문에 학교가 적자의 악몽에서는 벗어났지만, 더 이상 발전하지 못한 채 제자리걸음만 하면서 예산에서 교직원의 봉급을 늘리지 못하고 있다고 하소연하였다.

2) 시설 현황

학교를 운영하는데 필요한 건물과 설비의 문제도 많이 언급하였다. 에비슨은 이 문제에 관해 뉴욕의 협력이사회 및 협력이사회 이사장 존 언더우드와 협의하고 도움을 받았다.

(1) 부지

200에이커가 넘는 방대한 부지를 이미 보유하고 있던 연전은 1927년에도 존 언더우드가 6천 불을 기부하여 토지를 더 샀다(3번, 19번). 에비슨이 존 언더우드에게 토지 매매 상황을 보고한 바에 따르면, 연전은 그들이 희망하는 부지의 경계선 안에 있는, 모범촌과 사택 건립에 필요한 동양척식주식회사 소유의 땅들을 모두 샀다(16, 25번). 철도 남쪽에는 언더우드 초대 교장이 나중에 대학 건물을 지을 때 건축비를 낮추려고 벽돌을 직접 굽기 위해 사놓은 1,456평의 진흙땅 3개 필지가 있었고, 학교가 나중에 팔 생각으로 사놓은 땅도 있었는데, 연전은 그 가운데 서남쪽에 숲이 우거진 산지를 이화여전 부지와 인접한, 부지 동쪽의 땅과 교환하기를 원하였다. 연전은 철도의 제방이 양쪽 지면에서 40피트만큼 높아 교내 진입을 방해하기 때문에 대학부지를 모두 철도 너머 위쪽(북쪽)으로 모으기를 희망하였다. 이렇게 하여 한 해 동안 총 11,023평을 사고, 총 9,870평의 땅들을 교환하여, 대학의 경계를 철도와 동쪽 개울[창천, 안산에서 흘러 나와 서강으로 들어가는 창내]까지 확장하였다(58번). 토지거래 가격은 총 7,321.95원이었다.

1929년에는 철도국과 함께 역에서 가장 가까운 지점에 터널을 통과하는 진입로를 만든 후, 단독으로 이 진입로와 캠퍼스의 큰길을 연결하는 새길을 만들었다(90번).

(2) 건물과 설비

연전은 1927년에 에비슨의 모금 운동으로 모은 기금에서 6천 불가량을 협력이사회로부터 송금받아 시설을 확충하고 개선하였다. 캠퍼스의 (백양로 끝) 화강암 계단을 뉴욕 한인들의 기부금 358불을 포함해 총 1,762.09원을 들여 여름에 완공하였고, 스팀슨관에 화장실을 설치하였으며, 스팀슨관 지하에 1,044.58원을 들여 기숙사 학생들을 위한 목욕 시설을 만들었다(31, 58, 65번). 언더우드관 지하에 있는 식당의 환경을 개선하였고, 캠퍼스에 전기 시설을 가설하고 경성전기회사의 전기를 공급받아 12월부터 밤에도 대학 건물을 사용할 수 있게 하였다(25, 31, 58, 65번).

1928년에는 언더우드 동상을 세웠고, 집회실로 쓸 채플 건물, 초등학교 교사, 두 번째 기숙사 등을 짓는 문제를 논의하였다(62번).

(3) 언더우드 동상

대학 동문회와 우인들이 언더우드 동상의 제작을 추진하여 1928년 4월 28일 제막식을 거행하였다(25, 31, 54, 58번). 에비슨은 대학 설립자인 고 언더우드 박사의 동상을 교정에 세워 대학 캠퍼스가 품위 있게 된 것에 만족감을 표시하였다(65번). 한편 원한경은 1927년에 자신의 사택을 지었다(31번).

(4) 채플, 초등학교, 기숙사

학생 수가 이듬해에 채플 겸 집회실의 수용 인원인 250명을 넘어설 것이 예상되자, 연전 이사회의 자산위원회가 1만 불에서 최대 1만 2천 5백 불을 들여 600명가량을 수용하는 임시 건물을 지을 것을 이사회에 제안하였다. 그러나 이사회는 많은 돈을 들여 임시 건물을 짓는 것에 회의적인 태도를 보였다(64번).

초등학교: 초등학교가 부지 안의 작은 한옥에서 개교한 후, 인근 마을의 아이들을 받아들여 학생이 2백 명 이상이 되자 연전이 치원관의 일부를 내주었다가 그곳을 연전의 기숙사로 써야 할 상황에 처하게 되었다. 이에 애초의 계획대로 모범촌 안에 초등학교 건물을 짓는 것이 이제 필요해졌다고 여기고 이 문제를 논의하였다.

기숙사: 기숙사는 당시에 수용 인원이 60명에 불과하여, 그만한 건물을 새로 짓더라도 전체 학생의 일부밖에 수용할 수 없을 것으로 예상하였다. 이에 자산위원회가 서양식 건물의 상대적 가치가 훨씬 뛰어나지 않는다면 한옥으로 더 싸게 짓자는 의견을 제시하였다. 에비슨은 한국인 교수 2명과 일본인 교수 1명의 사택들과 하위 교원을 위한 사택 1채도 지을 필요가 있다고 호소하였다(64번).

3) 교수 동정

에비슨은 이 기간에 유자격 교수의 확보에 특히 유의하였다. 당시 총독부는 서구대학 박사학위나 일본대학 학사 이상의 학위를 취득한 사람 또는 총독부가 특별히 인정한 사람에게 교수의 자격을 주었다. 에비슨은 1927년 북장로회 한국선교회에 제출한 개인 연례 보고서에서 "모든 교직원을 가능한 한 유자격 교원으로 유지하여 총독부의 신뢰를 지키는 것"이 자신의 대학 교육 이상 네 가지 가운데 하나라고 밝혔다(17번). 나머지 세 가지는 확실한 예산 수립과 집행, 교원의 사역 기회 보장과 공정한 학생 훈육, 모든 기독교인 정규 교원 확보였다. 당시에는 유자격 교원을 구하기가 그들의 희귀성 때문만 아니라 봉급으로 줄 자금이 부족하고 기독교인만을 임용해야 하는 연전만의 사정 때문에도 매우 힘들었다. 그 위에 총독부 학무국이 유자격 교원의 비율을 2/3로 정하고 그 비율을 준수하도록 요구하여 어려움이 가중되었다(17번). 그 때문에 무자격 교원을 1명을 더하려면 유자격 교원 2명을 더 구하여야 하였다. 그런 가운데 1928년 초에 학무국이 무자격자인 4명에게 자격을 인정해주고 다른 5명에게 임시 자격을 주어 유자격 교원의 비율이 87%에 이르게 되었다(58번).

에비슨은 교장, 부교장, 회계 직책만 서양 사람이고, 학감과 학과장은 한국인이라는 점을 강조하였다(58, 65번). 그러면서 학감(유억겸)과 과장 1명(이순탁)은 일본에서 교육받고 다른 과장 2명(이춘호와 백낙준)은 미국에서 교육받은 것을 생각하면 서양과 동양의 교육제도에서 가장 좋은 것을 취하는 결과를 반드시 얻게 될 것이라고 주장하였다(58번). 1928년에는 연전의 교수진이 한국인 20명, 선교사 8명, 일본인 4명으로 구성되어 있었다(65번).

다른 한편, 연전 교수회는 1928년 가을, 연전 교육의 향후 목표, 방법, 계획을 연구하기 위한 특별위원회를 만들어 이후 한 해 동안 활동하게 하였다(90번). 개교 15주년을 기해 학교를 새롭게 하기 위한 계획이었다. 연전 이사회는 1929년 봄에 열린 회의에서 그들이 제출한 보고서의 제반 내용을 세밀히 검토한 후 많은 항목을 채택하고 일부는 그 위원회에 돌려보냈다. 에비슨은 그 보고서의 내용을 알려달라고 하는 사람이 많은데 채택된 정책들이 본격적으로 집행되면 연구에 널리 사용될 수 있을 것이라고 말하였다.

(1) 선교사 교수

(가) 원한경(Horace H. Underwood)

1925년 뉴욕대에서 교육심리학을 전공하여 Ph.D. 학위를 얻고 1926년 귀국한 후, 1927년 이사회 회의에서 부교장으로 선출되었다(19, 25, 65번).

(나) 베커(Arthur L. Becker)

1926년 안식년을 맞아 미시간대에서 물리학을 더 공부하고 있던 베커의 복귀 여부는 불투명하였다. 그는 미국의 한 공과대학에서 1년 정도 교수직을 맡으려 한다는 사실을 알리면서, 수물과를 위해 유용한 경험을 쌓고 사적으로 자녀 교육에 도움을 받기 위해서라고 그 이유를 설명하였다(16, 19번). 그 후 1928년 9월에 돌아올 것이라고 알려왔다(58번). 베커 부인은 음악교수 현제명을 도와 양악대와 오케스트라의 발전에 크게 기여하였다(90번).

(다) 밀러(Edward H. Miller)와 피셔(J. Earnest Fisher)

밀러와 피셔는 1925년부터 시작된 안식년 기간에 컬럼비아대에서 대학원 과정을 이수하고 1927년 각각 화학과 교육학 분야에서 박사학위를 받은 후, 1927년 가을과 1928년 초에 연전으로 돌아왔다(16, 19, 58, 65번).

(라) 빌링스(B. W. Billings)

초창기부터 문과 과장을 역임한 빌링스는 계속 있어 달라는 압력을 뿌리치고 1928년 3월말 문과 과장직을 사임하였다(58번). 그가 사임을 고집하자 에비슨은 교수들과 회의한 후에 백낙준을 과장으로 임명하였다. 빌링스의 부인도 로즈 부인과 함께 음악교육을 도와 오케스트라와 합창단의 발전에 기여하였다(58번).

(마) 기타

1927년 생물학 교수 노블(Aldon E. Noble)이 사임하였고, 영어 교수 히치(J. W. Hitch)도 안식년을 맞아 떠나면서 교수직을 사임하였다(19번). 연전 이사회는 1929년 에비슨의 막내(7번째) 아들 에드워드 에비슨(Edward S. Avison)을 영어, 영문학, 연설 교수로 초청하자는 건의안을 채택하였다. 에비슨은 캐나다연합교회 측에 에드워드를 선교사로 파송해줄 수 있을지를 문의하였다(79번).

(2) 한국인 교수

(가) 백낙준(L. George Paik)

미국에서 박사학위를 마치고 1927년에 부임하였는데, 부임 전에 타운젠트가 에비슨의 후원 요청에 따라 신과를 위해 후원금을 보내준 일로 더욱 많이 거론되었다(10, 13, 17, 37, 58번). 그는 아직 미국에 있는 동안 교수로 임명받아 1927년 6월에 제출된 교장보고서의 문과 교수 명단에 올랐다(19번). 프린스턴대에서 학사와 석사학위를 취득하고 예일대 대학원 종교학과에서 종교사와 종교교육을 전공하여 Ph.D를 취득한 후, 1927년 9월 초에 신과 교수로 부임하여 성경을 가르치고 종교 사역을 도왔다(17, 29, 58, 65번). 에비슨은 그가 프린스턴대에서 열린 국제학생선교대회를 조직하여 높은 명성을 얻었고, 한국에 와서도 동료 사역자들과 학생들로부터 좋은 평가를 받고 있으며, 한국 최고 수준의 성경 교수로 인정받아 학교 밖에서도 신학교 강사로 오라는 요청을 받고 거의 모든 종교행사에서 연사로 서고 있다고 하며 높은 기대감을 나타냈다(29, 55번). 그는 1928년 새 학년의 첫날인 4월 1일 문과 과장에 임명되었으나, 신과 업무도 계속 보았다(55번).

(나) 신기준(K. J. Shin)

연전 운동팀들이 연속 선전하여 학교의 명성을 크게 높이고 있던 때에 상하이대학을 졸업하고 올버린대(Oberlin College)에서 체육학사 학위를 받은 신기준이 1928년 부임하여 조교수로서 체육 지도주임과 운동경기 코치를 맡았다(37~39, 59, 65번). 큰 키와 건장한 체격에 기독교 신앙도 철저했던 그는 학생 건강을 돌보는 책임까지 맡아 신체검사를 실시하기도 하였다. 그러나 1929년 여름에 사임하고 선양의 공립대학(東北大學)으로 갔다(97번).

(다) 현제명(Rody Hyun)

미국에 있는 동안 교수로 오라는 초청을 받았는데, 그때 그의 후원자인 로드히버(Homer A. Rodeheaver)가 봉급을 몇 년간(3년) 제공할 것을 약속해주었다(90번). 그는 1929년 가을에 부임하여 음악부를 발전시키고 음악부의 악기 보유 상황을 개선하였다(97번).

(라) 송치명(C. M. Song)

교목과 기숙사 사감으로 계속 근무하면서 매우 유능한 것을 인정받고 학생들에게 환영받았다(17, 58번).

(마) 이명혁(Hunter Lee)

컬럼비아대 생물학과를 졸업하였고, 생물학 교수 노블이 1927년 사임한 후에 부임하여 연전과 세전에서 생물학을 가르쳤다(16번).

(바) 이관용(K. Y. Lee)

문과 교수와 과장대리를 역임하다 1927년 초에 사임한 것으로 보이며, 몇 사람이 그의 업무를 분담하였다(19번).

(사) 노정일(C. Y. Roe)

1927년 초에 문과 교수직을 사임하고 미국으로 떠났다(19번).

(아) 조병옥(P. O. Chough)

경제학을 가르치면서 교수회 회장과 연전 이사로도 활동하다가 동맹휴학 사건 후에 사임하였다. 그의 과목은 노동규(T. K. Noh)가 맡았다(25, 97번).

(자) 기타

1927년 손봉조(P. C. Sohn)가 상과 조교수로, 김봉집(P. C. Kim)이 수물과 조교수로 부임하였고, 박기양(K. Y. Park)이 상과 조교수 직을 사임하였다(58번).

(3) 일본인 교수

일어와 일문학 교수 히라이(Hirai, 平井政治)가 1927년 초에 사임하여 도쿄제대 출신 니카이도(S. Nikaid, 二階堂眞壽) 목사가 그 후임이 되었다(19번).

4) 학생 현황

(가) 학생 수 및 구성

① 등록 학생 수

1927~28학년에는 문과에서 77명, 상과에서 99명, 수물과에서 52명, 총 228의 학생이 등록하였다(16번). 학생 수는 그 전 1924~25년에 168명, 1925~26년에 179명, 1926~27년에 평균 194.66명으로 해마다 증가해 왔다(19번). 학년별로 보면 1927~28년에 1학년이 112명인데 비해 다른 학년들은 116명으로, 학년이 오르면서 등록률이 많이 떨어지고 등록금 납부 상황도 그러한 것으로 나타났다(16번). 등록금을 낸 학생은 평균적으로 1924년 168명, 1925~26년 179명, 1926~27년 194명, 1927~28년 204명이었다(90번). 에비슨은 등록금을 납부한 학생이 5년간 27%가 증가하였는데, 국가적 재정 여건과 경성제국대학이 개교한 상황에서도 학생이 증가한 점은 고무적이라고 평가하였다(90번).

② 졸업생 수

1926~27년에 총 166명, 1927~28년에 총 205명이었는데, 수물과에서는 1928년, 재인가 후 처음으로 12명이 졸업하였다(58번).

③ 종교

1926~27년에 장로교인이 32.5%, 감리교인이 45.15%, 다른 교파 학생이 1.75%, 비기독교인이 20%였으나, 그 당시까지 졸업생 166명 가운데는 비기독교인이 2%에 불과하였다(16, 19번). 1927~28년에는 비기독교인 재학생이 11.24%였다(58번).

④ 출신 지역

출신 도를 보면, 제주도를 제외한 전국의 모든 도에서 학생이 왔지만, 경기도에서 29%, 함경남도에서 10.5%, 평안남도에서 10%가 왔고, 나머지 도들은 한자리 수의 퍼센트를 이루었다(19번).

(나) 운동경기

1926~27년에는 연전 축구와 야구팀이 전문학교 간 대회에서 우승하고 일본 팀(오사카 사카구락부와 리성 축구팀)과의 경기에서 승리하여 매우 좋은 전적을 거두었다(19번). 그 가운데 야구팀은 전국 야구대회에서 세 번째로 우승하여 페넌트를 영구히 가져왔다. 1927~28년에도 축구팀과 야구팀의 우승이 이어졌다(31번). 특히 바로 얼마 전 아시아올림픽에서 준우승한 와세다대 축구팀을 4 대 0으로 이겼다(58, 65번). 1929년에는 배구, 육상, 주짓수(씨름)를 도입하였고, 테니스팀과 농구팀이 약진하였다(90번). 숭실전문과의 경기도 처음 열려서 연전이 이겼는데, 에비슨은 이로써 두 대학의 사이가 더 돈독해졌다고 말하였다(90번). 또한, 운동팀들의 연이은 승전으로 인해 학생과 교수의 사기가 높아지고 연전의 명성이 크게 높아지고 있다고 설명하였다(28, 31, 37, 65번).

(다) 동맹휴학

에비슨은 학생들의 동맹휴학에 대해서도 설명하였다. 그에 따르면, 1927년 9월 개강 첫날 한 학생이 교원에게 무례한 행동을 보인지 얼마 후에 모든 학생이 동맹휴학에 돌입하자 교수회가 신속하고 단호하게 대처하여 상황을 진정시켰다(17번). 1929년에는 개학 후에 등록생이 더 늘었다고 생각했다가 상과 학생들이 동맹휴학을 벌여 사실상 그 과의 모든 학생을 제적하게 되었다(93번). 처음에 한 학생이 물의를 일으킨 후 그 일이 커져 한 학년 전체가 징계를 받게 되자, 상과 학생 전체가 들고일어나 교수들에게 5가지 사항의 수정을 요청하고 4가지를 거부당하였다. 이에 그들이 동맹휴학을 일으켜 100명이 넘는 학생 전체가 제적되었다(90번). 에비슨은 이 상황이 매우 불행해 보이지만, 상과를 재편하여 바람직하지 않은 학생을 내보내고 어떤 경우에도 불복종은 관용치 않는다는 사실을 확립하면, 동맹휴학에 끌려간 약한 학생들이 입은 손실과 또 다른 손실까지도 미래에 얻을 이익으로 보상받게 될 것이라고 하였다. 동맹휴학 중에 어떤 폭력도 보이지 않았고, 학년이 거의 끝나가고 있어서 방학을 선포하였는데, 그 과정에서 교수들의 지지가 돋보여 가장 감사하였다고 말하고(90번), 학비 수입에 손실이 나서 예산이 영향을 받겠지만 올해는 조정을 통해 적자를 이월하지 않고 한 해를 마치게 될 것이라고 예상하였다(93번).

그 후 1929년 가을 학기에는 학생들의 기풍이 극히 좋지만, 최근 발생한 정치적 상황(광주학생운동)으로 인해 기말시험을 치르지 않고 12월 11일에 종강하였다고 설명하였다(97번).

5) 학과 현황

에비슨은 1925년까지는 문과가 가장 인기가 많았지만, 그 후부터는 상과 등록생이 가장 많아졌다고 설명하였다(19번). 그 이유로 문과는 4년 과정 이수 후에 1개 과목에서만 교사 자격을 인정받고, 수물과는 새로운 교육령에 따른 인가 취득에 한번 어려움을 겪은 후 아직까지 졸업생을 내지 못하고 있지만, 상과는 3년 과정을 졸업하면 세 과목에서 교사 자격을 인정받고 즉시 생계를 유지할 기회를 더 많이 얻기 때문이라고 설명하였다. 그러면서 이런 것을 보면 교육과정을 철저하게 실용적으로 만들 필요가 있다고 하였다(19, 65번).

이런 상황에서 연전은 1927~28년 문과 졸업생들이 이미 받은 영어 과목 교사 자격 외에 역사와 그 밖의 몇 개 과목에서도 교사 자격을 받게 하려고 노력하였지만, 뜻을 이루지 못하였다(58번). 수물과는 1924년 총독부의 요구 수준에 맞추어 인가를 받은 후 1928년 처음으로 졸업생을 냈다(58번). 그에 앞서 졸업생들의 자격 문제를 해결하기 위한 학교의 요청으로 학무국에서 조사관 3명을 보냈다(58번). 조사관들은 학교의 시설 상태, 교수 상황, 장학 제도 등을 조사하고 학생 필기시험을 실시하여, 모든 점이 우수하다고 판정하고, 졸업생들에게 수학, 물리학, 화학을 가르칠 자격을 주었다. 그러면서 보통은 교사 자격을 한 학교에 한 과목만 주고 잘해야 두 과목에 주지만 결과가 너무 만족스러워 파격적으로 세 과목에 주었다고 설명하였다.

연전은 1929년 세 학과에 각각 약간의 연구 자금을 할당하여(97번), 각 학과에 연구실을 설치할 준비를 하였다.

음악부는 학과가 아니고 교수회의 한 위원회에 불과하였지만, 이 시기에 1930년대의 눈부신 활동을 예비하는 움직임을 보였다. 에비슨은 1929년 현제명이 부임하기 전부터 선교사 교수 부인-부츠 부인, 베커 부인, 빌링스 부인, 로즈 부인-의 노력으로 오케스트라가 창단되고 밴드(양악대)와 합창단이 발전하여 몇 차례 매우 훌륭한 공연을 하였다고 설명하였다(58, 90번). 그는 이런 발전으로 인해 모두가 매우 즐거워하며 조만간 진짜 음악과가 생겨서 청년 문화의 발전에 기여하기를 기대하고 있다고 말하였다(58번). 그 후 현제명의 지도 아래 음악교육이 더 발전하고 악기 상황이 개선되었다(97번). 에비슨은 모든 학생에게 진정한 음악교육을 하고, 적성 있는 학생에게 특별 교육을 하며, 자발적으로 참여하는 악단을 훨씬 더 발전시키기를 희망한다고 말하였다(90번). 이 발언은 이후에 진행될 본격적인 엘리트 음악인 양성과 악단들의 큰 활약을 예고한 셈이 되었다.

6) 농업 교육

에비슨은 지속적으로 농업 교육의 필요성을 역설하였다. 그에 따르면, 선교사들은 이제까지 목사나 교사를 양성하는 교육을 해왔지만 그런 일을 하는 사람은 지역사회 안에서 소수여서 국가의 역량을 높이는 데에 거의 기여하지 못하였다(25번). 한국 인구의 85% 이상이 농업에 종사하면서 농업을 절대적으로 의존하고 있는데 산지가 많고 농지 면적이 적어 가장 우수한 경작 형태가 필요하다. 그러므로 농촌 사회와 농민들을 도움으로써 그들의 공감을 사서 기독교를 전할 기회를 얻어야 한다. 언더우드도 대학을 세울 때 이런 사실을 어느 정도 깨닫고 농학과를 개설하였다. 그러나 지금은 더 적은 자금과 인력을 들여 효과적으로 하는 방법이 필요하다. 한국에서 농업 교수가 되기를 원했던 캐나다인 청년에게 한국은 농촌 여건이 미국과 아주 다르므로 미국의 농법을 소개하려 하지 말고 한국의 토양과 기후와 농산물과 비료와 농법을 연구한 후, 농산물 개량 방안을 본국에서 배운 농업의 원칙에 따라 실험하고 농민들에게 실연하면서 더 유용한 배양 방법을 가르치고, 가축 사육도 그런 식으로 하며, 언어를 철저하게 배워 농민들과 소통할 수 있어야 한다고 설명하였다. 그 청년은 이 계획에 진심으로 동조하였지만 후원해줄 선교부를 찾지 못하여 다른 곳으로 갔다.

1928년 봄에 예루살렘에서 열릴 대규모 선교대회를 앞두고 국제선교협의회가 뉴욕 컬럼비아대학 사회학과의 농촌 사역 담당 교수인 브루너(Edmund Des. Brunner) 박사를 한국에 파송하였다. 그의 임무는 3개월 동안 농촌 상황을 조사하여 기독교가 처음에는 농촌 주민에게 강력하게 영향을 미치다가 최근에는 그렇지 못하게 된 이유를 찾고 개선책을 건의하는 것이었다. 한국에서 조사 활동을 한 브루너는 에비슨과 같은 생각을 하였다(40번). 에비슨의 생각은 현 단계에서는 엄청난 운영비가 소요되는 농과를 대학에 세울 것이 아니라, 교육을 잘 받은 서구 지도자를 고용하여 농업의 여건과 방법과 필요한 것들을 연구하게 한 다음, 대학 소유의 농지들을 연전 학생들의 실습장으로 활용하고 수입도 올려 대학에서 쓰는 비용을 충당할 수 있게 하며, 더 나아가 농촌 청년들을 초청하여 그의 방법을 알려주고 실습하게 하자는 것이었다(40번).

브루너는 1928년 봄 예루살렘에서 국제선교협의회에 제출하기 위해 작성한 보고서에서 여러 건의안의 하나로서 연전에 농촌훈련센터를 즉각 세울 것을 제안하였다(40, 64, 65번). 에비슨은 현재 예산에 연 3천에서 5천 불을 더하고 농업 선교사의 봉급을 추가하면 그렇게 할 수 있다고 보았다(65번). 이 일과 관련하여 중국에서 일하는 브로크만(Fletcher Brockman) YMCA 선교사가 한국에 왔을 때 에비슨에게 한 의견을 제시했는데, 그것은 YMCA에서 농촌 사역자를 연전에 보내면 연전에서 시설을 제공하여 교실 수업과 현장 수업을 받게 하자는 것이었다. 최근(1928년 9월 20일) 이사회 회의 때 YMCA 전국연맹 간사이자 연전 이사인 신흥우(Hugh Cynn)가 YMCA와의 협력에 관해 매우 우호적으로 발언하여 이사회가 협력 방법을 찾기 위해 YMCA와 상의할 위원회를 만들기로 하였다(64번).

그 후 1929년 9월 20일 이사회 회의 때 YMCA 전국연맹 간사인 클라크(F. O. Clark)가 회의에 참석하여 농업부서 설치안을 제시하였다(93번). 그 내용은 에비슨의 이 93번 문서에서 설명되지 않았으나, 그 당시 이사회 회의록에 기재된 것을 보면, 클라크는 YMCA와의 협력사업으로서 연전 캠퍼스에 학교를 개설하여 1931년 겨울에 3개월 동안 선별된 농부들을 훈련하자고 제안하였다. 이 계획은 실제로 1932년 11월 15일 연전 교내에 농촌지도자양성소가 설치되어 운영됨으로써 실현되었던 것으로 보인다.

2. 세브란스연합의학전문학교와 세브란스병원 운영

1) 재정 상황

에비슨은 1927년이 시작되는 시점에도 여전히 "우리의 모든 의학교육이 진정한 과학적 이상에 기초하고 우리 졸업생들이 최고 수준의 의학 사역을 하는 역량 있는 사람들이 되는 것을 보장"하기 위해 더 많은 시설과 교원이 필요하다고 역설하였다. 그러면서 세탁실, 부엌, 환자 및 인턴들을 위한 종교·사회사역 용 건물, 중앙난방 시설, 각종 의학 실험실을 둘 건물을 새로 마련하고 간호사 기숙사를 확장해야 하므로 6만에서 7만 불이 필요하다고 주장하였다(3번).

세전은 예산을 위해 매년 북장로회에서 1천 원, 남장로회에서 2천 불, 북감리회에서 2천 5백 불, 남감리회에서 2천 5백 불, 남감리회 여성 연맹에서 5백 불, 캐나다연합교회에서 1천 2백 5십 불, 호주장로회에서 5백 불을 받고 있었다(3번). 북장로회 측은 상대적으로 적은 돈을 보내고 있었지만, 교수와 간호사를 훨씬 많이 보내고 있었고, 북장로회 교인인 존 세브란스(J. L. Severance)와 그의 자매 프렌티스(F. F. Prentiss) 부인이 매년 보내는 1만 불을 그들의 분담금으로 인정받고 있었다(3번).

1927~28년 회계연도에는 이전보다 축소된 예산으로 시작하였고, 직원도 감축하였다(6, 8번). 이는 남감리회 측이 사임한 의사 대신 보내야 할 연 2천 불을 보내지 않았고, 환자의 수가 늘어났는데도 병원 수입은 크게 줄었으며, 새로운 격리병사의 완공과 운영을 위해 추가로 자금을 투입해야 하였고, 직원 봉급과 다른 청구서들을 갚기 위해 거의 매월 은행에서 돈을 빌려야 하였기 때문이었다. 매달 지출해야 하는 돈은 봉급 4천 불, 환자와 간호사 식비 7백 불, 연료·약품·비품비 월 1~2천 불, 물·전기·가스비 월 5백 불, 그 밖의 부수적인 비용들이었다.

격리병사의 경우에는 한국인들로부터 받은 기부금이 23,431.45원인데 비해 실제로 사용한 건축비는 39,426.38원이어서 부족한 자금을 비상용 예비비로 메꾸고 이를 벌충해야 할 부담을 안게 되었다. 그런데 세전 이사회가 그 돈을 건물의 완공을 위한 학교 측 기부금으로 여기도록 결정하여 학교 측은 결과적으로 1만 6천 원을 들여서 4만 원 상당한 훌륭한 건물을 갖는 큰 이익을 본 셈이 되었다(25번).

병원과 약국에서도 수입이 예산을 넘어서고 운영비를 절약하면서 한 해를 적자 없이 마칠 수 있게 되었다(25, 34번). 1928년 3월 신병실을 개원한 후에는 병원 수입이 더 증가하였다(61번). 세브란스의용품상회의 도매부도 송언용의 유능한 관리 아래 판매량이 꾸준히 늘었다(25, 34번).

세전은 그밖에 경성부윤과 남대문교회로부터 소액의 기부금을 받았고(34번), 총독부로부터도 정신질환자 치료를 위한 소액의 보조금을 받았다(61, 63번).

2) 시설 현황

1927~29년 기간에도 시설 확충을 추진하여 큰 진전을 이루었다. 신병실을 신축하였고, 에비슨 동상을 제막하였으며, 철도역 건너편 병원부지 노변의 상가 건물 건축과 엘리베이터 설치와 정신병동 건립을 준비하였다.

(1) 신병실 완공

신병실의 건축은 1922년에 굴착공사가 시도된 후, 에비슨이 1924~25년 모금 활동 기간에 존 세브란스와 그의 자매 프렌티스 부인으로부터 10만 불을 기부받으면서 본격화되었는데, 건축공사에 5만 불을 쓰고, 건물의 유지와 보수에 나머지 5만 불을 쓰기로 하였다(25번). 존 세브란스는 후자의 5만 불을 본인이 가지고 있으면서 자기가 사망하면 협력이사회에 주고 그전까지는 1927년 4월 1일부터 6%의 이자를 협력이사회 회계인 서덜랜드 박사에게 주기로 약속하였다. 건축은 토론토의 건축가 고든(H. B. Gordon)이 작성한 설계도에 따라 내화성을 갖춘 4층짜리 현대식 건물을 지은 후 1층에 행정부서를 두고 그 위 3개 층에 80개의 병상을 두는 것을 목표로 진행되었다(3, 25번). 도중에 땅의 높이 조정, 난방 시설과 바닥재 유형 선택, 조명과 가구 선택 문제에서 어려움을 겪었고(17번), 여름철의 긴 장마와 노동자들의 태만과 건축감독들의 역량 부족으로 완공 예정일(1927년 8월 31일)을 많이 넘기게 되었다(24번). 그들은 건물을 사용하게 될 때가 오기를 간절히 기다리다가 마침내 1928년 3월 20일 이 건물의 봉헌식을 거행하였다(34, 43번).

(2) 에비슨 동상

세전 동창회가 추진한 에비슨 동상과 철근 콘크리트 구조물의 건립 공사도 함께 진행되어 신병실의 봉헌식과 같은 날 제막되었다. 캐나다에서 이 소식을 들은 캐나다연합교회 선교부의 총무는 동상의 사진과 기사가 실린 『뉴아웃룩』(NEW OUTLOOK)지를 에비슨에게 보내며 캐나다인이 이런 영예를 받은 일로 그곳 선교부의 모든 사람이 기뻐하였다고 설명하였다(45번).

(3) 상가 건물

1928년 9월 대학이사회 회의에서 상업용 건물의 건축이 결정되었다(51번). 그 건물을 지을 땅은 철도역의 건너편 길가에 있어서 그 전부터 그 땅을 임대하거나 팔라는 제안을 받고 있었다. 학교 당국은 안경점과 도매점을 이 노변 건물로 이전하여 행인들의 눈에 더 잘 뜨이게 함으로써 매출 수익도 올리고, 가게들 때문에 혼잡해진 의학교와 병원 건물의 비효율성도 해결하며, 단독 건물을 짓고 싶어 하지만 자금이 부족한 치과도 입실시키려 하였다. 치과 주임인 부츠(J. L. Boots) 의사도 자신이 미국에서 모금해온 치과 건물 건립 자금을 이 계획에 투입할 의사를 보였다(61, 63, 66번). 그들은 신병실 건립 후에 늘어난 병원 수입, 부츠의 모금 자금, 두 가게에서 받을 임대료, 조선식산은행에서 받을 대출금 등을 고려하면 힘들지 않게 3층짜리 건물의 예상 건축비 4만 원을 조달할 수 있을 것으로 예상하였다(61, 63번).

(4) 정신병동

세전은 총독부로부터 정신병동 입원환자 1명당 매 1일에 1원 50전의 보조금을 주겠다는 제의를 받고, 이를 총독부가 세전의 정신병원 설립을 원하는 것으로 이해하였다. 그리하여 정신과 주임인 맥라렌(C. I. McLaren) 의사가 개인적으로 1천여 원의 기부금을 내고 20명의 환자를 수용할 정신병동의 건립 계획을 세우기 시작하였다(63번).

(5) 엘리베이터

1929년 7월 존 세브란스가 비용을 부담하겠다는 뜻을 알리면서 엘리베이터의 설치가 본격적으로 추진되었다(87, 88번). 존 세브란스는 미국에서 사서 보낼 기계값과 운송료와 관세와 설치비로 총 5천 6백 불 정도가 들 것으로 예상하였다(88번). 에비슨은 기기의 사양과 가격에 관해 미국 엘리베이터회사의 일본 대리점 매니저와 상의한 내용을 미국에 있는 크노프(Sidney H. Knoff)라는 업자에게 알리면서 더 합리적인 구입 방법을 모색하려 하였다(89번). 그러나 존 세브란스는 일본 대리점을 신뢰하지 않고 미국에서 모든 제품을 직접 사서 보내는 편을 선택하였다(96, 98번).

(6) 그 외

그 밖에도 보유 중인 특별 기부금 4~5천 불에 자금을 더 확보하여 주방과 세탁실을 신설하고 간호사 기숙사를 확장하기 위해 노력하였다(25번).

3) 교수 동정

(1) 선교사 교수

(가) 반버스커크(James D. VanBuskirk)

세전 부교장으로 몇 달 동안 건강이 좋지 않아 1928년 3월 말부터 안식년을 가졌다(34번). 이 일을 계기로 에비슨이 1923년부터 부교장에게 맡겼던 교장 업무에 복귀하게 되었다. 반버스커크의 담당 과목인 생리학과 생화학은 최영욱(Y. O. Choi)에게 맡기기를 희망하였지만, 그는 부인 김필례가 광주 수피아여학교 교감직을 맡아서 올 수 없었다. 그런데 1929년 1월 반버스커크가 아직 미국에 있는 동안에 그가 속한 북감리회 선교부가 그의 안식년을 1년 더 연장하면서 일시적으로 담당자가 공석이 된 선교부의 의료선교 총괄업무를 그에게 맡기려 하였다(70번). 세전에서는 이 계획을 통지받고 단호히 반대하였다(73, 76번). 그 이유는 에비슨 교장이 모금하러 미국에 갈 예정이고 오긍선 학감도 9월부터 안식년을 맞을 예정이어서 운영진 전체의 공백이 예상되며, 그의 두 과목(생리학과 생화학)도 그를 돕던 김명선이 반버스커크의 권면으로 노스웨스턴대학에서 수학 중이어서 파트타임 교원 한 명이 맡고 있기 때문이었다(74, 76번). 이런 설명을 들은 선교부는 그 계획을 포기하고 다른 사람을 물색하였고, 반버스커크는 1929년 8월 미국을 떠나 세전으로 돌아왔다(74, 78번).

(나) 부츠(John L. Boots) 교수

부츠는 세전 정문 맞은 편에 치과 건물을 마련하기 위해 안식년을 10개월 연장받으며 미국 치아건강센터를 상대로 모금 활동을 벌이고 1927년 돌아왔다(34, 66번). 그는 1만 3천 5백 불(현금 약 5천 5백 불과 약정금 8천 불)의 모금 실적을 보고하였는데, 그가 들인 엄청난 노력에 비해서는 많지 않다는 평가를 받았다. 그마저도 그 돈의 많은 부분을 미국 치아건강센터 회계가 가지고 있어서, 협력이사회 회계에게 보내진 돈은 많지 않았다(66

번). 그런 상태에서 상가건물을 짓는 계획이 추진되자 부츠는 모금한 자금을 그 건물의 건축비에 투입하고 신병실에 있던 치과를 그곳으로 옮기기를 원하였다(61, 63번). 에비슨은 이 일을 실행하기 위해 상가 건물 3층 가운데 1층의 지분을 미국 치아건강센터에 최대한 많이 내어주려 하였다(66번). 한편 부츠의 부인은 세전과 연전의 음악교육에 종사하면서 에비슨 동상 제막식 때 세전 현악 악단의 연주를 이끌었고(43번), 연전에서도 매주 시간을 내어 오케스트라를 지도하였다(58, 90번).

(다) 맥라렌(Charles I. McLaren)

1929년 9월에 안식년에서 돌아왔는데(34번), 그의 업무 복귀 전부터 총독부가 세전에 정신질환 치료를 위해 소액의 보조금을 주다가 정신병동에 입원한 환자 1명당 매 1일에 1원 50전(약 75센트)의 보조금을 주겠다고 제의하였다(59, 60, 61, 63번). 에비슨은 이 일을 세전에서 20명의 환자를 수용할 정신병원을 건립하기를 총독부 측에서 원하는 것 같다고 해석하고, 정신병동을 세우면 학생들에게 필수적인 정신질환 진료 교육을 할 수 있다고 설명하였다(63번). 그런 분위기에서 맥라렌은 그런 건물을 짓기 위해 개인적으로 1,061.31원의 기부금을 내고 20명을 수용하는 규모의 병동을 짓는 계획을 세기 시작하였다(63번). 또한 그의 조수가 경성제대 의학부에서 졸업 후 학업을 하도록 1천 원을 기부하였다.

(2) 한국인 교수

(가) 오긍선(K. S. Oh)

세전 이사회가 1929년 9월 19일 회의 때 한국인 교수들 가운데 최초로 오긍선에게 안식년을 주기로 결정하였다(63, 76번). 에비슨은 한국인 교수들은 그동안 발전된 학문을 배울 기회를 얻지 못하였는데, 그들에게 이런 기회를 제공함으로써 교육의 질을 높여 학교를 동급 학교들 가운데 최고 수준으로 올리기 위해 이런 특권을 주기로 하였다고 설명하였다(76번). 오긍선은 학감으로 있으면서 눈부시게 사역하였지만, 1907년 이래로 미국에 간 적이 없으므로 세전의 공적인 업무를 수행할 충분한 자격을 갖추도록 의학교 운영방법을 조사하기를 간절히 원하고 있다고 설명하였다.

(나) 구영숙(Byron Koo)

더글라스 에비슨(D. B. Avison)의 안식년 기간에 구영숙이 소아과를 이끌다가 병가를 받게 되어 에바 필드(Eva Field Pieters) 여의사가 소아과에서 일하게 되었다(34번).

(다) 김창세(C. S. Kim)

세균학과 공중보건학을 가르치던 김창세가 1927년 8월에 갑자기 사임하였는데(34번), 더글라스 에비슨 의사가 안식년 동안 공중보건의의 자격을 취득하여 위생학과 공중보건학을 가르칠 수 있었다(34번).

(라) 이용설(Y. S. Lee)

러들로(Alfred I. Ludlow) 교수가 1927년 6월에 안식년으로 떠나서 이용설이 외과의 실무와 강의를 맡았다(25번).

(마) 안종서(Ahn)

맥안리스(J. A. McAnlis)가 1927년 4월 안식년으로 떠난 후 부츠가 미국에서 돌아오기 전까지 안종서가 치과를 이끌면서 훌륭한 기술과 매너로 인해 많은 환자에게 칭송을 받았다(34번). 치과에서는 또한 치과 실험실 기사 고(C. K. Koh) 씨가 맥안리스를 따라 미국에 가서 노스웨스턴대학 치과와 치과 회사에서 수련하였다.

(바) 윤치왕(T. W. Yun)

글래스고대(University of Glasgow)를 졸업한, 윤치호의 막내동생 윤치왕이 산부인과에 부임하여 허스트(J. W. Hirst) 의사를 조력하였다(34번).

(사) 그 외

토론토대에서 유학 중인 최동(Paul Choy)이 공부를 끝내고 의학사(B.Sc.Med.) 학위를 취득하였고, 고명우(M. U. Koh)가 롱아일랜드의학교(Long Island Medical College)에 2학년으로 들어가서 6월 졸업을 앞두고 있었다(34번).

4) 세전의 역사 정리

에비슨은 세브란스병원 및 의전의 기원과 이후 역사에 대해 다시 확실하게 진술하였다. 그는 이곳의 사역이 1885년부터 수행되어 한국 왕립병원으로서 전 황제로부터 운영자금을 지원받았고, 1894년에 그런 법적 관계가 중단되어 이후 1915년경까지 미국 북장로회의 사업으로 운영되었으며, 1927년 현재는 6개 해외 선교부가 이곳에서 협력하고 있다고 설명하였다(3번).

(김도형, 문백란)

사 진

◀ 남대문로에서 본 세브란스 병원

세브란스연합의학전문학교 이사회는 1928년 9월, 병원 부지 안의 노변 땅(서울역 맞은 편)에 3층짜리 상업용 건물의 신축을 승인하였다. 건물에는 치과, 안경점, 의용품상회를 두기로 하였다(61, 63, 66번).

◀ 세전 교장실

◀ 세전 서무실

오른쪽에서 세 번째가 오웬스(H. T. Owens) 사무장 겸 회계이다.

(출처: *A visit to the Severance Union Medical College*, Seoul, 1927. 연세대학교 도서관)

▲ 세전 에비슨 동상 제막식과 동상

1928년 3월 20일, 에비슨 교장 동상을 제막하였다. 그날 의학교·간호학교의 졸업식과 신병실 봉헌식도 연이어 거행하였다(43번). 동창회장인 홍석후(세전 교수)는 이 동상이 후세대에 기독교 신앙을 상기시키고 에비슨의 인품과 봉사에 감사하는 마음을 증언하기 위한 것이라고 취지를 설명하였다.

▲ 에비슨 교장 동상 제막식 행사 때의 세전 동창회 기념사진

(출처: *Activities of Severance Union Medical College and Severance Hospital 1927-28*, Seoul(Korea), Chosen)

▲ 세브란스병원 신병실 봉헌식과 신병실

존 세브란스(John L. Severance)와 그의 자매 프렌티스 부인(Mrs. F. F. Prentiss)이 약속한 10만 불의 기부금으로 건축하였다. 건축공사에 5만 불, 유지·보수에 5만 불을 배정하였다(25번). 1927년 8월 31일에 완공할 예정이었으나 공사가 지연되어 1928년 3월 20일 봉헌식을 거행하였다(34, 43번).

▲ 세전 졸업식에 참석한 교수진

1928년 3월 20일, 졸업식은 에비슨 동상 제막식과 신병실 봉헌식 사이에 거행되었다(43번).

(출처: *Activities of Severance Union Medical College and Severance Hospital 1927-28*, Seoul(Korea), Chosen)

The New Outlook

Vol. 4　　　　TORONTO, APRIL 18, 1928　　　　No. 16

Honoring a Missionary

FEW men have been honored in their own lifetime for service as Dr. Avison, of Korea, has been. He is able to pass each day his own monument, the gift of his former students. In Severance Compound, Seoul, Korea, there was unveiled on March 20 the statue of President Avison, of Severance Union Medical College.

The incident is international in character and meaning. Oliver R. Avison, M.D., LL.D., was born in England and educated in Canada, and has been a medical missionary to Korea since 1893 under the Board of Foreign Missions of the Presbyterian Church in the United States. The statue was designed by a Japanese artist. It was given by Koreans, the alumni of Severance Union Medical College.

The occasion and its origins are more than international in their scope and significance. They are essentially Christian, for, as the inscription on this monument says, Dr. Avison has been "the servant of all the Missions of the Christian Church" and the benefactor of the Korean people.

Dr. Paul Choy, of Korea, who studied recently in Canada, is authority for the statement that "the history of modern medical education in Korea only dates back to 1894, when Dr. Avison in the midst of his busy evangelistic work began to train a few young men in the dressing of wounds and as helpers for his operations in the hospital."

This work was at once appreciated by the Koreans, and the King honored him with rank and title, gave him the position of household surgeon and also h— the Royal Institution of Chemical Research. But the work did not reach its footing until 1900, when with the aid of Christian philanthropy and mission founded the Severance Union Medical College. From this institution our and the Presbyterian Church in our field derive strength and support for because this distinguished graduate of the University of Toronto trains and medical workers.

It is fitting, then, that "Dr. Avison's students have erected this expression of their appreciation of his love, of their gratitude for his great wo— and of their intention to continue the same kind of service to their people and spirit of the Lord Jesus Christ." This is the testimony inscribed bronze beneath the figure on the statue of one who, like his Master, ministered unto but to minister."

▲ 캐나다의 The New Outlook지에 실린 에비슨 동상 건립 기사(1928년 4월 18일자, 1면)

캐나다연합교회 선교부가 이 신문을 에비슨에게 보내면서 캐나다인이 이런 영예를 받았다는 소식에 캐나다 전역을 대표하는 선교부 관계자들이 기뻐하였다고 설명하였다(45번). 이 기사는 토론토대에서 유학 중인 최동(Paul Choy) 의사의 말을 빌어 에비슨에 의해 한국에서 근대 의료 교육이 시작되었고, 그의 제자들이 감사와 사랑을 표현하기 위해 동상을 세웠다고 설명하고 있다. (출처: Presbyterian Historical Society, 필라델피아)

◀ 약국

1927년 병원과 약국의 수입이 예산보다 많아져서 한 해를 적자 없이 마감할 수 있었다(25, 34번).

◀ 치과 실험실

치과 교수 부츠(J. L. Boots)는 미국에서 모금 활동을 하고 1927년에 돌아왔다(34, 66번). 1928년 상업용 건물의 건축이 결정되자 모금한 자금을 그 건축에 투입하고 치과를 그 건물로 옮기기를 원하였다(61, 63, 66번).

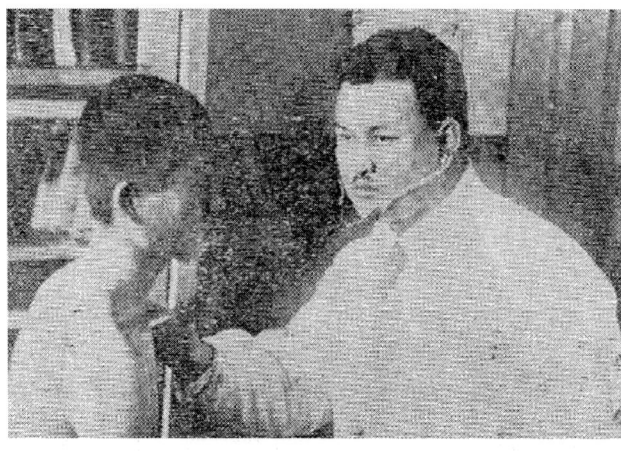

◀ 신경정신과 진료실(아래)

총독부가 정신질환 치료를 위한 보조금 지급을 제안함에 따라 정신병동의 건립이 추진되었다(59, 60, 61, 63번). 정신과 교수 맥라렌(Charles I. McLaren)이 개인적으로 기부금을 내며 이 일을 계획하였다(63번). 사진 속의 의사는 이수원이다.

(출처: *A visit to the Severance Union Medical College*, Seoul, 1927. 연세대학교 도서관)

◀ 연희전문학교 설립자 겸 초대 교장 언더우드(H. G. Underwood)의 동상 제막식

연전 동문회와 학교 우인들의 주도로 언더우드 동상의 제막식이 1928년 4월 28일 거행되었다(25, 31, 54, 58번). 이날 원한경(H. H. Underwood)의 아들인 원일한, 원요한, 원재한 3형제가 제막하였다. 에비슨은 언더우드 교장을 향한 한국 지도자들의 존경심과 동문들의 감사한 마음이 세월이 지났어도 조금도 줄어들지 않은 것이 입증되었다고 설명하였다(58번). (출처: 연세대학교 기록관)

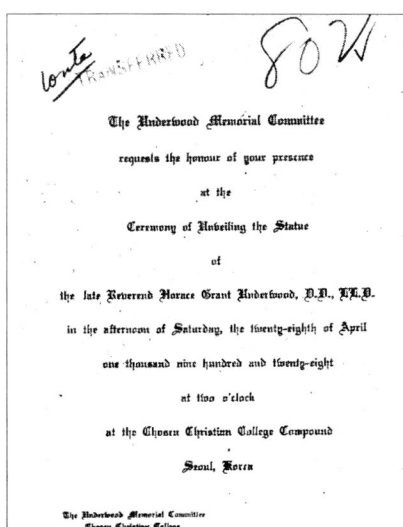

◀ 언더우드 동상 제막식의 영문 초청장

언더우드기념사업위원회가 제막식 행사를 주관하면서 초청장을 영문으로도 발행하여 미국에 있는 연전 후원자들에게까지 이 행사가 거행되는 것을 알렸다(25, 53, 54번). (출처: United Methodist Archives and History Center, 뉴저지주 매디슨)

▲ 언더우드 동상 건립 전과 건립 후의 교정

본관 건물단 사이 교정의 정경을 담은 이 사진들은 언더우드관에서 촬영한 것이다. 에비슨은 언더우드 동상과 화강암 계단이 설치되어 계단에서 사각형 안뜰로 이어지는 교정을 갖춘 것에 만족해하였다(58, 65번).
(출처: 연희전문학교 졸업앨범, 1927년, 1933년)

▲ 중앙 계단

메인 도로(현재의 백양로)에서 본관 건물단 캠퍼스로 올라가는 지점에 놓인 화강암 계단으로 뉴욕 한인 교포들의 기부금으로 공사를 시작하여 1927년 여름에 완공되었다. 계단 중앙 돌판에 "뉴욕에 있는 우리 겨레로부터 붙여줌 DONATED BY KOREAN FRIENDS IN NEW YORK"란 글귀와 태극문양 두 개가 새겨져 있다. (출처: 본 자료집 65번 문서, 에비슨과 원한경이 미국의 후원자들에게 보낸 1928년 10월 1일자 감사 편지)

▲ 에비슨 연전 교장실(위), 원한경 부교장실(가운데), 백낙준 문과 과장실(아래)

(위) 교장실에 걸린 우승기들은 연전 축구팀과 야구팀이 각종 대회에서 우승하여 받은 것이다.(19, 29, 58, 65, 90번).

(가운데) 원한경은 1927년 9월 이사회에 의해 부교장으로 선출되었다(25, 31번).

(아래) 백낙준은 1927년 9월 신과 교수로 부임한 후 1928년 4월 문과 과장으로 임명되었고, 신과 업무를 함께 보았다(55, 58번).

(출처: 연희전문학교 졸업앨범, 1928년, 1929년)

▲ 예일대 스털링 도서관에 소장된 백낙준의 박사학위 논문

백낙준은 1922년 파크 컬리지를 거쳐 1925년에 프린스턴신학교에서 신학사 학위(Th.B)를, 프린스턴대 대학원에서 석사학위(M.A.)를 받고, 그해 가을부터 예일대 대학원에서 종교학을 전공하여 1927년 "The History of Protestant Missions in Korea 1932-1910"이란 논문으로 철학박사(Ph.D) 학위를 받았다 (19, 65번). (출처: Yale University Sterling Library)

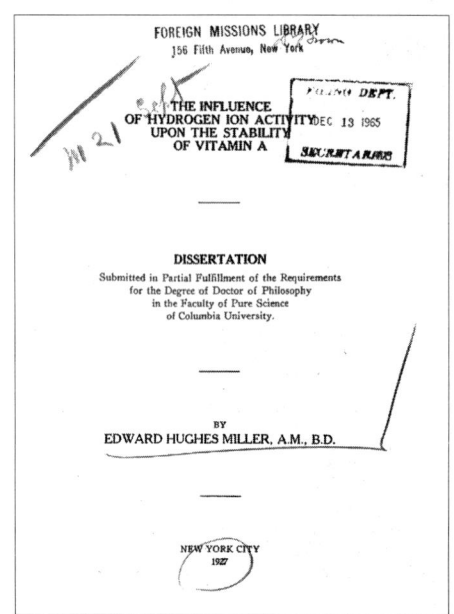 

▲ 연전 수물과 교수 밀러(E. H. Miller)의 컬럼비 아대 박사학위 논문, 1927

밀러는 "수소 이온의 활성이 비타민 A의 안 정성에 끼치는 영향"(The Influence of Hydrogen Ion Activity upon the Stability of Vitamin A)란 논문으로 Ph.D. 학위를 받 았다(19, 31, 65번). (출처: Presbyterian Historical Society, 필라델피아)

▲ 연전 문과 교수 최현배(崔鉉培)의 저서 『우리말본 첫째매』, 1929

최현배는 연희전문학교 출판부의 첫 번째 간행물로서 한글 문법서인 『우리말본 첫째매』란 저서를 발행한 후, 연구를 심화하여 1940년 정음사에서 『한글갈』을 발행 하였다. 연전은 1929년 각 과에 연구비를 할당하면서 (97번) 학문 연구를 독려하였다. (출처: 연세대학교 기 록관)

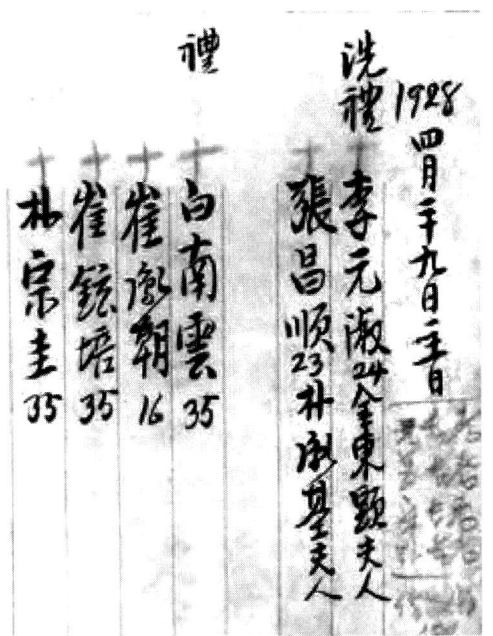

◀ 백남운 상과 교수와 최현배 문과 교수의 수세(受洗) 기록

새문안교회의 교우문답책에 백남운과 최현배의 수세 기록이 있다. 두 사람은 1928년 4월 26일 세례 문답을 받고 4월 29일 차재명 목사로부터 세례를 받았다. 에비슨은 1927년 기독교인 교수가 드물어 비기독교인 2명이 먼저 임용된 후에 기독교 신앙을 가졌다고 말하였다(17번). 1928년에는 교수들 가운데 몇 사람의 신앙이 눈에 띄게 성장하였다고 설명하였다(58번). (출처: 새문안교회 『敎友問答冊』 第一, 1907.11~1932.5.)

▲ 공덕리교회 부설 공덕유치원 1927년 제1회 졸업식 사진과 에비슨 부인(가운데)

에비슨 부인은 공덕리교회 설립을 도왔는데, 부인은 개인보고서에서 여러 차례 공덕리교회를 언급하였다 (17, 47번). (출처: 공덕교회)

교육·선교 서한집

1927~1929년

1. 에비슨이 서덜랜드[협력이사회 회계]에게

1927년 1월 3일

조지 F. 서덜랜드 목사, 명예신학박사
협력이사회 회계,
뉴욕시, 뉴욕주.

친애하는 서덜랜드 박사님*:

얼마 전에 당신의 11월 5일 자 편지를 받았습니다. 우리와 협력하는 선교회들 가운데 어느 한 곳에서 후원받는 본토인[한국인]에 관해 남장로회 선교부의 윌리스(Willis) 씨가 제기한 문제를 다룬 편지였습니다.

거기에서 제기된 문제는 해결되었습니다. 이는 본교가 그 청년을 고용하여 우리 예산을 위한 남장로회 측의 지급금에서 그의 봉급을 주고 있기 때문입니다. 그 지급금에는 의료 선교사 1명을 교수로 보내는 대신에 주는 2천 불이 포함되어 있습니다.

또 다른 청년이 미국에서 남장로회 선교부의 돈으로 몇 년 동안 교육을 받고 있습니다. 그가 이번 여름 어느 때에 한국으로 돌아오면 그들의 [한국] 선교회가 그를 세브란스의전으로 배정할 것입니다. 그의 봉급도 같은 자금, 곧 남장로회 선교회가 우리 예산에 보내는 금액에서 지급될 것입니다.

당신이 제기한 더 큰 쟁점, 곧 어느 선교부가 어느 본토인 사역자를 후원하는 문제는 당신의 말대로 숙고할 필요가 있는 사안입니다.

해외에서 교육받고 있으면서 우리 학교에 선교사 대우로 임명받기를 바라는 본토인이 한두 명 있습니다. 달리 말해서 그들은 선교사의 봉급을 받지 않는다면 오고 싶어 하지 않을 것입니다. 우리는 이런 원칙을 지지하지 않고 있고, 본토인들은 그가 섬기는 기관에 고용되는 편이 더 지혜로울 것이라고 믿고 있습니다. 이렇게 하면, 모두 비슷한 기준 위에 있게 되고, 봉급 지급 계획이 그 나라의 적정한 생활 수준에 알맞게 세워집니다. 어느 한

---

* 서덜랜드(George F. Sutherland): 북감리회 선교부의 회계로 있으면서 1922년부터 협력이사회 회계를 맡았다.

본토인은 선교부에 의해 [세전으로] 임명되고 다른 사람들은 그렇지 않다면 쉽게 불만이 발생할 수 있습니다.

더 나아가 선교회들*은 주로 안수받은 목사들로 구성되어 있고, 교회의 정치체제[당회, 노회, 총회]처럼 크고 작은 기능을 수행하고 있습니다. 우리 연희전문학교에는 안수받은 본토인[교수]의 비율이 매우 낮고, 우리 [세브란스의전의] 의사들 가운데는 아무도 없습니다. 그래서 연합기관 안에서 본토인에게 선교회를 대표하는 기능을 주는 문제는 현실성이 없습니다.

우리는 선교사업의 역사에서 이미 세운 기관들의 지속적인 운영을 꾀하면서 선교사의 수는 줄이고 고용된 본토인 사역자는 다수로 만드는 새로운 시대로 접어들고 있습니다. 선교사들을 유지하는 비용이 늘어나고 있습니다. 최근에 한국에서 몇몇 선교회가 봉급의 인상을 요구하였습니다. 예전의 봉급 수준으로는 살 수 없음을 깨닫고 있기 때문입니다. 중국에서는 고율 관세 부과로 불가피하게 그곳 선교사들의 경제 여건이 달라져 조만간 봉급 인상 요구가 나올 것인데, 그곳에는 고려해야 할 선교 인력이 많습니다. 선교부들의 수입이 얼마나 더 감당할 수 있을지가 문제 아닙니까?

우리는 연합기관에서 외국인 선교 인력을 유지하는 것이 조금 어렵다는 것을 느끼고 있습니다. 예를 들면, 남장로회 선교회는 5년이나 그보다 더 오랫동안 세브란스의전에 보내야 할 인력의 수를 채우지 않았습니다. 우리처럼 총독부의 허가를 받고 그것에 맞추어 총독부 및 학생들과의 계약관계를 이행하는 기관들에서는 인력의 공백으로 교육이 방해되는 것이 용인될 수 없습니다. 그런 이유에서 협력이사회가 그들의 정관에 인력의 공백은 현금으로 보상해야 한다는 조항을 넣었습니다. 당신도 알듯이 몇몇 선교부는 신실하게 그 조항을 준수하였지만 다른 곳들은 그렇지 않았습니다.

우리처럼 기관이 성장하면 더 우수한 교원이 필요해지고, 일할 사람의 수가 늘어나 교수진에 들어갈 본토인 수가 자연스럽게 늘어납니다. 그런 이유에서 예산은 고정될 수 없습니다. [한국] 선교회들과 [본국] 선교부는 그들이 세워서 [선교] 사업의 정점에 올린 [대학이나 대형병원과 같은] 연합시설들에 보내는 금액을 정기적으로 재조정해야 합니다.

10년 전에는 해외에서 교육받은 본토인들이 매월 1백 원만 받아도 선교기관에서 일하

---

* 원문의 "Missions or Conferences"는 선교회를 두 가지 단어로 표현한 것이다. 교단들은 보통 그들의 한국 선교회를 "Mission"이라고 불렀으나, 캐나다연합교회는 'Conference'라고 불렀다.

려 하였지만, 오늘날에는 그렇지 않고, 우리도 그들에게 그렇게 하기를 원치 않습니다. 대학 등급의 기관에서 그런 교육을 받은 사람에게 주는 월급은 200원, 220원, 250원입니다. 현재의 경향으로는 선교 인력이 선교회들의 안전한 유지가 불가능하게 생각될 정도로 감소하고 본토인의 수가 예산의 허용 한도까지 늘어날 것이 예상됩니다.

디펜돌퍼(Diffendorfer) 박사님*이 올해 어느 때에 한국에 오실 예정이란 소식을 들었습니다. 그분의 한국 순회 일정이 조정되어 당신의 선교부가 관여하고 있는 연합기관들의 문제를 하루 정도 따로 다룰 수 있게 되기를 희망합니다.

안녕히 계십시오.

O. R. 에비슨

출처: UMAC

---

* 디펜돌퍼(Ralph E. Diffendorfer): 이 편지의 발신자인 에드워즈(John R. Edwards)와 함께 북감리회 선교부에서 통신총무로 활동하였다.

COOPERATING BOARD FOR CHRISTIAN EDUCATION IN CHOSEN

CHOSEN CHRISTIAN COLLEGE   SEVERANCE UNION MEDICAL COLLEGE
SEOUL, KOREA

January 3, 1927.

Rev. George F. Sutherland, D.D.,
Treasurer, Cooperating Board,
New York, N.Y.

Dear Dr. Sutherland:

Your letter of November 5th has been before me for some time. It relates to the question raised by Mr. Willis of the Southern Presbyterian Board in regard to the support of nationals by any of the Co-operating Missions.

The particular case in question has been settled, as the institution has engaged the young man and his salary is being paid out of the sum contributed by the Southern Presbyterians to our budget, which sum includes $2,000 in lieu of a missionary doctor.

There is another young doctor who has been in the United States for a few years receiving training at the expense of the Southern Presbyterian Board, and whom their Mission is to assign to Severance upon his return to Korea some time this coming summer. His salary will also come out of the same fund, that is, the amounts contributed to our budget by the Southern Presbyterian Mission.

With regard to the larger issue you have raised -- the supporting of particular national workers by particular Boards -- as you say it is a question that will require consideration.

There have been one or two foreign-trained nationals who have sought appointment to our institution on a missionary basis: they would not be satisfied to come unless they received missionary salary in other words. We have not favored this principle, believing that the wiser course is for nationals to be employees of the institutions they serve. In this way, all are on a similar basis, and the salary schedules are made up with due regard to what affords a reasonable standard of living in the country concerned. It could easily create dissatisfaction where one national is the appointee of a Mission Board and others are not.

Another aspect of the matter is designating a particular national as the representative of any particular Board or Mission. We do not think this is a wise policy. We would welcome the recommendation of suitable men to the consideration of our Field Board for appointment on the part of any co-operating Mission, but when engaged they should be responsible to that Field Board and its administrative authorities and not to any other body.

2.

Furthermore, Missions or Conferences are composed mainly of ordained men, and function to a greater or lesser extent as church courts. A very small percentage of our Chosen Christian College nationals are ordained men, and none of our doctors. So the question of nationals in union institutions functioning as Mission representatives is hardly practicable.

We are approaching an era in the missionary enterprise when the missionary element is bound to decrease and the number of employed nationals will be greater if the institutions which have been built up are to continue. The cost of maintaining missionaries is going up. In Korea several Missions have recently requested increases in salary for they find they cannot live on the old rates. The imposition of a higher Customs tax in China will inevitably cause a change in economic conditions there for the missionary which will be reflected in time by demands for increased salaries, and there is a considerable personnel to be considered there. How much more can the revenues of Mission Boards stand is the question?

We are finding some difficulty in keeping up our foreign missionary personnel in union institutions. The Southern Presbyterian Mission, for example, has had a vacancy for five or more years in its Severance quota. Some other Missions are short in their quotas. In institutions like ours which have received government charters, and have thereby assumed contractual relations with governments and students, vacancies in quotas cannot be allowed to interfere with teaching; it is for that reason that the Cooperating Board inserted the provision in the charter that vacancies in quotas should be compensated for in cash. As you know, some Boards are faithfully observing that provision and others are lax.

Then with the natural growth of institutions such as ours, and the better quality of teaching demanded, and the growing number of available men, additions or nationals to our faculties are the natural development. For that reason, budgets cannot be static. Missions and Boards should provide for periodical readjustments in their contributions to the union plants which they have brought into being and which, to a certain extent, are the crowning pieces of work of the enterprise.

Ten years ago, nationals trained abroad were willing to work for mission institutions for Y100.00 per month, but that is not the case to-day, nor would we wish them to do so. The salaries given in institutions of College grade for men with such training is Y200, Y225 and Y250 per month. The present tendency forecasts the gradual reduction of missionary personnel to the lowest point that the Missions feel they can maintain with safety, and the increasing of the national element to the limits that budgets will permit of.

I learn that Dr. Diffendorfer will visit Korea sometime this year, and I hope that his itinerary in Korea can be so arranged that he can devote a day or so exclusively to the problems of the union institutions in which your Board is interested.

Very sincerely,

2. 에드워즈[북감리회 선교부 총무]가 에비슨에게

1927년 1월 31일

O. R. 에비슨 박사, 교장
조선 기독교 교육을 위한 협력이사회
서울, 한국

친애하는 에비슨 박사님:

당신의 12월 20일 자 편지를 우리가 받았는데, 그 안에 12월 17일에 열린 연희전문학교 이사회의 회의록과 관련 문서들의 사본이 들어있었습니다. 우리는 이 문서를 매우 흥미롭게 읽고 도움을 받았습니다.

우리도 디펜돌퍼(Diffendorfer) 박사가 세운 극동아시아 순회 사역 계획이 무산되지 않기를 희망합니다. 그의 순회 일정을 보면 그는 조선 [감리회] 연회에 참석할 것을 고려하고 있습니다. 5월 11일과 6월 28일 사이 어느 때에 한국에 갈 것입니다.

안녕히 계십시오,

존 R. 에드워즈

출처: PHS

803-1

January 31st
Nineteen Twenty-seven.

Dr. O. R. Avison, President
Cooperating Board of Christian Education in Chosen
Seoul, Korea

Dear Dr. Avison:-

  We have your letter of December 20th, enclosing copies of the minutes and other documents of a meeting of the Field Board of Managers of the Chosen Christian College, held on December 17th. We have read these with great interest and profit.

  We, too, hope that nothing will break into the schedule which Dr. Diffendorfer has planned in his tour of the work in the Far East. According to his itinerary, he is contemplating a visit to the Korea Annual Conference and will be in Korea some time between May 11th and June 28th.

    Cordially,

      John R. Edwards

K

3. 에비슨이 그랜트[캐나다장로회 선교부 총무]에게

1927년 2월 2일

앤드류 S. 그랜트 박사,*
선교부 총무,
캐나다장로회,
토론토, 캐나다.

친애하는 그랜트 박사님:

최근에 조희염**이라는 한국인이 보낸 편지들을 받았는데, 한국에서 진행되는 연합교육에 [1925년 캐나다장로회·감리회·회중교회의 연합에 참여하지 않았던 잔류파] 장로회가 협력할 가능성이 있는 것과 관련하여 자기가 당신과 면담하였다고 말하였습니다. 그는 우리가 협력할 의향을 보이면 당신이 세브란스의전과 연희전문학교 사역을 위해 우리와 기꺼이 협력할 것으로 생각하고 있는 듯이 보입니다.

만일 이것이 사실이라면 이곳의 두 대학 당국은 당신이 협력할 의향을 보일 경우에 이를 매우 기쁘게 환영할 것이라고 말할 수 있습니다. 이 문제는 우리에게 새로운 것이 아닙니다. 우리가 2년 전쯤에 용정의 마틴(S. H. Martin)*** 의사를 통해 제안을 받았는데, 그는 그때 당신의 교회[캐나다장로회]가 만주에 있는 그의 선교지 사역을 맡을 것으로 예상하였고, 우리는 그에게 당신의 교회가 한국에서 의료 및 고등교육 사역에 참여할 마음을

---

* 그랜트(Andrew S. Grant, 1860~1935): 캐나다장로회 목사로서 해외 선교사로 일한 적이 있고, 1911년부터 국내 선교를 이끌다가 1925년 캐나다장로회·감리회·회중교회의 연합에 반대하여 잔류한 캐나다장로회의 선교부 총무가 되어 1935년까지 해외 선교를 이끌었다.
** 조희염(曹喜炎): 캐나다장로회 선교사들의 지원을 받아 캐나다 달하우지대학 문학부와 토론대 신학교를 졸업하고 미국 시카고대에서 공부하면서 이용설, 오한영, 노준탁, 장세운(수물과 제1회 졸업) 등과 함께 북미 대한인유학생회에서 활동하며 총회장을 역임하였다. 1927년 귀국하여 영생학교 교사가 되었다가 1930년 독일에서 열린 기독교청년면려회 세계대회에 참석하였고, 이후에 원산에서 목회하였으며, 1938년부터 연희전문 이사로 활동하였다.
*** 마틴(Stanley H. Martin, 1890~1941): 캐나다장로회 의료선교사로 1916년 내한하여 용정에서 활동하면서 3.1운동과 이듬해 간도참변 때 일제의 만행을 폭로하였다. 1927년부터 세전 교수가 되어 폐결핵 퇴치를 위해 노력하고, 1940년 귀국하였다.

갖는다면, 우리가 그를 당신들[캐나다장로회]의 대표로 여기고 환영할 것이란 점을 당신이 그에게 확신시켜도 될 것이라고 대답하였습니다. 그는 지금 세브란스의전에 가도록 캐나다연합교회 선교부에서 임명받은 신분이므로 1927년 4월 1일까지 우리에게 보고해야 할 의무가 있습니다.

조 씨의 편지를 받은 후에 [캐나다] 연합교회 측의 선교사들은 그 제안에 어떤 견해를 보일지 궁금해졌습니다. 이 일을 확실하게 하고 혹시라도 누군가를 곤란에 빠뜨릴 여지가 생기는 것을 일절 피하기 위해 캐나다연합교회 측 선교사들에게 그 문제에 관해 의논해보고 그리하여 내린 결과를 나에게 알려달라고 요청하였습니다.

마틴 의사가 우리에게 편지를 보냈을 때쯤에 내가 암스트롱(A. E. Armstrong) 목사*에게 썼던 이전 편지들에서 그런 말을 했던 것 같습니다. 내가 암스트롱 씨로부터 편지를 받았는데, 혹시 한국 사역을 끝내 그[캐나다 잔류파] 장로회에 양도하지 않더라도 당신이[그랜트가] 만일 그 [옛] 동료들과 협력할 마음을 가진다면 마틴이 당신의 [잔류파] 선교부에서 임명받는 것을 자기[캐나다연합교회] 선교부는 진심으로 승인하겠다는 내용이었습니다.

겨울 날씨 속에서 모든 선교지회와의 통신에 어려움이 있어 많은 시간이 지난 후에야 연합교회 선교회 총무로부터 편지를 받았습니다. 연합교회 측에서 협력하는 대학들과 당신들이 협력하는 것에 진심으로 찬동한다는 뜻을 그 선교회가 사실상 전원 일치로 표명하였다는 사실을 알려주는 내용이었습니다.

그러므로 우리 두 대학은 당신에게 한국 청년들을 위한 기독교 고등교육 사역을 위해 우리 학교와 협력해주기를 매우 간곡하게 요청합니다.

당신이 이 두 학교에 관해 생각할 때 어떤 확실한 안내를 받을 수 있도록 이 학교에 관한 다음의 사실들을 기쁜 마음으로 알려드립니다.

---

* 암스트롱(A. E. Armstrong): 캐나다장로회 선교부 총무로 활동하다 1925년 캐나다의 장로회, 감리회, 회중교회의 통합으로 캐나다연합교회가 출범한 후에 연합교회 선교부의 총무로 활동하였다. 캐나다장로회 선교부 총무로 활동하던 때인 1918~19년 동아시아 선교지를 순방하면서 연희전문을 돌아보고 이사회 회의에도 참석하였다. 순방을 마칠 무렵 3.1운동이 벌어져 에비슨 등의 재경 선교사들로부터 일제의 만행을 폭로해달라는 부탁을 받고 귀국하여 폭로 활동을 벌이기도 하였다.

세브란스연합의학전문학교, 병원, 산파간호부양성소*:

이곳의 사역은 1885년부터 수행되었는데, 처음에는 한국 왕립병원으로서 전 황제[고종]로부터 운영자금을 지원받았습니다. 그러한 법적인 관계가 1894년에 중단되어, 이후 1915년이나 그 무렵까지 미국 북장로회의 사업으로 운영되었고, 지금은 6개 해외선교부가 그곳에서 협력하고 있습니다.** 의학교는 1908년 제1회 졸업생을 배출하였고, 그 후 약 150명의 의사를 졸업시켰으며, 내년 4월에 입학생을 늘리면 다음 학년에 등록생이 100명 이상이 되고 매년 늘어나 정규 등록생이 140명에서 150명까지 늘어날 것입니다. 그에 따라 졸업생이 매년 25명이나 그 이상이 될 것입니다.

우리 산파간호부양성소는 65명의 한국 여자 청년을 졸업시켰고, 내년 3월에는 7명을 더하여 그 수가 총 72명이 될 것입니다. 의전과 산파간호부양성소 두 학교가 다 총독부의 인가를 받았으므로 졸업생들은 총독부의 의사고시를 치르지 않고 의료 면허를 받습니다. 일본 제국 안에서 다른 어느 사립 의학교도 그런 것을 받지 못하고 있으므로, 이 일은 총독부가 학교 수준을 인정하고 있음을 입증하는 특별한 표시가 되고 있습니다.

두 학교의 정규 커리큘럼 안에 성경공부가 들어있고, 커리큘럼 안에서 종교 사역을 많이 강조하고 있으며, 채플 예배를 매일 드리고 있습니다. 전도사는 남자 2명, 여자 2명, 총 4명을 고용하여 두 학교 학생들과 부모들을 위해 일하고 있고, 환자 집까지 가서 돌보고 있습니다.

학교 정관을 살피면 협력 선교회들을 대표하는 선교사 이사들과 동양인 이사들로 구성된 이사회가 학교 운영을 이끌고 있는 것을 보게 될 것입니다. 후자의 이사 몇 명은 이사회 자체에서 선출되지만, 어떤 이사들은 한국 장로교회[조선예수교장로회], 감리교회[남북 조선연회], 본 대학 동창회에서 지명받습니다.

개별 선교회가 지명할 수 있는 이사의 수는 기부금을 내는 선교회의 재정적 기여도에 따라 다릅니다. 매년 2천 5백 원을 내면 이사 1명을 낼 권리를 얻고, 5천 원을 내면 이사 2명, 1만 원을 내면 3명, 2만 원을 내면 4명을 얻는 식으로 하며, 학교에 내는 영구 기부금의 연간 기부금은 그것의 5% 금액으로 환산되므로 2만 5천 불의 기부금은 5%로 환산

---

* 세브란스의전의 부속 학교인 간호부양성소(1906년 설립)가 1924년 총독부의 인가를 받고 나서 산파간호부양성소로 이름이 변경되었다.
** 1894년 9월부터 북장로회 선교부가 운영하다가 1908년 제1회 졸업식 후에 남·북감리회와 성공회가 조력하였고, 1913년 5개 교파(남·북장로회, 남·북감리회, 호주장로회)의 연합운영 체제를 이루었으며, 캐나다장로회가 1916년 합류하였다.

하여 매년 1천 2백 5십 불 또는 2천 5백 원을 내는 것과 같습니다.

당신은 아마도 첫 단계에서는 우리 교직원에 최소한 한 명의 대표를 두고 싶어 할 것입니다. 이렇게 할 때는 의사 1명을 보내도 되고, 간호사 1명을 보내도 되며, 혹은 둘 다 보내도 됩니다. 의사 1명은 연 2천 불을, 간호사 1명은 1천 불을 내는 것으로 인정되는데, 대학이사회에 이사를 임명해서 보내는 일은 당신의 재정 형편에 달려 있습니다. 의사가 기혼자이면 건물의 규모에 따라 6천 불이나 7천 불이 드는 주택이 필요합니다.

집을 지을 땅은 우리에게 넉넉하므로 대지 구입비가 필요하지 않습니다.

긴급하게 더 필요한 의사들이나 의학 교원들의 순서는 다음과 같습니다.

1. 안과. 시력을 측정하고 사업적으로 안과 시설을 감독하는 일이 포함됩니다.
2. 세균학. 면역학을 포함하여 이 유형의 사역에 특별히 관심을 가져야 합니다.

간호학생들을 가르치고 병원 부서들을 맡아서 이끌 간호사들이 더 필요합니다. 지금 가장 긴급하게 요청되는 사람들은 다음과 같습니다.

1. 병원 간호 책임자
2. 대인(對人) 기독교 사역자의 역량을 지닌 가정 방문과 사회봉사 간호 책임자
3. 약국에서 간호사들을 이끌고 약국의 환자들을 상대할 기독교 사역 책임자
4. 격리병사[세브란스병원 내 경성부민병원] 간호 책임자

당신께 우리 부지의 도면을 보내드립니다. 거기에 건물들이 표시되어 있고 이 건물들의 건축 순서와 각 건물의 견적가가 설명되어 있으며, 가장 긴급히 필요한 것들도 설명되어 있으므로, 당신은 아마도 당신의 기부금이 정말 어떤 식으로 가장 유용하게 사용될 수 있는지를 알게 될 것입니다.

1	세탁실, 부엌, 회복기 환자들과 환자 지인들 및 인턴들의 종교·사회사역 용도 건물	
	1, 2층 건축 비용(세탁실과 부엌), 가구와 기계 포함	$15,000
	그 위에 추가하는 층의 건축 비용	5,000
2	한국인 간호사 기숙사 확장 비용	
	간호학생 30명에서 40명 추가 수용 목적	$20,000
	또는 2개 구역	각 10,000

3	아래의 설비들로 구성된 중앙난방 시설
	    a. 건물
	    b. 보일러들
	    c. 모든 건물로 연결된 외부 온수 공급관
		$10,000
		5,000
		5,000
		계 20,000

4	아래 과목 의학 실험실 건물
	    해부학, 조직학, 발생학
	    화학, 생화학
	    생리학, 약리학
	    생물학
	    병리학, 기생충학
	    세균학, 위생학
	    약물학, 약국	

이 같은 건물이 있으면 우리의 모든 의학교육이 진정한 과학적 이상에 기초하고 우리 졸업생들이 최고 수준의 의학 사역을 하는 역량 있는 사람들이 되는 것을 보장받을 것입니다.

이런 건물을 짓고 설비를 갖추는 데는 6만에서 7만 불가량이 들 것입니다. 어떤 부유한 사람에게는 이 일을 위해 한국에 기부하는 것이 확실히 가치 있는 목표가 될 것이므로 만일 그 금액을 기증하고자 한다면 훨씬 더 좋을 것입니다.

'신(新)병실'을 짓기 위한 설계도는 토론토의 건축가 고든(H. B. Gordon)*이 작성하였으므로 그가 그 일에 관해 설명해줄 수 있습니다. 그는 (녹스〈Knox〉) 장로교회의 유명한 교인이자 우리 사역의 우인이며 나의 사적인 친구이므로 당신은 틀림없이 그를 알고 있을 것입니다.

기부금 문제에서는 우리의 경상 예산이 현재 크게 부족하므로 이를 연례 지급금으로 받게 되면 크게 감사할 것이고, 기본재산 기금으로 받으면 예산을 위한 확실한 연례수입을 얻게 될 것입니다. 우리의 기본재산은 올해 6월 1일 어떤 우인으로부터 5만 불을 투자받게 될 것 외에는 아직 아무것도 없습니다.

빈궁한 이 나라에서 일할 유능한 기독교 의료인을 가장 생산적으로 배출할 수 있도록 우리가 사역하는 의학대학의 수준을 높이기 위한 수입 목표에 도달하려면 현재 수입보다 2만 5천 불이 더 필요합니다.

우리는 기본재산 자금을 50만 불로 높일 작정입니다.

---

* 고든(Henry B Gordon: 1855~1951): 캐나다 토론토의 건축가로 1904년 개원한 세브란스병원을 설계하였고, 이후에도 세브란스의전의 여러 건물을 설계하였다.

여러 협력 선교회는 다음과 같이 분담하고 있습니다.

	의사	간호사	예산
북장로회	6	3	¥1,000
남장로회	1	1	$2,000
북감리회	2	1	$2,500
남감리회	2	0	$2,500
여성 연맹	–	1	$ 500
캐나다연합교회	1	1	$1,250
호주장로회	1	0	$ 500
협력이사회	1(사무장)		

호주인들은 그들의 [간호사 교수 파송 인력] 쿼터에 간호사 한 명을 추가할 작정입니다. [선교부들이 분담하는 세브란스의전 교수 파송 인력의] 쿼터들이 현재 일부 비어있는데, 이는 지난 2, 3년 동안 사임한 사람들이 있었기 때문입니다. 재정 협력의 기준을 정한 운영 규정의 사본을 동봉해서 보내겠습니다.

북장로회 측은 기부금은 적지만 그들이 보낸 인력은 많습니다. 그 위에 존 세브란스(J. L. Severance) 씨와 그의 자매 프렌티스(F. F. Prentiss) 부인*이 이 사역에 대한 부친의 관심을 이어받아 매년 1만 불을 기부하고 있으므로, 그 금액이 북장로회 선교부에서 부담하는 몫으로 인정되고 있습니다. 신병실은 세브란스 일가의 기부금 덕분에 건축되고 있는데, 그 건물의 유지를 위한 기본재산으로 5만 불을 또한 기부받았습니다. 한국인의 기부금으로 시작된 새로운 격리병사를 제외하고 세브란스병원의 모든 시설이 사실상 세브란스 일가의 기부로 마련되었습니다.

연희전문학교:

이 사업을 위해서는 4개 선교부가 협력하고 있습니다. 그들은 위의 명단에서 남장로회와 호주장로회를 제외한 선교부들입니다. 우리는 1914년[예비학교] 또는 1915년부터 조직되었습니다. 땅과 건물들에 40여만 불이 투입되었고, 우리는 도시에서 3마일 떨어진 곳

---

* 세브란스(John L. Severance, 1863~1936)와 그의 자매 프렌티스(Prentiss) 부인: 1900년 세브란스병원의 건축비를 기부했던 오하이오주 클리블랜드의 사업가 루이 세브란스(Louis H. Severance, 1838~1913)의 아들과 딸로서 세전을 위해 연구부 연구비, 적자보전금, 신병실 건축비, 그 밖의 여러 명목으로 많은 기부를 하였다. 존 세브란스는 협력이사회의 출범 때부터 1936년 사망할 때까지 재정위원회 위원장을 맡아 세전과 연전의 재정을 후원하였다.

에 200에이커가 넘는 방대한 부지를 보유하고 있습니다. 석조건물 4개, 교수 사택 9채, 모범촌 주택 6채가 건축되었습니다. 각 봉투에 들어있는 모금을 위한 핸드북들이 하나씩 발송될 것인데, 당신이 그것들을 보면 이 대학의 건물과 자연경관의 아름다움을 알게 될 것입니다.

현재 대학에 20만 불가량의 기본재산이 있고, 앞으로 더 많아질 것으로 예상됩니다. 현재의 협력은 다음과 같이 이루어지고 있습니다.

	선교사	예산($)	비고
북장로회	4	5,000	연례 기부금
북감리회	3	4,000	상동
남감리회	2	2,500	상동
캐나다연합교회	1	500	상동

[캐나다] 연합교회는 몇 년 동안 그들의 대표를 보내지 않고 있지만, 사람 대신 매년 2천 불을 지불하고 있습니다. 그런 규칙은 세브란스의전과 연희전문에 인력의 공백이 생길 경우를 대비하여 조선 기독교 교육을 위한 협력이사회가 채택하였습니다.

[이사회] 정관의 사본을 동봉합니다. 당신은 거기에서 협력 수위가 규정된 것을 볼 것입니다. 협력하는 선교회들은 땅과 시설을 위해 대체로 다음과 같은 금액을 기부하고 있습니다.

	약정금($)	지급금($)
북장로회	103,000	103,000
북감리회	72,000	72,000
남감리회	40,000	40,000
캐나다연합교회	40,000	15,000

그 밖의 기부금으로 행정용 건물을 짓도록 고 스팀슨(Charles M. Stimson) 씨가 준 2만 5천 불, 사택들을 짓기 위한 스몰리(Smalley) 기금 등등이 있습니다.

당신의 협력 수준은 교원 1명을 임명하고 그의 주택을 위해 7천 불을 제공하되 부지를 대학에서 무료로 배정받고 [학교] 예산을 위해 연례 기부금을 제공하는 것으로부터 시작할 수 있을 것입니다. 만일 당신의 선교부가 대학 자본금의 분담금으로 4만 불을 부담한다면, 7천 불이 그 기부금의 일부로 기입되고 나머지 금액은 그 계획을 발전시키는 데로 돌려질 것입니다. 예를 들면, 현재 기숙사 하나가 너무 과밀해져서 다른 하나를 지어야 하고, 식당과 휴게실이 긴급하게 필요합니다. 채플과 학생활동 건물이 필요하고, 집회실과 가게가 혼재한 건물, 도로, 운동장, 급수시설 등 그런 기본 필수 시설들을 위한 기금이 필요합니다.

세브란스의전과 이 대학, 두 곳에서 일할 인력을 선발하려면 교수 자격이 필수적인 점을 유념해야 합니다. 물론 선교 동기와 영적 자질도 유념해야 합니다. 달리 말하자면, 당신의 선교부가 두 대학에 보낼 지원자를 임명하기 전에 그의 자격조건을 우리에게 보내어 그가 잘 해내게 될지를 알려줄 수 있다면 좋을 것입니다.

대학은 현재 문과, 상과, 수물과의 3개 학과를 운영하고 있습니다. 학생은 200명이 출석하고 있습니다. 1919년 제1회 졸업생이 배출되었습니다. 14명의 한국인 교원들이 미국이나 영국에서 대학을 졸업하였습니다.

더 알고 싶은 것이 있어서-아마도 많이 있겠지만-당신이 그런 것을 말해주면 기꺼이 설명해드리겠습니다. 뉴욕 5번가 156번지에 있는 협력이사회 총무 홀(Ernest F. Hall) 박사*도 그런 것들을 당신이 이 먼 곳으로부터 들을 수 있는 것보다 더 빠르게 알려줄 수 있을 것입니다.

조희염(H. Y. Cho) 씨에 관해서는 캐나다 선교회가 전에 그를 임명해주도록 그의 이름을 통지하였고, 암스트롱(A. E. Armstrong) 목사가 편지에서 그에 관해 언급하였습니다. 암스트롱 씨는 자기 선교부가 조희염과 그의 한국 귀국 문제를 상의하였다고 알려주었지만, 조 씨는 선교사 대우를 받지 않는다면 오지 않겠다고 하였습니다. 우리는 암스트롱 씨에게 대학은 현재 어느 본토인도 선교사 대우로 영입할 수 없다고 통지하였습니다. 그렇게 하면 다른 교직원과 갈등을 일으키게 됩니다. 그들은 같이 일하게 되는 어느 누가 자신들과 다른 기반에 있다면 달가워하지 않을 것입니다.

조 씨가 자격을 갖춘 과목들에서는 현재 우리 교직원 사이에 빈자리가 없다고 말할 수밖에 없어서 유감입니다. 교직원 가운데 이미 많은 사람이 이 과목들을 맡고 있습니다.

당신의 협력을 얻을 목적으로 우리가 특정의 사람을 임명하는 것은 지혜로운 일이 아닌 듯합니다. 그것은 좋은 원칙이 아니고 모든 선교회가 그런 원칙에 따라 하겠다고 주장한

---

* 홀(Ernest F. Hall, 1868~1955): 북장로회 선교사로 1903년 내한하여 1908년까지 부산, 선천, 서울에서 선교하다 귀국하였고, 이후 뉴욕 북장로회 선교부에서 지역 총무로 활동하다 1924년 8월 협력이사회 총무가 되어 일제 말까지 활동하였다.

다면 많은 혼란이 일어날 것입니다.

우리가 보기에는 먼저 협력할 것을 결정한 다음에 어떤 방식으로 협력하여 사역에서 최선의 결과를 낼 수 있을지를 숙고하는 편이 지혜로울 것 같습니다.

예를 들면, 우리 의학교에 선교사를 보내지 않고 있는 남장로회 선교회는 우리에게 우리가 쓰고 싶은 한국인들을 선택하여 그들이 보낸 기부금으로 봉급을 지불하라고 지시하였습니다. 이런 것은 유용한 교직원을 세울 수 있게 하고, 모든 사역에 교직원을 둘 수 있게 합니다.

말을 맺기 전에, 우리 대학들은 당신의 협력을 매우 진심으로 환영한다는 점을 거듭 말씀드리고, 우리만 아니라 당신 자신도 만족스럽게 이런 일을 하기 위해 더 앞고 싶은 것을 모두 적어서 우리에게 보내주시기를 바랍니다.

안녕히 계십시오.

O. R. 에비슨

출처: PHS

February 2, 1927.

Dr. Andrew S. Grant,
Sec. General Board of Missions,
The Presby. Church in Canada,
Toronto, Canada.

Dear Dr. Grant,

I have received letters recently from a Korean named M. Y. Cho who said he had had an interview with you concerning the possibility of the Presbyterian Church cooperating in the Union Educational work in Korea. He appears to think you would be willing to cooperate with us in the Severance Union Medical College and in the Chosen Christian College were we willing to accept such cooperation.

If this is the case I am glad to be able to say that the authorities of these two colleges would be very glad to welcome such cooperation as you might be willing to undertake. This question is not a new one to us. It was suggested to us some two years ago by Dr. S. H. Martin of Lung Chung when he was expecting that your church would take over the mission work in his station in Manchuria (part of the work of the Canadian Mission in Korea) and we replied to him that he could assure you we would welcome him as your representative should your church be willing to take a part in the medical work and higher educational work in Korea. He is now under assignment to the Severance Union Medical College by the Board of the United Church of Canada, and will report to us for duty April 1/'27.

After receiving Mr. Cho's letters a question arose as to the views that might be held by the missionaries of the United Church on the proposal and to make sure of this and avoid all possibility of embarrassment to anyone I sent a request to the United Church of Canada missionaries to discuss the matter and inform me of their conclusions.

I may say that in previous correspondence with Rev. A. E. Armstrong, when Dr. Martin wrote us concerning the same subject, I received a letter from Mr. Armstrong, which gave the cordial acquiescence of their Mission Board to the appointment of Dr. Martin by your Mission Board if you should have a mind to cooperate with the Colleges, even though the work in Korea should not be eventually taken over by the Presbyterian Church.

After much delay caused by the difficulty of getting word to me from all the stations in winter weather I have received a letter from the Secretary of the United Church Mission saying there was a practically unanimous response expressing a cordial acquiescence in your cooperation with the Colleges in Seoul with which they also cooperate.

Both these Colleges, therefore most cordially invite you to cooperate with them in the work of higher Christian Education for the young men of Korea.

2

I take pleasure in submitting the following information concerning these two institutions, that you may have something definite to guide your consideration of them,-

1. **Severance Union Medical College, Hospital and Nurses Training School.** This work has been under way since 1885, first as the Royal Korean Hospital, subsidized by the late Emperor. In 1894, the regal connection was dropped and until 1915 or thereabout it was operated as an enterprise of the American Presbyterian Church in the U. S. A. Then it became unionised, and there are now six foreign mission boards cooperating in it. The Medical College graduated its first class in 1908 and since that time it has graduated about 150 doctors and next April we may increase our entrance class so that the registration next year may be more than 100 increasing year by year till it reaches about 140 to 150 as our regular enrolment, ensuring a graduating class thereafter of 25 or more each year.

Our school for Nurses has graduated 65 of the young women of Korea and seven will be added to the list next March, making a total of 72. Both Medical School and Nurses Training School are chartered by the Government and the graduates are immediately licensed to practise without a Government Examination. This is a special mark of the Government's recognition of the standards of the schools as no other private medical school in the Japanese Empire has it.

Bible Study is a part of the regular Curriculum of both schools and much emphasis is laid on the religious side of the work, chapel exercises being held daily. Four evangelists are employed two men and two women who work with both students and patients and follow up the patients to their homes.

You will note by a reference to the charter that the Government of the Institution is in the hands of a Field Board of Managers composed of missionary representatives of the cooperating missions and Oriental members. The latter are in some cases coopted by the Board itself but a certain number are nominated by the Korean Presbyterian General Assembly, the Methodist Conferences and the Alumni of the College.

The number of members any mission can nominate is governed by the financial value of that missions' contribution. That is an Annual contribution of ¥ 2500 gives a right to one member, ¥5,000 to two, ¥ 10,000 to three ¥ 20,000 to four and so on and a contribution to the permanent funds of the institution has its annual value computed at 5% so that a contribution of $25,000 at 5% is equivalent to an Annual contribution of $1,250 or ¥ 2,500.

Presumably you would wish in the first place to have at least one personal representative on our staff and this might be either a doctor or a nurse or both.
A doctor would be valued at $2,000 per year, and a nurse at $1,000 in computing your financial interest in the appointment of members on the Field Board of Managers.
A doctor, if married, would need a home at a cost of $6,000 to $7,000 according to its size.

3

We have plenty of land for residences so the site would cost nothing.

Doctors or Medical Teachers are still needed in the following order of urgency.

1. Ophthalmology, including Optometry and the direction of an Optical plant with its business aspect.
2. Bacteriology, including Immunology – Should have given special attention to this type of work.

Nurses are still needed who can be teachers of nurses and chiefs of hospital departments.
Those most urgently called for now are,

1. Superintendent of hospital nursing.
2. " of home visitation and social service with capability as a personal Christian worker.
3. Superintendent of Dispensary Nurses and of personal Christian work amongst dispensary patients.
4. Superintendent of Contagious Disease Hospital.

I am sending you a diagram of our site with the buildings shown on it and an explanation of the order in which these are being built and the estimated cost of each together with a statement of the most urgent needs so that you may know in just what ways your contributions can be most usefully applied.
You will note that the most urgent buildings are

1. The building for housing the laundry, the kitchen, the religious and social work for convalescent patients and their friends and the internes –
Cost of 1st two floors (Laundry & Kitchen)
including furnishings & machinery $ 15,000
Cost of each additional floor   5,000

2. Enlargement of Korean Nurses' Dormitory
to accommodate 30 to 40 more pupil nurses –   20,000
Or in 2 sections of $ 10,000 each

3. A central Heating plant consisting of

    a. Building $ 10,000
    b. Boilers   5,000
    c. Outside hot water
       mains to all bldgs 5,000
                     $ 20,000

4. Laboratory Building for the Medical Sciences
Viz, Anatomy, Histology & Embryology
     Chemistry and Biochemistry
     Physiology and Pharmacology

4

       Biology
       Pathology and Parasitology
       Bacteriology and Hygiene
       Materia Medica & Pharmacy

Such a building would ensure that all our Medical teaching would be given on a basis of true scientific ideals and that our graduates would be men capable of the highest type of medical work.

Such a building would cost for its erection and equipment about $60,000 to $70,000. This would certainly be a worthy object for some wealthy man to give to Korea and if he wished to endow it so much the better.

The plans for the new hospital wing were prepared by architect H. B. Gordon of Toronto and he can give you information about them. You doubtless know him as he is a prominent member of the Presbyterian Church (Knox) and a friend of our work and of me personally.

In the matter of money contributions - our Current Budget is at present greatly inadequate so that a yearly grant - would be greatly appreciated or an endowment Fund to produce a definite annual sum for the budget. Our endowment is yet nil but an investment of $50,000 will be made by a friend on June 1st of this year.

We need $25,000 a year over and above our present income to bring our work as a Medical College to the Standard we are aiming at and any amount you could contribute towards that sum would put your money where it would be most productive in making competent christian medical men for this needy land.

We aim to raise the endowment Fund to $500,000.00.

To Dr. A. S. Grant

The quotas assumed by the various cooperating Missions are as follows:

	Doctors	Nurses	Budget
Northern Presbyterian	6	3	Y 1,000
Southern Presbyterian	1	1	$ 2,000
Methodist North	2	1	$ 2,500
Methodist South	2	0	$ 2,500
Woman's Council	-	1	500
United Church of Canada	1	1	$ 1,250
Australian Presbyterian	1	0	$ 500
Cooperating Board	1 Business Man		

The Australians are expecting to add a nurse to their quota. At the present moment there are some vacancies in quotas, due to resignations in the last two or three years. I am enclosing a copy of the Government Charter which sets forth the financial basis of Cooperating.

The Northern Presbyterian contribution in money is small, but its personnel is large. In addition, Mr. J. L. Severance and his sister, Mrs. F. F. Prentiss, maintain their father's interest in the work by an annual contribution of $10,000, for which the Presbyterian Board claims credit. The new hospital referred to as in course of construction is a gift of the Severance family, also the $50,000, endowment for its maintenance. Practically the whole Severance plant has been provided by gifts of the Severance family, with the exception of the new Isolation Hospital, which was begun with a gift from the Koreans.

CHOSEN CHRISTIAN COLLEGE: There are four Boards cooperating in this enterprise, those above named with the exception of the Southern Presbyterian and the Australian. We have been organized since 1914 or 1915. Some $400,000 has been invested in land and buildings, and we have a magnificent site three miles from the city comprising more than 200 acres of land. There are four stone buildings erected, and 9 teachers' residences, and a Model Village of six houses. Under separate cover one of the campaign hand books is being sent which will give you some idea of the architectural and scenic beauty of the College.

The College has an endowment of about $200,000 at the present time, and more is in prospect. The present basis of cooperation is as follows:

	Missionaries	Budget	
Northern Presbyterian	4	$5,000	per annum
Northern Methodist	3	4,000	do.
Southern Methodist	2	2,500	do.
Canadian United Church	1	500	do.

The United Church has been without a representative for some years, but pay $2,000 a year in lieu of their man. Such a rule has been adopted by the Cooperating Board for Christian Education in Chosen in the case of vacancies in personnel, both for Severance and the College.

6

I enclose a copy of the Charter, and you will note the basis of cooperation as defined therein. The cooperating Missions have contributed for land and plant approximately the following so far:

	Pledged	Paid in
Northern Presbyterian	$185,000	$185,000
Northern Methodist	$75,000	75,000
Southern Methodist	$40,000	40,000
United Church	$40,000	15,000

There have been a number of extra gifts, such as $85,000 from the late Mr. Charles M. Stimson for the Administration Building, and smaller sums for residences, etc.

Your basis of cooperation might begin by appointing a teacher, providing $7,000 for a residence for him, a free site to be assigned by the College, and an annual contribution to the budget. If your Board undertook a $40,000 capital share in the College, the $7,000 would be credited as part of that contribution, and the rest of the funds would go towards the development of the scheme. For example, the one dormitory is now outgrown, and another unit should be built. A dining and recreation hall is an urgent need. A chapel and students' activities building is needed, a sort of combination of Convocation Hall and Hart House, and funds for roads, athletic field, water supply and such basic needs are required.

In the selection of personnel for both Severance and the College, it should be kept in mind that teaching qualifications are the sine qua non, assuming of course the missionary motive and spiritual qualifications. In other words, before appointing an applicant to either college it would be well to submit his qualifications to us so that your Board could be informed as to whether he would fit in to advantage.

The College is conducting three departments at present -- Literary, Commercial and Science. There are 200 students in attendance. The first class was graduated in 1919. Fourteen Korean teachers are graduates of American or British colleges.

If there are any further points on which you would like information -- and there probably are a great number -- I shall be glad to give you information on such specific points as you may raise. Dr. Ernest F. Hall, the Secretary of the Cooperating Board, 156 Fifth Ave., New York, might also be able to give you information on certain points more quickly than you can get it from this distance.

With regard to Mr. R. Y. Cho, the Canadian Mission had previously placed his name before us for appointment, and a letter came from Rev. A. E. Armstrong in reference to him. Mr. Armstrong reported that his Board had been taking up with Mr. Cho the question of returning to Korea, but Mr. Cho declined to come other than on a missionary basis. We have advised Mr. Armstrong that the College could not at this stage accept any national on a missionary basis. To do so would only cause trouble with our staff, who would not be happy if one of their number were on a different basis than themselves.

7

I regret to have to say that there is no vacancy on our staff at present, in the subjects for which Mr. Cho is qualified these being amply covered by men already on the staff.

It would not seem wise to us make your cooperation dependent upon the appointment of any given individual - that would not be a good principle and would lead to much confusion were all missions to insist on acting on such a principle.

It would seem to us wise to determine first in favor of cooperation and then to consider in what ways such cooperation can best further the interests of the work.

The Southern Presbyterian Mission, for instance, not having missionaries to offer the Medical School have instructed us to select such Koreans as we desire to use and pay them out of funds which they have contributed. This enables to build up an efficient staff and provide for every part of the work.

In concluding I would reiterate that our Colleges will very cordially welcome your cooperation and I trust you will write us fully for any further information you may need in order to do this with satisfaction to yourselves as well as to us.

Very sincerely,

S

4. 서덜랜드가 에비슨에게

1927년 2월 4일

O. R. 에비슨 박사,
세브란스병원
서울, 한국.

나의 친애하는 에비슨 박사님:

당신의 1월 3일 자 편지를 큰 흥미를 갖고 읽었습니다. 당신이 해외에서 유학한 본토인을 선교사 대우로 받아들이기를 거부한 것은 확실히 지혜로운 대처였다고 생각합니다. 북감리회 선교부로서 우리는 어느 선교지에서든지 이렇게 하는 것을 꾸준히 거부해왔습니다. 그런 것은 감당할 수 없는 관계와 재정 부담을 선교부에 지울 것입니다. 그리하여 우리[가 후원하는] 연합기관들의 어느 곳에 매우 큰 어려움을 안겨줄 것이라고 확신합니다. 또한, 본토인이 어느 선교부의 대표로 지정되는 것도 매우 지혜롭지 않은 일임을 이해할 수 있습니다.

남장로회 측에서 그 문제를 제기하였으므로 당신의 대학이사회가 공식적으로 그 일에 관해 어떤 조치를 취하여 그로 인해 야기될 수 있는 어려운 점들을 밝히고, 그렇게 조치한 것을 이곳 선교부에 알려주면 좋겠습니다. 그런 후에 협력이사회가 그 문제에 원칙적으로 동의하면, 우리가 다른 모든 선교부에 그런 것을 알려 그들의 승인을 받는 일을 쉽게 진행할 수 있을 것입니다. 당신의 주장처럼 본토인 인력이 장차 늘어날 것이므로, 이 문제는 남장로회에 의해 먼저 제기된 이 시점에 해결해야 할 기본 원칙입니다. 그러나 이 일은 현지에서 먼저 시작되어야 한다고 판단됩니다. 만일 당신이 어떤 이유에서 그렇게 하지 않고 이 문제를 이곳[미국]에서 먼저 다루어야 한다고 생각한다면, 홀(Hall) 박사[협력이사회 총무]에게 알려 그와 함께 그 문제를 제기할 것을 제안합니다. 그러면 그가 이곳 미국에 있는 협력위원회[협력이사회]에서 그 문제를 다룰 수 있습니다.

현재 우리에게 재정 곤란을 안겨주는 요인들 가운데 하나는 사안들을 결정할 때 본토인들이 더 큰 목소리를 내게 해달라고 요구하는 것입니다. 우리 교회는 우리 돈을 분배하는 일을 본토인들이 얼마나 잘할 수 있든지 간에 그들에게 맡길 준비가 된 지점에 아직 이르지 못하고 있습니다. 이런 태도가 바뀌기 전까지는 선교부 수입이 지금 그들에게 배정된 돈보다 더 많이 빠져나가는 것을 선교부들이 견디지 못할 것입니다. 선교부들이 각자 연합 시설에 보내야 할 자금을 정기적으로 조정해야 하는 것은 옳지만, 연합기관들에 보낼 돈을 더 많이 찾아내는 것은 선교사들을 그렇게 하는 것만큼이나 어려운 일입니다. 그래서 당신은 그 자리를 맴돌고 있습니다.

디펜돌퍼(Diffendorfer)의 일정은 5월 11일부터 6월 28일까지 일본과 한국에 가도록 짜여 있습니다. 그가 어느 나라에 먼저 갈지는 내가 모릅니다. 당신이 웰치(Welch) 감독*이나 다른 사람을 통해 그와 만나서 대학과 병원에서 많은 시간을 보내며 그곳의 사역과 문제점들을 파악하게 할 수 있기를 희망합니다.

안녕히 계십시오.

GFS[G. F. 서덜랜드]

출처: UMAC

---

* 웰치(H. G. Welch, 1862~1969): 북감리회 감독으로서 1916년부터 1928년까지 한국과 일본 두 나라에서의 선교사업을 관리하였다.

February 4, 1927

Dr. O. R. Avison
Severance Hospital
Seoul, Korea.

My dear Dr. Avison:

I have read your letter of January 3rd with a great deal of interest. I certainly think you have acted wisely when you have refused to receive foreign trained nationals on the basis of missionaries. We have steadfastly refused to do this as a Methodist Board, in any of our mission fields. It would put upon us a relationship and a financial burden which it would be impossible for the Board to carry, and I am sure it would present very great difficulties to any one of our union institutions. I can see also, that it would be very unwise for a national to be designated as a representative of any particular Mission Board.

Since the Southern Presbyterians have raised that question, it seems to me that it would be well for your Field Board to take some action regarding it in a rather formal way, pointing out the difficulties that might arise, and get it before the Board here. Then if the Cooperating Board agrees to the matter in principle, we could easily pass it on to all of the other Boards for their information and possibly for their approval. Inasmuch as the national personnel is bound to increase in the future as you suggest, this is a fundamental principle which ought to be settled now when it is first raised by the Southern Presbyterian Church. The initiative, however, should come from the field, in my judgment. If that is not the case, that is, if for any reason you think the matter should be taken up here first of all, I suggest that the question be raised with Dr. Hall by you, and then he can take it up with the Cooperating Committee here in the States.

Dr. O. R. Avison-   2-   February 4, 1927

    One of the factors in our financial difficulties at present, is the fact that the nationals are demanding a larger voice in the determination of affairs. The Church has not yet come to the point where it is ready to turn its funds over for distribution by the nationals, no matter how good they may be. Until this attitude changes, the revenues of the Mission Boards will not be able to stand a much larger drain than is now placed upon them. It is true that the Boards should provide for periodical adjustments in their contributions to union plans, but it is just as difficult to find more money for union institutions as it is for missionaries, and so you go around in a circle.

    Diffendorfer's schedule calls for his being in Japan and Korea from May 11th to June 28th. I do not know which country he visits first. I certainly hope you can get in touch with him through Bishop Welch or anyone else and get him to spend ample time with the College and the Hospital, and become acquainted with its work and its problems.

                        Sincerely yours,

GFS
JFS

5. 에비슨이 서덜랜드에게

1927년 2월 12일

G. F. 서덜랜드 박사,
협력이사회 회계,
뉴욕 5번가 150번지,
미국.

친애하는 서덜랜드 박사님:

    북장로회 해외선교부와의 거래에 관해 그곳의 회계가 보낸 1926년 12월 31일 기한의 청구서를 받았습니다. 거기에는 내가 1924년 3월 8일 서울을 떠난 때부터 1926년 12월 31일까지 사적 용도와 모금 운동 등의 용도로 나에게 청구되어 그곳 회계가 지불한 모든 것이 들어있었습니다. 내가 그 항목들에서 사적인 것과 모금 운동을 위한 것을 분리할 수 있도록 당신이 모금 운동을 위해 지급했던 모든 청구서의 명세서를 나에게 보내주겠습니까? 당신이 내가 한국으로 떠났을 때까지 기간의 청구서를 작성해서 제출하였을 것으로 짐작되는데, 만일 당신이 그랬다면, 지금 내가 그것을 찾을 수 없으므로, 그 일로 인해 당신의 직원들에게 추가되는 모든 노동에 대해 크게 사과드립니다. 1926년 12월 31일부터 시작하여 나에게 사적으로 또는 다른 어느 사람에게 모금 운동 경비로 지불한 것의 청구서를 보내달라고 당신에게 요청합니다. 감사합니다.

                안녕히 계십시오.
                O. R. 에비슨

출처: UMAC

COOPERATING BOARD FOR CHRISTIAN EDUCATION IN CHOSEN

CHOSEN CHRISTIAN COLLEGE — SEVERANCE UNION MEDICAL COLLEGE
SEOUL, KOREA

COOPERATING BOARDS
BOARD OF FOREIGN MISSIONS OF THE PRESBYTERIAN CHURCH IN THE U. S. A.
BOARD OF FOREIGN MISSIONS OF THE METHODIST EPISCOPAL CHURCH
BOARD OF FOREIGN MISSIONS OF THE PRESBYTERIAN CHURCH IN CANADA
BOARD OF MISSIONS OF THE METHODIST EPISCOPAL CHURCH, SOUTH
EXECUTIVE COMMITTEE OF FOREIGN MISSIONS OF THE PRESBYTERIAN CHURCH IN THE U. S.

O. R. AVISON, M. D.
PRESIDENT

H. T. OWENS,
SECRETARY & TREASURER

OFFICERS OF THE BOARD
JOHN T. UNDERWOOD, CHAIRMAN
ALFRED GANDIER, VICE-CHAIRMAN
E. H. RAWLINGS, VICE-CHAIRMAN
ERNEST F. HALL, SECRETARY
156 FIFTH AVE., NEW YORK
GEORGE F. SUTHERLAND, TREASURER
150 FIFTH AVE., NEW YORK

February 12th, 1927.

Dr. G. F. Sutherland,
Treasurer, Cooperating Board,
150 Fifth Ave., New York,
U. S. A.

Dear Dr. Sutherland:

I have received from the Treasurer of The Board of Foreign missions of the Presbyterian Church in the U. S. A. a statement of my account with them up to December 31st, 1926 and it includes all the payments made by that Treasurer to me for personal use and for campaign purpose etc. from my leaving Seoul march 8th, 1924 to December 31st, 1926. In order that I may separate those items that are personal and those that are for the campaign will you be so good as to send me a statement covering all your payments to me for the campaign ? I presume you gave a statement up to the time I left for Korea but if you did I cannot now find it so with abundant apologies for all extra labor it puts on your staff may I ask you to let me have a statement from the beginning up to December 31st, 1926 Of all amounts paid tp me personally or to any one else on account of campaign expenses ?   With many thanks,

Yours very sincerely,

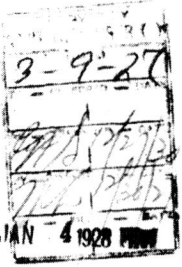

6. 오웬스가 홀[협력이사회 총무]에게 (에비슨의 승인 서명이 있음)

1927년 2월 15일

어네스트 F. 홀 명예신학박사, 목사,
협력이사회 총무,
5번가 156번지,
뉴욕시, 뉴욕주.

친애하는 홀 박사님:

[대학 이사회에서] 채택된 1927~28년 세브란스의전 예산서 사본을 이달 9일 당신에게 발송하였습니다.

같은 편지에서 우리의 올해 수입이 부족한 것에 대해 언급하고, 그 결과로서 약 5천 불(금화)의 적자가 날 것 같다고 설명하였습니다.

1923년부터 우리 병원을 찾는 사람이 줄어들었지만 그런데도 수입은 계속 늘어났습니다. 그러나 올해는 병원을 찾는 사람이 다시 늘어나기 시작했는데도 수입이 크게 줄었습니다. 다음의 표는 그런 정황을 상세하게 보여줄 것입니다.

외래진료 환자				
연도	유료 환자	무료 환자	진료 총수	병원 수입(¥)
1922~23	44,272	28,902	73,234	46,327.00
1923~24	43,825	27,502	71,327	47,372.71
1924~25	36,494	29,638	60,132	49,472.47
1925~26	31,827	25,740	57,567	46,166.37
병원				
1922~23	1,496	590	2,086	38,021.41
1923~24	1,430	538	1,968	45,257.89
1924~25	1,502	649	2,151	45,285.93
1925~26	1,439	617	2,056	51,714.04

올 회계연도에 보인 10개월간의 수치는 다음과 같습니다.

연도	약국			병원		
	유료	무료	수입(¥)	유료	무료	수입(¥)
1925~26	26,649	21,264	39,077.72	1,231	533	45,085.63
1926~27	25,045	25,899	35,951.09	1,160	513	38,284.42
증가		4,635				
감소	1,604		3,126.63	71	20	6,801.21

정확하게 말하자면, 1924~25년에 우리가 병원의 음식 공급 체계를 바꾸었다고 설명해야 할 것입니다. 그전에는 요리사가 알아서 식품을 조달하였지만, 그해에는 우리가 요리사에게 돈을 지급하면서 조달의 책임을 맡았습니다. 지난 2년간의 수치가 통계상에서 실로 그 전 연도보다 줄어든 것이 나타나서 음식 문제를 고려하게 되었습니다.

앞 페이지의 마지막 줄은 우리가 5천 불의 적자를 예상하는 것을 보여주고 있습니다.

그 적자 금액 외에도 본교는 새로운 격리병사*를 사용하기 위해 6,350원을 또한 지급해야 하는 것을 알게 되었습니다. 그 금액을 한국인들이 다 감당해주기를 바랐지만, 이 건물의 건축에 39,426.38원이 들었고, 지금까지 수입은 23,321.45원이었습니다. 본교가 그 건물을 완공하여 사용할 수 있게 되기까지 올해와 지난해에 투입해야 할 금액으로 16,104.93원이 남아 있습니다. 그 건물은 우리 시설의 생산성을 엄청나게 높였습니다.

지금 우리는 이곳의 은행에 큰 빚을 지고 있으며, 우리 직원들의 봉급과 다른 청구서들을 갚기 위해 거의 매월 돈을 빌리고 있습니다. 현장의 수입원에서 이 금액을 채우는 것은 불가능할 것입니다. 올해 지출에 근거하여 내년 예상 지출을 맞추기 위해 예산을 삭감하였으므로 내년 예산에서 무언가를 절약하는 일도 불가능해 보입니다. 달리 말해서 우리는 현장 수입원에서 올해보다 내년에 더 많은 수입을 얻는 것을 기대할 수 없다고 여기고 그에 따라 내년의 사역 규모를 줄이고 있습니다.

이런 손실을 벌충하는 문제는 시급하고 심각합니다. 이 일을 위해 몇 가지 방법이 있는데, 다음과 같은 것들이 있습니다.

(a) 협력이사회에 적자를 사전에 손수 평가해주도록 요청하기.

---

* 세브란스병원 구내에 세워진 경성부민기념병실을 가리킨다. 1919년 서울에 콜레라가 유행하자 1920년 10월, 서울의 유력 인사들이 '경성부민 사립피병원설립 기성회'(회장 박영효)를 조직하고 모금 활동을 전개하였으나, 병원부지를 구하기 어렵게 되자 1923년 7월 에비슨과 합의서를 작성하고 그동안 모은 1만 2천 원을 세브란스병원에 제공하였다. 그리하여 이 병원이 1924년 착공되어 1926년 완공되었다. 「京城府民病室 避病院 建設運動의 收穫으로」, 『동아일보』, 1923년 8월 2일, 3면 참고.

(b) 자금의 기부를 약속해줄 사람들 찾기.
(c) 협력이사회가 우리에게 보내야 하지만 아직 보내지 않은 자금을 보내도록 요청하기.

우리가 선교부들에 청구하는 것은 다음과 같습니다. 그들은 협력이사회의 규칙에 근거하여 인력의 공백이 생기면 그 공백을 기혼 선교사 1인당 연 4천 원과 미혼 선교사 1인당 연 2천 원의 비율로 보충하고 있습니다.

몇몇 선교부는 우리에게 이렇게 조정된 것에 맞춘 금액을 우리에게 부담하고 있습니다. 그러므로 이 청구에는 부당한 차별이 없습니다.

북감리회 선교부에서 보낸 간호사가 1923년 불가피하게 병가를 내어 본국에 갔다가 돌아오지 못하였습니다. 그에 따라 [북감리회] 해외여선교회(W.F.M.S.)에서 간호사 1명을 몇 개월간 임시로 일하게 해주었고, 그래서 5개월 동안 일했던 것으로 생각되지만, 이 공백은 채워지지 못하였습니다.

다음으로, 지난 가을 이 선교회의 의사 1명이 사임하였으므로 그의 후임자가 와서 업무를 맡아 우리의 빈자리를 채워주어야 합니다.

남감리회 선교부에서도 스타이츠(Stites) 의사*가 떠난 후에 인력의 공백을 빚었습니다. 우리가 지난해에는 4천 원을 받았지만, 올해는 이 금액을 받지 못하였습니다.

우리가 청구할 자금은 다음과 같이 산정됩니다.

각 선교부에 청구할 자금		(¥)
북감리회 선교부		
페인(Payne) 양**이 1923년 여름에 가서 1924년 9월 1일 돌아옴		
1924~25년 반년간, 페인 양	1,000	
1925~26년 로버츠(Roberts) 양의 봉사를 허용함		
해외여선교회에서 임대, 반년간	1,000	
1926~27년 1년 내내 대체 인력이 없었음	2,000	4,000
노튼(Norton) 의사***가 1926년 7월에 떠나 6개월간 공백으로 둠		2,000

---

* 스타이츠(Frank M. Stites, 1892~1988): 남감리회 의료선교사로 1917년 내한하여 세전 내과 교수로 근무하다가 1925년 귀국하였다.
** 페인(Zola L. Payne, 1890~1941): 북감리회 간호선교사로 1920년 내한하여 동대문부인병원에서 일하다 세브란스병원에 파견되었고, 1931년부터 평양연합기독병원에서 활동하고 1939년 귀국하였다.
*** 노튼(Arthur H. Norton, 1877~1959): 북감리회 의료선교사로 1908년 내한하여 영변, 해주에서 활동하였다. 1913년부터 세브란스의전에 출강하였고, 1924년부터 안과학 교수로 일하고 1926년 귀국하였다.

각 선교부에 청구할 자금	(¥)
남감리회 선교부 　1926~27년 스타이츠 의사의 공백을 대신해야 할 자금	4,000
캐나다연합교회 　맨스필드(Mansfield) 의사*가 1925년 3월경 안식년으로 떠나서 　　적어도 1926년 9월까지는 돌아올 예정이었음 [복귀하지 않음] 　1926~27년 회계연도에서 반년간 공백으로 둠	2,000
지급해주도록 청구하는 금액의 총계	12,000

선교부들이 쓰는 인건비 운영 방법은 아마도 서로 다를 것입니다. 선교사가 사임해서 절약하게 된 봉급을 선교지로 보내지 않은 경우에는 선교부에 그렇게 해서 절약한 돈을 보내도록 호소하는 것이 합당한 일이 될 것입니다. 만일 절약한 그 돈을 선교지[한국 선교회]로 보낼 수 있게 된다면 선교지의 그들이[한국 선교회가] 그 돈을 우리에게 돌려보내야 합니다. 그러나 각 선교부가 그 모든 문제를 판단해야 합니다.

이제 제안 (a)에 관해 말하자면, 다른 협력 선교부들은 우리 학교에 대한 의무를 다하지 않고 있는 때에 쿼터[파송 교수의 수]를 유지하거나 인력 대신 돈을 지급하여 이 적자의 일부를 채워주고 있는 선교부들에 이렇게 해달라고 요청하는 것은 불공정한 일이 될 것입니다. 그러므로 그렇게 책임을 이행하고 있는 선교부들에 (b)를 채택하라고 요구하는 것도 바람직하지 않을 것입니다. 여러 선교부가 특별한 임원을 투입하여 이 문제를 해결해주지 않을 경우에 후자를 채택하는 것은, 아마도 에비슨 교장이 미국에 가서 직접 그 돈을 구하는 것을 뜻하게 될 것입니다.

이 문제를 집행위원회가 맡아서 처리하고 협력이사회도 보통 4월에 열리는 정기회 때 다룰 것이라고 짐작합니다.

나는 우리가 절망적인 상황에 있다는 점을 강조하고 싶습니다. 지난 여러 달 동안 봉급 지급을 위해 은행에 가서 자금을 빌렸습니다. 세브란스의전은 한국의 모든 선교 기관 가운데 임금 총액이 가장 많아 한 달에 4천 불이 듭니다. 그 외에 환자들과 간호사들을 위한 식비로 월 7백 불, 연료와 약품과 비품들을 위해 월 1천 불에서 2천 불, 물과 전기와 가스를 위해 월 5백 불이 들고, 전력을 다해 운영하는 기관에 소요되는 모든 부수적인 지출비가 필요합니다. 현지 수입은 대부분 식품, 연료, 비품을 위한 지출비로 들어가고, 해외에

---

* 맨스필드(Thomas D. Mansfield, 1875~1942): 캐나다장로회 의료선교사로 1910년 내한하여 회령과 원산에서 활동하다 1920년부터 세전 교수로 재직하고 1926년 귀국하였다.

서 받은 지원금은 대부분 봉급으로 들어갑니다.

 지금까지는 돈을 빌릴 때 제공할 수 있는 좋은 담보물이 있었습니다. 신병실을 위해 아직 사용하지 않은 자금을 특별히 예금해 두었는데, 그 건물이 운영되면 4월 어느 때에 그 돈을 다 써서 없어질 것입니다. 그러므로 재정 방면에서 우리는 절대적으로 고갈되어 말라버린 상태에 있습니다.

 다음 회계연도를 위해(4월 1일부터 시작함) 일부 졸업간호사들, 간병인들, 하인들을 내보내고 임상 보조원 여러 명을 줄인 덕분에-달리 말하면, 환자들을 다루는 우리의 유용성을 어느 정도 축소시킨 덕분에-버틸 만하리라고 믿는 예산을 세웠습니다. 우리는 새 건물에서 기본재산 수입을 약간 얻을 것이고, 병상을 둘 공간을 더 확보할 것이므로 입원 환자 수입이 다소 늘어날 것으로 예상하고 있습니다.

 우리는 우리를 후원하는 선교부들이 이 적자를 해결하기 위해 신속하게 행동하여 이 편지에서 설명된 대로 우리에게 보내야 할 자금을 보내는 것이 바람직하다는 점을 이해하여 그렇게 해주기를 촉구합니다. 우리가 현재의 궁핍한 형편 속에서 여러 방면에서-특별히 융자금의 이자를 갚는 일에서-고통을 받고 있기 때문입니다.

안녕히 계십시오.

H. T. 오웬스*

회계

O. R. 에비슨
  교장

J. D. 반버스커크**
  부교장

   에게 승인받음

---

* 오웬스(H. T. Owens): 캐나다인으로서 에비슨 교장의 비서로 일하기 위해 북장로회 준회원 선교사가 되어 1916년 내한하였다. 세의전과 연전의 서기와 회계, 세의전 사무장으로 활동하고, 1933년 귀국하였다. 3.1운동 발발 후 일제 만행을 폭로하는 활동을 하였다.

** 반버스커크(James D. VanBuskirk, 1881~1967): 북감리회 의료선교사로 1908년 내한하여 공주에서 활동하다 1913년부터 세브란스에서 생리학과 생화학 교수로 재직하였다. 1916년부터 부이사장과 부교장을 역임하던 중 과로로 건강을 잃어 1931년 귀국하였다.

세브란스연합의학전문학교 1927~28년 예산

		배분	수입	지출
선교회 연례 지급금			47,000	
기본재산			2,500	
현지 기부금			1,000	
행정비			100	7,685
운영 및 유지보수			3,600	1,860
종교·사회사역부			500	1,840
전화 교환		1,300		650
자동차		1,980		
외래환자부	안과			2,445
	이비인후과			2,780
	피부과			5,730
	외과			5,600
	부인과			1,535
	내과		46,750	9,090
	소아과			3,440
	신경과			3,190
	X선과	5,430		
	주사	1,630		
	임상실험실	1,540		
				11,940
	약국	11,610	1,800	1,800
	치과		9,393	9,383
병원			51,800	65,230
격리병사				12,340
세탁실		4,120		
간호학교		9,000	100	125
의학교	약리학			930
	화학			1,030
	공중보건		9,980	1,800
	병리학			2,030
	생리학과 생화학			3,140
	해부학			2,420
				17,195
	세균학 실험실	2,180	500	1,500
계		판독 곤란	175,023	176,718
도매부				
소매부				
안과				

주: 1,650원의 차이가 나는 것에 대해서는 각 과의 보수비 항목에서 공제하기로 하였다

6. 오웬스가 홀[협력이사회 총무]에게 (1927년 2월 15일)

1927~28년 예산 (¥)

선교회 연례 지급금			
북장로회	선교부 지급금		1,000
	노스다코다 마이놋(Minot) 주일학교		3,000
	프렌티스(F. F. Prentiss) 부인 존 세브란스(J. L. Severance)		20,000
북감리회	선교부 지급금		1,080
	기타 기부금		420
남장로회	예산에 대한 지급금		4,000
	의사 대신 지급금		4,000
	간호사 대신 지급금		2,000
남감리회	예산에 대한 지급금		5,000
	해외여선교회 지급금		1,000
	의사 대신 지급금		8,000
	간호사 대신 지급금		2,000
캐나다연합교회	예산에 대한 지급금		2,500
호주장로회	선교부 지급금		1,000
계			55,000 또는 47,000*

* 이 수입 금액은 신뢰하기 어렵다. 우리는 4만 7천 원으로 산정하고 있다.

현지 기부금	
예산	1,000

종교 · 사회사역부		
수입	토론토 바라카 유니온(Baraca Union) 캐리어(W. O. Carrier) 박사 Mssn 전도부인과 조사	500
지출	봉급	1,520
	크리스마스	50
	사회 사역	120
	비품	150
	계	1,840

기본재산
$50,000에 대한 분기 이자 지급 1회 ○[판독 곤란]5% - ¥2,500

1927~28년 예산 (￥)

		행정	
다양한 수입	100	봉급	4,600
		우표	250
		전화 (3×100)	350
		사무용품	100
		인쇄와 문구	300
		일반 비품	75
		여비, 자동차 운행	600
		연료	100
		조명	100
		법무 비용	100
		보험	50
		세금	500
		물	10
		보수	50
		공보	500
		계	7,685

		경영과 유지	
자동차	1,980	배관공 1명×[월] 50	600
도매 임대료	2,400	야간 감시인 1명	300
소매 임대료	1,200	화로 담당자 1명×30	360
안과 임대료		물	100
(배분 금액) 1,980		풍로 1개×65	780
	5,580	비품	1,200
		도로 수리 등	500
		계	3,840

	전화 교환	
(배분 금액) 1,300	상환 어음	700
	전화 교환원들 × 40	500
	임대료	450
	수리 등	300
	계	1,950

외래환자부				
기부받은 비품	1,750	봉급	수납 직원 ½명 월 35	420
진료 수입	45,000		진료 접수 직원 1명	540
외국인 진료	(1,000)		현관 안내인 1명	360
계약 진료	(2,000)		간호사 1명	360
			인쇄 및 문구	200
			일반 비품	100
			전화, 우편	400
			여비	10
			보험	150
			조명, 전력	200
			가스	125
			연료	450
			물	300
			유니폼	75
			보수, 유지	500
			내·외과 용품	3,600
			세탁	400
			기증받은 비품	1,750
			간호학생 근무	2,000
계	46,750		계	11,940

안과				
수입	(4,000)	봉급	홍석후 의사	600
			조수 1명×35	420
			보이 ½명×15	180
			진료 요청	350
			처방	700
			임상 실험	20
			세균 실험	125
			X선	25
			주사	15
			자동차	10
			계	2,445

이비인후과				
수입	(6,000)	봉급	홍석후 의사 ½	600
			조수 1명×70	840
			보이 ½명×15	180
		진료 요청		300
		처방		450
		임상실험		35
		세균실험		180
		X선		100
		주사		25
		자동차		10
		계		2,780*

피부과				
수입	(10,000)	봉급	조수 1명×35	420
			조수 ½명 17.50	210
			간호사 ½명	240
			수술 조수 1명	480
		진료 요청		500
		처방		2,000
		임상실험		40
		세균실험		500
		X선		300
		주사		1,015
		자동차		25
		계		5,730

외과				
수입	(6,500)	봉급	고명우 의사 ⅓	420
			이용설 의사 ⅓	800
			조수 정(Chung) 의사	900
			인턴 2명×35	840
			수술 조수 ½명	360
			보이 1명	360
		진료 요청		600
		처방		400
		임상실험		25
		세균실험		50
		X선		800
		주사		25
		자동차		20
		계		5,600

---

* 원문의 이비인후과 지출비 합산 금액이 맞지 않는다. 실제 금액은 2,780원이 아니라 2,720원이다.

			부인과	
수입	(2,500)	봉급	조수 1명×35	420
			보이 ⅓명	120
			진료 요청	150
			처방	300
			임상실험	50
			세균심험	75
			X선	20
			주사	100
			자동차	300
			계	1,535

			내과	
수입	(7,500)	봉급	심호섭 의사 ½×100	1,200
			오한영 의사 80	960
			조수 1명×35	420
			보이 1명×30	360
			진료 요청	400
			처방	3,600
			임상실험	300
			세균실험	250
			X선	1,000
			주사	300
			자동차	300
			계	9,090

			소아과	
수입	(3,000)	봉급	구영숙 의사 ½×110	1,320
			조수 1명×35	420
			보이 ½명	180
			진료 요청	170
			처방	800
			임상실험	150
			세균심험	100
			X선	150
			주사	50
			자동차	100
			계	3,440

신경과			
수입	(2,500)	봉급	조수 1명×110	1,320
			보이 ⅓명	120
		진료 요청		150
		처방		500
		임상실험		150
		세균실험		300
		X선		350
		주사		100
		자동차		200
		계		3,190

X선과			
수입	(5,430)	봉급	기사 1명×200	2,400
			조수 1명×50	600
			보이 ⅓명	120
		X선 비품		2,000
		전기		310
		계		5,430

임상실험실			
수입 배분	( ) (1,540)	봉급	기사 1명×55	660
			기사 1명×40	480
		요청		400
		계		1,540

주사실			
수입	(1,630)	봉급	조수 ½명×17.50	210
			간호사 ½명×20	240
			보이 ½명	180
		요청		1,000
		계		1,630

약국					
수입	현금 판매	1,800	봉급	약사 ½명×100	1,200
	외래환자 처방	8,750		조수 2, 1명×45	1,140
	병원 처방	2,000		야간 근무 1명×30	360
	격리병사 처방	800	요청		10,410
	치과 처방	60	인쇄 등		300
	계	13,410	계		13,410

세탁실					
수입	병원	1,800	봉급	1명×35	1,920
	격리병사	810		1명×25	
	외래환자	400		4명×25~100	
	의학교	150		요청	600
	간호학교	800		가스	100
	치과	150		전기	300
	안과	10		연료	700
				물	400
				보수	100
	계	4,120		계	4,120

격리병사				
수입	800	봉급	현관 문지기 1명×25	300
			졸업간호사 2명×30	720
			잡역부 3명×35, 105	1,200
			여급 1명×25	300
			음식	1,000
			전화	100
			조명	500
			물	300
			연료	500
			세탁	810
			환자복, 침대보	1,000
			보수	150
			진료 요청	2,000
			가스	300
			얼음	100
			간호학생 근무	2,000
			처방	800
			임상실험	200
			계	12,340*

---

* 실제 합산 금액은 원본의 12,340원이 아니라 12,280원이다.

산파간호부양성소				
학비	100		교수	600
외래환자 간호	2,000	봉급	이(Lee) 씨 25×10	250
병원 간호	5,000		수간호사 1명 30	300
격리병사 간호	2,000		수위 1명 25	300
			요리사 2명×15 30×12	360
			우편 등	10
			인쇄, 문구	50
			일반 비품	75
			교재	100
			사회봉사 사역	75
			조명	500
			가스	25
			연료	450
			물	250
			유니폼	250
			침대보 등	250
			간호사 음식 31명×10	3,720
			세탁	800
			보수, 유지	500
			잡비	100
			부엌	100
계	9,100		계	9,125

병원			
수입	48,000	접수원 ½명×40	480
기증받은 비품	3,000	보조 접수원 1명×40	480
		통역 1명×65	780
		마취전담 1명×25 (½)	300
	봉급	간호사 8명 평균 30	3,000
		잡역부 9명×35 315	3,780
		현관 문지기 2명 25	600
		소방수 2명 30	720
		여급 2명 25	600
		수위 ⅓명	120
		계약간호사 (스탠든〈Standen〉)	2,500
		졸업간호사 식비	1,440
		간호사 수당	600
		전화, 전보	125
		문구, 인쇄	500
		일반 비품	225
		보험	150
		전기	1,100
		전구, 관련 비품	60
		가스	1,000
		연료	1,200
		물	625
		얼음	300
		진료의뢰	12,000
		유니폼	120
		환자복, 침구, 등	3,200
		한국 음식, 유료병동	2,500
		〃 , 무료병동	8,000
		외국 음식, 유료병동	1,500
		보수, 유지	600
		X선 검사	2,385
		임상 실험	570
		처방	2,000
		세균 실험	600
		세탁	1,800
		간호학생 근무	5,000
		자동차	150

		병원		
		한국인 의사 봉급	홍석후 의사×75	900
			심호섭 의사×45	540
			구영숙 의사×55	660
			고명우 의사	420
			이용설 의사	800
			오한영 의사 × 50	600
		법무비		100
		일시적 노동, 등		100
계	51,000	계		65,230

		치과		
진료	5,000	봉급	치과의사 1명×110	1,320
외국인 진료	4,393		간호사 1명×35	420
			상담인 1명×45	540
			상담인 1명×60	720
			조수(한씨 부인) 1명×60	720
			실험실 조수 1명×35	420
			실험실 조수 1명×45	540
			수위 1명×14	168
		우편		50
		문구, 인쇄		50
		여비		200
		전기		100
		가스		50
		연료		100
		물		125
		진료의뢰		3,000
		X선 검사		300
		정기간행물		30
		보험		30
		세탁		150
		보수		200
		전화		100
		처방		60
계	9,393	계		9,393

출처: PHS

TRANSFERRED 801

February 15, 1927.

Rev. Ernest F. Hall, D. D.,
Secretary, Cooperating Board for Christian Education in Chosen,
156 Fifth Avenue,
New York, N. Y.

Dear Dr. Hall:

On the 9th instant I sent you a copy of the budget of the Severance institution which has been adopted for the year 1927-28.

In the same letter I mentioned that we were short on our present year's income, and that it is likely the outcome for the year would show a deficit of about ¥5,000 gold.

Since 1923 we have had a drop in attendance at our clinics, but despite that fact the revenue kept increasing. This present year, however, the revenue has slumped, although the attendance at clinics has begun to mount once more. The following tables will give the story in detail:

Year	O.P.D. Pay patients	Free Patients	Total Treatments	Income from Clinics
1922-23	44,272	28,962	73,234	Y 46,327.00
1923-24	43,825	27,502	71,327	47,372.71
1924-25	36,494	29,638	60,132	49,472.47
1925-26	31,827	25,740	57,567	46,166.37

HOSPITAL.

Year	Pay	Free	Total	Income
1922-23	1,496	590	2,086	38,021.41
1923-24	1,430	538	1,968	45,257.88
1924-25	1,502	649	2,151	45,285.07
1925-26	1,439	617	2,056	51,714.24

The figures for 10 months of the current fiscal year show:

	DISPENSARY			HOSPITAL		
	Pay	Free	Receipts	Pay	Free	Receipts
1925-26	26,649	21,264	Y 39,077.72	1231	533	Y 45,085.93
1926-27	25,045	25,899	35,951.09	1160	513	38,284.42
Inc.		4,635				
Dec.	1,604		3,126.63	71	20	6,801.21

Net increase in patients 3,031   Decrease in receipts Y 9927.84

Dr. Ernest F. Hall

For the sake of accuracy, it might be stated that in 1924-25 we changed the system of furnishing food in the Hospital. Formerly the caterer made his own collections for food, but during that year we paid the caterer and ourselves took the responsibility of collection. The figures for the last two years in that table really represent a decline compared with the previous years, taking food into consideration.

The last line on the preceding page shows the basis on which we make our estimate of $5,000 short.

In addition to that shortage, the institution has also had to find money to pay Y6,350 to put the new Isolation Hospital into use. This building, which we hoped the Koreans would pay for entirely, has cost to build Y39,426.38, and the receipts so far are Y23,321.45, leaving Y16,104.93 which the institution has put into it this year and last in order to complete it and make it useful. It has immensely improved our facilities.

Now we are heavily indebted to the bank here, having to go almost every month to borrow the money to pay our salaries and other bills. It will be impossible to make up this revenue from field sources. Nor can we save anything from next year's budget, for that budget has been cut in order to base our expenditures for next year on expectations based on the present year. In other words, we have assumed that we cannot expect any more income next year than this from field sources and have trimmed our sails for next year accordingly.

The problem of recouping ourselves for this loss is an immediate and serious one. There are several ways of doing this, among which are the following:

(a) asking the cooperating Boards to pro-rate the deficit among them
(b) finding individuals who will subscribe the funds
(c) claiming funds which may be due us by cooperating Boards but which have not as yet been paid in

The first two methods could be tried after we have exhausted the possibilities of (c).

The claims we have against Boards are as follows; and they are based upon the ruling of the Cooperating Board that where there are vacancies in personnel those vacancies should be compensated for at the rate of Y4,000 per year for a married missionary and Y2,000 for a single missionary.

There are several Boards which owe us money under this arrangement, so there is no invidious distinction in making these claims.

Dr. Ernest F. Hall

The nurse furnished by the Northern Methodist Board had to go home on sick leave in 1923, and has not been able to return. For a few months the W. F. M. S. loaned us a nurse, possibly five months in the interval, but we have had no compensation for this vacancy.

Then a doctor of this Mission resigned last fall, and we should be compensated until his successor arrives and takes up his duties.

The Southern Methodist Board has had a vacancy in its personnel since the departure of Dr. Stites. Last year, we received Y4,000, but this year we have not received this payment.

Expressed in money, these claims we would figure as follows:

Methodist Episcopal Board:
Miss Payne went in the summer of 1923, and would be due back
for September 1, 1924
1924-25 Half year, Miss Payne Y 1,000
1925-26 Allowing for service of Miss Roberts
    loaned by W.F.M.S., say one-half year 1,000
1926-27 Full year without substitute 2,000 Y 4,000
Dr. Norton left in July, 1926, leaving 6 months vacancy 2,000

Methodist Episcopal Board, South
1926-27 In lieu of Dr. Stites' vacancy 4,000

United Church of Canada
Dr. Mansfield went on furlough about March, 1925
and would be due back at least by September, 1926,
leaving one-half year vacancy for fiscal year 1926-27 2,000

                                  Total claims Y 12,000

The methods of the Boards may differ as to administration of salary funds. In cases where the salary saved by a resignation is not sent to the field, the Board would be the proper party to appeal to for release of the money so saved. In cases, where such saving is made available to the field, then the field should refund to us. In either case, however, there should be an individual Board ruling on the question.

Now, with regard to proposition (a) it would be unfair to ask the Boards which are maintaining their quota or paying money in lieu thereof to assess themselves for part of this deficit when other cooperating Boards are delinquent in what they owe the institution. And by the same token it would be inadvisable to adopt (b). To do the latter would probably mean that President Avison would have to return to U.S.A. to get the money personally, unless the various Boards would put special officers to work at this problem.

Dr. Ernest F. Hall 4

I presume that this matter will be taken up by the Executive Committee and also by the annual meeting of the Cooperating Board which usually meets in April.

I wish to emphasize the rather desperate straits in which we are. For many months past I have had to go to the bank and borrow our payroll funds. Severance has the largest payroll of any mission institution in Korea, ¥4,000 a month. Then there are food for patients and nurses, ¥700 a month, fuel, medicines and supplies from ¥1,000 to ¥2,000 a month, water, electricity and gas ¥500 a month, and all the incidental expenses which crop up in an institution running under full steam. The local income just about meets the expenses for food, fuel, supplies, and most of our foreign support goes into salaries.

Up to the present time I have had good collateral to offer, when I go to borrow, in the unused funds for the new hospital wing, which we have on special deposit, but these will all be used up when building operations get under way some time in April. Financially speaking, we are therefore absolutely drained dry.

For next fiscal year (beginning April 1st), by dint of cutting out some graduate nurses, orderlies and servants, and cutting down the number of clinical assistants -- in other words reducing our efficiency to handle patients to some extent -- we have produced a budget that we believe will stand. We are counting on the receipt of part of the endowment income on the new wing, and on somewhat increased receipts from bed patients because we shall have more bed space available.

We would urge the desirability of as prompt action on the part of our supporting Boards in covering this deficit by paying in the funds due us as outlined in this letter, because we are suffering in many ways -- especially by paying interest on loans -- from our present straitened circumstances.

Very sincerely,

H. T. Owens
Treasurer.

Approved by O R Avison
President.

J D VanBuskirk
Vice-President.

SEVERANCE UNION MEDICAL COLLEGE
Budget 1927-28

	Distributed	Receipts	Expenditures
Mission Appropriations	Y	47950	
Endowment		2500	
Field Donations		1000	
Administration		100	7085
Operating & Maintenance		3600	1800
Religious & Social Dept		500	1840
Telephone Exchange	1300		650
Auto	1980		
Out-Patient-Department		46750	11940
Eye Clinic			2445
Ear, Nose & Throat Clinic			2780
Skin Clinic			5730
Surgical Clinic			5000
Gynecology			1535
Medical Clinic			9090
Pediatrics			3440
Neurology			3190
X-ray	5430		
Injection	1030		
Clinical Laboratory	1540		
Prescription Room	11610	1800	1800
Dental Clinic		9393	9393
Hospital —)		51000)	65230)
Isolation —)			12340)
Laundry	4120		
Nurses Training School	9000	100	125
Medical College		9980	17195
Materia Medica			930
Chemistry			1030
Bacteriological Laboratory	2180	500	1500
Public Health			1800
Pathology			2030
Physiology & Bio-chemistry			3140
Anatomy			2420
		175023	176718

Wholesale Dept
Retail Dept
Optical Dept

Note: The discrepancy of Y 1695.00 is proposed to be deducted from item "Repairs" in various Departments.

```
                    BUDGET 1927-28
           MISSION APPROPRIATIONS

Presbyterian Church, U. S. A.             Yen 1000
Minot N. D. Sunday School                     3000
                    Mrs. F.F.Prentiss) __ 20000
                    Mr.J.L.Severance   /

Methodist Episcopal Church                    1080
Gifts                                          420

Presbyterian Church in U. S.
Budget                                        4000
In lieu of doctor                             4000
In lieu of nurse                              2000

Methodist Episcopal Church, South
Budget                                        5000
Women's Council                               1000
In lieu of doctors                            8000
In lieu of nurse                              2000

United Church of Canada
Budget                                        2500

Australian Presbyterian Church                1000
                                             ─────
                                             55000  say 47,000
           FIELD DONATIONS
Budget                                        1000
           RELIGIOUS & SOCIAL DEPARTMENT
Income                                      Expenditure
                        Salaries                1520
Toronto Baraca Union)   Christmas                 50
Dr. W. O. Carrier    )  Social Service           120
Mean Biblewomen &    )  Supplies                 150
     Helper          ) 500                      1840
           ENDOWMENT
  1 semi/payment of interest on $50,000 @5% - ¥ 2500
     annual
 *   Inasmuch as the receipt of this sum is considered
doubtful we estimate ¥ 47,000.
```

```
                                BUDGET 1927-28
                                 ADMINISTRATION
Misc. Income        100      Salaries                    4600
                             Postage                      250
                             Telephones (3 @ 100)         350
                             Office Supplies             100
                             Printing & Stationery        300
                             General Supplies              75
                             Travel & Auto               600
                             Fuel                         100
                             Light                        100
                             Legal Expenses               100
                             Insurance                     50
                             Taxes                        500
                             Water                         10
                             Repairs                       50
                             Publicity                    500
                    100                                  7685
                               OPERATING & MAINTENANCE
Auto              1980       1 Plumber @ 50              600
Rent Wholesale    2400       1 Night Watch               300
  "   Retail      1200       1 Furnaceman @ 30           360
  "   Optical                Water                       100
                             Chauffeur @ 65              780
(Distributed)1980            Supplies                   1200
                  5580       Repairs to roads etc        500
                                                        3840
                                TELEPHONE EXCHANGE
                             Redemption of Notes         700
                             Operators @ 40              500
(Distributed 1300)           Rental fees                 450
                             Repairs &c                  300
                                                        1950
```

BUDGET 1927-28

OUT-PATIENT-DEPARTMENT

Donated Supplies	1750	Salaries	
Clinic Receipts	45000	1 Collector @ 35	420
		1 Registrar	540
		1 Doorman	360
Foreign Practice	(1000)	1 Nurse	360
Contract do.	(2000)	Printing & Stationery	200
		General Supplies	100
		Telephone & Postage	400
		Travel	10
		Insurance	150
		Light & Power	200
		Gas	125
		Fuel	450
		Water	300
		Uniforms	75
		Repairs & Maintenance	500
		Medical & Surgical Supplies	3600
		Laundry	400
		Donated Supplies	1750
		Student Nurses' Service	2000
	46750		11940

EYE CLINIC

Income	(4000)	Salaries	
		Dr. Hong	600
		1 Asst. @ 35	420
		1 Boy @ 15	180
		Requisitions	350
		Prescriptions	700
		Clinical Laboratory	20
		Bact.	125
		X-ray	25
		Injection	15
		Auto	10
			2445

EAR, NOSE and THROAT CLINIC

Income	(6000)	Salaries	
		Hong	600
		1 Asst. @ 70	840
		1 Boy @ 15	180
		Requisitions	300
		Prescriptions	450
		Clinical Laboratory	35
		Bact. do.	180
		X-ray	100
		Injection	25
		Auto	10
			2780

BUDGET 1927-28

```
                              SKIN CLINIC
                              Salaries
Income        ( 10,000 )         1 Assist. @ 35           420
                                 ½     "    17.50         210
                                 ½ Nurse                  240
                                 1 Dresser                480
                              Requisitions                500
                              Prescriptions              2000
                              Clinical Laboratory          40
                              Bact.        do.            500
                              X-ray                       300
                              Injection                  1015
                              Auto                         25
                                                         ————
                                                         5730

                              SURGICAL CLINIC
                              Salaries
Income        ( 6500 )           Dr. M. U. Koh / 1/3      420
                                 Dr. Y. S. Lee  1/3       800
                                 Assist. Dr. Chung        900
                                 2 Internes @ 35          840
                                 1 Dresser ½              360
                                 1 Boy                    360
                              Requisitions                600
                              Prescriptions               400
                              Clinical Laboratory          25
                              Bact.        "               50
                              X-ray                       800
                              Injection                    25
                              Auto                         20
                                                         ————
                                                         5600

                              GYNECOLOGICAL CLINIC
                              Salaries
Income        ( 2500 )           1 Asst @ 35              420
                                 1/3 Boy                  120
                              Requisitions                150
                              Prescriptions               300
                              Clinical Laboratory          50
                              Bact.        "               75
                              X-ray                        20
                              Injection                   100
                              Auto                        300
                                                         ————
                                                         1535
```

```
                        MEDICAL CLINIC
                         Budget 1927-28
                        Salaries
                         ½ Dr. Shim @ 100      1200
Income      ( 7500 )     Dr. E. Y. Oh    80     960
                         1 Asst         35      420
                         1 Boy          30      360
                        Requisitions            400
                        Prescriptions          3600
                        Clinical Laboratory     300
                        Bact.     do.           250
                        X-ray                  1000
                        Injection               300
                        Auto                    300
                                               ----
                                               9090
                        PEDIATRICS
Income      ( 3000 )    Salaries
                         ½ Dr. Koo @ 110       1320
                         1 Asst    "  35        420
                         ½ Boy                  180
                        Requisitions            170
                        Prescriptions           800
                        Clinical Laboratory     150
                        Bact.      "            100
                        X-ray                   150
                        Injection                50
                        Auto                    100
                                               ----
                                               3440
                        NEUROLOGY
Income      ( 2500 )    Salaries
                         1 Asst   @ 110        1320
                         1/3 Boy                120
                        Requisitions            150
                        Prescriptions           500
                        Clinical Laboratory     150
                        Bact.     do.           300
                        X - Ray                 550
                        Injection               100
                        Auto                    200
                                               ----
                                               3190
                        X - RAY DEPT
                        Salaries
Distributed   5430       1 Technician @ 200    2400
                         1 Asst       "  50     600
                         1/3 Boy                120
                        X-Ray Supplies         2000
                        Electricity             310
                                               ----
                                               5430
```

BUDGET 1927-28

CLINICAL LABORATORY

Income	( )	Salaries		
		Technicians	1 @ 55	660
			1 " 40	480
(Distributed (1540)		Requisitions		400
				1540

INJECTION ROOM

		Salaries		
		½ Asst @ 17.50		210
Income)		½ Nurse " 20		240
)	1630	½ Boy		180
Distributed)		Requisitions		1000
				1630

PRESCRIPTION ROOM

Income		Salaries		
		½ Pharmacist @ 100		1200
Cash Sales	1800	2 Asst. 1 @ 45		1140
O. P. D. Prescr.	8750	1 Night " 30		360
Hospital "	2000	Requisitions		10410
Isolation "	800	Printing etc		300
Dental "	60			
	13410			13410

LAUNDRY ROOM

Income		Salaries	
Hospital	1800	1 @ 35	
Isolation	810	1 " 25	
O. P. D.	400	4 " 25 - 100	1920
College	150	Requisitions	600
N. S. T. School	800	Gas	100
Dental	150	Electricity	300
Optical	10	Fuel	700
		Water	400
		Repairs	100
	4120		4120

```
                        BUDGET 1927-28
                        ISOLATION HOSPITAL

Donated Goods    800        Salaries 1 doorman @ 25              300
                                     2 Graduate Nurse @ 30       720
                                     3 Orderlies @35 105        1200
                                     1 Maid    @ 25              300
                                    Food                        1000
                                    Telephone                    100
                                    Light                        500
                                    Water                        300
                                    Fuel                         500
                                    Laundry                      810
                                    Linen & Bedding             1000
                                    Repairs                      150
                                    Requisitions                2000
                                    Gas                          300
                                    Ice                          100
                                    Student Nurses' Service     2000
                                    Prescription                 800
                                    Clinical Laboratory          200
                                    NURSES TRAINING SCHOOL     12340
                                    Salaries
Tuition            100              Teachers                     600
O.P.D. Nur.Service 2000             Mr.Lee @25 x 10              250
Hospital  do.      5000             1 Matron 30                  300
Isolation do.      2000             1 Janitor 25                 300
                                    2 cooks @ 15   30x12         360
                                    Postage etc                   10
                                    Printing & Stationery         50
                                    General Supplies              75
                                    Text Books                   100
                                    Social Functions              75
                                    Light                        500
                                    Gas                           25
                                    Fuel                         450
                                    Water                        250
                                    Uniforms                     250
                                    Bed Linen etc                250
                                    Food for  31 nurses @ 10    3720
                                    Laundry                      800
                                    Repairs & Maintenance        500
                                    Miscellaneous                100
                                    Diet Kitchen                 100
                   ────                                         ────
                   9100                                         9125
```

```
                          BUDGET 1927-28
                          H O S P I T A L
Income            48,000  Salaries
Donated Supplies   3,000    1 Collector @Y40              480
                            1 Asst do.    40              480
                            1 Translator @65              780
                            1 Anaesthetist 25 (½)         300
                            8 Nurses Av. 30              3000
                            9 Orderlies @35  315         3780
                            2 Doorman    25               600
                            2 Fireman    30               720
                            2 Maids @ 25                  600
                            1/3 Janitor                   120
                          Contract Nurse (Standen)       2500
                          Food of Graduate Nurses        1440
                          Nurses Allowance                600
                          Telephones & Telegram           125
                          Stationery & Printing           500
                          General Supplies                225
                          Insurance                       150
                          Electricity                    1100
                          Bulbs & Supplies                 60
                          Gas                            1000
                          Fuel                           1200
                          Water                           625
                          Ice                             300
                          Requisitions                  12000
                          Uniforms                        120
                          Linen, Bedclothing, etc        3200
                          Korean Food, free wards        2500
                                      pay wards          8000
                          Foreign Food, pay wards        1500
                          Repairs & Maintenance           600
                          X-Ray Service                  2385
                          Clinical Laboratory             570
                          Prescriptions                  2000
                          Bacteriological Laboratory      600
                          Laundry                        1800
                          Student Nurses' Service        5000
                          Auto                            150
                          Korean Physicians' salaries
                            Dr. Hong @ Y 75               900
                               Shim "   45               540
                               Koo  "   55               660
                               Koh, M.U.                 420
                               Lee, Y. S.                800
                               Oh, H. Y. @ 50            600
                          Legal Expenses                  100
                          Casual Labor, etc.              100
                 51,000                                 65230
```

```
                    BUDGET  1927-28

                    DENTAL DEPARTMENT
                    ------------

                    Salaries
Clinic           5000      1 Dentist  @ 110           1320
                           1 Nurse    "  35            420
Foreign Practice 4393      1 Operator" 45              540
                           1    "     " 60             720
                           1 Asst (Mrs. Hahn) @ 60     720
                           1 Laboratory Asst " 35      420
                           1      "       "   45       540
                           1 Janitor       "   14      168

                           Postage                      50
                           Stationery & Printing        50
                           Travel                      200
                           Electricity                 100
                           Gas                          50
                           Fuel                        100
                           Water                       125
                           Requisitions               3000
                           X - Ray Service             300
                           Periodicals                  30
                           Insurance                    30
                           Laundry                     150
                           Repairs                     200
                           Telephone                   100
                           Prescriptions                60
                 ----                                 ----
                 9393                                 9393
```

```
                        MEDICAL COLLEGE
                         BUDGET 1927-28
                          Salaries
                           Secretary's Salary           1200
Tuition          6280     Time Teachers' Salaries
                           Japanese 60x10               600
Other fees        700      Drill    25x10               250
Gown Rentals               English  150x12             1800
Research         3000      Mod. Jur. 25x10              250
                          1 cleaner                     360
                          Postage &c                     20
                          Office Supp. & Printing &c   500
                          General Supplies              50
                          Telephone                    100
                          Advertising                   50
                          Social Functions             100
                          Legal Expenses                20
                          Insurance                    150
                          Light & Power                300
                          Gas                          200
                          Fuel                         300
                          Water                        300
                          Repairs                      300
                          Library & Periodicals        750
                          Laundry                      150
                          Auto                         365
                          Part time of Korean doctors
                           Hong    75                  900
                           Shim    75                  900
                           Koo     55                  660
                           Koh, M.U.  70  6 mos.       420
                           Rhee       40               480
                           Y. S. Lee                   800
                           H. Y. Oh, 50                600
                           Post-graduate study,Koh,M.U.720
                           Mrs. Paul D. Choy   Y 50    600
                          Research                    3000
                 -----                                -----
                  9980                                17195
```

```
                                BUDGET 1927-28
                                PHYSIOLOGY & BIOCHEMISTRY
                                  Salaries
                                    Asst Prof.7 mos @ 200        1400
                                       (Dr.Choi Young Ook)
                                    Instructor @ 120             1440
                                  Supplies                        300
                                                                 ————
                                                                 3140
                                CHEMISTRY DEPARTMENT
                                Salaries    Asst.Prof. 050        600
                                            ½ Boy        15       180
                                Supplies                          250
                                                                 ————
                                                                 1030
                                ANATOMY DEPARTMENT
                                Salaries,Instructor @110         1320
                                           Histology  60x10       600
                                Supplies                          500
                                                                 ————
                                                                 2420
                                PATHOLOGICAL DEPT
                                Salaries - Technician             480
                                Time Teachers' Salaries          1350
                                Mr.Kambayashi @ 75 - 750)
                                Mr. Yun       " 60 - 600)
                                Supplies                          200
                                                                 ————
                                                                 2030
                                MATERIA MEDICA & PHARMACY
                                Salaries - Asst. Prof.@50         600
                                            1/2 Boy    "15        180
                                Supplies                          150
                                                                 ————
                                                                  930
Outside Income      500         BACTERIOLOGICAL DEPT
Distributed        2180         Salaries
                                   1/2 Prof. @ 250              1500
                                   1 Technicians @ 55            600
                                     "          " 35             420
                                Supplies                          500
                                Animals                           500
                                Telephone                         100
                                                                 ————
                                                                 3680
                                PUBLIC HEALTH & HYGIENE DEPT
                                Salaries
                                   1/2 Prof.                    1500
                                   Clerical Asst                 150
                                   Printing &c.                  100
                                   Supplies                       50
                                                                 ————
                                                                 1800
```

7. 에비슨이 브라운[북장로회 선교부 총무]에게

1927년 2월 21일

A. J. 브라운 목사, 명예신학박사,
해외선교부 총무,
5번가 156번지
뉴욕시, 뉴욕주.

친애하는 브라운 박사님:

3년 전 선교부의 편지 680호에서 취급되었던 맥안리스(McAnlis) 의사의 임명과 관련된 항목을 돌이켜보면, 당신은 그들이 그곳에 도착한 후 3개월 동안 세브란스의전에서 그들의 안식년 비용과 미국행 여비와 주거 및 자녀 수당을 지불하는 내용이 명기되어 있었던 사실을 기억할 것입니다.

그 편지가 작성되었을 때는 맥안리스 부부가 올해 1월에 안식년을 가질 것으로 예상되었지만, 부츠(Boots) 의사의 안식년이 연장된 까닭에 맥안리스 부부가 출항을 4월로 연기하였습니다.

당신은 동봉된 편지 사본들에서 세브란스의전이 이번 회계연도에 심각한 적자 상태에 있는 것과 우리가 그 적자를 메꾸기 위해 자리가 빈 [교수] 인력 대신 돈을 지불하는 의무를 이행하지 않는 몇몇 선교부들에 이렇게 해달라고 요청했던 것을 볼 것입니다. 우리는 당신이 협력이사회의 집행위원회 회의와 정기회 때 우리 입장을 강조하여 도움을 주시기를 기대합니다.

그러나 선교부들이 우리가 요청한 금액을 보내줄지라도 우리는 여전히 부족합니다. 이는 격리병사를 완공하기 위해 미리 쓴 금액을 한국인들이 채워줄 것 같지 않으므로 우리가 어쨌든 그 돈을 앞으로 오랜 기간 채워야 할 것처럼 보이기 때문입니다.

쿤스(Koons)* 씨가 우리에게 11개월 동안 맥안리스 부부에게 제공할 주거 수당의 예상

---

* 쿤스(Edwin W. Koons, 1880~1947): 북장로회 선교사로 1903년 내한하여 평양과 재령에서 활동하다 1913년 서울 경신학교 교장이 되었다. 1921년 연전 이사가 되었고, 1930년대 후반에 교수가 되었으며, 1942년 강제 송환되었다.

금액을 선교부에 보냈다고 알렸습니다. 우리는 합의된 대로 집에 가는 여비를 지급할 준비를 하였지만, 지금은 당신에게 그들의 도착 시점부터 그 예상금액 만큼 재정을 책임질 수 있는지를 질의합니다. 이곳에서 우리가 3개월 분 봉급을 더 지불해온 사실을 고려할 때 그 금액은 앞서 말한 선교부의 편지에서 정해진 것과 맞지 않습니다. 만일 당신이 그렇게 할 수 있다면 우리에게 매우 큰 도움이 될 것입니다.

안녕히 계십시오.

O. R. 에비슨

출처: PHS

COOPERATING BOARD FOR CHRISTIAN EDUCATION IN CHOSEN
CHOSEN CHRISTIAN COLLEGE SEVERANCE UNION MEDICAL COLLEGE
SEOUL, KOREA

February 21, 1927.

Rev. A. J. Brown, D.D.,
Secretary, Board of Foreign Missions,
156 Fifth Avenue,
New York, N.Y.

Dear Dr. Brown:

Referring to Board Letter No. 680 -- thirteen months ago -- section dealing with the appointment of Dr. McAnlis, you will recall that it was stipulated that the Severance institution is to pay their furlough and travel to America, and the home and children's allowances for three months after their arrival there.

When that letter was written it was expected that the McAnlises would be going on furlough in January of this year, but owing to the extension of Dr. Boots' furlough the McAnlises have postponed their sailing until April.

From the accompanying copies of correspondence you will see that the Severance institution has run a serious deficit this present fiscal year, and we are asking certain Boards which are delinquent in paying for vacancies in personnel to help make up the deficit in that way. We count upon your help to press our stand at the meetings of the Executive Committee and at the Annual Meeting of the Cooperating Board.

However, even should the Boards pay the sums we have asked we will still be short because of the sums we have advanced to complete the Isolation Building and it seems unlikely that the Koreans will recoup us for the money we have put into this at least for a long time to come.

Mr. Koons informs us that the estimates for the McAnlises have gone to the Board providing for 11 months' home allowance, and 12 months' childrens allowance. We are prepared to pay the travel home as agreed, but now enquire whether it will be possible for you to take financial responsibility from the time of their arrival, in accordance with the estimates, which are not in accord with the terms of the Board Letter referred to. If you can do so, it will be a very great help to us.

Very sincerely,

O R Avison

8. 에비슨이 암스트롱[캐나다연합교회 선교부 총무]에게

1927년 3월 1일

A. E. 암스트롱 목사,
해외선교부 총무,
캐나다연합교회,
토론토, 온타리오, 캐나다.

친애하는 암스트롱 씨:

당신이 알고 있도록 우리가 조선 기독교 교육을 위한 협력이사회(Cooperating Board for Christian Education in Chosen) 총무인 홀(Ernest F. Hall) 박사에게 보내어 이달 31일 끝나는 회계연도의 세브란스의전 재정을 보고한 편지의 사본을 동봉하려 합니다.

당신은 그 편지에서 환자 수입의 축소로 적자가 발생하였으나 분담금을 채우지 못한 선교부들이 협력이사회의 규정에 따라 이를 채워주면 우리가 이 적자를 극복할 수 있게 되는 사실을 알게 될 것입니다.

맥콜(McCaul) 씨는 그가 보낸 편지에서 캐나다[연합교회] 선교회의 분담금 문제를 재무감사위원회가 다루었다고 설명하고 있습니다.

그 선교부와 그들의 선교회 사이의 재정 관계는 알지 못하지만, 맨스필드(Mansfield) 의사의 사임을 통해 봉급과 여행비를 한두 군데에서 절약하게 되었으리라고 생각됩니다. 그러므로 우리가 홀 박사에게 보내는 편지에서 말한 그 금액을 받을 수 있도록 조정되어 개별 인사들에게 간청하는 일을 피할 수 있기를 간절히 바라고 있습니다.

그와 동시에 당신에게 내년 회계연도를 위해 채택한 예산서를 보냅니다. 이 예산은 환자 수입이 우리가 산정해왔던 것보다 줄어들 것을 고려하여 작성되었고, 그 결과 직원들을 감축하였습니다. 그러나 올해에는 5만 불의 신병실 기본재산에서 수입을 얻기 시작할 것이므로 어느 정도 도움을 받을 것입니다.

당신이 4월 어느 때에 열리게 되어있는 협력이사회 정기회에 참석할 수 있으리라고 믿습니다.

안녕히 계십시오.
O. R. 에비슨

출처: PCC & UCC

OFFICE OF PRESIDENT
O. R. AVISON, M.D., LL.D.

SEVERANCE UNION MEDICAL COLLEGE
NURSES TRAINING SCHOOL
SEVERANCE HOSPITAL

SEOUL, KOREA

CO-OPERATING MISSIONS
PRESBYTERIAN CHURCH IN THE U.S.A.
METHODIST EPISCOPAL CHURCH
PRESBYTERIAN CHURCH IN THE U.S.
METHODIST EPISCOPAL CHURCH, SOUTH
UNITED CHURCH OF CANADA
PRESBYTERIAN CHURCH OF AUSTRALIA

March 1, 1927.

Rev. A. E. Armstrong,
Secretary, Board of Foreign Missions,
The United Church of Canada,
Toronto, Ont., Canada.

Dear Mr. Armstrong:

I am enclosing for your information a copy of a letter which we are sending to Dr. Ernest F. Hall, the Secretary of the Cooperating Board for Christian Education in Chosen, reporting on the finances of the Severance institution for the fiscal year which ends on the 31st instant.

You will note from that letter that we have incurred a deficit through a slump in receipts from patients; but that we can meet this deficit if the Boards which have had vacancies in their quotas will compensate for these according to the ruling of the Cooperating Board.

In a letter from Mr. McCaul, he states that the matter of the Canadian Mission's share is being taken up by the Committee of Auditors.

Not knowing the financial relationship between the Board and the Mission, it would seem that one or the other would have made a saving through the resignation of Dr. Mansfield, both in salary and travel expense, and we earnestly hope that it can be arranged that we can get the amount stated in the letter to Dr. Hall, and so avoid a canvass among individuals.

At the same time I am sending you the budget adopted for next fiscal year. This budget is made up having in view lesser receipts in patients than we have been counting upon, and the staff has been reduced in consequence. But we shall begin to get this new year the income on $50,000 endowment of the new wing, which will help us to some extent.

I trust that you will be able to attend the annual meeting of the Cooperating Board which ought to be held some time in April..

Very sincerely,

9. 에비슨이 에드워즈에게

1927년 3월 1일

J. R. 에드워즈 목사, 명예신학박사,
해외선교부 총무,
미국감리회,
5번가 150번지,
뉴욕시, 뉴욕주.

친애하는 에드워즈 박사님:

당신이 알고 계시도록 조선 기독교 교육을 위한 협력이사회 총무인 홀(Ernest F. Hall) 박사에게 부치려 하는 편지의 사본을 보내어 방금 끝난 회계연도의 우리 재정 상황을 보고하겠습니다.

그 안에 나타나 있듯이 우리가 적자에 직면해 있지만 이를 피할 돈을 선교회들로부터 받지 못하고 있다는 것을 보고할 수밖에 없어서 유감입니다. 만일 인력의 공백을 빚은 선교부들이 협력이사회의 규칙에 따라 우리에게 그런 것을 변상한다면 우리가 돈을 구하려고 특별히 애쓰지 않고도 적자를 메꿀 수 있다는 것을 알려드립니다.

동봉된 편지의 사본을 보면 우리 주장이 데이터들에 근거하고 있는 사실을 알게 될 것입니다.

그와 동시에 4월 1일 시작하는 예산서의 사본을 당신에게 보냅니다. 우리가 교직원을 크게 줄인 덕분에 한 해를 보내는 동안 적자를 보지 않게 되리라고 믿는 예산을 짤 수 있었습니다.

안녕히 계십시오.
O. R. 에비슨

출처: UMAC

OFFICE OF PRESIDENT
O. R. AVISON M.D. LL.D

SEVERANCE UNION MEDICAL COLLEGE
NURSES TRAINING SCHOOL
SEVERANCE HOSPITAL
SEOUL, KOREA

CO-OPERATING MISSIONS
PRESBYTERIAN CHURCH IN THE U.S.A.
METHODIST EPISCOPAL CHURCH
PRESBYTERIAN CHURCH IN THE U.S.
METHODIST EPISCOPAL CHURCH, SOUTH
UNITED CHURCH OF CANADA
PRESBYTERIAN CHURCH OF AUSTRALIA

March 1, 1927.

Rev. J. R. Edwards, D.D.,
Secretary, Board of Foreign Missions,
Methodist Episcopal Church,
150 Fifth Avenue,
New York, N.Y.

Dear Dr. Edwards:

For your information I am sending copy of a letter which is going to Dr. Ernest F. Hall, Secretary of the Cooperating Board for Christian Education in Chosen, reporting on our finances for the fiscal year just closing.

I regret to have to report that we are facing a deficit as therein related, and not being able to get this from Missions we are reporting that if the Boards which have vacancies in personnel would compensate us for such according to the rules of the Cooperating Board we would be able to cover our deficit without having to make a special canvass.

The enclosed copy of letter will give the data on which we base our claim.

At the same time I send you a copy of the budget for the year beginning April 1st. By dint of much cutting down of staff, we have produced a budget that we believe will see us through the year without a deficit.

Very sincerely,

O. R. Avison

10. 타운젠드[주유기 제조회사 사장]가 에비슨에게

(사본)
개런티 리퀴드 매저 컴퍼니(Guarantee Liquid Measure Company).*
로체스터, 펜실베이니아, 1927년 4월 12일.

O. R. 에비슨 박사,
연희전문학교,
서울, 조선, 한국.

친애하는 에비슨 박사님:

당신의 2월 22일자 편지를 받고 큰 흥미를 느끼면서 읽었습니다.

우리는 당신이 설명해준 사역을 후원하기로 결정하고, 당신들의 1927~28년도 예산을 위해 1,180불을, 1928~29년도 예산을 위해 1,880불을, 1929~30년도 예산을 위해 2,155불을 제공하기로 정한 사실을 알리기 위해 이 편지를 씁니다.

개인적으로 나는 전에 아프리카에 있는 한 선교사를 한동안 후원하였는데, 지금은 이 지출을 중단하고 그 돈을 당신의 자금에 넣기로 하였습니다. 그 아프리카 선교사가 안식년을 맞아 미국으로 돌아와서 그 사역에 대한 나의 개인적인 관계와 관심이 끝났으므로 긴밀하게 얽힌 것이 남아 있지 않습니다. 내가 당신의 사역에 큰 흥미를 느끼게 되었는데, 이는 로즈(Rhodes) 박사**와 백낙준(Paik)*** 씨와 사귀어 친분이 생겼기 때문입니다. 그

---

* 개런티 리퀴드 매저 컴퍼니(Guarantee Liquid Measure Company): 주유기 제조회사로서 1915년 설립되어 성장하다 1927년 다른 회사를 합병한 후, 1928년 필라델피아 로체스터에서 오하이오 클리블랜드로 이전하고 회사명을 Fry Equipment Corporation으로 바꾸었다.
** 로즈(Harry A. Rhodes, 1875~1965): 북장로회 선교사로 1908년 내한하여 강계와 선천에서 선교하다 1918년 연전에 부임하여 신과 과장과 학감 대리를 맡았다. 1932년 사임한 후 1933년 『기독신보』 사장으로 부임하였고, 1940년 귀국한 후, 1946년 다시 내한했다가 이듬해에 귀국하였다.
*** 백낙준(白樂濬, 1895~1985): 평북 정주 출생으로 선천 신성학교, 중국 신학서원, 미국 파크대와 프린스턴신학교 및 대학원을 졸업하고 1927년 예일대에서 종교학 전공으로 박사학위를 받았다. 그해에 귀국하여 연전 신과 교수가 되었고, 1928년 문과 과장이 되어 조선학 연구를 지원하였다. 해방 후 경성대 법문학부 부장을 지내고, 1946년 복설된 연희전문 교장이 되어 학교를 연희대학교로 승격시키고 초대 총장이 되었다. 문교부 장관을 역임한 후 연희대 총장으로 복귀하였고, 1957년 연희대와 세브란스의대를 연세대학교로 통합하고 초대총장이 되었다.

러므로 내 회사와 상의하여, 그 일과 관련된 경비의 절반을 내가 부담하고 다른 절반을 회사가 부담하기로 하였습니다.

우리가 여기에 590불짜리 환어음을 동봉하는데, 이는 당신이 2월 22일자 편지에서 제시한 1927~28년도 예산의 절반입니다. 나머지 금액을 받기를 원하는 날짜를 당신이 우리에게 미리 알려주기를 기대합니다.

우리가 갚아주기를 원하는 1928~29년과 1929~30년 예산들을 우리에게 보내주기를 더 요청합니다. 우리가 이것들을 반년마다 채워주고 싶기 때문입니다. 또한, 당신이 원하는 환전의 종류도 말해주면 좋겠습니다. 우리는 당신이 미국 달러가 적힌 수표가 아닌 다른 어떤 것을 더 좋아하리라고 생각합니다.

당신이 우리에게 당신의 위대한 사역에 동참할 기회를 준 것에 감사하고 있음을 당신에게 알려주고 싶고 로즈 박사에게도 알려주고 싶습니다.

당신과 로즈 박사에게 안부 인사를 드리고 당신의 성공을 진심으로 기원합니다.

안녕히 계십시오.

(서명) W. S. 타운젠드

사장

출처: UMAC

(copy)
GUARANTEE LIQUID MEASURE COMPANY.
Rochester, Pennsylvania.   April 12, 1927.

Dr. O. R. Avison, Pres.,
Chosen Christian College,
Seoul, Chosen, Korea.

Dear Dr. Avison:

I have your letter of February 22nd and have read it with a great deal of interest.

We have decided to support the work which you have outlined for you, and the purpose of this letter is to notify you that we will supply $1180.00 for your 1927-28 budget, $1880.00 for your 1928-29 budget, and $2155.00 for your 1929-30 budget.

I have personally, for some time past, supported a missionary in Africa and have now decided to discontinue this expenditure and put the money over into your fund. The African missionary is back in the United States on furlough, and my personal connection and interest in the work done there has not been very close. I find myself much interested in your work, due to my acquaintanceship and friendship with Dr. Rhodes and Mr. Paik. I have, therefore, made an arrangement with my Company whereby I am undertaking one-half of the expenses involved and the Company is undertaking one-half.

We are enclosing draft for $590.00 which is one-half of the 1927-28 budget as shown by your letter of February 22nd. We shall expect you to notify us in advance of the date when you will wish us to send you the balance of the amount.

We will further suggest that you give us dates when you would like us to pay the 1928-29 and 1929-30 budgets, as we would prefer to pay these semi-annually. Also, will you be good enough to tell us what sort of exchange you will want. It occurs to us that you would prefer something except checks in American dollars.

I would like for you to know, and for Dr. Rhodes to feel that we are grateful for the opportunity which you give us to have a share in your great work.

With kindest regards for yourself and for Dr. Rhodes, and with every good wish for your success,

Very sincerely yours,

(Signed) W. S. Townsend,
President.

WST:DAH

11. 에비슨이 서덜랜드에게

1927년 4월 16일

조지 F. 서덜랜드, 목사·명예신학박사,
협력이사회 회계,
5번가 150번지,
뉴욕시, 뉴욕주.

친애하는 서덜랜드 박사님:

당신은 아마도 이 편지를 받기 전에 쉴드(John H. Shielde) 씨로부터 세브란스연합의학전문학교의 장학금으로 쓸 수표를 하나 받았을 것입니다. 그래서 이 편지에서는 당신에게 그것을 어떻게 사용해야 하는지를 설명하려 합니다. 쉴드 씨가 내게 보낸 편지와 내가 그에게 답장한 것에서 오갔던 말을 빌어 설명하려 하는데, 이를 보면 당신이 바로 어떻게 해야 할지를 알게 될 것입니다.

우리 세브란스의전의 교수인 러들로(Ludlow) 의사가 자신이 맡은 외과의 조수로서 6월에 떠나서 유럽을 여행한 후 가을에 미국에 도착하는 고명우(M. U. Koh) 의사에게 각별한 관심을 두고 있습니다. 그는 고 의사를 도울 자금을 사적인 지인들로부터 얻으려고 열심히 노력할 생각을 하고 있습니다. 그는 성공할 것이고, 쉴드 씨의 기부금은 최(Choi) 의사를 위해 사용할 수 있을 것으로 생각합니다.

그러는 동안 당신은 물론 그것을 양쪽으로 미리 쓸 수 있고, 나중에 러들로 의사가 고 의사를 위한 모금한 금액을 보고하면 당신이 그것에 따라 돈을 조정할 수 있습니다.

만일 러들로 의사가 고 의사를 위한 자금을 충분히 얻지 못한다면 부족한 금액을 메꾸는 데 필요한 돈을 쉴드 씨의 기부금에서 가져오고 남은 돈만 최 의사에게 주어야 할 것입니다. 그런데 만일 최 의사 때문에 너무 많이 사용되었다면 우리가 반드시 끌어올 수 있는 다른 자금으로 그것을 보충해야 할 것입니다.

안녕히 계십시오.

O. R. 에비슨

출처: UMAC

OFFICE OF PRESIDENT
O. R. AVISON, M.D., LL.D.

SEVERANCE UNION MEDICAL COLLEGE
NURSES TRAINING SCHOOL
SEVERANCE HOSPITAL
SEOUL, KOREA

CO-OPERATING MISSIONS
PRESBYTERIAN CHURCH IN THE U.S.A.
METHODIST EPISCOPAL CHURCH
PRESBYTERIAN CHURCH IN THE U.S.
METHODIST EPISCOPAL CHURCH, SOUTH
UNITED CHURCH OF CANADA
PRESBYTERIAN CHURCH OF AUSTRALIA

April 16th, 1927.

Rev. Geo. F. Sutherland, D.D.,
Treasurer, Cooperating board,
150 Fifth Avenue,
New York, N. Y.

Dear Dr. Sutherland:

     Ere this you have probably received a check from Mr. John H. Scheide for the scholarship fund of the Severance Union Medical College and this is to explain to you how it is to be used. I quote from Mr. Scheide's letter to me and from my reply to him and from this quotations you will know just what to do.

     Dr. Ludlow, of our Severance Staff who is particularly interested in Dr. M. U. Koh who is his assistant in the department of surgery will leave for America in June and will arrive there in the Fall after a trip via Europe. He is planning to make a strong effort to secure funds for Dr. Koh from amongst his own personal friends and I think he will be successful in which case Mr. Scheide's contribution can be used for Dr. Choi.

     In the meantime you can of course advance to both from it and later on when Dr. Ludlow reports receipts for Dr. Koh you can adjust the fund accordingly.

     If Dr. Ludlow does not get enough for Dr. Koh the amount necessary to cover the balance will have to be taken from Mr. Scheide's gift and only the remainder applied to Dr. Choi If then too much has been used on account of Dr. Choi we must make it up from other funds that are in sight.

Very sincerely,

O. R. Avison

12. 에비슨이 서덜랜드에게

1927년 4월 20일

조지 F. 서덜랜드, 목사·명예신학박사,

협력이사회 회계,

5번가 150번지,

뉴욕, 뉴욕주.

친애하는 서덜랜드 박사님:

연희전문학교의 지난해 회계업무가 끝났습니다. 그래서 모금 운동 기금의 잔액을 송금 받고 ¥889.96이란 소액의 흑자를 내어 경상예산 적자를 줄이는 데에 쓸 수 있게 된 것에 감사드립니다.

우리가 아직 받지 못한 기본재산과 일반 용도 자금을 사용하는 문제에 관해서는 이 자금들에 대한 임시 보고서를 보내고, 이 보고서를 바탕으로 어떤 제안을 하겠습니다.

수입액($)	존 언더우드(J. T. Underwood)*가 보낼 기본재산 자금	125,000	175,000	228,808
	홀 재단(Hall Estate)에서 보낼 기본재산 자금	50,000		
	땅과 건물들을 위한 자금		22,750	
	당신이 알려준 1926년 [미국] 약정금 수입		14,683	
	받지 못한 약정금 잔액		16,375	

---

* 존 언더우드(John T. Underwood, 1857~1937): 연전 설립자이자 초대 교장인 언더우드(H. G. Underwood)의 형으로, 부친과 함께 타자기용품 제조회사를 설립한 후, 1894년 발명된 최신형 타자기의 특허권을 1895년 사서 Underwood Typewriter Company를 설립하고 세계 최대의 타자기회사로 성장시켰다. 동생의 선교사역과 연전 설립을 적극 후원하였고, 연전과 세의전의 미국 주재 후원 조직인 협력이사회 이사장을 1918년부터 1935년까지 맡아 두 학교의 발전을 돕고, 특히 연전을 위해 많은 기부를 하였다.

기본재산을 위해 투자받은 금액		174,000	
땅과 건물들을 위해 송금받은 금액		22,750	
현지 송금 요청액($)	원한경 심리학 교육 기금	1,000	200,358
	자동차 기금	1,100	
	펌프실	400	
	돌계단	358	
	밀러(E. H. Miller)*에 대한 지급금	750	
남은 금액	받아두고 있거나 약정된 금액의 대략적인 잔액	28,450	25,450
	맥켄지(Mackenzie)가 약정한 설비자금 잔액	-3,000	

    우리는 계단**을 완공하고 우리 기숙사 학생들에게 목욕 시설을 제공하기 위해 5백 불이 필요합니다. 우리의 일반 기금에서는 10,861.54원이 초과 지출되었고, 아펜젤러관 장부에서는 7,229.91원이 초과 지출되었습니다. 우리는 물론 아펜젤러관의 건축비를 기부한 피츠필드(Pittsfield)[매사추세츠주 피츠필드 감리교회]로부터 돈을 다시 받아낼 것을 기대할 수 없습니다. 이 두 금액을 합하면 18,091.45원 또는 9천 불(금화)입니다.

    초과 지출된 이 금액들은, 당신도 알듯이, 아직 남아있는 언더우드관 기금으로 채웠습니다. 그 금액은 그 건물의 완공을 위해 나머지 가구들을 주문할 수 있게 되기 전에 반드시 벌충되어야 합니다. 아펜젤러관에 대한 초과지출은, 당신이 기억할 것인데, 가구에 드는 비용이 예상보다 컸던 데서 기인합니다. 우리는 뉴욕의 한인교회가 당신에게 추가로 242불을 보내어 캠퍼스로 진입하는 주요 계단을 놓는 데에 필요한 6백 불을 채워주기를 바라고 있습니다.

    일부 약정금은 약속한 기간이 5년 이상이므로 당신이 25,450불을 아직 다 받지 못했으리라고 생각되지만, 그 문제를 다음과 같이 처리할 것을 제안합니다.

---

* 밀러(Edward H. Miller, 1873~1966): 북장로회 선교사로 1901년 내한하여 경신학교 교장을 역임하였고, 연전 창립 후 수물과 교수와 이사회 건축위원으로 활동하였으며, 응용화학과를 1921년 폐과될 때까지 이끌었다. 1941년 12월 투옥되었다가 1942년 송환되었다.

** 백양로 끝과 본관건물단 앞에 있는 백양로 중앙계단은 1927년 뉴욕 등지에 사는 한인들의 기부금으로 조성되었고, '뉴욕에 있는 우리 겨레로부터 붙여줌 1927 DONATED BY KOREAN FRIENDS IN NEW YORK,'이란 글자와 태극 문양 2개가 새겨져 있다.

	제안 내용	요청액($)	비고
1	기본재산에 추가로 투자할 것	11,000	$185,000을 채울 것
2	계단과 욕실을 위해 현지에 보낼 것	450	
3	사택들을 새로 지어 현재 모든 필요를 채우기에 부족해진 급수 시스템 연장, 전기 조명, 도로, 등등을 위해 현지에 보낼 것	5,000	
4	아펜젤러관과 일반 기금을 초과 지출하여 끌어 쓴 언더우드관 기금을 벌충할 돈을 현지에 보낼 것	9,000	
	계	25,450	

이 처리 제안은 지난 몇 년간 쌓여서 이제 24,283.51원에 이른 적자를 경상예산에서 해결해주지 않습니다. 그 항목과 관련하여 존 언더우드 씨와 연락하겠습니다.

이 자금들을 처리하는 문제는 아마도 집행위원회나 재정위원회에서 다룰 필요가 있을 것입니다. 가장 긴급하게 필요한 것은 계단 공사를 위한 450불이므로 서둘러 그 돈을 보내달라고 당신에게 요청합니다.

두 번째 항목의 5천 불도 당신이 형편이 닿는 대로 보내주면 좋겠습니다. 고려 중인 그 항목들을 가능한 한 빨리 진행하는 것이 바람직하기 때문입니다.

안녕히 계십시오.

O. R. 에비슨

출처: UMAC

COOPERATING BOARD FOR CHRISTIAN EDUCATION IN CHOSEN

CHOSEN CHRISTIAN COLLEGE   SEVERANCE UNION MEDICAL COLLEGE
SEOUL, KOREA

COOPERATING BOARDS

BOARD OF FOREIGN MISSIONS OF THE PRESBYTERIAN CHURCH IN THE U.S.A.
BOARD OF FOREIGN MISSIONS OF THE METHODIST EPISCOPAL CHURCH
BOARD OF FOREIGN MISSIONS OF THE PRESBYTERIAN CHURCH IN CANADA
BOARD OF MISSIONS OF THE METHODIST EPISCOPAL CHURCH, SOUTH
EXECUTIVE COMMITTEE OF FOREIGN MISSIONS OF THE PRESBYTERIAN CHURCH IN THE U.S.

O. R. AVISON, M. D., PRESIDENT
N. T. OWENS, SECRETARY & TREASURER

OFFICERS OF THE BOARD

JOHN T. UNDERWOOD, CHAIRMAN
ALFRED GANDIER, VICE-CHAIRMAN
E. H. RAWLINGS, VICE-CHAIRMAN
ERNEST F. HALL, SECRETARY
156 FIFTH AVE., NEW YORK
GEORGE F. SUTHERLAND, TREASURER
150 FIFTH AVE., NEW YORK

April 20, 1927.

Rev. Geo. F. Sutherland, D.D.,
Treasurer, Cooperating Board,
150 Fifth Avenue,
New York, N.Y.

Dear Dr. Sutherland:

    The accounts of the past year at the Chosen Christian College have been closed, and thanks to the remittance of the balance of the money in the Campaign Fund we are able to report a small surplus of Y889.96 which is being applied towards the reduction of the deficit on current budget account.

    With regard to the use of the money for endowment and general purposes not yet invested, we give a tentative statement of these funds and have a certain proposition to make based on this statement:

Receipts:
```
From Mr. J. T. Underwood for Endowment     $125,000
From Hall Estate for Endowment               50,000    $175,000
For Land and Buildings                                   22,750
Subscriptions reported by you in 1926 as paid            14,683
Balance of subscriptions and pledges                     16,375
                                   Total. . . . . . . .$228,808

Invested as Endowment                      $174,000
Remitted to field for Land & Buildings       22,750
Amounts requested to be sent to field:
   Underwood Psychology Fund                  1,000
   Automobile fund                            1,100
   Pump house                                   400
   For Stone Stairs                             358
   Paid to E. H. Miller                        750      200,358

                    Approximate balance in hand or
                                       pledged          $ 28,450
                    Deduct Mackenzie Equipment Fund balance 3,000
                                       Leaving . . . . . 25,450
```

    We need $500 to complete the stairs and provide bathing facilities for our Dormitory students. In our General Fund we have overexpended Y10,861.54, and the Appenzeller Hall account is overexpended Y7229.91. We cannot, of course, expect to get that sum refunded by the Pittsfield Church. These two sums total Y18091.45, or $9000 gold.

Dr. Sutherland.   2.

    These overexpended sums are taken, as you know, from the unexpended Underwood Hall account, which must be reimbursed before we can order the remaining furniture to complete that building. The overexpenditure on Appenzeller Hall is due, you will recall, to the extra cost of the furniture over what was estimated. We are hoping that the Korean Church in New York will remit to you $242 additional to make up the $600 needed to make the main stairway to the campus, work on which is now well under way.

    The $25,450 is not yet probably all in your hands as some of the pledges extend over five years, but we suggest the following disposition of it:

1.	Additional investment in endowment	$11,000, making $185,000
2.	Send to field for Stairway & Bathroom	450
3.	Send to field for extending waterworks system, now insufficient for all the demands created by new residences; also for electric lighting, roads, etc.	5,000
4.	Send to field for reimbursing Underwood Hall account for overexpenditures on Appezneller Hall and General Fund	9,000
		$25,450

    This proposed disposition leaves unsettled the deficit on current budget which has accumulated for some years past and now stands at Y24,283.51. I shall be communicating with Mr. Underwood in regard to that item.

    Probably the disposition of these funds will require to be taken up by the Executive or Finance Committee. The most urgent need is the $450 for the Stairway which I would ask you to send on without delay.

    We should also be glad to have you release as much as possible of the second item for $5,000, as it is advisable to get the items contemplated under way as early as possible.

                                Very sincerely,

                                O.R. Avison

13. 에비슨이 서덜랜드에게

1927년 5월 17일

조지 F. 서덜랜드 목사,
5번가 150번지, 뉴욕, 뉴욕주.

친애하는 서덜랜드 박사님:

펜실베이니아 로체스터에 있는 개런티 리퀴드 매저 컴퍼니(Guarantee Liquid Measure Company)의 사장 타운젠드(W. S. Townsend) 씨가 보낸 편지를 방금 받고 그 것의 사본을 동봉해서 당신에게 보냅니다.

우리가 그로부터 590불짜리 어음을 받았는데, 그가 그것을 동봉해 보내면서 올해 그들의 상반기 기부금이라고 설명하였습니다. 그가 나에게 우리가 갚아야 할 여러 가지 금액을 어떻게 갚기를 원하는지를 묻고 자기가 반년마다 갚아주겠다고 제안했던 것을 당신도 알 것입니다. 이에 내가 타운젠드 씨에게 다음과 같이 편지를 썼습니다.

> 자금을 이체하는 방법에 관해 말하자면, 우리는 보통 미국에 있는 모든 자금을 뉴욕 5번가 150번지에 있는, 우리 대학들을 위한 협력이사회의 회계로 일하고 있는 서덜랜드(Geo. F. Sutherland) 목사·박사에게 보내도록 하고 있습니다. 귀하가 보낸 환어음은 현금화되었는데, 4월 1일부터 시작된 우리 사역에 그 돈이 즉시 사용될 수 있으므로 이 어음을 우리에게 직접 보내는 것이 더 좋습니다. 만일 당신이 다음번 기부금을 서덜랜드 박사에게 보낼 수 있으시다면, 그가 그 돈에서 8월에 한국으로 출항할 예정인 백낙준(Paik) 씨의 여비를 지불하게 하겠습니다. 이렇게 하는 것이 백낙준 씨에게는 이곳 해외에 있는 우리가 그 돈을 받아서 수표를 보내는 것보다 더 편할 것입니다. 돈이 남는다면 액수를 불문하고 서덜랜드 박사가 그 금액을 이곳으로 우리에게 보내줄 것입니다. 다음 2년 동안 돈을 보낼 때는 반년마다 매 학년 초와 중반에 우리에게 보내는 것이 가장 편할 것입니다. 이 나라에서는 학년이 4월 1일에 시작하고, 학년의 하반기는 9월 1일에 시작합니다. 만일 당신이 이 금액을

서덜랜드 박사에게 일반 은행 수표를 보낸다면 매우 만족스러울 것입니다. 당신이 직접 우리에게 한국의 은행 수표로 송금하더라도 쉽게 처분될 수 있습니다. 그것들이 우리에게 아무 문제도 일으키지는 않지만, 한국으로 직접 송금하는 경우에는 개인 수표보다 뉴욕 어음이 더 좋습니다. 만일 어음이 한국에서 거래하는 어느 특정의 은행으로 보내지지만 않는다면 때때로 더 좋은 가격에 팔립니다.

백낙준 박사의 현재 주소는 코네티컷주 뉴헤이븐의 예일 스테이션(Yale Station) 1195호[사서함 번호]인데, 그가 8월에 한국으로 출발하여 그달 말경이나 9월 초에 이곳에 도착하게 될 것이라고 나에게 편지를 썼습니다. 그는 나에게 한국으로 가는 여비로 쓰도록 5백 불을 자기에게 미리 지급해달라고 요청하였습니다. 그 금액의 절반은 그가 우리에게 반환할 것입니다. 나는 그에게 편지를 써서 그 금액의 송금을 당신[서덜랜드]에게 요청하겠다고 하였습니다. 물론 그는 받은 돈에 대해 영수증을 보낼 것입니다. 당신이 내 인용문을 보겠지만, 나는 타운젠드 씨에게 편지를 써서 올해 하반기에 보내 줄 금액을 당신에게 보내라고 제안하였습니다.

당신은 백 씨가 예일대에서 올여름에 박사학위를 받을 것을 알고 있을 것입니다. 그는 로즈(Rhodes) 박사와 함께 신과에서 종교 사역을 할 것입니다.

타운젠드 씨가 보낸 이 기부금은 우리가 다음 3년 동안 하려고 계획한 신과의 새 사역에 모두 충당될 것이므로, 우리가 매우 크게 만족하고 있습니다. 이 돈이 우리 대학의 이 중요한 과를 훨씬 더 강력하게 만들 수 있게 해주기 때문입니다.

안녕히 계십시오.

O. R. 에비슨

출처: UMAC

COOPERATING BOARD FOR CHRISTIAN EDUCATION IN CHOSEN

CHOSEN CHRISTIAN COLLEGE   SEVERANCE UNION MEDICAL COLLEGE

SEOUL, KOREA

O. R. AVISON, M. D.
PRESIDENT

H. T. OWENS
SECRETARY & TREASURER

COOPERATING BOARDS
BOARD OF FOREIGN MISSIONS OF THE PRESBYTERIAN CHURCH IN THE U.S.A.
BOARD OF FOREIGN MISSIONS OF THE METHODIST EPISCOPAL CHURCH
BOARD OF FOREIGN MISSIONS OF THE PRESBYTERIAN CHURCH IN CANADA
BOARD OF MISSIONS OF THE METHODIST EPISCOPAL CHURCH, SOUTH
EXECUTIVE COMMITTEE OF FOREIGN MISSIONS OF THE PRESBYTERIAN CHURCH IN THE U. S.

OFFICERS OF THE BOARD
JOHN T. UNDERWOOD, CHAIRMAN
ALFRED GANDIER, VICE-CHAIRMAN
E. H. RAWLINGS, VICE-CHAIRMAN
ERNEST F. HALL, SECRETARY
156 FIFTH AVE., NEW YORK
GEORGE F. SUTHERLAND, TREASURER
150 FIFTH AVE., NEW YORK

May 17th, 1927.

Rev. Dr. Geo. F. Sutherland,
150 Fifth Avenue, New York, N.Y.

Dear Dr. Sutherland,

I have just received a letter from Mr. W. S. Townsend, President of the Guarantee Liquid Measure Company, Rochester, Pennsylvania, copy of which I am enclosing to you.

We have received the draft for $590 which he enclosed so that the first half of their contribution for this year is accounted for. You will note that he asks me how we wish to have the various amounts paid owing to us and he himself suggests to pay them semi-annually. I have, therefore, written Mr. Townsend as follows:

"In reference to the method of transmitting funds, our usual "plan has been to have all funds in America sent to Rev. Dr. "Geo. F. Sutherland, 150 Fifth Avenue, New York, the Treasurer "of the Cooperating Board in New York for our Colleges. The "draft which you sent us we have cashed and it is better that "this one was sent directly to us as we can put the money to "immediate use in the work which we began April 1st. If you "will be so good as to send the next payment to Dr. Sutherland "I will arrange for him to pay out of it the travelling ex-"penses of Mr. Paik who expects to sail for Korea in August. "This will make it easier for Mr. Paik than if we were to re-"ceive it out here and then send a cheque to him, and Dr. "Sutherland will transmit whatever balance there may be to us "here. As to the payments for the next two years it will be "most convenient to us to have each semi-annual amount paid at "the beginning and the middle of each school year. In this "country the school year begins April 1st and the second half "of the year begins September 1st.
"If you send these sums to Dr. Sutherland ordinary bank cheques "will be quite satisfactory. Even though you were transmitting "directly to us in Korea bank cheques can be readily disposed of. "They cause us no trouble whatever, but in remitting directly to "Korea New York drafts are preferable to private cheques. These "drafts may sometimes be sold to better advantage if they do not "come addressed to any particular correspondent bank in Korea."

Dr. L. Geo. Paik, whose present address is 1195 Yale Station, New Haven, Conn., writes me that he will leave

-2-

for Korea in August so that he may arrive here about the end of that month or the first of September, and he has asked me to advance him $500.00 to be applied to his travelling expenses to Korea, one half of which amount he will repay us. I have written him that I would ask you to pay that amount to him for which, of course, he will issue his receipt, and in writing to Mr. Townsend, as you will see from my quotation, I have suggested that he send the second half of this year's amount to you.

I think you are acquainted with Mr. Paik who expects to get his Doctor's degree from Yale this summer. He is to be associated with Dr. Rhodes in the Department of Bible and Religious Work.

This gift from Mr. Townsend will cover all the new work in the Religious Department which we have planned for the next three years, so it is the greatest satisfaction to us, for it will enable us to make this important department of our College very much stronger.

Yours very sincerely,

O. R. Avison

14. 에비슨이 크램에게

1927년 5월 21일

W. G. 크램 목사, 명예신학박사*
해외선교부 총무,
남감리회,
내쉬빌, 테네시주.

친애하는 크램 박사님:

당신이 서덜랜드 박사에게 보낸 최근 4월 9일 자 편지의 사본을 서덜랜드가 우리에게 전해주었는데, 교수로 근무하지 않는 스타이츠(Stites) 의사**를 대신하여 매년 2천 불을 세브란스연합의학전문학교에 계속 보내야 하는가의 문제를 다룬 편지였습니다.

당신이 서덜랜드 박사에게 보낸 답장은 논란의 요점을 정확하게 파악하지 않은 것처럼 보입니다. 이는 아마도 서덜랜드 박사가 그 문제를 이쪽에서 우리가 하는 것처럼 제대로 알려주지 않았기 때문일 수 있습니다.

몇 년 전 남감리회 선교회와 선교부가 의사 2명과 간호사 1명을 세브란스의료기관에 보내기로 하는 정책을 채택하였습니다. 스타이츠 의사가 떠난 후로는 우리 교직원 가운데 당신들을 대표하는 사람이 1명밖에 없습니다. 1925~26년 회계연도에는 당신의 선교부가 스타이츠의 부재를 대신하여 4천 원을 제공하였지만, 지난해에는 어떤 이유에서인지 그 부재가 지속되고 있는데도 불구하고 그 금액이 지급되지 않았습니다. [남감리회 해외]여선교회는 지난 몇 년 동안 규칙적으로 우리에게 1천 8백 원을 보내왔습니다.

총독부에 공식적으로 약속한 바로, 그와 동시에 우리가 자체적으로 상황을 파악한 바로, [남감리회가] 의무적으로 파송해야 할 교수의 수는 여전히 의사 2명입니다.

---

* 크램(Wilard G. Cram, 1875~1969): 1902년 내한하여 철원 등지에서 활동하다 1905년 한국선교연회 감독을 대리하였으며, 1910년대 이후 그리스도회보, 기독신보, 코리아매거진의 편집인과 발행인으로 활동하고 1922년 귀국하였다. 1926부터 1940년까지 남감리회 선교부 총무로 활동하였다.
** 스타이츠(Frank M. Stites, 1892~1988): 남감리회 의료선교사로 1917년 내한하여 세전 내과에서 교수로 근무하다 1925년 귀국하였다.

방금 웰치(Welch) 감독에게 비슷한 문제에 관해 편지를 쓰면서 그 문제를 아주 충분히 조사하였습니다. 그래서 그 문제에 대해 우리가 이해한 것을 모두 설명한 편지의 사본을 동봉하니 그것을 참고하라고 당신에게 요청합니다.

우리는 현재 만제트(Manget) 의사*의 유능한 봉사를 얻게 되어 실로 매우 기쁘고, 그가 우리와 함께 있는 동안 우리 사역에 가장 소중한 기여를 할 줄로 알고 있습니다.

적자의 발생을 메꾸기 위해 지난 회계연도의 이월금 지급이 우리에게 필요하므로 당신이 충분한 검토 후에 그 돈의 지급을 승인할 수 있게 되기를 희망합니다.

파송해야 할 교수의 수 또는 그에 상응하는 재정 충당금의 문제는 협력이사회의 연례회의 때 논의되었을 것인데, 우리는 아직 그 회의록의 사본을 받지 못하였습니다.

따뜻한 안부 인사를 드립니다.

안녕히 계십시오.

(서명) O. R. 에비슨

추신.

당신이 편지에서 일시적으로 중국을 떠날 수밖에 없게 된 의사들을 의학교에 배정하기 위해 노력하고 있다고 설명한 것에 대해 말하자면, 우리는 이런 도움이 사실 소중하기는 해도, 이렇게 하는 것을 총독부가 교수진의 공백을 메꾸는 일로 간주해줄지는 알지 못합니다. 상근하는 대표를 보내거나 아니면 우리가 대체 인력을 고용할 수 있도록 그에 상응하는 재정을 부담해야 할 의무는 여전히 남아있습니다. 이 사람들에 관한 회의가 열렸는데, 총독부는 그들이 우리 면허 보유자들의 면허로 임시로 의료 사역을 하는 것을 허가할지라도 그들을 가르칠 자격을 가진 것으로 여길 수는 없다고 말합니다.

출처: UMAC

---

* 만제트(Fred P. Manget, 1880~1979): 남감리회 의료선교사로 1909년부터 중국에서 사역하고 1950~51년에 내한하여 세브란스병원 안과에서 활동한 것으로 알려져 있는데, 에비슨은 이 편지에서 그가 이때 이미 세전에서 활동하고 있는 것으로 기록하고 있다.

May 21, 1927.

Rev. W. G. Cram, D.D.,
Secretary, Board of Foreign Missions,
Methodist Episcopal Church, South,
Nashville, Tenn.

Dear Dr. Cram,

Dr. Sutherland has forwarded to us a copy of your letter to him of April 9th last, dealing with the question of the continuance of the $2,000 per year grant to the Severance Union Medical College as a substitute for Dr. Stites' service.

Your reply to Dr. Sutherland does not appear to us to exactly cover the point at issue, possibly because Dr. Sutherland may not have presented the matter as we might do from this end.

Several years ago the Southern Methodist Mission and Board adopted a quota of two doctors and one nurse in the Severance institution. Since Dr. Stites' departure, there has only been one representative on our staff. In the fiscal year 1925-26 your Board furnished Y4,000 in lieu of Dr. Stites' vacancy, but last year for some reason the amount was not paid although the vacancy still existed. The Woman's Council has paid us Y1,800 regularly for several years past.

The quota still stands at two doctors in our official commitments to the Government, as well as in our own understanding of the situation.

I have just written a letter to Bishop Welch on a similar question, and have gone into the matter quite fully, and would ask you to refer to the enclosed copy of that letter for a full statement of our understanding of the matter.

We are very glad indeed to have at the present moment the efficient services of Dr. Manget, and we know that during the time he will be with us he will render a most valuable contribution to our work.

-2-

We need the back payment for the last fiscal year in order to meet the deficit incurred and hope that after due consideration you may be able to authorize the payment.

The matter of quotas or financial equivalents may have been discussed at the annual meeting of the Cooperating Board, but we have not yet received a copy of the proceedings.

With kindest regards,

Yours very sincerely,

P.S. With reference to the statement in your letter that you are endeavoring to assign to the Medical College the physicians who are temporarily compelled to leave China, we do not understand this to mean that such help, valuable as it is, will be considered by the Government as supplying vacancies on the faculty. The obligation still remains to provide permanent representatives or the financial equivalent in order to enable us to employ substitutes. Conference with regard to these men has been had, but while the Government will permit them to do medical work temporarily under the licences of those of us who have them they say they cannot regard them as qualified to teach.

15. 에비슨이 서덜랜드에게

1927년 5월 21일

조지 F. 서덜랜드 박사,
5번가 150번지, 뉴욕,
뉴욕, 미국.

친애하는 서덜랜드 박사님:

남감리회 선교부의 크램(W. G. Cram) 박사가 보낸 편지의 사본이 동봉된 당신의 4월 12일자 편지와 관련하여, 당신이 알고 있도록 내가 크램 박사에게 쓴 편지의 사본을 동봉합니다.

크램 박사가 중국에서 일시적으로 방출된 몇 사람을 의학교로 보내 도와주게 할 수 있다고 말한 적이 있는데, 우리에게는 이미 훌륭한 사역을 하고 있는 만제트(Manget) 의사가 있습니다. 그런데 총독부는 그렇게 일시적으로 돕는 사람을 교수회의 일원으로 인정하지 않을 것입니다. 특히 그들이 언어를 잘 모를 때는 더욱 그렇습니다. 그래서 어느 선교부는 그렇게 일시적으로 도움을 베풀면 상근 교직원을 보내거나 본토인 교원들을 고용하도록 그를 대신하여 그에 상응하는 재정을 공급해야 할 책임에서 그들을 벗어나게 해줄 수 있을 것으로 생각하고 있지만, 우리에게 큰 도움을 주지 못할 것입니다.

안녕히 계십시오.
O. R. 에비슨

출처: UMAC

COOPERATING BOARD FOR CHRISTIAN EDUCATION IN CHOSEN

CHOSEN CHRISTIAN COLLEGE   SEVERANCE UNION MEDICAL COLLEGE

SEOUL, KOREA

O. R. AVISON, M. D.
PRESIDENT

H. T. OWENS
SECRETARY & TREASURER

COOPERATING BOARDS
BOARD OF FOREIGN MISSIONS OF THE PRESBYTERIAN CHURCH IN THE U.S.A.
BOARD OF FOREIGN MISSIONS OF THE METHODIST EPISCOPAL CHURCH
BOARD OF FOREIGN MISSIONS OF THE PRESBYTERIAN CHURCH IN CANADA
BOARD OF MISSIONS OF THE METHODIST EPISCOPAL CHURCH, SOUTH
EXECUTIVE COMMITTEE OF FOREIGN MISSIONS OF THE PRESBYTERIAN CHURCH IN THE U.S.

OFFICERS OF THE BOARD
JOHN T. UNDERWOOD, CHAIRMAN
ALFRED GANDIER, VICE-CHAIRMAN
E. H. RAWLINGS, VICE-CHAIRMAN
ERNEST F. HALL, SECRETARY
150 FIFTH AVE., NEW YORK
GEORGE F. SUTHERLAND, TREASURER
150 FIFTH AVE., NEW YORK

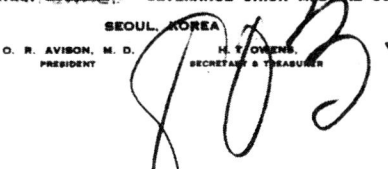

May 21, 1927.

Dr. Geo. F. Sutherland,
150 Fifth Avenue, New York,
N.Y., U. S. A.

Dear Dr. Sutherland,

With reference to your letter of April 12 enclosing a copy of letter from Dr. W. G. Cram of the Southern Methodist Board, I enclose copy of a letter which I am writing Dr. Cram for your information.

With reference to Dr. Cram's statement that some of the men temporarily released from China can be sent to the Medical College to help out, we already have Dr. Manget who is doing fine work. The Government, however, will scarcely recognize as members of Faculty such temporary help, especially when they are not acquainted with the language, so it will not help us very much for any Boards to think that such temporary help can relieve them of the responsibility of supplying a permanent staff or the financial equivalent in lieu thereof, with which to employ native teachers.

Very sincerely,

O R Avison

16. 연희전문 교장보고서

1927년 5월 25일

대학이사회 제위께:

지난 회계연도 재무보고서를 동봉해서 보내면서 새 학년의 학생등록 상황도 함께 알려드리는 것이 좋겠다는 생각이 들었습니다.

각 과에서 학생들이 다음과 같이 등록하였습니다.

	1학년	다른 학년들	계
상과	56	43	99
문과	38	39	77
수물과	18	34	52
계	112	116	228

무엇보다도 지금까지 175명 정도가 학비를 냈고, 학비를 내지 않은 학생들이 주로 기존 학생들이어서, 등록상황이 우리가 세운 예산에 부합할 것으로 보입니다. 그래서 우리는 수입과 지출 예산 안에서 영위해갈 수 있다고 여기고 있습니다.

[신과 과장] 로즈(Rhodes) 박사가 학생들의 종교를 조사하여 그 결과를 다음의 표로 만들었습니다.

장로교인	74	32.5%
감리교인	103	45.15%
다른 기독교 교파	4	1.75%
비기독교인	47	20.6%
계	228	100.00%

본 대학 졸업생에 관한 조사에서도 로즈 박사는 166명의 동문 가운데 단 2% 외에는 모두 신앙을 고백하는 기독교인인 사실을 발견하였습니다.

예산을 세울 때 예견하였고, 이사회 임시회에서 투표하였던 대로 교수진에 변동이 생겼습니다. 그러나 [총독부] 학무국에서 이런 변화들을 고려하여 교직원들을 조사해왔는데, 3명의 유자격 교원을 내보내고 그 대신 다른 2명만 쓰려고 한 것을 승인해주지 않았습니다. 그러므로 우리는 학무국의 기대에 부응하기 위해 학생들에게 일어 통역을 더 적합하게 가르칠 수 있는 시간강사를 고용할 필요가 있는 것을 깨달았습니다.

모범촌과 사택부지에 필요한 땅을 구하기 위해 동양척식회사와 협상을 진행하였습니다. 우리는 대학이 확보하기를 바라는 경계선 안에서 아직 동양척식회사가 소유하고 있는 모든 땅의 매입을 신청하였고, 그들은 우리가 원하는 곳을 넘겨주기로 합의하였습니다. 우리는 바로 이런 목적에서 몇 년 전에 살 때 값을 일부 지불하고 추가로 약 4천 원을 지불하였던 논을 교환하자고 제안하고 있습니다. 우리는 철도 남쪽의 땅(그 일부는 모범촌 땅의 진입로 확보에 필요한 철도 북쪽의 필지들을 구하기 위해 지난 가을에 샀습니다)을 팔고, 그 수익금으로 4천 원을 지불하며, 우리가 현재 협상하고 있는 한국인 소유자 1명으로부터 주택 지대의 한 필지를 또한 사는 일에 대해 이사회의 승인을 받으려 하고 있습니다. 이러한 토지거래들을 통해 우리는 소유지들의 통합에 필요한 땅의 주요 부분을 확보하게 될 것입니다. 우리 경계선들 안에 고립되어있는 다른 작은 필지들은 현재 매물로 나오지 않고 있습니다.

예산에서 누적되고 있는 적자를 처리하는 방법에 관해서도 존 언더우드 씨와 통신하였는데, 협력이사회의 정기회에 보고하여 이 문제를 알릴 수 있기를 희망하고 있습니다.

이제 지난해 재정에 관해 말하자면, 당신은 899.96원의 적은 흑자가 나서 이전의 여러 해 동안 누적되어온 경상예산 적자를 줄이는 데 사용하였던 것을 볼 것입니다. 이 결과는 뉴욕에서 보관해오던 미사용 모금 운동 경비를 보내준 데 따른 것입니다. 학과들은 대체로 지출 예산 안에서 운영되고 있습니다.

다음의 표는 지난해의 등록비를 이전 몇 년간의 수치와 비교 분석한 것입니다.

과	1학기		2학기			3학기		
	수입(¥)	학생	수입(¥)	학생	감소%	수입(¥)	학생	감소%
상과	2,350	94	2,100	84	10	1,875	75	10
문과	1,925	77	1,675	67	13	1,437	57	15
수물과	1,287	51	1,075	43	15	900	36	16
학기당 평균 감소율					12.6			13.4
계	5,562	222	4,850	194		4,212	168	

등록금 납부 학생수 평균	1926~27	194.66	학생당 평균 비용(¥)	674.64
상동	1925~26	179.00	상동	704.80
상동	1924~25	168.00	상동	606.59

대학의 사역은 순조롭게 진행되고 있습니다. 노블(Alden E. Noble)*이 미국으로 귀국하고 본 대학과의 관계를 중단하였습니다. 그 대신 컬럼비아대학 생물학과 한국인 졸업생인 이명혁(Hunter Lee)** 씨가 세브란스의전과 연희전문학교에서 생물학을 가르치고 있습니다. 우리는 밀러(E. H. Miller) 교수와 피셔(J. Earnest Fisher) 교수***가 올가을에 복귀하기를 기대하고 있지만, 후자의 경우에는 수술을 받아야 하고 그의 부친의 재정문제로 그의 복귀가 방해를 받을 가능성이 있다는 말을 듣고 있습니다. 베커(Becker) 박사****도 가을 학기에 맞추어 그의 사역을 다시 맡기 위해 돌아올 것으로 기대되고 있습니다.

대학 행정의 관점에서 9월 전에는 이사회 회의를 소집할 필요가 없어 보이지만, 만일 이사회의 어느 이사가 여름방학 전에 회의를 여는 편이 지혜로우리라고 생각한다면 그의 말을 기쁘게 들을 것입니다. 또한, 어떤 비판이나 제안도 이사들은 해야 한다고 생각한다면 기쁘게 들을 것입니다.

안녕히 계십시오.

O. R. 에비슨

추신.

위의 편지를 쓴 후에 베커 박사가 보낸 편지가 왔는데, 그 편지에서 그는 수물과를 한국의 필요에 부응하여 더 실용적이고 유익한 과로 만들기 위해 유용한 경험을 쌓고 그와 동시에 자기 가족을 교육하는 사적인 문제에도 도움을 받기 위해 공과대학에서 "1년 정도" 자리를 맡는 것을 고려하고 있다고 진술하였습니다.

커리큘럼위원회가 이런 제안을 검토하여 그들의 판단을 이사회에 보고할 것입니다. 그

---

* 노블(Alden E. Noble): 1925년 북감리회 선교사로 내한하여 연전에서 생물학과 영어를 가르치다 1927년 사임하였다.
** 이명혁(李明革, M. Hunter Lee): 평북 출신으로 평양 광성고보, 중국 구강남위열중숙(九江南偉烈中塾)을 졸업하고, 1925년 도미하여 덴버대 생물학과와 컬럼비아대 생물학과를 졸업하고 1927년 3월 귀국하였다. 이 해에 연희전문 수물과에 강사로 부임하였다.
*** 피셔(James E. Fisher, 1886~1989): 남감리회 선교사로 1919년 10월 내한하여 연전에서 교육학과 영어를 가르치고 1934년 귀국하였다. 1927년 컬럼비아대에서 박사학위를 받고 "Democracy and Mission Education in Korea"란 제목의 학위논문을 1928년 출판하였다.
**** 베커(Arthur L. Becker, 1879~1978): 북감리회 선교사로 1903년 내한하여 평양과 서울에서 활동하였다. 연전 초창기부터 1925년까지 학감과 수물과 과장을 역임하고 1923년부터 1926년까지 부교장을 겸하였으며, 1940년 귀국하였다. 1946년 다시 내한하여 연전의 재건을 돕고 국립 부산대학 초대 학장을 역임하다 1947년 귀국하였다.

런 다음 그들의 결정이 베커 박사와 그의 선교회와 선교부에 전달될 것이고 뉴욕의 협력 이사회에도 전달될 것입니다.

만일 그의 휴가 연장으로 최종 결정이 난다면 우리는 그의 사역을 보충하기 위해 또 다른 유자격 교수를 고용해야 합니다. 올해 가을 전에 베커 박사가 복귀하리라는 완전한 기대 속에서 작성된 예산에서 준비된 것이 지금은 없으므로 그의 선교부나 선교회가 그에게 잔류를 허가하면서 추가로 발생하는 비용도 감당하지 않는다면, 우리는 그의 사역에 대해 재정을 부담할 수 없습니다.

출처: UMAC

5-25-27

802 A

REPORT
of
CHOSEN CHRISTIAN COLLEGE
May 25, 1927.

TO FIELD BOARD OF MANAGERS:

In transmitting the accompanying financial report for the past fiscal year, I thought it would be well to accompany it by some information in regard to our registration for the new school year.

The various departments have enrolled the following:

	1st year	Other years	Total
Commercial Department	56	43	99
Literary Department	38	39	77
Science Department	18	34	52
	112	116	228

Of the above, about 175 have paid fees to date, and as the unpaid fees are due mainly from old students, we feel we may count upon a registration in accordance with our budget, and therefore we should be able to live within our budgeted income and expenditure.

Dr. Rhodes has made a religious census of the studentsbody and has tabulated the results as follows:

Presbyterian Students	74	32.5 %
Methodist Students	103	45.15%
Other Christian Students	4	1.75%
Nonchristians	47	20.6 %
Total	228	100.00%

In a survey of the graduates of the College, Dr. Rhodes also finds that all but 5% of the 166 constituting the alumni are professing Christians.

Changes in the Faculty have been made as anticipated by the budget and the ad interim votes of the Field Board. The Educational Department, however, has been going over the staff in the light of these changes and the action of the College in dropping three qualified teachers and replacing them by only two does not meet with its approval. We find it necessary therefore to engage a time teacher who can teach the students Japanese translation more acceptably in order to meet the wishes of the Department.

- 2 -

Negotiations have been under way with the Oriental Development Company in relation to securing the land that is needed in the Model Village and residential areas. We have made application for all of the land within the contemplated boundaries of the College that is now still in the hands of the Oriental Development Company, and they have agreed to deed to us what is desired. We propose to exchange the rice fields purchased some years ago for this very purpose in part payment and to pay about Y4,000 yen additional. We shall seek authority from the Board to sell the property south of the railway track (some of which we bought last fall in order to secure pieces north of the track that were necessary to secure an entrance to the Model Village property) and with the proceeds pay the Y4,000 and also purchase a parcel of land in the residential section from a Korean owner with whom we are now negotiating. These land deals will secure to us the major part of the land needed to consolidate our holdings. The other parcels not now in the market represent little islands within our boundaries.

I am also in communication with Mr. J. T. Underwood with reference to a method to dispose of the accumulated budget deficits and hope to have a report on this matter to present to the annual meeting of the Board.

Referring now to the finances of the past year, you will note that there is a small surplus of Y099.96 which has been applied to reduce the accumulated current budget deficits of previous years. This result is due to the release of the funds some Y8,034.03 held in New York for campaign expenses which were not used. The departments generally speaking lived within their budgeted expenditures.

The following table gives an analysis of the paid registration for last year together with some comparative figures for previous years:

Departments	1st term			2nd term				3rd term		
	Yen	No		Yen	No	% dec.		Yen	No	% dec
Commercial Dept.	2350	94		2100	84	10		1875	75	10
Literary "	1925	77		1675	67	13		1437	57	15
Science "	1207	51		1075	43	15		900	36	16
Average decrease per term Total	5582	222		4850	194	12.6%		4212	168	13.6%

Average paid enrolment	1926-27	194.66	Average cost	Y676.64
do.	1925-26	179	per	704.60
do.	1924-25	168	Student	606.69

- 3 -

    The work of the College is proceeding smoothly. Mr. Alden E. Noble has returned to America, and is severing his connection with the College. In his place, Mr. Hunter Lee a Korean graduate in Biology from Columbia University is teaching Biology both in Severance Union Medical College and at the Chosen Christian College. We are looking forward to the return of both Prof. E. H. Miller and Prof. J. Earnest Fisher this fall, but in the case of the latter it is reported that he will have to undergo an operation and that there is a possibility that his father's financial affairs may possibly hinder his return. Dr. Becker is also expected back in time to resume his work for the fall term.

    From the standpoint of the College administration, there does not seem to be any necessity to call a meeting of the Field Board before September; but if any member of the Board thinks it wise to have a meeting prior to the summer vacation I should be glad to hear from him. I should also be glad to hear any criticism or suggestions that members have to offer.

    Very sincerely,

    O.R.Avison

P.S. Since writing the foregoing, a letter has come from Dr. Becker in which he states that he is considering accepting a position for "a year or so" in a school of Technology in order to gain experience that will be useful in making the Science Department of more practical advantage to the needs of Korea, and at the same time helping out the personal problem of educating his family.

    This proposition will be considered by the Curriculum Committee and its judgment reported to the Board of Managers whose decision will then be transmitted to Dr. Becker and his Mission and Mission Board and also to the Cooperating Board in New York.

    If the final decision is for an extension of his leave of absence we shall have to employ another qualified teacher to cover his work, and as no provision for this was made in the budget, which was made in the full expectation of Dr. Becker's return before September of this year we shall not be able to finance the work unless his Board, or Mission, in granting him permission to remain, will also undertake the additional expense incurred.

17. 에비슨의 개인 연례보고서

O. R. 에비슨의 개인보고서
한국 선교회 정기회, 1927.*

[북장로회 한국선교회의] 연례회의에 세 번 참석하지 못하여 이번에 보고할 것이 많지 않다고 느낍니다. 우리가 미국과 캐나다에서 체류한 결과가 이미 이곳과 뉴욕에 널리 알려졌고 이곳의 나의 사역이 넓은 활동 범위에서 흩어져 있는 사소한 일들로 끊임없이 이어지고 있는 까닭에 보고하기가 매우 어렵다는 생각이 듭니다.

나는 더 이상 의사도 아니고 선생도 아니며, 직무상 환자들과 학생들을 가끔씩만 만나고 있습니다. 그러므로 병원과 대학 사역의 가장 흥미로운 국면은 다른 사람들로부터 보고받아야 합니다.

내가 교장이라고 불리는 것이 사실이고, 총독부나 본국 선교부나 교회, 심지어 일반 대중을 대할 때 인상적으로 보이기 위해서는 그 직책명이 만족스럽습니다. 그러나 실제 학교생활에서 내가 하는 사역은 새롭거나 오래된 문제를 해결하는 것으로, [자동차] 바퀴에 기름을 바르고, 마찰이 발생한 흔적이 나타날 때마다 그것을 제거하고, 낭비를 막고, 뒤에 보이는 창문을 닦으며, 또는 과거와 계속 연계되기 위해 양쪽이나 앞쪽에서, 우리 진로에 펼쳐진 위험을 피하거나 우리의 영향력을 넓힐 기회가 있는지를 보기 위해 샛길들과 도랑을 살펴보고, 미래로 가는 길에 번영이 있거나 위험한 바위들이 있는지를 살펴보고, 여기에서는 자제하고 저기에서는 앞을 찔러보며, 돈을 얻고 그것이 유익하게 사용될지를 살피며, 진보적인 동시에 보수적이 되고, 다른 모든 사람의 길을 피하면서도 모든 사람을 방해하지 않고 그들과 같은 길을 가며, 신사복을 입고도 하찮은 일을 하는 표시를 내지 않으면서 잡역부 노릇을 하는 것입니다.

약해지지 않으면 위대한 삶을 살겠지만, 누가 이렇게 할 충분한 역량을 지니고 있겠습니까?

그러나 모든 말썽거리 속에서도, 자기 사역을 사랑하고 앞을 내다보며 학교를 모든 방

---

* 본문에 보고서 제출 일자 표시가 없지만 에비슨 부인의 개인보고서(본 자료집 18번)에 기록된 날자와 같은 날자, 곧 1927년 5월 31일에 제출되었을 것으로 추정할 수 있다.

면에서 효과적으로 만들어 학생들과 환자들에게 더 큰 유익을 주기 위해 모든 일을 기꺼이 협력하려 하는 남자들과 여자들에게 나처럼 둘러싸여 있다면, 이는 즐거운 삶입니다. 내가 관계를 맺는 각 대학과 병원의 교직원들이 그러하므로 그들의 부단한 도움에 감사하고 있습니다.

대학들에서 사역을 수행하면서 나는 다음과 같은 이상을 내세우고 있습니다.

1. 확실하게 예측할 수 있는 수입 안에서 지출 예산을 세우고 지출을 그 수준에 맞추기.
2. 선생들에게 최선의 사역을 할 기회를 보장하면서 학생들에게 공정한 훈육을 지속하기.
3. 모든 정규 교원은 확실한 기독교인이어야 한다는 정관의 요구를 가능한 한 완벽하게 이행하기.
4. 모든 교직원을 가능한 한 유자격 교원*으로 유지하여 총독부의 신뢰를 지키기.

위의 이상에 따라 일하면서 다음과 같이 노력하고 있습니다.

1. 설비를 늘리고 더 우수한 자격의 교원을 교직원에 더함으로써 현재 시설을 최대 역량으로 활용할 수 있는 지점에 도달할 때까지 연간 수입을 늘려 현재의 성과가 안정되게 한다.
2. 현재의 건물들을 가능한 한 빠르게 확장하고 새 건물들을 지으며 설비들과 기본재산을 늘리되, 우리의 최근 모금 운동을 위한 안내서에서 승인된 계획들을 좇아서 한다.
3. 모든 과에 자기 업무를 솔선해서 수행할 수 있고 그와 동시에 학교의 목적을 달성하기 위해 자신을 희생할 준비가 되어있는 유능한 한국인 교직원을 갖출 때까지 가장 우수한 졸업생을 교수로 만들기 위해 준비하는 노력을 계속한다.
4. 교사와 학생의 기독교 인격 수립을 위해 할 수 있는 모든 일을 하여 한국의 각계각층에서 훌륭한 지도자가 되게 하고, 그 지도자들이 똑같이 하나님께 헌신하고 이웃을 섬기는 정신을 다른 사람들에게 물려주게 한다.
5. 우리에게 오는 모든 환자에게 무료와 유료 환자를 불문하여 우리가 쓸 수 있는 자금이 허락하는 한도 안에서, 가능한 한 최선의 보살핌을 베풀고, 이렇게 하여 우리 의

---

* 서구대학 박사학위 또는 일본 제국대학 학사학위를 취득하거나 총독부로부터 특별한 자격 인정을 받은 사람이 유자격 교수가 될 수 있었다.

사들과 학생들이 참된 기독교 정신의 모범을 보이게 한다.

내가 [미국 모금 활동 후 한국에] 돌아왔을 때 두 학교의 예산이 대학 학년 말에 크게 적자를 기록하리라는 것을 알게 되었습니다.

연희전문학교 장부를 조사한 결과, 그 문제는 학생수를 과도하게 예측하여 출석 수가 학비 수입을 부풀리게 하는 오류를 범하였고, 한 곳 이상의 선교회들이 예상 기부금액을 전액 제공하지 못한 동시에 한 해 동안 통용된 환율을 오판하였던 데서 주로 기인하였습니다. 승인된 예산을 초과한 지출비의 증가는 작은 일부분에서만 원인이 되었습니다.

그러나 어떤 상황이 벌어지든 간에 경제적으로 엄격하게 지출에 적용하고 올해 출석 학생 수를 더 보수적으로 예측할 필요가 있습니다. 그것은 가장 밑바닥까지 내려가는 힘든 일이었고, 일부 교원들을 내보내고, 상처가 난 여러 곳에서 삭감을 단행하는 것은 학과장들의 자발적인 협조를 통해서만 가능한 일이었지만, 재정 상황의 엄혹함이 분명해지자 모두 훌륭하게 대응해주었고, 봉급 인상을 희망했던 일부 교원들이 재정을 탄탄한 기반에 올리기 위해 즐거이 그 요구를 철회하였습니다. 그리하여 우리는 마침내 균형 잡힌 예산을 세워 위에서 언급된 원칙들 가운데 첫 번째 요구사항을 충족하였습니다.

훈육에 관해 말하자면, 우리는 9월 연희전문학교의 개강 첫날 우리 이론을 시험해 볼 기회를 얻었습니다. 그때 한 학급이 교원 한 명에게 무례한 태도를 보인 일로 커리큘럼위원회 사람들이 동맹휴학이 발생할 것을 크게 걱정하였습니다. 그러나 그 위원회가 조용하면서도 확고하게 그들의 권위를 지키면서 이 문제가 매우 우호적으로 해결되었습니다.

얼마 지나지 않아 거의 모든 학생이 학감의 해산과 정규 수업 계속 참석 지시에도 불구하고 온종일 집회를 열고 자체적으로 행동하였습니다. 교수회가 신속하고도 단호하게 결정을 내리고 나에게 그 일에 대해 몇 가지 교육 원칙들을 설명할 기회를 주었으며, 매우 감사한 결과를 얻어 지금은 학생들이 학교 규칙에 따라 행동하면서 전에 동맹휴학을 일으켰을 때보다 더 행복한 모습을 보이고 있습니다. 한편 교수회는 그들의 권위가 세워진 것을 깨달으며 자유롭게 활동하고 있습니다. 교수회 회원들은 또한 학생들이 아닌 자신들이 권위를 가지고 있다는 생각으로 집결하면서도 이 권위를 학생들 앞에서 과시하기를 원치 않고, 오히려 학생들에게 불만의 원인을 제공하지 않기로 결정하였습니다.

[이사회] 정관의 기독교 교원들에 관한 조항들을 유지하는 것에 관해 말하자면, 몇 개 과목에서 유자격 기독교인들을 찾기가 어려워서 몇몇 비기독교인들이 교수회에 들어오게

되었습니다. 반면 자신이 그리스도인임을 공언한, 최소한 다른 한 명은 이런 측면에서 그가 해야 할 만큼의 도움을 주지 못하였습니다.

한 사람은 자신이 신도(神道) 교인이라고 주장하여 기독교 목사 한 명으로 교체되었고, 한 사람은 교체 없이 방출되어 업무 축소에도 도움을 주었으며, 2명은 빠르게 인정받는 기독교인이 되었음을 입증하였고(그들은 그 후 세례를 받았습니다), 그리하여 어려움이 해결되었습니다. 이런 문제에 신중하게 관심을 기울인 것이 교수회 회원들의 기독교적 품성의 문제를 부각시켜 간접적으로 교원 전체의 사기를 앙양하였습니다.

유자격 교원을 두는 문제에서 총독부의 신뢰를 유지하기로 한 우리의 결정은 확고하지만, 서로 매우 다른 세 가지 요인들로 인해 그 문제가 많은 어려움을 야기하고 있습니다.

a. 몇몇 과목에서는 유자격 교원이 매우 귀하여 이 자격조건 외에 다른 조건을 내세우지 않아도 구하기 어렵습니다.
b. 그들이 희귀하지 않을 때라도 우리가 가진 자금이 적어서 그들을 고용하기가 어렵습니다.
c. 기독교인 교원들만 쓰게 한 것은 또 다른, 아주 큰 장애물을 더해줍니다.

그럼에도 불구하고 우리는 이 모든 어려움을 점진적으로 극복해가고 있고, 이런 노력을 계속할 것입니다. 우리를 강력하게 압박하는 것은 교수진에 무자격 교원을 더하면 규칙상 필수적으로 요청하는 2/3의 비율을 유지하기 위해 무자격 교원 1명마다 2명의 유자격 교원을 더할 필요가 생기는 것입니다. 이것은 매우 뜻밖의 방식으로 적용됩니다. 8명의 유자격자와 4명의 무자격자가 있어서 모든 필수과목의 교육을 12명이 수행하고 있고, 우리가 한 부분에서 교수진을 보강하기 위해 또 다른 무자격자를 추가한다고 가정해봅시다. 그러면 그 균형이 당장 무너지고 우리는 그 비율을 회복하기 위해 2명의 유자격자를 필수적으로 더해야 합니다. 이것은 우리가 유자격 교원을 더하거나 무자격자를 유자격자로 교체하여 교직원을 강화하도록 우리를 독려하기 위해 그렇게 계획되어 있는 것 같습니다. 그렇게 하여 -

유자격자 8명 + 무자격자 4명은 인정될 수 있습니다.
유자격자 9명 + 무자격자 3명은 조건에 더 부합할 것입니다.

그러나 만일 우리가 유자격자 8명에 무자격자 5명을 둔다면 8 + 4의 상태가 강화된 것처럼 보이겠지만, 10 + 5를 만들어야 합니다. 이런 것은 우리가 교직원 보강 문제를 생각할 때마다 2 대 1의 비율을 무너뜨리지 않을 방식으로 하도록 항상 경각심 갖고 있게 만듭니다.

한 해 동안 가장 감사했던 일들의 하나는 연희전문학교의 종교사역에 관해 펜실베이니아의 한 신사에게 쓴 편지에서 얻은 것입니다. 신과(神科)를 위해 예산에 책정할 수 있는 금액이 적어 이 과의 사역은 그 범위와 철저한 정도에서 우리에게 흡족하지 못하였습니다.

이 문제를 그 신사분에게 알리자 그가 즉각 호응하여 우리가 1927~28년부터 3년 동안 수행하기 위해 추산한 금액을 모두 주겠다고 약속하였습니다. 그리하여 프린스턴대학교에서 학사 및 석사학위를 취득하고 예일대학교에서 Ph.D 학위를 취득한 백낙준(L. George Paik)을 로즈(Rhodes)와 함께 성경교육과 종교사역을 하는 우리 교직원으로 더할 수 있게 하였습니다. 그뿐 아니라 송치명(Song)* 씨를 교목과 기숙사 사감으로 계속 고용할 수 있게 하였는데, 그는 매우 유능하고 학생들에게 환영받을 만한 것을 입증해왔습니다. 우리는 또한 하기성경학교를 매년 연희전문학교에서 개최하면서 예배 기간에 특별 강사를 더 많이 쓸 수 있게 되었고, 학생 YMCA가 상급반 학생을 파트타임 간사로 고용하고 방학 기간 학생들의 전도사역 여비 지불을 도울 수 있게 되었으며, 지역사회의 식자층에게, 특별히 대학생들에게 그들이 알고 싶어 하고 알 필요가 있는 가장 뛰어난 최신 종교사상을 제시하기 위해 종교를 주제로 한 특별 기사들을 한국어로 출판할 수 있게 되었습니다.

그 신사분은 나의 편지에 대한 답장에서 "나와 나의 회사는 당신과 협력할 이 기회를 우리에게 준 당신께 감사하고 싶습니다"라고 썼습니다.

우리는 서울로 돌아와 신병실이 세브란스연합의학전문학교에서 잘 시작하였으나 돌아보아야 할 수많은 문제가 생겨서, 주변 땅의 높이를 새로 조정하고, 난방 시설과 바닥재 유형과 조명과 가구 등을 선택해야 하는 것을 알게 되었습니다. 우리는 일본 오미(Omi)의 보리스(Voriss)에게서 건축 도면과 건축감독법을 배운 한국인 청년의 도움을 받는 데 성공하였습니다. 그는 이 모든 문제에서 크게 도움을 주었고, 그래서 우리는 한국인들이 급변하는 상황에서 제기되는 모든 요청을 채울 준비를 점차 하게 되어, 오랫동안 대망하게

---

* 송치명(宋致明): 1924년 연전을 제6회로 졸업하였고, 일제말까지 기숙사 사감으로 재직하였다.

될 특별한 전문가들과 더 많이 노력하여 더 높고 높은 성취를 이루도록 특별한 열정을 가지고 격려할 수 있는 사람들을 제외하고는, 바깥세상에서 온갖 종류의 일꾼을 찾는 요청이 머지않아 점점 더 줄어들 것이라는 점을 알게 되었습니다.

연희전문학교 교직원들과 더 잘 접촉하고 더 오랜 기간 직접 활동하며 그 대학의 문제들을 해결하기 위해 우리 부부는 매주 2일과 3일은 그곳에서 보내기로 조정하고 미국에 가서 비어있는 밀러(E. H. Miller)의 집에서 거주하였습니다. 그처럼 자주 머물 곳을 바꾸는 것은 확실히 편하지 않지만, 우리의 임무를 더 잘 이행하는 데는 도움이 되었습니다.

두 대학과 병원에서의 사역에 더하여 다음과 같은 다른 임무도 수행하였습니다.

병원부지에 있는 [남대문]교회의 주일학교 감독. 그 일은 토요일 저녁에 전체 교사들의 성경공부반을 이끌면서 다음날 가르칠 공과에 대해 토론함으로써 수행하였습니다.

이들은 어떤 특별한 교육을 받지 않은 남자들과 여자들로 구성되었고 보통 한두 명의 목사들과 몇몇 장로들을 포함하여 상급교육을 받은 몇 사람도 참가하였으며, 실제적인 질문들뿐 아니라 모든 종류의 신학적 질문도 제기되어 내가 큰 기회를 얻었으며, 때때로 교육을 잘 받은 사람들과 교육 수준이 낮은 교사들에게 밝히 설명하면서-전자를 만족시키고 후자를 혼란에 빠뜨리지 않기 위해-당황할 때도 있었습니다. 두 집단에 속한 거의 모든 교사가 매주 오면서 그들의 관심을 나타내고 있는 한 가지 사실로 인해 내가 도움을 줄 수 있도록 이런 노력을 계속하고 있습니다.

선교지회 교육위원회(Station Education Committee) 위원장 업무. 그 자리는 많은 문제에 접하면서 많은 생각과 시간을 들이게 하고 있습니다.

서울시 YMCA 이사회 이사. YMCA 전국연합회 이사와 부이사장: 이 직책을 나는 가까운 미래에 한국인 대중 전체의 사상을 이끌 청년 집단인 전국의 청년들과 접촉하는 가장 중요한 수단의 하나로 여기고 있습니다.

한국 YWCA를 위해 계획을 세우는 위원회들 가운데 한 위원회의 위원. 제가 이 분야의 전문가는 아니지만, 일종의 자문 역할을 하고 있다고 할 수 있습니다.

펠로우쉽 리그(Fellowship League)의 금년도 회장: 교육을 받은 일군의 한국인 남자와 여자 그리고 그들이 선택한 서구인들이 모이는 집단으로서 한국인의 현재 상태 및 미래 복지와 특별히 관련되는 종교, 경제, 사회학 등의 주제에 대한 우호적인 토론을 통해 우호 관계와 유용성의 심화를 촉진하기 위한 모임입니다. 내년 가을에 열릴 첫 번째 회의의 주제는 "한국 여성의 지위에 영향을 미치는 모든 법과 규정에 대한 검토"가 될 것입니다. 이 주제는 매우 흥미롭습니다.

"동물 학대 방지 협회"의 집행위원회 위원: 공동체의 짐을 져서 그들의 삶에 큰 의미 있는 존재가 된 짐승들을 친절히 대하도록 사람들을 교육하는 일에서 이미 많은 것을 성취한 인도적인 단체입니다.

그런데 왜 계속 모입니까? 우리는 모두 우리 자신의 주요 사역들만 아니라 주로 우리가 우선적으로 주력하다가 부수적으로 얻는 결과와 성취로 이끄는 많은 부수적인 문제 때문에도 분주하게 노력합니다.

내가 전에 썼듯이 우리가 돌아온 후에 9개월밖에 지나지 않았지만, 느끼는 대로 판단한다면 붙들고 씨름해야 할 일이 많고 밤낮으로 아주 꾸준하게 일할 필요가 있어서 훨씬 긴 세월이 지난 것처럼 생각됩니다. 그래도 진전이 이루어지고 있습니다.

삼가 제출합니다.
O. R. 에비슨

출처: PHS

PERSONAL REPORT OF O. R. AVISON
Annual Meeting Korea Mission, 1927.

Having missed three Annual Meetings I feel I have not much to report this time as the results of our stay in the U.S.A. and Canada are already well known both here and in New York and my work here is such a constant series of little things scattered over wide areas of activity that I find it very difficult to report.

I am no longer either a physician or a teacher and my duties bring me into touch with either patients or students only on occasion so that the most interesting phases of both hospital and college work must be reported by others.

It is true I am called President and for purposes of impressiveness when I face Government or Home Board or Church or even the general public, the name is satisfactory, but in the real life of the institutions my work is to meet problems, new and old, to oil the wheels and eliminate friction wherever it makes its appearance, prevent waste, to polish the windows that look behind, or at either side or forward so as to maintain connection with the past, watch the side roads and the ditches so as to avoid dangers that parallel our course or see opportunities of widening our influence, and to look into the future avenues of progress and for threatening rocks; to hold back here, to prod forward there; to get money and see that it is used to advantage to be progressive and at the same time conservative; to keep out of every one else's way and at the same time be in every one's pathway without interfering with them; to wear the garments of a gentleman and yet be the choreboy without showing the marks of contact with the chores.

It is a great life if one doesn't weaken, but who is sufficient for it?

But with all the problems it is a life of joy when one is surrounded, as I am, with a group of men and women who love their work, have a forward look, and are willing to cooperate in all that will advance the interests of the students and patients by making the institutions effective in all their parts. And such are the members of the staff of each of the colleges and of the hospital with which I am connected and I am grateful for their unfailing help.

In carrying out the work of the Colleges I keep before me the following ideals,-

1. To make a budget of expenses within the receipts that can be confidently expected and then keep the expenditures on that level.
2. To maintain a discipline that will be fair to the students while it ensures to the teachers an opportunity to do their best work.
3. To carry out as completely as possible the requirement of the Charters that all regular teachers shall be definitely Christian.
4. To keep faith with the Government in maintaining, as far as possible, a full staff of qualified teachers.

While working according to the above ideals we are endeavoring,-

1. To stabilize our present attainments by increasing the yearly income to a point where we can utilize our present plants to their utmost capacities by increasing their equipment and adding still better qualified teachers to their staffs.
2. To carry out as rapidly as possible the enlarging of our present buildings and the erection of new ones and the increasing of equipment and endowment, in accordance with the plans approved by the Boards of Managers and the Cooperating Board as set forth in the prospectus for our recent campaign.
3. To continue our efforts to prepare our best graduates for positions as professors until every department has been provided with a competent Korean Staff, able to carry on the work on their own initiative and at the same time ready to sacrifice themselves to accomplish the aims of the institutions.
4. To do everything possible to build up the Christian character of teachers and students so that Korea may have good leaders in all walks of life, who will pass on to others the same spirit of devotion to God and service to their fellowmen.
5. To give all patients who come to us the best possible care, whether pay or free, in so far as the funds at our disposal will permit, in these respects giving our doctors and students an example of the true Christian spirit.

When I returned I found the budgets of both institutions making towards large deficits at the end of the College Year.

Investigation of the Chosen Christian College accounts showed that the trouble was caused, in large part, by an error in overestimating the number of students whose attendance would swell the revenue side with their fees and by a misjudgment of the rate of exchange that would prevail during the year as well as by the inability of one or more missions to provide the full amount that they had expected to contribute, and only in small part by an increase in expenditures above the approved budget.

But, however produced, the condition called for a stringent application of economy in expenditures and a more conservative estimate of student attendance for the present year. It was hard work to get down to bed rock and it could only be done through the willing cooperation of the heads of departments in letting some teachers go and in cutting down at many points where cutting hurt but all responded splendidly when the exact financial situation was made plain and some teachers who had hoped for increased salaries relinquished their claims cheerfully in order to get the finances on a solid basis so that we eventually met the first requirement of the statement of principles mentioned above by putting out a balanced budget.

In regard to discipline we had a chance to test our theory on the first day of opening the Chosen Christian College in September when a class assumed an ugly attitude towards one of the teachers, causing members of the Curriculum Committee much concern lest a strike should occur, but it was settled quite amicably when that Committee stood quietly but firmly for its authority.

-2-

A bit later almost the whole student body took matters into its own hands by carrying on a meeting all day in spite of the order of the Dean to adjourn and go on with the regular class work. The Faculty took action promptly and decisively and gave me thereby an opportunity to explain some pedagogical principles with very gratifying results and now the students appear to be happier in acting in accordance with school regulations than they were in breaking them before, while the Faculty breathes freely in the realisation that its authority is established. Members of the Faculty are also rallying to the idea that they, and not the students, have the authority without in the least wanting to flaunt this authority in the face of the students but rather determined to give the students no cause for dissatisfaction.

In regard to the maintenance of the Charter provision for Christian teachers several non-Christians had, because of difficulty in finding qualified Christian men for some subjects, found place on the Faculty while at least one other, a professing Christian, had not proven to be as helpful in this direction as he should have been.

One, a declared Shintoist, was replaced by a Christian Minister, one was let go without replacement, thus helping the work of retrenchment also, and two gave evidence of speedily becoming recognised Christians (they have since been baptized) and so that difficulty was solved. The careful attention given to this matter brought the question of Christian character of members of the Faculty into such prominence that indirectly the morale of the whole group of teachers was improved.

Our determination to keep faith with the Government in the matter of qualified teachers is firm, but the subject presents many difficulties caused by three very different factors,-

a. In some subjects qualified teachers are very scarce and therefore hard to secure no matter what other conditions than qualification are absent.
b. The smallness of our funds makes it difficult for us to engage them even when they are not scarce.
c. The necessity for using only Christian teachers adds another very great obstacle.

Nevertheless we are gradually overcoming all these difficulties and will continue making the effort. A strong urge to us is the fact that every non-qualified teacher added to the Staff makes necessary the addition of two qualified teachers to maintain the 2/3 ratio required by the regulations. This applies in a very unexpected way. Supposing we have 8 qualified and four non-qualified men and all the required teaching is accomplished by the 12, and we add another non-qualified man to strengthen the Faculty at one point. Then, at once, the balance is disturbed and we are required to add 2 more qualified men to restore the ratio. This is so planned, I think, to encourage us to strengthen the Staff by either adding a qualified teacher or replacing a non-qualified man by a qualified one. Thus while -

8 qualified + 4 non-qualified may do the work
9   "   + 3 "   "   will be more acceptable.

but if we make it 8 qualified ∓ 5 non-qualified which would appear to strengthen the 2nd status we must make it 10/5. This keeps us always on the alert, when we think of strengthening the Staff, to do it in a way that will not disturb the ratio of 2 to 1.

One of the most gratifying events of the year was the outcome of a letter written to a gentleman in Pennsylvania concerning the religious work in the Chosen Christian College. The extent and thoroughness of the work of the Department of Religion had not satisfied us, having been restricted by the smallness of the sum that could be included in the Budget for this purpose.

On laying this matter before the gentleman spoken of he immediately responded with a pledge of the full amount we estimated for a three-year period beginning with the year 1927-28 so that we shall be able to add to our Staff L. George Paik, B.D. & M.A., Princeton University and Ph.D. of Yale University, as a colleague of Dr. Rhodes in Bible Teaching and Religious work, besides continuing the employment of Mr. Song as Student Pastor and Superintendent of the Dormitory who has proven himself very efficient and acceptable to the students. We shall also be able to promote a Summer Bible Conference at the Chosen Christian College each year, use a larger number of Special Speakers at the devotional periods, enable the student Y.M.C.A. to employ a senior student as part time secretary, assist students to pay their travel expenses in Evangelistic work during vacations, and publish some special articles on religious subjects in Korean in order to give the educated portion of the community, and especially College men, the best of the newer religious ideas about which they desire and need information.

In replying to my letter the gentleman wrote "I and my Company wish to thank you for giving us this opportunity to cooperate with you".

On our return to Seoul we found the new hospital wing at the Severance Union Medical College well started and creating innumerable problems of oversight, adjustment of surrounding grounds to the new levels, selection of heating plant, type of floor surfacing, lighting, furnishing &c. We succeeded in securing the help of a young Korean trained in architectural drawing and supervision by Mr. Vories of Omi, Japan, who has been a great help in all these matters and so we find Koreans gradually being prepared to meet all the calls coming from their rapidly changing conditions and ere long the calls for workers of all kinds from outside lands will grow less and less, except that special experts will be desired for a long time and special enthusiasts who can encourage them to still further efforts towards higher and higher achievements.

In order to gain better contacts with the Staff of the Chosen Christian College and have longer periods of direct activity in working out the College's problems Mrs. Avison and I arranged to spend 2 or 3 days of each week out there, occupying the vacated home of Mr. & Mrs. E. H. Miller, absent in America. It wasn't exactly convenient to change residence so often but it was helpful to us in the better discharge of our duties.

-5-

In addition to my work in the two Colleges and the hospital I have the following other duties,-

Superintendent of the Sunday School of the Church on the Hospital Compound, which carries with it the leadership of a Saturday Evening Class of all the teachers for a discussion of the lesson for the next day.
This group being made up of some men and women without any special education and also of some of advanced education including generally one or two pastors and several elders, all kinds of theological as well as practical questions are asked so that I have not only a great opportunity but sometimes a chance for embarrassment in order to elucidate matters for both well educated and but slightly educated teachers – to satisfy the former and not confuse the latter. Only the fact that nearly all the teachers of both groups come every week and so indicate their interest keeps me constant in this endeavor to be helpful.

Chairmanship of the Station Education Committee, a post that brings many problems and calls for much thought and time.

Membership on the Board of Trustees of the Seoul City Y.M.C.A.

Membership on the National Council of the Y.M.C.A. and Vice Chairman of the same. This I consider to be one of my most important contacts with the youth of the whole land, a body of young men that is to guide the thinking of the great mass of the Korean people in the near future.

Membership on one of the Committees planning the Korean Y.W.C.A. as a sort of adviser, presumably, though I am no expert in this line of work.

Chairmanship this year of the Fellowship League, a group of Korean educated men and women with a group of Westerners selected by them to promote still deeper friendship and helpfulness by friendly discussions of whatever subjects are specially related to the present conditions of Koreans and their future welfare, such as religion, economics, sociology &c. The subject for the first meeting next Fall is to be "A review of all laws and regulations affecting the status of women in Korea". This should prove very interesting.

Membership on the Executive Committee of the "Association for the Prevention of Cruelty to Animals", a humane society which has already accomplished much in educating the people along the line of kindness to their beasts of burden which mean so much to the very life of the Community.

But why continue? We are all busy not only with our own main lines of work but with many of those so-called side issues which are largely an outcome and a fulfilment of our primary efforts.

-6-

As I write but nine months have passed since our return but if one might judge by one's feelings, the multiplicity of jobs to be tackled and the need for pretty steady work both night and day has made it seem much longer. But progress is being made.

Respectfully submitted

O. R. Avison

18. 에비슨 부인의 개인 연례보고서

O. R. 에비슨 부인의 개인보고서

1927년 5월 31일

우리는 미국에서 오늘로부터 꼭 9개월 전인 [1926년] 8월 31일 돌아왔습니다. 우리는 사랑하는 한국의 많은 친구로부터 따뜻하고 애정이 넘친 환영을 받았습니다. 그들은 매우 행복한 기억 속에서 우리 마음에 언제나 남아있을 것입니다. 우리는 돌아오게 되어서 매우 기쁘지만, 지난 9개월 동안 이룬 일이 거의 없는 것처럼 느껴집니다. 한 작은 교회를 세워 많은 사람이 참석하고 있고, 주일학교가 운영되고 유치원과 주일만 빼고 매일 밤 야학교와 저녁기도회가 열리고 있습니다. 나는 병원부지에서 드리는 예배와 우리집에서 열리는 토요일 밤 교사공부반에 참석하고 있고, 여자절제회(WCTU)* 회의에 참석하고 있으며, 유치원 엄마들이 무절제의 악에 관한 소네(Sone) 부인**의 강연을 듣게 하고 있습니다. 연사인 그녀는 미국 WCTU에서 고용되었고, 이곳[한국]의 우리 조직에 의해 어머니들과 여성들에 대한 교육을 돕도록 선택되었는데, 주로 자녀를 어떻게 이런 악에서 피하도록 가르칠 것인지를 교육하고 있습니다.

우리 집은, 다른 모든 사람도 하는 일로서 우리가 항상 기쁘게 하고 있는 바와 같이, 위원회들, 회의들, 손님들을 접대하고 있습니다.

편지 쓰기와 교회·병원·새 공덕리교회(Kongdukie Church)*** 또는 유치원과 연계된 한국인 친구들의 방문을 받는 일에는 많은 시간과 생각이 소요됩니다.

우리는 우리 시간의 일부를 대학[연전]에서 보내면서 그 일을 크게 즐기고 있습니다. 두

---

* W.C.T.U.(World Women's Christian Temperance Union): 1883년 미국에서 조직된 세계기독교여자절제회를 뜻하지만, 여기에서는 그 산하 조직으로서 1924년 결성된 조선여자기독교절제회연합회(K.W.C.T.U.)를 가리킨다.
** 소네 부인: 소네무라(曾根村) 출신의 소다 가이치(曾田 嘉伊智, 1867~1962)의 부인 우에노 다기를 가리키는 것으로 생각된다. 소다는 1905년부터 1947년까지 한국에서 서울YMCA 일본어 강사, 경성감리교회 전도사, 가무쿠라보육권 경성지부장 등으로 활동하면서 한국인들을 보살피고 절제운동을 도왔다. 해방 후 한국정부로부터 문화훈장을 받았다.
*** 에비슨의 1933년 3월 31일자와 1935년 11월 12일자 보고서, 에비슨 부부 공동의 1933년 12월 12일자 보고서에서 'Kongdukni'라고 표기되어 있다. 공덕리교회는 오늘날 서울 마포구에 있는 공덕교회를 가리킨다. 공덕교회 홈페이지의 기록에 의하면, 1926년 에비슨 부인이 공덕유치원을 세워 1927년 제1회 졸업식을 거행하였고, 1928년 에비슨 부부가 예배 인도를 도왔다.

집을 보살피는 일은 우리가 선택하고 싶은 것이 아니지만, 그래도 매우 안락하게 관리하면서 그런 일을 다시 하기를 바라고 있습니다.

　우리 가족이 또 다른 해에도 축복을 받아 건강하고 행복하게 지내고 있어서 이에 대해 우리가 매우 감사하고 있습니다. 우리의 막내아들이 다음 달에 대학을 졸업합니다. 그리고 올해 우리에게 또 다른 소중한 어린 손녀가 생겼습니다.

삼가 제출합니다.

출처: PHS

DR. BROWN. REC'D
JUL 25 1927
Ans'd

PERSONAL REPORT OF MRS. O. R. AVISON

May 31, 1927.

FILING DEPT.
JUL 16 1928
21-8
SECRETARIES

    We returned from America on August 31st just 9 months ago to-day. The warm and hearty welcome we received from our many friends in dear Korea will always remain in our hearts as a very happy memory. We are so glad to be back, but although 9 months have passed very little seems to have been accomplished. A little church has been established with a good attendance, Sunday School carried on, Kindergarten and night school every night except Sunday and Prayer meeting nights. I have attended the services on the Compound and the Teachers' Class on Saturday nights in our home and W.C.T.U. meetings and had the mothers of the Kindergarten in to hear a lecture by Mrs. Sone on the evils of intemperance. She, the lecturer, is employed by the W.C.T.U. of America and chosen by our organization here to help educate the mothers and women generally to teach their children how to avoid these evils.

    Our home has entertained committees, meetings and guests as all others do and as we are always glad to do.

    Letter writing and visits from Korean friends in connection with the Church, Hospital, new Kongdukie Church or Kindergarten have taken up much time and thought.

    We have spent a part of our time at the College and enjoyed it greatly though keeping house in two places is not what we would choose, yet we managed very comfortably and hope to do it again.

    Our family have been blessed with health and happiness through another year for which we are very grateful. Our last son graduates from College next month and this year has brought us another dear little grand daughter.

                                        Respectfully submitted,

19. 연희전문 교장 보고서

연희전문학교 교장 보고서
북장로회 한국선교회, 1927년 6월

본 대학에 있어서 1926~27년은 학생 수, 교수들의 자질, 학생들의 자질, 재정 건전성 향상 등등 모든 방면에서 또 다른 발전을 이루어 사역을 둘러싼 모든 일에 하나님께 감사하며 크게 용기를 얻은 해로 기록될 것입니다.

지난해 동안 학생 수에서 기쁜 성장이 있었는데, 이는 다음의 표에서 입증됩니다.

	등록비 납부	1학기	222(명)
1926~27	〃	2학기	194
	〃	3학기	168
		계	584
		평균	194.66
1925~26	〃	〃	179
1924~25	〃	〃	168

1925년까지는 문과가 가장 많은 학생에게 인기를 끌었지만, 그 후부터는 상과가 등록생이 가장 많았고, 수물과는 가장 인기가 적습니다. 예를 들면, 금년도 3개 과의 등록 현황이 다음과 같습니다.

문과	상과	수물과
77	99	52

이렇게 된 이유는 아마도 여러 가지이겠지만, 대체로는 문과 학생들이 4년 과정을 이수한 후에 아직까지 총독부 학무국으로부터 단 한 개 과목만 교사 자격을 인정받고 있고 수물과는 과 사역의 지속성에 제동이 걸렸다가* 상황이 나아진 상태에서 졸업하는 학생이 올 학년 말까지는 없을 것이므로 특별하게 관심을 끌 진짜 기회를 아직 얻지 못했기 때문이라고 설명할 수 있을 것입니다. 상과만 3년 과정으로 졸업한 후에 즉시 생계를 유지할

---

* 수물과는 제2차 조선교육령에 따른 재인가 신청 때 인가를 받지 못하고 폐과되었다가 다시 인가를 받았다.

기회를 다른 과들보다 더 많이 제시하고 있습니다. 그리고 그 졸업생들은 세 과목에서 교사 자격을 얻고 있습니다.

이 사실은 나라의 경제 상황이 이 시기의 교육 유형 선택에 영향을 주고 있으므로 우리의 교육과정들을 가능한 한 철저하게 실용적으로 만들어 사람들의 필요에 부응하도록 해야 한다는 것을 보여줍니다.

3월 17일 33명이 졸업하였는데, 문과가 14명, 상과가 19명이었습니다. 1928년 3월에는 수물과에서도 1명이 졸업할 것입니다.

졸업생들이 대부분 일자리를 찾고 있어서 학생들이 끝까지 견뎌내도록 격려를 받고 있습니다.

지금까지 졸업생들의 총수는 166명입니다.

로즈 박사의 최근 조사에서 이들의 98%가 신앙을 고백하는 기독교인들인 것으로 나타났습니다.

과별 졸업생 수	
문과	67
상과	80
수물과	16
농과(현재 운영되지 않음)	3
계	166

졸업생의 직업		
직업	수	비율(%)
미국 유학	23	13.8
일본 유학	6	3.6
한국 내 졸업 후 수학	4	2.4
연희전문 교원	1	0.6
다른 학교 교원	56	33.6
교회 사역	5	3.0
사업과 사무직	41	25.0
개인 사업	22	13.2
신문사 종사	2	1.2
사망	6	3.6
계	166	100

졸업 후 과정을 마치고 돌아온 사람

이　　름: 이원철(David Wonchul Lee)*

학　　위: 미시간대학교(Univ. of Michigan)의 M.A., Ph.D.

현재 직업: 연희전문학교 교수

금년도 학생 등록 현황은 다음과 같습니다.

과별 등록생 수		
문과	77	
상과	99	총 228
수물과	52	
등록생 종교 현황		
장로교인	74	32.5%
감리교인	103	45.1%
비기독교인	47	20.6%
기타	4	1.8%

교수회는 학교의 기독교 분위기를 보존하기 위해 비기독교 학생의 수를 줄이는 것이 바람직하다고 생각하고 있습니다. 위에서 설명한 것처럼 졸업생들의 2%만 기독교 신앙인이 아닌 사실로써 입증된 것처럼, 지금까지는 이런 관점에서 볼 때 결과가 좋았습니다.

학생 출신 도 현황		
출신 도	학생 수	비율(%)
함경북도	13	5.7
함경남도	24	10.5
평안북도	19	8.3
평안남도	23	10.0
황해도	16	7.0
경기도	66	29.0
강원도	6	2.8

---

* 이원철(李源喆, 1896~1963): 서울 출생으로 1919년 연전 수물과를 제1회로 졸업하고 수물과 조수로 일하다가 1922년 미시건 주 엘비언대학에서 1년간 수학하고 미시간대학에서 천문학을 전공하여 1926년 이학박사 학위를 받고 귀국하여 연전 수물과 교수가 되었다. 1937년 동우회사건으로 체포된 이춘호를 이어 수물과 과장이 되었다가 1939년 흥업구락부사건에 연루되어 사임하였다. 해방 후 중앙관상대 대장, 인하대 초대 학장, 연세대 재단이사장을 역임하였다.

학생 출신 도 현황		
출신 도	학생 수	비율(%)
충청북도	11	4.8
충청남도	14	6.0
전라북도	10	4.3
전라남도	9	4.0
경상북도	11	4.8
경상남도	6	2.8
계	228	100

대학의 교수진은 다음과 같습니다.

  교 장: 에비슨(O. R. Avison), M.D., L.L.D.
  부교장: 베커(A. L. Becker), Ph.D.
  학 감: 유억겸(U. K. Yu)*

	문과		과장: 빌링스**
교수	역사	빌링스(B. W. Billings)	M.A., D.D.(드포대)
〃	성경, 종교	로즈(H. A. Rhodes)	M.A., D.D.(프린스턴대)
〃	성경, 종교교육	백낙준(L. G. Paik)	M.A. B.A. 예일대 박사과정
〃	심리학, 교육심리학	원한경(H. H. nderwood)	Ph.D.(뉴욕대)
〃	교육학	피셔(J. E. Fisher)	M.A.(컬럼비아대) 컬럼비아대 박사과정
〃	영어	히치(J. W. Hitch)	B.D.(조지아대)
〃	사회학	조병옥(P. O. Chough)	Ph.D.(컬럼비아대)
〃	영어	백남석(N. S. Paik)	M.A.(에모리대, 컬럼비아대)
〃	수신	다카하시(高橋慶太郎)	(도쿄제대)
〃	음악	김영환(Y. W. Kim)	(음대, 도쿄)
〃	철학	최현배(H. P. Choi)	(교토제대)
〃	일어·일문학	니카이도(二階堂眞壽)	(도쿄제대)

* 유억겸(俞億兼, 1895~1947): 갑오개혁 주도자 유길준의 아들로 서울에서 태어나 1922년 도쿄제대 법학부를 졸업하고 1923년 대학원을 졸업한 후, 연전 상과 교수로 임명되어 법학을 가르쳤다. 1925년 학감이 되고 1934년 부교장이 되었다. 1938년 수양동우회사건으로 투옥되면서 교수직을 사임하였고, 1941년 복직하였으나 이듬해에 사임하였다. 해방 후 복설된 연희전문학교 교장, 미군정청 학무국 조선인교육위원, 문교부 학무국장, 문교부장, 조선체육회 회장을 역임하였다.
** 빌링스(Bliss W. Billings, 1881~1969): 북감리회 선교사로 1908년 내한하여 평양과 서울에서 활동하였다. 1915년 대학 창립 때부터 1923년 초까지 부교장을, 1928년 4월까지 문과 과장을 맡았고, 1932년 사임하고 감리회신학교 교장이 되었다. 1940년 마닐라로 갔다가 1945년 다시 내한하여 구호활동을 하고 1953년 은퇴하였다.

	문과	과장: 빌링스**	
조교수	한문	정인보(I. P. Chung)	(도쿄제대)
〃	생물학, 자연과학	윤병섭(P. S. Yun)	(〃 〃)
강사	동양사	정인서(I. S. Chung)	
〃	교련	우마자와(K. Umazawa)	(사범학교)
〃	독일어	이운용(O. Y. Lee)	(베를린대)

	상과	과장: 이순탁	
교수	경제학	이순탁(S. T. Lee)	(교토제대)
〃	민법, 상법	유억겸(U. K. Yu)	(도쿄제대)
〃	상업사	백남운(N. W. Paik)	([도쿄]상과대학)
〃	재정, 은행	조병옥(P. O. Chough)	(컬럼비아대)
조교수	상업영어, 상업실습	박길용(K. Y. Park)	A. B.(오하이오주립대)
〃	상업지리, 부기 등	손봉조(P. C. Son)	(상업대)
〃	영어	홍승국(S. K. Hong)	A.B.(오하이오주립대)
강사	영어	(C. Y. Lee)	(외국어학교)
〃	중국어	오규신(K. S. Oh)	〃
〃	운송	선우전(S. Sunwoo)	(와세다대)

	수물과	과장: 이춘호	
교수	물리학	베커(A. L. Becker)	Ph.D.(미시간대)
〃	수학	이춘호(C. H. Lee)	M.A.(오하이오주립대)
〃	수학, 지리 등	츠바키다(三琢田椿)	A.B.(릴랜드 스탠포드대)
〃	화학	밀러(E. H. Miller)	M.A.(컬럼비아대) 컬럼비아대 박사취득 예정
〃	화학	카도와키(門脇喜右衛門)	(교토제대)
〃	전기공학	한치관(C. K. Hahn)	M.A.(서던캘리포니아대)
〃	천문학, 수학	이원철(D. W. Lee)	Ph.D.(미시간대)
강사	생물학	이명혁(M. H. Lee)	M.A.(컬럼비아대)

현재 교수진의 인종 비율은 다음과 같습니다.

	서구인	한국인	일본인
조교수 이상	7	15	4
강사	–	7	1

앞으로 보게 될 것처럼 한국인 18명과 일본인 4명이 종합대학 과정에 들어갔습니다.

이 목록은 잘 교육받은 동양인 교원을 교수진에 확보하는 문제에서 우리가 이미 어떤 발전을 이루었는지를 보여줍니다.

지난해에 당황했던 일들 가운데 하나는 고학력 교수들을 구하고 지키기 위해 애썼던 바로 그 노력 때문에 겪은 것이었습니다.

밀러(E. H. Miller) 교수가 안식년을 보낸 후 두 번째 해에 우선 석사학위를 취득하고 그런 다음 뉴욕 컬럼비아대에서 화학 연구로 Ph.D.를 취득하기 위해 남아있습니다.

피셔(J. E. Fisher) 교수가 비슷하게 같은 대학의 교육 분야에서 Ph.D.를 취득하기 위해 남아있습니다.

베커(A. L. Becker), Ph.D. 교수가 일찍 안식년을 떠나서 미시간대에서 물리학을 더 공부하기 위해 그 기간을 보내고 있습니다.

새로 임명된 종교교육 교수 백낙준(L. Geo. Paik)이 예일대에서 종교사와 종교교육 연구로 Ph.D. 학위를 받기 위해 1년 더 머물도록 허락을 받았습니다. 그러나 우리는 그 대신 미시간대에서 수학과 천문학을 전공한 이원철 박사가 교수로 합류하여 보상을 받았습니다. 마찬가지로 뉴욕대에서 교육심리학을 전공한 원한경(H. H. Underwood) Ph.D.*도 교수로 합류하였습니다.

새해에는 생물학 교수 노블(Aldon Noble) M.A.를 교수진에서 잃게 되지만, 우리는 그를 대신하여 뉴욕 컬럼비아대의 이명혁(Hunter Lee) M.A.의 사역을 얻었습니다. 우리가 바라는바, 그는 살아 움직이는 세상에서 하나님의 방법에 대한 지식을 얻는 일에서 생물학이 중요한 위치에 있음을 합당하게 이해하도록 그의 사람들을 이끄는 사람임을 입증할 것입니다.

영어 교수 히치(J. W. Hitch) B. A.**가 안식년을 보내기 위해 떠났는데, 그의 복귀가 조금 불확실합니다.

베커 박사가 안식년을 보내고 있는데, 언제 돌아올지 확실하지 않습니다.

---

* 元漢慶(Horace H, Underwood, 1890~1951): 언더우드 연전 초대 교장의 아들로 서울에서 태어나 성장하고, 16세에 한국을 떠났다가 북장로회 선교사의 신분으로 1912년 다시 내한하여 경신학교에서 가르쳤다. 1915년부터 연전에서 교육학, 영어, 심리학을 가르쳤고, 1925년 뉴욕대학에서 박사학위를 받았다. 1927년 연전 부교장이 되고 1934년 교장이 되었으며, 1941년 일제의 강요로 교장직에서 물러나고 1942년 강제추방되었다. 1945년 다시 내한하여 미군정 통역과 고문으로 활동하고 학교 교육의 재건을 위해 노력하다 한국전쟁 중 부산에서 심장마비로 사망하였다.
** 히치(James W. Hitch, 1880~1962): 남감리회 선교사로 1907년 내한하여 원산과 철원에서 활동하고 1927년 귀국하였다. 1920년 연전 이사가 되었고 1923~27년 문과 교수로 근무하였다.

일어와 일문학 교수 히라이(Hirai, 平井政治)*가 대학 학년 말[3월]에 사임하였지만, 그의 자리를 곧바로 도쿄의 니카이도(S. Nikaid, 二階堂眞壽) 목사**가 채웠습니다.

이관용(K. Y. Lee) 박사***도 같은 시기에 사임하여 그의 업무를 몇 명이 분담하였습니다.

노정일(C. Y. Roe)**** 씨가 한 해 동안 사임하고 미국에서 오래 머물기 위해 떠났습니다.

종교 활동

성경공부-커리큘럼에 들어 있는 과목-와 채플에는 일주일에 5일을 필히 참석해야 합니다. 성경 수업은 11시간이 책정되어 있는데, 일주일에 두 번씩 성경 구절을 암송합니다. 학생들은 교회에 출석한 것과 실제로 기독교 사역을 한 것을 매주일 보고하라는 요구를 받습니다.

해외에서 온 11명을 포함하여 40명 이상의 연사들이 채플에서 설교하였습니다. 전자에는 아인스워스(Ainsworth) 감독,***** 스피어(Robert E. Speer) 명예신학박사,****** 커(Hugh T. Kerr) 명예법학박사·런던 대주교(Lord Bishop of London), 그리피스(Wm.

---

* 히라이 마사에(平井政愛): 1925년 연전 학감보고서에서 이름이 교수 명단에 처음 등장하였다. 문과 교수로서 일어를 가르치다 1927년 사임하였다.

** 니카이도 신쥬(二階堂眞壽): 도쿄제대 문학부 학부와 대학원을 졸업하고 일본 감리교회에서 목회하며 체육전문학교 교수로 있다가 1927년 연전 교수로 부임하여 일어, 일문학을 가르쳤다.

*** 이관용(李灌鎔, 1891~1933): 서울 출생으로 경성전수학교를 졸업하고, 옥스포드대학과 파리대학에서 수학한 후, 스위스 쮜리히대학에서 Ph.D.를 취득하고 독일 제나대학에서 박사후 과정을 이수하였다. 그 과정에서 1919년 임시정부 파리위원부 부위원장 및 위원장대리로서 유럽의 여러 국제회의에서 한국의 독립승인을 요청하는 활동을 하였다. 1923년 강사로 부임한 후 교수가 되어 논리학과 심리학을 가르쳤고, 1925년 문과 과장대리가 되었으나 1927년 사임하고 신간회 간사로 활동하였다.

**** 노정일(盧正一): 황해도 진남포 출생으로 일본 청산학원 중학교, 웨슬리언대학, 컬럼비아대학, 유니언대학, 드루신학교를 졸업하고, 영국의 옥스퍼드대학에서 수학하였다. 1921년 가을부터 문과에서 철학, 사회학, 윤리학, 성경 과목을 가르치다 1927년 사임하였다. 다시 미국 네브라스카대학으로 유학을 떠나 박사학위를 받고 귀국하여, 1931년 중외일보 사장이 되었다.

***** 아인스워스(William N. Ainsworth, 1872~1942): 에모리대학을 졸업하고 남감리회 목사, 조지아주 웨슬리언 컬리지 총장으로 활동하였으며, 1918년 감독이 된 후 1929년 한국과 일본에 선교 책임자로 왔다.

****** 스피어(Robert E. Speer, 1867~1947): 북장로회 선교부 총무로서 세계선교를 관장하며 동아시아 순방 중 1897과 1915년 한국을 방문하였고, 1927년 미국 북장로회 총회장으로 선출되었다.

E. Griffis) 문학박사,* 킬패트릭(W. H. Kilpatrick) 박사,** 갠디어(A. Gandier) 박사,*** 엔디코트(James Endicott) 박사****가 있습니다.

다음과 같은 질문을 할 것입니다. 대학은 졸업생들이 기독교 사역을 하게 하는 데에 어떤 기여를 했습니까? 우리 졸업생 2명이 평양에 있는 신학교를 다니고 있고, 2명이 서울에 있는 협성신학교[감리회신학교]를 다니고 있으며, 3명이 미국에서 신학교를 다니고 있습니다. 3명은 이미 신학과정을 끝냈습니다. 지금까지 목회자가 된 사람은 10명입니다.

여러 해 동안 우리는 우리의 아름다운 캠퍼스가 하기 집회 장소가 되기를 기대해왔습니다. 지난 7월 조선예수교연합공의회[한국 장·감교회 연합회]의 후원으로 전체 기독교 사역자들의 수양회가 개최되어 전국 각지에서 200명이 참석하였습니다. 본 대학은 강연자와 재정을 제공하는 일로 협력하였습니다. 기도와 성경공부에 더하여 한 시간씩 종교와 과학, 교회와 청년, 교회와 사회, 집회시간에 관해 공부합니다. 그 시간이 너무 즐거워서 올여름에 또다시 기회를 가질 계획입니다.

우리 종교 활동 부서가 분명한 활동 계획을 세우고 수행할 수 있도록 대학의 몇몇 우인들이 향후 3년 동안 이 부서의 예산 비용을 떠맡았습니다.

운동 경기

지난해에는 중등학교들과 대학들 사이에서 기독교 학교들이 운동경기에서 선두에 서는 주목할 만한 특징을 보였습니다. 우리 대학은 야외 스포츠 분야에서 다음의 요약문에서 볼 수 있는 바와 같이 훌륭하게 발전해왔습니다.

---

* 그리피스(Wm. E. Griffis, 1843~1928): 화란개혁교회 선교사로 1870년 후쿠이(福井)번 번주의 초청으로 일본에 건너가 교육 활동을 하고 1874년 귀국한 후 *The Mikado's Empire*(1876)와 *Corea, the Hermit Nation*(1882)를 비롯한 많은 저서를 펴냈다. 1926년 동아시아 순방에 나서 이 기간에 한국을 방문하고 귀국한 후 이듬해에 사망했다.

** 킬패트릭(W. H. Kilpatrick, 1871~1965): 컬럼비아대 교육대학(Teachers College)에서 존 듀이로부터 배운 진보적인 교육학자로 컬럼비아대에서 오랜 기간 교수로 봉직하였다.

*** 갠디어(Alfred Gandier, 1861~1932): 캐나다장로회 목사로서 토론토대학 녹스컬리지 교장과 빅토리아대학 임마누엘 컬리지 교장을 역임하였다.

**** 엔디코트(James Endicott, 1865~1954): 캐나다 북감리회 선교사로 1893년 중국에 갔다가 귀국하여 1913년부터 교단 선교부 총무로 활동하고 1925년부터 캐나다연합교회 선교부에서 활동하였으며, 1926~28년 연합교회 총회장을 역임하였다.

1926년 4월	축구팀이 일본에서 가장 센 오사카 사카 구락부(Soccer Club)와 경기하였습니다. 스코어 1:1
1926년 가을	야구팀이 전문학교 대항 경기에서 두 번째로 우승하였습니다. 축구팀이 전문학교 대항 경기에서 두 번째로 우승하였습니다.
1927년 4월	축구팀이 지난 극동 올림픽대회 때 일본 대표팀이고 일본 챔피언 팀인 리성(Riji, 鯉城) 축구팀을 물리쳤습니다. 스코어 3:2
1927년 6월	야구팀이 전문학교 대항전에서 세 번째로 우승하여 페넌트를 트로피로 영구히 가지게 되었습니다. 야구부가 오픈 토너먼트에서 우승하였습니다.

부지와 자산

부지는 한 해 동안 10에이커가량의 땅을 사서 더 커졌습니다. 이번 구매는 존 언더우드(John T. Underwood) 씨가 6천 불을 기증하여 가능하였습니다.

한국인 교수 2명의 사택은 케네디(J. S. Kennedy) 부인과 쇼플러(A. F. Schauffler) 부인의 기부금으로 지었습니다. 선교사의 집은 현재 총 5채이고 한국인 교원의 집은 9채이며, 일본인 교원의 집은 1채입니다. 원한경(H. H. Underwood) 박사는 대학부지에 인접한 자기 소유 땅에 자택을 짓기 시작하였습니다.*

지난해 8월에는 교장이 본 대학과 세브란스연합의학전문학교의 건축 및 기본재산 기금 확보를 위한 모금 운동 수행 차 2년간 미국에서 체류하고 돌아왔습니다. 지난해 동안 그는 이 모금 운동을 하면서 원한경 박사의 도움을 받았습니다.

연희전문학교를 위한 모금의 결과는 다음과 같습니다.

기본재산을 위한 금액: 현금과 약정금	$175,000
토지, 건물 등을 위한 금액	22,750
나중에 지정될 금액	31,058
계	228,808

삼가 제출합니다.
(서명) O. R. 에비슨
교장

---

* 원한경의 사택은 1927년 완공되었고, 현재 언더우드가기념관이 되어 일반에 공개되고 있다.

재무보고서

1927년 3월 31일까지의 자본계정(¥)	
북장로회 기부금	463,133.14
북감리회 기부금	145,913.74
남감리회 기부금	89,810.50
캐나다연합교회 기부금	31,000.00
여러 가지 기부금(모금 운동 등)	73,001.22
계	802,853.60
자본계정에 대한 지출	750,473.11
미지출 잔금	52,385.49

잔금 개요(¥)	
은행에 있는 현금	1,887.90
미수금	6,863.38
경상예산을 위한 융자, 누적 적자	24,283.51
대학 서점 재고	2,594.66
사택 1채를 위한 융자	15,407.25
서스펜스 계정	1,348.79
계	52,385.49

경상 수입 1926~1927(¥)	
북장로회 기부금	10,523.56
북감리회 기부금	8,742.64
남감리회 기부금	3,938.57
캐나다연합교회 기부금	5,000.00
기본재산에 대한 이자	24,145.13
교수회 기부금	1,000.00
임대료 등	3,805.47
학비	19,271.49
기타	1,799.16
계	78,226.02

경상 지출(¥)		
교원 봉급	49,559.80	
운영비	8,885.77	
비품비	5,827.83	
자산, 연료, 잡비	13,052.66	77,326.06
흑자[잔액]		899.96
(추가로 산정된 선교사 사역비 54,000)		

출처: PHS

CHOSEN CHRISTIAN COLLEGE REPORT to the
~~Korea Mission of the Presbyterian Church in the U.S.A.~~

The College Year 1926-27 marked another advance along all lines, number of students, quality of Staff, quality of Students, increase in financial strength &c &c and all connected with the work are grateful to God and much encouraged.

There was a gratifying growth in the student body during the past year as shown by the following table.-

1926-27	Paid Registration	First Term	222
"	"	Second "	194
"	"	Third "	168
			584
		Average	194.66
1925-26	"	"	179
1924-25	"	"	168

Up to the year 1925 the Literary Course attracted the greatest number of students, but since then the Commercial Department has had the largest enrolment and the Science Department attracts the smallest number. For instance the enrolment in the three departments this year is as follows,-

Literary	Commercial	Science
77	99	52

The reasons for this are probably various but in general we might explain that the Literary department graduates are as yet given qualification by the Educational Bureau of the Government to teach only one subject after a four years course; the Science Department having had a break in the continuity of its work will not have its first graduation under its improved status until the end of this year, so it has not had a real chance yet to prove specially attractive; the Commercial Department with only a three years course opens up more opportunities to make a living immediately after graduation than the other courses and its graduates are given qualification as teachers in three subjects.

This indicates that the economic condition of the country is affecting the choice of the type of education at this time and that we shall do well to bring our courses into line with the needs of the people by making them as thoroughly practical as possible.

On March 17th, 33 graduated, 14 from the Literary Department and 19 from the Commercial. In March 1928 we shall also have a graduating class from the Science Department.

Most of the graduates have found positions which is encouraging to the students to persevere to the end.

The total number of graduates to date is 166.

- 2 -

A recent investigation by Dr. Rhodes shows that 98% of these are professing Christians.

Graduates by Departments

	No.
Literary Department	67
Commercial Department	80
Science Department	16
Agricultural Department	3
(Not now running)	
Total	166

Occupation of Graduates

Work	No.	Percent
Post Graduates work in U. S. A.	23	13.8
" " " in Japan	6	3.6
" " " in Korea	4	2.4
Teaching in Chosen Christian College	1	0.6
Teaching in Other Schools	56	33.6
Church work	5	3.0
Business and Office Work	41	25.0
Private Work	22	13.2
Journalism	2	1.2
Deceased	6	3.6
	166	100%

Returned from Post Graduate Studies

Name	Degrees	Present Occupation
David Wonchul Lee, M.A., Ph.D. of Univ. Michigan		Prof. of C. C. C.

The enrolment this year is as follows,-

Literary	77		
Commercial	99		
Science	52	Total	228

Of these	74 are Presbyterians,	32.5%
	103 are Methodists,	45.1%
	47 are Non-Christian,	20.6%
	4 are others,	1.8%

The Faculty recognizes the desirability of restricting the number of non-Christian students in order to conserve the Christian atmosphere of the institution. So far the results have been good from this standpoint as shown by the fact that only 2% of the graduate body, as stated above, does not profess Christianity.

- 3 -

Provinces from which students came

Province	No.	Percent
North Ham Kyung	13	5.7
South " "	24	10.5
North Pyeng Yang	19	8.3
South " "	23	10.0
Whang Hai	16	7.0
Kyung Ki	66	29.0
Kang Won	6	2.8
North Choong Chung	11	4.8
South " "	14	6.0
North Chul La	10	4.3
South " "	9	4.0
North Kyung Sang	11	4.8
South " "	6	2.8
	228	100%

The Faculty of the College is as follows,-

President   O. R. Avison, M.D., LL.D.
Vice-President   A. L. Becker, Ph.D.
Dean   U. K. Yu

Literary Department   Director, B. W. Billings

Professor,	History	B.W.Billings, M.A., D.D.(DePauw)
"	Bible & Religion	H.A.Rhodes, M.A., D.D.(Princeton)
"	Bible & Religious Educ'n	L.G.Paik, M.A., B.A.
		Studying for Doctorate at Yale
"	Psychology & Educ'al Psych.	H. E. Underwood, Ph.D. (New York)
"	Education	J.E.Fisher, M.A. (Columbia)
		Studying for doctorate at Columbia
"	English	J.W.Hitch, B.D. (Georgia)
"	Sociology	P.O.Chough, Ph.D. (Columbia)
"	English	H.S.Paik, M.A. (Emory & Colum.)
"	Morals	K. Takahachi (Tokyo Imperial)
"	Music	Y.W.Kim (Coll.of Music, Tokyo)
"	Philosophy	H.P.Choi (Kyoto Imperial)
"	Japanese Language & Lit.	S.Mikaido (Tokyo Imperial)
Asst.Prof.	Chinese	I.P.Chung
" "	Biology & Natural Science	P.S.Yun (" ")
Instructor,	Oriental History	I.S.Chung
"	Drill	K.Umezawa (Normal School)
"	German	O.Y.Lee (Berlin University)

- 4 -

Commercial Department   Director, S. T. Lee

Professor, Economics	S.T.Lee	(Kyoto Imperial)
" Civil and Commercial Law	U.K.Yu	(Tokyo Imperial)
" Commercial History	H.W.Paik	(Commercial Univ.)
" Finance & Banking	P.O.Chough, Ph.D.	(Columbia)
Asst.Prof. Commercial English and Practice	K.Y.Park, A.B.	(Ohio State)
" " Commercial Geography and Bookkeeping &c.	P.C.Son	(Commercial Univ.)
" " English	S.K.Hong, A.B.	(Ohio State)
Instructor, Russian Language	C.Y.Lee	(Foreign Lang.School)
" Chinese Spoken Language	K.S.Oh	do.
" Transportation	J.Sunwoo	(Waseda Univ.)

Science Department   Director, C.H.Lee

Professor, Physics	A.L.Becker, Ph.D.	(Michigan)
" Mathmatics	C.H.Lee, M.A.	(Ohio State)
" Mathematics & Geology &c.	T.Tsubakida, A.B.	(Leland Stanford)
" Chemistry	E.H.Miller, M.A.	(Columbia)
	Candidate for doctorate at Columbia.	
" Chemistry	K.Kadowaki	(Kyoto Imperial)
" Electrical Engineering	C.K.Hahn, M.A.	(Southern Calif.)
" Astronomy & Mathematics	D.W.Lee, Ph.D.	(Michigan)
Instructor, Biology	M.H.Lee, M.A.	(Columbia)

The present racial ratio in the Faculty is as follows,-

    Western   7   Korean   15   Japanese   4
in addition to which there are 7 Korean and 1 Japanese Instructors.

As will be seen 18 of the Korean and 4 of the Japanese have had advanced university work.

This list shows what progress we have made already in the matter of securing a Faculty of well trained Oriental Teachers.

One of our embarrassments during the past year was due to the very effort we are making to secure and keep a Faculty of high attainments.

Prof. E. H. Miller remained a second year after his furlo in order to secure first his M. A. and then his Ph.D. in Chemical Research at Columbia University, New York.

Prof. J. E. Fisher did similarly at the same University to secure a Ph.D. in the realm of Education.

Prof. A. L. Becker, Ph.D., went on early furlo and spent the year in advanced study in Physics at the University of Michigan.

L. Geo. Paik, newly appointed Professor of Religious Education, was allowed to remain an additional year in order to obtain his Ph.D. in the History of Religion and Religious Education from Yale University. But we had some compensations for D. W. Lee, Ph.D., in Mathematics and Astronomy from the University of Michigan rejoined the Faculty as did H. H. Underwood, Ph.D. in Educational Psychology from the University of New York.

The new year sees the loss from our Faculty of Mr. Alden Noble, M.A., Professor of Biology, but in his place we have secured the services of Hunter Lee, M.A. of Columbia University, New York, who will, we hope, prove to be the man who is to lead his people into a due appreciation of the important place Biology is to take in gaining a knowledge of God's methods in the living world.

Mr. J. W. Hitch, B.A., Professor of English, has gone on furlo and there is some uncertainty as to his return.

Dr. A. L. Becker is on furlo and the date of his return is uncertain.

Mr. Hirai, Professor of Japanese Language and Literature resigned at the end of the College year, but his place was at once filled by Rev. S. Nikaido of Tokyo.

Dr. K. Y. Lee resigned at the same time and his work was divided amongst several members of the staff.

Mr. C. Y. Roe resigned during the year, having gone to the U. S. A. for a prolonged stay.

Religious Activities

The study of Bible in the curriculum and chapel attendance five days a week are required. There are eleven Bible classes each reciting two periods a week. Weekly reports as to church attendance and as to actual Christian work done are requested from students.

Over 40 visiting speakers, including eleven from abroad, have spoken at chapel. The latter include Bishop Ainsworth, Robert E. Speer, D.D., Hugh T. Kerr, LL.D., the Lord Bishop of London, Wm. E. Griffis, Litt.D., Dr. W. H. Kilpatrick, Dr. A. Gandier and Dr. James Endicott.

The question may be asked: What contribution has the College made onlisting graduates in the christian ministry? Two of our graduates are in the Presbyterian Theological Seminary at Pyeng Yang; two in the Methodist Seminary at Seoul; and three are in theological schools in U. S. A. Three have already finished their theological course. The number entering the ministry so far is 10.

- 6 -

For many years we have looked forward to making our beautiful campus a resort for summer conferences. Last July a general conference for Christian workers under the auspices of the national council of churches was held, with an attendance of 200 from all parts of the country. The College cooperated in supplying speakers and finances. In addition to prayer and Bible study, there was an hour each on Religion and Science, The church and the young people, The Church and Society, and a Conference hour. So much was it enjoyed that it is planned to have another this summer.

Some friends of the College have underwritten the budget of the Religious Activities department for the next three years which will enable us to plan and carry out a definite program.

ATHLETICS

The coming to the front in athletics of christian schools, both academies and colleges, has been a feature of note this past year. Our college has shown a fine development in outdoor sports as the following summary will show:

April 1926   Football team played the Osaka Soccer Club one of the best in Japan.   Score 1 - 1

Fall, 1926   Baseball team won intercollegiate championship for second time.
Football team won intercollegiate championship for second time.

April 1927   Defeated Riji Soccer team, the champions of Japan, which represented that country at the last Far Eastern Olympic meet.   Score 3-2

June 1927   Baseball team won intercollegiate series for third time, retaining the pennant as a permanent trophy.   Baseball Club won the open tournament.

Site & Property

The site was enlarged during the year by the purchase of about 10 acres of land. This purchase was made possible by a special gift of $6,000 from Mr. John T. Underwood.

Residences for two Korean professors were erected out of funds contributed by Mrs. J. S. Kennedy and Mrs. A. F. Schauffler. Missionary houses now total five and there are 9 homes for Korean and one for Japanese teachers. Dr. H. H. Underwood began the erection of his home of the property which he owns adjoining the College site.

- 7 -

In August last the President returned from a two years' stay in the United States where he had been conducting a campaign for securing building and endowment funds for this College and the Severance Union Medical College. During the last year he had been assisted in this campaign by Dr. H. H. Underwood.

For the Chosen Christian College, the results of the campaign are as follows:

For Endowment in cash and pledges	$ 175,000
For land, Building, etc.	22,750
To be designated later	31,058
	229,808

Respectfully submitted,

(Signed) O. R. Avison
President.

- 8 -

Financial Statement

Capital Account to March 31, 1927:
```
    Northern Presbyterian Contribution . . . . . . Y463,132.14
        "     Methodist         "        . . . . . . 145,913.74
    Southern              "     "        . . . . . .  89,810.50
    United Church of Canada     "        . . . . . .  31,000.00
    Miscellaneous (Campaign &c.)         . . . . . .  73,001.22
                                           Total      802,858.60
                            Expenditures on Capital a/c 750,473.11
                                Balance not expended    52,385.49
```

Summary of Balances:
```
    Cash in Banks . . . . . . . . . . . . Y  1,887.90
    Accounts Receivable . . . . . . . .      6,863.38
    Loan to Current Budget,
              accumulated deficits        24,283.51
    College Book Store Stock  . . . . .      2,594.66
    Loan on a residence . . . . . . . .     15,407.25
    Suspense Account  . . . . . . . . .      1,348.79    52,385.49
```

Current Receipts
1926-1927

```
    Northern Presbyterian Contribution . . . . . . Y 10,523.56
        "     Methodist         "        . . . . . .    8,742.64
    Southern              "     "        . . . . . .    3,938.57
    United Church of Canada     "        . . . . . .    5,000.00
    Interest on Endowment . . . . . . . . . . . . .    24,145.13
    Faculty Contributions . . . . . . . . . . . . .     1,000.00
    Rents &c. . . . . . . . . . . . . . . . . . . .     3,805.47
    Tuition . . . . . . . . . . . . . . . . . . . .    19,271.49
    Miscellaneous . . . . . . . . . . . . . . . . .     1,799.16
                                                     Y 78,226.02
```

Current Expenditures

```
    Salaries of Teachers . . . . . . . . Y49,559.80
    Administration . . . . . . . . . . .   8,885.77
    Supplies . . . . . . . . . . . . . .   5,827.83
    Property, Fuel & Miscellaneous . . .  13,052.66    77,326.06
                                 Surplus . . . . . . . .  899.96
```

(Missionary service additional calculated at Y54,000)

20. 에비슨 서덜랜드에게 (전보)

1927년 6월 9일

FV 105 RCA.F KEIJO[경성] 9 10/9 10A

선교업무.
　　뉴욕.

JUPYFKNOFF VAURZNOGIL BYEVWNOGAB XYLYVIMORT EHYAHNOFUN SLOPPSINKS WVISON.

"크노프[건축업자]에게 알려서 욕조 8개, 타일(혹은 타일을 붙여진) 고정장치 한 벌 5개, 배수 싱크통 3개를 최대한 빨리 보내게 하시오."

에비슨

출처: UMAC

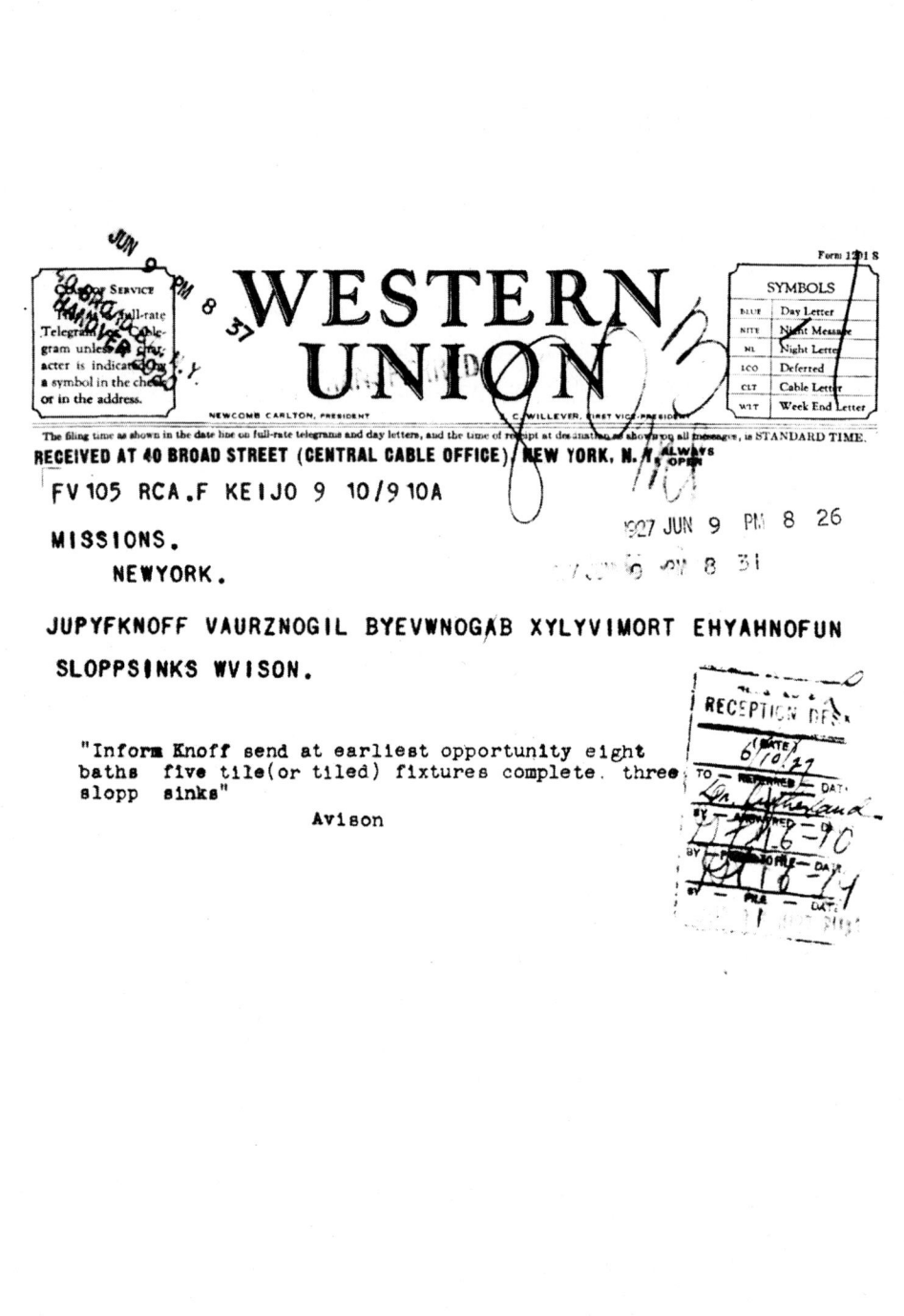

21. 서덜랜드가 에비슨에게

1927년 6월 10일

O. R. 에비슨 박사,
연희전문학교,
서울, 한국.

나의 친애하는 에비슨 박사님:
우리가 방금 당신의 전보를 받고 다음과 같이 암호를 해독하였습니다.

> 크노프(Knoff)에게 최대한 빨리 소식을 알리시오. 욕조 8개, 타일(혹은 타일을 붙인 것) 고정장치 한 벌 5개, 배수 싱크통 3개.

우리가 크노프 씨와 연락하였는데, 그는 시방서가 모두 당신에게 넘겨져서 자기에게 없다고 말합니다. 그는 당신의 전보가 어느 건물에 대한 것인지를 모르고 있습니다.

나는 그에게 그 물건들을 보내게 될 경우에 그가 그 일을 모두 책임지기를 바랐다고 말하였습니다. 이는 내가 그 일에 대해 아무것도 모르고 있었고, 당신이 그 물건들을 배달받은 후 그에게 만족을 표시하기 전까지는 내가 어떤 청구 금액도 지불하고 싶지 않았기 때문입니다.

그가 더 알아보기 위해 당신에게 전보를 칠 것입니다. 만일 그가 물건들을 보낸다면 위에서 명시된 것에 근거해서 할 것입니다.

안녕히 계십시오.

GFS[G. F. 서덜랜드]

출처: UMAC

June 10, 1927.

Dr. O. R. Avison
Chosen Christian College,
Seoul, Korea.

My dear Dr. Avison:-

We have just received your cable which we have decoded as follows:-

"INFORM KNOFF SEND AT EARLIEST OPPORTUNITY EIGHT
BATHS FIVE TILE (OR TILED) FIXTURES COMPLETE
THREE SLOPP SINKS."

We have been in touch with Mr. Knoff and he says he does not have the specifications inasmuch as they were all turned over to you. He does not know which building you refer to in your cable.

I told him if the goods were sent out I wanted it to be on his full responsibility as I knew nothing about it and did not want to pay any bills until the goods were delivered and he had received word from you that they were satisfactory.

He is cabling you for further information and if he sends out the goods it will be on the basis indicated above.

Sincerely yours,

GFS
AT

22. 서덜랜드가 에비슨에게 (전보)

1927년 6월 10일

에비슨
　서울 (한국)

　　　ENOBCCIPUB　IVRYKVAIPP　KOITPHEDOC　UCPOZHALUB
　　　TUEPGTOSAH　KOASZAKOOM　KIZYBIMAZR　CIPUBHALL

ENOBC	협력
CIPUB	이사회
VRYK	… 하기를 지연하라
VAIPP	판매하라
KOITP	(…에) 필요한 땅
HEDOC	나중에 진전된 것들
UCPOZ	… 하기를 인정하라
HALUB	바람직하게 (매우 바람직하게)
TUEPG	매입하라
TOSAH	… 하기를 제안하라
KOASZ	토지
AKOOM	(…에) 찬성할 것이다
KIZYB	판단한 것들
IMAZR	현지
CIPUB	[대학] 이사회
HALL	홀(Ernest F. Hall 박사)

10개 단어×87센트　$8.70
조선 기독교 교육을 위한 협력이사회에 [이 금액을] 청구하시오.

출처: PHS

DR. BROWN, REC'D
JUN 10 1927
Ans'd ✓

June 10, 1927.

AVISON

SEOUL (KOREA)

ENOBCCIPUB   IVRYKVAIPP   KOITPHEDOC   UCPOZHALUB

TUEPGTOSAH   KOASZAKOOM   KIZYBIMAZR   CIPUBHALL

ENOBC	Co-operating
CIPUB	Board
IVRYK	Hesitate-d-ing-s
VAIPP	Sell
KOITP	Land needed (for)
HEDOC	Later developments
UCPOZ	Recognize-d-ing-s
HALUB	Desirable-y (Very desirable-y)
TUEPG	Purchase
TOSAH	Propose-d-ing-s
KOASZ	Land
AKOOM	Will agree (to)
KIZYB	Judgment-s
IMAZR	Field
CIPUB	Board
HALL	Hall (Dr. Ernest F.)

10 words @ 87¢ $8.70
Charge Co-operating Bd. for Christian Education in Chosen

23. 에비슨이 서덜랜드에게

1927년 7월 27일

조지 F. 서덜랜드 목사,
5번가 150번지, 뉴욕,
U.S.A.

친애하는 서덜랜드 박사님,

  지난 2월, 동봉한 사본과 같은 편지를 써서 당신에게 보냈는데 답장을 받지 못하여, 그 편지가 당신에게 도착하지 않았는지 염려가 됩니다. 내가 요청한 명세서를 형편이 닿는 대로 가능한 한 빨리 준비하여 내게 보내주겠습니까?

                안녕히 계십시오.
                    O. R. 에비슨

출처: UMAC

OFFICE OF PRESIDENT
O. R. AVISON, M. D., LL. D.

SEVERANCE UNION MEDICAL COLLEGE
NURSES TRAINING SCHOOL
SEVERANCE HOSPITAL
SEOUL, KOREA

CO-OPERATING MISSIONS
PRESBYTERIAN CHURCH IN THE U. S. A.
METHODIST EPISCOPAL CHURCH
PRESBYTERIAN CHURCH IN THE U. S.
METHODIST EPISCOPAL CHURCH, SOUTH
UNITED CHURCH OF CANADA
PRESBYTERIAN CHURCH OF AUSTRALIA

July 27th, 1927.

Rev. Geo. F. Sutherland,
150 Fifth Avenue, New York,
U. S. A.

Dear Dr. Sutherland,-

I wrote you as per enclosed copy in February last but have not received a reply so am fearing the letter did not reach you. Will you kindly let me have the statement asked for as soon as it can be conveniently prepared?

Very sincerely

O. R. Avison

24. 월러[전 협력이사회 총무]가 에비슨에게

1927년 9월 19일

O. R. 에비슨 박사,
서울
조선 (한국).

나의 친애하는 에비슨 박사님:

우리가 남아메리카에 있는 개신교 학교를 위한 자금을 구하기 위해 노력하고 있는데, 남아메리카를 위한 이 모금 운동은 내년에도 계속될 것입니다. 우리는 존 언더우드(John T. Underwood) 씨가 브라질에 있는 맥켄지대학(Mackenzie College)에 기부하도록 그를 조르고 있습니다. 그는 우리가 연희전문학교를 위한 기부금을 2만 불까지 구할 수 있게 되면 자기가 맥켄지대학을 위해 달러 대 달러로 맞추어 우리에게 기부하겠다는 좋은 제안을 해주었습니다. 그는 연희전문을 위한 그런 기부금을 전에 당신의 사역에 기부한 적이 있는 사람들로부터 받으면 안 된다는 조건을 제시하였습니다. 이 조건이 그 문제와 긴밀히 연결되어 있지만, 그의 조건부 제안에 부합할 어떤 지점을 찾을 수 있을지를 알고 싶습니다. 연희전문학교에 기부할 가능성이 있는 사람을 우리가 찾아서 접근하는 일에 관해 어떤 제안을 해주실 수 있겠습니까? 내가 연희전문학교와 맥켄지대학 모두에 이로운 일을 하게 되기를 바랍니다. 당신에게는 내가 이 일을 위해 기쁘게 받아들일 만한 몇 가지 미완의 단서가 반드시 남아 있을 것입니다. 우리는 물론 당신이 원한다면 모든 정보를 기밀로 유지할 것입니다.

2년 전 일을 그만두었을 때 당신이 도움과 현명한 조언을 주셨던 일을 감사한 마음으로 기억합니다. 현재 상황에서 연희전문학교를 돕기 위해 무슨 일이든 할 수 있다면 기쁘겠습니다.

당신과 에비슨 부인의 행운을 빕니다.
안녕히 계십시오.
W. 레지널드 월러

출처: PHS

September 19, 1927

Dr. O. R. Avison
Seoul
Chosen (Korea)

Re- Appeals

My dear Dr. Avison:

We have been trying to secure funds for the Protestant schools in South America and this South American campaign will continue for another year. We pursued Mr. Underwood for a gift for Mackensie College in Brazil. He came back at us with a good proposition that he would match dollar for dollar in gifts for Mackensie College any sum that we might secure for Chosen Christian College up to $20,000. He stipulated that such Chosen gifts should not come from those who had already given to your work. This ties the matter up pretty tightly, but I want to see if I cannot get somewhere along the lines of his conditional offer. Have you any suggestions to make as to possible donors that we might approach for Chosen Christian College? You must have left some unfinished leads that I would be glad to take up with the hope that I can benefit both Chosen and Mackenzie. We will of course keep any information confidential that you may so desire.

I remember with gratitude your help and wise counsel when I was laid up two years ago. I will be glad if I can do anything to help Chosen under the present circumstances.

With best wishes to you and to Mrs. Avison,

Sincerely yours

WRW-MAW

W. Reginald Wheeler

25. 에비슨이 존 언더우드[협력이사회 이사장]에게

1927년 10월 3일

존 T. 언더우드 씨,
베시 스트리트 30번지
뉴욕시.

친애하는 언더우드 씨:

당신이 때마침 유럽으로 떠나서 당신의 5월 27일자 편지에 답장하지 못하고, 당신이 편지에서 제기한 문제들에 대한 설명을 당신의 돌아올 때까지 미루는 편이 좋겠다고 생각하였습니다. 당신이 예정했던 날보다 빨리 유럽에서 돌아왔다는 말을 듣자마자 그 일에 관해 당신에게 편지를 썼습니다.

연희전문학교와 세브란스연합의학전문학교의 대학이사회들이 지난주에 각각 정기회를 열었기 때문에 제기된 문제들을 당신과 상의하기에는 지금 이때가 좋은 시간인 것 같습니다.

세브란스연합의학전문학교

첫째, 격리병사 건축을 위해 융자받는 문제에 관해.

격리병사를 위한 융자
　그 문제에 관해서 오웬스(Owens) 씨가 홀(Hall) 박사에게 보낸 편지가 유감스럽게도 충분히 명료하지 않아 그 상황을 당신에게 정확히 이해시키지 못하였습니다. 그 상황은 내가 미국에 있을 때 발생하였고, 내가 부재한 중에 처리되어 나는 마땅히 알아야 할 만큼 명확하게 알고 있지 못하였습니다. 그 상황을 내가 파악한 바대로 간략하게 돌아보겠습니다. 오웬스 씨도 그때는 미국에 있었습니다.

첫 번째로 그 1만 2천 원은 경성부민기념병원(Seoul Citisens' Ward)으로 알려진 격리병사의 건축을 시작할 때 한국인 위원회[경성부민피병원설립 기성회]가 우리에게 넘겨준 것입니다. 그들은 또한 2만 원 이상에 달하는 약정금 목록도 제출하였는데, 거기에는 약정금이 100원인 경우가 많았고, 그때는 약정된 것들을 대부분 믿을 만하다고 생각하였습니다. 우리가 만일 1만 2천 원을 쓰지 않고 가지고 있으면 많은 불만이 야기되었을 것이므로 건축을 시작하였습니다.

세브란스의전 이사회가 바라는 것은 우리가 지으려 하는 모든 건물 유형과 부합된 건물을 짓고, 그에 따라 내화성이 있게 짓는 것입니다. 이런 필요 때문에 한국인들이 세우려 했던 것보다 건축비가 더 비싸졌습니다. 그런 다음 치료하면서 수익 창출이 가능한 최소한도 이상의 환자 수를 얻기 위해 향후 몇 년간 치료받으러 올 만한 환자 수를 최대로 어림잡아 계획을 세웠습니다. 보유한 자금이나 앞으로 자금을 구할 가능성을 보고 이 건물을 짓기에는 건축비가 너무 비싸서 3분의 2만 짓기로 정하였습니다. 건축비는 39,426.38원이었고, 기부금 수령액은 23,431.45원, 잔액은 15,994.93원이었으며, 그 후에 70원을 받았습니다.

이제 이 적자를 메꾼 방법에 대해 말씀드리겠습니다. 첫째로, 당신이 그런 문제를 다룬 보고서에서 보았을 것으로 짐작되는 바와 같이, 다른 어느 건축비에서도 끌어쓰지 않고, 오히려 세브란스의전이 자체적으로 보유한 특별 자금으로 메꿨는데, 지난 몇 년간 때때로 생긴 흑자를 모아서 비상용으로 보관한 것이었습니다. 이 예비 자금이 18,501.72원에 달한 까닭에 이 융자금을 빼낸 후에도 우리에게는 여전히 2,576.79원의 예비 자금이 남아 있습니다. 우리는 약정금의 많은 부분이 채워져서 예비 자금이 벌충되기를 바라면서 이 적자를 애초의 기부 약정금을 받지 못해 생긴 부채라고 여겨왔는데, 지금까지 그런 일은 일어나지 않았습니다. 그래서 그것을 항상 빚이라고 불러왔습니다.

지난주 세브란스연합의학전문학교 이사회 회의에서 이 모든 것이 보고되고 기부금을 이처럼 더 받지 못하게 된 원인으로 추정되는 문제들이 설명되었습니다. 그 설명은 이러하였습니다. 초기에 기부금들을 모았던 본래의 기성회가 한국인들 사이에서 신망을 잃었고, 일부 기부금을 오용했다는 비난을 받아 그 위원회가 해산되었습니다. 자금을 다 채우기 위해 다른 누가 모금 업무를 맡기에는 상황이 너무 나빴습니다. 이런 것은 물론 불행한 일이었습니다.

대학이사회가 임원들로부터 이런 설명을 듣고 예비 자금에서 빌린 돈을 건물의 완공을 위한 영구 기부금으로 만들도록 지시하여 모든 문제가 그런 식으로 끝났습니다.

최종 결론으로서 우리는 지금 4만 원 상당의 훌륭한 격리 건물을 갖게 되었습니다. 그 일로 학교가 비용을 치렀지만, 1만 6천 원이 들었기 때문에 학교는 그 거래를 통해 큰 이익을 얻었습니다. 건물은 지금 사용한 지 1년 반이 되었고, 우리 시설에 귀중한 비용을 추가해주었습니다.

나는 이러한 설명을 할 수 있는 자리에 있게 되어 기쁘고, 한 건물의 건축 자금으로 다른 건물들을 건축하게 하지 않았다는 점을 분명히 말할 수 있습니다. 신병실(新病室)을 위한 존 세브란스 씨의 기부금은 위 거래와 무관하게 줄곧 손상 없이 보관되어왔습니다.

병원의 신병실은 지금 완공 단계에 있습니다. 우리는 8월 31일까지 끝나기를 기대하지만, 많이 지체되고 있는데, 그 이유의 일부는 장마철이 7, 8월에 오래 끌고 있기 때문이고, 다른 일부는 바로 노동자들 본연의 느릿한 자세와 물자들의 사전 준비 상황을 감독할 책임을 맡은 사람들의 역량 부족 때문입니다. 그 건물은 내화성이 있는 4층짜리로서, 3개 층에 80개의 병상을 두고 1층에 행정부서를 둘 공간이 있게 훌륭하게 건축되고 있는 것이 입증되고 있습니다. 철저한 현대식으로서 건축 면에서만 아니라 병실 및 다른 방들의 배치 면에서도 그러합니다. 우리는 다음 달이나 두 달 안에 그 건물을 이용하게 될 것이라고 믿습니다.

신병실

당신도 알듯이 존 세브란스 씨와 프렌티스 부인(Mrs. Prentiss)[존 세브란스의 누이]의 기부금 총 10만 불의 절반이 건축비로 쓰이고, 다른 절반이 유지와 보수를 위한 자금 조성을 위해 투자될 것입니다. 이 후자의 절반 5만 불은 존 세브란스 씨가 가지고 있으면서 서덜랜드 박사에게 자기가 사망하면 협력이사회에 지불하기로 약속하였고, 그러는 사이 올해 4월 1일부터 그가 프렌티스 부인과 함께 6%의 이자 지불을 보장하였습니다. 우리는 5만 불 외에도 특별 기부금 4~5천 불을 보유하고 있는데, 건축용 기부금 5만 불로 마련할 수 없는 주방과 세탁실의 설치와 건립을 돕기 위해 사용될 것입니다.

우리는 현재 우리의 모금 운동 인쇄지에 기재된 최초의 목록 가운데 3가지 항목, 곧 간호사 기숙사 확장, 부엌 신설, 세탁실 신설을 위한 자금을 확보하기 위해 진력하고 있습니다. 이 항목들을 신중하게 고찰하면서 진행할 것을 결정하였습니다. 병원 부엌에서 만드는 음식을 그곳에 덧붙인 식당에서 간호사들이 먹게 하고 지금 기숙사 건물 안에서 부엌과 식당과 세탁실이 자리를 차지하고 있는 공간을 기숙사 용도로 쓰게 한 것은 우리가 적은 금액으로 앞서 언급된 방들을 고침으로써 이 건물에 추가로 큰 금액을 지출할 필요가 생기는 것을 당분간 피할 수 있게 되었음을 입증합니다. 우리가 다른 계획들을 변경하여 부엌과 세탁 시설을 추가로 공급한 것도 예상 비용을 크게 줄일 수 있게 해줄 것입니다. 그러는 한편으로 단 1천 불 정도의 비용만 들여서 난방 시설을 중앙집중 시설로 바꾸고 있습니다. 당신은 이런 것을 보며 우리가 많은 생각을 하고 있음을 알게 될 것입니다.

1만 원에 달한 세브란스의전의 지난해 예상 적자가 돈의 유입 속도가 바뀌고 운영비를 절약하면서 줄어들었습니다. 그래서 서점이 문을 닫았을 때 그 적자는 3,422.77원밖에 되지 않았고, 이것은 이전의 예비 자금으로 메꿔졌습니다. 올해에는 지금까지 예산 범위 안에서 유지되고 있습니다. 병원과 약국 수입도 그곳들을 위해 세운 예산 금액을 넘어서고 있습니다. 그러므로 세브란스의전이 적자 없이 올 한 해를 마칠 것으로 믿어도 될 이유가 있습니다.

지난 해 적자

연희전문학교

첫 번째: 자산 조회

당신에게 (1)과 (2)가 표시된 지도 2개를 보낼 작정입니다. (1)은 우리의 최근 토지 거래 전에 표시된 자산 상황을 보여주고 (2)는 토지거래 결과를 보여줍니다. 당신은 그 자산이 본래는 작은 필지들에 걸쳐있었던 것을 볼 것인데, 각 필지에 번호가 매겨저 있습니다. 당신은 또한 대학부지 근처의 서로 다른 지점들에서 작은 필지들이 구입되고 거기에 집들이 지어져 두세 개의 서로 다른 마을을 이룬 것도 볼 것입니다. 각 마을에는 서로 다른 이름이 있고, 각 마을의 땅들은 서로 다르게 번호가 붙여져 있습니다. 그러나 그런 경우에는 마을의 이름이 그 번호에 붙어 있고, 당신은 지도에서 그런 것들을 추적해서 찾아볼 수 있습니다. 색깔들에 관해 설명하자면, 대학 소유의 땅이 녹색이므로 지도 (2)에서도 현재 우리가 소유한 모든 땅이 녹색으로 표시되고, 다른 색의 땅들은 우리가 계속 진행하는 동안 각각의 특별한 의미가 설명됩니다. 지도 (1)에서는 녹색 점들이 협상 종료 전에 보유했던 것을 보여주고, 분홍색 점들은 협상에서 포함되었던 땅들을 보여주며, 노란색 표시는 당신이 기부한 6천 불로 매입한 땅을 가리킵니다. 다른 색 표시는 이 편지에서 차차 설명될 것입니다.

자산

이제 지도 (1)을 보고 철도 남쪽으로 M-3라는 숫자가 표시된 작은 녹색 점들을 찾으시기 바랍니다. 이곳의 매도는 대학이사회에서 지난 회의 때 승인을 받았습니다. 이는 그곳의 거리가 멀고 우리가 흥미를 느낄 만큼 우리 땅의 다른 부분들과 관련된 것이 없기 때문입니다.

　다음으로 철도 남쪽 큰 녹색지대의 서남쪽을 보면 28(?), 30과 103이란 숫자가 매겨진 3개의 작은 점들이 있을 것입니다. 이곳들도 부지의 나머지 땅들과 아무 관련이 없습니다. 이 땅들은 아주 초기에 당신의 형제 언더우드[원두우] 박사가 샀습니다. 그 이유는 그 땅이 벽돌을 만들기에 적합한 진흙으로 구성되어 있기 때문입니다. 그것들을 살 때 우리는 건물을 벽돌로 짓게 될 것이므로 그 흙으로 우리가 직접 벽돌을 만들어서 건축비를 낮출 수 있을 것으로 예상하였습니다. 그러나 우리가 결국 석조로 지어서 그 땅이 필요하지 않게 되었으므로 그 땅을 처분해도 우리 대학부지에는 아무 영향이 없을 것입니다. 현재 우리는 철도 북쪽에 바로 철도와 본토인 마을 사이에 있고 큰 개울의 서쪽에 있는 107번 땅의 소유주로부터 면적이 똑같은 그의 어떤 땅과 교환하여 이 땅들을 받으라는 제안을 받고 있습니다. 우리는 이 교환이 우리 대학에 어떤 확실한 이익을 준다고 생각하고 있고, 지난주에 열린 대학이사회 회의에서 이 교환을 승인받았습니다. 이 땅의 넓이는 1,456평 또는 1에이커입니다.

　이제 철도 남쪽과 우리 부지 주요 부분의 바로 남쪽에 있는 녹색 땅들을 보시기 바랍니다. 그곳에 53, 54, 74, 64번이 매겨져 있는데, 당신의 기부금 6천 불로 샀던 큰 땅의 일부입니다. 우리는 이 땅들을 특별히 원하지 않았는데, 부지 안에 있어서 우리가 갖고 싶어 했지만 부지 밖에 있는 자기 땅들도 함께 사지 않으면 팔지 않겠다고 했던 땅의 주인이 보유한 토지의 일부였습니다. 우리는 거래를 하면서 언제든지 좋은 기회가 오면 이 남쪽 땅들을 팔자는 생각을 하였습니다.

　나중에 우리는 동양척식회사와 벌인, 철도 북쪽으로 우리 부지의 주요 부분 안에 있는 그들의 소유지를 얻기 위한 거래를 끝냈습니다. 이 일을 위해 우리는 은행에서 4,264.10원을 미리 끌어왔습니다. 우리가 위에서 말한 바로 그 땅들을 팔 계획이 있었기 때문에 은행에서 기꺼이 이 돈을 빌리려 하였습니다. 그 돈은 6천 원과 7천 원 사이가 될 것인데, 나중에 우리가 다른 땅도 살 수 있게 할 것입니다.

　우리가 팔기를 바라는 땅들은 우리의 본래 부지에 속하지 않았고 대학 부지를 확장할 의도에서 샀던 것도 아니었을 뿐더러 다른 거래를 성사시키고 기회가 오면 팔 생각만 하고 샀던 것입니다. 그러므로 대학이사회는 지난주에 열린 회의에서 우리가 전에 치렀던 비용보다 적지 않은 가격에 그곳을 파는 것을 승인하였습니다. 그 가격은 6천에서 7천 원

사이가 될 것입니다.

지난번 협력이사회 회의 때 우리가 향후에 어떤 용도로든 대학에 필요하지 않을 것이 확실해진 된 후에야 이 땅들을 팔도록 매우 주의해야 한다는 의견이 표출되었던 것을 당신은 기억할 것입니다. 당신이 이 땅들의 판매를 승인하는 것이 아주 안전하다고 느끼도록 신중하게 추진하고 있는 이 방식을 다음과 같이 설명하려 합니다.

이제 당신에게 (1)번 지도를 다시 보도록 요청하겠습니다. 철도의 서남쪽으로 녹색으로 표시된 넓은 땅이 있는데, 약 25,958평(21.5에이커)으로 철도가 놓이기 전에 본래 사려고 했던 곳의 일부입니다. 그곳은 숲이 넓게 펼쳐진 산들로 대부분 이루어져 있고, 대학의 농과를 위해 의도했던 지대의 동쪽 땅을 위해 훌륭한 배경이 되고 있습니다. 그곳을 관통하는 철도 때문에 발생하는 단절이 대학 자산에서 바로 그 부분의 가격에 크게 영향을 미쳐서 만일 우리가 그 땅을 본관 부지의 동쪽에 있고 그곳과 그곳의 동쪽으로 지도에서 둘레가 분홍색으로 표시된 여자대학 부지 사이의 색칠되지 않은 다른 땅과 교환할 수 있다면, 그런 교환이 지금 대학을 위하는 일이 될 것이라고 느끼고 있습니다.

흰색으로 표시된 이 부분은 주로 논으로 채워져 있지만 밭도 많이 있어서, 농학자들은 우리에게 만일 우리가 농업 사역에 돌입하면 그곳이 내가 앞서 언급한 녹색 산들보다 나은 땅이 될 것이라고 말합니다.

지난주 대학이사회에 이렇게 설명하였을 때, 우리는 내가 앞에서 설명하였던 산에 있는 땅을 주요 부지의 동쪽 계곡에 있는 땅과 교환할 기회를 잡으라는 조언을 들었습니다. 대학이사회의 2/3가 토지 매매를 승인해야 한다는 정관의 조항이 위의 결정에서 정당하게 충족되었습니다.

지금 내가 그 문제를 당신에게 명확하게 설명할 수 있을지 의문이 듭니다. 이 지도들만 보고는 당신이 이곳에서 우리가 그 땅들을 직접 돌아보고 파악한 것처럼 이 상황을 파악하기가 확실히 쉽지 않기 때문입니다. 우리가 대학의 토지 면적을 줄이기를 바라지 않고 오히려 모든 부지를 철도의 한편에서 견고한 블록으로 최대한 모두 묶기를 바라면서 의도하고 있는 이 여러 가지 토지 매입 계획을 협력이사회 집행위원회가 승인하였던 일이 옳았다고 여겨주기를 희망합니다.

철도가 우리 땅을 관통하는 사실로 인해 왜 우리가 철도 너머의 토지를 처분하고 부지의 주요 부분과 같은 편에 위치한 토지를 확보하려고 힘들게 애쓰게 되었는지, 당신은 그 까닭이 궁금할 것입니다. 그 이유는 철도의 제방이 양쪽 지면에서 40피트만큼 높아서 철도를 넘어서 우리 쪽으로 진입하는 것을 크게 방해하기 때문입니다. 이 제방은 우리가 본래의 부지를 산 후에 만들어졌지만, 이런 장애물이 있어도 우리는 여전히 극동에서 가장 좋고 세계적으로도 가장 좋은 대학부지를 가지고 있다고 느낍니다.

농업에 관해서는 내가 아주 자주 말해왔지만, 한국을 위해 이 분야가 대학과 어떻게 적절한 관계에 있는지를 우리가 생각하고 있는 대로 설명해야 할 것 같습니다.

한국 인구의 적어도 85%가 농업에 종사하고 있는 사실을 기억해야 합니다. 그래서 이 국민은 다른 어떤 산업 유형보다 농업을 의존하는 경제 여건 속에 있습니다. 이 나라는 산지가 아주 많고 인구에 비해 경작이 가능한 토지의 면적이 적어서 온 국민이 단지 수수한 생활 수준으로만 살기 위해서라도 가장 우수한 경작 형태가 필요합니다. 물론 기독교와 교육이 더 높은 수준의 문명을 산출하는 결과를 내고 있습니다. 그래서 과거에는 밥과 간을 한 피클 형태의 음식으로 만족하며 살던 사람들이 지금은 훨씬 더 다양한 음식을 원하고 있는데, 그런 것은 물론 더 비쌉니다. 과거에는 필요를 충분히 채워준다고 여겼던 옷이 지금은 부적합하게 여겨지고 있습니다. 집은 대부분 7평방피트에 불과한 두세 칸의 방들로 구성되고 전 가족이 함께 살았지만, 지금은 아주 부적합하게 여겨지고 있습니다. 과거에는 이 집들에 가구가 거의 없었지만, 지금은 적어도 몇 개는 있어야 할 것으로 요구되고 있습니다. 과거에는 책이 필요하다는 생각을 거의 하지 않았지만 지금은 많은 일반인이 매일의 삶에 필요한 것으로 여겨 신문과 잡지와 책을 읽고 있습니다. 음악이 호감을 사고 있고, 모든 면에서 가족의 생활비가, 높은 수준의 교육을 받은 가족이 아니더라도, 자신의 필요를 채울 수 있는 능력 밖으로 빠르게 상승하고 있습니다.

지금까지는 선교사들이 학생들에게 졸업하면 목사나 교사가 되기에 적합할 만큼의 교육을 하였으나, 그들이 지역사회에서 물론 상대적으로 소수여서, 그들의 활동이 국가 역량을 높여 국가 발전에 필요한 것들을 제공하게 하는 데에 거의 기여하지 못하였습니다.

반면에 어느 산업 분야에 대한 교육은 경제적으로 약간의 도움을 주고 있습니다. 대다수는 농업이 더 크게 발전해야만 도움을 받을 수 있으므로, 인간의 전반적 발전에 관심을 가진 우리는 이런 점에서 그들을 도울 필요성을 점점 더 깨닫고 있습니다. 우리가 단순히 사람들의 안락함과 더 나은 건강만을 생각하고 있거나 그들에게 공감을 사서 그리스도의 복음을 전할 더 나은 기회를 여는 것만을 생각하고 있다고 할지라도 이런 것은 사실입니다. 농촌사회와 농민들을 향한 우리의 접근이 이제는 필히 농업 분야에서 수많은 농민에게 더 확실하게 호소하는 방식으로 이루어져야 한다는 생각이 일반화되고 있습니다.

당신의 형제[H. G. 언더우드, 원두우]와 초창기 대학 설립 시기에 우리 가운데에서 그를 도왔던 사람들은 이런 사실을 어느 정도 깨달았고, 그래서 대학에 농학과를 개설할 계획을 세웠습니다(그래서 우리는 한 학년을 졸업시켰습니다). 그러나 위에서 설명한 사실에 대한 인식은 지금 우리가 이 문제에 대해 가지고 있는 확신과 비교할 때 미미하였습니다.

그러므로 우리의 생각은 돈이 덜 들고 인력이 훨씬 더 적게 필요한 사역 형태로 향하였습니다. 그 가운데 우리는 사람들을 경제적으로 돕고 온갖 종류의 종교 사역자들이 대다수의 농촌 사람들에게 더 잘 접근하는 방법을 제공하면 즉각적인 이익을 얻을 것이라고 믿고 있습니다.

이와 관련하여 호러스(Horace)[원한경]의 팜플렛, "윤 씨가 이해하기 시작하다"(Mr. Yun begins to understand)의 첫 단락을 읽어보기 바랍니다.

아마도 내 생각을 바로 한국에 와서 농업 교수 자리를 맡기를 원했던 어떤 청년에게 내가 그 문제를 제기했던 것과 관련해서 설명하면 가장 잘 이해될 수 있을 것입니다. 그는 브리티시컬럼비아대학교(University of British Columbia) 농과를 졸업한 훌륭한 캐나다인이었습니다. 그곳에서 농업 전공으로 석사학위를 받고, 그 후 같은 과에서 계속 공부하여 박사학위를 받은 다음, 그 대학 조교수가 되었으며, 미국 정부의 농업 기관에 고용되었습니다. 그는 대학 생활을 시작할 때부터 한국에 농업 교수로 올 준비를 하였습니다. 나는 그에게 우리 사역을 다음과 같이 설명하였습니다.

농과대학에 관한 우리 생각

첫째로, 그가 수준이 다른 미국 농촌 지역에서 사용된 온갖 농법을 이곳에서 소개할 수 있다는 생각을 가지고 한국에 오는 것은 아주 쓸모가 없습니다. 이런 농법들은 한국처럼 산이 많고 농지들의 수준이 서로 아주 많이 다르며, 대부분 매우 적어서, 미국에서 사용되는 것과 같은 비료를 얻기가 어려운 나라에서는 적용될 수 없습니다. 나는 그에게 그의 [사역의] 직접적인 목적은 한국의 토양과 기후와 농산물, 사용 가능한 비료를 연구하고, 그런 다음 수 세기에 걸쳐 경험한 결과로서 지금 농민들이 쓰고 있는 방법을 연구하며, 그 후에 농민들에게 그들의 여건에 맞고 농산물의 질과 양을 개선할 새 방법을 소개할 수 있기 위해 대학에서 배운 농업의 원칙에 의거한 방법을 실험하는 것이라고 설명하였습니다.

그 위에 이 모든 것을 하기 위해 그는 언어를 매우 철저하게 배워서 상대적으로 교육 수준이 낮은 농민들과 자유롭게 대화할 수 있게 할 필요가 있습니다. 그러므로 그는 그들의 일상적인 대화 방법에 맞는 언어를 배워야 합니다.

나는 그에게 그가 농장에서 몇몇 청년들을 선정하여 대학에 특별 학생으로 초청할 수 있을 것이라고 제안하였습니다. 농과를 졸업시킬 생각에서가 아니라 대학의 일부 농지에서 그와 나란히 그들의 방법과 그의-그가 더 큰 가치가 있는 배양 방법을 보여주며-비료를 사용하여 일하고, 그렇게 함으로써 그런 실제적인 실연을 통해 그들이 그로부터 가능한 한 모든 것을 배우고, 그런 다음 집에 가서 배운 것을 시도해보며, 그의 방법을 이웃들에게 소개하려는 열망을 갖게 하기 위해서입니다.

그는 똑같은 원칙을 가축 사육에도 적용하여 작은 동물로부터 시작하여 재정이 허락된다면 큰 가축 종류로 이끌어갈 수 있습니다. 그는 또한 점진적으로 낙농의 방법도 소개하여 농장의 유형을 넓혀가서 농민들이 한 가지 종류의 수확만 의지하지 않고 어느 해에 닥칠 재앙의 결과로 실패하지 않게 할 수 있습니다.

이 모든 설명은 선교사들이 한국의 대다수의 농촌 인구를 어떻게 가장 잘 도와서 그들이 더 나은 생활을 하여 자신들의 교회들과 학교들을 더 잘 후원하게 하고 가족에게 적합한 교육을 하는 기회를 더 넓게 제공할 수 있는지를 명확하게 이해하는 데 도움을 줄 것입니다. 그렇게 하여 얻은 친분관계는 사람들에게 복음을 성공적으로 전할 가장 좋은 기회를 선교사들에게 크게 열어줄 것입니다. 그런 다음 시간이 지나면 발전의 문제가 [이하 원문 훼손]

이 청년이 내가 제시한 계획에 진심으로 동조하였던 까닭에 우리가 지금까지 그 사역을 하고 있을 뻔하였습니다. 그러나 당시에 우리가 그의 봉급을 제공할 선교회를 얻지 못하여 그는 매우 내키지 않게 메소포타미아에서 비슷한 사역을 받아들였습니다.

지금 한국에서 우리는 우리 선교부 소속으로 일본에서 40년 동안 선교사로 사역한 커티스(F. S. Curtis)의 아들인 청년 1명을 두고 있습니다. 그는 내가 방금 개관한 유형의 사역을 하기를 매우 간절히 바라고 있지만, 우리는 또다시 그를 후원한 수단을 얻지 못하고 있습니다. [한국] 선교회가 우리 선교부를 향해 연희전문학교에 대한 그들 몫의 [교수 파송] 쿼터를 늘리도록 촉구하지 않는다면 그를 중국에 농업 교사로 보내버린 선교부가 그렇게 하지 않을 것이기 때문입니다. 당신은 우리 선교회가 그렇게 하고 싶어 하지 않는다는 것을 알고 있습니다. 이는 첫째로 본 대학에 대한 그들의 관심이 아주 크지 않기 때문이고, 둘째로 교직원을 그렇게 해서 더 얻으려면 그 선교회가 이미 요청받은 사역자를 구해줄 마음을 갖기 전에 이 특정 사역을 선호한다고 표현하는 것이 필요하기 때문입니다. 우리가 얻을 수 있는 유일한 해결책은 누군가 그런 사역자를 후원해주는 것이고, 그 돈은 다른 어떤 종류의 한국 선교사역에도 사용할 수 없도록 제공되어야 합니다. 물론 이런 유형의 사역 수행에 큰 관심을 가진 사람만이 기꺼이 이 일을 할 것입니다.

이런 일과 관련해서 선교회 사역자들 사이에서 농촌사회에 대한 그런 식의 접근을 이제까지 시도했던 것보다 훨씬 더 확대해야 한다는 생각이 커지고 있다고 말해도 될 것입니다. 만일 우리가 이처럼 거대한 인구 집단을 얻으려면 말입니다. 아마도 당신은 윌버(Wilbur)[에비슨 교장의 3남, Gordon Wilbur Avison]가 한국[광주]에서 지금 하고 있는 사역 유형에 대해 들어보았을 것입니다. 이런 목적에서 그 일을 하고 있고, 그의 사역의 결과가 매우 뚜렷이 나타나고 있습니다.

아마 당신은 내년 봄에 국제선교협의회의 후원으로 예루살렘에서 대규모 선교대회가 개최되는 것에 대해서도 들어보았을 것입니다. 그들은 내가 방금 설명한 사역 유형에 대한 관심이 매우 커서 특별히 뉴욕시 컬럼비아대학교의 사회학과 농촌사역 담당 교수인 브루너(Brunner) 박사란 사회학자를 한국에 보내 3개월을 지내면서 농촌 상황을 조사하고, 혹시 가능하다면 왜 초기에는 복음이 농촌 주민에게 그처럼 강력하게 영향을 미쳐서 한국의 선교사역이 다른 어느 나라보다 크게 성공하게 하였다가 무슨 변화가 일어났기에 최근에는 그런 성공을 덜 나타내고 있는지를 판정하고, 가능하다면 이 단계에서는 더 나은 접근법을 어떤 식으로 고안할 수 있을지를 선교대회에서 건의하도록 지시하였습니다.

대학이사회는 농촌 문제에 깊은 관심을 갖고 있습니다. 그들이 지난해에 내가 방금 위에서 설명한 정책을 적극적으로 승인한다는 결의안을 통과시키면서 내가 말한 그 캐나다인 청년을 후원하는 돈을 구할 수 있고 그가 앞서 언급된 사역을 수행할 수 있다면, 그의 봉사를 성사시키도록 나에게 지시했던 사실을 당신은 기억할 것입니다.

나는 이 문제를 매우 신중히 꽤 오랫동안 조사하였습니다. 이는 우리가 모두 그 일에 그처럼 큰 관심을 갖고 있기 때문입니다. 서덜랜드(Sutherland) 박사와 홀(Hall) 박사가 지난 협력이사회 회의 후에 우리에게 편지를 써서 협력이사회 이사들도 이런 극히 중요한 문제에 관심을 가지고 그 일은 협력이사회가 매우 신중히 행하여 어느 땅이 농업 교육에 적합하다고 판명되면 그 땅의 판매를 승인하지 않아야 하는 여러 이유의 하나가 된다는 언급을 하였다고 설명하였습니다.

이 문제에 대한 당신의 개인적인 의견을 들려주고, 더 나아가 내가 방금 말한 임원들로부터 내가 무엇을 얻게 될지를 알려주면 매우 기쁘겠습니다.

연희전문학교 이사회 회의

이 회의는 9월 23일 오전 9시 30분부터 오후 4시 30분까지 대학에서 열렸습니다. 23명의 이사와 대학 임원이 밀러(E. H. Miller)의 집에 앉아 오찬을 나누었고, 밀러 부인과 에비슨 부인이 접대하였습니다. 이는 시내에 가서 오찬을 하기 위해 회의를 중단하는 것이 사실상 불가능하였으므로 필요한 일이었습니다. 그와 동시에 즐거운 기분을 느끼게 해주었습니다.

이사회가 결정한 주요 의제들은 다음과 같습니다.

첫째:

웰치(Welch) 감독이 보낸 통신문을 읽었는데, 북감리회 선교회는 그들의 선교사 교원의 쿼터를 3명에서 2명으로 줄이기를 바란다는 내용이었습니다. 이는 본국의 선교부가 한국으로 보내는 기금이 크게 줄어서 모든 방면의 사역이 크게 축소되었기 때문이었습니다. 그들은 이런 이유에서 대학을 조직할 때 –'완전협력'을 위해서는 2명의 교원만 요구되었다– 선교부가 애초에 약속했던 교수 파송 인원으로 줄여야 한다고 생각하였습니다. 그 문제를 명확히 하기 위해 당신에게 정관에 있는 대학 설립 시기의 운영조항을 인용하겠습니다.

> 완전협력 하는 각 선교부는 다음과 같이 제공한다.
> (1) 자산 용도 기금 최소 8만 원(금화).
> (2) 선교사 교원 최소 2명
> (3) 연례 경상 지출비 최소 4천 원(금화)
> 완전협력 하는 선교부의 [한국] 선교회는 이사회에 4명의 이사를 임명한다.

이 조항은 대학 출범 때의 조건에 근거하고 있습니다. 북감리회 선교회와 북장로회 선교회는 각각 '완전협력'으로 시작하였지만, 다른 두 선교회는 더 낮은 조건으로 시작하였습니다. 나중에 대학을 얼마 동안 운영한 후에 선교사 교원의 인력 증가가 바람직한 것을 알게 되었습니다. 위에서 언급된 두 선교회가 선교사 교원을 2명이 아니라 3명을 보내기로 합의하였고 1명만 보내던 남감리회는 2명을 보내기로 합의하여 그들이 최소협력에서 완전협력으로 옮겨갔습니다. 북감리회 선교회는 이제 재정 압박을 느끼자 처음 시작했을 때의 본래 기준으로 회귀할 권리가 있음을 주장하고 있습니다.

이사회는 교장에게 이 문제를 협력이사회와 상의하도록 지시하였습니다. 북감리회 선교부가 협력이사회와 우호적으로 협의한 후에 교원 3명의 후원을 계속할 어떤 방도를 찾을지도 모른다고 생각되었기 때문입니다. 처음에 2명에서 3명으로 늘렸던 것은 협력이사회의 요청에 따른 일이었고, 예전으로 돌아가려면 그 선교부와 협력이사회의 협의를 통해서만 무슨 일이 이루어져야 한다고 우리가 여겼기 때문에, 이렇게 하는 것이 이 시점에 취할 특별히 적절한 과정이 될 것으로 생각되었습니다. 이 같은 교원의 추가 임명 결정이 감리회 선교부와 장로회 선교부 사이의 조정으로 이루어졌기 때문이고, 감리회 선교부 측에서 2명만 후원하면 장로회 선교부 측도 3명을 후원하지 말아야 한다고 느끼게 될 것이기 때문에 대학에 교수 2명의 손실을 끼치고, 그리하여 이 시점에 커다란 재정 부담을 주게 될 것입니다. 그러면 이 일을 위해 예산에 어떤 자금이 추가되지 않은 상태에서 그만둔 선교사 2명을 대신할 다른 사람들을 우리가 불가피하게 임명해야 하기 때문입니다.

그러므로 협력이사회의 집행위원회가 북감리회 선교부 임원들과 이 문제를 협의할 기회를 서둘러 잡는다면 기쁘겠습니다.

둘째:

집행위원회의 보고서는 "지난 회계연도의 흑자로 지난해 예산상의 누적 적자를 제한 후에도 여전히 24,148.21원의 적자가 남는다는 사실"에 관심을 보이고 협력이사회는 재정위원회에 앞으로 누적 적자를 줄이기 위해 그 돈을 다 갚을 때까지 1천 원의 항목을 현금 예산의 첫 번째 부과금으로 책정하도록 지시하였습니다.

이 권고가 채택되었지만, 우리는 어디에서 1천 원을 찾아낼 수 있을지를 모릅니다. 그 금액을 모으는 일은 우리에게 달려있습니다. 물론 이런 속도로 가면 적자를 청산하는 데 24년이 걸리겠지만, 그처럼 오래 가기 전에 전액을 갚을 방법을 발견하기를 진심으로 바랍니다.

셋째:

[대학이사회의] 집행위원회가 이사회의 1922년 12월 18일 회의에서 내려진 부교장의 직무에 관한 결정을 취소하기를 건의하여, 1922년 이사회가 특별한 과정을 채택하게 만들었던 당시 상황에 관해, 그리고 왜 이제는 모든 행정업무를 교장의 손에 맡기는 본래의 방식으로 돌아가는 것이 바람직한가에 관해 상당한 토론이 벌어졌습니다. 많은 토론 후에 다음과 같은 동의가 제기되었습니다.

> 1922년 12월 18일 당시 이사회가 특별한 결정을 채택하게 만들었던 그 상황이 이제 달라진 사실을 고려하여 우리는 교장이 그때 부교장에게 배정되었던 그 직무에 복귀하기를 건의한다.

이 동의는 채택되었습니다.

이 문제는 사실 이렇습니다. 1922년 후반에 이사회와 교수회의 일부 회원들의 마음에 교장이 두 대학의 행정업무 외에 모든 후원 독려 사역과 본국 본부들과의 통신, 총독부와의 협상, 공중 사역을 맡고 있고, 그 외에도 현지 선교회들과의 통신을 책임 맡아 그 일들의 성취를 위해 허용된 시간보다 더 많은 일을 하였으므로, 그 부담을 풀어주려는 노력의 일환으로서 대학의 행정업무를 부교장에게 맡기는 것이 최선이라고 여겨졌습니다. 얼마 지나지 않아, 당신이 아는 것처럼, 교장이 미국에서 후원금을 모으는 사역을 하기 위해 그곳으로 파송되었습니다. 2년 반 후, 그가 한국으로 돌아오기 전에 부교장[베커]도 현지를 떠났고, 그래서 에비슨 박사가 부교장의 복귀 시까지 행정업무를 다시 맡으라는 요청을 받았습니다. 부교장은 미국에 남아서 두 번째 해를 보내고 있고, 교장은 어떤 책무를 대신 맡길 수 있도록 부교장의 도움이 필요하다고 느끼고 있습니다. 그래서 그는 집행위원회가 이 필요성에 관심을 갖게 하기 위해 이번 이사회 회의에서 정식 진행 절차를 진행하여 부교장을 선출해야 하고, 그렇게 되면 교장이 책임을 내려놓고 부교장에게 넘겨서, 부교장이 경험이 있든지 없든지 간에 교장이 지난해에 했던 정책들을 수행할 수 있게 해야 한다고 지적하였습니다. 많은 토론 후에 위에서 설명한 대로 교장이 행정업무를 다시 맡을 수 있게 하고, 그의 판단에 따라 부교장을 활용하되, 부교장이 교장과 상의하면서 일상적인 업무를 돕게 하기로 결정이 났습니다.

그러므로 내가 모든 사역을 다 해야 하는 것은 아닐지라도 그 책임을 수행하기에 더 나은 자리에 있게 되었다고 생각됩니다. 전에도 그러했던 것처럼, 사실 나는 행정 문제에서 아무 권한이 없었지만, 그래도 총독부의 눈에는 대학 안에서 일어났거나 대학이 한 모든 일의 책임을 내가 지는 것으로 보였습니다.

넷째: 임원 선출

이 일은 원한경(H. H. Underwood) 박사를 새 부교장으로 선출하는 결과를 낳았습니다. 다른 임원들도 선출되었는데, 거기에 서덜랜드 박사를 부회계로 뽑아 그가 미국에서 회계로 활동할 수 있게 하였습니다.

그 선거 후에 내가 원한경 박사와 함께 몇 번 회의하면서 그에게 대학 운영의 모든 세세한 일을 잘 알기를 바란다고 말하였습니다. 그가 그런 것을 교장처럼 철저하게 파악하여 교장이 부재할 때 총명하게 처리할 수 있도록 하기 위해서입니다. 그런 것은 물론 정관에서 규정된 그의 임무입니다. 나는 또한 그에게 나와 마찬가지로 모든 위원회의 당연직 위원이 되어서, 내가 위에서 처음에 언급했던 대로, 그가 더 쉽게 일을 수행하기를 바라고, 대학의 모든 문제, 곧 행정, 재정, 자산, 출판, 정치 등등을 특별히 연구하기를 바라며, 그가 이 문제들에 관해 제기해야 할 일이 있다면 무엇이든 나에게 제안하기를 바라고, 그가 대학에서 일어난 모든 사건을 나에게 알려주는 위치에 서서 내가 많은 애를 쓰기 전에 사실들을 알 수 있게 하고 그리하여 어떤 결정을 내릴 필요가 있을 때면 언제든지 신속하게 결정할 수 있게 되기를 바란다고 말하였습니다.

그러므로 나는 호러스[원한경]가 일반적인 외부 사역을 덜하고 있고, 책임을 진지하게 이행하고 있는 것처럼 보이기는 하지만, 그래도 그가 대학에 많은 시간을 할애하기를 바라고 있습니다.

다섯째: 재정

이 방면의 여건은 여기에 동봉된 회계 보고서에서 설명되고 있습니다.

여섯째: 자산 문제

이 문제는 대부분 이 편지의 앞부분에서 다루어졌지만, 추가로 우리가 (a) 전기 공급 문제를 다시 한 번 신중하게 검토하고 있다는 말씀을 드립니다. 우리는 경성전기주식회사

(Seoul Electric Light Comany)에 지불하는 액수의 1/4도 안 되는 가격으로 전기를 생산하는 발전시설을 공급할 수 있다는 믿음을 가진 두 전기회사의 주목을 받고 있습니다. 우리는 지금 경성전기주식회사의 제안을 실제로 받아들이기 전에 이 문제를 아주 철저하게 검토하는 자리에 있을 수 있도록 그들의 사양 선정과 견적을 기다리고 있습니다.

(b) 당신이 기억하는 것처럼 우리가 모금 운동 때 작성한 필요한 것들의 목록에는 식당 건립 비용으로 4만 불가량을 요청하는 것이 들어있었습니다. 이 식당 항목에는 학생들을 위한 목욕 시설과 휴게실 등등이 포함되어 있었습니다. 그 돈을 아무도 제공하지 않아서 우리는 그런 건물을 가지고 조금 다르게 더 저렴한 방법으로 그 시설을 공급할 수 있기 위해 우리가 할 수 있는 일을 하기로 결정했습니다. 그러므로 우리는 스팀슨관 지하실의 방들 가운데 현재 특별히 사용하고 있지 않은 방 하나를 학생들의 욕실로 사용할 작정입니다. 그곳은 겨울철에 열을 공급하는 동시에 기숙사 학생들에게도 아주 편리한 시설이 될 것이고 그 비용도 최근에 서덜랜드 박사가 일반 자산 용도로 보낸 돈으로 쓸 수 있는 범위 안에 있을 것입니다.

식당은 때때로 언더우드관 지하의 한 장소에 있었는데, 이런 목적에 적합해지도록 이 시설을 개선하기로 결정하였습니다. 이 일은 우리에게 많은 비용을 요구하지 않을 것입니다. 교수진의 외국인과 한국인과 일본인 여성들이 최근에 식당에서 모여 커튼을 만들었는데, 그 방의 민둥한 모양을 가리는 데에 큰 도움을 주었습니다. 그러나 얼굴 한쪽만 면도한 남자와 같아서 이 좋은 일을 즉시 다음 단계로 밀어붙이는 것이 필요해졌습니다. 지금 호러스[원한경]가 나를 대신하여 벽을 꾸미고, 테이블을 칠하고, 부엌을 청결케 하고, 방들을 더 매력적으로 만드는 여러 가지 일을 하고 있습니다. 그래서 우리는 이곳에서 많은 시간을 보낼 수 있게 될 것이라고 믿고 있습니다.

전등을 설치하면 우리가 스팀슨관의 집회실과 그 건물의 다른 방들을 휴게실 용도로 사용할 수 있게 됩니다.

언더우드 박사 기념비

대학이사회가 회의를 마치기 전에 대학의 설립자이자 초대 교장인 고 언더우드(H. G. Underwood) 박사의 기념비*가 동상의 형태로 동문회와 대학의 우인들에 의해 제작되고 있고 이번 가을에 언더우드관 전면에 있는 캠퍼스의 언더우

---

* 언더우드 동상은 1928년 4월 28일 건립되었다가, 일제말 총독부의 동상 탈취로, 해방 후 1948년 10월 16일 다시 건립되었고, 전쟁 중에 공산군에 의해 파손되어 1955년 4월 22일 다시 건립되었다.

드 박사 센터(Dr. H. G. Underwood Center)에 건립될 예정이어서 조만간 제막식 초청장이 발송될 것입니다. 그때 이사회 이사들이 모두 참석할 것으로 믿는다고 교수 한 명, 곧 조병옥(Chough) 박사*가 광고하였습니다.

이 동상의 진흙 모델이 이미 만들어져 언더우드 박사의 친구들이 시시때때로 그것을 보러 가서 언더우드 박사와 더 비슷하도록 그것을 조금 바꾸도록 제안하고 있습니다. 나도 그것을 두 번 보았고, 그것이 점점 나아지고 있다는 말을 들었습니다. 이렇게 해서 가장 비슷하게 만들어지면, 청동으로 주조한 다음에 건립 준비를 마칠 것입니다.

이 편지가 너무 길게 되어 유감이지만, 이렇게 하는 것이 필요한 일일 뿐만 아니라 당신이 바라는 바에도 부합한 일일 것이라고 생각합니다. 당신이 이 시기에 진행되는 일들을 명확히 파악할 수 있게 하도록 길게 써야만 하였습니다.

모든 우인께도 안부 인사를 전합니다.

안녕히 계십시오.

(서명) O. R. 에비슨

추신.

최근 이곳에 있는 남감리회 선교회로부터 편지가 와서 그들이 의사 2명을 세브란스의전의 교수로 후원하고 경상예산에 매년 2천 5백 불을 지급해왔지만, 그들에게 닥친 재정 압박으로 인해 기부 수준을 1928년부터 의사 1명과 연 1,250불로 줄일 필요가 있게 되었다고 말하였습니다.

한편 남감리회 선교부의 총무로부터도 편지가 와서 재정 압박으로 의사 2명의 파송 인원을 유지할 수 없게 되었다고 말하고, 그러므로 그 선교부의 파송 인원을 줄이고, 그 위에 연 2천 5백 불의 지급금을 줄이며, 그 위에 그 선교부의 여성사역 분과가 제공하는 간호사 1명과 연 1천 8백 불을 줄이겠다는 제안을 하고 있습니다.

당신은 그 두 편지가 일치하지 않는 것을 볼 것입니다. 이 문제는 우리가 당신에게 북감리교부가 보낸 유사한 통신문을 처리해달라고 요청했던 것과 똑같은 방식으로 처리해야 할 것입니다.

출처: PHS, UMAC

---

* 조병옥(趙炳玉, 1894~1960): 천안 출생으로 숭실전문을 졸업하고 미국 컬럼비아대학에서 박사학위를 받고 1925년 귀국하여 연전 상과 교수가 되었다. 이사회 이사, 교수회 회장으로 활동하다 1929년 상과 동맹휴학사건을 계기로 권고사직을 당하였다. 신간회 간부로도 활동하였고, 해방 후 미군정청 경무부장, 민주당 대통령 후보를 역임하였다.

October 3, 1927.

Mr. John T. Underwood
30 Vesey St.
New York City.

Dear Mr. Underwood:

I did not reply to your letter of May 27th because you were just starting for Europe and I thought it best to leave the questions raised in your letter until after your return. I wrote you a note to that effect as soon as I heard that you had returned from Europe at an earlier date than you had expected.

As the Fields Boards of Managers of the Chosen Christian College and of the Severance Union Medical College held their Annual Meetings last week this seems to be a good time to take up with you the matters referred to.

SEVERANCE UNION MEDICAL COLLEGE

Loan to Isolation Building

First, regarding the loan to the Isolation Building, --- I regret that Mr. Owens' letter to Dr. Hall concerning that matter was not sufficiently clear to give you an accurate understanding of the situation. The situation itself arose while I was in America and was dealt with in my absence so that I myself had not as clear an understanding of it as I should have had. I will review briefly the situation as I have learned it to be. *Mr Owens was also in America at that time.*

In the first place the sum of ¥ 12,000 was turned over to us by a Korean committee as a beginning towards the erection of an Isolation Building to be known as the Seoul Citizens' Ward. They also turned in a list of pledges covering more than ¥ 20,000, many of them being sums of ¥ 100.00 each, and it seemed at that time as though the bulk of these pledges could be depended upon. So the building was started because, if we should have held the ¥ 12,000 unused, much dissatisfaction would have been created.

The desire of the Severance Board was to have a building that would correspond in type to all the buildings which we are erecting and that it would therefore be fireproof in construction. This necessarily made it more expensive than the Koreans themselves would have put up. Then, in order to get what was regarded as the minimum number of cases that could be profitably handled, a plan was make which looked forward to the greatest number of such cases that would likely come for treatment during the next few years. As this building would be too expensive to erect with the fund on hand, or in sight, it was decided to put up only two-thirds of it. The construction cost was ¥ 39,426.38; the receipts from contributions were ¥ 23,431.45; leaving a balance of ¥ 15,994.93, *since which time ¥70⁰⁰ was received*.

Now as to the way in which this deficit was met. In the first place, it was not borrowed from any other building fund, as you seem to have gathered from the report on it, but from a special fund belonging to the Severance Institution itself, built up out of occasional surpluses in past years and held for emergencies. This reserve fund amounted to ¥ 18,501.72, so that after this loan was taken out of it, we still had a reserve fund of ¥ 2,576.79. We had been holding this deficit as a debt against the pledges of the original contributions in the hope that a considerable part of it would be met in that way and the reserve fund thus reimbursed, but up to this date that has not occurred, *and so it has always been referred to as a debt*.

At a meeting of the Severance Union Medical College Board last week all this was reported and an explanation made as to the probable cause of the failure to secure these additional contributions, the explanation being that the original committee, which had secured the early gifts, had fallen into disrepute with the Korean people, having been charged with misuse of some of the contributions so that that committee had had to disband. The situation was too difficult for anyone else to undertake the campaign to complete the fund. This was unfortunate of course.

On hearing this statement from the officers, the Field Board directed that the loan from the reserve fund should become a permanent contribution to the finishing of the building and the whole matter in that way closed.

The net result is that we now have a good Isolation Building worth practically ¥ 40,000 which has cost the institution but ¥ 15,000, so that the institution has profited very greatly from the transaction. The building has now been in use for a year and a half and has been a most valuable addition to our facilities.

I am glad that I am in a position to make this explanation and so make it clear that there has not been any substitution of one group of building funds for the erection of other buildings. The Severance contribution for the New Hospital Wing was not involved in the above transaction and has been held inviolate throughout.

New Hospital Wing

The New Hospital Wing is now going through the finishing stages. We had expected it would be completed by August 31st but there were many delays, some due to the prolonged rainy season in July and August, some to the slow shipment of materials from America and others just to the natural slowness of the workmen and the lack of ability on the part of those responsible for supervision to have things all ready in advance.

It is proving to be a good building of fireproof construction having four floors, with a capacity of eighty beds on the three floors and an administration department on the first floor. It is throughly modern, not only in construction but also in the arrangement of the wards and other rooms. We trust to have it in operation within the next month or two.

As you know this was the gift of Mr. Severance and Mrs. Prentiss, the total sum being $100,000, one-half to be devoted to construction and the other half to be invested for the production of a fund for current upkeep and maintenance. This latter half, $50,000, Mr. Severance is holding himself having given Dr. Sutherland a pledge that in case of his death provision has been made for its payment to the Cooperating Board; and in the meantime, since April 1st this year, he and Mrs. Prentiss have guaranteed interest on the amount at 6%. In addition to the $50,000, we have four or five thousand dollars of special contributions which will be used in furnishing and in helping towards the erection of kitchen and laundry buildings which could not be provided out of the $50,000 donated for building purposes.

At the present time our efforts are being put forth towards the securing of three items on our original list of needs on our campaign sheet, namely: enlargement of the nurses' dormitory, new kitchen, and new laundry. Careful consideration of these items together with a decision to have the nurses eat food from the hospital kitchen, in a dining-room addition thereto, and to use for dormitory purposes the space in the dormitory building now occupied by the kitchen, dining-room, and laundry, shows that we can, for the present, avoid the necessity of the expenditure of a large sum of money for an addition to t e building by spending a small sum and fitting up the rooms referred to. Other changes in our plans will also enable us to greatly reduce the estimated cost of providing additional kitchen and laundry facilities while at the same time we are centralizing the heating-plant at a cost of only about $1,000. You will see from this that we have been doing a lot of thinking.

The expected deficit of ¥ 10,000 in the Severance institution last fiscal year was diminished by a change in the rate at which money was coming and by a saving in administrative costs, so that when the books were closed, it was only ¥ 7,422.77 and this was met out of the former reserve fund.

Last Year's

This year so far we are so far keeping within the

-4-

had
Deficit
budget. The receipts from the Hospital and Dispensary are also going beyond the amounts budgeted for them so we have reason to believe that we shall complete this year in Severance without a deficit.

CHOSEN CHRISTIAN COLLEGE

First: Property References. ---

I am sending you two maps, marked (1) and (2), (1) showing the property as it stood before our most recent land deals and (2) showing the result of those land deals. You will notice that the property was originally in small lots, each one of which is numbered. You will also notice that at different points near the College site there are collections

Property of small lots and on those houses are erected, giving us two or three different groups of villages, each village having a different name and the lots in each village being separately numbered, so that sometimes the same numbers will refer to different lots, but, in such cases, the name of the village will be attached to the number and that will enable you to trace them on the map. As for colors, the land owned by the College is in green so that map (2) will show all the land we now own in green and any lots in any other colors will have their special significance explained as we go along. In map (1) green plots will show what we held before the last negotiations were completed, and the lots in pink will show what lots were included in the negotiations, while those in yellow will indicate what we purchased with your contribution of $6,000. Any other color will be mentioned as the latter proceeds.

Now please look at map (1) and find a small green plot south of the railway track numbered N-3. The sale of this was approved by the Field Board at its last meeting, as it is a distinct entity and bears no relation to any other portion of the property in which we are interested.

Then, looking to the southwest of the large green area south of the railway, you will find three small plots numbered 25, 30, and 103. These also bear no relation to the rest of the site. They were purchased by your brother, Dr. Underwood, in the very beginning because they consisted of clay suitable for making bricks. When those were bought, we expected to build with brick and they would have enabled us to make the bricks ourselves and thus cheapen the cost of construction. We finally decided, however, to build with stone so that these lots have not been needed and their disposal will not in any way affect the College site. We now have an offer from the owner of lot No. 107 to the north of the railroad, just between the railroad and the native village and west of the large stream, to take these lots in exchange for an equal area of his lot. We would consider this exchange a decided advantage to the College, and at the meeting of the Field Board last week, this exchange was authorized.

Now look, please, at the green lots to the south

-5-

of the railway and directly south of the main portion of our site. They are numbered 53, 54, 74, and 64 and were part of the large purchase with your $6,000 contribution. We did not especially want these particular lots but they were part of the holdings of the man who had the land within the site itself which we wanted to get and he was unwilling to sell the part within the site without selling those outside lots also. In making the deal, it was our intention to sell these lots at the south whenever a good opportunity offered.

Later on we concluded a deal with the Oriental Development Company for its holdings within the main area of our site to the north of the railroad and in order to do this we had to secure a bank advance for the sum of ¥ 4,264. We were willing to get this advance from the bank because we were planning to sell the lots just referred to above, which should bring between six and seven thousand yen, leaving us in a position for other purchases to be made later on.

As these lots, which we now desire to sell, were not parts of our original site and were not bought with the intention of increasing the area of the College, but only to enable us to complete another deal with the idea of selling them when opportunity offered, the Field Board of Managers, at its meeting last week, authorized us to sell them at a price to be not less than the amount they cost us, which would be between six and seven yen.

You may remember that at the last meeting of the Cooperating Board, the opinion was expressed that we should be very cautious about selling these lots until we were certain that the College would not need them for any purpose in the future. I am making this explanation in this careful way that you may feel that it will be quite safe for you to approve the sale of these lots.

I now ask you to look at map (1) again. To the southwest of the railroad is a large plot of green representing an area of about 25,958 tsubo (21.6acres) which is part of the original purchase before the railroad was built. It consists mostly of hills covered to a considerable extent with trees and is a good background for the property east of it which was intended for the Agricultural Department of the College. The cutting of the railroad through it has considerably affected the value of that particular piece of property to the College and we now feel that it would be in the interest of the College if we could exchange that property for other property represented by the uncolored portion of the east of the main College site and between it and the Woman's College site, which is east of it and outlined in pink on the map.

This portion, shown in white, is a valley filled mainly with rice-fields but having also a considerable extent of upland fields, and agriculturists tell us that it would be better land for us, if we ever go into Agricultural work, than the green hills to which I have referred.

On explaining this to the Board of Managers last week, we were advised to take any opportunity for exchanging

-6-

the hill property I have been writing about for land in the valley east of the main site. The provision of the charter that two-thirds of the Field Board should approve a sale of land was duly met in the above decisions.

I wonder now whether I have been able to make the matter clear to you because it certainly is not easy for you, by just looking at these maps, to understand the situation just as we see it here when we look out over the lots themselves. Our hope is that the Executive Committee of the Cooperating Board will feel justified in approving these various land projects bearing in mind that we are not desiring to decrease the land area of the College but to consolidate the whole site as much as possible into a solid block all on one side of the railroad.

You may wonder why the fact that the railroad runs through our property makes us want to go to the trouble of disposing of the land beyond the railroad and securing in its place land on the same side as the main body of the site. The reason is that the railroad embankment is forty feet above the level of the ground on either side of it, constituting a great obstacle to easy access to what is beyond the railway from us. This embankment was made AFTER we purchased the original site, but even with this obstacle we still feel that we have the best College site in the Far East and one of the best in the world.

I have said so much about Agriculture that perhaps I should explain the College's proper relation to this department of Korea's interest, as we conceive it.

It is to be remembered that not less than eighty-five percent of the population of Korea is engaged in Agriculture; so that the economic condition of the people depends more upon Agriculture than it does upon any other form of industry; the country being very mountainous, the area of tillable land in proportion to the population is so small that the very best type of cultivation is necessary to provide even a moderate grade of living for all the people. Of course Christianity and education have resulted in the production of a higher grade of civilization, so that the people who were formerly satisfied with a diet of rice and some form of pickle to season it now want a much more varied diet, which is of course more costly. The clothes they formerly considered quite sufficient for their needs are now felt to be inadequate; their houses, consisting of two or three rooms, in most cases only seven feet square, for the whole family, are now felt to be entirely unsuitable. Formerly these houses contained almost no furniture but now there is a demand for at least some. In other days books were scarcely thought of as a need but a large mass of people now read the newspapers and journals, and books have become a necessity of everyday life. Music has become attractive, and in every way the cost of living of a family, even though it is not a highly educated family, has risen faster than their ability to provide for their new needs.

Up to the present time the education which the missionaries have given has been such as fitted graduates to become preachers or teachers, and of course these positions in the community are comparatively small in number, and their activities really add little to the ability of the nation to provide for its advancing requirements.

While the teaching of any industry will help a few economically, it is evident that the great majority can be helped only as Agriculture becomes more highly developed and we who are interested in the all-round development of the people realize more and more the necessity of helping them at this point. This is true whether we think merely of the comfort and better health of the people or whether we think of opening up a better opportunity for bringing the Gospel of Christ to their sympathetic attention. There is a general feeling that our approach to the rural communities and the farming population must now be along agricultural lines and by ways that appeal more definitely to the great mass of Agriculturists.

To some extent your brother, and those of us who helped him in the first organization of the College, realized this fact and so planned to open up an Agricultural department in the College (and we graduated one class). But our appreciation of the facts which I have explained above was not slight then as compared with the convictions we hold on this subject now.

But an Agricultural College calls for an extensive farm, a great deal of very expensive equipment, and a considerable amount of stock, horses, cattle, besides smaller animals and fowl, and also many teachers, all of which means a large investment of capital funds and a large yearly budget; while the graduates of such a department would probably, for a considerable time, support themselves by teaching some mild form of Agriculture in primary and middle schools, and therefore be of slight benefit to the great mass of farmers whose condition needs immediate improvement.

Our thoughts therefore have turned to a type of work which will be less expensive, require a much smaller staff, and we believe will prove of immediate benefit in helping the people economically and affording a better approach for religious workers of all kinds to the great mass of rural people.

In this connection please read the opening paragraphs of Horace's pamphlet - "Mr. Yun begins to understand".

Perhaps I can best illustrate my thought by relating just how I placed the matter before a young man who wished to come to Korea to fill a position in Agricultural Education. He was a fine fellow, a Canadian, a graduate in Agriculture from the University of British Columbia. After graduating he went to the University of Missouri where he took his M.A. in Agriculture and then proceeded

Our Idea

-8-

of a College Agricultural Department

to a Ph.D. in the same department of work. He then became an assistant teacher in the University and was employed by the U.S. Government in Agricultural Research. He had prepared himself from the very beginning of his University life to come to Korea as a teacher of Agriculture. I put our work before him about as follows; ---

First: It would be quite useless for him to come to Korea with the idea that he could introduce here all the methods of farming used in the large, level farming districts of America. These could not be applied in a country as mountainous as Korea, where the fields are on so many different levels; and mostly every small, where fertilizers such as are used in America are unobtainable and crops so different. I pointed out to him that his first object would be to study the soil, climate and food products of Korea, kinds of fertilizers available, and so on; then to observe the methods now employed by farmers as a result of centuries of experience, and afterwards to experiment in methods founded upon the principles of Agriculture he had learned in College in order to be able to introduce to the farmers new methods which would both suit their conditions and improve the quality and quantity of their products. Moreover to do all this it would be necessary for him to study the language very thoroughly so that he might converse freely with the farmers who are comparatively uneducated and therefore he would have to learn the language that would fit their usual methods of conversation.

I suggested that he could invite a few picked young men from the farms to come to the College as special students, not with the idea of graduating from an Agricultural College but, by working side by side with him or some of the College fields, using both their methods and his, see him demonstrate the greater value of his methods of cultivation, fertilizing, and so forth. Such a practical demonstration would make them anxious to learn all they could from him and then go home to try out what he had taught them and to introduce his methods to their neighbors.

He could apply the same principles in the breeding of stock, beginning with the smaller animals and leading up to the larger kinds of stock as finances would permit. Gradually he could also introduce methods of dairying and widening out the types of farming so that the farmers would not be dependent always upon only one kind of crop, the failure of which would result in disaster for any given year.

All this would help to make clear how the missionary body could best help the great farming population of Korea to make a better living and therefore better support their churches and schools and so provide for themselves wider opportunities for giving their families suitable education. The friendship thus gained would open up to the missionaries the very best opportunity for giving the Gospel of Christ successfully to the people at large. Then as time went on the question of developing his would

This young man fell in heartily with the plan I suggested and we should have had the work going ere this but that we could get no Mission at the time to provide his salary and he very reluctantly accepted similar work in Mesopotamia.

We have now in Korea a young man, the son of Rev. F.S. Curtis, a missionary under our Board in Japan for forty years, who is very anxious to do the type of work I have just outlined but again we have no means of support for him because our Board, which sent him out to China as an Agricultural teacher, will not probably increase its quota of teachers in the Chosen Christian College unless the Mission will urge it to do so and you know that our Mission is not likely to do that; first, because its interest in the College has not been very great, and second, because to get such an addition to the staff, it would be necessary for the Mission to express a preference for this particular work, above its desire for workers already asked for. I presume the only way in which we could get action would be for somebody to offer the support of such a worker, the money provided to be unusable for any other kind of Mission work in Korea. Of course only one strongly interested in getting this type of work done will be willing to do this.

In this connection I may say that there is a growing feeling amongst Mission workers that some such approach to the farming communities will have to be made to a far greater extent than it has yet been tried, if we are to win out with this great body of people. Perhaps you have heard of the type of work that Wilbur is doing in Korea now. It is of this order and his results are very marked.

You have probably heard also of the great Missionary Conference that will be held next spring in Jerusalem under the auspices of the International Council of Missions. The interest in the type of work I have just been explaining is so great that they have sent a special sociologist, Dr. Brunner, professor of Sociology and Rural Work in Columbia University in New York City, to spend three months in Korea on a survey of rural conditions, with instructions to determine, if possible, why in the early days the Gospel made such a strong appeal to the rural population that the success of mission work in Korea was greater than in any other country and what changes have taken place which have tended to make this success less marked in recent times and, if possible, to make recommendations to the Conference as to what better methods of approach can be devised at this stage. This gentleman and his wife are guests in our home and the Government here has taken a great deal of interest in what he is doing. His report will without doubt prove both interesting and informing.

The Field Board is deeply interested in the Agricultural question and you may remember that last year it passed a resolution strongly approving of the policy I have just outlined above and directing me to secure the services of the young Canadian I have spoken of, if money could be secured to support him and enable him to carry on the work mentioned.

I have gone into this matter at considerable length because we all fel

-10-

it and because the letters from Dr. Sutherland and Dr. Hall written to us after the last meeting of the Cooperating Board, indicated that the members of the Cooperating Board were also interested in this vital question and they mentioned it as one of the reasons why the Cooperating Board was very careful not approve the sale of any land which might be suitable for Agricultural teaching. I am thoroughly in sympathy with the Cooperating Board in this view and you may rest assured that no land which would seem desirable for this purpose will be disposed of unless to secure other land in a more convenient location.

I shall be very glad to have your personal opinion of these matters in addition to what has come to me from the officers I have just mentioned.

MEETING OF THE FIELD BOARD OF MANAGERS OF THE CHOSEN CHRISTIAN COLLEGE.

This was held at the College September 23rd, from 9:30 in the morning till 4:30 in the afternoon. Twenty-three members of the Board and officers of the College sat down to dinner at the home of Dr. E.H. Miller, Mrs. E.H. Miller and Mrs. Avison being the hostesses. This was necessary because it would have been practically impossible to adjourn to the city for dinner. At the same time it created good feeling.

The principal matters acted on by the Board were as follows:

First:
A communication from Bishop Welch was read stating that the Methodist Episcopal Mission desired to reduce their quota of missionary teachers from three to two, because the funds being sent out to Korea by the Board at home were so greatly lessened that every part of the work had to be greatly cut, and they felt that they must for this reason reduce their quota to the original pledge made by the Mission Board at the organization of the College when only two teachers were required for maximum cooperation. In order to make the matter clear to you I will quote from the Charter the section governing the original organization of the College. Article VII, headed "Representation of Missions", Section 1 reads as follows:

"Each Board entering into full cooperation shall provide:

(1) Property &nfunds to a minimum of 80,000 YEN Gold.
(2) A minimum of TWO missionary teachers
(3) An annual appropriation toward current expenses of not less than 4,000 gold yen.

"The Mission of each fully cooperating Board shall appoint four representatives on the Board of Managers".

It was on this basis that the College started. The Methodist Episcopal Mission and the Presbyterian Mission North each started with full cooperation while the other two Missions started out with lower basis. Later on, after the College had been running for some time, it was found desirable to increase the force of missionary teachers. The two Missions referred to above discussed agreed to send three missionary teachers instead of two and the Southern Methodist Mission, which had been sending but one, agreed to send two and thus bring itself up to the minimum of maximum cooperation. Now the Methodist Episcopal Mission, feeling the financial stress, claims the right to go back to the original basis on which it started.

The Board directed the President to take up this matter with the Cooperating Board, as it felt that the Methodist Episcopal Board might find some way of continuing the support of three teachers, after a friendly conference between it and the Cooperating Board. This was especially thought to be the proper course to follow at this time because the original increase from two to three was made at the request of the Cooperating Board and we feel that anything looking towards a change backwards should be carried out in a consultation with the Mission Board with the Cooperating Board. This is more especially true because the decision to appoint this extra teacher was made by an arrangement between the Methodist and Presbyterian Boards, and the Presbyterian Board may feel that it should not support three if the Methodist Board supports only two and the loss of two professors from the College at this time would place upon it a great financial burden because would necessarily have to employ other men to take the place of missionary teachers who have been withdrawn, without the provision of any additional budget for this purpose.

I shall be glad therefore if the Executive Committee of the Cooperating Board will take an early opportunity to have a conference with the officers of the Methodist Board on this question.

Second:
The report of the Executive Committee having drawn attention to the "fact that after deducting the surplus of last fiscal year from the accumulated budget deficits of the past years that deficit still remains & recommended that the Board instruct the Finance Committee hereafter to include an item of $1,000 as a first charge in each budget towards the reduction of the accumulated budget deficits until such are paid off.

This recommendation was adopted and while we do not know yet where we shall find this $1,000 it will be up to us to save that amount. Of course at that rate it will take twenty-four years to clear off the deficit but we sincerely hope

-12-

that long before then a way will have been found to pay off the whole amount.

Third:
The Executive Committee having recommended that the action taken at the meeting of the Field Board on December 18, 1922, in regard to the duties of the Vice President be rescinded", considerable discussion took place in regard to the circumstances which led to the adoption of that special course by the Board of Managers in 1922 and why it is now desirable to change back to the original method which places all administrative duties in the hands of the President. After much discussion, a motion was made as follows:

"That, in view of the fact that the circumstances that led to the adoption of the special action of the Board of Managers on December 18,1922, are now changed, we recommend that the President resume the duties at that time assigned to the Vice President".

This was adopted.

The facts of this matter are that in the latter part of 1922 a feeling arose in the minds of some members of the Board and of the Faculty that the President, having charge of the administration of two Colleges besides the responsibility for all promotional work, correspondence with the Home Boards, negotiations with the Government, and publicity work, as well as correspondence with the Missions on the Field, had more to do than his time would permit him to accomplish and in an effort to relieve the burden it was considered best to place the administrative work of the College in the hands of the Vice President. Shortly after that, as you know, the President was sent to America to carry on promotional work there. Before his return to Korea, two years and a half later, the Vice President also left the Field and in doing so requested Dr. Avison on his return to carry the administrative work until the Vice President came back. The Vice President is remaining a second year in America and the President feels that he needs the assistance of a Vice President to whom he can depute certain responsibilities, so, in drawing the attention of the Executive Committee to this need, he pointed out that the regular procedure called for a Vice President to be elected at this meeting of the Board and that if such should take place, the President would have to lay down the responsibilities and turn them over to a Vice President who might or might not have the experience that would enable him to carry on the policies worked out by the President during the past year. After much discussion, as stated above, it was decided to enable the President to resume the administrative duties, using the Vice President at his discretion to assist in the routine of the work in conference with the President.

I therefore feel that I am in a better position to carry the responsibilities even though I may not have to do all the work, the fact being, that as it was before, I had no authority in the matter of administration and yet in the eyes of the

-13-

Government I had to carry responsibility for all that was done in or by the College.

Fourth: ELECTION OF OFFICERS

This resulted in the election of a new Vice President in the person of Dr. H.H. Underwood. Other officers were elected, including Dr. Sutherland as Assistant Treasurer, enabling him to act for the Treasurer in America.

Since the election I have had several conferences with Dr. Underwood and have told him that it is my wish that he shall familiarize himself with all the details of College Administration, so that he shall be as thoroughly acquainted with them as is the President, in order that he may act intelligently when the President may be absent which is of course his duty according to the charter. I have told him also that I wish him to be an ex officio member, equally with myself, of all committees that he may the more readily carry on as I first mentioned above; that he make a special study of all the problems of the College, administrative, financial, property, publicity, governmental and so on; and that he bring to me any suggestions that he may have to offer in regard to these matters; and that he put himself in a position to inform me concerning all cases that arise in the College so that I can have the facts before me without too much effort on my part and so be able to decide promptly whenever a decision is required.

I am therefore looking for Horace to give much time to the College even though he do less general work outside and he seems to be taking up his responsibilities seriously.

Fifth: FINANCES

The condition of these is shown by the Treasurer's report which is enclosed herewith.

Sixth: PROPERTY MATTERS

Most of these have been dealt with in an earlier part of this letter, but in addition I will say that we are
(a) Once more considering carefully the question of electric supply, our attention having been drawn by two electric firms to their belief that they can supply us with an electric plant that will produce electricity at not more than one-fourth the price we would have to pay the Seoul Electric Light Company. We are now awaiting their specifications and estimates so that we may be in a position to consider the matter very thoroughly before we really accept the offer of the Seoul Electric Light Company.

(b) As you remember, our campaign list of needs called for a dining-hall at a cost of some $40,000, this dining-hall to include bathing facilities for the students, recreation rooms and so on.

mo

That money not having been offered by anyone, we have decided to do what we can to supply the facilities that such a building would provide in some other and less expensive way. We are therefore using one of the basement rooms of Stimson Hall which has not at the present time any special use as a students' bathroom, which will be quite convenient to the dormitory as well as heated during the winter and its cost will be within the possibilities of the sum sent recently by Dr. Sutherland for general property purposes.

The Dining-hall itself has for sometime occupied a place in the basement of Underwood Hall and it was decided to improve this so that it shall be suitable for this purpose. This will not cost us much. The ladies of the Faculty, foreign, Korean and Japanese, recently met in the dining-hall and made up curtains which have greatly aided in taking off the bare look of the room, but like a man who has shaved one side of his face, it has immediately become necessary to push the good work to another stage and now Horace, on my behalf, is taking up the question of kalsomining the walls, painting the tables, cleaning up in the kitchen, and doing other such things as will make the rooms more attractive and we believe it will be possible to carry on in these quarters for a considerable time.

The putting on of electric lights will enable us to use the assembly room in Stimson Hall and certain other rooms in that building for recreation purposes.

Before the close of the meeting of the Board one of the professors, Dr. Chough, announced that a monument to the memory of the founder and first president of the College, the late
Dr. H.G. Underwood, in the form of a bronze
Monument   statue, was being made by the alumni and friends
to   of the College and would be erected this Fall in the
Dr. H.G. Underwood center of the campus directly in front of
Underwood Hall and that in due time invitations would be issued to its unveiling at which time he trusted the members of the Board would all be present.

The clay model of this statue has already been made and Dr. Underwood's friends go to see it from time to time to suggest slight changes to bring it into a better likeness of Dr. Underwood. I have myself seen it on two occasions and have heard that it is being gradually improved. After the best possible in this way has been done, it will be cast in bronze and then be ready for erection.

I regret that this letter must be so long but I have felt that is not only necessary but would be in accord with your own wishes that I should write at length to enable you to gain a clear knowledge of things as they are at this time.

With best regards to all the friends,

Yours very sincerely,

(Sgd) O.R. Avison

ORA:EA

-15-

P.S. A letter has come recently from the Southern Methodist Mission here stating that while they have been supporting two doctors on the staff of Severance and paying $2,500 per year to the current budget, the financial stringency that is upon them will make it necessary for them to reduce their contribution after the year 1928 to one physician and $1,250 per year.

While a letter has also come from the Secretary of the Board of Missions of the Methodist Episcopal Church South stating that because of the financial stringency he thinks it will not be possible to continue the quota of two doctors and he therefore proposes to reduce the Board's quota in addition to the appropriation of $2,500 and in addition to what the Women's section of the Board is doing in furnishing one nurse plus $1,800 per year.

You will note that the two letters do not correspond. This matter should be handled I think exactly the same as we have asked you to handle the similar communication from the Methodist Board North. So I shall be glad if you will have Dr. Hall take up this matter and get full information to lay before the Executive Committee of the Cooperating Board.

O.R.A.

ORA:K

26. 에비슨이 에드워즈에게

1927년 10월 4일

J. R. 에드워즈 목사·명예신학박사
해외선교부 총무
미 감리회
5번가 150번지
뉴욕시.

친애하는 에드워즈 박사님:

9월 22일 열린 세브란스연합의학전문학교 이사회의 정기회 회의록을 그 회의 때 제출된 보고서들과 함께 동봉해서 보내니 찾아보십시오.

그 문서들 안에 그 내용이 설명되어 있으므로 거기에 설명을 붙일 필요는 없을 것 같습니다.

안녕히 계십시오.

O. R. 에비슨

동봉된 것이 있음.

출처: UMAC

COOPERATING BOARD FOR CHRISTIAN EDUCATION IN CHOSEN

CHOSEN CHRISTIAN COLLEGE   SEVERANCE UNION MEDICAL COLLEGE
SEOUL, KOREA

COOPERATING BOARDS
BOARD OF FOREIGN MISSIONS OF THE PRESBYTERIAN CHURCH IN THE U.S.A.
BOARD OF FOREIGN MISSIONS OF THE METHODIST EPISCOPAL CHURCH
BOARD OF FOREIGN MISSIONS OF THE PRESBYTERIAN CHURCH IN CANADA
BOARD OF MISSIONS OF THE METHODIST EPISCOPAL CHURCH, SOUTH
EXECUTIVE COMMITTEE OF FOREIGN MISSIONS OF THE PRESBYTERIAN CHURCH IN THE U.S.

O. R. AVISON, M. D.
PRESIDENT

H. T. OWENS,
SECRETARY & TREASURER

OFFICERS OF THE BOARD
JOHN T. UNDERWOOD, CHAIRMAN
ALFRED GANDIER, VICE-CHAIRMAN
E. H. RAWLINGS, VICE-CHAIRMAN
ERNEST F. HALL, SECRETARY
156 FIFTH AVE., NEW YORK
GEORGE F. SUTHERLAND, TREASURER
150 FIFTH AVE., NEW YORK

October 4, 1927.

Rev. J.R. Edwards, D.D.
Secretary, Board of Foreign Missions
Methodist Episcopal Church
150 Fifth Ave.
New York City.

Dear Dr. Edwards:

      Enclosed you will find the Minutes of the Annual Meeting of the Field Board of Managers of the Severance Union Medical College, held on September 22nd, together with the reports presented at that meeting.

      As they readily explain themselves, I think it will not be necessary for me to comment on them.

Yours very sincerely,

ORA:EK
Enclosures.

27. 에비슨이 브라운에게

1927년 10월 6일

아더 J. 브라운 목사·명예신학박사,*
해외선교부 총무,
북장로회,
뉴욕, 뉴욕주.

친애하는 브라운 박사님:

여기에 연희전문학교 현지 대학이사회의 정기회 회의록을 동봉합니다. 더불어 얼마 전 당신에게 먼저 보냈던 보고서들에서 빠뜨려진 몇 가지 문서들도 동봉합니다.

협력이사회의 이사장인 존 언더우드(John T. Underwood) 씨에게 편지를 보냈는데, 우리 이사회에서 제기되었던 문제들에 관해 다소 길게 썼고, 홀(E. F. Hall) 박사와 서덜랜드(Geo. F. Sutherland) 박사에게도 그 편지의 사본을 보냈습니다. 언더우드 씨와 홀 박사는 가까운 시일 내에 협력이사회의 집행위원회를 소집하는 것이 현명하리라고 생각할 것입니다. 그럴 경우 이곳에서 보낸 모든 정보를 그 회의록의 내용을 보충 설명하는 그 편지에서 접할 수 있을 것입니다.

지금이 스피어(Speer) 박사와 커(Kerr) 박사가 작성한 보고서 인쇄물에 들어있는 한 두 가지 진술에 대해 의견을 말씀드리기에 적합한 시간일 듯합니다. 그 보고서의 62페이지에 다음의 진술이 있습니다.

> 서울에서 최근 카탈로그에 기재된 등록생은 211명이지만 우리가 방문했을 때는 40명가량의 학생이 여러 이유에서 떠나 있었습니다.

---

* 브라운(A. J. Brown, 1856~1963): 북장로회 선교부 총무로서 1903년부터 한국선교를 직접 지휘하여 한국선교에 큰 영향을 주었고, 본래는 서울에 대학을 세우는 것에 반대하는 평양 측(선교회를 좌우하는 다수파)의 편에 섰으나, 남·북감리회 측이 적극적으로 서울 측을 지지하자 입장을 바꾸었다. 합동위원회 위원장으로서 1914년 합동위원회 회의에서 서울에 대학을 세우고 평양 숭실대를 예과 수준으로 격하하는 결정이 나도록 이끌었다.

이 진술은 그 학기에 171명의 학생이 출석하고 있다는 인상을 줍니다. 그러나 1926년 9월부터 12월까지의 학기에 학비를 내고 등록한 학생은 194명이었습니다. 그해 전체의 평균은 194.66명입니다. 이 문제는 정확성을 기하는 문제에 당신이 유의해 주기를 요청합니다. 그러나 이런 것은 스피어 박사가 말하고자 했던 것에 영향을 주지 않습니다.

> 한국의 두 대학에 300명 미만의 학생이 있는 것을 보면, 선교부와 한국 선교회가 한국교회의 필요를 위해서는 하나의 대학으로 충분하다고 보았던 처음 판단*이 옳았다는 것에 어느 때보다 많은 증거가 있는 것 같습니다.

이 진술은 물론 진심으로 우리에게 칭찬을 받을 만합니다.

1927년 [미국 북장로회] 총회가 채택한 선교부 보고서 II부 93페이지에 있는 다음 문단에 대해 어떤 의견을 말해도 될 것 같습니다.

> 두 대학은 좋은 한 해를 보냈습니다. 서울에 있는 연희전문학교는 경신학교(John D. Wells Boys' Academy) 한 곳으로부터 학생을 공급받습니다. 평양에 있는 숭실전문학교(Union Christian College)는 그 학교가 속한 교회들과 연계된 중등학교들로부터 많은 학생을 자연 발생적으로 공급받고 있지만, [총독부의] 인가를 받지 않았다는 사실로 인해 어려움을 겪고 있습니다.

연희전문학교는 사실 경신학교만 아니라 다른 학교들도 공급원으로 두고 있습니다. 학생들이 인가받은 감리교 중등학교들로부터도 오는 동시에 관립학교와 사립 지정학교들로부터도 옵니다. 장로교 중등학교들의 졸업생들이 자연 발생적으로 평양의 대학에 끌리고 있다고 말한 것은 아주 옳지 않습니다. 이는 프린스턴대학교가 미국 학교 졸업생들의 호

---

* 이 일은 이른바 '대학문제'(College Question)라고 불리는 연희전문학교의 설립을 둘러싼 선교사들의 1910년대 초기 논쟁 과정에서 다수가 한국에는 대학 하나로 충분하다고 주장했던 것을 가리킨다. 언더우드를 비롯한 서울 측 장로교 선교사들은 평양과 서울 두 곳에 대학을 세울 것을 주장하였지만 평양측을 지지하는 다수는 평양에 있는 숭실 하나만으로 충분하므로 새로 대학을 세울 필요가 없다고 주장하였다. 감리교 선교사들은 단 하나의 대학을 서울에 세우자고 주장하였다. 그러나 감리교 선교사들이 이처럼 서울 설립을 지지하고 나서자 미국에 있는 장·감 선교본부들이 1914년 1월 서울에 훗날 연희전문이란 교명을 갖게 될 새 대학을 세우는 데 합의하였다. 다수파 장로교 선교사들은 그 후에도 오래 이 합의에 순복하지 않았다.

감을 끌어들이는 중심지라고 추론한 것을 옳다고 보는 것보다 더 심합니다. 장로교 중등학교의 졸업생들이 자신들의 선택 범위와 상황에 가장 잘 맞는 대학을 선택할 것이라고 말하는 편이 옳을 것입니다. 사실을 말하자면, 바로 그런 일이 일어나고 있습니다.

이렇게 말하지만, 보고서를 모두를 만족시키게 작성하고, 그러면서도 그 일을 앞으로 몇 년간 해야 할 사람이라면 이런 관점을 염두에 두어야 한다는 생각에서 이런 작은 비판을 하는 것이 쉬운 일은 아닌 것을 나는 물론 알고 있습니다.

안녕히 계십시오.

O. R. 에비슨

출처: PHS

Dr. O. R. Avison

COOPERATING BOARD FOR CHRISTIAN EDUCATION IN CHOSEN

CHOSEN CHRISTIAN COLLEGE   SEVERANCE UNION MEDICAL COLLEGE

Seoul, Korea

October 6, 1927.

Rev. Arthur J. Brown, D.D.,
Secretary, Board of Foreign Missions,
Presbyterian Church in U.S.A.,
New York, N.Y.

Dear Dr. Brown:

I am enclosing herewith the Minutes of the annual meeting of the Field Board of Managers of the Chosen Christian College, together with some documents which were not forwarded to you in the first set of reports not long ago.

I have written Mr. John T. Underwood, as Chairman of the Cooperating Board, at some length on the questions raised at our Board meetings, sending copies of that letter to Dr. M. K. Hall and Dr. Geo. F. Sutherland. Mr. Underwood and Dr. Hall may think it wise to convene the Executive Committee of the Cooperating Board before very long, in which case full information from this end will, I think, be available in those letters supplementing what is contained in the Minutes.

Perhaps this would be an opportune time to comment on one or two statements contained in the printed report made by Dr. Speer and Dr. Kerr concerning their visit to Chosen last year. On page 68 of the report, the following statement appears:

"At Seoul the enrolment in the last catalogue was 211 but at the time of our visit some 40 students were out for various reasons."

This would give the impression that 171 students were in attendance that term whereas the paid registration for the term September to December, 1926, is 194. The average for the whole year is 194.66. This matter is called to your attention in the interests of accuracy. It does not, however, affect the point to which Dr. Speer was leading, namely:

"With less than 500 students in the two Colleges in Korea there would seem to be more evidence than ever that the original judgment of the Board and the Korea Mission was right that one College ought to suffice for the needs of the Church in Korea."

This statement, of course, meets with our hearty commendation.

Dr. Brown   2.

Perhaps a comment may be pardoned on the following paragraph taken from the 1927 General Assembly volumes, Part.II., Board reports, page 93:

> The two colleges have had a good year. The Chosen Christian College in Seoul has a feeder in the John D. Wells Boys' Academy. Union Christian College at Pyengyang, with a large natural source of student supply in its constituent academies, is hampered by the fact that they are not registered.

The Chosen Christian College has, as a matter of fact, other feeders than the John D. Wells academy, as its students come also from the registered Methodist academies as well as from government and private recognized schools. Nor is it quite fair to suggest that the graduates of the Presbyterian academies would naturally gravitate to the Pyengyang College, any more than it would be fair to infer that Princeton would be the center of attraction for graduates of certain schools in U.S.A. It would be within the mark to say that the graduates of Presbyterian academies would choose the College which best meets their choice and circumstances. As a matter of fact, that is just what happens.

In saying this, I know, of course, that it is not an easy task to write a report that will be entirely satisfactory to everybody, and in making these minor criticisms it is with the thought that this point of view may be kept in mind by whoever may be assigned the task in years to come.

Very sincerely,

O. R. Avison

28. 에비슨이 서덜랜드에게

1927년 10월 6일

조지 F. 서덜랜드 목사·명예신학박사,
협력이사회 회계,
5번가 150번지,
뉴욕, 뉴욕주.

친애하는 서덜랜드 박사님:

이 편지와 함께 연희전문학교 현지 이사회 정기회의 회의록과 그때 제출된 다른 문서들을 보냅니다.

존 언더우드(John T. Underwood) 협력이사회 이사장께 쓴 편지의 사본도 동봉합니다. 그 편지에서 문제들을 충분히 다뤘기 때문에 이 통신문에서 당신에게 더 길게 쓰는 것은 필요하지 않을 것입니다.

또한, 당신이 보관하고 있도록 지도 한 장도 동봉합니다. 존 언더우드의 편지에서 색칠된 대로 표시되어 있지는 않지만, 범례에서 설명된 것을 보면 그것을 명확하게 이해할 것입니다.

안녕히 계십시오.
O. R. 에비슨

출처: UMAC

COOPERATING BOARD FOR CHRISTIAN EDUCATION IN CHOSEN

CHOSEN CHRISTIAN COLLEGE   SEVERANCE UNION MEDICAL COLLEGE
SEOUL, KOREA

COOPERATING BOARDS
BOARD OF FOREIGN MISSIONS OF THE PRESBYTERIAN CHURCH IN THE U.S.A.
BOARD OF FOREIGN MISSIONS OF THE METHODIST EPISCOPAL CHURCH
BOARD OF FOREIGN MISSIONS OF THE PRESBYTERIAN CHURCH IN CANADA
BOARD OF MISSIONS OF THE METHODIST EPISCOPAL CHURCH, SOUTH
EXECUTIVE COMMITTEE OF FOREIGN MISSIONS OF THE PRESBYTERIAN CHURCH IN THE U.S.

O. R. AVISON, M.D.
PRESIDENT

H. T. OWENS,
SECRETARY & TREASURER

OFFICERS OF THE BOARD
JOHN T. UNDERWOOD, CHAIRMAN
ALFRED GANDIER, VICE-CHAIRMAN
E. H. RAWLINGS, VICE-CHAIRMAN
ERNEST F. HALL, SECRETARY
156 FIFTH AVE., NEW YORK
GEORGE F. SUTHERLAND, TREASURER
150 FIFTH AVE., NEW YORK

October 6, 1927.

Rev. Geo. F. Sutherland, D.D.,
Treasurer, Cooperating Board,
150 Fifth Avenue,
New York, N.Y.

Dear Dr. Sutherland:

    With this I am sending the Minutes and other documents connected with the annual meeting of the Field Board of Managers of the Chosen Christian College.

    I also enclose copy of letter I have written to Mr. John T. Underwood, Chairman of the Cooperating Board, and inasmuch as I have gone fully into matters in that letter it will not be necessary for me to write you more at length in this communication.

    I shall also enclose a map for your file, not marked according to the coloring described in Mr. Underwood's letter, but giving in the legend the information that will make it clear to you.

            Very sincerely,

              O R Avison

29. 에비슨이 에드워즈에게

1927년 10월 8일

J. R. 에드워즈 목사·명예신학박사,
해외선교부 총무,
5번가 150번지,
뉴욕, 뉴욕주.

친애하는 에드워즈 박사님:

연희전문학교에 관해

우리가 대학이사회 정기회 때 제출되었던 보고서들을 9월 9일 발송하였습니다.

지금 그 회의록과 몇 가지 보고서들을 더 동봉합니다.

당신은 학감의 보고서에서 금년도 등록생의 수가 230명인 것을 볼 것입니다. 등록생 수가 우리 역사상 가장 많고, 우리 대학이 전문학교 간 운동경기에서도 우위를 차지하고 있습니다. 한국의 다른 전문학교들에 대해서만 아니라 일본에서 온 원정팀에 대해서도 그렇습니다.

우리 교수들 가운데 한 사람은 일본인 서울 거주민 대다수가 최근 아시아 올림픽 예선전 때의 일본 대표 축구팀인 와세다대 팀이 지난달 우리 학생들 앞에서 4 대 0으로 패배했던 날까지 연희전문학교에 대해 들어본 적이 없다고 말하였습니다.

당신은 9월 초에 미국에서 귀국하여 직책을 맡았음을 보고한 철학박사 백낙준(L. George Paik) 교수에 대해 언급한 글도 볼 것입니다. 백 박사는 프린스턴대에서 열린 국제학생선교대회(International Students Missionary Conference)를 조직하여 높은 명성을 얻었습니다. 그리고 그의 동료 사역자들과 학생들로부터도 좋은 평가를 받고 있습니다. 여러 면에서 우리 교직원에게 매우 귀중한 취득이 될 것이라고 믿습니다.

대학이 꾸준히 발전하고 있어서 보고하기가 즐겁습니다.

안녕히 계십시오.

O. R. 에비슨

동봉된 것이 있음.

출처: UMAC

COOPERATING BOARD FOR CHRISTIAN EDUCATION IN CHOSEN

CHOSEN CHRISTIAN COLLEGE — SEVERANCE UNION MEDICAL COLLEGE
SEOUL, KOREA

COOPERATING BOARDS
BOARD OF FOREIGN MISSIONS OF THE PRESBYTERIAN CHURCH IN THE U.S.A.
BOARD OF FOREIGN MISSIONS OF THE METHODIST EPISCOPAL CHURCH
BOARD OF FOREIGN MISSIONS OF THE PRESBYTERIAN CHURCH IN CANADA
BOARD OF MISSIONS OF THE METHODIST EPISCOPAL CHURCH, SOUTH
EXECUTIVE COMMITTEE OF FOREIGN MISSIONS OF THE PRESBYTERIAN CHURCH IN THE U.S.

O. R. AVISON, M. D.
PRESIDENT

H. T. OWENS,
SECRETARY & TREASURER

OFFICERS OF THE BOARD
JOHN T. UNDERWOOD, CHAIRMAN
ALFRED GANDIER, VICE CHAIRMAN
E. H. RAWLINGS, VICE-CHAIRMAN
ERNEST F. HALL, SECRETARY
156 FIFTH AVE., NEW YORK
GEORGE F. SUTHERLAND, TREASURER
150 FIFTH AVE., NEW YORK

October 8, 1927.

Rev. J.R. Edwards, D.D.
Secretary, Board of Foreign Missions
Methodist Episcopal Church
150 Fifth Ave.
New York City.

Dear Dr. Edwards: RE CHOSEN CHRISTIAN COLLEGE

On September 9th we forwarded the reports which were to be presented at the Annual Meeting of the Field Board of Managers.

I now enclose the Minutes of that meeting and some further reports.

You will note in the Dean's report an enrolment for the current year 230 students, the highest registration in our history, and the primacy in inter-collegiate athletics which our College is achieving, not only over other Colleges in Korea but also over visiting teams from Japan.

One of our staff remarked that the greater part of the Japanese population in Seoul had never heard of the Chosen Christian College until one day last month when Waseda University's team, which won for Japan the soccer championship at the recent Asian Olympic meet, went down to defeat before our boys to the tune of 4-0.

You will also note the reference to Prof. L. George Paik, Ph.D., who reported for duty upon his return from U.S.A. early in September. Dr. Paik gained a wide reputation as organizer of the International Students Missionary Conference held at Princeton, and is winning good opinions from his co-workers and students alike, and in other ways I believe will be a very valuable acquisition to our staff.

The College, I am happy to report, is making steady progress.

Very sincerely,

O R Avison

Enclosures.

30. 에비슨이 윌러에게

1927년 10월 28일

레지널드 윌러 목사,
5번가 156번지,
뉴욕시.

친애하는 윌러 씨:

당신이 존 언더우드(John T. Underwood) 씨와 대화한 일과 연희전문학교를 위해 비슷한 금액을 얻는다면 그가 라틴아메리카를 위해 2만 불을 기부하겠다고 제안한 일을 이야기해준 당신의 훌륭한 편지를 받았습니다.

우리가 그 2만 불을 얻기를 몹시 바라고 있는 까닭에 그 제안은 우리에게 매우 흥미롭습니다. 대학과 대학에 필요한 것들을 이미 잘 아는 많은 사람과 협상을 했는데, 그들은 우리가 다가가면 더 관심을 가져주고 기꺼이 기부해줄 수도 있을만한 사람들입니다.

지금 그런 사람들에 대한 여러 참고 자료들을 보냅니다. 원한경(H. H. Underwood) 박사가 자신이 상대했던 사람들의 목록을 작성하고 있는데, 그것을 곧 당신에게 보내겠습니다.

연희전문학교를 설명한 우리의 팜플렛["KOREA"]이 곧 소진될 형편에 있어서 유감입니다. 당신은 아마도 선교부 사무실들에서 몇 개를 찾을 수 있을 것입니다. 한 부를 우편으로 당신에게 보내어 당신이 정보의 원천을 확실히 쥐고 있게 하겠습니다.

이제 이 시기에 연희전문학교에 특별히 필요한 것들에 대해 말하겠습니다. 당신이 아는 바와 같이 우리가 필요하다고 느끼는 자금의 총액은 아주 많지만, 당신이 우리를 위해 얻으려 하는 그 2만 불로 우리가 무엇을 할 것인지를 당신이 알고 싶어 하리라고 짐작합니다. 그래서 당장 필요하고 바로 지금 가장 도움이 될 몇 가지로만 제한하겠습니다.

첫째로 기본재산 자금에 2만 불을 더하는 것입니다. 만일 뉴욕에서 5.5% 이자로 투자를 받는다면, 우리의 경상 수입에 1천 1백 불[이자 수입]을 더하게 되어, 이것으로 한국인

제1급 교원의 봉급을 지불하게 될 것입니다.

또는 우리가 몇몇 조수들을 고용할 수 있게 될 것입니다.

또는 우리가 우리 시설을 매년 개선할 수 있을 것입니다.

또는 우리가 운동경기 분야와 같은 한 개 부서를 향상시킬 있을 것입니다. 우리는 우리 운동장을 개선할 필요가 있고, 코치를 뽑고 비품을 공급하기 위한 추가 자금도 필요합니다.

또는 둘째로, 전체 금액으로는 우리가 도시에서 3마일 떨어진 대학부지에서 살게 하기를 매우 간절히 원하는 한국인 교원들을 위해 상당수의 가옥을 지을 수 있습니다.

또는 셋째로, 그 금액은 우리가 통학에 어려움을 느끼며 날씨의 여하를 불문하고 매일 도시에서 나와야 하는 학생들을 수용하기 위해 또 다른 기숙사 건물을 지을 수 있게 할 것입니다.

또는 넷째로, 그 금액은 교원들의 사택, 기혼 학생들의 집으로 구성된 모범촌 단지를 제공할 것입니다. 그들은 자기 가족을 이곳으로 데려와서 자기가 대학을 다니는 동안 아내와 아이들이 교육을 받게 하고 싶어 할 것입니다. 그리하여 남편과 아버지가 오랫동안 집을 비우고 교육과 환경 면에서 아내보다 훨씬 앞서가는 동안 여전히 무학의 상태에 있는 그녀에게 돌아가게 된 결과 야기되는 많은 가족의 결렬을 피하게 될 것입니다.

또는 다섯째로, 그 금액은 약 85%에 달하는 한국 주민의 대다수가 농민이기 때문에 우리가 이곳 사역에서 매우 중요하게 여기는 농과를 설치할 수 있게 할 것입니다.

최근에 내가 농업 문제 및 이와 연관된 우리 사이의 필연적인 관계에 관해 썼던 한 편지의 발췌문을 이 편지에 넣어서 보내겠습니다.

당신이 쉽게 알 수 있듯이, 2만 불을 여러 가지 방법으로 쓰는 것은 어려운 일이 아닐 것이고, 그 어떤 방법이라도 가장 가치 있게 될 것입니다. 만일 그 금액이 용처가 지정되지 않은 채 보내진다면 그 돈을 우리가 그 시기에 가장 시급한 필요에 따라 하나의 큰 프로젝트나 더 작은 여러 프로젝트를 위해 쓸 수 있으므로 아마도 가장 잘 사용될 수 있을 것입니다. 그러나 만일 기부 예상자들에게 특별한 프로젝트들을 제시한다면 그 돈을 더 쉽게 받을 수 있을 것입니다. 우리는 그런 식으로도 기쁘게 받을 것입니다.

말할 필요도 없이 이 금액을 구하기 위해서 당신이 기울일 노력이 우리에게 큰 관심을 일으켜서 이곳의 아주 많은 사람이 이 일을 기도 제목으로 삼아 하나님께서 당신의 노력에 복을 주시도록 빌고 있습니다. 그 일이 우리를 돕기 때문만 아니라 똑같은 금액으로 라틴아메리카의 사역도 도울 것이기 때문에 우리는 당신이 성공하기를 바랍니다.

  내 아내와 내가 윌러 부인께 안부 인사를 드립니다. 당신의 건강이 지속되기를 희망합니다.
안녕히 계십시오.
O. R. 에비슨

동봉된 것이 있음.

출처: PHS

COOPERATING BOARD FOR CHRISTIAN EDUCATION IN CHOSEN

CHOSEN CHRISTIAN COLLEGE   SEVERANCE UNION MEDICAL COLLEGE

SEOUL, KOREA

O. R. AVISON, M. D.
PRESIDENT

H. T. OWENS,
SECRETARY & TREASURER

COOPERATING BOARDS
BOARD OF FOREIGN MISSIONS OF THE PRESBYTERIAN CHURCH IN THE U. S. A.
BOARD OF FOREIGN MISSIONS OF THE METHODIST EPISCOPAL CHURCH
BOARD OF FOREIGN MISSIONS OF THE PRESBYTERIAN CHURCH IN CANADA
BOARD OF MISSIONS OF THE METHODIST EPISCOPAL CHURCH, SOUTH
EXECUTIVE COMMITTEE FOREIGN MISSIONS GENERAL ASSEMBLY CHURCH IN THE U. S.

OFFICERS OF THE BOARD
JOHN T. UNDERWOOD, CHAIRMAN
ALFRED GANDIER, VICE-CHAIRMAN
E. H. RAWLINGS, VICE-CHAIRMAN
ERNEST F. HALL, SECRETARY
156 FIFTH AVE., NEW YORK
GEORGE F. SUTHERLAND, TREASURER
150 FIFTH AVE., NEW YORK

October 28, 1927.

Rev. Reginald Wheeler
156 Fifth Ave.
New York City.

Dear Mr. Wheeler:

I received your good letter telling of your conversation with Mr. John T. Underwood and his offer to contribute $20,000 to the fund for Latin America if you would obtain a similar sum for the Chosen Christian College.

It is a very interesting proposition for us as we would very much like to have the $20,000 and there are many persons with whom I had negotiations who have already a good knowledge of the College and its needs and who may be approached and interested still further and to the point where they would be willing to contribute.

I am sending you at this time a number of references to such people. Dr. H.H. Underwood is at work upon a list of people with whom he has had dealings and I will send that list to you very soon.

I regret that our pamphlets descriptive of the Chosen Christian College are about exhausted. You may be able to find a few at the Board Rooms and I am sending you one copy by mail so that you will surely have a source of information in your hands.

Now as to the special needs of the Chosen Christian College, at this time. As you know the total sum we feel the need of is quite large but I presume you will want to know what we would do with the $20,000 which you are going to get for us. So I will confine myself to a number of things which are immediately required and which would help most at this particular time.

Firstly, the addition of $20,000 to the endowment fund, if invested in New York at 5½%, would add the sum of $1,100 to our current revenue and this would pay the salary of a first-class Korean teacher. Or it would enable us to employ several assistants. Or it would enable us to improve our equipment each year. Or it would enable us to improve one department such as the athletic, where we need to improve our athletic fields, and have something additional

-2-

to spend on coaching and supplies.

    Secondly, as a total sum it would erect a goodly number of homes for the Korean teachers whom we are so anxious to get established on the College compound, which is three miles from the city.

    Thirdly, it would enable us to erect another dormitory building to accomodate students who find it difficult to travel in and out of the city every day, no matter what the weather.

    Fourthly, it would provide a group of buildings for the model village consisting of teachers' homes, homes for married students, who would like to bring their families here so that their wives and children can obtain an education while they themselves are going through College. Thus many of the family breaks would be avoided for they result from the long absence of the husband and father from home, returning to a wife who is uneducated while he has gone far ahead of her in education and environment.

    Fifthly, it would enable us to establish the Agricultural department which we consider to be of such great importance in the work here, as of the great mass of the Korean population about 85% are agriculturists.

    I will send in this letter an extract from a letter I recently wrote on this subject of Agriculture, and what our relations to it should be. I think, however, you are already quite familiar with the plan itself.

    As you can readily see, it would not be difficult to use $20,000 in several different ways, anyone of which would be most valuable. If such a sum were sent undesignated as to its use, it could perhaps be put to best use as we could use it for one large project or smaller projects according to the need that was most immediate at the time. But if it can be collected more easily by laying special projects before the expected contributors, we shall gladly receive it in that way.

    Needless to say, the effort you will be making to secure this sum interests us very greatly and a good many people here are making it a subject for prayer that God may bless you in your endeavor. We hope you may succeed not only because it will help us but because it will help the work in Latin America by the same amount.

    Kind regards from Mrs. Avison and myself to Mrs. Wheeler. I hope your health has continued good.

    Believe me

                  Yours very sincerely,

                   O. R. Avison

ORA:EK

Enclosures.

31. 서울지회에 제출한 연희전문 교장 보고서

연희전문학교
서울지회에 제출하는 보고서, 1927년 11월 8일

지난 6월에 서울지회에 보고서를 제출하였습니다. 그 달에 끝난 첫 학기에 학비를 낸 등록생은 221명이었습니다. 상과가 가장 많이 100명이었고, 문과가 75명, 수물과가 46명이었습니다.

7월 중에 사경회가 캠퍼스에서 열려, 전국기독교협의회와 대학의 후원 아래 60명이 참석하였지만, 전년도보다는 그 수가 많지 않았습니다. 그래도 매우 성공적인 것으로 여겨졌고, 내년에도 사경회를 열기로 정하고 끝났습니다. 교수회의 여러 회원이 사경회에서 강연도 하고 다른 여러 방면에서도 진행을 도왔습니다.

가을 학기가 9월에 열렸고, 지금까지 출석 학생은 210명으로 보고되고 있습니다. 가장 주목할 만한 일로 교수회에 예일대 종교교육과의 Ph.D. 백낙준이 합류하였습니다. 백 박사는 대학의 신과에 배정되었고, 로즈(Harry A. Rhodes) 박사와 협력하고 있습니다.

우리는 또한 밀러(E. H. Miller) 씨 부부를 2년간의 부재 후에 다시 맞이하게 되어 기뻐하고, 그가 본국에 머무는 동안 화학 전공으로 Ph.D.를 받게 된 것을 그들만 아니라 대학도 축하받을 일입니다.

학생들과 교수들의 사기가 모두 만족스럽고, 대학의 운동팀들이 축구와 야구에서 계속 우승하고 있습니다. 상해에서 열린 올림픽 경기에서 축구 우승팀이었던 와세다대팀이 9월에 우리팀에게 4 대 0으로 패하고 물러났습니다. 우리 교직원의 한 명은 서울에 있는 많은 일본인이 그전까지는 연희전문학교에 대해 들어보지 못하였으나 이제는 그런 학교가 있는 것을 다 알게 되었다고 말하였습니다. 운동경기에서의 우승은 대학의 사기를 높여준 동시에 대학을 위한 좋은 광고 수단도 되고 있습니다.

9월에 열린 대학이사회의 정기회의에서 원한경(H. H. Underwood) 박사가 대학의 부교장으로 선출되었습니다.

여름에는 캠퍼스의 본관 건물단으로 가는 계단이 완공되어 시설의 외관을 크게 개선하였습니다. 미국에서 일 년 더 전에 수행했던 모금 운동으로 받은 일부 기금으로 전력 사용, 급수량 증강, 기숙사 학생들을 위한 목욕 시설 제공, 오랫동안 요망했던 이곳저곳의 편의시설 추가 등의 개선을 이룰 수 있었습니다. 전력을 공급하기 위해 지역 전기회사와 계약을 체결하여 몇 주 내로 건물들과 주택들이 불을 밝히게 될 것입니다. 이렇게 하여 대학건물을 전에는 불가능했던 방식으로 밤에도 사용할 수 있게 될 것입니다.

  토지 소유자들 사이의 소송에 대학이 연루되어 거의 8년 동안 진행된 토지거래가 법원에서 보류되었습니다. 그러나 이 사건은 지난해에 해결되었습니다. 그 일이 끝나면서 우리는 부지를 완성하는 데 필요한 얼마의 땅을 사기 위해 동양척식회사와 합의를 볼 수 있었습니다. 지금 대학은 211.5에이커의 땅으로 구성되어 있고, 보내드린 지도는 지금 우리가 현재 보유한 땅과 우리가 아직도 확보하기를 바라는 땅이 어떤 것인지를 보여줍니다.

  원한경 박사의 주택공사도 올해 끝이 납니다. 그곳은 대학의 자산이 아니지만 우리 부지에 붙어 있습니다. 또한, 기념비도 올가을 어느 때에 고 언더우드(Horace Grant Underwood) 박사를 기리기 위해 제막됩니다. 그 기금은 주로 교수회와 동문회, 그리고 언더우드 박사를 칭송하는 사람들에게서 나왔습니다.

출처: PHS

CHOSEN CHRISTIAN COLLEGE

Report to Seoul Station, November 8, 1927

The last report to the Station was in June. The first term closed that month with a paid enrolment of 221. The Commercial Department led with 100, Literary enrolled 75, and Science 46.

During July a Bible Conference was held on the campus, under the auspices of the National Christian Council and the College, with an attendance of 60, not, however, as large in numbers as that of the year before. It was considered very successful, however, and closed with a decision to hold another conference next year. Various members of the Faculty addressed the Conference, or assisted in its conduct in various ways.

The Fall term opened in September, and the attendance to date is reported as about 210. The most notable addition to the Faculty is Dr. L.George Paik, Ph.D. of Yale in Religious Education. Dr. Paik is assigned to the Bible Department of the College and is associated with Dr. Harry A. Rhodes.

We are also glad to welcome back Mr. and Mrs. E.H. Miller after two years absence from the field and congratulate the former as well as the College upon his having received his Ph.D. in Chemistry during his stay in the homeland.

The Student and Faculty morale is on the whole satisfactory, and the College athletic teams are maintaining their prestige in soccer and baseball. Waseda University's team, which won the soccer championship at the Olympic meet in Shanghai, went down to defeat before our team in September to the tune of 4-0. One of our staff remarked that previous to this time many Japanese in Seoul had never heard of the Chosen Christian College, but they all know now that there is such an institution. In the all-Korea soccer meet held last week, our team once more won the championship. This primacy in athletics is a good advertisement for the College, as well as a means of building up College morale.

At the annual meeting of the Field Board of Managers, in September, Dr. H.H. Underwood was elected Vice President of the College.

During the summer the stairway to the main campus was completed and adds greatly to the appearance of the plant. Some funds which came in from the campaign conducted a year or more ago in the U.S.A., have been made available for certain improvements, such as getting electricity, increasing the water supply, providing bathing facilities for the students in the dormitory, and adding certain conveniences here and there to the plant that have been long desired. A contract for supply of current is being made with the local electric company so that the buildings and houses will be lighted with electricity within a few weeks. In this way the College buildings can be used at night in a way not possible hitherto.

For nearly eight years a land deal in which the College was involved was held up in the courts, due to litigation between the parties to whom the land belonged. This case, however, was settled during the

-2-

past year, and its completion enabled us to arrange with the Oriental Development Company for the purchase of several tracts of land which were required to round out the site. The College now comprises 211½ acres of land, and the map now exhibited shows our present holdings and what we still hope to acquire.

This year will also mark the completion of Dr. Underwood's residence, which, although not the property of the College, is adjacent to our site. Also a monument is to be unveiled some time this fall to the memory of the late Dr. Horace Grant Underwood, the funds coming from the Faculty and Alumni, and from the admirers of Dr. Underwood at large.

32. 에비슨이 아인스워스[남감리회 감독]에게

1927년 11월 12일

W. N. 아인스워스 감독,
팔모어학원 경내,
고베, 일본.

친애하는 아인스워스 감독님:

우리가 지난 며칠 전에 뉴욕에서 온 어떤 통신문에 관해 하디(R. A. Hardie) 의사*에게 편지를 쓴 적이 있었는데, 오늘 오전에 그의 방문을 받았습니다.

그곳의 협력이사회 회계 서덜랜드(Sutherland) 박사가 크램(Cram) 박사로부터 온 편지의 사본을 그에게 전해주었습니다. 첫 번째 편지는 9월 27일자로 당신의 선교부에서 1928년에 세브란스연합의학전문학교에 져야 할 의무는 현금 2천 5백 불과 대학에서 일할 의사 1명을 공급하는 것이라는 사실을 알려주었습니다.

두 번째 편지는 10월 15일자로 첫 번째 통신문에서 통지했던 것을 무시해달라고 요청하고 계속해서 다음과 같이 말하였습니다.

> 의료위원회(Medical Committee)가 건의하여 한국 선교회가 승인한 1928년을 위한 정책은 우리가 세브란스연합의학전문학교를 위한 다음의 계획에 따라 협력하는 것입니다.
> 의사 1명, 간호사 1명과 1,250불(금화) 공급 또는 2,500원

그러나 이 두 번째 편지는 1928년도에 당신의 선교회가 어떤 정책을 취하려 하는지를 알려주지 않고 있습니다. 그 정책은 의료위원회와 오웬스(Owens) 씨와 필자가 함께 회의했을 때 결정되었고, 그 선교회의 총무인 스미스(Euline Smith) 양이 9월 21일자로 편지

---

* 하디(Robert A. Hardie(1865~1949): 1890년 토론토대학 YMCA 선교사로 내한하여 부산과 원산에서 활동하면서 잠시 제중원에서 근무한 적이 있었고, 1898년 남감리회 선교사가 되어 송도와 원산에서 활동하였으며, 감리교 협성신학교 학장, 피어선성경학원 교장 등을 역임하고 1935년 귀국하였다.

를 보내 나에게 확인해주었습니다. 그 편지 안에는 선교회 의료위원회의 보고서가 동봉되어 있습니다.

세브란스의전에 관한 그 의료위원회의 결정에서 두드러진 점들을 돌이켜보겠습니다.

(1) 그 정책은 선교회가 전에 의사 2명과 간호사 1명의 인력을 제공할 의무를 졌던 것을 인정하였습니다. 현금이 인력의 공백을 대신하여 지불되지 않았기 때문에 그 위원회는 8천 원을 지불해야 할 것을 허가하고 선교부에 "가능한 한 빠른" 의무 이행을 요구할 것을 요청하였습니다. 크램 박사의 편지에서 이 조치에 대해 아무 언급도 없었고, 우리도 실로 그 선교부가 1928년도 예산이 이미 채택되었으므로 1929년도 예산 책정 전에 그 일을 할 수 있으리라고 기대하지 않습니다.

(2) 간호사 1명 또는 간호사 1명의 봉급-1천 불로 산정됨-을 제공하는 의무에 관한 다음번 조치.

(3) 다음번 항목이 중요하므로 우리가 그것을 모두 인용합니다.

이 보고서에 있는 그 결정에 대해 우리가 향후에 비슷한 의무 부담도 승인하리라고 추론하면 안 됩니다. 그러나 우리 선교회는 세브란스병원에 대해 앞으로 의사 1명, 간호사 1명 그리고 2천 5백 원 정도로 후원하는 선에서 협력하겠다는 생각을 갖고 우리 선교부에 이를 건의합니다.

이 단락은 크램 박사가 그 선교회의 결정이라고 하면서 협력이사회에 전달한 보고서의 한 부분입니다. 그러나 다음의 추가 조항을 넣지 않았습니다. 그것은 그 선교회가 바라는 것이며, 우리가 의료위원회와 면담할 때 우리에게 직접 약속한 것입니다. 그 추가 조항은 다음과 같습니다.

5천 원은 1928년을 위해 지급되었기 때문에, 우리는 이 금액을 그해에만 세브란스의전에 지급할 것을 건의합니다.

크램 박사의 편지에는 간호사역을 위해 해외여선교회가 지급하고 있는 1천 원에 대한 언급이 없습니다. 그 돈은 그의 편지의 영향을 받지 않는 것으로 우리는 이해합니다.

이 편지의 목적은 우리가 알고 있었고 크램 박사가 해석하고 있는 선교회의 건의안 내용과 맞지 않는 점이 있음을 드러내는 것입니다. 우리는 물론 선교회와 선교부 사이에서 어떤 말이 오가서 8월에 조정된 내용이 어떻게 변경되었는지를 모릅니다. 만일 선교회가 그들의 공식적인 결정이 아닌 다른 어떤 계획을 건의하였다면, 나에게 공식적인 통지를 했겠지만, 그런 결정에 대해 나는 아무 통지도 받지 않았습니다.

선교회와 선교부가 몇 년 전 나에게 알려졌던 후원을 축소하기로 결정한 것과 협력 선교회들 가운데 다른 곳이 비슷하게 축소하려는 경향을 보이는 것에 대해 말하자면, 이 결정은 우리가 병원의 환자 수용 능력을 100명에서 180명가량으로 늘리고 시설 확장으로 지출비가 증가하고 있는 때에 이루어졌기 때문에 매우 실망스럽습니다. 우리가 신병실에 대해 연 5천 원의 기본재산을 가지고 있는 것은 사실이지만, 이 금액은 선교회가 1928년에 우리에게 축소하려 하는 금액을 보충하는 역할만 할 것입니다. 사업을 확장할 자금이 구해졌는데도, 막상 그 일의 진행을 위해 적절한 자금을 제공받게 될 시점에 선교회들이 그 일의 후원을 더욱 내켜 하지 않고 있는 사실을 깨닫게 된 상황이 내게 실망스럽습니다. 저는 이 문제의 이 측면을 길게 따지지 않고 그저 암시만 하려 합니다. 이는 머지않아 협력 단체들이 세브란스의전에 인력과 예산 자금을 공급하는 책임을 현명하게 직시하는 것이 필요해질 것이기 때문입니다.

안녕히 계십시오.

(서명) O. R. 에비슨

출처: PHS

November 12, 1927.

Bishop W. N. Ainsworth,
c/o Palmore Institute,
Kobe, Japan.

Dear Bishop Ainsworth:

This morning we were favored with a visit from Dr. R. A. Hardie, to whom we had written about some correspondence that has just come to us from New York within the past few days.

The Treasurer of the Cooperating Board there, Dr. Sutherland, has forwarded copies of correspondence from Dr. Cram to him. The first letter is dated September 27th stating that the obligation of your Board for 1928 to the Severance Union Medical College is "a cash amount of $2500, with the provision of one doctor appointed to the College."

The second letter is dated October 15th, asking that the information in the first communication be disregarded, and going on to say:
"The policy recommended by the Medical Committee and approved by the Korea Mission, for the year 1928, is that we will cooperate in the plan for Severance Union Medical College as follows:
Supply one doctor, one nurse and $1250 G. or 2500 yen."

We wish to point out, however, that this second letter does not express the policy of your Mission for 1928 as it was decided at a joint meeting of the Medical Committee with Mr. Owens and the writer, and as confirmed to me in a letter from Miss Euline Smith, as Secretary of the Mission, dated September 21st, in which the Report of the Mission Medical Committee is enclosed.

Let me recall the salient points of the Medical Committee action in regard to Severance: (1) It recognized that the Mission had previously obliged itself to provide a personnel of two doctors and one nurse, and inasmuch as a cash payment had not been made in lieu of a vacancy existing in that personnel, the Committee admitted that a payment of Y8,000 is due, and asked that the Board of Missions be requested to meet that obligation "as soon as can be." There is no mention of this action in Dr. Cram's letter, nor indeed would we expect the Board to be able to act on it until the 1929 Estimates, if then, because the Estimates for 1928 were already adopted.

2.

Bishop Ainsworth

(2) The next action related to the obligation to furnish a nurse or the salary of a nurse, the latter to be computed at $1,000.

(3) The next item is the important one, and we quote it in full:

"The action in this report is not to be construed as our approval of a similar obligation for the future; however, we memorialize our Board of Missions that it is the sense of this Mission that we cooperate in the support of Severance Hospital in the future to the extent of one doctor, one nurse and Y2500.00."

This is the part of the report which Dr. Cram passes on to the Cooperating Board as the action of the Mission, but he does not include the following rider, which is the desire of the Mission, and what has been promised to us personally in our interview with the Medical Committee. The rider is:

"Since Y5000 has been appropriated for 1928, we recommend that this amount be paid to Severance for that year only."

Dr. Cram's letter does not refer to the Y1,000 which is paid by the Woman's Council towards the support of the nursing work, and which we understand is not affected by his letter.

The purpose of this letter is to point out the discrepancy in the recommendation of the Mission as we understood it and as it is interpreted by Dr. Cram. We do not know, of course, whether anything has transpired between the Mission and the Board that would alter the arrangements made in August. If the Mission has recommended some other plan than its official action, officially notified to me, no notification of such action has been sent me.

In regard to the action of the Mission and the Board in decreasing a support which has been coming to us for several years, and of the tendency of some of the other cooperating Missions to make similar cuts, this action is very discouraging at a time when we are increasing our capacity from a hospital of one hundred beds to one of about 180 and are facing added running expenses on account of these enlarged facilities. While it is true that we have an endowment on the new wing of Y5,000 per annum, this sum will only make up for the amounts that Missions propose to cut us in 1928. It is not an encouraging situation for me to have secured funds for an enlarged work only to find that Missions are more reluctant to back up that work when it comes to providing adequate funds to run it. I merely allude to this aspect of the matter, without intending to argue it at length, because ere long it may become necessary for the cooperating units to face their responsibilities to Severance in an intelligent way, both as to its staffing and budget funds.

Very sincerely,

(Signed) O. R. Avison

33. 에비슨이 브라운에게

1927년 11월 28일

아더 J. 브라운 목사·명예신학박사,
해외선교부,
5번가 156번지,
뉴욕시.

친애하는 브라운 박사님:

당신의 10월 27일자 편지를 받았습니다. 당신은 [북장로회 한국] 선교회의 집행위원장 홀드크로프트(Holdcroft)*가 보낸 편지를 언급하였는데, 그 편지는 안동의 버코비츠(Bercovitz) 의사**가 불평을 사고 있는 문제를 다룬 것이었습니다. 그 문제를 집행위원회에 제기한 사람이 내가 아니라는 사실을 당신에게 확실하게 말씀드릴 수 있습니다. 그 문제는 안동 선교지회의 한 회원이 작성하여 집행위원회에 보낸 보고서를 통해 올라왔습니다. 나는 그 사람과 그 선교지회 사역과 버코비츠 의사의 관계에 관해, 기억컨대 아마도 은밀하게, 대화한 적이 있습니다. 쇼플러(Schauffler) 부인은 자기에게 글을 쓴 사람의 이름을 나에게 알려주지 않았습니다. 그래서 나는 그 불평에 관해 물어본 적이 있던 사람들에게 어떤 이름을 말해줄 위치에 있지 않습니다.

그러나 그 사람이 누구인지가 널리 짐작되었는데, 집행위원회에 글을 쓴 이가 불만을 제기한 인물로 그 사람을 지명했던 것이 분명합니다. 집행위원회에 편지를 쓴 사람이 나에게 그 편지의 사본을 보냈지만, 그가 원본을 집행위원회에 보낸 후에 그 사본을 내게 냈기 때문에 되돌릴 방법이 없었습니다.

---

* 홀드크로프트(James G. Holdcroft, 1878~1972): 북장로회 선교사로 1903년 내한했다가 2년 만에 돌아간 후, 1909년 다시 내한하여 평양에서 사역하였다. 전국주일학교연합회를 이끌었고, 교회의 신사참배를 강력히 반대하였다. 1940년 귀국하였고, 해방 후 정통장로회 선교사로 다시 내한하여 고려신학교의 설립과 예수교장로회 합동 측 교단의 결성을 지원하였다.
** 버코비츠(Zacharias T. Bercovitz, 1895~1984): 북장로회 의료선교사로 1924년 내한하여 안동과 평양에서 사역하고 1934년 귀국하였다.

나는 그에게 편지를 써서 나와 상의하지도 않고 이렇게 해서 유감이라고 말하였습니다.

그가 집행위원회에 편지를 썼을 때, 그는 자신이 그것을 집행위원회에 알림으로써 그 문제의 모든 정보가 공개될 줄을 깨닫지 못하고 있었던 것 같습니다. 그리하여 그가 나의 권고를 실제로 어겼지만, 그 편지를 쓸 때는 그런 것을 모르고 있었다고 확신합니다.

내가 마지막으로 쇼플러 부인에게 답장을 썼을 때, 버코비츠에게 보냈던 편지의 사본 하나를 동봉해서 보냈습니다. 내가 알기로는 그가 그때까지 다른 누구에게 그것을 보여주지 않았기 때문에, 나도 다른 누구에게 그것을 보여주지 않았습니다.

저라면 안동지회 회원들에게 버크비츠 의사에 대해 물어보지 않고 쇼플러 부인에게 대답하는 편을 택하였을 것입니다. 그러나 내가 쓴 편지에서 그녀에게 말했듯이, 나는 개인적으로 버코비츠 씨와 그 선교지회 또는 그곳 회원들 간의 관계에 대해 아는 것이 없었습니다. 그래도 나는 신중하게 쇼플러 부인의 이름을 밝히지 않았고, 각 사람에게 그 문제를 드러내지 말라고 설명하였습니다.

쇼플러 부인에게 편지를 썼다고 짐작되는 사람이 실제로는 그런 불평을 했던 자가 아니었다는 말을 그녀로부터 듣게 되어 기쁩니다. 내가 그 문제를 더 이상 알아보려 하지 않았기 때문에 사실은 진짜로 그 불평에 대해 글을 쓴 사람을 당신 만큼이나 잘 모르고 있습니다. 버코비츠 부부에 관해 내가 들었던 것을 거의 말하지 않았고, 논의된 문제의 모든 측면을 들은 후에 내가 직접 판단한 것만 말하려고 노력하였습니다. 그리고 내가 그녀에게 말했듯이, 버코비츠 의사 부부가 첫 번째 사역 기간 안에 다른 사람들이 그랬던 것처럼 아주 잘 적응할 것이고 그리하여 이 남은 기간에도 그들의 사역을 계속 지원하여 그들에게 공정한 기회를 주어야 한다고 생각하였습니다.

제기된 모든 진술을 자세히 다룰 필요는 없다고 생각합니다. 특히 그런 진술을 한 많은 사람이 관련된 자들에 대해 이미 여러 측면에서 더 좋아진 것으로 느꼈다고 말했던 사실을 고려하면 더욱 그렇습니다.

당신이 쇼플러 부인으로부터 받은 편지를 발췌한 것을 주목하면서, 그녀가 그 문제의 공개를 반대하는 것에 아주 공감하고 있습니다.

안녕히 계십시오.

O. R. 에비슨

출처: PHS

COOPERATING BOARD FOR CHRISTIAN EDUCATION IN CHOSEN

CHOSEN CHRISTIAN COLLEGE — SEVERANCE UNION MEDICAL COLLEGE

SEOUL, KOREA

COOPERATING BOARDS
BOARD OF FOREIGN MISSIONS OF THE PRESBYTERIAN CHURCH IN THE U.S.A.
BOARD OF FOREIGN MISSIONS OF THE METHODIST EPISCOPAL CHURCH
BOARD OF FOREIGN MISSIONS OF THE PRESBYTERIAN CHURCH IN CANADA
BOARD OF MISSIONS OF THE METHODIST EPISCOPAL CHURCH, SOUTH
EXECUTIVE COMMITTEE OF FOREIGN MISSIONS OF THE PRESBYTERIAN CHURCH IN THE U.S.

O. R. AVISON, M.D. PRESIDENT
H. T. OWENS, SECRETARY & TREASURER

OFFICERS OF THE BOARD
JOHN T. UNDERWOOD, CHAIRMAN
ALFRED GANDIER, VICE-CHAIRMAN
E. H. RAWLINGS, VICE-CHAIRMAN
ERNEST F. HALL, SECRETARY
156 FIFTH AVE., NEW YORK
GEORGE F. SUTHERLAND, TREASURER
150 FIFTH AVE., NEW YORK

November 28, 1927.

Rev. Arthur J. Brown, D.D.
Board of Foreign Missions
156 Fifth Ave.
New York City.

Re: Charges against Dr Bercovitz

Dear Dr. Brown:

I have your letter of October 27th in which you mention a letter from Dr. Holdcroft, Chairman of the Mission Executive Committee, concerning complaints against Mr. Bercovitz of Andong. I can assure you that I did not put the matter before the Executive Committee. The matter went to the Executive Committee through a statement written to the Committee by a member of Andong Station with whom I had talked, supposedly confidentially, concerning Dr. Bercovitz's relations to the Station work. Mrs. Schauffler did not give me the name of the person who wrote her. And so I was not in a position to mention any name to those whom I questioned regarding the complaints.

There was a general opinion, however, as to who the person might be and the one who wrote the Executive Committee apparently named that person as the one who was supposed to have made the complaints. The one who wrote to the Executive Committee sent me a copy of his letter but not until after he had sent the original to the Executive Committee, so I had no way of keeping it back.

I wrote him saying that I regretted that he had done this without consulting me.

When he wrote the letter to the Executive Committee, he did not, I think, realize that information concerning the whole matter would become public through his reference of it to the Executive Committee. So while he did actually violate the injunction I had laid upon, as upon others, I am sure that he did not realize that when he wrote the letter.

When I finally wrote a reply to Mrs. Schauffler, I sent a copy of it to Mr. Bercovitz. So far as I know, he has not shown it to any one else and I did not show it to any one else, either.

-2-

I would have preferred to reply to Mrs Schauffler without making inquiries from members of Andong Station concerning Dr. Bercovitz. But, as I said to her in my letter, I had no personal knowledge of Mr. Bercovitz's relation to the station or its members. I was careful, however, not to reveal Mrs. Schauffler's name and in explaining to each one that the matter was to be considered as confidential.

I was glad to learn from Mrs. Schauffler that the person who was supposed to have written to her was actually not the one who had made the complaints. I have not pursued the matter any further and so I am actually as much as you yourself in the dark concerning the real writer of the complaints. To Mrs. Schauffler I said very little concerning what had been said to me about Dr. and Mrs. Bercovitz, trying to confine myself to a statement of my own judgment after hearing all sides of the matter discussed. And as I said toher, I felt that Dr. and Mrs. Bercovitz would within their first period work thoroughly adjust themselves as others had done and that therefore I felt the support of their work whould be continued during the rest of this period, so as to give them a fair chance.

I did not feel it necessary to discuss in detail all the statements made, especially in view of the fact that many of those who made them said they felt that the parties concerned had already changed for the better in many respects.

I note your extract from Mrs. Schauffler's letter to you and quite sympathize with her in her objection to having had the matter become public.

Yours very sincerely,

O R Avison

ORA:EK

34. 세브란스의전의 북장로회 서울지회 제출 보고서

세브란스연합의학전문학교*
서울지회 제출하는 보고서, 1927년 12월

여러분이 모두 아는 바와 같이, 양과 질, 모든 면에서, 혹은 그 둘이 혼합된 측면에서도, 발전이 이루어졌습니다. 때때로 발전이 늦춰질 수도 있습니다. 통계 수치들이 그런 상태를 보여주므로, 현대 경영에서 그런 것[통계]이 필요한 이유가 거기에 있습니다.

외래환자부

우리 고객들에 대한 교직원의 사역의 질을 향상시키고 그에 따른 봉사의 질을 높이기 위한 모든 노력이 경주되고 있습니다. 여러분도 알듯이 해외에서 훈련받은 교수진과 임상 직원의 증가는 우리 환자들에 대한 더 나은 봉사로 귀결되고 있습니다. 이와 관련하여 윤치호 남작의 막내동생이고 글래스고대학교(University of Glasgow)의 졸업생인 윤치왕(T. W. Yun) 의사**가 기쁘게도 [교수진에] 이름을 올리게 되었습니다. 그는 한동안 외과에서 조력한 후에 산과와 부인과에 배정되어 허스트(Hirst) 의사***를 돕고 있습니다.

양적 성장이 환자 통계로 나타났습니다. 외래환자부는 42,213건을 진료하여 지난해의 같은 기간보다 294건이 늘었습니다. 이 가운데 23,666건 또는 56%가 유료 진료이고 18,547건 또는 44%가 무료입니다. 외래환자 진료는 고무적입니다. 이 수치들은 작년에 드러난 하향곡선이 상승으로 바뀐 것을 보여줍니다.

입원은 같은 기간에 총 1,663건으로 지난해 같은 기간보다 205건이 늘었습니다. 이

---

* 이 보고서의 상단에 붉은 색 펜 글씨로 세브란스의전 사무장인 'H. T. Owens'란 이름이 적혀 있지만, 본문에는 작성자 성명이 적혀 있지 않아 교장이 학교를 대표하여 제출한 것으로 간주한다.

** 윤치왕(尹致旺, 1895~1982): 윤치호의 동생으로 서울에서 태어나 개성 한영서원을 졸업하고 중국에 망명했다가 1925년 영국 글래스고대학 의학부를 졸업하고 1927년부터 세전 산부인과에서 가르쳤다. 1930~31년 영국 에딘버러대학 의학부 산부인과에서 연수하고, 1936년 교토제대에서 의학박사 학위를 받았다. 1941~42년 세전 병원장을 역임하였고, 1944년 교수직을 사임하고 구세단병원을 맡았다. 해방 후 서울대 교수와 제2부속병원장, 조선의학협회 초대회장, 제1육군병원 병원장, 육군 의무감, 군의학교장, 병원기지 사령관을 역임하였다.

*** 허스트(Jesse W. Hirst, 1864~1952): 북장로회 선교사로 1904년 내한하여 세브란스병원에 부임한 후 산부인과 교수로 일하고 1934년 귀국하였다.

가운데 1,225건 또는 74%가 유료 환자이고 438건 또는 26%가 무료입니다. 입원일은 19,763일로 이 가운데 47%가 자선 사역입니다. 늘 그렇듯이 무료 환자들은 유료 환자들보다 입원일을 더 많이 씁니다.

이 기간의 외래환자부 수입은 총 32,212.28원으로 지난해의 같은 기간보다 4,214.18원이 늘었습니다. 같은 기간에 병원 수입은 38,621.26원으로 지난해보다 6,769.93원이 늘었습니다.

더글라스 에비슨(D. B. Avison) 의사*의 안식년 기간에 구영숙(Byron Koo) 의사**가 많은 인정을 받으며 소아과 업무를 이끌어왔지만 몸이 아파 병가를 받아야 하여 공중 보건 사역도 맡아야 했던 더글라스에게 큰 짐을 지웠습니다. 아마도 피터스(Eva Pieters) 의사 [에바 필드 여의사]가 이곳의 소아과에서 유용한 자리를 찾을 것 같습니다.

우리는 맥라렌(McLaren) 의사*** 부부가 9월에 안식년에서 돌아온 것을 환영하게 되어 기쁩니다. 부인은 건강이 크게 나아졌고, 의사도 더 건장해 보입니다.

내과는 마틴 박사가 함께 일하게 된 후에 새로운 활력을 찾았습니다. 이 과는 수준 높은 사역으로 명성을 쌓아가고 있습니다.

의학교

의학교는 평소처럼 운영되어, 82명의 학생들이 출석하고 있고, 세균학과 공중보건학 사역을 맡았던 김창세(C. S. Kim) 의사****가 지난 8월 갑자기 사임하여 지금 상해에서 일하고 있습니다. 다행히 우리에게 더글라스 에비슨 의사가 안식년 동안 공중보건의

---

* 더글라스 에비슨(Douglas B. Avison, 1893~1952): 에비슨 교장의 셋째 아들로 부산에서 태어나 서울에서 성장하였다. 토론토 의대를 졸업하고 북장로회 의료선교사로 1921년 내한하여 선천에서 2년간 활동한 후 세전 소아과학 교수로 부임하여 과장, 병원장을 역임하고 1940년 귀국하였다. 캐나다에서 사망하였으나, 유해가 양화진으로 이장되었다.
** 구영숙(具永淑, 1892~1976): 황해도 황주 출생으로 미국 에모리의대를 졸업하고 1925년 세전 교수가 되었으며, 1931년부터 교두(敎頭, 학감)를 맡았다가 1935년 소아과 의원을 개업하였다. 해방 후 보건부 장관, 한국적십자사 총재를 지냈다.
*** 맥라렌(Charles I. McLaren, 1882~1957): 호주장로회 의료선교사로 1911년 내한하여 진주에서 활동하면서 1913년부터 세브란스에 출강하였다. 1923년부터 정신과학과 신경학 교수로 일하다 1938년 사임하고 진주에서 활동하다 1942년 강제 송환되었다.
**** 김창세(金昌世, 1893~1934): 평남 용강 출생으로 1916년 세전을 졸업하고 순안을 거쳐 상해의 병원에서 일하면서 임시정부 활동을 지원하였다. 1923년 존스홉킨스대학에서 위생학 박사학위를 받고 한국 최초의 보건학 박사가 되었으며, 1925년 귀국하여 세전의 세균학, 위생학 교수가 되었다. 1927년 사임하고 상해에 가서 공중위생협회 현장 책임자로 활동하다 1930년 뉴욕으로 갔다.

(D.P.H.)[Dr. of Public Health]자격을 취득하여 위생학과 공중보건학 강의를 맡을 수 있게 되었습니다. 토론토대학교에서 유학 중인 최동(Paul Choy) 의사*가 이번 달에 공부를 끝내고 의학사(B.Sc.Med.) 학위를 받았습니다. 그는 조만간 돌아와서 새 학년이 시작하면 일을 맡을 것입니다. 토론토 체류의 후기 기간에 그는 파운드(Norman Faound) 의사**와 본교의 병리학 분야에 큰 도움을 줄 사역에 협력하였습니다.

러들로(Ludlow) 의사*** 부부는 지난 6월 안식년을 맞아 떠났습니다. 그들의 복귀는 건강 문제로 인해 안식년을 연장하여 지연될 수도 있습니다. 이용설(Y. S. Lee) 의사****는 외과 실무와 강의 업무를 모두 책임맡고 있습니다.

고명우(M. U. Koh) 의사*****는 졸업 후 공부를 더 하기 위해 롱아일랜드의학교(Long Island Medical College) 2학년으로 들어가서 6월에 졸업할 것입니다.

반버스커크(VanBuskirk) 의사는 지난 몇 달 동안 건강이 좋지 못하여 3월 말에 안식년을 갖기로 결정하였습니다. 그는 행정업무를 대부분 벗어나게 해주기를 요청하고 에비슨 박사에게 전면적인 업무 복귀를 요구하였습니다.

우리는 남감리회 선교회가 최영욱(Y. O. Choi) 의사******를 그들의 대표로 세브란스의전에 배정하여 생리학 및 생화학과에서 사역하게 해주기를 희망하고 있습니다. 그러나 최

---

* 최동(崔棟, 1896~1973): 서울 출생으로 중학교를 일본에서, 고등학교를 미국에서 졸업하고, 주립대 재학 중에 에비슨의 강연을 듣고 1917년 귀국하여 세전에 입학하였다. 1919년 3.1운동으로 옥고를 치르고 1921년 졸업하였다. 1923년부터 1년간 북경협화의학원에서 유학하고, 1926~28년 토론토 의대에서 유학하였으며, 세전에서 해부학과 병리학을 강의하였다. 1933~35년 일본 동북제국대학에서 법의학으로 의학박사 학위를 받아 한국 최초의 법의학자가 되었다. 해방 후 제4대 교장이 되어 세전을 의과대학으로 승격시켰고, 1953~73년 재단법인 동은학원 이사장을 역임하였다.
** 파운드(Norman Found, 1892~1971): 북감리회 의료선교사로 1921년 내한하여 공주에서 활동하다 1928년 세전 내과학 교수가 되었고, 1935년 귀국하였다.
*** 러들로(Alfred I. Ludlow, 1876~1961): 북장로회 의료선교사로 1912년 내한하여 세브란스병원 외과에서 재직하고 1938년 귀국하였다.
**** 이용설(李容卨, 1895~1993): 평북 희천 출생으로 숭실학교를 졸업하고 1919년 세전을 졸업하였다. 북경협화의과대학에서 연수하고, 세전 외과학 조수로 활동하다 시카고 노스웨스턴의대에서 연구하고 1926년 귀국하여 세전 교수가 되었으며, 학감도 맡았다. 1936년 수양동우회 사건으로 투옥되었고, 해방 후 보건후생부장, 국회의원, 세브란스병원장, 연세 동문회장, YMCA 이사장, 대한병원협회장 등을 역임하였다.
***** 고명우(高明宇, 1883~1950?): 황해도 장연군 송천에서 태어나 소래교회를 다니며 성장하였다. 1913년 세전을 졸업하고 1919년 모교 외과학 교수가 되었으며, 1926년 도미하여 롱아일랜드 의대에서 의학박사 학위를 받았고, 1937년 개업하였다. 6.25 전쟁 때 납북되었다.
****** 최영욱(崔泳旭, 1891~1950): 전남 광주 출생으로 1912년 세브란스의전을 졸업하고, 1921년 도미하여 켄터키주립대학을 졸업한 후, 1926년 에모리대학에서 의학박사 학위를 받았다. 1927년 귀국하여 광주 제중병원장을 지냈고, 해방 후 전남도지사와 호남신문 사장을 역임하였다.

필례[김필례]*가 광주의 여학교 자리[수피아여학교 교감]를 받아들여서 최 의사가 올 수 있을 것 같지 않습니다. 이제 생리학 및 생화학 업무가 내년에 진행될 것이므로 이 두 요인이 많은 문제를 일으키고 있습니다.

치과

우리가 부츠(Boots) 의사 부부**를 다시 한 번 맞이하게 되어 기쁩니다. 맥안리스(McAnlis) 의사***가 지난 4월 안식년으로 떠난 후 안종서(Ahn) 의사****가 치과의 책임을 이행하였고, 그의 정중하고 품위 있는 매너와 치과 기술은 많은 환자에게 칭송을 받았습니다. 그는 그 과를 잘 이끌었고 수입과 지출을 거의 맞아떨어지게 관리했습니다.

부츠 의사는 미국 치아건강센터(American Dental Health Center)를 상대로 모금한 결과를 보고하였는데, 그 일 때문에 우리와 떨어져 보낸 기간이 10달 연장되었으며, 그 금액은 다음과 같습니다.

[미국을] 출발할 때까지 약정받은 금액 총액	약 $8,000
[미국을] 출발할 때까지 받은 현금 총액	약 $5,500

그러나 이 액수는 막대한 노력을 투입했던 것에 걸맞는 큰 금액이 아닙니다. 그가 보고서를 제출하여 그 모금이 어떻게 진행되었는지를 충분히 설명할 것입니다. 틀림없이 그는 선교회들 사이에서는 전례 없는 방식으로 미국 치과들의 지도를 가지고 다니며 선교 단체

---

* 김필례(金弼禮, 1891~1983): 황해도 장연 출생으로 서울 연동여학교와 동경여자학원을 졸업하고, 정신여학교에서 교사와 교감으로 재직하였다. 1922년 김활란 등과 함께 YWCA를 조직하였고, 1926년 조지아주 액네스스칼여자대학에서 학사학위를, 1927년 뉴욕 컬럼비아대학에서 석사학위를 받았다. 1927년 근우회를 조직하고 광주 수피아여학교 교감을 지냈으며, 해방 후 수피아여중 교장, 정신여중 교장, 정신학원 이사장을 역임하였다.
** 부츠(John L. Boots, 1894~1983): 북장로회 의료선교사로 1921년 내한하여 세전 치과 교수로 일하면서 1930년 치과 센터를 짓고 1939년 북경대 의대로 전임하였다. 부인 플로렌스(Florence S. Boots)는 YMCA, 이화여전, 연전에서 음악을 가르치면서 1926년 한국 최초의 오케스트라인 서울 YMCA 중앙악우회의 결성에 기여하였다.
*** 맥안리스(John A. McAnlis, 1897~1979): 북장로회 선교사로 1921년 내한하여 세전 치과 교수로 근무하였다. 1941년 필리핀으로 갔다가 일제에 의해 1945년까지 수용소 생활을 하였다.
**** 안종서(安鍾書, 1897~1968): 서울 출생으로 휘문의숙과 중국 숭실서원을 졸업하고, 1925년 경성치과의학교를 제1회로 졸업하였다. 1925년부터 세전에서 근무하면서 1926년 결성된 한성치과의사회에서 총무로 활동하였고, 1932년 중국에서 개업한 후, 1939년 귀국하였다. 해방 후 대한치과의사회 회장, 서울대학교 치과대학 동창회장 등을 역임하였다.

들에게 호소할 수 있었을 것입니다.

치과 실험실 기사 고(C. K. Koh) 씨가 맥안리스(McAnlis) 의사와 함께 본국으로 갔습니다. 그는 노스웨스턴대학교(Northwestern University) 치과와 S.S. 화이트 치과제조회사(S.S. White Dental Manufacturing Company)에서 치과 수업을 받고 있습니다. 그는 치과 실험실에서 크게 향상된 봉사를 하도록 실력을 잘 쌓고 아마도 내년 4월에 돌아올 것입니다. 고 씨가 만난 사람들 모두에게 눈부신 인상을 주고 있는 것을 아는 것은 즐거운 일입니다.

산파간호부양성소

27명의 간호 학생들이 교육을 받고 있는데, 그 학교와 관련해서 특별히 보고할 기록이 없습니다.

신병실이 개원하면 늘어날 사역을 수행하기 위해 산파간호부양성소는 내년 봄에 더 많은 견습생을 받아들이기를 기대하고 있습니다.

종교 사역

이 사역은 매우 만족스러운 모습을 보이고 있다고 말할 수 없습니다. 현재 우리에게 안수받은 목사 1명과 전도부인 1명이 있는데, 자신들의 임무를 역량을 다해 만족스럽게 수행하고 있습니다. 직원들이 너무 과로하고 있지만, 종교 사역의 효과를 높이기 위해 활동을 조직하는 문제를 해결하기 위한 노력은 거의 이루어지지 않고 있습니다. 그래도 지금 지역사회 사역에 관한 포괄적인 계획을 세우는 문제를 지금 많이 숙고하고 있습니다. 그것은 환자, 간호사, 의학생만 아니라 일꾼들과 그들의 가족과 지역사회까지 돌보는 종교와 사회 사역의 모든 국면을 포함할 것입니다.

도매부

[세브란스의용품상회] 도매부*에서는 송언용(Song) 씨의 유능한 관리 아래 판매량이 꾸

---

* 송언용(宋彦用): 세전 사무실 부주임으로 있다가 1926년 판매부 주임으로 전임하여 세브란스의용품상회의 영업을 관리하였다.

준히 늘고 있습니다. 올 회계연도에서 8개월의 수치를 지난해 그 기간의 수치와 비교하면 다음과 같습니다.

	1926(¥)	1927(¥)
도매부	81,664.25	82,602.02
소매부	12,358.34	14,597.81
계	94,022.59	97,199.83
증가		3,177.24

신병실

현재 가장 주목을 받는 질문은 우리가 언제 그 신병실로 들어갈 것인가*입니다. 오랫동안 기다렸던 날이 가까워질수록 그날은 실제로 더 멀어지는 것처럼 보입니다. 누군가는 또 다시 성급하게 12월에는 우리가 들어갈 수 있으리라고 예견할 것입니다. 그런데 만일 12월에 그렇게 하지 못한다면 아마도 1월이 그때가 될 것입니다. 그러면 우리는 내년 3월에 의료보고서를 쓰도록 요청받을 때는 많은 논쟁을 벌인-기대하는 기쁨이 더 큰지 참여하는 기쁨이 더 큰지에 관한-이 문제에 대답할 수 있을 것입니다.

에비슨 박사 동상

당연히 동상에 대해서도 말해야 합니다. 공식적인 제막식이 거행되지 않았으므로 소리를 낮추어 말해야 하겠지만 말입니다. 에비슨 박사에게 두 개의 기념물이 세워지는 것은 드물게 주어진 특혜입니다. 하나는 영구히 존속되는 그의 동상이고, 다른 하나는 벽돌과 모르타르와 철근 콘크리트로 만들어 동상을 둘러싸는 구조물입니다. 그것들에는 반드시 한국인의 역사 속에서 이 시대에 기록될 불멸의 이름을 더해야 합니다. 어쩌면 우리 중 일부가 기회를 얻는다면 생존해 있거나 세상을 떠난 기증자들을 위한 동상도 마련될 수 있을 것입니다. 그들의 관심 덕분에 이 시설이 설치되게 되었습니다.

---

* 신병실의 개관상황은 본 자료집 차례번호 32번 문서에서 잘 설명되고 있다. 신병실의 개관식은 에비슨 동상의 제막식, 세의전 졸업식과 함께 1928년 3월 20일 거행되었다.

문제점들

세브란스의전의 사역이 우리가 더 효과적인 시설과 그것을 운영할 더 우수한 남자들과 여자들과 더 훌륭한 자격을 갖춘 교수들을 갖추고 있어서 성공하고 있다고 생각될지라도, 우리는 여전히 많은 문제를 안고 있습니다. 우리가 제도화됨으로써 우리의 존재 이유인 생명의 불꽃을 잃게 되는 것을 피할 수 있을까요? 우리는 명성과 신망을 얻고 있지만, 이것은 종종 어떤 고위 직원이나 하위 직원이 자비를 베풂으로써 얻게 되는데, 그들이 우리의 가장 큰 자산인 대중과 접촉하다가 이런저런 일로 화나게 하면, 그 결과 사방으로 소문이 퍼집니다.

예를 들면, 비기독교 병원에서는 환자들이 들어오거나 나갈 때 문에서 하인들이 굽신거리면서 그들을 맞이합니다. 이곳에서는 하인이 처음에 일을 시작할 때는 굽신대는 습관을 보이다가 이내 자기가 민주적인 분위기 안에 있는 것을 깨닫고 그런 습관을 버릴 수밖에 없게 됩니다. 그래서 우리 고객에게 거만한 태도로 보이지나 않는다면 다행으로 여기게 됩니다. 졸업생이 되는 짜릿한 기쁨을 맛본 인턴이나 간호사가 때때로 많은 자신감을 갖게 되면, 이런 것이 환자들을 대하는 그 혹은 그녀의 태도에 반영됩니다. 이런 장애물은 지속해서 경계해야만 극복할 수 있습니다.

재정의 어려움도 있습니다. 선교회들은 우리 사역이 정규 지급금을 받아도 자금이 부족하여 고통받고 있는 사실을 고려하지 않고 자신들의 예산을 세울 때 교파 연합기관에는 자금 지급을 줄이는 것이 공정한 일이라고만 생각합니다.

고무적인 일들

고무적인 일들 가운데 보고할만한 것은 처음으로 시 당국의 자산 기금을 받은 것입니다. 우리 학감 오긍선(K. S. Oh) 의사가 마노(Mano)[馬野精一] 경성부윤으로부터 이것을 받았는데, 경성부윤은 금액이 너무 작아서 가치가 별로 없다고 말하였습니다. 오 의사는 우리가 금액의 크기를 개의하지 않고 그 명단에 들어있기를 바란다고 대답하였습니다. 그 후 우리는 어느 날 4백 원을 받는다는 통지를 받았습니다. 이는 공식적으로 인가된 것입니다.

다음 해에는 서대문교회[새문안교회] 목사가 방문하여 우리의 자선 사역을 위한 그곳 교인들의 기부금을 주었습니다. 지금까지 세브란스의전에 대한 기부금을 그들의 예산에 책정한 곳은 이곳과 남대문교회뿐입니다. 한 곳은 그런 행위가 앞으로 한국의 모든 교회의 프로그램에 들어갈 가능성이 있다고 보고 있습니다. 만일 어느 누가 '인도의 길을 걷고 있는 그리스도'(The Christ of The Indian Road)*에서 한 부분을 빌릴 수 있다면, 이 마지막 두 사건은 세브란스의전이 한국인들의 마음속에서 체화되는 증거라고 할 것입니다.

출처: PHS

---

* The Christ of The Indian Road: 인도에서 활동한 존스(E. Stanley Jones) 선교사가 1925년 출판한 책으로, 선교 활동을 하면서 점차 인도 문화에 적응해간 체험담이 담겨 있다.

RECEIVED Mr. H.T. Owens
JAN 16 1928
SEVERANCE UNION MEDICAL COLLEGE
Report to Seoul Station December 1927.
Mrs. A.W. Dimock ack 1/16/28

As we all know, progress may be either quantitative or qualitative, or perhaps a mixture of both. And sometimes progress may be retraced. Statistics furnish the index of such conditions, and that is why they are such a necessity in modern management.

Out Patient Department

Every endeavor is being made to improve the quality of our staff and consequently of our service to our constituencies. As you know, an increasing number of our faculty and clinical staff have had training abroad, which results in a better quality of service towards our patients; we are glad in this connection to chronicle the addition of Mr. T.W. Yun, youngest brother of Baron Yun Tchi Ho, and a graduate of the University of Glasgow, who after assisting for a time in the Surgical Department has been assigned to the Department of Obstetrics and Gynecology as assistant to Dr. Hirst.

Quantitative progress is indicated by statistics of patients. The Out Patient Department shows 42,213 treatments, an increase of 294 over the corresponding period of the previous year. Of these 23,006, or 56%, are pay treatments and 18,547, or 44%, are free. The figures of Out Patient treatments are encouraging because they show that the downward curve revealed last year has begun to mount.

Hospital admissions for the same period totalled 1,663, representing 206 more than the corresponding period a year ago. Of these, 1,225, or 74%, were pay cases and 408, or 26%, free. The hospital days represent 19,765 of which 47% is charity work. As usual, the free patients consume more in-patient days than do the pay cases.

The earnings of the Out Patient Department for this period totalled ¥ 32,212.28, an increase of ¥ 4,214.15 over the same period of the year before. The hospital receipts for the same period are ¥ 55,621.25, an increase of ¥ 6,769.93 over the previous year.

Dr. Byron Koo, who carried the Pediatrics work with much acceptance during Dr. D.B. Avison's furlough, has had to be given a medical leave, which throws a great burden on the latter who has also had to assume the Public Health work. Possibly Dr. Eva Pieters may find a sphere of great usefulness here in the Pediatrics Department.

We were glad to welcome Dr. and Mrs. McLaren back from their furlough in September, the latter being much improved in health and the doctor looking more robust also.

The department of Internal Medicine has taken a new lease on life since Dr. Martin has become identified with it. This branch is building up a reputation for a high grade of work.

Medical School

The Medical School goes on as usual, there being 82 students in attendance. Dr. O.S. Kim, who was in charge of the work in Bacteriology and Public Health, resigned suddenly last August and is now at work in Shanghai.

Fortunately for us, Dr. D.B. Avison while on furlough has obtained the degree of D.P.H. and was able to take over the lectures in Hygiene and Public Health. Dr. Paul Choy, who has been studying in the University of Toronto, completed his studies this month securing the degree of B.Sc.Med. He will return in time to take up his duties at the beginning of the new school year. During the latter part of his stay in Toronto he has been cooperating with Dr. Norman Found (who is to join us next spring as a representative of the Methodist Episcopal Mission) in work that will be of great assistance to the Pathological branches of the institution.

Dr. and Mrs. Ludlow went on furlough last June. Their return is likely to be delayed due to further extension of leave on account of health conditions. Dr. Y.S. Lee is carrying the entire responsibility of the Surgical service and lecture work.

Mr. M.U. Koh, in further pursuance of his post-graduate studies, entered the Senior class of the Long Island Medical College and will graduate in June.

Mr. VanBuskirk has not been in good health for the last few months and has decided to go on furlough at the end of March. He has asked to be relieved of most of his administrative duties and has requested Dr. Avison to assume full charge.

We were hoping that the Southern Presbyterian Mission would have assigned Dr. Y.O. Choi as its representative to Severance to work in the Department of Physiology and Biochemistry, but owing to Mrs. Pilly Choi having accepted a position in the Girls' School at Kwangju, it was not possible for Dr. Choi to come. These two factors raise a considerable problem as to how the work in Physiology and Biochemistry is to be carried next year.

Dental Department

We are glad to welcome Dr. and Mrs. Boots back to our midst once more. After Dr. McAnlis went on furlough last April, Dr. Ahn carried the responsibility of the Dental Department and by his courteous and dignified manner and dental skill has won praise from many of his patients. He held the Department well together and almost managed to make income and expenditure meet.

Dr. Boots reports the results of his campaign for the American Dental Health Center, which kept him away from us an extra ten months, as follows:

Total Subscriptions to date of leaving   about $5,000.
Cash reported received to date of leaving   " $5,000.

These figures, however, do not adequately represent the immense amount of labor invested. His own report will go more fully into what the campaign involved. Undoubtedly, he has been able to put Missions on the map in American dentistry in a way which has never been done before.

The dental laboratory technician, Mr. C.K. Koh, went home with Dr. McAnlis and has been taking work in the dental department of Northwestern University and in the workshops of the S.S. White Dental Manufacturing Company. He will return next April, probably, well equipped to give much improved service in the dental laboratory. It is pleasing to know that Mr. Koh has made a splendid impression on all with whom he has come

-3-

in contact.

Nurses' Training School

There are 27 pupil nurses in training and there is nothing of special note to report in connection with the School.

In order to carry the increased work which will be made possible when the New Hospital Wing is opened, the Nursing School is looking forward to taking in a larger probationers' class next spring.

Religious Work

This cannot be said to be in very satisfactory shape. At present we have one ordained pastor and one Bible woman who are performing their duties as satisfactorily as they can. The members of the staff are so overworked that but little effort has been put into solving the problem of organized activities along more effective lines in Religious work. However, much thought is being put now to the question of an all-rounded plan for community work that will include all phases of religious and social work not only for patients, nurses and medical students, but also for workers and their families and the community.

Wholesale Department

In the Wholesale Department, there is a steady increase in the volume of sales under Mr. Song's able management. The figures for eight months of the present fiscal year, compared with those for last year, are as follows:

	1926	1927
Wholesale Department	¥ 81,664.25	¥ 82,602.02
Retail Department	¥ 12,358.34	¥ 14,597.81
Total	¥ 94,022.59	¥ 97,199.83

INCREASE: ¥ 3,177.24

New Hospital Wing

Of course the most absorbing enquiry at present is: When are we going to get into the new Wing? The nearer the long-anticipated day appears to be the further off it really seems. Someone may be rash enough to predict once more that we will be able to move in December. Well, if it should not"become" in December, perhaps it will in January. We will then be able, when medical reports are called next March, to give an answer to the much debated question -- Whether the joys of anticipation are greater than those of participation.

Dr. Avison's Statue

Of course reference must be made to the statue, although inasmuch as the official unveiling has not taken place it should probably be sotto voce. To Dr. Avison has been given the rare privilege of having two monuments, one of himself in imperishable bronze and the other the structures of brick and mortar, and ferro-concrete, with which the piece of

of statuary is arranged. To those must be added an undying name in
the history of this era of the Korean people. Perhaps if some of us
had the opportunity, statues might be provided to the donors, living
and gone, whose interest has made the plant possible.

Problems

Though the work at Severance is succeeding in the sense that we are
getting a more efficient plant and men and women better and better quali-
fied professionally to run it, we still have many problems. Can we escape
being so institutionalized that we lose the vital spark which is our
raison d'etre? We have reputation and prestige, yet these things are
often at the mercy of some high or low member of the staff who by his
contacts with the public -- whose good will is our greatest asset --
offends in one way or another and the result is noised abroad.

To illustrate, at non-Christian hospitals the patients are taken in
charge at the door by servants who bow and scrape as they enter or leave.
Here, if a servant begins work with the bowing and scraping habit, he
soon loses it in the democratic atmosphere in which he finds himself and
we are fortunate if a supercilious attitude towards our patrons does not
result. Sometimes the thrill of being a graduate invests an interne or
nurse with a vast amount of self-esteem which is reflected in his or her
attitude towards the patients. Only constant vigilance can overcome
these handicaps.

There are problems, also, of finance. Missions have their estimates
cut and think it only fair that union institutions should be cut also,
regardless of the fact that even with normal appropriations our work is
suffering from lack of sufficient money.

Encouragements

Among encouraging items that might be reported is a first grant from
the charity funds of the municipality. Dr. K.S. Oh, our Dean, took this
up with Mayor Mano, but the Mayor said that the grant would be so small
that it was hardly worth while. Dr. Oh replied that we did not care about
the size, but that we wanted to be on the list. Consequently we were noti-
fied one day to come and receive ¥ 400.00. The big thing is the official
recognition.

For the second consecutive year the pastor of the West Gate Ch...
has dropped in and given a gift of money from his congregation to our
charity work. This and the South Gate Church are, so far, the only ones
to put Severance on their budgets, and one can vision the possibilities of
the future when such a practice becomes part of the program of the Korean
Churchs as a whole. If one may borrow a leaf from THE CHRIST OF THE
INDIAN ROAD, these last two incidents are evidence that the Severance in-
stitution is becoming naturalised in the minds of the Korean people.

35. 서덜랜드가 에비슨에게

1927년 12월 27일

O. R. 에비슨 박사
세브란스병원
서울, 한국.

나의 친애하는 에비슨 박사님:

지난 몇 달 동안 협력이사회의 문제들에 관심을 잘 기울이지 못하여 정말 대단히 미안합니다. 그러므로 내가 방금 오웬스(Owens) 씨에게 편지를 써서 1928년 1월 1일에는 정신을 차려서 긴급한 선교부 문제들은 일부 제쳐놓고라도 이 문제들은 일부라도 마무리하겠다고 하였습니다. 무엇보다도 당신의 7월 27일자 편지에 더 빨리 관심을 기울이지 않아서 미안합니다. 특별히 이 편지가 이전의 어떤 실수를 바로잡기 위한 것이었기 때문에 더욱 그러합니다. 여기에 동봉한 것이 뒤늦게라도 당신에게 어떤 도움이 되면 좋겠습니다.

당신과 함께 얼마 전에 처리해야 했던 또 다른 문제가 있었는데, 이는 [북감리회] 해외 선교부가 세브란스 의료기관에 대한 의무를 이행하는 문제였습니다. 내가 웰치 감독과 함께 그 문제를 해결한 사실은 그가 쓴 편지를 통해 당신이 알고 있을 것인데, 그가 당신과 그 일에 관해 어떤 통신을 하였으리라고 생각합니다. 내가 이해하는 바로 조선에 관한 한 은 우리가 그 의료기관에 현금과 선교사 2명을 보내는 책임을 확실하게 지고 있는 것에 오해할 점이 없습니다.

웰치 감독은 세브란스의전에 1천 5백 원의 연례 지급금이 증액되었다고 말하는데, 이는 모두가 아는 일입니다. 그런 다음 그는 계속해서 말합니다.

> 그러나 우리는 의사든 간호사든 간에 보내야 할 선교사[교수]의 수를 정해놓고 약속한 적이 없습니다. 선교회 차원에서는 우리 쪽에서 의사 2명과 간호사 1명을 제공할 계획을 세웠지만, 우리는 그 문제에 관해 협력의 기준으로 정한 것과 선의 외에는 세브란스의전에 어떤 의무도 지고 있지 않습니다.

그러므로 우리가 제공하는 인력이 우리가 바라는 수준에 미치지 못하더라도 어떤 액수의 현금을 제공하는 실수를 하지는 않아야 한다는 것이 확실하다고 생각합니다.

내가 이해하고 있는 바로, 이런 것은 노스(North) 박사가 이 문제에 대해 그들은 의사들과 간호사들을 제공하는 일에서 할 수 있는 일을 했다고 판단한 것에 부합합니다. 그러나 조선과 관련해서는 어떻게 정해진 의무를 지지 않았습니다.

우리 사이의 모든 통신 업무를 오웬스 씨가 당신과 함께 수행하고 있다고 짐작합니다. 그 일이 당신과 그의 공동의 관심사이기 때문입니다. 그래서 이곳의 상황을 당신에게 계속 알리려고 노력하지 않았습니다. 내가 오웬스 씨와 계속 연락하지 못한 까닭에 당신과 계속 연락하려고 노력했더라면 좋았을 일이 더 악화되기만 하였습니다. 우리는 두 학교를 잊지 않았고, 두 학교에 필요한 것들도 있지 않았으며, 최선을 다해서 할 수 있는 일을 하기 위해 노력하였습니다. 당신도 알듯이 우리는 교육사업을 위해 초교파적으로 어떤 일을 하기 원하는 선교부의 우인들로부터 많은 약정금을 받아서 기본재산 자금으로 기부하게 되기를 바라고 있습니다. 이 방면에서 더 이루어진 것은 없습니다. 그 이유는 그 신사분이 자기가 맡은 업무 분야의 재정 압박으로 인해 최근에 그런 일을 전혀 할 수 없는 상황에 있었기 때문입니다. 언젠가는 어떤 일이 잘 진척되기를 희망합니다.

안녕히 계십시오.

GFS[G. F. 서덜랜드]

동봉된 것이 있음.

출처: UMAC

December 27, 1927

Dr. O.R. Avison
Severance Hospital
Seoul, Korea.

My dear Dr. Avison:

I am very sorry, indeed, that I have given such poor attention to Cooperating Board matters within the past few months. I have just written to Mr. Owens that I am trying to have a clear conscience January 1, 1928 and, therefore, I am closing up some of these matters even though I have to set aside some pressing Board matters for the time being. I am sorry that among other things your letter of July 27th has not had more prompt attention, especially since it was to correct an earlier mistake of some kind. It is enclosed herewith and I hope will be of some service to you at this late date.

The other matter which I should have taken up with you sometime ago has to do with the obligations of the Board of Foreign Missions to Severance Institutions. I think you know that I took up the matter with Bishop Welch and I think probably from what he writes, that he has had some correspondence with you regarding the case. As I understand it, there is no misunderstanding so far as Chosen is concerned; namely, that we assume the definite responsibility for two missionaries for that institution in addition to our cash contribution.

Bishop Welch says that in the case of Severance, there was an agreement of an annual contribution of Yen 1500, which everybody understands. He then goes on to say:

"We have, however, never promised any stated number of missionaries, either doctors or nurses. As a Mission we made a plan to give two doctors and one nurse but we do not have any obligation to Severance in the matter except on the basis of cooperation and good will, and I think it is clear therefore that we should not undertake to provide any cash if our personnel contribution falls below what we desire."

Dr. O. R. Avison-   -2-   December 27, 1927

      That, as I understand it, meets the judgment of Dr. North in the matter; namely, that we did what we could in supplying doctors and nurses, but we did not assume any definite obligations as we did in connection with Chosen.

      I am assuming that Mr. Owens shares with you any correspondence between us that is of mutual interest to you and, therefore, I have not tried to keep you in touch with conditions here. Since I have succeeded so poorly in keeping in touch with Mr. Owens, it would have made matters only worse if I had attempted to keep in touch with you. We have not forgotten either institution or its needs and have been trying to do the best that we can. We did have some hope, as you know, of getting a big subscription for endowment from a friend of the Board who wanted to do something in an interdenominational way for education. Nothing further has been done along that line because the gentleman concerned has not been in a position to do anything of the kind lately, due to financial depression in his particular line. We hope someday that something may develop.

      Sincerely yours,

GM
JFB
Encl.

36. 에비슨이 서덜랜드에게

1928년 1월 9일

G. F. 서덜랜드 박사,
5번가 156번지,
뉴욕시.

친애하는 서덜랜드 박사님:

맥켄지(A. C. McKenzie) 부인[기부자]에게 이전 주소인 뉴욕시 브루클린 이스트 18번가 297번지(297 East 18th St. Brooklyn, N.Y.)로 보내는 편지를 동봉합니다. 그녀의 현재 주소를 알지 못하기 때문입니다. 당신이 이것을 그녀에게 전달해주겠습니까? 이 편지의 사본을 그녀 남편의 이전 사업장 주소로도 보내고 브루클린의 주소로도 보내겠습니다.

안녕히 계십시오.

O. R. 에비슨

동봉된 것이 있음.

출처: UMAC

맥켄지(McKenzie)가 에비슨에게 보낸 편지의 발췌문*

우리는 이 청년들 가운데 한 명의 유학을 1천 불까지 돕고자 하는데, 이 돈을 고명우(M. U. Koh) 의사의 유학비로 쓰면 좋겠습니다. 당신이 이 편지를 받기 전에 그의 유학비가 다 마련되었거나 이 기부금의 전액이 고 의사에게 필요하지 않다면, 최동(Paul Choy) 의사의 유학비로 쓰면 좋겠습니다. 이 청년들 가운데에서 우리 기부금을 주고 싶은 사람 한 명을 고를 기회를 당신이 우리에게 준 것으로 알고 있습니다.

내가 맥켄지에게 보낸 편지의 발췌문

고 의사는 이미 여러 해 동안 우리에게 훌륭한 섬김을 베풀어온 뛰어난 사람입니다. 그가 일부는 [다른 곳에서] 제공받을 것으로 생각되지만, 이 돈을 최소한 일부라도 그의 유학비로 주게 된다면 기쁠 것입니다.

최(그가 자기 이름을 서명한 것에 따르면 때때로 Choi 아니면 Choy) 의사는 더 젊지만, 몇 년 동안 명예롭게 성실하게 근무하였고, 뛰어난 지성과 훌륭한 정신을 소유하고 있습니다.

서울에 있는 우리 대학을 위해 뉴욕시 5번가 150번지에서 뉴욕 협력이사회의 회계로 일하는 서덜랜드(Geo. F. Sutherland) 박사가 장학금을 나누어주고 있습니다. 만일 당신이 그에게 그 수표를 보낸다면 그 일을 가장 편리하게 처리하게 될 것입니다. 그것을 동봉해서 보낼 때 그에게 그 돈의 용처를 글로 적어 알려 주십시오. 나도 그분께 편지를 쓰겠습니다.

ORA

---

* 이 문서는 시작하는 페이지가 분실되어 언제 작성되었는지 알 수 없고, 앞의 36번 문서와도 직접 연결되지 않는다. 다만 에비슨이 작성한 문서의 하나로서 맥켄지가 어떤 일을 했는지를 알려주고 있기 때문에 참고 자료로 활용되도록 여기에서 소개한다.

COOPERATING BOARD FOR CHRISTIAN EDUCATION IN CHOSEN

CHOSEN CHRISTIAN COLLEGE   SEVERANCE UNION MEDICAL COLLEGE

SEOUL, KOREA

January 9, 1928.

Dr. G.F. Sutherland,
150 Fifth Ave.
New York City.

Dear Dr. Sutherland:

I am enclosing a letter addressed to Mrs. A.C. McKenzie, formerly of 297 East 18th St. Brooklyn, N.Y. as I do not know her address. Would you be so kind as to forward it to her? I am also sending a copy of this letter to her husband's former business address and also one to his address in Brooklyn.

Very sincerely,

O.R. Avison

EK
Enclosure.

OFFICE OF PRESIDENT

O. R. AVISON, M D., LL D.

SEVERANCE UNION MEDICAL COLLEGE
NURSES TRAINING SCHOOL
SEVERANCE HOSPITAL

SEOUL, KOREA

CO-OPERATING MISSIONS
PRESBYTERIAN CHURCH IN THE U. S. A.
METHODIST EPISCOPAL CHURCH
PRESBYTERIAN CHURCH IN THE U. S.
METHODIST EPISCOPAL CHURCH, SOUTH
UNITED CHURCH OF CANADA
PRESBYTERIAN CHURCH OF AUSTRALIA

[Extract from McCaffrie's letter to Avison]

We are willing to assist in the education of one of these young men to the extent of $1000, and we would prefer to have this apply on the expenses of Dr. M. U. Koh. If provision has been made for all of his expenses before you receive this letter, or if the full amount of this contribution is not needed by Dr. Koh, we would then like to have it applied to the expenses of Dr. Paul Choy. I understand that you are giving us the option of selecting which one of these young men we wish our contribution to go to.

[Extract from my letter in reply]

Dr. Koh is a fine man who has already given us years of good service and I shall be glad to apply this money at least in part to his expenses though I think he will be in part provided for.

Dr. Choi or Choy (as he sometimes signs his name) is a younger man but has several years of faithful service to his credit and has a good intellect and a fine spirit.

Dr. Geo. F. Sutherland, 150 Fifth Ave., New York City, Treasurer Cooperating Board in New York for our college in Seoul, is disbursing the Scholarship Funds and if you will kindly send the check to him it will be the most convenient way of handling it. Please enclose it in a note telling him what it is for. I will also write him.

37. 에비슨이 암스트롱에게*

1928년 1월 20일

A. E. 암스트롱 목사,
해외선교부
캐나다연합교회
퀸즈 스트리트 웨스트 299번지
토론토.

친애하는 암스트롱 씨:

여기에 연희전문학교 1928~1929년 회계연도(4월 1일 시작)의 예산서를 동봉합니다. 이것은 이달 13일 열린 대학이사회의 집행위원회에서 채택되었습니다.

이 예산은 보수적으로 세워졌고, 여러 선교회로부터 받은 금액을 포함하고 있는데, 그 금액들은 현재 그들이 주기로 약속한 것입니다. 우리는 예상 신입생의 수를 보수적으로 산정하였고, 정규 학과들의 교원을 늘리지 않았습니다.

그러나 이 예산은 2개 과의 발전을 기대하게 합니다. 펜실베이니아 로체스터의 타운젠드(W. S. Townsend) 씨와 그의 회사 리퀴드 매저 게런티 컴퍼니(Liquid Measure Quarantee Company)의 기부금 덕분에 신과(神科)에서 더 큰 프로그램을 추진할 수 있게 되었습니다. 우리는 또한 오벌린대학(Oberlin College)을 졸업한 매우 탐나는 한국인 청년을 체육 지도주임과 운동경기 코치로 고용할 수 있었습니다. 당신이 알듯이 우리 대학 운동팀들이 한국의 거의 모든 전문학교 대항전에서 우승하여 대학의 명성을 크게 높이고 있습니다. 새 지도주임 신기준(Shin) 씨는 학생 건강까지 돌보는 책임을 맡고 그들에게 신체검사 등을 하고 있습니다.

우리는 또한 음악 밴드를 지도하는 일에서 구세군 장교 한 사람의 협력을 얻고 있습니다. 그런 목적에서 소액의 예산이 책정되었습니다.

자산의 보수 책정비가 지난해보다 더 많아졌습니다. 이렇게 하는 것은 이전의 가용 금

---

* 동일 날짜로 브라운(차례번호 38번)과 서덜랜드(39번)에게도 동일한 편지의 사본을 보냈다.

액이 매우 부족하여 절대적으로 필요한 일이 되었고, 몇몇 건물들을 5년이나 그 이상 사용했던 것을 고려할 때 페인트칠과 그 밖의 보수작업이 지금 매우 많이 필요해졌기 때문입니다.

우리는 안식년을 끝내가고 있는 피셔(Fisher) 교수로부터 컬럼비아대학교의 버틀러(Nicholas Murray Butler)*가 자기에게 와서 카네기 국제평화재단(Carnegie Foundation For International Peace)을 통해 우리의 도서관 설립과 관련하여 어떤 일을 하자는 제안을 받았다는 소식을 들었습니다. 우리는 그 협상이 성공적인 결론을 맺고 몇 달 안에 이 방면에서 어떤 확실한 보고를 받기를 희망하고 있습니다.

일어났던 일 전체를 요약해서 반드시 말씀드려야 할 두 가지 사항이 있습니다. 우리는 대학이사회의 정책에 따라 예산에서 누적된 적자를 갚기 위해 매년 [지출] 예산에 1천 원을 책정하기로 하였습니다. 그 적자의 총액은 지금 2만 4천 또는 2만 5천 원입니다.

다른 사항은 "서점의 손실 보전을 위해" 5백 원을 책정한 것입니다. 이 사항을 설명하자면 이렇습니다. 교과서가 여러 이유에서 폐기된 까닭에 지금 우리에게 두세 종류가량의 책이 많이 쌓여 있는데, 그 책들을 정가로는 팔 수 없으므로 싸게 팔아치워야 합니다. 서점이 이윤을 남기지 않고 운영되어온 까닭에 대학 당국은 이 같은 특별 항목을 두어서 이런 손실을 메꾸는 것이 최선이라고 생각하였습니다.

서점을 두는 것이 필요해진 이유는 현지 서점들에서는 역사, 경제, 영어, 다양한 과학 과목에서 쓰는 영어 교재나 미국 교재를 얻을 방도가 없기 때문입니다. 그래서 우리는 지난 6, 7년 동안 이 책들을 직접 수입해왔습니다.

안녕히 계십시오.

O. R. 에비슨

동봉된 것이 있음.

---

* 버틀러(Nicholas Murray Butler, 1862~1947): 1887년 컬럼비아대 교육대학 설립자로 1902년부터 1945년까지 컬럼비아대 총장을 역임하고, 1925년부터 카네기 국제평화재단 이사장을 지냈으며, 1931년 노벨 평화상을 수상하였다.

1928~1929년 예산 개요(¥)		
	수입	지출
선교회 지급금	46,776	---
베커 부재 보충 지급금	4,000	---
운영비	---	5,330
운동부	---	3,580
자동차	1,400	1,840
기숙사	1,500	1,570
도서실	---	1,210
신과	3,760	5,200
음악부	---	180
상과	9,017	17,375
문과	5,800	13,335
수물과	5,189	17,605
자산	2,900	11,500
누적 적자 감축비	--	1,000
교과서 손실 보존비(서점)	---	500
계	80,341	80,225
예비비		116
총계	80,341	80,341

선교회 지급금				
북장로회			¥10,000	
북감리회			8,000	
남감리회			5,000	
캐나다연합교회			5,000	¥28,000
기본재산	$100,000 브루클린 에디슨	5%	$5,000	@49 [환율]
	70,000 로이어 타이틀앤 트러스트 사	5.5%	3,850	
	7,000 상동	5%	350	
	계		9,200	18,775
베커 박사 부재 보충 지급금				4,000
계				50,773

운영비			
급여	유기준[서기]	1,320	
	윤원상[부재무]	1,320	
	사무실 직원	240	2,880
비품비	우표 등		425
	사무실 비품		300
	인쇄 등		300

운영비		
비품비	일반 비품	100
	여비	400
	사회 행사	100
	광고와 공보	350
	예비비	200
	초과지출 이자	200
	뉴욕 사무실 청구	75
	계	5,330

신과				
수입		지출		
미국에서 지급	3,760	급여	백낙준	2,400
			송치명[사감]	1,200
		하기 수양회		300
		학생 전도		200
		비품		200
		도서실		400
		학생 조수들 급여		300
		특별 강사		200
계	3,760	계		5,200

운동부		
수입	지출	
	체육주임 급여	1,800
	본교 육상대회	80
	전조선 중등학교 육상대회	400
	운동장 준비	150
	일반 비품	500
	전문학교 대항전	250
	계	3,580

기숙사		
수입	지출	
1,500	수위	360
	비품	60
	조명	300
	연료	700
	수리	150
	계	1,570

자동차			
수입		지출	
사용자 지불	1,000	급여	840
대학 지불	400	비품과 수리	1,000
계	1,400	계	1,840

도서실	
지출	
급여	480
미국과 현지 구입 잡지	275
비품	30
책 제본	50
서적 — 상과	125
서적 — 문과	125
서적 — 수물과	125
계	1,210

수물과					
수입				지출	
입시비 35×5.00			175	이춘호	2,700
입학금 20×5.00			100	쓰바키다[椿田琢三]	2,400
물리학 실험비 50×9.00			450	카도와키[門脇喜右衛門]	2,400
화학 실험비	29×15.00	435	624	이원철	2,400
	21×3.00	189		김봉집	2,400
측량, 도면 실습비 14×3.00			42	신제린	1,200
생물학 실험비 8×2.00			48	다카하시[高橋慶太郎]	500
학비 (1인당 75)	1학년	15		이운용	700
	2학년	14		신영묵	500
	3학년	8		이명혁	480
	4학년	13		학생 조수 100	15,780
	계	50	3,750	장학금	75
				물리학 실험실	500
				화학 실험실	700
				수학	100
				도면, 측량	100
				생물학 실험실	100
				기계 작업	100
				인쇄 등	50
				박물관	100
계			5,189		17,605

상과					
수입				지출	
입시비 80×5.00		400		이순탁	2,700
입학금 50×5.00		250		유억겸	2,700
타자 실습비		342		백남운	2,400
학비	1학년	50		조병옥	2,400
	2학년	36		손봉조	2,400
	3학년	21	급여	홍승국	2,100
	계	107	×75 8,025	신임 교원	2,160
				일어 초급 영어 2시간	240	17,100
				비품	200
				장학금	75
계			9,017		17,375

문과					
수입				지출	
입시비 50×5.00		250		최현배	2,400
입학금 30×5.00		150		다카하시	2,500
학비	1학년	25		백남석	2,700
	2학년	20		니카이도[二階堂眞壽]	1,800
	3학년	13	급여	정인보	1,500
	4학년	14		윤병섭	480
	계	72	5,400	정인서	480
				김상용	240
				문학 초급	360
				김영환	600	13,060
				장학금	75
				비품	200
계			5,800		13,335

자산			
수입		지출	
		감독	960
		수위 2	960
		수위 1	360
	급여	배관공	540
		목수	360
		삼림 관리인	420
		학생 수위 3	300	3,900

자산			
수입		지출	
유급 노동	300	비품		300
현장 임대료	1,500	연료		3,000
목재 판매	400	세금 등		300
물 계정	700	보험금		250
		삼림 관리비		100
		수리	도로	300	
			일반	1,000	
			가옥	1,500	2,800
		펌프실 비품		450
		산업부 비품		300
		캠퍼스 조명		200
계	2,900			11,500

음악부	
지출	
밴드 비품	100
오케스트라 비품	20
합창단 비품	20
기타 비품	40
계	180

출처: PCC & UCC

COOPERATING BOARD FOR CHRISTIAN EDUCATION IN CHOSEN

CHOSEN CHRISTIAN COLLEGE   SEVERANCE UNION MEDICAL COLLEGE
SEOUL, KOREA

COOPERATING BOARDS
BOARD OF FOREIGN MISSIONS OF THE PRESBYTERIAN CHURCH IN THE U.S.A.
BOARD OF FOREIGN MISSIONS OF THE METHODIST EPISCOPAL CHURCH
BOARD OF FOREIGN MISSIONS OF THE PRESBYTERIAN CHURCH IN CANADA
BOARD OF MISSIONS OF THE METHODIST EPISCOPAL CHURCH, SOUTH
EXECUTIVE COMMITTEE OF FOREIGN MISSIONS OF THE PRESBYTERIAN CHURCH IN THE U.S.

O. R. AVISON, M.D.
PRESIDENT

H. T. OWENS,
SECRETARY & TREASURER

OFFICERS OF THE BOARD
JOHN T. UNDERWOOD, CHAIRMAN
ALFRED GANDIER, VICE-CHAIRMAN
E. H. RAWLINGS, VICE-CHAIRMAN
ERNEST F. HALL, SECRETARY
156 FIFTH AVE., NEW YORK
GEORGE F. SUTHERLAND, TREASURER
150 FIFTH AVE., NEW YORK

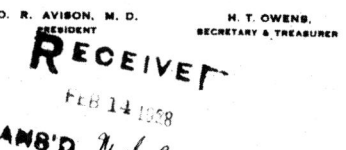

January 20, 1928.

Rev. A.E. Armstrong
Board of Foreign Missions
United Church of Canada
299 Queen St. West
Toronto.

Dear Mr. Armstrong:

      I enclose herewith the budget of the Chosen Christian College for the fiscal year 1928-1929 (from April 1st), which was adopted by the Executive Committee of the Field Board on the 13th inst.

      This budget has been made up conservatively and includes the amounts from the various Missions which are their present commitments. We have estimated conservatively on the number of new students expected and the establishment of teachers in the regular departments is not being increased.

      This budget looks for an advance in two departments, however. The gift from Mr. W.S. Townsend, of Rochester, Pa., and his company, the Liquid Measure Guarantee Company, makes it possible to put on a larger program in the Religious department. We are also able to engage a very desirable young Korean, a graduate of Oberlin College, as physical director and athletic coach. As you know the College teams have carried off nearly all the inter-collegiate championships in Korea and it has been a big gain in prestige for the College. The new director, Mr. Shin, will also have charge of the health of the students, giving them physical examinations, etc.

      We are also securing the cooperation of one of the officers in the Salvation Army to give instruction in band music. A small estimate is being inserted for that purpose.

      Appropriation for property repairs has been more generous than in previous years. This has been absolutely necessary inasmuch as the amounts formerly available have been very inadequate and a good deal of painting and other repairs are now necessary considering that several of the buildings have been in use five years or more.

-2-

We received news from Professor Fisher, whose furlough is drawing to an end, that he was approached by President Nicholas Murray Butler of Columbia University, who offered to do something through the Carnegie Foundation for International Peace in connection with building up our library. We are hopeful that the negotiations will come to a successful conclusion and that within a few months we may be able to report something substantial along this line.

There are two items in the general summary of which mention should be made. In accordance with the policy of the Field Board, we are charging against each year's budget the sum of ¥ 1,000 to reimburse the accumulated budget deficits which now total between twenty-four and twenty-five thousand yen.

The other item is a sum of ¥ 500 marked "to recoup losses in Book Store". The explanation of this item is that owing to text-books being discarded for various reasons, we have now quite a stock of books, perhaps two or three of a kind, which cannot be sold at the regular price and which will have to be jobbed off. Inasmuch as the Book Store has been operated without profit, the College authorities thought it best to provide for these losses by this special item.

The reason why it has been necessary to have a Book Store is that otherwise it is not possible to get the English and American texts that are used in History, Economics, English and the various Sciences from local book stores and so we have been importing these directly for six or seven years past.

Yours very sincerely,

Enclosure.

Budget Summary for 1928 - 1929

	Income	Expenditures
Mission Appropriations	46,775	---
Dr. Becker's Substitute	4,000	---
Administration	---	5,350
Athletic Department	---	3,580
Automobile	1,400	1,840
Dormitory	1,500	1,570
Library	---	1,210
Religious Department	5,760	5,200
Music Department	---	180
Commercial Department	9,017	17,375
Literary Department	5,800	13,335
Science Department	5,189	17,605
Property	2,900	11,500
To reduce accumulated deficit		1,000
To recoup losses in Bookstore		500
	80,341	80,225
Contingent Fund		116
	80,341	80,341

Mission Appropriations

Presbyterian Church in U S A	¥ 10,000		
Methodist Episcopal Church	8,000		
Southern Methodist Mission	5,000		
United Church in Canada	5,000	¥ 28,000	
Endowment: $ 100,000 Brooklyn Edison 5%	$5,000		
70,000 Lawyers Title & Trust Co. 5½%	3,850		
7,000 do. 5%	350		
	9,200 @ 49	18,775	
Dr. Becker's Substitute		4,000	
		50,775	

Administration

Salaries:

K. C. Lyu	1320	
W. S. Youm	1320	
Office Boy	240	2,880

Supplies:

Postage &c.	425
Office Supplies	300
Printing &c.	300
General Supplies	100
Travelling Expenses	400
Social Functions	100
Advertising & Publicity	350
Contingencies	200
Interest on Overdrafts	200
New York Office Charges	75
	5,350

- 2 -

Religious Department

	Income		Expenditures
		Salaries:	
Income from U S A	3,760	L. G. Paik	2,400
		C. M. Song	1,200
		Summer Conference	300
		Student Preaching	200
		Supplies	200
		Library	400
		Student Assistants	300
		Special Speakers	200
	3,760		5,200

Athletic Department

Physical Director		1,800
College Field Meet		80
All Korea Middle School Field Meet		400
Field Preparation		150
General Supplies		400
Training Expenses		500
Intercollegiate Game		250
		3,580

Dormitory

	Income		Expenditures
		1 Janitor	360
		Supplies	60
Income	1,500	Lighting	300
		Fuel	700
		Repairs	150
			1,570

Automobile

	Income		Expenditures
Income from Users	1,000	Salaries	840
Income from College	400	Supplies & Repairs	1,000
	1,400		1,840

Library

Salary	480
Magazines from U S A & local	275
Supplies	30
Book Binding	50
Books for Commercial Dep't	125
Literary "	125
Science "	125
	1,210

- 3 -
Science Department

Income		Expenditures	
Entrance Exam. Fees		**Salaries:**	
35 @ 5.00	175	C. H. Lee	2,700
Matriculation Fees		T. Tsubakida	2,400
20 @ 5.00	100	K. Katowaki	2,400
Physics Lab. Fees		D. W. Lee	2,400
50 @ 9.00	450	P. C. Kim	2,400
Chemistry Lab. Fees		C. R. Cynn	1,200
29 @ 15.00 435		K. Takahashi	500
21 9.00 189	624	O. Y. Lee	700
Surveying & Drawing Fees		Y. M. Shin	500
14 @ 3.00	42	M. H. Lee	480
Biology Lab. Fees		Student Assts. 100	15,780
8 @ 2.00	48	Scholarship	75
Tuition: 1st Yr. 15		Physics Laboratory	500
2nd " 14		Chemistry "	700
3rd " 8		Mathematics	100
4th " 13		Drawing & Surveying	100
50	3,750	Biology Laboratory	100
@ 75		Shop Work	100
		Printing &c.	50
		Museum	100
	5,189		**17,605**

Commercial Department

Income		Expenditures	
		Salaries:	
Entrance Exam. Fees		S. T. Lee	2,700
80 @ 5.00	400	U. K. Yu	2,700
Matriculations Fees		N. W. Paik	2,400
50 @ 5.00	250	P. O. Chough	2,400
Typewriting Fees	342	P. C. Son	2,400
Tuition: 1st Yr. 50		S. K. Hong	2,100
2nd " 36		New Teacher	2,160
3rd " 21		Japanese into	
107 @75 8,025		English 2 hours 240	17,100
		Supplies	200
		Scholarship	75
	9,017		**17,375**

Literary Department

Income		Expenditures	
		Salaries:	
Entrance Exam. Fees		H. P. Choi	2,400
50 @ 5.00	250	K. Takahashi	2,500
Matriculations Fees		N. S. Paik	2,700
30 @ 5.00	150	S. Nikaido	1,800
Tuition: 1st Yr. 25		I. P. Chung	1,500
2nd " 20		P. S. Yun	480
3rd " 13		I. S. Chung	480
4th " 14		S. Y. Kim	240
72	5,400	Intro. to Lit.	360
		Y. W. Kim	600	13,060
		Scholarship	75
		Supplies	200
	5,800		**13,335**

- 4 -

	Income	Property		Expenditures

Salaries:
    Superintendent   960
    2 Janitors   960
    1 "   360
    Plumber   540
    Carpenter   360

		Forester	420	
Pic		3 Student Janitors	300	3,900
Want		Supplies		300
Paid Work	300	Fuel		3,000
Field Rent	1,500	Taxes & Rent		300
Wood Sales	400	Insurance		250
Water Account	700	Forest Expenses		100
		Repairs: Roads	300	
		General	1000	
		Houses	1500	2,800
		Pump House Supplies		450
		Industrial Supplies		300
		Lighting of Campus		200
	2,900			11,500

Music Department

Supplies for Band	100
Supplies for Orchestra	20
Supplies for Glee Club	20
Other Supplies	40
	180

38. 에비슨이 브라운에게*

1928년 1월 20일

아더 J. 브라운 목사·명예신학박사
해외선교부
5번가 156번지
뉴욕시.

친애하는 브라운 박사님:

여기에 연희전문학교 1928~1929년 회계연도(4월 1일 시작)의 예산서를 동봉합니다. 그것은 이달 13일 열린 대학이사회의 집행위원회에 의해 채택되었습니다.

이 예산은 보수적으로 세워졌고, 여러 선교회로부터 받은 금액을 포함하고 있는데, 그 금액들은 현재 그들이 주기로 약속한 것입니다. 우리는 예상 신입생의 수를 보수적으로 산정하였고, 정규 학과들의 교원을 늘리지 않았습니다.

그러나 이 예산은 2개 과의 발전을 기대하게 합니다. 펜실베이니아 로체스터의 타운젠드(W. S. Townsend) 씨와 그의 회사 리퀴드 매저 게런티 컴퍼니(Liquid Measure Quarantee Company)의 기부금 덕분에 신과에서 더 큰 프로그램을 추진할 수 있게 되었습니다. 우리는 또한 오벌린대(Oberlin College)를 졸업한 매우 탐나는 한국인 청년을 체육 지도주임과 운동경기 코치로 고용할 수 있었습니다. 당신이 알듯이 우리 대학의 운동팀들이 한국의 거의 모든 전문학교 대항전에서 우승하여 본 대학의 명성을 크게 높이고 있습니다. 새 지도주임 신기준(Shin) 씨는 학생 건강까지 돌보는 책임을 맡고 그들에게 신체검사 등을 하고 있습니다.

우리는 또한 밴드 음악을 지도하는 일에서 구세군 장교 한 사람의 협력을 얻고 있습니다. 그런 목적에서 소액의 예산이 책정되었습니다.

자산 보수 책정비가 지난해보다 더 많아졌습니다. 이렇게 하는 것은 이전의 가용 금액

---

* 이 편지는 위의 차례번호 37번 에비슨이 암스트롱에게 보낸 편지와 내용이 똑같으며, 첨부된 예산서들도 똑같다. 그러므로 여기에서는 예산서의 번역을 생략한다.

이 매우 부족하여 절대적으로 필요한 일이 되었고, 몇몇 건물들을 5년이나 그 이상 사용했던 것을 고려할 때 페인트칠과 그 밖의 보수작업이 지금 매우 많이 필요해졌기 때문입니다.

우리는 안식년을 끝내가고 있는 피셔(Fisher) 교수로부터 컬럼비아대학교의 버틀러(Nicholas Murray Butler)가 자기에게 와서 카네기 국제평화재단(Carnegie Foundation For International Peace)을 통해 우리의 도서관 설립과 관련하여 어떤 일을 하자는 제안을 받았다는 소식을 들었습니다. 우리는 그 협상이 성공적인 결론을 맺고 몇 달 안에 이 방면에서 어떤 확실한 보고를 받기를 희망하고 있습니다.

일어났던 일 전체를 요약해서 반드시 말씀드려야 할 두 가지 사항이 있습니다. 우리는 대학이사회의 정책에 따라 예산에서 누적된 적자를 갚기 위해 매년 [지출] 예산에 1천 원을 책정하기로 하였습니다. 그 적자의 총액은 지금 2만 4천 또는 2만 5천 원입니다.

다른 사항은 "서점의 손실 보전을 위해" 5백 원을 책정한 것입니다. 이 사항을 설명하자면 이렇습니다. 교과서가 여러 이유에서 폐기된 까닭에 지금 우리에게 두세 종류가량의 책이 많이 쌓여 있는데, 그 책들을 정가로는 팔 수 없으므로 싸게 팔아치워야 합니다. 서점이 이윤을 남기지 않고 운영되어온 까닭에 대학 당국은 이 같은 특별 항목을 두어서 이런 손실을 메꾸는 것이 최선이라고 생각하였습니다.

서점을 두는 것이 필요해진 이유는 현지 서점들에서는 역사, 경제, 영어, 다양한 과학 과목에서 쓰는 영어 교재나 미국 교재를 얻을 방도가 없기 때문입니다. 그래서 우리는 지난 6, 7년 동안 이 책들을 직접 수입해왔습니다.

안녕히 계십시오.
O. R. 에비슨

동봉한 것이 있음.

이 편지의 사본과 예산서를 홀(E. F. Hall) 박사에게 보냈습니다.

출처: PHS

Dr. O. R. Avison

COOPERATING BOARD FOR CHRISTIAN EDUCATION IN CHOSEN

CHOSEN CHRISTIAN COLLEGE   SEVERANCE UNION MEDICAL COLLEGE

SEOUL, KOREA

COOPERATING BOARDS
BOARD OF FOREIGN MISSIONS OF THE PRESBYTERIAN CHURCH IN THE U.S.A.
BOARD OF FOREIGN MISSIONS OF THE METHODIST EPISCOPAL CHURCH
BOARD OF FOREIGN MISSIONS OF THE PRESBYTERIAN CHURCH IN CANADA
BOARD OF MISSIONS OF THE METHODIST EPISCOPAL CHURCH, SOUTH
EXECUTIVE COMMITTEE OF FOREIGN MISSIONS OF THE PRESBYTERIAN CHURCH IN THE U.S.

O. R. AVISON, M. D., PRESIDENT
H. T. OWENS, SECRETARY & TREASURER

OFFICERS OF THE BOARD
JOHN T. UNDERWOOD, CHAIRMAN
ALFRED GANDIER, VICE-CHAIRMAN
E. H. RAWLINGS, VICE-CHAIRMAN
ERNEST F. HALL, SECRETARY
156 FIFTH AVE., NEW YORK
GEORGE F. SUTHERLAND, TREASURER
150 FIFTH AVE., NEW YORK

He sent copies of this to Hall who will handle it

January 20, 1928.

Rev. Arthur J. Brown, D.D.
Board of Foreign Missions
156 Fifth Ave.
New York City.

Dear Dr. Brown:

I enclose herewith the budget of the Chosen Christian College for the fiscal year 1928-1929 (from April 1st), which was adopted by the Executive Committee of the Field Board on the 13th inst.

This budget has been made up conservatively and includes the amounts from the various Missions which are their present commitments. We have estimated conservatively on the number of new students expected and the establishment of teachers in the regular departments is not being increased.

This budget looks for an advance in two departments, however. The gift from Mr. W.S. Townsend, of Rochester, Pa., and his company, the Liquid Measure Guarantee Company, makes it possible to put on a larger program in the Religious department. We are also able to engage a very desirable young Korean, a graduate of Oberlin College, as physical director and in charge of athletic coaching. As you know the College teams have carried off nearly all the inter-collegiate championships in Korea and it has been a big gain in prestige for the College. The new director, Mr. Shin, will also have charge of the health of the students, giving them physical examinations, etc.

We are also securing the cooperation of one of the officers of the Salvation Army to give instruction in band music and a small estimate is being inserted for that purpose.

Appropriation for property repairs has been more generous than heretofore. This has been absolutely necessary inasmuch as the amounts formerly available have been very inadequate and a

-2-

good deal of painting and other repairs are now necessary considering that several of the buildings have been in use five years or more.

We received news from Professor Fisher, whose furlough is drawing to an end, that he was approached by President Nicholas Murray Butler of Columbia University, who offered to do something through the Carnegie Foundation for International Peace in connection with building up our library. We are hopeful that the negotiations will come to a successful conclusion and that within a few months we may be able to report something substantial along this line.

There are two items in the general summary of which mention should be made. In accordance with the policy of the Field Board, we are charging ¥ 1,000 against each year's budget to reimburse the accumulated current budget deficits which now total between twenty-four and twenty-five thousand yen.

The other item is a sum of ¥ 500 marked "to recoup losses in Book Store". The explanation of this item is that owing to text-books being discarded for various reasons, we have now quite a stock of books, perhaps two or three of a kind, which cannot be sold at the regular price, and which will have to be jobbed off. Inasmuch as the Book Store has been operated without profit, the College authorities thought it best to provide for these losses by this special item.

The reason why it has been necessary to have a Book Store is that otherwise it is not possible to get the English and American books that are used in History, Economics, English and the various Sciences from local book stores, so we have been importing these directly for six or seven years.

Yours very sincerely,

O.R.Avison

EK
Enclosure.

Copies of this letter and budget have been sent to Dr. E.F. Hall.

```
                Budget Summary for 1928 - 1929          FEB 15 1928

                                        Income          Expenditures

Mission Appropriations  . . . . . . . .  46,775          - - -
Dr. Becker's Substitute . . . . . . . .   4,000          - - -
Administration  . . . . . . . . . . . .   - - -          5,330
Athletic Department . . . . . . . . . .   - - -          3,580
Automobile  . . . . . . . . . . . . . .   1,400          1,840
Dormitory . . . . . . . . . . . . . . .   1,500          1,570
Library . . . . . . . . . . . . . . . .   - - -          1,210
Religious Department  . . . . . . . . .   3,760          5,200
Music Department  . . . . . . . . . . .   - - -            180
Commercial Department . . . . . . . . .   9,017         17,375
Literary Department . . . . . . . . . .   5,800         13,335
Science Department  . . . . . . . . . .   5,189         17,605
P r o p e r t y . . . . . . . . . . . .   2,900         11,500
     To reduce accumulated deficit  . .                  1,000
     To recoup losses in Bookstore  . .                    500
                                         80,341         80,225
     Contingent Fund  . . . . . .                          116

                                         80,341         80,341

                    Mission Appropriations

Presbyterian Church in U S A             Y 10,000
Methodist Episcopal Church                  8,000
Southern Methodist Mission                  5,000
United Church in Canada                     5,000       Y 28,000

Endowment: $ 100,000 Brooklyn Edison  5%  $5,000
            70,000 Lawyers Title
                    & Trust Co.     05½%   3,850
            7,000     do.           05%      350
                                           9,200  @ 49   18,775
Dr. Becker's Substitute . . . . . . . . . . . . . . . . . 4,000
                                                        50,775

                       Administration

Salaries:
          K. C. Lyu       1320
          W. S. Youn      1320
          Office Boy       240              2,880
Supplies:
          Postage &c.                         425
          Office Supplies                     300
          Printing &c.                        300
          General Supplies                    100
          Travelling Expenses                 400
          Social Functions                    100
          Advertising & Publicity             250
          Contingencies                       200
          Interest on Overdrafts              200
          New York Office Charges              75

                                            5,330
```

- 2 -

Income			Expenditures
	Religious Department		
	Salaries:		
Income from U S A 3,760	L. G. Paik		2,400
	C. M. Song		1,200
	Summer Conference		300
	Student Preaching		200
	Supplies		200
	Library		400
	Student Assistants		300
	Special Speakers		200
3,760			**5,200**
	Athletic Department		
	Physical Director		1,800
	College Field Meet		80
	All Korea Middle School Field Meet		400
	Field Preparation		150
	General Supplies		400
	Training Expenses		500
	Intercollegiate Game		250
			3,580
	Dormitory		
	1 Janitor		360
Income 1,300	Supplies		60
	Lighting		300
	Fuel		700
	Repairs		150
			1,570
	Automobile		
Income from Users 1,000	Salaries		840
Income from College 400	Supplies & Repairs		1,000
1,400			**1,840**
	Library		
	Salary		480
	Magazines from U S A & local		275
	Supplies		30
	Book Binding		50
	Books for Commercial Dep't		125
	Literary "		125
	Science "		125
			1,210

- 3 -
Science Department

Income			Expenditures	
Entrance Exam. Fees			Salaries:	
35 @ 5.00	175		C. H. Lee	2,700
Matriculation Fees			T. Tsubakida	2,400
20 @ 5.00	100		K. Katowaki	2,400
Physics Lab. Fees			D. W. Lee	2,400
50 @ 9.00	450		P. C. Kim	2,400
Chemistry Lab. Fees			C. R. Cynn	1,200
29 @ 15.00	435		K. Takahashi	500
21 @ 9.00	189	624	O. Y. Lee	700
Surveying & Drawing Fees			Y. M. Shin	500
14 @ 3.00	42		M. H. Lee	480
Biology Lab. Fees			Student Assts.	100	15,780
8 @ 2.00	48		Scholarship		75
Tuition: 1st Yr. 15			Physics Laboratory		500
2nd " 14			Chemistry "		700
3rd " 8			Mathematics		100
4th " 13			Drawing & Surveying		100
50	3,750		Biology Laboratory		100
@ 75			Shop Work		100
			Printing &c.		50
			Museum		100
	5,189				17,605

Commercial Department

Income			Expenditures	
			Salaries:	
Entrance Exam. Fees			S. T. Lee	2,700
80 @ 5.00	400		U. K. Yu	2,700
Matriculations Fees			N. W. Paik	2,400
50 @ 5.00	250		P. C. Chough	2,400
Typewriting Fees	342		P. C. Son	2,400
Tuition: 1st Yr. 50			S. K. Hong	2,100
2nd " 36			New Teacher	2,160
3rd " 21			Japanese into	
			English 2 hours	240	17,100
107 @75	8,025		Supplies		200
			Scholarship		75
	9,017				17,375

Literary Department

Income			Expenditures	
			Salaries:	
Entrance Exam. Fees			H. P. Choi	2,400
50 @ 5.00	250		K. Takahashi	2,500
Matriculations Fees			N. S. Paik	2,700
30 @ 5.00	150		S. Nikaido	1,800
Tuition: 1st Yr. 25			I. P. Chung	1,500
2nd " 20			P. S. Yun	480
3rd " 13			I. S. Chung	480
4th " 14			S. Y. Kim	240
72	5,400		Intro. to Lit.	360
			Y. W. Kim	600	13,060
			Scholarship		75
			Supplies		200
	5,800				13,335

- 4 -

	Income	Property		Expenditures
		Salaries:		
		Superintendent	960	
		2 Janitors	960	
		1 "	360	
		Plumber	540	
		Carpenter	360	
		Forester	420	
		3 Student Janitors	300	3,900
Paid Work	300	Supplies		200
Field Rent	1,500	Fuel		3,000
Wood Sales	400	Taxes & Rent		300
Water Account	700	Insurance		250
		Forest Expenses		100
		Repairs: Roads	300	
		General	1000	
		Houses	1500	2,800
		Pump House Supplies		450
		Industrial Supplies		300
		Lighting of Campus		200
	2,900			11,500

Music Department

Supplies for Band	100
Supplies for Orchestra	20
Supplies for Glee Club	20
Other Supplies	40
	180

39. 에비슨이 서덜랜드에게*

1928년 1월 20일

G. F. 서덜랜드 박사
협력이사회 회계
5번가 150번지
뉴욕시.

친애하는 서덜랜드 박사님:

여기에 연희전문학교 1928~1929년 회계연도(4월 1일 시작)의 예산서를 동봉합니다. 그것은 이달 13일 열린 대학이사회의 집행위원회에 의해 채택되었습니다.

이 예산은 보수적으로 세워졌고, 여러 선교회로부터 받은 금액을 포함하고 있는데, 그 금액들은 현재 그들이 주기로 약속한 것입니다. 우리는 예상 신입생의 수를 보수적으로 산정하였고, 정규 학과들의 교원을 늘리지 않았습니다.

그러나 이 예산은 2개 과의 발전을 기대하게 합니다. 펜실베이니아 로체스터의 타운젠드(W. S. Townsend) 씨와 그의 회사 리퀴드 매저 게런티 컴퍼니(Liquid Measure Quarantee Company)가 준 기부금 덕분에 신과에서 더 큰 프로그램을 추진할 수 있게 되었습니다. 우리는 또한 오벌린대학(Oberlin College)을 졸업한 매우 탐나는 한국인 청년을 체육 지도주임과 운동경기 코치로 고용할 수 있었습니다. 당신이 알듯이 우리 대학 운동팀들이 한국의 거의 모든 전문학교 대항전에서 우승하여 본 대학의 명성을 크게 높이고 있습니다. 새 지도주임 신기준(Shin) 씨는 학생 건강까지 돌보는 책임을 맡고 그들에게 신체검사 등을 하고 있습니다.

우리는 또한 밴드 음악을 지도하는 일에서 구세군 장교 한 사람의 협력을 얻고 있습니다. 그런 목적에서 소액의 예산이 책정되었습니다.

---

* 이 편지도 에비슨이 암스트롱에게 보낸 편지(차례번호 37번)와 브라운에게 보낸 편지(38번)와 내용이 똑같다. 에비슨은 1928년 1월 20일 수신인 성명과 주소만 바꾼 동일한 내용의 편지를 세 사람에게 보냈다. 그러므로 여기에서도 예산서 번역을 생략한다.

자산 보수 책정비가 지난해보다 더 많아졌습니다. 이렇게 하는 것은 이전의 가용 금액이 매우 부족하여 절대적으로 필요한 일이 되었고, 몇몇 건물들을 5년이나 그 이상 사용했던 것을 고려할 때 페인트칠과 그 밖의 보수작업이 지금 매우 많이 필요해졌기 때문입니다.

우리는 안식년을 끝내가고 있는 피셔(Fisher) 교수로부터 컬럼비아대학교의 버틀러(Nicholas Murray Butler)가 자기에게 와서 카네기 국제평화재단(Carnegie Foundation For International Peace)을 통해 우리의 도서관 설립과 관련하여 어떤 일을 하자는 제안을 받았다는 소식을 들었습니다. 우리는 그 협상이 성공적인 결론을 맺고 몇 달 안에 이 방면에서 어떤 확실한 보고를 받기를 희망하고 있습니다.

있었던 일 전체를 요약해서 반드시 말씀드려야 할 두 가지 사항이 있습니다. 우리는 대학이사회의 정책에 따라 예산에서 누적된 적자를 갚기 위해 매년 [지출] 예산에 1천 원을 책정하기로 하였습니다. 그 적자의 총액은 지금 2만 4천 또는 2만 5천 원입니다.

다른 사항은 "서점의 손실 보전을 위해" 5백 원을 책정한 것입니다. 이 사항을 설명하자면 이렇습니다. 교과서가 여러 이유에서 폐기된 까닭에 지금 우리에게 두세 종류가량의 책이 많이 쌓여 있는데, 그 책들을 정가로는 팔 수 없으므로 싸게 팔아치워야 합니다. 서점이 이윤을 남기지 않고 운영되어온 까닭에 대학 당국은 이 같은 특별 항목을 두어서 이런 손실을 메꾸는 것이 최선이라고 생각하였습니다.

서점을 두는 것이 필요해진 이유는 현지 서점들에서는 역사, 경제, 영어, 다양한 과학 과목에서 쓰는 영어 교재나 미국 교재를 얻을 방도가 없기 때문입니다. 그래서 우리는 지난 6, 7년 동안 이 책들을 직접 수입해왔습니다.

안녕히 계십시오.

O. R. 에비슨

동봉한 것이 있음.

출처: UMAC

TRANSFERRED

COOPERATING BOARD FOR CHRISTIAN EDUCATION IN CHOSEN

CHOSEN CHRISTIAN COLLEGE   SEVERANCE UNION MEDICAL COLLEGE

SEOUL, KOREA

COOPERATING BOARDS
BOARD OF FOREIGN MISSIONS OF THE
PRESBYTERIAN CHURCH IN THE U.S.A.
BOARD OF FOREIGN MISSIONS OF THE
METHODIST EPISCOPAL CHURCH
BOARD OF FOREIGN MISSIONS OF THE
PRESBYTERIAN CHURCH IN CANADA
BOARD OF MISSIONS OF THE
METHODIST EPISCOPAL CHURCH, SOUTH
EXECUTIVE COMMITTEE OF FOREIGN MISSIONS
OF THE PRESBYTERIAN CHURCH IN THE U.S.

O. R. AVISON, M. D.
PRESIDENT

H. T. OWENS,
SECRETARY & TREASURER

OFFICERS OF THE BOARD
JOHN T. UNDERWOOD, CHAIRMAN
ALFRED GANDIER, VICE-CHAIRMAN
E. S. RAWLINGS, VICE-CHAIRMAN
ERNEST F. HALL, SECRETARY
150 FIFTH AVE., NEW YORK
GEORGE F. SUTHERLAND, TREASURER
150 FIFTH AVE., NEW YORK

January 20, 1928.

Dr. G.F. Sutherland
Treasurer, Cooperating Board
150 Fifth Ave.
New York City.

Dear Dr. Sutherland:

I enclose herewith the budget for the Chosen Christian College for the fiscal year 1928-1929 (from April 1st), which was adopted by the Executive Committee of the Field Board on the 13th inst.

This budget has been made up conservatively and included the amounts from the various Missions which are their present commitments. We have estimated conservatively on the number of new students expected and the establishment of teachers in the regular departments is not being increased.

This budget looks for an advance in two departments, however. The gift from Mr. W.S. Townsend and his company, the Liquid Measure Guarantee Company, makes it possible to put on a larger program in the Religious Department. We are also able to engage a very desirable young Korean, a graduate of Oberlin College, as physical director and in charge of athletic coaching. As you know, the College teams have carried off nearly all the championships in Korea and it has been a big gain in prestige for the College. The new director, Mr. Shin, will also have charge of the health of the students, giving them physical examinations, etc.

We are also securing the cooperation of one of the officers in the Salvation Army to give instruction in band music and a small estimate is being inserted for that purpose.

Appropriation for property repairs has been more generous than for the previous years. This has been absolutely

-2-

necessary inasmuch as the amounts formerly available have been very inadequate and a good deal of painting and other repairs are now necessary considering that several of the buildings have been in use for five years or more.

We received news from Professor Fisher, whose furlough is drawing to an end, that he was approached by President Nicholas Murray Butler of Columbia University, who offered to do something through the Carnegie Foundation for International Peace in connection with the building up of our library. We are hopeful that the negotiations will come to a successful conclusion and that within a few months we may be able to report something substantial along this line.

There are two items in the general summary of which mention could be made. In accordance with the policy of the Field Board, we are charging ¥ 1,000 against each year's budget to reimburse the accumulated current deficit which now amounts to between twenty-four and twenty-five thousand yen.

The other item is a sum of ¥ 500 marked "to recoup losses in Book Story". The explanation of this item is that owing to text-books being discarded for various reasons, we have now quite a stock of books, perhaps two or three of a kind, which cannot be sold at the regular price and which will have to be jobbed off. Inasmuch as the Book Store has been operated without profit, the College authorities thought it best to provide for these losses by this special item.

Yours very sincerely,

O.R. Avison

EK
Enclosure.

MAR 4 1928 Filed

Budget Summary for 1928 - 1929

	Income	Expenditures
Mission Appropriations	46,775	- - -
Dr. Becker's Substitute	4,000	- - -
Administration	- - -	5,330
Athletic Department	- - -	3,580
Automobile	1,400	1,840
Dormitory	1,500	1,570
Library	- - -	1,210
Religious Department	3,760	5,200
Music Department	- - -	180
Commercial Department	9,017	17,375
Literary Department	5,800	13,335
Science Department	5,189	17,605
P r o p e r t y	2,900	11,500
To reduce accumulated deficit		1,000
To recoup losses in Bookstore		500
	80,341	80,225
Contingent Fund		116
	80,341	80,341

Mission Appropriations

Presbyterian Church in U S A	$4500-	Y 10,000	
Methodist Episcopal Church	$4000-	8,000	
Southern Methodist Mission	$2500-	5,000	
United Church in Canada		5,000	Y 28,000

Endowment: $ 100,000 Brooklyn Edison 5% $5,000
  70,000 Lawyers Title
           & Trust Co.   5½%   3,850 ⎱ 4,950-
           350 ⎰
  7,000   do.   5%   9,200 @ 49   18,775

Dr. Becker's Substitute 4,000

                                                    50,775

Administration

Salaries:

K. C. Lyu	1320	
W. S. Youn	1320	
Office Boy	240	2,880

Supplies:

Postage &c.	425
Office Supplies	300
Printing &c.	300
General Supplies	100
Travelling Expenses	400
Social Functions	100
Advertising & Publicity	250
Contingencies	200
Interest on Overdrafts	200
New York Office Charges	75
	5,330

- 2 -

	Income		Expenditures
		Religious Department	
		Salaries:	
Income from U S A	3,760	L. G. Paik	2,400
		C. M. Song	1,200
		Summer Conference	300
		Student Preaching	200
		Supplies	200
		Library	400
		Student Assistants	300
		Special Speakers	200
	3,760		5,200
		Athletic Department	
		Physical Director	1,800
		College Field Meet	80
		All Korea Middle School Field Meet	400
		Field Preparation	150
		General Supplies	400
		Training Expenses	500
		Intercollegiate Game	250
			3,580
		Dormitory	
		1 Janitor	360
		Supplies	60
Income	1,500	Lighting	300
		Fuel	700
		Repairs	150
			1,570
		Automobile	
Income from Users	1,000	Salaries	840
Income from College	400	Supplies & Repairs	1,000
	1,400		1,840
		Library	
		Salary	480
		Magazines from U S A & local	275
		Supplies	30
		Book Binding	50
		Books for Commercial Dep't	125
		Literary "	125
		Science "	125
			1,210

Science Department

Income			Expenditures
Entrance Exam. Fees		Salaries:	
35 @ 5.00	175	O. H. Lee	2,700
Matriculation Fees		T. Tsubakida	2,400
20 @ 5.00	100	K. Katowaki	2,400
Physics Lab. Fees		D. W. Lee	2,400
50 @ 9.00	450	P. C. Kim	2,400
Chemistry Lab. Fees		C. R. Cynn	1,200
29 @ 15.00	435	K. Takahashi	500
21 9.00	189 624	O. Y. Lee	700
Surveying & Drawing Fees		Y. M. Shin	500
14 @ 3.00	42	M. H. Lee	480
Biology Lab. Fees		Student Assts.	100 15,780
8 @ 2.00	48	Scholarship	75
Tuition: 1st Yr. 15		Physics Laboratory	500
2nd " 14		Chemistry "	700
3rd " 8		Mathematics	100
4th " 13		Drawing & Surveying	100
50	3,750	Biology Laboratory	100
@ 75		Shop Work	100
		Printing &c.	50
		Museum	100
	5,189		17,605

Commercial Department

Income			Expenditures
		Salaries:	
Entrance Exam. Fees		S. T. Lee	2,700
80 @ 5.00	400	U. K. Yu	2,700
Matriculations Fees		N. W. Paik	2,400
50 @ 5.00	250	P. O. Chough	2,400
Typewriting Fees	342	P. C. Son	2,400
Tuition: 1st Yr. 50		S. K. Hong	2,100
2nd " 36		New Teacher	2,160
3rd " 21		Japanese into	
		English 2 hours	240 17,100
107 @75	8,025	Supplies	200
		Scholarship	75
	9,017		17,375

Literary Department

Income			Expenditures
		Salaries:	
Entrance Exam. Fees		H. P. Choi	2,400
50 @ 5.00	250	K. Takahashi	2,500
Matriculations Fees		N. S. Paik	2,700
30 @ 5.00	150	S. Mikaido	1,800
Tuition: 1st Yr. 25		I. P. Chung	1,500
2nd " 20		P. S. Yun	480
3rd " 13		I. S. Chung	480
4th " 14		S. Y. Kim	240
72	5,400	Intro. to Lit.	360
		Y. W. Kim	600 13,060
		Scholarship	75
		Supplies	200
	5,800		13,335

- 4 -

	Income	Property		Expenditures
		Salaries:		
		Superintendent	960	
		2 Janitors	960	
		1 "	360	
		Plumber	540	
		Carpenter	360	
		Forester	420	
		3 Student Janitors	300	3,900
Paid Work	300	Supplies		300
Field Rent	1,500	Fuel		3,000
Wood Sales	400	Taxes & Rent		300
Water Account	700	Insurance		250
		Forest Expenses		100
		Repairs: Roads	300	
		General	1000	
		Houses	1500	2,800
		Pump House Supplies		450
		Industrial Supplies		300
		Lighting of Campus		200
	2,900			11,500

Music Department

Supplies for Band		100
Supplies for Orchestra		20
Supplies for Glee Club		20
Other Supplies		40
		180

40. 연희전문 농업 사역 계획서

1928년 1월 27일

연희전문학교
농업 사역에 관하여

현 단계에서 농과대학 설립을 제안하지는 않지만, 한때는 우리가 설립을 제안하지는 않았어도 실제로 사역을 시작하여, 한 학년을 졸업시키기까지 하였습니다.* 우리가 몇 가지 이유에서 그 일을 중단하였을 때, 거기에 다음과 같은 이유가 있었습니다

1. 이 과정을 신청한 학생이 너무 적었고,
2. 교원을 구하기가 힘들었으며,
3. 이 같은 학과의 운영비가 학생 수에 전혀 비례하지 않았고, 우리의 전체 수입이 다른 4개 학과, 곧 문과, 신과, 상과, 수물과를 효과적으로 운영하기에도 너무 빈약한 것을 발견하였습니다.

그러므로 무언가를 없애야 해서 위에 말한 조건이 바뀔 때까지 농업 사역을 중단하기로 하였습니다. 그래도 교사 봉급이 크게 오르고 모든 일용품의 가격이 높은 것을 고려하면, 학과를 대학 수준으로 운영하는 비용이 엄청나게 클 것입니다.

그런데 농촌의 주민들에게는 농지 소출의 증대를 위해 경작 방법을 개선하는 일만 아니라 판매, 다양한 제조업, 그리고 생활비가 평소보다 더 증가된 상황에서도 더 높은 수준에서 생활할 수 있도록 경제적 지위를 높여줄 모든 것에까지 경제적인 도움이 너무나 절박하게 필요합니다. 그런 결과를 얻는 것은 생활 수준을 단순히 동물처럼 사는 수준 이상으로 높이기 위해서만 아니라 삶을 지탱하는 동시에 인간적인 삶의 향상에 필요한 교회들과 학교들을 유지하기 위해서도 필요합니다.

---

* 1921년 농과 학생 3명이 연희전문을 제3회로 졸업하였다. 이해에는 졸업생이 오직 농과에서만 배출되었고, 이후에는 농과에서 졸업생을 내지 못하였다.

지금의 생각은 대학에 농과를 세울 것이 아니라, 먼저 교육을 잘 받은 서구 지도자를 고용하여 농업 여건과 방법과 필요한 것들을 연구하고, 다음으로 지금 대학이 소유하고 있는 농지들을 경작방법 개선을 위한 대학 학생들의 훈련장으로 활용하고, 수입 창출이 가능한 원천으로도 활용하여 그들이 대학에서 쓰는 지출비의 전부 또는 일부를 지불할 수 있게 하려는 것이 전부입니다. 여기에 더하여 우리는 서구 지도자가 농촌사회에서 친구들, 특별히 청년들을 사귀고 그들을 대학으로 초청하여 그의 사역을 견학하게 하고 그와 함께 책을 보는 것이 아니라 그의 방법을 연구하며, 그와 함께 그가 하는 일들을 실습하게 하려 합니다.

그렇게 해서 이룬 접촉은 [농민들의] 공감을 사서 우호적인 여건에서 복음의 메시지를 제시할 때 이를 듣게 만드는 특별한 가치를 지닐 것입니다.

서구 지도자의 사역은 농촌 지역들에서 양성소들을 세우는 방향으로 나아갈 것이고, 그의 학생들이 성경학교에 다니면서 그곳에 출석하는 사람들에게 그로부터 얻은 지식을 전달할 수 있게 할 것입니다.

지도자는 총독부 농업시험장에서 얻은 결과를 사용하고 서구의 농업 지식으로 보충함으로써, 농업에 종사하는 85% 인구의 경제적 지위, 특별히 기독교 공동체의 지위 향상에 크게 봉사할 수 있고, 그렇게 하여 그들의 역량을 키워 자급하는 교회들과 학교들을 세우게 하고 국내 선교사역에 더 많이 종사하게 할 수 있습니다.

그런 부서의 수장은 농업 실험의 개발에 동원될 수 있는 학생의 지원을 포함하여, 대학 토지와 모든 농장 경영과 삼림 운영을 책임집니다.

앞에서 말한 원칙들은 브루너(Edmund Des. Brunner) 박사가 최근에 농촌 경제 상황을 조사한 후에 한국에서의 기독교 발전 정책을 건의한 것과 궤를 같이하는데, 그의 보고서는 1928년 봄에 예루살렘에서 개최되는 세계선교대회에서 검토될 것입니다.

그의 보고서에서 발췌한 다음의 글은 위에서 설명한 사역의 한 특징을 보여줄 것입니다.

> 특별 농촌훈련센터. 일부 학교들이 본원적으로 겪고 있는 예산과 인력의 제약은, 물론 총독부가 가하는 교육 사역의 제약까지 더하여, 일부 학교들이 지금 제안받고 있는 바를 따라 더 선진적으로 봉사하는 것을 어리석은 일로 여기게 할 수 있습니다. 그럴 때는, 어쩌면 그렇지 않은 때라도, 가급적이면 연희전문학교와 연계하여 목사들과 평신도 지도자들에게 2주에서 4주 또는

6주 동안 연장 사역을 제공할 농촌훈련센터를 즉각 설립하는 편이 지혜로울 것입니다. 그러면 현재 운영되는 여러 학교나 특별 농민강습회에 1주에서 2주 동안 사역자들을 그곳에서 파견할 수 있습니다. YMCA가 그런 학교나 훈련센터와 협력하거나 그곳들을 활용할 수도 있을 것입니다.

*****

연희전문학교 농업사역을 위한 임시 예산안
대학에서 숙고하고 있는 정책에 따라
브루너(Brunner)의 농촌사회 사역을 위한 훈련센터 제안을 찬성함

I.	부서의 책임자는 반드시 선교사여야 하고, 최소한 농업학교를 졸업한 석사학위 취득자여야 합니다. 그런 교육에 더하여 만일 그가 종교사회연구소(Institute for Religious and Social Research) 산하 농촌부(Rural Department)의 목적과 방법도 얼마간 접한 적이 있다면 좋을 것입니다. 그런 사람에게는 우편에 제시된 봉급과는 다른 어떤 경비가 들 것입니다. (캐나다연합교회가 현재 교직원에 선교사를 보내고 있지 않은 것을 고려할 때, 그 선교부에서 바람직한 지원자를 제공할 수 있다면 적합할 것입니다.)		$3,000
II.	책임자는 반드시 일본 본토 아니면 한국에 있는 농업학교를 졸업한 본토인 졸업생을 조수로 두어야 합니다. 그런 사람에게 아마도 우편에 제시된 봉급을 주어야 할 것입니다.		900
III.	본 대학은 이미 농업용으로 쓰기 위해 지어진 건물을 두고 있는데, 그곳에서 수행하는 사역의 비용은 다음과 같을 것입니다.		575
	수위	$150.00	
	연료	250.00	
	조명	50.00	
	수리, 유지	100.00	
	급수	25.00	
IV.	위에서 언급한 2명과 학교 교원들이 강의할 때 다른 특별 강연이 필요할 수도 있는데, 그에게 사례비나 여비를 주어야 할 것입니다. 그런 이유에서 우리는 우편 금액을 포함하였습니다.		250
V.	농장 감독에게는 월 40원이 필요할 것이고, 조력자를 고용하면 우편의 비용이 들 것입니다.		500
VI.	종자, 비료, 가축, 도구 등.		500

VII.	사역 확장을 위해 어떤 인쇄물과 전문가들이 농촌센터로 오는 여비가 필요할 것이므로 우편의 금액이 필요할 것입니다.		250
계			$5,976
실제 데이터를 얻을 수 있기까지 선교사 봉급을 공제하여 농장 수입을 예상합니다.		$500 +3,000	−3,500
총계			$2,475
예상 연례 예산 $2,500			

출처: PCC & UCC

January 27, 1928.

Re: Agricultural Work at the

CHOSEN CHRISTIAN COLLEGE

It is not proposed at this stage to establish a College of Agriculture, although at one time we had not only proposed to do so but had actually begun the work, carrying it on to the graduation of one class, when we discontinued it for several reasons, amongst which are the following:

1. The number of students applying for such a course was very small.

2. Teachers were difficult to get.

3. The cost of such a department was altogether out of proportion to the number of students and we found our total revenues too meager to efficiently carry on even the other four departments, viz., Literary, Biblical, Commercial and Scientific. Therefore, as something had to be eliminated, the Agricultural work was closed until the above stated conditions should change. Even yet, the cost of such a department of College grade would be prohibitive in view of the greatly increased salaries of teachers and the higher prices of all commodities.

But the rural population is in dire need of help economically, not only in the improvement of their methods of farming so as to increase the yield of their fields, but in gaining a better knowledge of marketing, of diversified industries, and of everything that will enable them to raise their economic status to a point where they can live on a higher plane even when the cost of living on any plane is higher than it used to be. Such an outcome is required not only to raise them a degree above the merely animal but to enable them, while supporting life, to maintain the churches and schools which are necessary to their higher development as human beings.

The present idea is not to establish a College Department of Agriculture but just to employ in the first place a well-trained Western Director to study the farming conditions, methods, and needs and then utilize the fields now owned by the College as a training ground for the College students in improved methods of farming and also as a possible source of income to them that will enable them to pay their College expenses in whole or in part. In addition to this we shall expect him to make friends with the farming community, especially the younger men, and invite them to come to the College to inspect his work and to study with him, not books but his methods, and to practise with him the things he is doing.

The contacts thus made would be of special value in securing a sympathetic hearing of the Gospel message given under favourable conditions.

His work would lead to the establishment of training institutes in rural sections and his pupils could attend Bible institutes and convey to those in attendance the knowledge gained from him.

Using the results obtained from the Government Experimental Farms, supplemented by the Agricultural knowledge of the West, he could

-2-

be of great service in improving the economic status of the 85% of the population engaged in agriculture and especially that of the Christian community and in that way promote their ability to establish self-supporting churches and schools and to do more home mission work.

The Head of such a Department would have charge of the College land and all farming and forestry operations, including such student help as can be used in developing agricultural experiments.

The foregoing principles are in line with the recommendations of Dr. Edmund DeS. Brunner, made as a result of his recent survey of rural economic conditions, for an advanced policy for the Christian forces in Korea his report of which will be considered by the International Missionary Council to be held in Jerusalem in the spring of 1928.

The following extract from his report indicates one feature of the work outlined above:--

Special Rural Training Center. It is possible that the limitations on educational work imposed by the Government as well as limitations inherent in the budgetary and personnel factors at some of the schools would make it inadvisable for some institutions to undertake any advance service along the lines suggested at the present time. In that case, and perhaps whether or not, it might be wise to establish at once, preferably in connection with the Chosen Christian College, a rural training center where extension work would be offered to pastors and lay leaders covering two to four or six weeks and from which extension workers could be sent out to the many institutes now held, or to special farmers' conferences, for from one to two weeks. The Y.M.C.A. might both cooperate with and use such a school or training center.

PROPOSED PRELIMINARY BUDGET FOR AGRICULTURAL WORK AT

THE CHOSEN CHRISTIAN COLLEGE

In Line with Contemplated Policy of the College, Favouring the
Adoption of Dr. Brunner's Proposal of a Center for the Training
of Men for Work in Rural Communities.

I. The head of such a Department should be a missionary, graduate of
an agricultural school with at least a Master's degree. In addition to such training, it would be well if he also had some contact with the aims and methods of the Rural Department of the Institute for Religious and Social Research.
His salary and other expenses would cost, say $ 3,000
(Considering that the United Church of Canada has at present no
missionary connected with the Staff, it would be fitting if that
Board could supply a desirable candidate).

II. He should have as an Assistant a national graduate of some agricultural school, either in Japan proper or in Korea. Such a man
would receive a salary of probably   900

III. The College already has a building intended for agricultural purposes and the cost of carrying on work there would be as follows:

       Janitor $ 150.00
       Fuel   250.00
       Light   50.00
       Repairs & Upkeep 100.00
       Water   25.00   575

IV. While lectures would be given by the 2 men above mentioned, and
by other teachers on the Faculty, it may be that other special
lecturers would be required who would receive either honorariums
or travelling expenses. For that reason we insert an estimate of   250

V. A farm overseer, at ¥40 a month, would be necessary and certain
hired help, estimated at   500

VI. Seeds, fertilizer, live stock, implements, etc. at   500

VII. For extension work some printing would be needed and an amount
for the travel of the experts to rural centers, of say   250
                                                  TOTAL $ 5,975

Until actual data is available, we would estimate income
from the farm at $ 500.
Deduct Missionary Salary   3,000   3,500
                                                                             $ 2,475

ESTIMATED ANNUAL BUDGET, say, $2,500.00

41. 에비슨이 서덜랜드에게

1928년 1월 30일

조지 F. 서덜랜드 목사·명예신학박사
협력이사회 회계
5번가 150번지
뉴욕시.

친애하는 서덜랜드 박사님:

홀(E. F. Hall) 박사에게 방금 쓴 편지의 사본을 동봉하고 그 안에서 언급된 비망록도 함께 보냅니다. 이것들은 당신이 알고 계시라고 보낸 것인데, 이 내용을 알아야 하는 에드워즈(Edwards)[북감리회 선교부 총무] 박사와 당신의 선교부의 다른 임원들에게 이것들을 건네줄 것으로 믿습니다.

안녕히 계십시오.

O. R. 에비슨

동봉된 것이 있음.

출처: UMAC

COOPERATING BOARD FOR CHRISTIAN EDUCATION IN CHOSEN

CHOSEN CHRISTIAN COLLEGE   SEVERANCE UNION MEDICAL COLLEGE

SEOUL, KOREA

O. R. AVISON, M. D.
PRESIDENT

H. T. OWENS,
SECRETARY & TREASURER

COOPERATING BOARDS
BOARD OF FOREIGN MISSIONS OF THE PRESBYTERIAN CHURCH IN THE U.S.A.
BOARD OF FOREIGN MISSIONS OF THE METHODIST EPISCOPAL CHURCH
BOARD OF FOREIGN MISSIONS OF THE PRESBYTERIAN CHURCH IN CANADA
BOARD OF MISSIONS OF THE METHODIST EPISCOPAL CHURCH, SOUTH
EXECUTIVE COMMITTEE OF FOREIGN MISSIONS OF THE PRESBYTERIAN CHURCH IN THE U.S.

OFFICERS OF THE BOARD
JOHN T. UNDERWOOD, CHAIRMAN
ALFRED GANDIER, VICE-CHAIRMAN
E. H. RAWLINGS, VICE-CHAIRMAN
ERNEST F. HALL, SECRETARY
156 FIFTH AVE., NEW YORK
GEORGE F. SUTHERLAND, TREASURER
150 FIFTH AVE., NEW YORK

January 30, 1928.

Rev. Geo. F. Sutherland, D.D.
Treasurer, Cooperating Board
150 Fifth Ave.
New York City.

Dear Dr. Sutherland:

I enclose a copy of a letter I have just written to Dr. A.F. Hall together with the memoranda mentioned in it. These are sent for your information, and I trust you will pass them on to Dr. Edwards and any other members of your Board who ought to be informed.

Yours very sincerely,

O R Avison

EK

Enclosures.

42. 에비슨이 협력이사회 임원들에게

1928년 2월 1일

조선 기독교 교육을 위한 협력이사회 임원 제위께
뉴욕시.

친애하는 우인들께:

우리는 존 언더우드(John T. Underwood) 씨의 소중한 제안에 따라 연희전문학교의 토지 보유 또는 처분을 위한 확실한 정책을 세우고 있는데, 머지않아 협력이사회에 그것을 제출하여 검토받고 조언을 듣도록 하겠습니다.

그러는 동안 우리는 이 봉투에 임시로 이 문제를 다룬 예비 보고서를 보내겠습니다.

안녕히 계십시오.

O. R. 에비슨

동봉된 것이 있음.

조지 F. 서덜랜드 박사 앞,
5번가 150번지
뉴욕시

추신. 이 보고서를 꼭 읽으시기를 노스(F. M. North) 박사께 건의합니다.

H. T. 오웬스

*****

연희전문학교 토지 상황에 관한 예비 보고서

동양척식회사와의 거래 문제를 끝내기 위해서는 이 회사와 한국의 토지 소유 관계를 여러분이 아는 것이 바람직합니다. 이 회사의 명칭은 그들의 목적이 동양의 땅을 개발하는 것임을 암시합니다. 이 회사는 러일전쟁 후 일본의 한국 침략 준비가 시작된 직후에 설립되었습니다. 반(半)정부기관으로 조직되었고, 그 목표는 일본인의 한국 이민을 촉진하고 그들에게 토지를 용이하게 제공하기 위한 것으로 보입니다. 그러므로 어디에서든지 할 수만 있다면 농지, 특별히 논을 확보해왔고, 이런 식으로 하여 매우 큰 토지소유 회사가 되었습니다. 그 조직은 일본인에게 토지를 임대해주고 판매하는 방식으로 이루어졌는데, 당연히 그 토지는 처음에 한국인으로부터 얻은 것일 수밖에 없었습니다.

그들과 협상을 시작했을 때 우리가 대학 토지의 경계로 생각하는 범위 안에 있는 어떤 필지들을 그들이 소유하고 있었는데, 회사의 정책은 일본인 외에는 아무에게도 땅을 팔지 않는 것이었습니다. 그러나 그들은 회사가 바꾸기를 원하는 땅을 더 유리한 조건으로 얻거나 더 나은 다른 땅을 차지하기 위해 땅의 교환을 좋게 여기고 있었습니다.

그러므로 우리는 대학의 경계 안에 있는 그들 소유의 땅을 얻기 위해 그 회사가 승인한 인근의 다른 땅을 살 수밖에 없었습니다. 그때 우리가 산 땅은 우리 짐작에 한국인이 소유한 것이었습니다. 우리는 일정 금액을 한국인에게 지불하고, 그때 그에게서 소유권을 넘겨받았는데, 이 일은 한국의 통상적인 토지 구입 절차에 따른 것이었습니다. 그러나 이내 사실이 분명해졌습니다. 우리에게 팔았던 그 사람은 소유권이 없이 일본인 소유자로부터 투기로 땅을 사고, 자기가 산 땅을 분할하여 다른 사람에게 팜으로써 이 땅에서 첫 번째 매각대금을 얻고, 그런 다음 그들로부터 받은 돈의 일부를 그[일본인]에게 지불하였습니다. 그렇게 하여 자기가 받은 첫 매각대금들을 가지고 그에게 돈을 주었습니다. 그런데 일본인 소유자로부터 소유권을 얻기 위해 그의 구매 행위를 완료할 필요가 있었지만 그렇게 할 수가 없었고, 그 결과 일본인이 그가 갚기로 약속한 돈에 대해 토지구매자에게 소송을 걸자 역으로 그도 그 일본인에게 소유권을 받기 위해 소송을 걸었습니다. 그는 자기가 소유권을 받을 수 있게 되면 다른 사람들에 대한 매각을 끝낼 수 있으리라고 생각하였습니다. 이 같은 종류의 다른 많은 복잡한 거래들처럼 이 일로 변호사들이 좋은 기회를 잡아, 사건이 수년 동안 법원에서 법원으로 전전하였습니다. 그동안 우리는 동양척식회사에 넘겨줄 땅이 없었고, 그들도 자연스럽게 땅의 소유권을 우리에게 넘겨주지 않았습니다. 그래도 우리는 그 밭을 몇 년 동안 계속 사용하면서 우리가 산 농지에서 몇 년 동안 임대료도 받았습니다.

우리는 그에게 준 돈을 돌려받기 위해 판매자를 고소할 수도 있었습니다. 그렇게 하면 변호사로부터 법원은 틀림없이 그 사람에게 불리한 판결을 내리겠지만 그러는 동시에 돈을 받아내는 것이 사실상 불가능할 것이란 말을 변호사로부터 들을 수도 있었습니다. 그래서 우리는 일본인과 한국인 간의 이 싸움이 결판날 때까지 기다리라는 조언을 듣고 그렇게 하였습니다.

지난해 소송 절차가 끝나서 우리가 산 땅에 대한 소유증서를 받을 수 있게 되었고, 그 땅이 동양척식회사와의 교환을 위해서만 매입되었기 때문에, 우리는 그 회사와 협상을 재개하였습니다. 그러나 너무 오랜 시간이 흘러 그 회사 직원들이 그 자리에 남아있지 않았습니다. 우리는 처음에 합의된 내용을 전혀 몰라서 그들의 문서보관소에서 어느 협상 기록도 찾을 수 없는 사람들을 상대해야 하는 것을 알게 되었습니다. 사실상으로 새 직원들과 다시 시작해야 하였습니다. 다행히 그 회사의 새 매니저가 일본인 기독교인이었고 일본인 교원 한 명과 사이가 좋아서 우리는 이 신사분과 우호 관계를 맺기 시작할 수 있었습니다. 놀랍게도 우리는 동척이 토지 교환 관련 정책을 바꾸어 이제는 팔려고 한다는 사실을 알게 되었습니다. 그러나 우리는 돈을 농지에 투자하였으므로 그 구매 정책에 흥미를 느끼지 않았습니다. 우리는 두세 번 만난 후에 그 회사가 선뜻 교환할 수 있게 할 방법을 발견하였고, 다행히 회사가 우리에게 요구한 조건이 전에 요구했던 것보다 더 좋았습니다. 그것은 곧 처음 요구받았던 것과 거의 대등한 면적을 교환하는 것이었습니다. 그러나 회사는 우리 경내에 있는 그 땅들을 모두 처분하기를 원했는데, 이를 합치면 우리가 교환할 수 있는 것보다 더 컸고, 회사는 거래를 완료하기 위해 그들의 나머지 소유지들의 구매가 사실상 필요하였습니다. 분명히 우리에게는 한 번의 거래로 그들의 소유지들을 다 정리하는 것은 유리하였습니다. 우리는 이 거래를 진행하는 동안 전에 쓴 편지에서 거론되었던 4,264원의 지불이 필요해졌습니다

존 언더우드 씨가 1926년 봄에 기부했던 6천 불로 행한 토지거래를 다시 돌아보면, 비록 두 번째 거래 때 땅의 일부가 과거에 동척의 것이었고, 그 당시에 교환을 제안하며 처음 협상했던 땅의 일부이기는 하였어도, 위에서 설명된 거래와는 아무런 상관이 없는 전혀 새로운 거래였습니다.

그러나 그러는 동안 이 농지들을 동척이 회사를 떠나는 한국인 고용인 한 명에게 팔았는데, 그 회사는 그에게 어떤 특별한 보상을 해주기를 원하였습니다. 내가 미국에 있는 동

안에 그의 소유권이 옮겨진 사실과 함께 그가 이 땅을 합리적인 가격에 팔려 한다는 사실도 알려졌습니다. 그러나 그는 철도 남쪽에 어떤 땅을 갖고 있었는데 우리는 그 땅에 대해 우리가 갖고 싶어 하는 철도 북쪽의 땅들만큼이나 흥미를 느끼지는 못하였습니다. 그는 철도 북쪽 부분만 우리에게 팔기를 거절하면서 그 땅을 반드시 전부 사야 한다고 주장하였습니다. 우리는 우리가 특별히 관심을 가진 철도 북쪽의 땅이 다른 사람의 손에 넘어가게 하면 안 된다는 것이 그때 그 자리에 있는 이곳 사람들의 의견이었습니다. 그렇게 되면 가격이 분명히 인상될 것이기 때문이었습니다. 그래서 우리가 그 땅들을 사고 나서 철도 남쪽 땅을 처분하는 일은 어렵지 않을 것이라는 믿음으로 모든 거래를 성사시켰고, 이 일에 존 언더우드 씨의 기부금 6천 불 모두 사용하였습니다.

이제 우리가 동척과의 거래를 종결하기 위해 4,264원을 지불해야 했던 일을 다시 생각해보겠습니다. 우리가 이 4,264원을 끌어오려 하였을 때는 두 번째 거래에서 얻은 철도 남쪽의 땅을 판매할 목적이 있었고, 그 가격은 약 7천 불이었습니다. 우리가 남쪽의 땅을 그 가격 정도에서 처분할 수 있게 된다면 4,264원을 갚을 수 있을 뿐 아니라 얼마의 금액도 남기게 될 것입니다.

이 일은 우리가 거래를 종결한 직후에 열렸던 이사회 회의를 다시 생각하게 합니다. 이 구매와 관련된 모든 문제가 제기되자 이사회는 남쪽의 땅을 처분하고 그 수익으로 4,264원을 갚으라고 권고하였습니다. 대학이사회의 결정을 협력이사회에 보고했을 때, 우리가 모든 내용을 편지에서 아주 분명하게 설명하지 않았던 것이 분명하므로, 몇 년 전에 아주 처음 시작했을 때부터 있었던 일을 다시 설명하려 합니다.

현재 우리는 가격이 7천 원쯤 되는 필지를 소유하고 있는데, 그것은 본래 대학의 소유지로 산 것이 아닙니다. 우리에게 처음에 생각지도 않았던 4,264원의 빚이 있고, 모든 것과 함께 대학이 오랫동안 확보하고 싶어 했던 몇 에이커의 자산이 있습니다. 우리는 모두 이 구역의 땅값이 앞으로 몇 년 안에 크게 상승할 것이므로 결국에는 그 거래가 대학에 유익하였음이 입증될 것이라고 확신하였습니다. 이런 생각은 첫째로 땅값이 대학부지를 처음 샀을 때보다 이미 크게 오른 사실과 둘째로 총독부 철도국이 도시 한계선 안에 있는 부지를 포괄하는 계획을 세우고 있던 사실에 근거합니다. 그들은 그런 계획수립의 필요성을 높이기 위해 그 주변에 선로를 배치하여 양방향으로 일정한 시간 간격으로 운행하는 순환선을 구축하여 전 지역을 주거지로서 더 접근하기 쉽고 매력적인 곳으로 만들려 하고 있습니다.

　의심의 여지가 없이 대학 주변의 모든 땅이 수요가 커진 까닭에 땅값은 매년 더 비싸질 것입니다. 그러므로 우리가 4,264원의 빚을 지지 않았더라면, 재판매의 수익금으로 확실하게 갚을 수 있다고 생각하여, 이 땅의 일부를 팔거나 우리가 산 땅을 되파는 일을 보류하는 문제를 심각하게 고려할 사항으로 여기지 않았을 것입니다. 우리가 이 땅을 팔아야 할지 아니면 팔지 않고 이 빚을 없앨 어떤 방법을 협력이사회로부터 제안받을 수 있을지는 내가 잘 모르겠지만, 우리가 해결책을 생각하지도 않고 이 빚을 졌던 것은 아니라는 사실만큼은 이 설명으로 명료해질 것입니다.

　노스(North) 박사가 드러냈고 존 언더우드 씨가 거론했던 그 불안감, 곧 한국에서 땅을 구하려면 아주 힘든 많은 일을 겪게 될 것이라는 불안감은 실제 상황에 근거하고 있는 것 같지 않습니다. 이는 그 값을 치를 수단을 찾는 일이 지금까지 땅을 구하면서 겪은 유일한 어려움이었기 때문입니다. 그러나 미래에는 우리가 얼마나 많이 구매하려 할지는 차치하고 구매할 땅을 찾지 못하게 될 수도 있기 때문에 장차 필요해질 어떤 가능성이 있는 땅이라면 팔지 않아야 한다는 것에 전적으로 동의합니다. 우리가 한 번 샀던 땅은, 필요 없어진 것이 아주 명확하게 드러나지 않는 한, 반드시 붙들고 있어야 한다고 루이스 세브란스(L. H. Severance) 씨가 강경하게 주장하였던 것을 나는 알고 있습니다.

　보고서의 윗부분에서 언급한 대학 남쪽의 땅은 대부분 잘 경작되고 있는 농지이고 현재 바라는 바대로 농업 사역을 계속 개발하게 되면 대학에 훌륭하게 기여할 것입니다. 그것 없이도 몇 년 동안은 우리가 지금 소유한 땅으로 충분히 해나갈 수 있기는 하지만 말입니다. 그래서 만일 우리가 그곳을 팔지 않고 수지를 맞추어 살 수 있다면, 아마도 앞으로 대학에 큰 이익을 줄 것이고 그동안에는 그곳을 임대하여 거기에서 수입을 얻을 것입니다.

　이런 일을 진행하는 과정에서 우리가 겪는 어려움은 이 4,264원을 갚을 다른 어떤 방책을 얻으면 해소될 것입니다.

　현재와 미래를 위해 참고하도록, 우리가 쓰려고 하는 모든 토지의 숫자와 면적과 비용의 목록을 여러분께 드리고, 이 편지에 동봉해서 보낼 다른 지도에서도 같은 방식으로 표시하여, 내가 이미 존 언더우드 씨에게 보냈던 지도를 참고하는 실수를 피하도록 하겠습니다. 그러면 토지들에 대해 기록한 것에서 여러분이 그것들을 찾아볼 수 있고 처음 비용과 현재의 가격을 볼 수 있으며, 그로써 당신이 더 나은 입장에서 우리에게 토지 문제에서 어떤 건의를 하도록 조언할 수 있습니다.

  이 편지의 어느 곳에서 언급한 대로 철도 시설이 놓이는 점을 고려하여, 앞으로 어떤 손해를 입지 않도록, 우리가 어떤 땅을 구하고 처분할지를 잘 검토해서 정책을 세워야 하고 이곳과 뉴욕 양쪽으로부터 의견의 일치를 얻도록 노력해야 할 것이 분명합니다. 이쪽에서 내가 똑같은 모양을 한 지도들을 준비하고 있는데, 하나는 존 언더우드 씨에게, 하나는 협력이사회 총무에게, 하나는 회계에게 보내려 합니다. 그와 동시에 하나는 나와 오웬스 씨가 갖고, 하나는 대학 사무실에 두려 합니다.

출처: UMAC

TRANSFERRED

COOPERATING BOARD FOR CHRISTIAN EDUCATION IN CHOSEN

CHOSEN CHRISTIAN COLLEGE   SEVERANCE UNION MEDICAL COLLEGE

SEOUL, KOREA

COOPERATING BOARDS
BOARD OF FOREIGN MISSIONS OF THE PRESBYTERIAN CHURCH IN THE U S A
BOARD OF FOREIGN MISSIONS OF THE METHODIST EPISCOPAL CHURCH
BOARD OF FOREIGN MISSIONS OF THE PRESBYTERIAN CHURCH IN CANADA
BOARD OF MISSIONS OF THE METHODIST EPISCOPAL CHURCH, SOUTH
EXECUTIVE COMMITTEE OF FOREIGN MISSIONS OF THE PRESBYTERIAN CHURCH IN THE U S

O. R. AVISON, M. D.
PRESIDENT

H. T. OWENS,
SECRETARY & TREASURER

OFFICERS OF THE BOARD
JOHN T. UNDERWOOD, CHAIRMAN
ALFRED GANDIER, VICE-CHAIRMAN
E. H. RAWLINGS, VICE-CHAIRMAN
ERNEST F. HALL, SECRETARY
156 FIFTH AVE., NEW YORK
GEORGE F. SUTHERLAND, TREASURER
150 FIFTH AVE., NEW YORK

February 1, 1928.

To the Officers of
The Cooperating Board for Christian Education in Chosen
New York City.

Dear Friends:

    We are working out a definite policy for the holding or disposal of land by the Chosen Christian College which we shall soon submit to the Cooperating Board for its consideration and advice, in line with Mr. John T. Underwood's valuable suggestions.

    In the meantime we are forwarding in this cover a preliminary statement touching this subject for ad interim purposes.

                Very sincerely,

                O. R. Avison

Enclosure.

To Dr. George F. Sutherland
150 Fifth Ave.
New York City.

P.S. I suggest that Dr. F. M. North should read this statement. H.T.Owens.

PRELIMINARY STATEMENT CONCERNING LAND SITUATION
AT THE CHOSEN CHRISTIAN COLLEGE

In order to make the matter of our dealings with the Oriental Development Company clear, it is desirable that you should understand the relation of this company to land holdings in Korea. The name of the Company implies that its aim is the development of land in the Orient. It was established soon after the Japanese began their preparations for taking over Korea after the Russo-Japanese War. It was organised as a semi-government institution and its object appears to have been to promote the immigration of Japanese into Korea and to facilitate the provision of land for them. It therefore secured farming land wherever it could, especially rice land, and in this way became a very large land-holding company. Its organisation being made in such a way as to favour the renting and selling of land to Japanese, of course that land had to be in the first place obtained from the Koreans.

When we began negotiations with it for certain pieces of land owned by it within the contemplated boundaries of our College property, the policy of the company was not to sell land to any but Japanese; but it was willing to exchange certain pieces for other land as good or better on terms that were more favourable to the company than to those who wished to make the exchange.

Therefore, in order to obtain the land which it owned within the boundaries of the College, we were compelled to purchase other lands in localities nearby which were approved by the company. The purchases which we made then were made from a Korean owner, as we supposed. A certain amount of money was paid to this Korean who was then to turn over the deeds to us, this being all in accord with the usual method of procedure in land purchases in Korea. However, it soon became apparent that the man from whom we had purchased had not the deeds in his possession but that he was in the act of purchasing a tract of ground from a Japanese owner as a speculation, and that he got the money for his first payments on this land by selling portions of his purchase to others, who in turn paid part of their purchase money to him, thus supplying him with cash to make his first payments. But in order to get the deeds from the Japanese owner, it was necessary for him to complete his purchases and this he was unable to do and as a result the Japanese sued him for money he had promised to pay while he in turn sued the Japanese to obtain the deeds, realising that if he could get possession of the deeds, he could complete his sales to others. As in many other complicated deals of this kind, this gave the lawyers a fine opportunity and the case went from court to court through a series of years, during which time we had no land to turn over to the Oriental Development Company and naturally they would not turn over the deeds of their fields to us, although we continued to use the fields for several years and also for a period of years we drew the rent for the fields we had purchased.

We might have sued the man from whom we had purchased to recover the money which he had obtained from us and were told by a lawyer that without any doubt the courts would give judgment against him, but at the same time collection would practically impossible; so that we were advised to await the conclusion of this quarrel between the Japanese and the Korean, which we did.

-2-

The completion of the legal proceedings last year made it possible for us to get the deeds of the land we had bought and as the land had been purchased only to enable us to make an exchange with the Oriental Development Company, we renewed negotiations with that company. However, the passing of so long a time had resulted in the transference of many of the officials of the company so that we found we had to deal with men who knew nothing of the original agreement and were unable to find in their archives any record of the negotiations so that practically we had to begin over again with the new officials. Fortunately, the new manager of the company was a Christian Japanese and a good friend of one of our Japanese teachers and we were able to begin by securing the friendship of this gentleman. To our surprise, we learned that the company had changed its policy with regard to the exchange of lands and was now willing to sell, but of course we had put our money into fields and the purchasing policy had no attraction for us. After two or three conferences we found a way by which the company was willing to make the exchange and fortunately the terms demanded by the company were more favourable to us than they had formerly been. That is to say, it was more nearly an even exchange of area than had been originally asked for. However, the company desired to dispose of all the plots it had within our boundaries and this made a larger total area than we could exchange for and the company practically required purchase of the balance of their holdings in order to make the deal complete. Obviously it was to our advantage to clean out their holdings in the one transaction. It was in the carrying out of this deal that it became necessary for us to pay the ¥ 4,264 formerly referred to in our correspondence.

Going back to the land transaction which involved the $6,000 which Mr. Underwood contributed in the spring of 1926, that was an entirely new transaction having nothing to do with the deal described above although some of the land of this second transaction had formerly belonged to the Oriental Development Company and at that time was part of the land originally negotiated for in the proposed exchange. In the meantime, however, these fields had been sold by the Oriental Development Company to one of its Korean employees who was leaving the company and to whom they wished to offer some special compensation. The fact of his ownership developed while I was in America and it became known at the same time that he was offering this land for sale at a reasonable figure. He however had some land south of the railroad track, which did not interest us, as well as the lots north of the railroad track, which we desired to have. He declined to sell us only the part north of the railroad insisting that the property must be purchased as a whole. It was the opinion of the men who were here on the field at that time that we should not allow the fields north of the railroad, in which we were especially interested, to get into the hands of other people as the price would certainly be higher if they did. So, in the belief that it would not be difficult to dispose of the lots south of the railroad after our purchase of them, the whole deal was carried through and this used up Mr. Underwood's total contribution of $6,000.

Now to go back to the ¥ 4,264 which we had to pay out to complete the deal with the Oriental Development Company. It was our purpose when we involved ourselves in this sum of ¥ 4,264, to sell the property south of the railroad, which we had obtained in the second deal, and as it was worth, in round figures, ¥ 7,000, we could see that if we could dispose of the southern lots at anything like their value, we would be able not only to repay the ¥ 4,264 but to have a sum left.

This brings us back to the meeting of the Board of Managers held soon after these deals had been completed. The whole matter of these purchases was laid before the Board and it was recommended that the southern lots be

-3-

disposed of and the ¥ 4,264 be paid out of the proceeds. When the action of the Field Board of Managers was reported to the Cooperating Board, our letter evidently did not make all these transactions quite plain and so I am giving this resumé of what happened from the very beginning several years ago.

As it is now, we own a piece of land worth around ¥ 7,000 which we had not purchased originally for a College holding and we have an indebtedness of ¥ 4,264 which we had not originally contemplated having and with all we have several acres of property which the College has long wanted to secure. We are all confident that in the end the transactions will prove profitable to the College, because land values in all this section will greatly increase within the next few years. This opinion is based first upon the fact that land values are already much greater than they were when the College site was first bought; and secondly upon the fact that the Railway Department of the Government is working out a plan for the inclusion of the site within the city limits and, to make it more accessible, is arranging to run a line of track around it so that there will be established a belt line of trains running at frequent intervals both ways, thus making the whole region more accessible and more attractive as a residential section.

Without doubt, all the land around the College will become more valuable year by year as the demand for it increases. We would not, therefore, consider it a serious matter to hold back from sale any part of this property or from reselling that which we purchased, as described, with the expectation of reselling it, if it were not for the ¥ 4,264 indebtedness which we incurred with the apparent certainty of being able to repay it from the proceeds of the resale. Whether we should sell this, I am not sure, or whether the Cooperating Board can suggest some method of discharging this obligation without selling, I of course do not know, but I trust this explanation will have made it clear that we did not involve ourselves in this debt without having considered that we had a way of discharging it.

The fear expressed by Dr. North and referred to by Mr. Underwood, that we might have a good deal of difficulty in acquiring land in Korea does not seem to be based upon actual conditions as so far the only difficulty in the way of acquiring land has been to find means to pay for it. I quite agree, however, that land should not be sold if there is any probabliity that it will be needed in the future because in the future we might find it impossible to purchase it no matter how much we might desire to do so. I know Mr. L.H. Severance was very insistent upon us holding on to land that we had once bought unless it was perfectly clear that it would never be wanted.

The land south of the College, referred to in the above statements, is mostly good farming land and would be of good service to the College if it is goes on to develop agricultural work in accordance with its present hope, although, without it, we would have enough for some years to come with the land we now own. So that if we can make ends meet without selling it, it will probably greatly to the advantage of the College in the future and in the meantime it is possible to rent it and thus secure an income from it.

Our difficulty in this course of procedure would be solved if we had some other way of making up this payment of ¥ 4,264.

For the sake of present and future reference, I will give you a list of the numbers, areas and costs of all the lots of land that we are likely to be writing about and will also mark the lots in the same way on another map which I will enclose in this letter, lest I might make a mistake in referring to the maps already sent to Mr. Underwood. Then in writing about any pieces of land you can look them up, note the original cost and the present value

-4-

and so be in a better position to advise us as to any proposition we may make about land matters.

It is evident that, in view of the coming railroad facilities referred to elsewhere in this letter, we ought, in the interest of avoiding future loss to have a well considered policy as to what land we should acquire and what we should dispose of and we are trying to get a consensus of opinion on this both here and in New York. To this end I am having a set of maps prepared, all alike, and will have one sent to Mr. Underwood, one to the Secretary of the Cooperating Board and one to the Treasurer of the same, as well as one for myself and Mr. Owens and one for the College office.

I find that we, in the absence of such maps, continually fail to make our references to property clear to all. It is not that we are without maps but that we have failed to supply all concerned with them or else that we have not always supplied like maps to all. Many of our maps having been made at different times with different ends in view, are unlike each other; we are now making a number of outline maps which we can use as occasion may demand; and as our property lines change by reason of purchases or sales, we will put in these details and send new maps to you all so that you can always have before you the latest status of our property.

43. 세전 에비슨 동상 제막식과 신병실 봉헌식 보고서

세브란스연합의학전문학교에서 1928년 3월 20일 개최된 행사들

1928년 3월 20일은 세브란스 의료기관과 어떤 식으로든 관계가 있는 모든 사람에게 오랫동안 기억될 날이었다. 같은 날에 개막된 동상과 봉헌된 건물을 보고 어느 누가 몹시 들뜬 기분을 느끼지 않겠는가? 세브란스연합의학전문학교 동창회가 사랑하는 교장 에비슨(O. R. Avison) 박사의 동상을 세우고자 하는 그들의 바람을 마침내 실현할 수 있게 되었다는 말을 10월에 듣고 아주 크게 흥미를 느끼며, 에비슨 박사를 많이 닮은 동상을 보게 된 것을 모두 기뻐하였다. 한 사람만이 아니라 그를 사랑하는 모든 사람이 그를 보게 되었기 때문이다. 바로 이달은 신병실이 완공된 일로 기억될 것이다. 에비슨 동상의 제막과 신병실의 봉헌이 이 의료기관의 발전을 위하는 모든 이의 마음을 크게 사로잡아, 이 두 행사의 책임자들이 두 기념식을 같은 날에 거행하기로 결정하였다. 그러나 "가장 잘 짜인 계획"이라고 때때로 널리 알려지곤 했던 계획이 이 경우에는 길을 잃었고, 본 의료기관의 역사에서 신기원을 이룰 새 건물은 3월까지 완공되지 않았다. 그러다 졸업식 날이 가까워지면서 그 일을 크게 기념할만한 기회로 만들기 위해 동상의 제막식, 의학생과 간호학생 졸업식, 신병실의 봉헌식을 1928년 3월 20일 같은 날 하기로 결정하였다.

그에 따라 이 세 가지 행사의 초청장을 본 의료기관의 수많은 우인에게 발송하고, 참석이 예상되는 내빈들을 가장 잘 모실 방법에 대해 계획을 세웠다. 개막식은 병원 잔디밭에서, 졸업식은 교회에서, 봉헌식은 신병실의 앞마당에서 거행하기로 결정하였다. 그 행사들은 거론한 순서대로 진행될 것이었다. 그러나 이 위대한 날에 이르렀을 때 날씨가 흐리고 위협적이었다가 나중에 따뜻해지고 밝아지자, 개막식에 참석한 군중이 졸업식을 같은 장소에서 거행하는 편이 가장 좋겠다고 생각하였다. 그리하여 의사 8명과 간호사 3명이 숨 막힐 듯한 건물 안보다 훨씬 상쾌한 "천국의 깨끗하고 자유로운 공기" 아래 트인 공간에서 졸업증서를 받았다. 그런 다음 군중이 언덕으로 몰려가 신병실의 잠긴 문 주위에 둘러섰다. 이처럼 현대적이고 훌륭한 장비를 갖춘 건물을 지을 수 있게 해준 이들[존 세브란스와 그의 자매 프렌티스 부인]의 관대함에 사의를 표명하면서, 병들고 불행한 이들에 대한 향후의 봉사 사역을 위해 병실을 봉헌하였다. 이후에 에비슨 부인이 은 열쇠로 문을 열자 모든 참석자가 오랜 기간 회자 된 병원을 둘러보고, 교직원 부인들과 일부 간호사들이 대접하는 간단한 다과회에 참석하였다.

***

오후 순서는 다음과 같았다.
2시 제막식

***

이 행사 초청장은 다음과 같았다.

세브란스연합의학전문학교 동창회는
교장 에비슨의
동상 제막식에
참석하여 자리를 빛내주기를 제위께 삼가 요청합니다.
3월 20일 화요일 오후 2시
세브란스병원 부지,
한국 경성
홍석후(S. H. Hong)*
동창회 회장

***

---

* 홍석후(洪錫厚, 1883~1940): 경기도 화성 출생으로 관립의학교를 다니다 세브란스의학교에 편입하여 제1회 졸업생이 된 후, 계속 모교에서 가르쳤다. 안과에서 일하다 1921년 미국 캔사스시 치과대학, 뉴욕 의과대학에서 연구하고 돌아와 한국 최초의 이비인후과 의사가 되었다. 1929년 학감이 되었으나, 1931년 학교를 떠나 개업하였다.

행사 순서

오케스트라 전주, 부츠(J. L. Boots) 부인 인도
1. 세브란스연합의학전문학교 합창단 합창
2. 성경 봉독
3. 기도
4. 동창회장 인사, 홍석후 의사
5. 제막
6. 에비슨 박사의 생애, 이용설(Y. S. Lee) 의사
7. 오케스트라 연주
8. 동창회 보고
9. 산파간호부양성소 합창단 합창
10. YMCA 전국연합회 이사장 윤치호 남작 환영사
11. 병원교회 원목 오순형(S. Y. Oh) 목사* 축도
    오케스트라 후주

***

홍석후 의사의 인사말은 다음과 같았다.

우리는 오늘 오후 에비슨 박사의 동상을 제막하기 위해 이곳에 모였습니다. 이 일은 우리가 한 사람을 이같이 기념해야 할 이유가 무엇인지를 잠시나마 생각할 필요가 있게 합니다. 기념석과 동상이 막강한 왕과 제후, 승리한 전사, 위대한 정치가, 유명한 발명가와 뛰어난 학자를 기념하기 위해 건립되는 것은 사실이지만, 우리에게는 이것이 사람의 손으로 세운 가장 독특한 동상입니다. 이 동상은 멀리 뻗어간 제국의 수립을 기리기 위한 것도 아니고,

---

* 오순형(吳舜炯): 평양 장로회신학교를 1920년 제13회로 졸업하고 영등포교회에서 목회하다 1928년부터 1933년까지 세브란스병원 구내에 있는 남대문교회에서 목회하였다. 여기에서 소개된 그의 이름의 영어 이니셜은 'S. Y. Oh'이지만 오순형을 가리키는 것으로 이해된다.

신기원을 이룬 전투의 승리를 기리기 위한 것도 아니며, 엄청나게 쌓인 행운을 기리기 위한 것도, 학문으로 획득한 국제적인 명성을 기리기 위한 것도 아니라, 우리와 앞으로 올 세대들에게 우리가 우리 하나님을 어떻게 가장 잘 섬길 수 있는지를 상기시키고 이로써 우리 사람을 숭고해지게 만들기 위해 이곳에 세워집니다. 이 동상은 오늘 오후에 우리가 경의를 표하기를 원하는 사람의 인품과 봉사에 감사하는 마음을 증언하기 위한 것입니다.

에비슨 박사는 35년의 세월 동안 그에게 낯선 사람들 사이에서 힘들게 수고하여 우리에게 세 가지 방면에서 영향을 끼쳤습니다. 첫째로, 에비슨 박사는 하나님을 섬기는 일에서 인간의 희생이 무엇을 의미하는지를 매우 강력하게 가르쳤습니다. 약 6년 전 마이놋(Minot)[노스다코다 주립대학]에 있었을 때 나는 우연히 에비슨 박사의 오랜 동창을 만나 그로부터 다음의 이야기를 들었습니다.

에비슨 박사는 1887년 토론토대학교(Toronto University)를 졸업하고 의료인이라면 바랄 만한 빛난 전망이 있었습니다. 그때 그는 토론토 시에서 가장 유망한 청년 의사였습니다. 부와 명성이 그의 손에 쉽게 들어왔고, 그 당시에 의료계에서 최고의 자리에 오를 것으로 생각되었습니다. 그래서 그가 한국에 의료선교사로 가기로 결심하였다는 소식은 그의 친구들에게 청천벽력 같았습니다. 실로 그를 미쳤다고 생각하여 그에게 강력하게 충고하고 그 일에 대해 더 잘 생각해보라고 요청하며, 한 손의 장밋빛 전망과 다른 한 손의 불확실한 삶을 그에게 상기시키면서 유망한 청년이 가야 할 가장 마지막 장소가 무엇이라고 생각되느냐며 그를 깨우치려 한 사람들도 일부 있었습니다. 그러나 청년 에비슨에게 그들의 모든 충고는 하찮은 것이었습니다. 그에게 부와 명성은 첫 번째로 고려할 사항이 아니었습니다. 그는 하나님이 그에게 지시하신 곳으로 가기를 원하였고, 그래서 유혹하는 주변 환경과 친구들의 강력한 반대를 무릅쓰고 한국에 왔습니다. 확실히 그런 사람은 우리의 찬사를 받을 가치가 있습니다.

둘째로, 한국에서 에비슨 박사의 삶은 철저히 주는 삶이었습니다. 자신의 삶을 이 땅에서 하나님을 섬기는 일에 바쳤을 뿐 아니라, 우리가 이곳에서 오늘 오후에 둘러본 모든 것과 그보다 더 많은 것까지 우리에게 주었습니다. 그는 우리에게 병원과 의학교를 주었습니다. 그는 수만 명의 사람에게 건강과 축복을 주었습니다. 그는 지식을 찾는 수백 명의 청년이 교육을 받게 하였습니다. 그는 이 땅에서 기독교 기관들을 조직하고 운영하는 일에 소중한 조언을 하고 영향을 끼쳤습니다. 그는 어둠 속에서 더듬는 사람들에게 빛을 주었습니다. 그는 자녀를 [한국 선교사로] 바치고 자녀에게 그분[하나님]의 대의를 알려주었습니다. 마지막으로 그는 우리에게 그의 고귀한 삶의 모범을 보여주어 우리가 그의 발자취를 따를 수 있게 하였습니다. 누가 이 사람보다 더 많은 것을 주겠습니까?

마지막으로, 이 동상은 그가 모든 이를 자애롭게 대하고 잘못하고 뉘우치는 사람들을 기꺼이 용서한 것에 대해 말해줍니다. 나는 에비슨 박사처럼 기꺼이 용서하는 사람을 본 적이 없습니다. 그가 학교와 병원에서 오랫동안 종사하면서 업무 수행과 관련하여 엄격하게 다루는 것이 마땅했던 고용인이나 조력자가 용서의 힘을 통해 자신의 선함과 가치를 입증한 사례가 무수히 많았고, 그리하여 그의 밑에서 일한 모든 사람의 마음을 얻었습니다.

거룩하게 바쳐진 이 터에 세워진 이 동상이 산상수훈(Sermon on the Mount)*의 원칙에 따라 사는 그런 삶만이 위대하다는 것을 우리에게 항상 깨우쳐주기를 기원합니다.

***

이용설 박사가 교장의 전기를 다음과 같이 읽었다.

그는 68년 전 1860년 6월 30일 영국 요크셔의 재거그린(Jagger Green)에서 태어나 1866년 부모를 따라 영국에서 캐나다로 갔습니다.

1876년 캐나다 온타리오주 알몬트(Almont)에 있는 고등학교를 졸업하였습니다.

1877년 캐나다 온타리오주 퍼스(Perth)에 있는 사범학교를 졸업하고 교사 자격증을 받았습니다.

---

* 신약성경 마태복음 5~7장에서 예수가 갈릴리 지방의 한 산에서 기독교인의 삶이 어떠해야 할 것을 가르친 교훈의 말씀이다. 여기에 유명한 8복(5장 3~12절)의 가르침이 포함되어 있다.

1878년 온타리오주 키틀리(Kitley)에 있는 공립 초등학교 교사로 임명되었습니다.

1879년 캐나다 오타와의 사범학교를 1년간 수학하였습니다.

1880년 온타리오주 키틀리의 공립 초등학교에서 계속 가르쳤습니다.

1881년 약학을 공부하기 시작하였습니다.

1884년 온타리오 약학교를 졸업하고 금메달을 3개 받았습니다. 졸업한 직후에 온타리오 약학교(Ontario School of Pharmacy)에서 약물학, 식물학, 현미경 작업을 가르치도록 임명되었습니다. 그와 동시에 토론토 의학교(Toronto School of Medicine)에서 의학을 공부하였습니다.

1887년 토론토대 의과대학을 졸업하고 의사(M.D.) 학위를 받았으며, 외과의사(C.M.) 학위도 받았습니다. 또한, 온타리오 피지션스 앤 서전스 대학(Ontario College of Physicians and Surgeons)에서 세포병리학석사(M.C.P.)와 S.O. 학위도 받았습니다. 졸업 후에 토론토대(University of Toronto) 의과대학(Medical Department)의 교원으로 임명되었고, 그러는 한편으로 의술을 펼쳤습니다. 이때 그는 의학교와 약학대학 두 곳에서 가르쳤습니다. 가르치는 일 외에 개인 진료도 매우 번창하여 나중에 그가 의료선교사로 한국에 올 것을 결심하였을 때는 그의 친구들이 그에게 미쳤다고 말하였습니다. 그러나 그는 한국에 대해 들은 후 그곳에 대한 관심이 매우 커져서 1893년 교수 자리를 포기하고 개인 의업을 종료하고 한국으로 출발하였습니다. 1893년 8월 서울에 도착하였습니다. 그는 황제가 세운 한국 왕립병원[제중원]을 맡았고, 왕실 가족의 시의로도 임명되었습니다. 그는 한국인을 교육하여 의사로 만드는 것이 아픈 사람들을 돕는 것보다 훨씬 더 필요한 것을 발견하고 즉시 외국의 의학 교과서를 한국어로 번역하기 시작하였습니다. 의사들의 제1회 졸업식은 1908년 6월에 거행되었습니다. 그들 가운데 세브란스연합의학전문학교 이비인후과 교수이자 세브란스의전 동창회장인 홍석후 의사와 선천의 유명한 개업의인 주현칙(Chu) 의사가 있었습니다. 이 두 사람은 오늘 이 자리에 있습니다.

1899년 그는 미국으로 돌아가서 1900년 뉴욕에서 열린 선교대회에서 강연하였습니다. 강연에서 그는 한국에 본토인 외과 의사와 내과 의사를 가르칠 의학교 설립의 필요성에 대해 말하였습니다. 그 회의장의 발코니에 앉아있던 한 사람이 그가 한 모든 말에 특별한 관심을 가진 듯하였습니다. 모임이 끝났을 때 그는 에비슨 박사에게 와서 혹시 의학교 설계도를 가지고 있느냐고 물었습니다. 에비슨 박사가 가지고 있다고 말하였습니다. "그렇다면 그것으로 진행하시오"라고 그 사람이 말하였습니다. 그는 루이스 세브란스(Louis H. Severance) 씨였습니다.

1904년 세브란스 씨가 준 2만 5천 불의 기부금으로 첫 번째 병원 건물이 건축되었습니다. 러일전쟁이 끝났을 때 한국과 일본 사이에 정치적 충돌이 벌어졌고, 서울에서는 한동안 정규전[1907년 군대해산으로 인한 한국군의 저항]이 벌어진 듯하였습니다. 에비슨 박사는 적십자사 외과 의사로 활동하면서 약 50명의 부상한 군인들 보살폈습니다.

1906년 대한제국 황제로부터 4급 태극훈장을 수훈하였습니다.

1907년 대한제국 황태자로부터 황태자의 혼례를 기념하는 기념 메달을 받았습니다.

1909년 세브란스 씨가 그에게 의학교 건물을 짓도록 또 다른 기부금 3만 5천 불을 주었습니다. 그 건물이 오늘날 학교 본관이자 약국입니다. 이때로부터 의학교가 큰 폭으로 성장하기 시작하였습니다.

1917년 의학교가 총독부의 인가를 받고, 세브란스 사립 전문학교의 재단법인의 조직도 인가를 받았습니다. 그는 또한 언더우드(H. G. Underwood) 목사·박사를 승계하여 연희전문학교 교장으로 선출되었습니다.

1922년 새로운 교육법[제2차 조선교육령]에 따라 (세브란스) 의학교가 사립전문학교(I Gakko Semmon Gakko)로 인가를 받았고, 1923년 학교가 그곳 졸업생들이 총독부의 또 다른 시험을 치지 않고 의술을 행할 자격을 완전히 갖추는 것을 인가받았습니다. 이것은 오랜 기간 해결되기를 바라며 견뎌온 문제였고, 우리 세브란스의전 사람들은 그가 그것을 얻기 위해 오랫동안 부단히 수고해온 것을 잘 알고 감사하고 있습니다.

1923년 조선총독부로부터 그가 한국에서 오랜 기간 교육 봉사를 지속한 공로로 은제 화병을 받았습니다.

1924년 한국인들에게 한 의료봉사를 인정받아 황태자의 혼례 때 일본 천황으로부터 은컵을 받았습니다.

같은 해에 그가 본국으로 돌아가 2년간 힘들게 수고하며 수백 번 연설하고 수천 마일을 여행한 결과 성공적인 모금 운동을 펼쳐 신병실이 방금 완공되고 오늘 봉헌을 앞두게 되었습니다. 우리는 그 건물의 현대식 구조와 설비를 자랑스럽게 여깁니다.

1924년 토론토대학교에서 M.D.(종합대학의 의학박사〈Ph.D. in Medicine〉학위와 동등한 것입니다) 명예학위를 받았습니다.

1925년 오하이오주 우스터대학(College of Wooster)에서 명예법학박사(LL.D.) 학위를 받았습니다.

에비슨 박사가 68세가 되었고, 한국을 자기 나라로 받아들인 지 35년째가 되었습니다. 그때 그는 25세였습니다. 그는 반스(Jennie Barnes) 양과 결혼하여 아들 여섯과 딸 하나를 두었습니다. 그들 가운데 2명은 현재 한국에서 선교사로 있습니다.

에비슨 부인은 그가 정신적으로나 육체적으로 피곤해졌을 때 그를 독려하였습니다. 그래서 그가 그런 훌륭한 반려자를 두지 않았더라면 그처럼 성공하지 못하였으리라는 것에 우리는 모두 동의합니다. 그뿐 아니라 그녀 자신도 한국 여성을 위해 훌륭한 사역을 많이 하였습니다.

175명의 졸업생과 금년도 신입생들을 포함하여 126명의 학생이 있습니다.

그의 개인적인 인품에 관해 홍석후 박사가 이미 말했지만, 한 가지, 곧 그의 마음, 계획, 행동이 모두 한국과 그 나라 사람들을 위한 것이라는 점을 덧붙이고 싶습니다.

윤치호 남작의 축사는 유머와 정념과 간결함이 어울린 보석이었습니다.

홍석후 의사가 나에게 요청하기를 영어로 길게 연설하고 나서 한국어로 통역하라고 하였습니다. ― 그런데 이 모든 것은 3분 내로 하게 하였습니다. 내가 만일 홍 의사가 바라는 그 모든 것을 성취한다면, 나도 동상을 세울만한 사람일 것이 틀림없을 것입니다.

에비슨 박사는 지난 35년 동안 세 가지 놀라운 일을 이루었습니다. 그가 한국 정부 병원을 맡았을 때, 그곳에 환자 1명에 40명의 "주사"(主事) 또는 관리들이 있는 것을 발견하였습니다. 우리는 그가 그런 상황에 대처해야 했던 시기를 대수롭지 않게 여길 수 있습니다. 그는 아마도 환자 40명과 주사 1명을 다루기가 더 쉽다는 것을 알아차렸을 것입니다. 그처럼 장래성이 보이지 않았던 출발에서 오늘날 우리가 보고 있는, 이처럼 눈부신 세브란스병원을 문자 그대로 창조하였습니다.

그는 의학교를 교과서도 없이, 더 힘들게는 그의 사상을 전할 어휘집도 없이 시작하였습니다. 그러나 이 모든 어려움과 실망스러운 여건에도 불구하고 그는 한국에서만 아니라 극동 전체에서도 이런 종류로는 제1인자가 되는 의학교를 창조하였습니다.

그가 이룬 세 번째로 놀라운 일은 이것입니다. 그처럼 큰 임무를 성취한 사람은 누구나 오늘날의 에비슨 박사처럼 유명해지겠지만, 그가 놀라운 것은 유명해지고 살이 찌는 것을 어떻게 동시에 관리할 수 있었는가 하는 것입니다.

세브란스의전의 동창회가 자신들이 사랑하고 존중하는 사람에 대한 사의와 감사를 동상의 형태로 표현한 것은 대단히 사려 깊은 일이었습니다. 어떤 사람은 살아있는 사람을 위한 동상 건립이 관행에 아주 부합하는 일이 아니라고 생각합니다. 그러나 관행에 맞든지 맞지 않든지 간에 관(棺)에 화관을 걸어놓는 것보다는 사람들이 걷는 길에 꽃들을 뿌려놓는 것이 더 합리적이라고 생각합니다.

동창회가 할 수 있는 것을 알게 되기를 바라는 한 가지 일이 있습니다. 그것은 박사님 곁에 에비슨 부인의 동상을 또 하나 세우는 것입니다. 박사님이 일생에 걸쳐 위대한 사역을 하는 것을 그녀가 가능하게 만들었다는 사실 때문에 그것이 필요하지는 않다고 사람들은 생각할 것입니다. 그녀가 두 아들을 한국에 선교사로 내어준 사실은 그녀를 충분히 기념할 일입니다. 청동이나 대리석으로 표현될 수 있는 것보다 더 낫습니다. 두 분, 곧 에비슨 박사님과 사모님께 우리를 위한 두 분의 위대한 봉사로 인해 한국인들을 대표하여 감사를 드립니다.

***

오후 3시 졸업식

1. 개회사
2. 기도
3. 국가 제창
4. 성경 봉독
5. 의학교 졸업생들과 간호사들에 대한 학위증서 수여
6. 기념품 증정
7. 총독과 도지사 대리인 연설
8. 박영효 후작 축사
9. 졸업생 답사
10. 졸업생 졸업가 제창
11. 폐회

의사 8명과 간호사 3명이 학위증서를 받아서, 졸업한 사람은 모두 의사 175명과 간호사 77명이 되었다.

***

오후 3시 45분 신병실 봉헌식

반버스커크(J. D. VanBuskirk) 부교장이 "우리는 오늘 이곳에서 사람에 대한 섬김을 통해 하나님을 섬기기 위해 이 건물을 바칩니다"라고 말하였다.

그런 다음 찬송가를 부르고, 그 후 외국인들을 대표하여 하디(R. A. Hardie) 의사가 다음과 같이 간략하게 연설하였다.

이 건물은 환자들에게 위안과 신체 치료를 제공하고 그들에게 우리의 하늘 아버지 하나님의 사랑을 나타내어 그들과 다른 사람들을 예수님이 영원한 생명이 되시고, 예수님 자신이 길이요 진리와 생명이심을 선포하셨던, 하나님을 아는 지식으로 이끌기 위해 건립되었습니다.

이 건물을 사용하는 이들에게 바치는 일에서 이사회는 꾸준히 **시설**을 보존하고 **장비**와 **교직원**을 가장 유망한 수준으로 끌어올리며, 예수가 제자들에게 시키고 선한 사마리아인의 비유로 설명하셨던 사랑과 봉사의 분위기로 환자를 감싸기 위해 신실하게 노력할 것을 서약합니다.

그런 다음 한국 감리교회를 대표하여 김종우(Kim Chong Woo) 목사가 "선한 사마리아인"의 비유를 읽고, 한국 장로교회를 대표하여 한석진(Han Suk Chin) 목사가 봉헌 기도를 인도하였다.

그런 다음 교장이 다음과 같이 연설하였다.

이 건물은 세브란스연합의학전문학교의 이사회가 모든 인종, 언어, 신앙을 지닌 환자들, 그러나 더 특별히는 한국인 환자들을 치료하는 시설을 늘리기 위해 건립하였습니다. 그 자금은 존 세브란스(John L. Severance) 씨와 프렌티스(F. F. Prentiss) 부인과 몇 명의 다른 기부자들이 주었습니다. 그 비용은 완전히 설비를 갖추면 약 12만 5천 원 또는 어쩌면 조금 더 들 것입니다.

이 건물의 유지를 위해 이 관대한 기부자들, 곧 존 세브란스 씨와 프렌티스 부인이 10만 원을 6% 이자로 투자해주셔서, 이 기본재산에서 연 6천 원의 수입을 얻을 것입니다.

이 금액으로 세브란스 기부금의 총액이 자본계정으로 약 50만 원이 되고, 이에 더해 선교사 6명의 봉급 1만 8천 원과 현금 2만 9천 원, 총 연 4만 7천 원을 본교 예산을 위해 기부하고 있습니다.

그러므로 지금 미국과 아시아 전역에서 알려지고 사랑받고 있는 이름인 '세브란스'라고 불리고 있습니다.

그러므로 우리는 무엇보다 먼저 고 루이스 세브란스(L. H. Severance) 씨와 그의 아드님과 따님의 마음에 이 의료기관의 건립을 시작할 뿐만 아니라 오늘날의 상태로 발전시킬 생각을 넣어주신 하나님께 감사하기를 원합니다.

그런 다음으로 우리는 가장 진실된 감사를 기부자들에게 표현하기를 원하지만, 그들이 이곳에 없어 본인들의 손으로 직접 받지 못하는 것이 다만 유감입니다. 그 감사를 여러분, 곧 한국인들이 그들에게 전하고 싶어 하는 줄을 나는 알고 있습니다.

이 신병실은 몇 개 방에 가구를 비치할 시간이 걸리는 것만 제외하고는 지금 입실할 준비가 끝나 있지만, 이런 것은 우리의 보살핌이 필요할 만큼 불행한 이들을 편안하게 해주기 위한 준비가 어떠한지를 여러분이 판단할 수 있게 할 것입니다.

이후에 의장이 "계약을 훌륭하고 신실하게 완료한 이 병원의 건축업자 용공운(Wong Kong Woon) 씨가 이사회를 대표하는 나에게 지금 이 건물의 열쇠들을 줄 것입니다"라고 말하였고, 용 씨가 열쇠들을 주고 나서 의장이 그에게 은컵을 그의 신실한 작업과 성공적인 건물 완공을 기념하는 선물로 주었다.

내빈들이 축사를 하였다.
다음으로 의장이 에비슨 부인께 건물의 문을 열도록 요청하였다. 그녀가 마스터키를 받고 현관문을 열었다.
밀러(F. S. Miller) 목사*가 축도를 하였다.
의장이 이제 건물이 열렸으니 모두 들어가서 돌아보고 가는 길에 2층에서 간단한 다과를 받기를 바란다고 광고하였다. 그가 모두에게 참석해준 데 대해 감사하고 나서, 그들이 건물을 살펴보았다.
이로써 이 날의 행사들이 종료되었다.
동상에 새겨진 글은 두 가지, 하나는 영어로, 또 하나는 한문으로 쓰였다. 영어로 된 것은 다음과 같다.

---

* 밀러(Frederick S. Miller, 1866~1937, 한국명: 민노아): 북장로회 선교사로 1892년 내한하여 서울에서 활동하면서 고아학당(구세학당)을 운영하기도 하였다(그가 맡았던 기간에는 민노아학당으로 불렸다). 1904년부터 청주에서 충청도 선교를 이끌었으며, 1936년 은퇴하고 청주에서 지내다 1937년 사망하였다.

에비슨(O. R. Avison), 약학사(Phar.G.), 의사와 외과석사(M.D.C.M.), (토론토대학교 명예학위)[M.D.], 명예법학박사(LL.D.). 영국에서 태어나 캐나다에서 교육받고 1893년부터 한국에 의료선교사로 가서, (미국 북장로회 해외선교부 소속이지만, 그는 모든 기독교회 선교회의 종이다) 한국, 서울 세브란스연합의학전문학교 교장이 되었다. 에비슨 박사의 학생들, 세브란스연합의학전문학교 동창회가 그의 사랑에 대한 감사, 한국을 위한 그의 위대한 사역에 대한 감사, 주 예수 그리스도의 이름과 성령 안에서 같은 종류의 봉사를 그들의 민족에게 계속 베풀기를 바라는 뜻을 표시하기 위해 1927년* 이 동상을 세웠다.

한자로 새겨진 글은 영어로 된 것과 아주 다르다. 반버스커크 의사가 그것을 다음과 같이 번역하였다. 원 글의 동양적인 느낌을 유지하기 위해 노력하였다.

이 건물들은 큽니다—이는 박사님이 계획한 것입니다.
졸업생은 늘어나고 번창합니다—이는 박사님의 과업입니다.
그의 사역은 언제나, 먹고 잘 동안에도 생명을 줍니다.

그가 서구에서 오자 바람과 물결이 잔잔해지고, 생명이 잉태되었습니다.
그 시작이 힘들었다는 이야기를 우리는 노인들에게서 들었습니다.
건물들은 그의 성실한 노동에서 나왔고,
다섯 가지 물질[철, 나무, 회, 돌, 종이]은 필요하지 않았습니다.

우리가 학문을 이미 마쳤고, 우리도 성장하고 나이가 들었지만,
그의 눈에는 우리가 여전히 어리고, 그는 우리를 어릴수록 더 존경하며,
안경 낀 눈을 돌려 우리를 사랑으로 바라봅니다.

이제 완성된 그의 동상을 제막하면서 우리는,
그의 팔을 잡아 그것을 쳐다보게 하고는
"이분이 누구입니까?"라고 묻습니다.

---

* 1927년은 동상의 명문을 작성한 연도로 보인다.

당신이 많은 해를 살기를, 당신의 동상이 오래 지탱하기를,
봄이 천 번을 오도록 당신과 동상이 서로 마주하기를 바라고,
세월이 만 년을 지나도록 당신에게 평화와 기쁨이 있기를 바랍니다.

피터스(A. A. Pieters) 목사가 한문 시를 의역하였는데, 그것은 다음과 같다.

이 건물들은 매우 사랑스럽고 크게 솟아났습니다!
박사님 말고는 누가 이를 다 창작할 수 있었겠습니까?

학생들의 수는 꾸준히 늘어나고 --
물론, 그들은 자기 일을 합니다. 그래요, 자기 일만 합니다.

자나깨나 그에겐 단 하나의 계획만 있으니,
이는 질병에 걸린 이들에게 생명과 건강을 주는 것입니다.

대양의 바람과 파도가 잔잔해졌으니,
그가 생명을 품고 서구에서 길을 돌리자 그렇게 되었습니다.

시작할 때 힘들었던 것은 모두가 잘 압니다.
우리는 노인들이 이 실화를 말하는 것을 자주 들었습니다.

이 건물들은 그의 수고만으로 세워졌습니다.
철이나 나무나 종이나 회나 돌이 아니었습니다.

이 학교와 가르침은 철저하고 확실하며,
그곳에서 배우는 이들은 현명하고 성숙합니다.

우리도 조금 알고, 우리 자신을 현명하게 여기지만,
그래도 당신의 눈에는 우리가 아기일 뿐입니다.

지금도 당신이 제자들을 아이처럼 대하는 까닭에,
우리에 대한 당신의 생각은 늘 부드럽고 달콤합니다.

당신의 수정같이 맑은 시선은 위로부터 우리를 따라오고,
친절과 빛나는 사랑을 표현합니다.
조각가가 좋은 청동을 가지고 이 동상을 만들어,
이제 우리가 그것을 가린 천들을 붙잡고 제막합니다.

기도하고, 손을 내밀어 주세요. 가까이 와서 이것을 보세요.
이 보습과 자세가 익숙하지 않습니까?

많은 해가 지나도록 당신이 우리에게 은혜를 베풀기를 바라고,
수 세기가 지나도록 이 동상이 사라지지 않기를 바랍니다.

당신들이 서로를 보는 동안 많은 해가 왔다가 가겠지만,
당신의 삶에 늘 기쁨이 넘치기를 바랍니다.

피터스 씨가 또한 우리에게 한국 문학 과목 조수가 한문을 문학적으로 번역한 것을 제시하였다. 그것은 다음과 같다.

그 건물들은 크고 훌륭합니다-이는 박사님이 창작한 것입니다.
먹거나 잘 때에도 그는 항상 사람들에게 생명을 줄 계획을 세웁니다.

그가 생명을 품고 서구에서 오자 바람과 파도가 일제히 잔잔해졌습니다.
시작은 힘들었습니다. 우리는 이 이야기를 노인들에게서 들었습니다.
그가 힘들게 수고하여 건물들을 세웠습니다.
다섯 가지 물질 가운데 무엇이 필요합니까?
(철, 나무, 회, 돌, 종이)

교육은 철저하였고, 이를 통해 사람들이 성숙해졌습니다.

그렇습니다. 우리는 잘 컸지만, 당신은 여전히 우리를 어린아이로 봅니다.
당신의 눈에는 우리가 아이인 까닭에, 우리를 향한 당신의 생각이 아름답습니다.
당신이 맑은 눈으로 우리를 생각할 때 당신의 사랑의 기쁨이 더 깊어집니다.

빛나는 금속으로 만든 이 동상이 세워져서, 이제 그것을 가린 천을 벗깁니다.
당신은 그곳으로 인도되어 질문을 받습니다. -"이분이 누구십니까?"

당신이 오래 살기를, 그리고 당신의 동상이 사라지지 않기를 바랍니다.
당신들이 오랜 세월 서로 마주하고, 당신의 행복이 영원히 지속되기를 바랍니다.

다음의 시는 마틴(S. H. Martin) 박사가 줄로 묶인 동상이 운반되어 그것을 위해 준비된 기단 위에 놓이는 것을 보았을 때 쓴 것이다.

올리버를 세움(The Raising of Oliver)

저기로 이동하는 그 행렬은 무엇을 뜻하나요?
　　잰 실로 묶고 천천히,
나무 상여 위에 놓고
　　머리부터 발끝까지 모두 묶고

빳빳하고 경직된 거대한 형체,
　　인간의 모습인가요? 그러나 아니에요.
아마도 실험실에서 쓸 표본일지도
　　아니면 박물관의 유령 쇼일지도 모르지요.

엄청나게 거대한 환자이군요.
　　오래전 아일랜드의 거인처럼
이제 런던 학교를 빛낼 분은

"존 헌터(John Hunter)의 도둑질"이라고 우리는 들었어요.##

아이들이 깜짝 놀라 멈춰섰네요
  붕대를 감은 유령을 보기 위해.
그것이 천천히 기단 위로 올려지고 있군요
  쇠사슬과 갈고리에 의해.

그러나 저무는 해가 북한산 꼭대기에 이르자
  낮은 구름을 뚫고,
웃는 얼굴과 형체가 나타났어요
  수의 밖으로.

위엄있는 형체를 펜으로 드러냈어요
  등을 보이면서,
품위 있지만 친절한 생각으로
  모든 선(線)과 모양을 보여주었어요.

교직원과 간호사, 더불어 감탄하는 군중
  둘러서서 그들의 친구를 보세요.
그런데 저기 근처에 있는 사람은 누구인가요?
  땅파기가 끝났나요?

왜 그 사람이 낙관주의자 "원장"#인가요?
  누가 위대한 일을 하나 끝마쳤나요?
그런데 그가 자금은 어디에서 얻었는지 궁금하군요.
  또 다른 병동을 지을 자금 말입니다.

지금 어떤 사람은 아마도 동상을 좋아하겠지요
  청동과 월계수 잎들로 빚은 동상을.
그러나 내게는 에비슨 박사님을 주세요.

정확히 그 사람 그대로!

유명한 존 헌터는 아일랜드 거인의 몸을 질병으로 훔치고 그것을 런던 내과와 외과 대학 안에 주입하였다.
원장은 교장을 가리킨다.

***

다음의 글은 서울프레스(Seoul Press)지 1928년 3월 28일자에 실린 보고서를 인용한 것인데, 홍석후 의사의 연설과 비문을 제외한 모든 것이 이미 게재되었다.

영예를 얻은 에비슨(O. R. Avison) 박사
재학생들과 동창회가 동상을 걸립하다.

지난 화요일에 세브란스병원 부지가 활기찬 광경을 선보였다. 그때 재학생과 학교 관계자와 우인 수백 명이 원근 각지에서 와서 세브란스연합의학전문학교의 졸업식에 참석하였다. 전에는 졸업식이 졸업 주간에 펼쳐진 다양한 행사로 주목을 받았지만, 이번에는 그날의 행사 순서에서 덜 중요한 역할만 맡았다. 에비슨 박사의 제막식과 [신병실] 개관식이 대부분의 시간을 차지하였다.

제막식은 오후 2시 동창회장 홍석후 의사의 사회로 바로 시작되었다. 행사가 진행되는 동안 부츠(J. L. Boots) 부인이 이끄는 세브란스연합의학전문학교 현악 오케스트라가 그 행사에 적합한 곡을 연주하였다. 성경 봉독과 기도 후에 홍석후 의사가 일어나 행사에 걸맞는 훌륭한 연설을 한국어와 영어로 하였다. 한 인물이 지칠 줄 모르는 노력으로 하나님을 모르는 수천 명의 사람을 일으키고 치유하여 한국인들의 존경을 한 몸에 받았던 것이 홍 박사의 잘 준비된 다음 연설에서 잘 드러났다. (위의 글 참고)

홍석후 의사의 연설에 이어 홍석후 의사와 다른 동창생 2명이 에비슨 박사의 동상을 제막하였다. 청동으로 만들어진 그 동상이 돌 기단 위에 세워졌다. 에비슨 박사의 실물 크기 형상은 이왕가 미술관의 조각가 야마모토

(Yamamoto) 씨의 작품이다. 그 작품은 모든 세부묘사가 뛰어났고 야마모토의 작업은 세계에서 가장 뛰어난 조각상과 긍정적으로 견줄 수 있다. 그 동상은 남쪽을 향하고 기단석에는 영어와 한문이 새겨져 있다. 영어로 새긴 글은 쉴즈(Miss E. L. Shields) 양*의 작문이고, 한문으로 새긴 글은 연희전문학교 한문 교수 정인보(Chung In Po) 씨가 수고한 것이다. 영어로 새긴 글은 다음과 같다. (위의 글 참고)

에비슨 박사의 전기 낭독, 동창회 보고, 세브란스의전 부속 산파간호부양성소 간호사들의 합창, 윤치호의 환영사, 북경협화의학원(P.U.M.C.) 외사과 과장 마츠마라(M. Matsmara) 씨가 보낸 축전 낭독, 다른 순서들로 그 행사가 끝이 났다.

제막식 직후에 졸업식이 거행되었다. 의학 과정 졸업생은 8명이었으나, 간호학교 졸업생은 3명이었다. 총독 야마나시(Yamanashi)[山梨半造] 장군과 경기도 지사 요네다(Yoneda)[米田甚太郎]가 보낸 축사가 이들이 보낸 대리자들에 의해 대독되었다. 행사가 끝나갈 때 박영효 후작이 간단한 연설을 하였다.

졸업식이 끝나자 모두 존 세브란스([John] L. Severance) 씨와 그의 자매가 건축비를 기부한 신병실 앞에 모였다. 예정된 행사가 끝난 후 에비슨 부인이 현관 열쇠를 건네받았다. 그녀는 행사의 마지막 순서로서 문을 열고 모두를 초청하여 새 건물들 둘러보게 하였다. 새 건물은 4층 높이에 벽돌과 콘크리트로 지어졌다. 1층에는 교장실, 사무실, 그 밖에 행정실이 있다. 나머지 3개 층은 최신식이고, 환기가 잘 되는 성인과 아동용 개인 병실들이 있다. 넓은 옥상 정원과 일광욕 휴게실은 그 건물의 또 다른 특징이다.

출처: UMAC

---

* 쉴즈(Esther S. Shields, 1868~1940): 북장로회 간호 선교사로 1897년 내한하여 서울 제중원, 선천 미동병원에서 활동하다 제중원으로 돌아와 1906년 간호부양성소를 설립하였다. '한국의 나이팅게일'이라 불릴 만큼 간호교육과 간호사역 발전에 크게 기여하고, 1939년 귀국하였다.

EVENTS OF MARCH 20, 1928, AT THE S. U. M. C.

The twentieth of March, 1928, was a day that will long be remembered by all those who are in any way connected with the Severance institution. Who would not feel rather exalted to have a statue unveiled and a building dedicated in one day? In October, the community was very much interested to hear that the Alumni of the Severance Union Medical College were at last able to realize their desire to erect a statue to their beloved president, Dr. O. R. Avison, and all were delighted to see the bronze statue that looked so much like Dr. Avison, not as one person sees him, but as all who love him see him. That same month was supposed to mark the completion of the New Hospital Wing, and the unveiling of the statue to Dr. Avison and the dedication of the New Building bulked so large on the horizon of all interested in the welfare of the institution that those responsible for these two events decided to hold both ceremonies on the same day. But the "best laid plans," as they are well known to do at times, went astray in this instance, and the new building, that marks an epoch in the history of the institution, was not complete until March. And then, as Commencement Day was approaching, it was decided to make a very memorable occasion of the affair and unveil the statue, graduate the medical students and nurses and dedicate the new building on the same day, the afternoon of March 20, 1928.

Accordingly, invitations to the three events were issued to the numerous friends of the institution and plans made as to the best way to accommodate the expected guests. It was decided to hold the ceremony of unveiling on the hospital lawn, the Graduation Exercises in the Church, and the dedication ceremony on the plaza in front of the new building. The events were to come off in the order named. However, when the great day arrived, cloudy and threatening at first but later warm and bright, such a crowd attended the unveiling ceremony that it was deemed best to hold the Graduation Exercises in the same place. Thus, the eight doctors and three nurses received their diplomas in the open, under the "clean, free air of heaven," so much pleasanter than inside a stuffy building. Then the crowds surged over the hill to stand around the locked door of the New Hospital Wing while acknowledgment was made to those whose generosity made such a modern and finely equipped building possible, and while the hospital was dedicated to its future ministry to the sick and unhappy. Following this, the door was unlocked with a silver key by Mrs. O. R. Avison and all present inspected the long-talked-about hospital and partook of light refreshments served by the wives of the staff members and some of the nurses.

The programs for the afternoon were as follows, -

    2 P. M.   UNVEILING OF STATUE.

The invitations to this were as follows, -

    The Alumni of Severance Union Medical College
    request the honor of your presence
    at the
    UNVEILING CEREMONY OF THE STATUE
    of
    PRESIDENT AVISON
    On the afternoon of Tuesday, the twentieth of March
    One thousand nine hundred and twenty eight
    at two O'clock
    Severance Compound,
    Seoul, Korea

-2-

PROGRAM.

Prelude by Orchestra, led by Mrs. J. L. Boots
1. Song by S.U.M.C. Chorus.
2. Scripture Reading.
3. Prayer.
4. Remarks by Chairman, Dr. S.H.Hong.
5. Unveiling.
6. Biography of Dr. Avison, by Dr. Y.S.Lee.
7. Orchestra.
8. Report of Alumni Committee.
9. Chorus by Severance School for Nurses.
10. Greetings by Baron T.H.Yun, President Y.M.C.A. **National Council.**
11. Benediction by Rev. S.Y.Oh, pastor of Hospital Church.
    Postlude by Orchestra.

Dr. S. H. Hong's address was as follows, -

"We are assembled here this afternoon to unveil the statue of Dr. O. R. Avison, and it behooves us to think, for a moment, of the reasons why a man should thus be honoured. It is true that monuments and statues are erected to the memory of mighty kings and princes, successful warriors and great statesmen, celebrated inventors and eminent scholars, but to us this is the most unique statue that has been set up by the hands of man. This is put here not to commemorate a far-stretching empire that has been built up, nor an epoch-making battle that has been won, nor a colossal fortune that has been accumulated, nor an international fame that has been acquired through learning, but it is put up here ever to remind us and the generations to come how best we can serve our God, thereby making our lives sublime. This statue is a testimonial of our appreciation of the character and service of the man whom we wish to honour this afternoon.

"Dr. Avison, in his thirty-five years of arduous labour among people strange to him, has impressed us in three ways. First of all, Dr. Avison has taught most forcibly what personal sacrifice in the service of God means. Some six years ago, while in Minot, North Dakota, I, by chance, met an old classmate of Dr. Avison from whom I heard the following story:

"Dr. Avison graduated from Toronto University in 1887 and had the brightest prospects that any medical man could possibly wish for. He was then a most promising young physician in the city of Toronto. Wealth and fame were within his easy grasp, and at that time it was thought he would rise to the top of his profession. So the news of his decision to go to Korea as a medical missionary came to his friends like a bolt from the blue. Indeed, there were some who thought him mad and strongly remonstrated with him asking him to think better of it, reminding him of the rosy outlook on the one hand and uncertain life in Korea on the other, which was then considered to be the last place to which a promising young man should go. But to young Avison all their remonstrances were in vain. With him wealth and fame were not of first consideration. He wanted to go where God had directed him and so he came to Korea in spite of alluring circumstances and in the teeth of strong opposition from his friends. Surely, such a man is worthy of our Living Tribute.

"In the second place, Dr. Avison's life in Korea has been that of a Giver through and through. Not only has he given his life to God's service in this land, but he has also given us everything that we see around here this afternoon, and much more. He has given us the hospital and the

-3-

medical college. He has given health and blessing to tens of thousands of people. He has given education to hundreds of young men who sought knowledge. He has given valuable counsel and influence in the organization and carrying on of the Christian institutions in this land. He has given light to those who groped in the dark. He has consecrated and given his children to His cause. Finally, he has given us the example of his noble life that we may follow in his foot-steps. What man is there who has given more than this man?

"Finally, this statue speaks of his loving kindness toward all and his readiness to forgive those who were in error and have repented. I know of no one who is ever so ready to forgive as Dr. Avison. In his long connection with the school and hospital, there have been innumerable instances where an employee or an assistant, deserving to be taken severely to task, was made to prove himself good and worthy through the power of forgiveness, which has won the hearts of all who worked under him.

"May this statue in these hallowed grounds ever remind us that that life alone is great which has lived itself out according to the principles of the Sermon on the Mount."

Dr. Y. S. Lee read the following biography of the President:

"He was born June 30, 1860, sixty-eight years ago, at Jagger Green, Yorkshire England and in 1866 went from England to Canada with his parents.

1876 He graduated from High School, Almonte, Ontario, Canada.
1877 He graduated from the Model School in Perth, Ontario, Canada, and received a teacher's certificate.
1878 He was appointed to be teacher of the public primary school in Kitley, Ontario.
1879 Studied one year in normal school in Ottawa, Canada.
1880 Continued to teach in the public primary school of Kitley, Ontario.
1881 Began to study pharmacy.
1884 Graduated from Ontario School of Pharmacy and received three gold medals. Right after graduation, he was appointed to teach materia medica, botany and microscopic work in the Ontario School of Pharmacy while he was studying medicine in the Toronto School of Medicine.
1887 Graduated from Toronto School of Medicine and received the degrees M. D. and C. M. Also, from the Ontario College of Physicians and Surgeons, he was given degree M. C. P. and S. O. After graduation, he was appointed as a teacher in the Medical Department of the University of Toronto while he was practicing medicine. This time he was teacher of both the Medical School and College of Pharmacy. Besides his teaching work, his private practice was so prosperous that later on, when he decided to come to Korea as a medical missionary, his friends said he was crazy. However, after he heard about Korea, he was so interested that in 1893 he resigned the teaching position, closed his private practice and started for Korea. In August, 1893, he arrived in Seoul. He took charge of the Royal Korean Hospital which was established by the Emperor and also he was appointed as the physician to the Royal Family. He found it was even more necessary to train natives as doctors than merely to

-4-

help the sick people, so he immediately began to translate the foreign medical textbooks into the Korean language. The first graduation of doctors was in June, 1908. Among them were Dr. Hong, now Professor of Ear, Nose, and Throat at Severance Union Medical College and Chairman of the Severance Alumni, and Dr. Chu, a well-known practitioner of Syenchun, both of whom are here to-day.

In 1899 he returned to America and spoke at a Mission conference in New York in 1900. In his talk, he spoke of the need of establishing a medical school in Korea which would train native surgeons and physicians. A man sitting in the balcony of the meeting hall seemed to pay particular attention to every word he said. At the close of the meeting, he came to Dr. Avison and asked him if he had his plans for the medical school. Dr. Avison said he had. "Then go ahead with them," said the man. He was Lois H. Severance.

In 1904, with a gift of $25,000 from Mr. Severance, the first hospital building was erected. At the close of the Russo-Japanese War, there was political conflict between Korea and Japan and for a while it was like a regular war time in Seoul. Dr. Avison acted as a Red Cross Surgeon and took care of about fifty wounded soldiers.

In 1906, he received the fourth class decoration of Taiguk from the Emperor of Korea.

In 1907, from the Crown Prince of Korea he received a souvenir medal commemorating the Prince's wedding.

In 1909 Mr. Severance gave him another gift of $35,000 for a medical school building, which is the main building for the school and dispensary at present. From this time on, the medical school began to grow on a big scale.

In 1917 the medical school was recognized by the Government and also the Saidanhojin of Severance I Gakko Semmon Gakko was organized. He was also elected to succeed Rev. Dr. H. G. Underwood as the President of the Chosen Christian College.

In 1922, according to the new educational law, the medical school was recognized as an I Gakko Semmon Gakko and in 1923 the school was recognized as fully qualified to graduate the students to practice medicine without having another examination from the Government. It was a long-standing problem to solve and we folks of Severance well understand and appreciate his long continuous hard effort to get that.

In 1923, from the Governor General of Chosen, he received a silver vase for his long-continued educational service in Korea.

In 1924 he received a silver cup from the Japanese Emperor at the time of the Crown Prince's wedding, in recognition of his medical service to the Korean people.

The same year he returned home and as the result of over two years of earnest effort, hundreds of speeches, and thousands of miles of traveling, he made a successful campaign for a new hospital which is just finished and ready for dedication to-day. We are proud of its modern structure and equipment.

In the year 1924 he received the honorary degree of M. D. from Toronto University (the equivalent of Ph. D. in Medicine from other universities).

In 1925 he received the honorary degree of LL. D. from the College of Wooster, Ohio.

Dr. Avison is sixty-eight years old and it is thirty-five years since he adopted Korea as his own country. When he was twenty-five years old, he was married to Miss Jennie Barnes and they have six sons and one daughter. Two of them are missionaries to Korea at present.

We all agree that Mrs. Avison has encouraged him when he became tired, either mentally or physically, and he might not have been so successful if he had not had such a good companion. Besides, she had been doing lots of good work for the Korean women herself.

There are one hundred seventy-five graduates and one hundred twenty-six students, including this year's new students.

About his personal character, Dr. Hong has already spoken but I want to add one more point, that is, his whole heart, plan, and action are for Korea and her people."

Baron Yun Tchi Ho's congratulatory address was a gem in humor, pathos and brevity.

"Dr. Hong asks me to make a long English speech and then to translate it into Korean - and all this in three minutes. If I could accomplish all that, as Dr. Hong desires, I should deserve a statue myself.

"Dr. O. R. Avison has done three wonderful things during the thirty-five years past. When he took charge of the Korean Government Hospital, he found in it one patient and forty "chusas" or officials. We can easily see what a time he must have had in dealing with such a situation. He would probably have found it easier to handle forty patients and one chusa. Out of that unpromising beginning he has literally created this splendid Severance Hospital which we see to-day.

"He started a medical school without textbooks, and worse still, without a vocabulary to convey his ideas. Yet in spite of all these difficulties and discouraging circumstances, he has created a medical school which is a prince of its kind, not only in Korea but in all the Far East.

"The third wonderful thing he has done is this: anyone who has accomplished such great tasks may well become famous as Dr. Avison is to-day, but the wonder is how he could have managed to become famous and fat at the same time.

"It was very thoughtful on the part of the Alumni Association of the Severance Medical College to express their appreciation and gratitude in the form of a statue for the man whom they love and honor. Some think it is not quite orthodox to erect a statue for a man while he is living. But orthodoxy or heterodoxy, I think it is more rational to strew some flowers on the path which a man walks on than to heap floral crowns on his coffin.

"There is one thing which I wish the Alumni Association had found a coffin feasible to do: that is to have erected another statue by the side of the Doctor's for Mrs. O. R. Avison. I suppose they thought it unnecessary since the fact that she has made it possible for the Doctor to do his great life work so well, and the fact that she has given two missionary sons to Korea are sufficient memorials for her, better than can be expressed in bronze or marble. I thank you, Dr. and Mrs. Avison, in the name of the Korean people, for the great service you have done for us."

3 P. M. GRADUATION EXERCISES.

1. Opening remarks.
2. Prayer.
3. National Anthem.
4. Reading Scripture.
5. Presentation of Diplomas to Medical Graduates and Nurses.
6. Presentation of Souvenirs.
7. Addresses by representatives of the Governor-General and the Provincial Governor.
8. Congratulatory Address by Marquis Pak.
9. Reply by Graduates.
10. Graduating Class Song.
11. Closing.

Eight doctors and three nurses received diplomas, bringing the total number of graduates up to one hundred seventy-five doctors and seventy-seven nurses.

3:45 P. M. DEDICATION OF NEW HOSPITAL WING.

The Chairman, Dr. J. D. Van Buskirk, said, "We are met here this day to dedicate this building to the service of God through service to mankind."

Then a hymn was sung, after which Dr. R. A. Hardie, representing the foreign community, gave the following brief address, -

"This building has been erected to give comfort and bodily healing to the sick, and to manifest to them the love of God our heavenly Father and so lead them and others to that knowledge of God which Jesus declared to be eternal life, Jesus Himself being the way, the truth and the life.
"In dedicating this hospital to those uses, the Board of Managers pledges its faithful endeavors to constantly keep its FACILITIES, its EQUIPMENT and its PROFESSIONAL STAFF up to the highest possible standards, and to surround the patients with that Atmosphere of Love and Service which Jesus set for His disciples and which He illustrated by the parable of the Good Samaritan."

The parable of "The Good Samaritan" was then read by Rev. Kim Chong Woo, representing the Methodist Church of Korea, and Rev. Han Suk Chin, representing the Presbyterian Church of Korea, led in the Dedication Prayer.

The President then made the following statement:

"This building has been erected by the Board of Managers of the Severance Union Medical College to increase the facilities for the treatment of sick people of all races, tongues, and faiths, but more particularly for the people of Korea. The money was given by Mr. John L. Severance and Mrs. F. P. Prentiss and a few other donors. Its cost, when fully furnished, will be about ¥125,000, or perhaps a little more.

"Towards its upkeep the same generous contributors, Mr. Severance and Mrs. Prentiss, have invested ¥100,000 at 6% interest, the income from this endowment producing ¥6,000 per year.

"These amounts bring the total of the Severance gifts to about ¥500,000 towards capital account in addition to which they contribute the salaries of six missionaries, equal to ¥18,000, and cash to the amount of ¥29,000, a total of ¥47,000 per year, to the budget of the institution.

"It is therefore well-called 'Severance,' a name now known and loved throughout America and Asia.

"We therefore desire first of all to give God thanks for putting it into the hearts of the late Mr. L. H. Severance and his son and daughter, not only to begin the erection of this institution but to develop it up to its present status.

"And then we wish to express our most cordial gratitude to the donors themselves, regretting only that they are not here to receive personally at your hands the thanks which I know you, the people of Korea, would like to extend to them.

"This New Hospital Wing is now ready for occupation except that there has been time to put furniture in only a few rooms but these will enable you to judge as to the provision that has been made for the comfort of those who may be so unfortunate as to need our care."

After this, the Chairman said, "Mr. Wong Kong Woon, the builder of this Hospital, having well and faithfully completed his contract will now present to me, as the representative of the Board of Managers, the keys of the building." Mr. Wong presented the keys and then the Chairman presented to him a silver cup as a souvenir of his faithful work and the successful completion of the building.

Congratulatory addresses were made by guests.

Then the Chairman asked Mrs. O. R. Avison to open the doors of the building. She received the Master Key and opened the main door.

The Benediction was pronounced by Rev. F. S. Miller.

The Chairman announced that the building was now open for inspection and invited all to enter, and en route to take light refreshments upstairs. He thanked all for their attendance and the inspection followed.

This closed the events of the day.

The inscriptions on the statue are two, one in English and one in Chinese. The English one is as follows:

"O. R. Avison, Phar. G., M. D. C. M., (University of Toronto, Hon. Causa) L. D. Born in England, educated in Canada, Medical Missionary to Korea since 1893, (under the Board of Foreign Missions, Presbyterian Church in U. S. A., but the Servant of all the Missions of the Christian Church, President of Severance Union Medical College, Seoul, Korea. Dr.

Avison's Students, the Alumni of Severance Union Medical College, have erected this statue as an expression of their appreciation of his love, of their gratitude for his great work for Korea and of their intention to continue the same kind of service to their people in the Name and Spirit of the Lord Jesus Christ, 1927."

The Chinese inscription is quite different from the English one. Dr. J. D. Van Buskirk has translated it as follows, endeavoring to retain the Oriental flavor of the original, -

"The buildings are large - it is the doctor's planning;
The graduates increase and prosper - it is the doctor's work;
Always, even while eating sleeping, his work is life-giving.

Wind and waves were calm as he came from the West, bearing life.
That the beginnings were difficult, we have heard from our elders;
The buildings came from his earnest labours - no need for the
'five materials.'

Though our learning be already thorough,
    and though we, too, have developed and grown older,
Still in his sight we are but young,
    and the younger, he esteems us the more,
And sidewise from spectacled eyes,
    he looks with love upon us.

His statue, now completed, we unveil,
We take him by the arm and lead him to face it,
'Who is this?' we ask.

May you have many years, may your statue endure,
May you and it face each other for a thousand springs,
For ten-thousand years, may peace and joy be yours."

Rev. A. A. Pieters has made a free translation of the poem in Chinese, which is as follows:

These buildings have risen so lovely and great!
Who but the Doctor could all these create?

The number of students has steadily grown --
Of course, they are his work; yes, his very own.

Asleep or awake he has had but one plan,
To bring life and health to disease-ridden man.

The winds and the waves of the ocean took rest
When he, bearing life, bent his way from the West.

Hard were the beginnings, all know very well;
We have oft heard the aged this true story tell.

These buildings were raised by his labours alone,
Not iron, wood, paper, mortar, or stone.

This school and its teachings are thorough and sure,
Those who there have learned are wise and mature.

We, too, have some knowledge and think we are wise,
And yet we are only as babes in your eyes.

Now, since your disciples as children you treat,
Your thoughts of us ever are tender and sweet.

Your crystal-clear gaze follows us from above,
Expressive of kindness and radiant love.

The Sculptor took fine bronze this statue to mould,
And now we have gathered its veil to unfold.

Pray, give us your hand; come, look at it close.
Are these not familiar features and pose?

For many years may you our company grace;
May centuries never this statue efface.

While you see each other may years come and go;
And may your life ever with joy overflow."

Mr. Pieters has also given us a literal translation of his Korean literary assistant's version of the Chinese. It reads, -

"The buildings are large and fine - they are the Doctor's creation.
The students have grown to be many - they are the Doctor's work.
Whether eating or sleeping he has always been planning to give life to people.

The wind and waves with one accord lay still while he was coming from the West bearing life.
The beginnings were difficult; we have heard this from the aged.
He raised up the buildings with painful efforts; what need is there of the 'five materials?'
         (iron, wood, mortar, stone, paper)

The education has been thorough, and through it men have become mature.
Yes, we have become mature, yet you still look upon us as children.
Because we are children in your sight your consideration of us is beautiful.
As you consider us with your clear eyes your joyous love for us grows deeper.

Of glistening metal this statue was built; and now the veil is taken off.
You are taken to it and are asked, - 'Who is this?'

Long may you live, and may your statue not become obliterated.
May you face each other for many years, and may your happiness last forever."

The following is a poem by Dr. S. H. Martin, as he watched the carrying in of the swathed statue and its erection on the pedestal prepared for it.

THE RAISING OF OLIVER.

What means that cortege moving there,
   With measured tread and slow,
Bearing upon a wooden bier
   All swathed from head to toe

A giant figure stark and stiff,
   With human form? Yet no,
Perchance a specimen for the lab
   Or museum's ghastly show.

A case of acro-megaly,
   Like the Irish giant of old
Who graces now a London school
   "John Hunter's Theft" we're told.##

The little children stand aghast
   To see the bandaged spook
Rise slowly to its pedestal
   With iron chain and hook.

But, as the sun o'er peaked Puk Han
   Breaks through the lowering cloud,
A smiling face and form emerge
   From out the covering shroud.

A stately form is seen with pen
   Intent upon a book,
With dignity yet kindly thought
   In every line and look.

Admiring crowds with Staff and Nurse
   Stand round and view their friend.
But who is that 'way over, near
   The excavation's end?

Why that's the "Won Chang,"# optimist,
   Who's finished one great thing
And is wondering where he'll get the funds
   To build another Wing.

Now some may love a statuette,
   In bronze and laurel leaves,
But give me Dr. Avison
   Exactly as he is!"

The famous John Hunter stole the body of an Irish giant with this disease and put it in the College of Physicians and Surgeons, London.

President.

The following is quoted from the report of the Seoul Press of March 23, 1928, omitting Dr. Hong's address and the inscription on the statue, already given in full.

DR. O. R. AVISON HONOURED.

Students and Alumni Erect Statue.

The Severance Compound presented an animated scene on Tuesday last when hundreds of relatives and friends of students and school came from near and far to attend the Commencement Exercises of Severance Union Medical College. In the past, graduation exercises featured in the various events of the Commencement Week, but this time it played only a minor part on the programme for the day. The unveiling ceremony of a statue for Dr. O. R. Avison and the opening ceremony occupied most of the time.

The unveiling ceremony was started promptly at 2 p.m. by Dr. S. H. Hong, President of the Alumni Association. During the course of the ceremony the S. U. M. C. stringed orchestra, led by Mrs. J. L. Boots, struck up tunes appropriate for the occasion. After scripture reading and prayer, Dr. Hong got up and gave an excellent speech befitting the occasion, both in Korean and English. That a man had won the respect of Koreans by his untiring efforts to uplift and heal thousands who knew not God was ably brought out by the wording of Dr. Hong's well-prepared speech which follows: (See above).

Following Dr. Hong's speech, the statue of Dr. Avison was unveiled by Dr. Hong and two other Alumni. The statue is of bronze standing on a stone base. The life-size figure of Dr. Avison is the work of Mr. Yamamoto, sculptor of Prince Yi Fine Arts Shop. The work is excellent in every detail and Mr. Yamamoto's efforts compare favourably with the best sculpture in the world. The statue faces south and on the stone base are inscriptions in English and Chinese. The inscription in English is the work of Miss E. L. Shields, while that in Chinese is the effort of Mr. Chung In Po, teacher of Chinese at Chosen Christian College. The inscription in English reads as follows: (See above).

Reading the biography of Dr. Avison, report of the Alumni Committee, singing by nurses of Severance School for Nurses and greetings by Dr. Yun Chi Ho and reading of congratulatory telegrams, sent by Mr. M. Matsumara, Chief of Foreign Affairs Section, P. U. M. C., of Peking, and others brought the ceremony to a close.

Immediately after the unveiling ceremony, Graduation Exercises took place. Those graduating from the medical course numbered eight while graduates from the Nurses' School numbered three. Congratulatory messages from General Yamanashi, Governor General, and Governor Yoneda of Keiki Province, were read by representatives sent by the above gentlemen. Toward the close of the exercises, Marquis Pak Yung Hyo made a brief speech.

Graduation Exercises over, all assembled in front of the new wing of the hospital, the gift of Mr. L. Severance and his sister. After due ceremonies, the key to the main door was handed to Mrs. O. R. Avison who on conclusion of the ceremony unlocked the door and invited all to inspect the new building. The new building is four storeys high and built of brick and concrete. On the ground floor are the President's Office, Business Office and other administrative offices. On the remaining three floors are up-to-date, well-ventilated private wards both for adults and children. The spacious roof garden and sun parlours are other features of the building."

44. 에비슨이 존 언더우드에게

1928년 4월 24일

존 T. 언더우드 씨
베시 스트리트 30번지
뉴욕시.

친애하는 언더우드 씨:

이 편지를 꽤 많은 정신적 고민 속에서 쓰기 시작하였습니다. 이는 내 편지와 함께 보낼 토지 자산의 정확한 지도를 얻기 위한 작업이 계속 실망스런 결과를 내어 너무 오래 지연되었기 때문입니다. 지도를 몇 개 작성하였지만, 밑그림 작성자가 번번이 실수하여 내가 당신과 협력이사회의 총무 및 회계에게 보내려 하는 목적에 그 그림이 적합하지 않다고 판단하였습니다. 오늘에야 내가 원하던 정확성의 정도에 웬만큼 부합하는 지도들이 나에게 왔습니다. 이곳에서 우리가 그런 문제로 어려움을 겪는 것을 이해하기 어려울 것입니다.

며칠 전 홀(Hall)[협력이사회 총무] 박사에게 전보를 쳐서 그 지도가 도착할 시간적 여유를 갖기 위해 협력이사회의 정기회 개회를 5월 말로 연기할 것을 제안하였습니다. 그렇게 하는 것이 가능한지 그렇지 않은지는 모르겠지만, 나는 그 지도들을 발송하여 그것들이 엠프리스 오브 캐나다(Empress of Canada) 호를 타고 5월 7일이나 8일경에 밴쿠버에 도착하고, 그런 다음 뉴욕에 12일이나 13일경에 반드시 도착하게 하여, 만일 정기회가 제안한 대로 연기되면 그것들을 잘 살펴보게 하려 합니다.

만일 당신이 이 지도와 전에 당신에게 보냈던 것들을 비교한다면 당신은 몇 가지 달라진 점을 볼 것입니다.

당신은 중앙 캠퍼스에서 시작하여 사택 구역으로 가는 길의 방향이 뚜렷하게 달라진 것을 볼 것이고, 이곳에서 모범촌 구역으로 가는 길을 따라가면 푸른색으로 칠해진 아직 남아있는 구매 예정지들이 훨씬 더 뚜렷하게 나뉘어 있는 것을 발견할 것입니다.

우리는 최근에 마을에서 작은 필지 두 개를 더 구매하였는데, 둘레가 초록색이고 가운데가 파란색으로 표시되어 있습니다. 그러나 만일 당신이 더 확대된 마을 지도를 본다면,

둘레가 초록색이고 가운데가 흰색이며 105-6과 105-7로 숫자가 매겨진 곳을 더 쉽게 찾을 것입니다. 각 지도에 있는 'H' 글자는 그곳에 집(house)이 있는 것을 가리킵니다.

당신은 또한 이 크고 작은 지도들에서 남쪽 경계와 철도 바로 북쪽에서 둘레가 초록색으로, 가운데가 당신이 보는 지도에 따라 흰색이나 파란색으로 표시된 다른 땅들을 볼 것입니다. 이 땅들은 최근에 매물로 나와서 우리가 당장 사거나 아니면 다른 사람의 손에 넘어가게 해야 할 땅들이었습니다.

그 땅들이 원래 우리가 계획했던 곳의 일부이고, 전에 내가 편지에서 언급한 적이 있듯이, 순환 철도가 건설 중이어서 땅값이 계속 오를 것이기 때문에 우리는 그 땅들을 남의 손에 넘어가게 놔두는 것이 매우 현명하지 않으리라고 생각하였습니다. 그래서 우리가 예상한 가격보다는 높지만, 새 순환 철도 노선이 지나가고 철도역이 가까운 점을 고려하여, 또한 우리가 보통 판매 가격보다 값을 높이 쳐주면 [우리가 원래 사려고 했던 땅의] 소유자가 우리로부터 두 필지[필요하지 않게 된 땅]를 지불해야 할 땅값의 일부로 여기며 선뜻 받을 것이기 때문에 그것들을 샀습니다. 실로 우리는 그 땅들을 팔기 위해 아무 제안도 하지 않았고, 그곳에 대해 1,383.60원을 받았습니다.

이 두 필지는 당신이 큰 지도에서 붉은 선으로 둘레가 쳐진 서남쪽 코너에서 찾을 수 있습니다. 두 필지는 녹색으로 칠해져 있고, 가까워서 하나처럼 보이지만, 26번과 30번으로 따로 번호가 매겨져 있습니다. 전에 설명했던 대로 이곳들은 가까이 있는 103번 땅과 함께 벽돌을 만드는 데 적합하여 처음에 샀지만, 우리 대학건물들에 벽돌 대신 석조를 쓰기로 결정하여 그런 목적으로는 필요 없어졌습니다. 협력이사회는 지난해에 이 땅들의 판매를 승인하였습니다. 우리는 여전히 103번 땅을 보유하고 있지만, 그곳도 팔기를 바라고 있습니다.

다양한 토지 거래를 위해 필요한 현금은 현재 다음과 같습니다.

전에 보고한 금액	¥4,359.20
마을의 두 필지	302.90
구매: 92-1, 92-2, 107, 107-1, 107-2, 107-3, 116-6 117-1, 118-1, 철도와 가까운 130-1번 26번과 30번 땅값을 제하기 전임	2,859.86
총계	7,520.96

이것을 환율 48로 계산하면 3,610불이 필요하지만, 꽤 오랜 기간 경험하지 못했던 정상 환율 50으로 계산하면 3,760.00불이 필요합니다.

이전 편지에서 설명했던 것처럼 우리의 생각은 M-3, 53, 54, 61, 62, 71, 74번 땅들을 팔고 그 수익금을 위의 7,520.96원 청산에 쓰는 것입니다. 아마도 계산해야 할 것들이 일부 남아있을 것입니다. 우리가 최근에 평당 가격을 1.10원으로 하자는 확실한 제안을 받았는데, 이렇게 하면 __[원문에 숫자 표기 없음]원을 만들겠지만, 우리 사업부는 우리가 최소한 평당 1.20원은 받아야 한다고 생각했고, 그래서 거래가 무산되었습니다.

우리가 그 7,520.96원을 얻을 필요가 있는 것을 강조하지 않았더라면, 아마도 그 땅들을 빨리 팔지 못하였을 것입니다. 이는 이 지역 전체의 땅값이 순환선 공사가 시작되면 틀림없이 빠르게 오를 것이기 때문입니다. 이것은 미래의 땅값을 예상한 것에 불과하지만, 반드시 그 정도가 될 것으로 생각됩니다. 어떤 경우에도 우리는 위의 계산을 끝내야 하고, 그 돈이 어디로부터인가 기부금으로 우리에게 오지 않는다면, 우리가 그 돈을 구하게 해줄 만큼의 땅을 파는 것이 필요할 것입니다.

아직 구하지 못한 땅들에 관해서는 철도 건너편의 116-3, 130-2, 117-2, 118-2번 땅이 철도국에 속해 있어서 구할 수는 없지만, 116-2번은 틀림없이 구할 수 있거나 구할 것이고, 그 마을에 있는 이 모든 곳이 조만간 그러할 것이며, 개울 건너의 97번과 더 북쪽에 있는 68, 69, 70, M-14, 63, 58, 44, 45, 46, 48번도 그럴 것입니다.

그러므로 위에서 말한 땅들을 매물로 나오자마자 바로 사기 위해 지불할 자금을 우리가 가지고 있는 것이 매우 바람직합니다. 그 땅들의 대략적인 시가를 지금 산정하고 있으므로 그 일이 끝나자마자 당신에게 보내겠습니다.

당신이 회의를 연기하면서 이 지도들과 이 편지를 기다리다 유익한 시간을 보낼 것이라고 믿습니다.

안녕히 계십시오.

O. R. 에비슨

상세한 토지 거래 명세를 이 편지 4월 24일자에서 다음과 같이 제시합니다.

1	토지 구매: 92-1, 92-2, 107, 107-1, 107-2, 107-3, 116-6, 117-1, 118-1, 130-1		
	2,308평 × 1.80	￥4,154.40	
	등기비	89.06	
	계	4,243.46	
	지불금: 위의 판매자에게 양도 1,153 × 1.20	1,383.60	
	지불금 공제 후 잔액		2,859.86
2	토지 구매:		
	103-6 - 26평과 집	65.00	
	103-7 - 75 〃	220.00	
	등기비	17.90	302.90
			3,162.76
	이전의 구매를 위한 융자금 추가 (전에 보고한 사항)		4,358.2?
	총계		7,520.9?

출처: UMAC

April 24, 1928.

Mr. John T. Underwood
30 Vesey St.
New York City.

Dear Mr. Underwood:

I begin this letter with considerable mental perturbation because it has been so long delayed as the result of a series of disappointments in getting an accurate map of the property to accompany my letter. Several maps have been made but each time the draughtsman made mistakes which rendered his work unfit for the purpose I had in view in sending the maps to you and to the Secretary and the Treasurer of the Cooperating Board. Only today did the maps come to me in anything approaching the degree of accuracy I wanted them to have. I suppose you can hardly realise the difficulties we have here in such matters.

A few days ago I cabled Dr. Hall suggesting deferring the Annual Meeting of the Board until the end of May to allow time for the arrival of the maps. I do not know whether that was possible or not but I shall mail the maps so they may catch the Empress of Canada which should reach Vancouver about May 7th or 8th, and they should reach New York about the 12th or 13th, giving time to study them if the meeting has been deferred, as suggested.

If you compare this map with those sent before you will note several changes.

Beginning with the Central Campus, you will note a marked change in the direction of the roadway leading to the residential section and, following this to the Model Village section, you will find it much more distinctly subdivided into lots, showing by the blue color what yet remains there to be bought.

We have recently purchased two more small lots in the village, shown by a green outline and a blue center. If, however, you look at the enlarged map of the village, you will find them more easily with a green outline and a white center, numbered 105-6 and 105-7. The letter H on each of them indicates it has a house on it.

On these maps, both large and small, you will also note near the southern boundary and just north of the Railway, several other pieces marked with a green outline and either a white or a blue center, according to which map you examine. These are plots of land which came into the

-2-

market recently and which we had either to buy at once or let go into other hands. As they are part of our original plan and land out there will continue to rise in value, because of the belt railway, now under construction, of which I wrote in a former letter, we felt it would be very unwise to let the plots get into other hands and so bought them at a price which was greater than we had expected to pay but not excessive in view of the circumstances of the new belt railroad line and their nearness to the Railway Station, and also because the owner was willing to accept two lots of land from us in part payment at a price greater than we could sell them at ordinarily. Indeed, we have had no offer for them at all and we received for them the sum of ¥ 1,383.60.

These two lots you will find on the large map at the southwest corner surrounded by a red line. The two lots are colored green and being adjacent look like one, but are separately numbered 26 and 30. As I explained before, these, together with No. 103 close by, were bought in the beginning because they were suitable for making brick but became useless to us for that purpose when we decided to use stone instead of brick for our College buildings. The Cooperating Board gave its approval to the sale of these lots last year. We still have lot No. 103, but hope to sell it also.

The total amounts of cash involved in the various land deals are now as follows ---

Formerly reported ---------------------------- ¥	4,358.20
2 lots in the village ---------------------- ¥	302.90
Purchase of Nos. 92-1, 92-2, 107, 107-1, 107-2, 107-3, 116-6, 117-1, 118-1, and 130-1 close to railway. ----- Net, after deducting value of 26 and 30 ---------------------------- ¥	2,859.86
GRAND TOTAL -------------- ¥	7,520.96

This calculated at Exchange 48 would require $3,610.00, or at rate 50, the normal rate which however has not been experienced for a considerable time, $3,760.00.

As stated in former correspondence our idea has been to sell lots K-3, 53, 54, 61, 62, 63, 71, and 74, and use the proceeds in liquidating the above ¥ 7,520.96. There would probably be some amount left over. We received a definite offer of ¥ 1.10 per tsubo recently and this would have produced ¥   but our business department felt we should get a minimum of ¥ 1.20 per tsubo, so the deal fell through. The difference would have been about ¥

Were we not pushed with the necessity of getting the ¥ 7,520.96, we would probably not be in a hurry to sell those lots because the price of land in this entire district will doubtless rise rapidly after the belt line gets into operation. This is, however, a speculation in future land values and must be considered as such. In any case, we must clear off the above amount and unless it comes to us from somewhere as a contribution it will be necessary for us to sell enough land to cover it. We shall be glad to have your advice in this matter.

In regard to the lots not yet secured, I may say that Nos. 116-3, 130-2, 117-2 and 118-2 next the Railway line belong to the Railway and are not available, but No. 116-2 is or will be purchasable as no doubt all those in the village will be in time, and also No. 97, next the stream and those farther north, viz. Nos. 68, 69, 70, M-14, 63, 58, 44, 45, 46, and 48.

It is therefore, very desirable that we have a fund from which to pay for the above lots as fast as they come into the market. A rough estimate of their present value is now being worked out and it will be sent you as soon as it is ready.

I trust that your meeting has been deferred awaiting these maps and this letter and that you will have a very profitable time.

Yours very sincerely,

O. R. Avison

The details of the land deals referred to in this letter of April 24th, are as follows:-----

1. Purchase of lots 92-1, 92-2, 107, 107-1,
       107-2, 107-3, 116-6, 117-1, 118-1
       and 130-1.

    2,308 tsubo @ ¥ 1.80 ------------------------------ ¥ 4,154.40
    Registration expenses ---- - --- ----- ------------ ¥   89.06
            TOTAL ------ -- ------------------------ ¥ 4,243.46
    Paid as follows:
    Transfer to seller of above
        1153 tsubo @ ¥ 1.20 ---------- --------------- ¥ 1,383.60

    Net Cost ------------------ - --------------   ¥2,859.86

2. Purchase of lots
        105-6 -- 26 tsubo & house -------- --- ---- ¥   65.00
        105-7 -- 75   "   "   "   --------------- ¥   220.00
    Registration Expenses ---------- ------- ------- ¥   17.90   ¥ 302.90
                                                                ¥3,162.76
To this add loan secured for former
        purchases as reported previously -----------   ¥4,358.20
                    GRAND TOTAL ------------   ¥7,520.96

45. 암스트롱이 에비슨에게

1928년 5월 12일

O. R. 에비슨 박사,
세브란스연합의학전문학교,
서울, 한국,
일본.

나의 친애하는 에비슨 박사님:

세브란스연합의학전문학교 및 병원 부지에 동상이 건립되는 영예를 받은 당신에게 4월 24일부터 27일까지 열린 [캐나다연합교회] 연례회의 때 선교부로부터 받은 지시를 매우 즐거운 마음으로 이행하면서 선교부의 진심 어린 축하를 편지로 전하고자 합니다.

학생들과 교수들과 대학이사회가 그것을 건립했다는 소식을 듣고 내가 이미 당신에게 편지를 써서 우리의 기쁜 마음을 표하고 더불어 1면에서 동상 사진에 관련 설명까지 곁들어진 『뉴아웃룩』(NEW OUTLOOK)지[1928년 4월 18일자]를 한 부 보낸 바 있습니다.

그러므로 더 많은 말을 할 필요는 없습니다. 우리가 매우 존경하는 한 캐나다인이 이런 영예를 받았다는 소식이 들려와서 뉴펀들랜드로부터 뱅쿠버 섬까지에서 온 사람들로 구성된 선교부를 기쁘게 하였습니다. 그는 조선에서 선교사로 하나님의 사역을 하면서 그처럼 뛰어난 축복을 누렸습니다.

규정에 어긋나지만 않는다면, 당신의 능력과 헌신을 기리는 기념비를 세워준 두 대학을 관리하는 업무를 당신이 10년이나 그보다 더 오래 계속할 수 있기를 바랍니다. 그러나 우리는 당신이 사랑하는 그 사역을 훨씬 더 오래 계속하려 하지 않으리라는 것을 입증해주는 게일(Gale) 박사의 사례를 알고 있습니다.* 우리가 당신을 이쪽 대륙으로 모셔와 몇 년

---

* 게일(James S. Gale, 1863~1937): 토론토대학 YMCA 선교사로 1888년 내한한 후, 1891년 북장로회 선교사가 되어 원산과 서울에서 활동하면서 연동교회를 담당하고 경신학교 초기(1901~03)에 교장을 맡았다. 성경 번역과 『한영자전』 출간, 한국 고문헌 연구 및 역사서 집필에 진력하였고, 연전에서도 1917년부터 1922년까지 이사로 활동하였다. 게일 박사의 사례란 1927년 연동교회 목사직을 사임하고 은퇴하여 영국으로 떠난 일을 가리키는 것으로 보인다.

을 보내며 북미의 교회들을 키움으로써 한국의 무기력해진 교회를 일깨우고 그리스도 왕국의 유익을 증진하게 할 수 있다면 기쁠 것입니다.

이 모든 축하를 에비슨 부인이 함께 받기를 원합니다. 이는 당신이 이룬 성취에서 일반적으로 알려진 것보다 훨씬 많은 부분을 그녀가 이루었다고 아주 확신하기 때문입니다.

안부 인사를 드리면서 두 분의 앞날에 행운이 있기를 기원합니다.

안녕히 계십시오.

AEA[A. E. 암스트롱]

출처: PCC & UCC

Avison, Dr. O. R.

May Twelfth,
Nineteen Twenty-eight.

Dr. O. R. Avison,
Severance Union Medical College,
Seoul, Korea,
J A P A N.

My dear Dr. Avison:

It gives me great pleasure to carry out the instruction of the Foreign Mission Board which had its Annual Meeting, April 24th to 27th, and write you expressing the Board's hearty congratulations on the honor that has been done you by the erection of a statue of yourself on the grounds of Severance Union Medical College and Hospital.

I have already written you expressing our delight at hearing of this action on the part of the students, Faculty and Field Board, and I have sent you a copy of the NEW OUTLOOK with the picture of the statue and also a reference to it on the front cover.

I need, therefore, say little more. It was gratifying to the Board, made up of representatives from Newfoundland to Vancouver Island, to hear of this honor to a Canadian whom we all esteem so highly, and who has been so signally blessed of God in His work as a missionary in Chosen.

Were it not for regulations, we could wish that you might continue for ten or more years to administer the affairs of the two Colleges which are in themselves monuments to your ability and devotion. We have Dr. Gale's case, however, to prove that you may not continue very much longer in the work you love. Well, it will be gratifying to us to have you on this Continent to spend a few years in rousing the Church from its lethargy and furthering the interests of Christ's Kingdom in Korea by the cultivation of the Church in North America.

In all these felicitations we want Mrs. Avison to share for we are quite sure that she has had a larger part in your achievement than is generally known.

With kind regards and best wishes to you both, I am

Very sincerely yours,

AEA:PMP

46. 에비슨이 노스에게

1928년 5월 17일

F. M. 노스 박사,
해외선교부
북감리회
5번가 150
뉴욕시.

나의 친애하는 노스 박사님:

3월 20일의 행사 진행 상황보고서 한 부를 별도의 봉투에 담아 당신에게 보냅니다. 당신이 아다시피 그날은 세브란스연합의학전문학교의 역사에서 기념할 만한 하루가 되었습니다.

그날 찍은 사진들도 몇 장을 보냅니다. 이 자료들이 당신에게 홍보용으로 어느 정도 쓸 만하다 싶으면 좋겠습니다.

이곳의 사무직원이 아파서 이 보고가 늦어졌습니다. 이 보고서의 사본들을 미국과 캐나다와 호주에 있는 다른 협력 선교부들에도 보낼 예정이고, 사진들은 북장로회 선교부에 보냈습니다.

안녕히 계십시오.
O. R. 에비슨

별도의 봉투에 들어있습니다.

출처: UMAC

COOPERATING BOARD FOR CHRISTIAN EDUCATION IN CHOSEN

CHOSEN CHRISTIAN COLLEGE   SEVERANCE UNION MEDICAL COLLEGE

SEOUL, KOREA

COOPERATING BOARDS
BOARD OF FOREIGN MISSIONS OF THE
PRESBYTERIAN CHURCH IN THE U.S.A.
BOARD OF FOREIGN MISSIONS OF THE
METHODIST EPISCOPAL CHURCH
BOARD OF FOREIGN MISSIONS OF THE
PRESBYTERIAN CHURCH IN CANADA
BOARD OF MISSIONS OF THE
METHODIST EPISCOPAL CHURCH, SOUTH
EXECUTIVE COMMITTEE OF FOREIGN MISSIONS
OF THE PRESBYTERIAN CHURCH IN THE U.S.

O. R. AVISON, M.D.
PRESIDENT

H. T. OWENS,
SECRETARY & TREASURER

OFFICERS OF THE BOARD
JOHN T. UNDERWOOD, CHAIRMAN
ALFRED GANDIER, VICE-CHAIRMAN
E. H. RAWLINGS, VICE-CHAIRMAN
ERNEST F. HALL, SECRETARY
156 FIFTH AVE., NEW YORK
GEORGE F. SUTHERLAND, TREASURER
150 FIFTH AVE., NEW YORK

May 17, 1928.

Dr. F. M. North
Board of Foreign Missions
Methodist Episcopal Church
150 Fifth Ave.
New York City.

My dear Dr. North:

Under separate cover I am forwarding to you a copy of the narrative of the events of March 20th, which, as you know, was a memorable day in the history of the Severance Union Medical College.

I am also sending you a number of photographs taken on that day. I hope that you will find that this material will prove of some use to you in a publicity way.

This report has been delayed because of illness in the office here.

Copies of this report are being sent to the other cooperating Boards in the United States and Canada and Australia, and Photographs have gone to the Presbyterian Board.

Yours very sincerely,

O K Avison

KK
Enclosures under separate
    cover.

47. 에비슨 부인의 개인 연례보고서

개인보고서 - O. R. 에비슨 부인 - 1928년 5월 21일

우리가 보고서를 쓰고 있는 이 봄에 우리 자신을 돌아보니 보고해야 할 한 해의 일들, 곧 생애의 한 부분인 최근의 우리 삶이 얼마나 짧아 보이는지요. 그래도 감사할 일이 너무 많고, 우리 주변은 온통 아름다운 초록빛으로 신선하고 순수하며 꽃들도 매우 아름답습니다. 하나님께서 우리에게 누리라고 주신 세상이 얼마나 놀랍고, 모든 친구가 서로 매우 잘 화합하며 아주 잘 돕는 서울과 같은 공동체 안에서 우리가 살게 하신 것이 얼마나 큰 은혜인지요! 친애하는 우인 여러분, 그 안에서 일하면서 행복을 누리고, 주변의 한국인과 외국인 친구들과 하나님께서 우리에게 하게 하신 사역과 가족과 한국 및 모국의 집과 사랑하는 사람들과 뜻을 함께하는 것이 놀랍지 않습니까? 우리 마음은 우리에게 이런 축복들을 부어주신 그분께 대한 찬양과 감사가 흘러넘칩니다.

사역! 우리 사역, 나의 사역! 이것이 매우 하찮고 보잘것없어 보이지만, 그래도 나는 바빴고, 대부분 원근 각처에서 온 손님들과 내 남편의 사역이나 나와 관련된 집단들을 연희전문학교 아니면 이곳의 집에서 접대하는 일로 그러하였습니다. 우리가 만난 사람들은 얼마나 유쾌한지요! 그저 잠깐 들렀다가 떠난 사람들일지라도, 하나님의 자녀들은 또 다른 현장에서 유용하게 일하고 있습니다. 우리는 만남을 갖고 여러 분야의 사역에 관한 생각을 교환하는 특권을 누리고 있습니다.

이곳 [세브란스병원] 부지에 있는 우리 교회[남대문교회]는 업무적 측면과 유용성의 측면에서 꾸준히 성장하고 있습니다. 회중의 찬양을 들으면서 가끔 불과 몇 년 전의 소리를 기억하고 놀랍니다. 그 변화를 보고 들으면 내 마음이 기쁩니다. 성경을 읽고 거기에 관심을 보이는 사람들의 수는 그 장소에 나오고 목사를 따르는 것에서 드러납니다. 그의 설교에 주목하는 것도 매우 훌륭합니다. 우리는 지금 우리 고명우(Ko) 의사*의 딸인 고 양이

---

* 고명우(高明宇, 1883~1950?): 황해도 장연군 송천에서 태어나 소래교회를 다녔다. 1913년 세전을 졸업하고 1919년 모교 외과학 교수가 되었으며, 1926년 도미하여 롱아일랜드 의대에서 의학박사 학위를 받았다. 1937년 개업하였고, 6.25 전쟁 때 그의 딸 고봉경과 함께 납북되었다. 고명우 의사의 딸로는 미군정 경무국 초대 여경과장을 지낸 고봉경과 이화여전 교수와 해방 후 경기여고 교장, 서울여자대학교 설립자, 대한어머니회 초대회장, 한국 걸스카우트연맹 단장을 지낸 고황경이 널리 알려져 있다.

인도하는 청년 여성 성가대를 두고 있습니다. 그들은 노래를 아주 잘합니다. 우리 교회의 일부 장로들과 훌륭한 사역자들, 우리 의사들, 그들의 딸들과 아들들인 주일학교 교사들과 그곳 사역자들을 보는 것은 매우 즐거운 일입니다.

지교회들이 천천히 성장하고 있습니다. 거기에 주일학교와 정규적으로 열리는 기도회와 유치원이 있습니다.

신병실의 건축이 끝나 환자들이 그곳에서 편안하게 있게 되어 기쁩니다. 매년 조금씩 나아지고 있어서 우리는 매년 어떤 식으로든 더 유용해져서 그 전해와는 다르겠지만 해마다 날마다 인도해주시는 그분의 뜻을 이루기를 희망하고 있습니다. "날로 더욱 귀하다"*라고 한 찬송가 가사처럼 성장하여 우리가 섬기려고 온 사람들을 위해 일하고 기도하고 돕기를 바랍니다.

우리 마음은 종종 우리 주변의 곤궁에 처한 사람들로 인해 흔들립니다. 그들은 매우 큰 고통을 당하고 아플 뿐만 아니라 가난하고 늙고 집이 없으며 집이 있더라도 먹을 것을 구하지 못하고 있습니다. 이곳 서울에 있는 노인들을 위해 무슨 일을 할 수 있을까요? 우리가 그들을 어떻게 도울 수 있을까요? 그런 사람들을 위한 집이 절실히 필요합니다. 예를 들면 이렇습니다. 사랑하는 한 노파가 몇 년 전에 설도암에 걸려 우리에게 왔습니다. 그때는 그녀가 아주 젊은 여인이었습니다. 그 암을 제거하고 나서 그녀는 건강해졌습니다. 그녀에게 아들이 하나 있었는데, 소아마비로 다리를 심하게 절게 되어 양손을 쓰지 않고는 다리로 걸을 수 없었습니다. 그는 양손으로 나무토막을 짚으며 길을 갔고, 지금은 청년 시절을 한참 지났지만, 아직도 그렇게 하고 있습니다. 이 청년은 몇 년 동안 우리 약국에서 약을 조제하며 앉아서 일할 수 있었지만, 부정행위로 일을 잃게 되었고, 알다시피 남들처럼 돌아다닐 수 없었기 때문에 남의 도움을 받아야 하였습니다.

그때 그들이 어떤 어린 남자아기를 입양하였는데, 그 아기는 [병원] 부지에 있는 누군가의 집 앞에 버려져 있었습니다. 그는 그들에게 사랑을 받았지만, 이제는 그녀가 늙고 건강이 많이 나빠져서 많은 기간 충분한 돈을 벌 수 없게 되었습니다. 사실은 늙고 약해졌기 때문에 일자리를 찾을 수 없습니다. 그들은 아주 작은 단칸방에서 살고 있는데, 매달 5원을 방값으로 내야 하지만, 그녀가 지금 방세를 낼 수 없어서 다른 사람이 내주어야 합니

---

* 원 제목과 가사는 "세월이 갈수록 더 부드럽게"(Sweeter as the years go by)이지만, 한국 찬송가(새 찬송가 295장, 찬송가 417장)에서는 "날로 더욱 귀하다"로 의역되었다.

다. 그들은 그 외에도 음식을 먹고 옷을 입어야 합니다. 그녀가 그 아기를 고아원에 보내려 하여 우리 중 누군가가 그녀를 돕고 있습니다. 만일 그 노파에게 일하러 갈 수 있는 집이 있다면 가사[식모] 일을 해서 약간의 도움을 받을 수는 있지만, 그러면 네 다리[양손과 두 다리]로 걷는 그 아들은 어떻게 될까요? 그는 자고 먹을 장소가 없게 될 것입니다. 구걸해야 할 것입니다. 그들은 세 들어 사는 방을 주인이 세를 놓았기 때문에 그곳에서 지낼 수 없습니다. 어떻게 해야 할까요?

우리는 지난 여름 아들 고든 및 그의 가족과 함께 원산 해변에서 즐겁게 보냈고, 그 후에는 캐나다에서 돌아온 우리 아들 더글라스와 그의 가족을 맞이하였습니다. 지금 우리는 모두 12명의 아들들과 손자들과 함께 지내고 있습니다.

한 해 동안 받은 축복들을 다시금 감사한 마음으로 기억합니다.

삼가 제출합니다.
O. R. 에비슨 부인
서울, 한국.

추신.

나의 남편이 아직 그들과 함께 지내고 있는 동안 그를 위해 동상을 세워 그와 그의 사역에 대한 사랑과 존경심을 표현함으로써 올해를 잊을 수 없게 만들어준 세브란스의전의 존경하는 동창회에 감사한 마음을 표하지 않고는 이 보고서를 마칠 수 없습니다.

출처: PHS

PERSONAL REPORT -- MRS. O. R. AVISON -- May 21, 1928.

One year's report, one in a life-time, the last one we have lived, how short it looks, so much to be thankful for, as we look about us at this spring time, when we write our reports, everything around us is beautiful, so green, so fresh, and clean, the flowers so very beautiful too, what a world God gives us to enjoy and how favored we are to live in such a community as Seoul where all our friends are so congenial and so helpful to each other. Dear friendship, isn't it wonderful, work to do and happy in it, hearts attuned to our surroundings, our friends, both Korean and foreign, and the work God has given us to do, family, home and loved ones both in Korea and in the homeland. Our hearts overflow with praise and thankfulness to Him Who has showered these blessings upon us.

Work! our work, mine! It seems so unworthy and so little and yet I have been busy, mostly in the home either at the Chosen Christian College or here, entertaining guests from near and far and committees connected with my husband's work or my own. What delightful people we meet. Just a passing visit perhaps, but God's children doing work in another field of usefulness. We are privileged to meet and interchange our ideas in the different lines of work.

Our church on the compound grows steadily in interest and in usefulness. I sometimes marvel when I listen to the congregation singing and remember what it sounded like only a few years ago. It makes my heart glad to see and hear the change. The number of readers of the Bible and interest in it is shown by the way they turn to the place and follow the pastor. The attention to his sermons too is very good. We now have a choir of young women led by Miss Ko, our Dr. Ko's daughter. They sing very well. It is a great joy to see some of the elders and good workers in our churches, our doctors, and also to see their daughters and sons Sunday School teachers and workers there.

The branch churches are growing slowly. They have Sunday Schools, prayer meetings regularly and kindergartens.

We are glad the new Hospital is finished and patients are comfortable there. Each year sees some improvement and we hope each year finds us more helpful in some way, maybe different from the year before but doing the will of Him Who guides each year and each day, may we grow, "Sweeter as the years go by" as the hymn says, working, praying, helping those we have come to serve.

Our hearts are touched often by the needs around us, so much suffering and not only sick people but poor and old, no home and hardly able to prepare a meal had they a home. What can be done for old people here in Seoul? How can we help them? A home is greatly needed for such people. For example: A dear old woman, who came to us years ago with cancer of the tongue. She was quite a young woman then. The cancer was removed and she got well. She had a son who was a terrible cripple from infantile paralysis, so that he could not walk on his legs except with the help of his hands. He used wooden blocks for his hands and walked that way and does yet, tho he is far from a young man now. For some years this young man made medicines in our drug room where he could sit and work, but he has lost that job thru wrong-doing and also, you see, he had to be waited on because he could not get about as others. At that time they adopted a little boy baby who was left on the doorstep of someone on the compound. He has become dear to them but as she is now old and not very well she cannot earn enough for so many mouths; in fact it is hard for her to find work as she is old and frail. They are living in one very small room and have to pay ¥ 5.00 per month for it and now she is unable to pay the rent so someone has to pay that but they must eat and have clothes besides. She is trying to get the boy into an orphanage and some of us are trying to help her thru. If only there was a home for old women where she could go, she could help a little with the housework but what about the son

Personal Report -- Mrs. O. R. Avison -- May 21, 1938. -- page 2.

who walks on all four; he will have no place to sleep or eat; he'll have to beg. The room they have been renting is wanted and so they cannot stay there. What is to be done?

We enjoyed last summer with our son Gordon and his family at Wonsan Beach and later welcomed back our son Douglas and his family from Canada. We with our children and grandchildren now number twelve.

Again in thankful remembrance of the year's blessings.

Respectfully submitted,

Mrs. O. R. Avison

Seoul, Korea.

P. S. I cannot close this report without expressing my feeling of gratitude to the dear Alumni of Severance who have made this year memorable by the expression of their love and esteem for my husband and his work of love for them in the statue they have erected to him while he is still with them.

48. 에비슨의 개인 연례보고서

1928년 3월 31일에 끝나는 한 해의 사역에 대한
O. R. 에비슨 박사의 개인보고서

지난 한 해 동안 나의 사역은 평소에 하던 대로 연희전문학교의 교장직, 세브란스연합의학전문학교의 교장직, 선교회와 선교지회의 위원회 사역, 남대문교회 또는 병원교회와 관련된 교회사역, YMCA와 YWCA 이사회 회의, 그 밖의 것들에 바쳐졌습니다.

연희전문학교와 세브란스연합의학전문학교에서 한 일은 기관 보고서들에서 충분히 다루었습니다.

교회사역으로는 주로 교회 주일학교를 감독하였는데, 거의 매 주일 오전에 주일학교 예배에 참석하여 일상적인 예배 진행을 지휘하고 학교의 전체 학습 전에 공과를 복습하며, 매주 토요일 저녁에 모이는 주일학교 교사들의 공과(工課) 준비 공부를 이끄는 일이 그 안에 포함됩니다.

이 공과 준비 공부는 내게 교회와 주일학교를 섬길 진정한 기회를 주고 있습니다. 그 이유는 내가 교사들에게 가르치는 방법을 숙련시키고 주일학교 공과에서 다루는 위대한 주제들을 스스로 생각할 수 있게 하기 때문입니다. 내 목표는 두 가지입니다. 첫 번째는 각자 자기 분반을 가르칠 준비를 하고 학생들을 도와 공과의 줄거리와 가르침을 복습하면서 생각하게 하는 것입니다. 그러나 이 문제는 대부분 안내서를 보면 해결될 수 있으므로 이 단계가 오래 걸리지는 않습니다. 두 번째는 그들이 스스로 생각하고 서로에게나 나에게 의문점을 질문함으로써 자기 생각을 솔직하게 드러내고 토론하게 하는 것이고, 더불어 이 공부법을 토요일 저녁에 받아들이게 되면 각자의 분반에서 가르치고 가르친 것을 검토할 때 똑같은 방법[각자 생각하고 함께 토론하는 방법]을 따르기 시작하게 되는 사실을 깨닫게 하는 것입니다.

2년간의 노력 끝에 거의 성공하게 되었고, 그들이 서로 질문하고 토론하기를 원하므로 토요일 저녁 공부를 쉬는 것이 힘들 때가 많습니다.

내가 가장 애써 노력한 것들 가운데 하나는 성경을 어떻게 상투적으로 읽지 않고 지성적으로 읽는지를 그들에게 보여주는 일이었습니다. 일 년 반 전에 이 공부를 시작하였을 때는 그들이 공과책을 읽지도 않고 공부하러 왔지만, 지금은 그것을 읽을 뿐 아니라 그것에 관해 생각해서 어렵다고 느낀 점들을 다 말할 준비를 한 다음에 오고 있습니다. 그래서 그들이 어려움을 겪고 있다고 말할 수 있습니다.

최근에 한 착실한 장로가 이런 질문을 하여 그 자리를 깜짝 놀라게 만들었습니다. 그는 공정하신 하나님이 왜 야곱을 그처럼 크게 총애하여 그가 자기 아버지를 속이고 형 에서에게 그런 비열한 짓을 하여 형의 장자권을 사실상 도적질했는데도 형의 분노를 피해 집에서 도망친 후에 아주 빨리 벧엘에서 그에게 나타나 그런 축복을 약속하셨느냐고 질문하였습니다. 이 질문은 교사들을 한동안 어리벙벙한 상태에 있게 하였습니다. 마치 하나님이 하시는 일에 도전하는 것처럼 보였습니다. 한 명이 용감하게 하나님은 야곱을 통해 세상에 복을 주시려고 계획하셨으므로 자신의 목표를 이루기 위해 야곱의 사기행위를 간과하셔야 하였다고 주장하였습니다. 그러나 이 말은 일반 기독교인들에게 승인받지 못할 행위를 책임져야 하는 하나님의 부담을 완전히 덜어주지 못한 것 같았습니다. 잠시 기다린 후에 나는 그들에게 공과책의 처음 부분으로 돌아가서 서론을 읽어보라고 요청하였습니다. 그곳은 야곱이 누워 자면서 꿈을 꾸었다고 말하고 있습니다.

이 이야기에서 하나님은 과연 실제로 야곱에게 이 약속을 하셨던 것일까요? 아니면 단순히 꿈속에서 일어난 일이었을 뿐일까요? 만일 후자에 불과하더라도 우리는 하나님께서 실제로 이 일들을 야곱에게 말씀하셨다고 결론을 지어야 할까요? 그 이야기를 액면 그대로 받아들이면 그 문제 제기 자체를 불필요한 일로 만들어 대답하는 일이 필요 없게 되지 않을까요? 그 문제를 이렇게 이해하면 그들이 속박에서 벗어나 그 이야기에서 얻을 실제적인 교훈이 무엇인지를 자유롭게 생각하게 해줄 것으로 보입니다.

이것은 성경을 지성적으로 읽는 방법을 그들에게 알려주기 위해 노력한다고 말한 것이 무슨 뜻인지를 설명해줍니다.

<u>나와 YMCA의 관계</u>는 주로 두 가지입니다. 첫째는 YMCA 전국연합회의 회원이자 부총재로서, 둘째는 중앙 또는 [서울]시 YMCA 이사회 이사로서 갖는 관계입니다.

그러나 이 자리들은 내가 본래 지닌 것보다 더 많은 지혜와 분별력과 재치의 발휘를 요청합니다. 이는 인물과 원칙과 방법과 재정 문제로 얽힌 민감한 문제가 끊임없이 많이 제기되고 있기 때문입니다.

그러나 오늘날 통솔권이 한국인들에게 있는 기관의 경영을 위해 그들을 돕도록 그들의 선택을 받는 것은 특권입니다. 그들은 지난해에 이 이사회를 위해 그전의 여러 해보다 더 많은 외국인을 [이사로] 선출하였습니다. 이것은 우리가 그들에게 여전히 도움을 줄 수 있다고 그들이 느끼고 있는 것을 가리킵니다.

<u>나와 YWCA</u>의 관계는 주로 건축 계획 및 업무 제휴 문제와 관련해서 조언을 해주는 것입니다.

<u>내가 속한 선교회의 위원회</u>에 대한 책임은 의료문제와 관련되어 있습니다. 내가 의료위원회의 위원이자 평양연합병원을 연합조직으로 만드는 문제를 다루는 위원회의 위원이기 때문입니다. 후자의 일로 많은 회의에 참가하였습니다.

<u>내가 속한 선교지회 위원회</u> 사역은 교육위원회 위원장의 일인데, 지난해에는 그 전보다 덜 힘들었습니다. 이는 남·여학교가 모두 적자 없이 운영되었기 때문입니다. 남학교는 총독부의 지정을 받고 등록생이 많아져서 최소한 필요한 것에 근접하는 수입을 얻었고, 운영하는 동안 말썽거리가 더 적게 발생하였습니다. 여학교는 지정을 받기 위해 노력하지 말라는 지시를 선교회로부터 받은 후에 수입이 특별히 얼마간 증가하는 행운을 얻어 더 평화로운 시기를 보냈습니다. 이 모든 것으로 인해 우리는 감사하고 있습니다.

       삼가 제출합니다.
       O. R. 에비슨 의사

1928년 5월 31일
서울, 한국.

출처: PHS

PERSONAL REPORT OF DR. O. R. AVISON

for year ending March 31, 1928.

My work during the past year has been devoted to the usual tasks -- Presidency of the Chosen Christian College, Presidency of the Severance Union Medical College, Committee work for Mission and Station, Church work in connection with the South Gate or Hospital Church, Y.M.C.A. and Y.W.C.A. Board and Committee meetings, and so forth and so on.

Chosen Christian College and Severance Union Medical College matters are sufficiently dealt with in the Istitutional Reports.

Church Work has meant mainly the superintendency of the Church Sunday School, which has included attendance at the Sunday School service nearly every Sunday morning to conduct the routine exercises and review the lesson before the whole School, and to lead a Preparation Class for the Sunday School teachers every Saturday Evening.

This class has given me my real opportunity for service to Church and Sunday School because it has enabled me to drill the teachers in pedagogical methods and set them thinking for themselves about the great themes treated in the Sunday School lessons. My object was two-fold. First to help them get ready to teach their classes and get their pupils thinking by a review of the facts and teachings of the lesson but not dwelling long on this phase because they could get most of this matter from their Manuals. Second, to get them to thinking for themselves and to discussing frankly the results of their thinking by asking questions of one another and of me, realising that once they had adopted this method of studying in the Saturday evening class they would begin to follow the same method in teaching their own classes and reviewing from the platform.

Success has come after two years, almost, of effort and it is often difficult to break up the Saturday evening class because of their desire to ask questions and discuss them.

One of my main efforts was directed to showing them how to read the Scriptures intelligently and not simply as a routine. When we began these classes a year and a half ago they came to the class without having even read the lesson, but now they come not only having read it but also having thought about it and ready to air all their difficulties -- and I can say they have difficulties.

Recently one staid elder startled the class by asking why a just God favored Jacob so highly by appearing to him and promising him such blessings at Bethel so soon after Jacob had been so deceptive to his father and so mean to his brother Esau and having actually robbed this brother of his family rights and while he, Jacob, was in the act of running away from home to escape his brother's anger. This question seemed to stun the class for a time. It looked like challenging God's doings. One ventured to suggest that God, having planned to bless the world through Jacob, had to overlook Jacob's deceit in order to carry out His purposes but this did not seem to fully relieve God of responsibility for doing what would not meet with the approval of the ordinary run of Christians. After waiting a bit, I asked them to go back to the beginning of the lesson text and read the introduction where it says that Jacob laid him down to sleep and dreamed a dream.

Is this story a statement that God made this promise to Jacob in

-2-

actuality or is it the simple relation of a dream? If only the latter, are we obliged to conclude that God actually said these things to Jacob? Does the acceptance of the story at its face value not make it unnecessary to raise the question and therefore of the need to answer it? This view of the matter seemed to relieve them and set their minds free to consider the real lessons to be derived from the story.

This explains what I mean by saying I am making efforts to show them how to read the Scriptures intelligently."

My Y.M.C.A. connections are mainly two: -- 1st, as a member and Vice President of the National Council of the Y.M.C.A., and 2nd, as a member of the Board of Trustees of the Central or City Y.M.C.A.

But these positions call for the exercise of more wisdom, discretion and tact than I possess because of the many delicate questions that constantly arise, involving personalities, principles, methods and finances.

It is a privilege, however, in these days to be selected by the Koreans themselves to assist them in the government of institutions where they themselves have the right to control. They elected more foreigners to these Boards last year than in former years, which is an indication that they feel we can still help them.

My Y.W.C.A. connection is mainly as an adviser in building plans and allied matters.

My Mission Committee responsibilities are associated with medical matters, as I am a member of the Medical Committee and also of the Committee dealing with the Pyengyang Union Hospital in matters relating to its union organization. This latter has called for many conferences.

My Station Committee work is as Chairman of the Station Educational Committee which has been less gruelling this past year than formerly because both the Girls' School and the Boys' School have been running without a deficit. The Boys' School, having its Government recognition, and having a revenue approaching its minimum needs because of its large enrolment, moves along with fewer problems, and the Girls' School, having been directed by the Mission to refrain from any efforts to secure recognition and having had the good fortune to secure some special increase in its revenues, has been having a more peaceful time, for all of which we are grateful.

Respectfully submitted,

May 31, 1928
Seoul, Korea.   O. R. Avison, M.D.

49. 에비슨이 브라운에게 (1)

1928년 6월 4일

아더 J. 브라운 목사·명예신학박사,
해외선교부 총무
북장로회
5번가 150
뉴욕[시], 뉴욕[주].

친애하는 브라운 박사님:

이 편지에 연희전문학교의 연례보고서 사본을 동봉하고, 연례 재정보고서 사본도 동봉합니다. 홀(Ernest F. Hall) 박사에게도 사본들을 보낼 것입니다.

당신은 우리가 한 해를 잘 보내고 수입 안에서 지낼 수 있었던 것을 보게 될 것입니다.

최근에 선교부가 보낸 편지에서 당신은 평양에 있는 연합기독병원*의 문제를 거론하고 그 일과 관련해서 세브란스의전과 연희전문에 보내는 북장로회 측의 기부금에 대해 언급하였습니다. 당신은 후자의 자본계정 보고에 대해 당신 자신이 그 상황을 간략히 설명했던 것을 볼 수 있을 것입니다.

본 대학에 대한 북장로회 측의 투자금은 463,133.14원으로 기재되어 있는데, 만일 잡다한 기금 항목에 있는 북장로교 교인들의 개인적인 기부금들을 포함한다면 그 금액은 5만 원이 넘을 것입니다.

안부 인사를 드립니다.

안녕히 계십시오.

O. R. 에비슨

출처: PHS

---

* 평양에서 북감리회 여선교사 로제타 홀(Rosetta S. Hall)이 1897년 세운 기홀병원과 북장로회 선교사 웰즈(J. H. Wells)가 1896년 세운 제중병원이 1920년 합동하여 기홀연합병원이 되었고, 이 병원이 광혜여원(로제타 홀이 1898년 설립, 부인병원)과 1923년 합동하여 평양연합기독병원이 되었다.

CHOSEN CHRISTIAN COLLEGE

OFFICE OF THE PRESIDENT

SEOUL, KOREA

O. R. AVISON, M.D., D.D.

June 4, 1928.

Rev. Arthur J. Brown, D.D.,
Secretary, Board of Foreign Missions,
Presbyterian Church U.S.A.,
150 Fifth Avenue,
New York, N.Y.

Dear Dr. Brown:

With this I enclose a copy of the annual narrative report of the Chosen Christian College, also a copy of the annual financial statement. Copies are also going to Dr. Ernest F. Hall.

You will note that we have had a good year and were able to live within our income.

In a recent Board Letter you referred to the union hospital question at Pyengyang, and in that connection mentioned the Presbyterian contribution to the Severance and Chosen Christian College institutions. You will note by reference to the capital account statement of the latter that you understated the situation.

The Northern Presbyterian investment in this College is shown as Y463,132.14, and if the contributions made by Presbyterian individuals in the Miscellaneous section were included it would amount to over Y50,000 more.

With kindest regards,

Very sincerely,

O R Avison

50. 에비슨이 브라운에게 (2)*

조선 서울 연희전문학교 교장 에비슨 박사가 브라운 박사에게 보낸
1928년 6월 4일자 편지 발췌문

　최근에 선교부가 보낸 편지에서 당신은 평양에 있는 연합병원의 문제를 거론하고 그 일과 관련해서 세브란스의전과 연희전문에 보낸 북장로회 기부금에 대해 언급하였습니다. 당신은 후자의 자본계정 보고에 대해 당신 자신이 그 상황을 간략히 설명했던 것을 볼 수 있을 것입니다.
　본 대학에 대한 북장로회 측의 투자는 463,133.14원으로 기재되어 있는데, 만일 잡다한 기금 항목에 있는 북장로교 교인들의 개별적인 기부금들을 포함한다면 그 금액은 5만 원이 넘을 것입니다.

출처: PHS

* 이 문서는 위의 49번 문서 안에 있는 일부 문장이 발췌된 것이다.

Extract from letter from Dr. O. R. Avison, President Chosen Christian College, Seoul, Chosen, to Dr. Brown, June 4, 1928.

- - - - - - - - - - - - -

"In a recent Board Letter you referred to the union hospital question at Pyengyang, and in that connection mentioned the Presbyterian contribution to the Severance and Chosen Christian College institutions. You will note by reference to the capital account statement of the latter that you understated the situation.

"The Northern Presbyterian investment in this College is shown as ¥463,133.14, and if the contributions made by Presbyterian individuals in the Miscellaneous section were included it would amount to over ¥50,000. more."

51. 에비슨이 에드워즈에게

1928년 6월 4일

존 R. 에드워즈 목사·명예신학박사,
해외선교부 총무
북감리회
5번가 150
뉴욕[시], 뉴욕[주].

친애하는 에드워즈 박사님:

연희전문학교의 연례보고서 사본을 동봉해서 보내고, 재정보고서의 사본도 동봉합니다. 당신은 [보고서들을 통해서] 우리가 한 해를 잘 보내고 수입 안에서 지낼 수 있었던 것을 보게 될 것입니다.

우리는 베커(Becker) 박사가 올가을에 돌아올 것으로 기대하고 있습니다. 지난해에 등록생이 늘었고, 학교 분위기도 좋습니다.

O. R. 에비슨

출처: UMAC

CHOSEN CHRISTIAN COLLEGE
SEOUL, KOREA

OFFICE OF THE PRESIDENT
O. R. AVISON, M.D., LL.D.

CO-OPERATING BOARDS
PRESBYTERIAN CHURCH IN THE U.S.A.
METHODIST EPISCOPAL CHURCH
METHODIST EPISCOPAL CHURCH, SOUTH
UNITED CHURCH OF CANADA

June 4, 1928.

Rev. John R. Edwards, D.D.,
Secretary, Board of Foreign Missions,
Methodist Episcopal Church,
150 Fifth Avenue,
New York, N.Y.

Dear Dr. Edwards:

Enclosed is a copy of the annual narrative report of the Chosen Christian College, also one of the financial statement.

You will note that we have had a good year, and were able to live within our income.

We look forward to the return of Dr. Becker this September. The enrolment is increased over last year, and the spirit of the institution is good.

Very sincerely,

52. 에비슨이 암스트롱에게

1928년 6월 5일

A. E. 암스트롱 목사·명예신학박사,
해외선교부
캐나다연합교회
퀸즈 스트릿 웨스트 299번지,
토론토.

친애하는 암스트롱 박사님:

당신의 4월 21일자 편지가 얼마 전에 도착했는데 지금까지 답장을 쓰지 않고 있었습니다. 그 안의 내용 가운데 설명이 필요한 유일한 문제는 당신이 거론한, 2년 전에 [캐나다] 장로회 선교부가 연희전문학교에 주기로 약속했던 4만 불에 관한 것입니다. 그 가운데 1만 5천 불을 이미 받았고 2만 5천 불의 잔액이 남아서 내가 조만간 받을 수 있기를 늘 바라고 있었습니다.

사실 나는 캐나다의 교회가 연희전문학교의 건축을 위해 그간에 보낸 돈을 다 합쳐도 너무 적은 몫을 부담했다고 느끼고 있으므로 당신의 [캐나다연합교회] 선교부가 [연전] 이사회에 대표의 수를 최대한도로 파견할 권한[완전 협력 수준]을 확보할 수 있는 방도를 찾기를 간절히 바랍니다. 이 일은 이미 약속했던 금액을 다 보내면 이루어질 수 있을 것인데, 교직원에 교원을 한 명 더 보내고 연례 경상비 지급금을 4천 원으로 인상하면 그렇게 될 것입니다. 당신이 내가 앞서 말한 2만 5천 불을 먼저 보내고 그런 후에 할 일은 지금 금액을 늘려서 두 번째 교수를 임명하고 매년 3천 원의 기부금을 추가하는 것입니다.

2만 5천 불에 대해 말하자면, 당신은 [캐나다연합교회 한국] 선교회가 연례회의를 앞두고 연례 지급금을 [선교부에] 청구할 때 그 돈을 그 청구 금액 안에 넣을 필요가 있을 것이란 식으로 말하였습니다. 그러나 그 약속은 애초에 선교회와 아주 무관하게 한 것이었으므로 캐나다에서 그 돈을 이 목적을 위한 특별 기부금으로 조성하여 선교회에 보내는 정규 지급금과는 완전히 분리해서 보내야 한다고 생각합니다.

이렇게 하면 선교부가 곤란해지지 않을 것이고, 선교회가 다른 용도로 받았으리라고 생각하는 연례 지급금에서 이 기부금을 주는 것에 반대를 할 여지를 없앨 것입니다.

물론 만일 그 [연례] 지급금 사용처에 다른 것들과 구별되는 추가 항목을 두고 그 돈을 보내더라도 그 금액은 똑같을 것이지만, 그렇게 하지 않는다면 그 돈은 선교회로 갈 것입니다.

캐나다인으로서 나는 항상 캐나다교회 선교부가 지금까지 이 약정금을 연합에 참여한 다른 모든 협력 선교회보다 못한 수준으로 잡는 것을 유감으로 여겨왔습니다. 그러므로 매우 절박하게 이런 호소를 함으로써 본교[연희전문학교]에 대한 통솔권의 몫을 공정하게 차지할 수 있게 되기를 원합니다.

물론 이곳[한국] 선교회에도 이 문제를 제기하여 그들이 이 약속의 이행을 지원해주도록 만들려고 노력하겠습니다.

안녕히 계십시오

O. R. 에비슨

출처: PCC & UCC

Avison, Dr O R

COOPERATING BOARD FOR CHRISTIAN EDUCATION IN CHOSEN

CHOSEN CHRISTIAN COLLEGE   SEVERANCE UNION MEDICAL COLLEGE

SEOUL, KOREA

COOPERATING BOARDS
BOARD OF FOREIGN MISSIONS OF THE PRESBYTERIAN CHURCH IN THE U. S. A.
BOARD OF FOREIGN MISSIONS OF THE METHODIST EPISCOPAL CHURCH
BOARD OF FOREIGN MISSIONS OF THE PRESBYTERIAN CHURCH IN CANADA
BOARD OF MISSIONS OF THE METHODIST EPISCOPAL CHURCH, SOUTH
EXECUTIVE COMMITTEE OF FOREIGN MISSIONS OF THE PRESBYTERIAN CHURCH IN THE U. S.

O. R. AVISON, M. D.   W. T. OWENS.
PRESIDENT   SECRETARY & TREASURER

OFFICERS OF THE BOARD
JOHN T. UNDERWOOD, CHAIRMAN
ALFRED GANDIER, VICE-CHAIRMAN
E. H. RAWLINGS, VICE-CHAIRMAN
W. REGINALD WHEELER, SECRETARY
156 FIFTH AVE., NEW YORK
GEORGE F. SUTHERLAND, TREASURER
150 FIFTH AVE., NEW YORK

RECEIVED

ANS'D
United Church Foreign Mission Board

June 5, 1928.

Rev. A. E. Armstrong, D.D.
Board of Foreign Missions
United Church of Canada
299 Queen St. West
Toronto.

Dear Dr. Armstrong:

Your letter of April 21st reached me some time ago but has remained unanswered till now. The only matter contained in it that calls for comment is your reference to the $40,000 pledge which the Presbyterian Board made two years ago to the Chosen Christian College of which $15,000 has already been paid leaving a balance of $25,000 which I have always been hoping would come to us in due time.

The fact is I feel the Canadian Church has taken altogether too small a share in the building up of the Chosen Christian College and I wish very much that your Board could see its way to undertaking enough to enable it to secure its full representation on the Board of Managers. This could be done by completing the payment on the pledge already made, by adding one more teacher to the staff and by increasing the annual appropriation to ¥4000 or $2000 Gold. The increase over what you are now doing after the initial payment of the $25,000 mentioned, would be the appointment of a second teacher and an additional contribution of ¥ 3000 per year.

With regard to the $25,000, you indicate that it will be necessary for the Mission to put that amount in its request for appropriations at the Annual Meeting of the Council. However, as the promise was made in the first place quite independent of the Mission it looks to me as though the sum should be secured in Canada as a special gift for this purpose and sent out quite outside of the regular appropriations to the Mission.

This would relieve the Board of embarrassment and would do away with any objection that the Mission might otherwise towards the making of this grant from the yearly appropria-

-2-

tions which they had expected to be sent for other purposes.

Of course it would amount to the same thing if it were sent among the appropriations as an extra item over and above all that would otherwise have been given to the Mission.

As a Canadian I am always regretting that the Board of Foreign Missions of the Canadian Church fell down on this pledge leaving it in a place so far below that of all of the other Missions cooperating in the union. I wish therefore to make this appeal very urgently in order that you may have your fair share in the control of the institution.

Of course I shall also lay the matter before the Council here and try to get them to support this plea.

Believe me,

Yours very sincerely,

O.R. Avison

ORA:EK

53. 노스가 에비슨에게

FMN[F. M. 노스]

1928년 6월 5일

O. R. 에비슨 박사,
세브란스연합의학전문학교,
5번가 156번지,
뉴욕시.

나의 친애하는 에비슨 박사님:

 그 중요한 행사에 참석하도록 초청해준 데 대해 당신과 그 위원회에 감사하지 않거나, 언더우드(Horace G. Underwood) 박사의 성실하고 희생적인 삶의 결과에 대한 나의 깊은 관심을 표현하지 않고는, 그의 동상 제막식 행사를 지나칠 수 없습니다. 이 행사와 연관해서 당신의 사역도 비슷한 방식으로 기념된 사실을 생각합니다. 그 초청에 대해서만 아니라 당신과 그 사람이 한국인들에게 바칠 수 있었던 그 놀라운 봉사에 대해서도 내가 깊이 감사하고 있음을 확언해드립니다.

안녕히 계십시오.

출처: UMAC

TRANSFERRED

FMN/L

803-1

June 5, 1928.

Dr. O. R. Avison,
Severance Union Medical College,
156 Fifth Avenue,
New York City.

My dear Dr. Avison:

I cannot let the incident of the unveiling of the statue of Dr. Horace G. Underwood go by without thanking you and the Committee for the invitation to attend that significant event, or without expressing my profound interest in the results of his earnest and sacrificial life. I associate with this event the fact that your own work is commemorated in a similar fashion. Be assured of my deep appreciation not only of the invitation, but of the striking service which both you and he have been able to render to the Korean people.

With best wishes,

Yours cordially,

54. 에비슨이 노스에게

1928년 7월 2일

프랭크 메이슨 노스 박사
해외선교부
5번가 156번지,
뉴욕시.

나의 친애하는 노스 박사님:

언더우드(H. G. Underwood) 박사의 [동상] 제막식 초청에 대해 감사를 표현한 당신의 6월 5일자 편지를 받았습니다. 그 행사는 4월에 거행되었습니다. 전국 각지에서 온 각계의 대표자들이 언더우드 박사를 추모하였습니다. 그를 아는 모든 사람의 마음과 생각 속에 그가 살아있음을 아는 것은 감사한 일입니다.

세브란스의전 캠퍼스에 비슷한 동상이 세워진 사실을 당신이 언급한 것도 주목합니다. 그 영예는 내가 할 수 있었던 미미한 것에 비해 받아도 될 수준을 훨씬 뛰어넘지만, 당신의 관심에 감사를 드립니다.

안녕히 계십시오.
O. R. 에비슨

출처: UMAC

COOPERATING BOARD FOR CHRISTIAN EDUCATION IN CHOSEN

CHOSEN CHRISTIAN COLLEGE   SEVERANCE UNION MEDICAL COLLEGE

SEOUL, KOREA

July 2, 1928.

Dr. Frank Mason North
Board of Foreign Missions
150 Fifth Ave.
New York City.

My dear Dr. North:

I have your letter of June 5th expressing your thanks for the invitation to the unveiling ceremony of Dr. H. G. Underwood's statue. The occasion was inspiring; representatives came from all over the country to do honor to the memory of Dr. Underwood. It is gratifying to know that he lives in the hearts and minds of all who knew him.

I note your reference to the erection of a similar statue on the Severance campus. I appreciate your interest, though the honor is far beyond what I deserve for the little I have been able to do.

I am

Yours very sincerely,

ORA:EK

55. 에비슨이 선교부에

1928년 7월 30일 [수신일]

해외홍보국
[북장로회] 해외선교부
5번가 156번지,
뉴욕시.

신사분들께:

백낙준(L. George Paik) 목사·박사가 1927년 9월 초에 한국 서울에 있는 연희전문학교 신과의 조교수가 되기 위해 한국에 돌아와 대학의 임원진과 동료들 사이에서 이미 높은 신망을 얻었고, 학생들 사이에서도 그러합니다.

성경 교수로서 그는 한국에서 최고 수준으로 여겨지고 있고, 학교 업무 밖에서도 이곳 [한국] 신학교의 강사로 오라는 요청을 꾸준히 받고 있으며, 거의 모든 종교 행사 프로그램에서 연사로 서고 있습니다.

그는 이번 학년의 첫날인 4월 1일에 본 대학의 문과 과장으로 임명되어 목사 빌링스(B. W. Billings) 박사의 후임자가 되었습니다. 빌링스는 몇 년 동안 그 직책에서 훌륭한 기록을 세운 후에 그 자리를 사임하였습니다.

그러나 백 박사는 신과에서 계속 사역할 것입니다.

안녕히 계십시오.

O. R. 에비슨

출처: PHS

CHOSEN CHRISTIAN COLLEGE
SEOUL, KOREA

OFFICE OF THE PRESIDENT
O. R. AVISON, M.D., LL.D.

RECEIVED
JUL 30 1928
Mrs. A. W. Dimock
1928

Bureau of Foreign Information
Board of Foreign Missions
156 Fifth Ave.
New York City.

Gentlemen:

The Rev. Dr. L. George Paik, who returned to Korea at the beginning of September 1927 to become Associate Professor in the Bible Department of the Chosen Christian College, Seoul, Korea, has already won for himself a high place in the regard of the officers of the College and of his colleagues, as well as of the students.

As a Bible teacher he is regarded as one of the best in Korea and outside of his school work is constantly sought as an instructor in the Seminary here and in other schools and colleges, and he appears as a speaker on the programs of nearly all religious conferences.

At the beginning of the present school year, April 1st, he was appointed as Director of the Liberal Arts Department of the College, being successor to the Rev. Dr. B. W. Billings, who is resigning from that position after a fine record of several years' service in that capacity.

Dr. Paik will, however, still carry on his work in connection with the Religious Department.

Very sincerely yours,

O R Avison

ORA:EK

56. 서덜랜드가 에비슨에게

1928년 8월 13일

O. R. 에비슨 박사
세브란스병원
서울, 한국.

나의 친애하는 에비슨 박사님:

방금 당신에게 다음의 전보를 보냈는데, 그 내용은 다음과 같이 이해됩니다.

존 세브란스(J. L. Severance)가 1만 달러(금화)를 적자 보전과 세탁실과
X선과를 위해 주기로 약속하였습니다. - 서덜랜드

이 전보에 코드와 비(非)코드가 조합되어 있지만, 특별히 세탁실이나 X선이란 단어가 암호책에 없을지라도 당신은 그 단어들을 크게 힘들지 않게 해독할 수 있었으리라고 생각합니다.

존 세브란스 씨가 내게 당신의 7월 11일자 편지의 사본을 보내며 건축상황과 당신에게 필요한 다른 것들을 충분히 설명해주었고, 그 사본과 함께 8월 8일자 편지를 내게 보냈습니다. 그의 편지 사본을 동봉하는데, 그 편지에서 그가 이 1만 불을 어떻게 보낼 예정인지를 정확하게 알려주었습니다. 당신은 당신의 편지에서 언급된 가장 긴급한 문제들을, 엘리베이터만 빼고, 그가 모두 해결하고 있는 것을 보게 될 것입니다. 그가 가장 시급하게 필요한 것들을 골라냈다고 판단됩니다. 당신이 보게 될 것처럼, 그는 이 돈이 필요해지면 언제라도 지급할 수 있을 것이라고 말합니다.

이렇게 추가로 기부금을 받게 된 것을 축하하고, 당신이 그 건물에 대해 잘 설명해준 일로 인해서도 기뻐합니다. 당신이 모든 건축공사를 계속 추진하면서 적자를 1천 5백 불밖

에 내지 않은 것은 정말 놀랍다고 생각합니다. 많은 건축가가 그런 점을 그보다 훨씬 더 많이 놓치고 있습니다.

    안녕히 계십시오.
    GFS[G. F. 서덜랜드]

출처: UMAC

August 13, 1928

Dr. O. R. Avison
Severance Hospital
Seoul, Korea.

My dear Dr. Avison:

I have just sent you the following cable, which is to be interpreted as follows:

"J. L. SEVERANCE HAS PROMISED TEN THOUSAND DOLLARS GOLD DEFICIT LAUNDRY X-RAY -SUTHERLAND."

This cable is a combination of code and non-code words, but I have thought that you could decipher laundry and X-ray without much difficulty, especially inasmuch as the words themselves do not appear in the code book.

Mr. Severance sent me a copy of your letter of July 11th, giving a complete statement of the construction and of your other needs, and with that copy sent me a letter dated August 8th. I am enclosing a copy of his letter which shows exactly how he anticipates this $10,000 will be expended. You will note that he fixes you up on all of the most urgent matters mentioned in your letter, except the elevator. I judge he has picked out the most urgent needs. He says, as you will note, that this money will be available any time that it is needed.

Congratulations on this additional gift and also on the fine showing that you have made in connection with the building. I think to go forward with all the construction that you have, and come out with a deficit of only $1500., is quite remarkable. A good many architects miss the point a good deal farther than that.

Sincerely yours,

GFS
JFS
Encl.

57. 에비슨이 서덜랜드에게

1928년 9월 6일

조지 F. 서덜랜드 목사·명예신학박사
협력이사회 회계
5번가 150번지
뉴욕시.

친애하는 서덜랜드 박사님:

존 세브란스의 1만 불 기부 사실을 통지한 당신의 전보는 8월 18일에 도착하였고, 그 일을 설명하는 편지는 오늘 오전에 도착하였습니다. 전보 안의 한 단어로 인해 의미 전달이 다소 어려워져 그 뜻이 크게 혼동되었습니다. 그러나 당신의 편지 덕분에 이것이 완전히 명확해졌습니다.

이 메시지가 우리에게 얼마나 환영을 받았고, 당신의 편지와 세브란스 씨의 편지 안에 있는 달콤한 작은 메시지로 인해 우리가 얼마나 크게 즐거워하였는지를 상상을 통해 충분히 이해할 수 있을 것입니다. 이는 우리가 돈을 최대한 유익하게 쓰려고 열심히 노력하고 있는 상황에서 받았기 때문입니다.

X선 부속품 주문서를 얼마 전에 빅터 사(Victor Company)에 보냈습니다. 그 주문을 보낸 경로를 조사하도록 오웬스(Owens) 씨에게 요청하려 합니다. 만일 당신에게 사본이 가지 않았고 물품값의 지불을 청구하는 서류의 사본도 가지 않았다면, 그가 당신에게 곧장 이것들을 보낼 것입니다. 세탁기 주문서는 물론 갚을 방법을 찾지 못하여 보내지 않았습니다. 그래도 우리는 지금 당장 그 문제를 다루려 합니다. 세탁실이 완공되어 지금부터 약 일주일 내로 기존 세탁기를 설치하려 합니다. 새 기계에 필요한 모든 배관, 전선 등등은 이미 설치하였습니다. 그렇게 한 이유는 우리가 건물을 짓는 동안에 이 일을 해야 한다고 깨달았기 때문입니다.

그렇습니다. 존 세브란스 씨가 우리의 어려움을 즉각 덜어주는 항목들을 잘 선정하였다고 생각합니다. 그분과 프렌티스(Prentiss) 부인에게 곧바로 편지를 쓰겠습니다.

오웬스 씨가 적자를 메꾸기 위해 1천 5백 달러를 곧 인출하기 위해 준비하고 있습니다. 나머지는 당분간 당신에게 놔두겠습니다. 이는 구입해야 할 물품들의 값을 치러주기 위해 당신이 그 돈을 대부분 가지고 있을 필요가 있을 것이기 때문입니다.

안녕히 계십시오.

O. R. 에비슨

출처: UMAC

COOPERATING BOARD FOR CHRISTIAN EDUCATION IN CHOSEN

CHOSEN CHRISTIAN COLLEGE   SEVERANCE UNION MEDICAL COLLEGE

SEOUL, KOREA

O. R. AVISON, M. D.
PRESIDENT

W. T. OWENS,
SECRETARY & TREASURER

COOPERATING BOARDS
BOARD OF FOREIGN MISSIONS OF THE
PRESBYTERIAN CHURCH IN THE U.S.A.
BOARD OF FOREIGN MISSIONS OF THE
METHODIST EPISCOPAL CHURCH
BOARD OF FOREIGN MISSIONS OF THE
PRESBYTERIAN CHURCH IN CANADA
BOARD OF MISSIONS OF THE
METHODIST EPISCOPAL CHURCH, SOUTH
EXECUTIVE COMMITTEE OF FOREIGN MISSIONS
OF THE PRESBYTERIAN CHURCH IN THE U.S.

OFFICERS OF THE BOARD
JOHN T. UNDERWOOD, CHAIRMAN
ALFRED GANDIER, VICE-CHAIRMAN
E. H. RAWLINGS, VICE-CHAIRMAN
W. REGINALD WHEELER, SECRETARY
156 FIFTH AVE., NEW YORK
GEORGE F. SUTHERLAND, TREASURER
150 FIFTH AVE., NEW YORK

September 6, 1928.

Rev. Geo. F. Sutherland, D.D.
Treasurer, Cooperating Board
150 Fifth Ave.
New York City.

Dear Dr. Sutherland:

Your cable re Severance gift of $10,000 was received August 18th and your covering letter came in this morning. One word in the cable had been somewhat bungled which rather confused its meaning, but your letter of course made this perfectly clear.

I suppose you can work on your imagination sufficiently to understand how welcome this message was to us and the pleasure was greatly enhanced by the little bouquet contained both in your letter and in that of Mr. Severance, for we did work hard to spend the money as advantageously as possible. Words of appreciation such as were put in your own letter and in Mr. Severance's also, do us a great deal of good.

The order for the X-Ray accessories was sent in to the Victor Company sometime ago. I will ask Mr. Owens to look into the way in which the order was sent and if a copy did not go to you and also a copy of the instructions in regard to payment by yourself, he will send these on to you at once. The order for the laundry machinery, of course has not gone in as we saw no way of making payment. But we are taking the matter up at once now. The laundry building has been completed and we hope to install the old machinery in about a week from now. All the necessary piping, electric wiring, &c for the new machinery is already installed as we realized we must do this while the building was being erected.

Yes, I think Mr. Severance did well in selecting the items he did for giving us immediate relief. I shall at once write letters to him and Mrs. Prentiss.

Mr. Owens is preparing to draw $1,500 at once to recoup the deficit. The other will be for the present left in your hands as you will need most of it to pay for the goods which are to be purchased.

I am

Yours very sincerely,

O. R. Avison

ORA:KK

58. 연희전문 교장보고서

연희전문학교
연례 보고서, 1927~1928.*

대학이 역사상 13년째가 되었는데도 여전히 업그레이드되고 있습니다. 학생 수가 많아 졌고, 더 좋은 자격을 지닌 교원들이 교수회에 등록되었으며, 물질적으로 시설 면에서 절실히 필요한 개선이 이루어졌습니다. 부지의 면적도 확장되었습니다.

재정

1926~1927년 이전에는 많은 해가 적자 예산으로 마감되었고, 1926년 3월 말에는 누적 적자가 25,183.47원에 달하였습니다.

교장이 1926년 [미국에서] 돌아온 후부터 회계연도 기간에 적자를 면할 방안을 구하기 시작하였고, 1927년 3월 31일에 898.43원의 흑자를 낼 만큼 업무 수행 과정에서 비용을 절감하였습니다.

이 일로 누적 적자가 줄어서 24,285.04원이 되었습니다.

1927~1928년도 예산안을 짜면서 우리는 수입을 매우 보수적으로 잡고, 지출을 예상 금액만큼 줄이기로 한 결심을 엄격하게 지켰습니다. 몇 군데에서 지출 예산을 삭감해야 하였고, 종교 사역에서 우리가 바라는 정도보다 훨씬 큰 어려움을 겪었습니다. 전에 이미 로즈(Rhodes) 박사에게 기부금을 주어 이 사역을 도운 적이 있는, 로즈의 펜실베이니아 친구에게 교장이 과감하게 편지를 써서 [학교에서] 해야 할 사역과 그 일을 하는 데 필요한 금액을 알렸습니다. 그는 매우 관대하게 반응하여 우리가 장래 사역을 위한 예산에서 삭감해야 했던 것을 보충하고도 남을 금액을 3년 동안 지급하겠다고 약정하였습니다.

우리는 1928년 3월 31일에 학년을 끝내면서 상당한 흑자를 낸 사실을 기쁘게 보고합니다. 그 정확한 금액은 우리가 예상하지 못했던 청구서를 뉴욕의 북장로회 선교부가 우리에게 보낸 일로 우리가 문의한 것의 결과를 기다려야 하므로 아직 알려지지 않았습니다.

---

* 교장의 이 연례보고서 안에 작성 또는 제출 일자 표시가 없지만, 실제로는 1928년 9월 20일 열린 대학 이사회 정기회 때 제출되었다.

만일 그 청구 금액을 갚을 필요가 있다고 밝혀진다면 흑자가 줄어들겠지만, 그래도 여전히 흑자로 남을 것입니다.

올해 예산안이 마련되었을 때 우리는 누적 적자를 줄이기 위해 그 안에 1천 원의 예산 항목을 넣었고, 또한 서점에서 발생한 손실 금액을 갚기 위해 5백 원의 항목을 넣었습니다. 그러면 이 금액들이 처음 예산에 빌려준 금액이 되어 영구 기금에 반환될 것입니다. 예산에 이 금액들을 넣은 것은 무작정 믿고 벌인 모험이라고 생각되지만, 그렇다고 할지라도 적자를 내지 않고 한 해를 헤쳐갈 수 있으리라고 크게 확신합니다.

우리가 이렇게 함으로써 재정위원회가 향후에 매년 따를 신중한 예산 책정의 전통이 세워졌기를 희망합니다.

북감리회 선교부가 우리에게 특별 기부금 1천 불을 보내 적자를 줄이는 데 쓰게 하였습니다. 그렇게 해서 적자가 22,223.19원이 되었습니다. 우리는 이 적자가 완전히 일소될 수 있기를 진심으로 바랍니다.

교수진

우리 교수진은 우리가 이렇게 하는 동안에도 크게 보강되었고, 밀러(Miller) 교수와 피셔(Fisher) 교수, 베커(Becker) 교수, 히치(Hitch) 교수가 아직 미국에 있는 동안에도 계속 운영할 수 있었습니다. 한 해 동안 밀러(E. H. Miller) 박사가 돌아왔고, 새로운 한국인 교수, 곧 백낙준(L. G. Paik) 박사가 미국에서 와서 우리와 합류하였으며, 그밖에도 일본에서 대학을 졸업한 사람들이 추가되었습니다. 피셔 박사는 이번 학기 초에 우리와 합류하였고, 베커 박사는 다음 9월에 돌아오겠다고 우리에게 알려왔습니다.

한 해 동안 우리는 문과 졸업생들이 학무국으로부터 교사 자격을 이미 인가받은 영어 과목 외에 역사(서양사와 동양사)와 그 밖의 몇 개 과목에서도 인가받게 하려고 열심히 노력하였습니다. 그러나 아직은 그런 특권을 받지 못하였습니다.

올해는 우리 수물과가 [1922년 2차 교육령에 의한 인가를 받지 못했다가 1924년] 총독부의 요구 수준에 부응하여 인가를 받은 이래 처음으로 졸업생을 냈는데, 이 졸업생들의 자격 문제가 매우 뜨거운 쟁점이 되었습니다. 학무국이 우리의 초청을 받고 시설 상태, 교수 상황, 학생 장학 제도를 조사하기 위해 3명의 조사관을 보냈습니다. 그들은 종일토록 이 일을 하면서 필기시험을 실시하였습니다. 조사 결과가 우수하고, 교원들이 만족스러우며, 시설이 양호하고, 졸업생들에게 수학과 물리학과 화학을 가르칠 자격이 있다는 것을 그들이 알려주었을 때 우리는 매우 감사하였습니다. 그들은 우리에게 자기들은 한 학교에 한 개 과목 이상의 자격을 거의 주지 않고 잘해야 두 과목에 자격을 주지만 너무 만족스러워서 우리에게 파격적으로 세 과목에 주게 되었다고 말하였습니다.

우리 교수진에 관해 말하자면, 학무국은 최소한 교원들의 2/3는 완전한 자격을 갖출 것을 요구하고 있습니다. 이것은 무자격자가 많아서 그 비율을 이루지 못하면 그 비율로 계속 운영해갈 수는 있어도 약점을 지닌 것으로 여겨지는 것을 뜻합니다. 올봄에 총독부가 무자격자였던 이들 가운데 4명에 대해 완전 자격을 인정하고 다른 5명에게 임시 자격을 주었습니다. 그래서 지금 우리의 유자격 교원 비율이 87%가 되어 매우 만족스럽게 생각되고 있습니다.

기독교인 자격에 대해 말하자면, 물론 몇 사람은 다른 이들보다 덜 충실하지만, 모든 교원이 기독교인으로 평가되고 있습니다. 한 해 동안 그들 가운데 몇 사람이 기독교인의 품성에서 돋보이는 성장을 보였습니다.

교수회의 회원은 지금 총 35명입니다. 교수회에 추가된 주목할 만한 인물들은 다음과 같습니다.

> 백낙준(L. G. Paik) 목사·Ph.D., 신과 조교수, 로즈(H. A. Rhodes)와 협력사역
> 니카이도(Nikaido, 二階堂眞壽) 목사, 일어일문학 교수
> 손봉조(P. C. Sohn), 상과 조교수
> 신기준(K. J. Synn), 체육 조교수
> 김봉집(P. C. Kim), 수물과 조교수

금년 중에 박길용(K. Y. Park) 씨가 상과 조교수 직을 사임하였습니다.

초창기부터 문과 과장으로 있었던 빌링스(B. W. Billings) 박사가 일 년만 더 계속해달라는 주변의 압력에도 불구하고 1928년 3월 말 그 직책을 사임하였습니다. 그때 빌링스 박사가 사임을 철회하지 않을 것이 명확해지자 교장이 주요 교원들과 회의한 후 백낙준을 과장으로 임명하였고, 그리하여 지금 세 과에 모두 한국인이 과장[문과 백낙준, 상과 이순탁, 수물과 이춘호]으로 있고, 한국인 한 명[유억겸]이 학과 전체의 학감이 되어, 교육 사

역을 조직하고 수행하는 일에서 한국인의 역량에 대한 진정한 테스트가 진행되고 있습니다.

이 일로 교장, 부교장, 회계의 직책만 서구인의 손에 남겨져 있습니다.

지난 몇 년 사이에 과장과 학감, 이 두 가지 직책을 이미 성공적으로 한국인들로 채웠기 때문에 계속 좋은 결과를 얻을 것으로 기대할 이유가 충분해 보입니다. 재미있는 한 국면은 학감[유억겸]과 과장 1명[이순탁]은 일본의 종합대학에서 교육을 받고 다른 과장 2명[이춘호, 백낙준]은 미국의 종합대학에서 교육을 받은 것입니다. 그러므로 서양과 동양의 교육제도에서 가장 좋은 것을 취하는 결과를 반드시 얻을 것입니다.

자본금 확충

우리의 정책을 좇아 한 해 동안 대학의 경계를 철도와 동쪽의 개울까지 확장하였고, 몇 군데에서 토지를 샀습니다. 이 거래들 가운데 하나는 우리 소유지와 철도국 자산 사이에 있는 땅입니다. 그곳을 얻음으로써 우리는 대학부지 진입로를 개발하고 모범촌 지형까지 다듬을 수 있었습니다. 오래 지연된 토지 교환과 동양척식회로부터의 토지 구입이 종결되었습니다. 모범촌 구역 내의 한국인 마을에서 몇몇 필지를 샀습니다. 한 해 동안 확보한 땅의 전체 면적은 11,023평인데, 서남쪽 경계에 있는 격리된 땅들을 교환하여 최종 면적이 9,870평 또는 8,225에이커 되었습니다. 한 해 동안의 토지 거래 가격은 총 7,321.95원이었습니다.

뉴욕의 협력이사회 회계로부터 6천 불가량의 모금 운동 기금을 개발 용도로 가져왔습니다. 이것은 다음과 같이 사용되었습니다.

1. 중앙 캠퍼스로 가는 화강암 계단 설치. 이 용도를 위해 받은 주요 기부금은 뉴욕시의 한인교회로부터 받은 358불입니다. 이 계단의 비용은 1,762.09원이었습니다. 이 계단이 전체 자산에 더해지면서 이전의 흙 제방보다 아주 자연스러워져 품위 있게 캠퍼스에 접근하게 해줍니다.
2. 스팀슨관 화장실 설치
3. 스팀슨관 지하실에 1,044.58원의 비용으로 학생 목욕실 설치
4. 부지, 건물, 주택에 대한 조명. 우리 자산에 전봇대와 전선을 설치하고 전류를 공급

하기 위한 경성전기회사와의 협상이 성공적으로 종결되었고, 그 후 우리의 자체적인 시설 설치는 감당할 범위를 크게 넘어선다는 판정이 내려졌습니다. 그 회사는 설치 비용의 절반을 부담하기로 합의하였습니다. 12월 초에 전류가 들어와서 주택들의 안락함이 크게 증진되었습니다. 대학에서 부담하는 설치 비용은 약 5천 원입니다. 아직은 야간 전류만 사용할 수 있으므로 교실에서 전기를 쓰려면 반드시 야간에 모여야 합니다.

5. 주민이 늘어나면서 용수 공급에 대한 압력이 더 커졌습니다. 그 결과 여러 샘을 개발하고 우물들을 파서 공급 용수가 늘어났습니다. 여전히 물이 부족하여 새로 개발해야 합니다. 자산위원회 위원장인 이춘호(C. H. Lee) 교수가 한 일은 특별히 언급될 가치가 있습니다. 그는 모든 토지 구입 협상을 수행하고 농지 등의 임대 업무를 감당하였습니다.

학생 등록

학생 수는 1919년 이래로 꾸준히 늘기는 하였어도 크게 늘지는 않았습니다. 지난해 봄 학기에는 220명의 학생이 학비를 내고 등록하였으며, 가을학기에 208명이 등록하였다가 185명의 출석으로 학년을 마쳤습니다. 그리하여 세 학기에 학비를 낸 학생 수는 평균 204⅛명으로 그 전해보다 10명이 늘었습니다.

다음의 표는 1924년 이후 평균 학비 납부 등록생의 증가 상황을 보여줍니다.

1924~1925년	168명
1925~1926년	179명
1926~1927년	194⅔명
1927~1928년	204⅛명

학생 훈육은 잘 이루어지고 있습니다. 유억겸(U. K. Yu) 학감이 다양한 업무를 만족스럽게 처리하고 있습니다.

3월에는 39명이 졸업하였는데, 문과가 8명, 상과가 19명, 수물과가 12명이었습니다. 수물과 학생들은 재인가를 받은 후에 처음으로 졸업하였는데, 4년 전에 신입생으로 등록했을 때 그 과가 재인가를 약속받았습니다. 명부 상의 졸업생 수는 지금 205명입니다.

	1학기	2학기	3학기
문과	75	64	57
상과	100	95	85
수물과	46	49	43
계	221	208	185

4월에 새 입학생을 받아들였는데, 임시 등록 현황은 다음과 같습니다.

	1학년	2학년	3학년	4학년	계
문과	40	22	12	12	86
상과	63	39	21	--	123
수물과	31	11	8	12	62
계	134	72	41	24	271

출석: 이렇게 받아들인 학생들이 실제 등록부에서는 258명 정도로 줄어들었습니다. 교파별로는 학생들이 다음과 같이 등록되어 있습니다.

장로교	109명	
감리교	112명	
기타	8명	
기독교인 총수	229명	
비기독교인	29명	258
비기독교인 비율		11.24%

비기독교이었다가 대학에서 영향을 받아 기독교와 관계를 맺은 사람들은 문과에서 10명, 상과에서 12명, 수물과에서 7명입니다. 학년별로는 다음과 같습니다.

1학년	25	3학년	1
2학년	3	4학년	0

운동경기

본 대학은 운동경기에서 명성을 유지하였습니다. 가장 돋보인 승리는 지난 9월에 축구팀이 와세다대학교을 이긴 것입니다. 그때 스코어는 4 대 0이었습니다. 와세다대 팀은 상해 아시아 올림픽 대회에서 준우승을 하고 방금 돌아왔습니다. 그런 사실은 그 승리를 더욱 크게 기뻐하게 만들었습니다.

그 외에도 반도 내 선수권대회에서 다음과 같이 우승하였습니다.

야구: 6월, 전조선선수권대회. 본 대학이 우승기를 영원히 가져왔습니다.*
축구: 10월, 전조선 축구대회와 전문학교 축구대회에서 우승하였습니다.**
테니스: 6월, 전문학교간 시리즈에서 우승하였습니다.***

[연희전문이 주최한] 중등학교들의 육상경기가 10월에 [교내 운동장에서] 성공적으로 개최되었습니다.

우리 축구팀과 야구팀이 대학에 많은 트로피를 가져와서 우리 자부심을 고취하는 동안 우리 모두는 학생 전체의 건강을 증진할 체육 교육 같은 것이 필요하다고 느꼈습니다. 올해 우리는 이 사역 분야에서 완전한 자격을 지닌 교원을 확보하는 행운을 누렸습니다. 그 [신기준]는 젊은 한국인으로 상해대학을 졸업하고 그 도시에서 유명한 운동선수로 활약하였으며, 지난 6월 오하이오주의 오벌린대학을 졸업하였습니다. 6피트의 키에 그만큼이나 넓은 어깨를 지닌 훌륭한 육체적 남성성의 표본입니다. 열렬한 기독교의 정신을 지니고 있습니다. 이제 우리에게는 그가 갖추고자 하는 장비의 구입에 필요한 돈을 공급하는 일이 부여되었는데, 교장이 봉착하고 있는 문제들의 하나가 이것입니다.

종교 활동

펜실베이니아주 로체스터의 타운젠드(W. S. Townsend) 씨와 개런티 리퀴드 매저스 회사(Guarantee Liquid Measures Co.)에서 이 분야의 예산 금액을 공급해주어 사역을

---

* 1927년 10월 3~4일 개최된 제8회 전조선 야구대회 전문학교 부문에서 연전이 부전승으로 우승하였고, 이로써 3연패(連覇)를 이루었다.
** 1927년 11월 2일부터 6일까지 개최된 제8회 전조선축구대회의 청년단 경기 결승전에서 연전팀이 조선축구단을 7 대 0으로 이기고 우승하였다. 또한 11월 12일부터 14일까지 열린 제2회 전문교축구연맹 주최 경기 결승전에서 보성전문을 2 대 0으로 이기고 우승하였다.
*** 1927년 6월 10~11일 개최된 제7회 전조선정구대회 전문단 결승전에서 연전이 보전을 3 대 2로 이기고 우승하였다.

더 활발히 펼칠 수 있게 되었습니다. 백낙준 박사가 9월부터 성경을 가르치고 로즈(Harry A. Rhodes) 박사와 이[신과] 사역을 협력하면서 흡족하게 봉사하고 있습니다. 여름에 기독교 사역자들의 수련회가 60명이 회비를 내고 등록한 가운데 열렸습니다. 학생 전도대가 여러 거점을 찾아가고 있습니다. 전체 학생에게 영향을 미칠 YMCA 문제를 연구하여 자진해서 지원하기로 결정하였습니다.

음악

로즈 부인과 빌링스 부인*이 노력한 덕분에 음악에 대한 관심이 크게 높아져서 좋은 오케스트라와 매우 훌륭한 합창단이 생겨났고,** 그와 동시에 관악대가 조직되어 훌륭한 발전을 기약하고 있습니다.***

부츠 부인이 매주 시간을 내어 오케스트라를 돌보고 있는데, 그녀의 노력에 크게 감사하고 있습니다.**** 우리는 모두 이런 기능이 더해진 것에 매우 즐거워하고 있으며, 조만간 진짜 음악과가 생기고 대학의 한 부분이 되어 청년들의 문화에 기여하기를 기대하고 있습니다.

기숙사

우리에게 있는 단 한 채의 기숙사 건물에는 66명의 학생이 수용되어 있습니다. 그래서 주변 마을들과 서울시에 나머지 200명의 학생이 거주하고 있습니다. 이 건물은 3학기 동

---

* 1918년 신과에 부임한 로즈(Harry A. Rhodes)의 부인 에디스(Edith)는 채플 시간에 반주하고 학생 음악 지도를 도왔다. 초창기부터 있었던 문과 빌링스(B. W. Billings) 교수의 부인 블리스(Bliss)는 합창단과 오케스트라 창단을 도왔다. 이들 외에 수물과 베커(Arthur L. Becker) 교수의 부인 루이스(Louise)는 대학 초창기부터 1939년까지 연전의 음악 발전에 지대한 공헌을 하였다.
** 연전 오케스트라가 1929년 현제명에 의해 창설되었다고 알려져 있지만, 1928년 4월 28일 언더우드 교장의 동상 제막식 행사 관련 기록을 모은 「고원두우박사기념동상지」 안의 행사 순서지를 보면 그 안에 "The C.C.C. Orchestra"의 연주 순서가 들어있다. 에비슨 보고서와 동상지의 기록으로 1928년에 오케스트라가 창단되어 있었던 것을 알 수 있다. 특히 동상지의 기록은 연전 오케스트라가 1928년 2월 4일 연주회를 가진 경성제대 오케스트라보다 늦지 않게 창단되었을 것을 시사한다.
*** 초기에 '양악대'로 불렸던 '관악대' 또는 'Band'는 대학 초창기부터 루퍼스(W. C. Rufus) 교수의 부인 모드(Maud)에 의해 결성되었다. 루퍼스 부인이 남편과 함께 1917년 미국으로 떠난 후 1919년 어간에는 대한제국 군악대 군악장을 역임하고 장례원 양악대와 경성악대를 이끌었던 백우용이 강사로서 양악대를 이끌었다.
**** 플로렌스(Florence Boots): 세전 치과 교수 부츠(J. L. Boots)의 부인으로 이화여전에서 음악을 가르쳤고, 한국 최초의 관현악단으로 알려진 중앙악우회 관현악단의 결성(1926)을 도왔다.

안만 입주가 가능합니다. 더 많은 기숙사 시설의 필요성이 긴급한 현안이 되고 있습니다. 송치명(C. M. Song)이 기숙사 사감으로 있습니다. 농업관[치원관]을 추가로 숙소로 사용할 수도 있고, 사실은 지금의 기숙사를 짓기 전에 그렇게 사용하였는데, 몇 년 동안 초등학교에서 사용하였습니다. 그 초등학교는 여러 마을 주민의 아이들만 아니라 우리 대학 사람들의 아이도 거의 다 돌보고 있습니다. 이곳이 꽤 많이 낡아져서 보수해야 할 상태에 있습니다.

고 언더우드(H. G. Underwood) 박사의 동상

대학 [한국인 교수들의] 우애회가 설립자이자 초대 교장을 기리는 동상을 세우려는 움직임을 시작하였습니다. 그들은 언더우드 박사의 친구들과 그를 경애하는 사람들에게 기부할 기회를 주었습니다. 그 계획이 1928년 4월 28일 성공적인 결과를 만들어내어, 그때 참석한 사람들 사이에서 언더우드 박사의 손자 3명[원일한, 원요한, 원재한]이 동상을 제막하였습니다. 한국인 지도자들이 훌륭한 찬사로 언더우드 박사의 사역을 기리고 추모하였습니다. 이 주목할 만한 행사는 그가 세상을 떠난 지 여러 해가 지났어도 그를 향한 높은 존경심이 조금도 줄어들지 않았고 대학을 세우기 위해 기울인 그의 위대한 노력에 대한 동문들의 감사한 마음이 조금도 줄어들지 않았던 것을 보여줍니다.

캠퍼스 중앙의 화강암 기단 위에 있는 이 동상은 모든 건축 계획을 돋보이게 하는 장식품입니다. 이 보고서의 제출용 사본에 행사의 기념사 인쇄물과 신문 기사들을 추가하여 보내겠습니다.

돌이켜보면 한 해는 모든 과정에서 발전해온 것을 입증하는 잊지 못할 해가 아닐 수 없습니다. 그러나 아직도 매우 힘든 문제들을 해결해야 합니다. 그래도 우리가 그것들을 하나씩 정복함으로써 설립자가 생각했던 사명을 대학이 성취하게 될 것이라고 믿습니다.

O. R. 에비슨

교장

출처: UMAC

CHOSEN CHRISTIAN COLLEGE

ANNUAL REPORT, 1927-1928

The thirteenth year of the College's history finds it still on the upgrade. During the year the student body has grown, the faculty has registered more qualified teachers and greatly needed improvements in the physical property itself have been made. The site has been increased in area.

FINANCES

Many of the years preceding 1926-1927 had ended with a deficit in the budget which at the end of March 1926 had accumulated to the sum of Y25,183.47.

After the President's return in 1926 we set about contriving to avoid a deficit during the fiscal year and on March 31, 1927 we had made such savings in the conduct of the work that we had a surplus of Y898.43.

This was applied to the reduction of the accumulated deficit leaving it at Y24,285.04.

In making the budget for 1927-1928 we kept rigidly to the determination to compute our income very conservatively and hold our expenses down to the estimate. This forced us to cut down the expense budget in several places and the religious work suffered much beyond our wishes. The President made bold to write to a friend of Dr. Rhodes in Pennsylvania who had already helped this work through gifts to him, laying before him the work to be done and the amount needed to do it and he most generously responded by making a pledge for three years which more than covered the cut we had been compelled to make in the budget for the feature of our work.

In finishing the year March 31, 1928 we are happy to report a fair surplus, the exact amount of which is not yet known because we must await the result of enquiries that have been made about a bill presented to us by the Presbyterian Board in New York of which we had no expectation. If payment is shown to be necessary, the surplus will be small but still it will be a surplus.

When the budget for the present year was prepared we inserted in it a sum of Y1,000.00 to be used in diminishing the accumulated deficit and also Y500.00 to repay losses incurred by the bookstore. These amounts will then be returned to the permanent funds from which the original budget money was borrowed. We consider the insertion of these amounts in the budget as an adventure in faith but even so we have much confidence that we shall be able to go through the year without a deficit.

We hope that we have thus established a tradition of careful budgeting that will guide the finance committee throughout the coming years.

- 2 -

The Methodist Episcopal Board sent us a special contribution of $1,000 to be applied to the reduction of the deficit debt which was thus reduced to Y22,223.19. We heartily wish this could be wiped out in toto.

Teaching Staff

Even while we were doing this we improved our teaching staff materially and were able to carry on even though Professors Miller and Fisher, Becker, and Hitch were still in America. During the year Dr. E. H. Miller returned and a new Korean professor from America joined us, viz. Dr. L. G. Paik, while still others, graduates of Japanese Universities, were added. Dr. Fisher rejoined us at the beginning of this school year and Dr. Becker has informed us he will return next September.

During the year we made strenuous efforts to secure from the Educational Bureau the recognition of graduates of the Literary Department as teachers of History (Occidental and Oriental) and some other subjects in addition to English, formerly granted, but we have so far failed to obtain those privileges.

This year, for the first time since the Government's recognition of our Science Department, on the high standard, we had a graduating class in Science and the question of qualification for those graduates as teachers was a very burning one. At our invitation the Educational Bureau sent out three inspectors to examine the status of the equipment, the standing of the teachers and the scholarship of the classes. They spent an entire day doing this, giving written examinations. We were much gratified when they reported that the results of the examinations were excellent, the teachers satisfactory and the equipment good, the graduates would have qualification to teach Mathematics, Physics and Chemistry. They told us they seldom gave qualification to one school for more than one subject, or at most two, but, be ing so well pleased, they were stretching a point to give us three.

In regard to our teaching Staff, the Bureau requires that at least two-thirds of the teachers shall have full qualification. This means that we can carry on with that proportion though it is considered a mark of weakness to have even that proportion nonqualified. This Spring the Government recognized the full qualification of four of those who had been in the unqualified group and gave temporary qualification to five others so that our proportion of qualified teachers is now 87% which is considered very satisfactory.

In regard to Christian standing, all the teachers are rated as Christians though of course some are less stalwart than others. During the year some of them have shown marked growth in Christian character.

- 5 -

The total number on the Staff now is 35. Notable additions to the Staff have been ---

    Rev. L. G. Paik, Ph.D., as Associate Professor
       of Bible with Dr. H. A. Rhodes.
    Rev. Nikaido, as Professor of Japanese Language
       and Literature.
    Mr. P. C. Sohn, as Associate Professor
       in the Commercial Department.
    Mr. K. J. Synn, as Associate Professor
       of Physical Education.
    Mr. P. C. Kim, as Associate Professor
       in the Science Department.

During the year Mr. K. Y. Park resigned as Associate Professor in the Commercial Department.

Dr. B. W. Billings, who has been Director of the Literary Department from the beginning, resigned from this position at the end of March, 1928, although pressed to continue at least one year longer. When it became evident that Dr. Billings would not withdraw his resignation, the President, after conference with the leading teachers, appointed Dr. L. G. Paik as Director so that now each of the three Departments has a Korean Director, and, a Korean being Dean of the Combined Departments, a real test of the capacity of Koreans to organize and conduct educational work is in progress.

This leaves only the offices of President, Vice-President and Treasurer in the hands of Westerners.

As two of the Directorships and the Deanship have already been successfully filled by Koreans during the past few years, there seems to be every reason to expect continued good results. An interesting feature is that the Dean and one of the Directors were educated in Japanese Universities while the other two Directors were educated in American Universities and the result should be to secure the best from both systems of education -- Occidental and Oriental.

CAPITAL DEVELOPMENT

In pursuance of our policy that the College boundaries will extend to the railroad and to the stream on the east, several parcels of land were bought during the year. One of these transactions was the piece between our holdings and the railway property the acquisition of which will enable us to develop the entrance to the College site as well as the Model Village feature. A long deferred exchange and purchase from the Oriental Development Company was concluded. Several lots in the Korean Village in the Model Village area were bought. The total area acquired in the years is 11,025 tsubo, while two isolated pieces on the extreme southwestern boundary were exchanged, leaving the net area 9870 tsubo or 8.225 acres. Land transactions totalled Y7,821.95 in value in the year.

- 4 -

Some $6,000 of Campaign funds were drawn from the Co-operating Board Treasurer in New York for development purposes. This was used as follows:

    1. Erection of a granite stairway to the main campus. The main gift for this purpose was $358 from the Korean Church in New York city. The cost of the steps was Y1,762.09. They are a great addition to the whole property giving the campus a dignified approach in place of the former earthen embankment very much in a state of nature.

    2. Provision of toilet facilities in Stimson Hall.

    3. Provision of a students' bath room in the basement of Stimson Hall, Costing Y1,044.58.

    4. Lighting of compound, buildings and residences. Negotiations were successfully concluded with the Keijo Electric Co. for the installation of poles and wire and bringing of their current to the property, after it had been decided that the installing of a plant of our own was greatly beyond our means. The company agreed to stand half the cost of the installation. Early in December the current was switched on and the comfort of the residents has been greatly increased. The installation will cost the College about Y5,000. Only night current is available as yet, so that classes requiring to use electricity must meet at night.

    5. As the population increases, pressure on the water supply is greater. Consequently a number of springs were developed, wells constructed and the water supply increased accordingly. There is still a shortage of water, and new developments will have to be made. As chairman of the Property Committee, Prof. C. H. Lee's work is worthy of special mention. He has conducted all of the negotiations for purchasing land and has had charge of the renting of the fields &c.

STUDENT ENROLMENT

    There has been a steady, but not large growth in the student body since 1919. The spring term of the past year enrolled 220 students who paid tuition, the fall term enrolment was 208 and the year closed with 185 students in attendance. The average paid tuitions for the three terms was therefore 204-1/3, an increase of ten over the previous year.

- 5 -

The following table shows growth since 1924 in average paid enrolment:

```
1924-1925    168      1926-1927    194-2/3
1925-1926    179      1927-1928    204-1/3
```

The student discipline was good. The dean, Mr. U. K. Yu, handled his multifarious duties in a satisfactory way.

In March, a class of 39 was graduated, of whom 8 were from the Literary course, 19 from the Commercial and 12 from Science. The Science men were the first to graduate under the new recognition promised for that course when the freshman class enrolled four years ago. The graduate roll is now 205.

The paid enrolment by courses was as follows:

	1st term	2nd term	3rd term
Literary	75	64	57
Commercial	100	95	85
Science	46	49	43
	221	208	185

In April, a new entrance class was accepted and the tentative enrolment is as follows:

	1st year	2nd year	3rd year	4th year	Total
Literary	40	22	12	12	86
Commercial	63	39	21	--	123
Science	31	11	8	12	62
	134	72	41	24	271

(Attendance) This accepted enrolment has since shrink to about 258 in actual.

Denominationally, the students are registered as follows:

```
Presbyterians      109
Methodists         112
Others               8

Total Christians   229
Non-Christians      29      258

Proportion of Non-Christians 11.24%
```

– 6 –

Showing the effect of the College on their relation to Christianity of the non-Christian group, the Literary Department has 10, the Commercial Department 12, and the Science Department 7. In classes they run as follows:

1st year	25	3rd year	1
2nd year	3	4th year	0

ATHLETICS

The College maintained its prestige in athletics. The most notable victory was that of the soccer team over Waseda University last September. When the score stood 4-0. The Waseda team had just returned from winning the second place in the championships at the Asiatic Olympic at Shanghai, which fact made the win all the more gratifying.

In addition, the following peninsular championships were won:

Baseball
    In June, the all Korea championship. The College holds a championship banner permanently.

Soccer
    October -- won the All Korea and the Inter-Collegiate championships.

Tennis
    June -- won the intercollegiate series.

A successful field day for middle schools was held in October.

While our football and baseball teams have been bringing many trophies to the College, making us proud of them, we have all felt the need of a type of Physical Education that would promote the health of the whole student body. This year we have been fortunate in securing a thoroughly qualified teacher for this work -- a young Korean, graduate of a College in Shanghai and a noted athlete in that city, who graduated last June from Oberlin College, Ohio, in Physical Education. He is himself a fine specimen of physical manhood, six feet high and correspondingly broad. He has an earnest Christian spirit. It is now up to us to supply him with the money necessary for equipment sufficient for his purpose and that is one of the President's problems.

- 7 -

RELIGIOUS ACTIVITIES

The provision of the budget of this branch of the work by Mr. W. S. Townsend and the Guarantee Liquid Measures Co. of Rochester, Pa., has made advance work possible. Dr. Geo. Paik has rendered acceptable service since September in the teaching of Bible, sharing this work with Dr. Harry A. Rhodes. A conference of Christian workers was held in the summer months with an enrolment of 60 paid registrations. Student preaching bands visited numberous centres. The Y. M. C. A. problem as affecting the whole student body was studied, and decision made to put its support on a voluntary basis.

MUSIC

The Musical interests have greatly profited from the efforts put forth by Mrs. Rhodes and Mrs. Billings so that a good orchestra and a very creditable Glee Club have come into being, while at the same time a brass band has been organized and gives promise of fine development.

Mrs. Boots has arranged to give time every week to the orchestra and her efforts are much appreciated. We are all much pleased with this added feature and in due time we expect a real Musical Department will follow and become a part of the College's offering to the culture of the young men.

DORMITORY

The only dormitory accommodation we have is one building housing 66 students, so the surrounding villages and Seoul City house the remainder of our 200 odd students. This building was filled to capacity the three terms. The need of more dormitory accommodation is becoming an urgent problem. Mr. C. M. Song supervised the dormitory. The agricultural building which might be used as extra living quarters, and which in fact, was so used before the present dormitory was built, has been used for several years by the primary school which takes care of most of the children of our College community as well as those of the villagers. It is in a rather dilapidated state of repair.

- 8 -

STATUE to the LATE Dr. H. G. UNDERWOOD

The Friendly Association of the College started a movement to provide a statue to the memory of its Founder and first President. They gave the opportunity to the friends and admirers of Dr. Underwood to contribute. The project was brought to a successful conclusion on April 28, 1928, when in the presence of a representative assembly three grandsons of the late Dr. Underwood unveiled the statue. Notable tributes to the work and memory of Dr. Underwood were given by Korean leaders. This noteworthy event, shows that the years that have elapsed since his death have not in any way diminished the high regard in which he was held or lessened the alumni's appreciation of the great efforts he made to establish the College.

This monument on its granite pedestal occupies the center of the campus and is an ornament to the whole architectural scheme. The program printed memorabilia and the newspaper reports will be addenda to the filed copy of this report.

The year in retrospect cannot but be a memorable one for the progress it has shown all along the line. While the problems yet to be solved are quite difficult, yet we have faith that one by one they will be surmounted and the College will fulfill the mission which its founders had in view.

O. R. Avison
President

59. 에비슨이 브라운에게

1928년 9월 25일

A. J. 브라운 목사·명예신학박사
해외선교부
북장로회
5번가 156번지
뉴욕시.

친애하는 브라운 박사님:

세브란스연합의학전문학교의 이사회 정기회가 이번 달 19일에 열려서, 그 회의록 사본을 기쁜 마음으로 동봉합니다.

당신은 발전 상황 보고 가운데 특별히 총독부의 보조금으로 정신질환자들을 위한 사역 분야에서 발전이 이루어진 것을 볼 것입니다.

우리는 일류 의학교의 위상을 유지하기 위해 한국인 교수들에게 안식년의 혜택을 어느 때에 주어서 전공 분야를 연마하게 할지를 생각할 단계에 이르렀다고 느끼고, 그런 목적으로 계획을 세우고 있습니다.

학교가 꾸준히 발전하고 있다고 보고하게 되어 기쁩니다. 특히 지난 4월 신병실을 개원한 후부터 그러합니다.

이 사역을 위해 협력하고 당신을 대표할 특권을 주셔서 감사합니다.

안녕히 계십시오.

O. R. 에비슨

출처: PHS

Dr. O. R. Avison

COOPERATING BOARD FOR CHRISTIAN EDUCATION IN CHOSEN

CHOSEN CHRISTIAN COLLEGE   SEVERANCE UNION MEDICAL COLLEGE

SEOUL, KOREA

O. R. AVISON, M. D., LL. D.   H. T. OWENS
PRESIDENT   SECRETARY & TREASURER

COOPERATING BOARDS
BOARD OF FOREIGN MISSIONS OF THE
PRESBYTERIAN CHURCH IN THE U. S. A.
BOARD OF FOREIGN MISSIONS OF THE
METHODIST EPISCOPAL CHURCH
BOARD OF FOREIGN MISSIONS OF THE
UNITED CHURCH OF CANADA
BOARD OF MISSIONS OF THE
METHODIST EPISCOPAL CHURCH, SOUTH
EXECUTIVE COMMITTEE OF FOREIGN MISSIONS
OF THE PRESBYTERIAN CHURCH IN

OFFICERS OF THE BOARD
JOHN T. UNDERWOOD, CHAIRMAN
ALFRED GANDIER, VICE-CHAIRMAN
W. G. CRAM, VICE-CHAIRMAN
ERNEST F. HALL, SECRETARY
156 FIFTH AVE., NEW YORK
GEORGE F. SUTHERLAND, TREASURER
150 FIFTH AVE, NEW YORK

September 25, 1928.

Rev. A. J. Brown, D.D.
Board of Foreign Missions
Presbyterian Church in the U. S. A.
156 Fifth Ave.
New York City.

Dear Dr. Brown:

The annual meeting of the Field Board of Managers of the Severance Union Medical College was held on the 19th inst. and we have the pleasure of enclosing a copy of the minutes of that meeting.

You will note the progress reported, especially along the line of developing work for mental patients with Government subsidy.

We feel we have come to the stage when our Korean professors should have the benefit of a Sabbatical year in order to brush up in their branches if we are to maintain our standing as a first class medical school, and arrangements are being made to that end.

I am happy to report that the institution has been making steady progress, especially since the opening of the new wing last April.

Thanking you for your cooperation in this work and the privilege of representing you,

I am,

Yours very Sincerely,

O. R. Avison

EK
Enc.

60. 에비슨이 에드워즈에게*

1928년 9월 25일

J. R. 에드워즈 목사·박사
해외선교부
북감리회
5번가 150번지
뉴욕시.

친애하는 에드워즈 박사님:

세브란스연합의학전문학교의 이사회 정기회가 이번 달 19일에 열려서, 그 회의록 사본을 기쁜 마음으로 동봉합니다.

당신은 발전 상황 보고 가운데 특별히 총독부의 보조금으로 정신질환자들을 위한 사역 분야에서 발전이 이루어진 것을 볼 것입니다.

우리는 일류 의학교의 위상을 유지하기 위해 한국인 교수들에게 안식년의 혜택을 어느 때에 주어서 전공 분야를 연마하게 할지를 생각할 단계에 이르렀다고 느끼고, 그런 목적으로 계획을 세우고 있습니다.

학교가 꾸준히 발전하고 있다고 보고하게 되어 기쁩니다. 특히 지난 4월 신병실을 개원한 후부터 그러합니다.

이 사역을 위해 협력하고 당신을 대표할 특권을 주셔서 감사합니다.

안녕히 계십시오.

O. R. 에비슨

출처: UMAC

---

* 에비슨이 위의 59번 문서와 같은 날 다른 수신자에게 쓴 이 편지의 내용은 위의 문서와 똑같다.

COOPERATING BOARD FOR CHRISTIAN EDUCATION IN CHOSEN
CHOSEN CHRISTIAN COLLEGE   SEVERANCE UNION MEDICAL COLLEGE
SEOUL, KOREA

September 25, 1928.

Rev. Dr. J. R. Edwards
Board of Foreign Missions
Methodist Episcopal Church
150 Fifth Ave.
New York City.

Dear Dr. Edwards:

The annual meeting of the Field Board of Managers of the Severance Union Medical College was held on the 19th inst. and we have the pleasure of enclosing a copy of the minutes of that meeting.

You will note the progress reported, especially along the line of developing work for mental patients with Government subsidy.

We feel we have come to the stage when our Korean professors should have the benefit of a Sabbatical year in order to brush up in their branches if we are to maintain our standing as a first class medical school, and arrangements are being made to that end.

I am happy to report that the institution has been making steady progress, especially since the opening of the new wing last April.

Thanking you for your cooperation in this work and for the privilege of representing you,

I am,

Yours very sincerely,

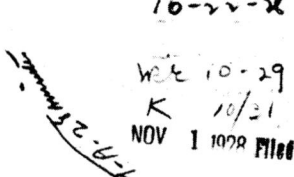

EK
Enc.

61. 에비슨이 홀에게

1928년 9월 25일

어네스트 F. 홀 목사·명예신학박사
협력이사회 총무
5번가 150번지
뉴욕시.

친애하는 홀 박사님: 〈세브란스연합의학전문학교에 관하여〉
대학이사회의 정기회가 이달 19일에 열려 여기에 회의록 사본 등을 동봉합니다.
  그 회의는 매우 만족스러웠는데, 발전 상황이 보고된 것, 총독부의 보조금으로 정신질환자 사역 분야에서 발전이 이루어진 것을 볼 것입니다. 물론 그 계획은 더 수행되어야 할 것입니다.
  당신은 또한 우리가 한국인 교수들의 안식년 제도를 제정하기를 희망하여 내년에 이 계획에 따라 첫 번째 사람을 보내기로 작정한 것을 알 수 있을 것입니다.
  아마도 가장 중요한 결정은 전면의 빈 땅에 건물을 짓기로 한 일일 것입니다. 그 땅의 사용은 여러 차례 다루어진 사항이므로 당신에게 새로운 문제가 아닙니다. 우리는 이 땅을 임대하거나 팔라는 제안을 꾸준히 받고 있고, 그곳이 철도역을 마주하고 있는 까닭에 그곳이 얼마나 값어치 있는 땅이 될지를 당신은 쉽게 이해할 수 있을 것입니다.
  임대 문제에서 방해가 되는 한 요인은 당국이 그곳에 특정 유형의 건물을 지으라고 요구하는 것입니다. 그리고 그런 건물을 세우려면 최소 10년간 임대를 해야 합니다. 그뿐 아니라 외부인들에게 빌려주면 안식일 준수 등의 [기독교적] 면모를 지키게 하기가 쉽지 않을 것입니다.
  우리는 지금 의과대학과 외래환자부에서 사용하는 건물이 너무 혼잡해진 까닭에 더 많은 공간을 얻으려면 어떻게 해야 할지 지혜를 짜내고 있습니다. 도매부가 지하에서 적어도 2/3가량을 차지하고 있고, 안경점이 1층에서 많은 공간을 차지하고 있습니다. 후자의 경우는 길에서 지나가는 사람들에게 보이지 않아 안경점이 있는 것이 널리 알려지면 우리에게 [더 많은 손님을] 끌어올 수 있을 사업이 손해를 많이 보고 있습니다. 이 사업들이 공간을 너무 많이 차지하면서 진료실의 발전을 방해하고 있습니다.

우리는 지금 우리가 앞으로 나아갈 것을 협력이사회에 확신 있게 건의해도 될 단계에 이르렀다고 느낍니다. 전면의 빈 땅에 건물을 지을 것을 제안합니다. 이 일은 이 기관의 미래 개발계획에 부합할 것이고 그것의 일부가 될 것입니다. 초기 건축비용은 3만 원이 들고 그 건물에 도매점과 안경점과 치과가 입실할 수 있으리라고 믿습니다. 우리는 2년 전 총독부 토지은행(조선식산은행〈朝鮮殖産銀行〉, The Chosen Industrial Bank)과 협상하면서 4,773.82원의 이자에 원금과 이자를 합쳐 10회 분할 상환으로 대출 계약을 체결할 수 있다는 것을 알게 되었습니다.

도매부가 지금 임대료로 매년 3천 6백 원을 내고 안경부가 720원을 내고 있어서 이 두 자금원에서 상환 금액을 받아내는 일이 사실상 실현되고 있습니다. 더욱이 부츠 의사가 치과를 위한 모금 운동 수익금을 이 새 계획에 투입하자고 나서고 있습니다. 그래서 우리에게 그 일은 건전한 벤처 사업이 될 것으로 보입니다.

물론 우리가 그 문제의 땅을 저당 잡혀야 하겠지만, 소유권 증서가 별도로 있으므로 그 일에 아무 어려움이 없을 것입니다.

우리 예산은 당연히 지금 들어오는 임대료들을 예상하고 세워졌어야 했지만, 신병실을 개원한 후부터 병원 수입이 증가하고 있어서 이것들 없이도 예산을 세울 수 있을 것 같습니다.

존 세브란스 씨가 개인적으로 이 계획을 승인하더라도 존 언더우드 씨의 지지를 받으려면 많은 기간이 걸릴 것입니다. 당신이 이 문제를 집행위원회와 다루고 그때 그들이 이 문제를 어떻게 생각하였는지를 가능한 한 빨리 내게 알려줄 수 있기를 바랍니다.

안녕히 계십시오.
O. R. 에비슨

서덜랜드 박사에게 [이 편지의] 사본을 동봉해서 보내겠습니다.

출처: UMAC

September 25, 1928.

Rev. Ernest F. Hall, D.D.
Secretary, Cooperating Board
150 Fifth Ave.
New York City.

Dear Dr. Hall: Re SEVERANCE UNION MEDICAL COLLEGE

        The annual meeting of the Field Board of Managers was held on the 19th inst. and I am enclosing a copy of the minutes, etc., herewith.

        The meeting was a very satisfactory one and you will note the progress reported, especially along the lines of developing work for mental patients with Government subsidy. Of course that scheme will have to be worked out further.

        You will also note that we are hoping to institute a Sabbatical year for Korean professors and that we expect to send the first man on this plan next year.

        Perhaps the most important decision is that relating to the erection of a building on our vacant frontage, the use of which ground is not a new question to you inasmuch as it has been taken up a number of times. We are constantly receiving offers to rent this land or sell it, and as it faces the railway station you can easily appreciate what a valuable piece of property it is.

        One deterrent factor in the question of lease is that the authorities require a certain type of building to be erected there and in order to put up such a building a lease would have to be on at least a ten-year basis. Furthermore in renting to outsiders it would not easily be possible to conserve the features of Sabbath observance, etc.

Dr. R. F. Hall   -2-

The building we are now using as a medical college and out patient department is over-crowded and we have been at our wits' end to know what to do for more space. The Wholesale is occupying at least about two-thirds of the basement, and the Optical Shop has a considerable section of the first floor. In the latter case, not being in view of the public passing on the street, we lose a good deal of business that might come to us if the general public knew that we have an Optical Shop. The fact that these business features occupy so much room is cramping the development of the clinics.

We feel that we have now reached the stage where we can recommend with confidence to the Cooperating Board a forward step. We propose to erect a building on our vacant frontage, which would fit in with the future development scheme of the institution and be one of it. We believe that the initial building expense would be ¥ 30,000 and that we could house the Wholesale organisation and the Optical Shop and the Dental Department in the new building. A couple of years ago we negotiated with the Government Land Bank (the Chosen Industrial Bank) and learned that we could contract a loan of ¥ 30,000 which could be repaid at the rate of ¥ 4773.82 in ten instalments, covering principal and interest.

The Wholesale is now paying ¥ 3600 per annum for rent and the Optical ¥ 720, so that the amount of the repayments is practically in sight from these two sources. Furthermore, Dr. Boots is willing to recommend that the proceeds of his dental campaign be put in this new scheme, so that it seems to us that it would be a sound business venture.

Of course we would have to mortgage the piece of land in question, but as it is in a separate deed, there should be no difficulty about that.

Of course our budget would have to forego the rentals now coming in but owing to the increased earnings from the hospital since the opening of the new wing, I think we could budget without these. The relief in getting space will be of tremendous value to us.

If Mr. Severance gives his personal approval of this plan, we feel that will go a long way towards getting Mr. Underwood's backing. I hope that you can take it up with the Executive Committee and let me know as early as possible what their feeling is in the matter.

Yours very sincerely,

O R Avison

Enc. Copy to Dr. Sutherland.

62. 에비슨이 에드워즈에게

1928년 9월 27일

J. R. 에드워즈 목사·박사
해외선교부
북감리회
5번가 150번지
뉴욕시.

친애하는 에드워즈 박사님:

1928년 9월 20일 열린 연희전문학교 이사회의 정기회 회의록을 동봉하면서 부속 문서들도 함께 보냅니다.

대학은 만족스럽게 발전하고 있지만 지금 갖춰진 시설들은 학생 집단의 규모에 비해서 불충분한 것을 당신은 알게 될 것입니다. 내년 4월에 새 학년을 시작할 때면 현재 채플실에 학생들을 수용할 공간이 부족합니다. 그래서 그런 상황을 다룬 결의안이 작성된 것을 당신이 알 것입니다.

안녕히 계십시오.

O. R. 에비슨

출처: UMAC

COOPERATING BOARD FOR CHRISTIAN EDUCATION IN CHOSEN

CHOSEN CHRISTIAN COLLEGE   SEVERANCE UNION MEDICAL COLLEGE

SEOUL, KOREA

September 27, 1928.

Rev. Dr. J. R. Edwards
Board of Foreign Missions
Methodist Episcopal Church
150 Fifth Ave.
New York City.

Dear Dr. Edwards:

Enclosed are the minutes of the annual meeting of the Field Board of Managers of the Chosen Christian College, held on September 20th, 1928, together with supporting documents.

The College is making satisfactory progress and you will note that the facilities now provided are insufficient for the size of the student body. When we open the new year in April next, there will not be room enough in the present chapel to house the student body, so you will notice a resolution dealing with that situation.

Yours very sincerely,

O. R. Avison

EK.
Enc.

63. 에비슨이 세브란스 남매에게

1928년 9월 28일

존 L. 세브란스 씨
F. F. 프렌티스 부인
클리블랜드, 오하이오.

친애하는 친구들께:

이달 19일에 열린 세브란스연합의학전문학교 이사회의 정기회 회의록 사본을 당신께 보냅니다. 가장 중요한 항목은 파란색 펜으로 표시하였습니다.

1번 항목은 한 해 동안 받은 각종 기부금을 가리키는데, 가장 큰 것이 존 세브란스 씨와 프렌티스(Prentiss) 부인에게서 왔습니다. 거기에 본교에서 복음 전도의 기회를 창출하는 이점을 붙들기 위해 우리 시설을 확장하는 것이 바람직하다는 점이 언급되어 있습니다. 이를 더 충분히 설명하려고 준비하고 있는데, 머지않아 당신과 본교의 다른 우인들에게 보낼 것입니다. 당신은 또한 총독부가 자선 병실에 운영경비를 지급하기 시작한 사실에 틀림없이 관심을 가질 것입니다. 그 금액은 아직 적지만 틀림없이 앞으로 늘어날 것입니다. 그들이 또한 우리에게 정신병동에 입원한 환자 1명당 매 1일에 1원 50전(약 75센트)의 보조금을 주겠다고 제의했는데, 우리가 20명의 환자를 수용하는 정신병원을 건립하기를 원하는 것 같습니다. 현재는 시설이 없지만, 그런 병동은 우리가 학생들에게 필수적인 정신질환 진료 교육을 할 수 있게 해줄 것입니다. 당신은 그런 병동의 경비로 20명의 환자에게 주는 일당 1원 50전이 1년이면 10,950원이 되고 하루에 30원이 되는 것을 알 것입니다. 이 과의 주임인 맥라렌(McLaren) 의사*가 그 건물을 위해 1,061.31원의 기부금을 개인적으로 마련하고, 위에서 말한 규모의 병동을 짓기 위해 계획을 세우고 있습니다.**

---

* 맥라렌(Charles I. McLaren, 1882~1957): 호주장로회 의료선교사로 1911년 내한하여 진주 배돈병원에서 일하면서 1913년부터 세브란스병원의학교에 출강하였고, 1923년부터 세의전 정신과학과 신경학 교수로 일하다 1938년 사임하였다.
** 그 결과 여러 기부자의 도움으로 1930년 부지 안에 남녀 환자 3명씩을 수용할 수 있는 정신병동이 건립되었다.

그들이 그 일을 마치면 우리는 전체 금액이 얼마가 될지를 알게 될 것입니다. 우리는 물론 이 문제에 대한 총독부의 태도에 크게 감사하고 있습니다. 이렇게 하는 것이 우리 사역을 그들이 신뢰하고 있다는 또 다른 증거이기 때문입니다. 맥라렌 의사도 자기 조수*의 졸업 후 학업을 위해 1천 원의 기부금을 냈습니다. 그 조수는 지금 총독부가 경영하는 경성제대 의학부에서 특별 수련을 하고 있습니다.

2번 항목은 한국에서 사역하고 있고 세브란스연합의학전문학교에서 우리와 협력하고 있는 호주장로회(Presbyterian Church of Victoria, Australia) 선교부의 실행위원회 총무의 주소를 알려주고 있습니다. 그가 이곳에 왔을 때 내게 언젠가 이 사역을 위해 재정을 더 키우고자 미국에 갈 일이 생겼을 때 그곳을 방문해주면 그들이 환영하겠다고 말하였습니다. 그런 일이 앞으로 어떻게 될지는 모르지만 생각해볼 수도 있을 것입니다.

3번 항목은 우리가 매우 심각하게 관심을 기울이고 있는 문제입니다. 이 문제는 무료와 유료 진료실의 완전한 병실 분리가 우리에게 진료받으러 오는 유료 환자를 더 많이 얻는 데 도움을 주고 사역의 지속을 위한 현장 수입의 확대를 보장해줄지에 관한 것입니다.

4번 항목은 정신병 치료 사역에 대해 이사회가 결정한 것을 설명하는 것입니다.

5번 항목은 우리 사람들이 미국의 주요 내·외과 단체들에서 높이 인정받고 있는 것을 보여줍니다. 그 단체들은 이들이 특별한 작업을 수행했다는 완전한 증거가 있을 때만 이런 친교를 제공합니다.

6번 항목은 명확하여 설명이 따로 필요 없습니다. 이사회가 보낸 감사의 전보를 당신들 두 분이 받았으리라고 믿습니다. 그 일[감사 전보 발송]이 가장 따뜻한 마음으로 표결되었기 때문입니다.

7번 항목은 우리 시설을 확장하고 의용품 도매부와 안과와 치과의 수입으로 그 비용을 치르기 위한 계획입니다. 그 부서들은 신병실에 입실해 있습니다. 보고서에서 언급된 3만 원은 우리의 한국인 청년 건축감독이 산정한 것입니다. 나는 그 견적이 만일 우리가 이 공사를 시작하면 들어갈 실제 비용보다 더 낮게 산정되었다고 믿습니다. 그곳에서 모든 과가 완전히 입실하여 업무를 볼 때쯤에는 거의 4만 원이 들어갈 것이라고 생각합니다. 이 문제와 관련해서 우리는 미국에서 부츠(Boots) 의사가 최근 안식년 기간에 벌인 모금 운

---

* 1919년 세의전에서 정신과를 전공하고 졸업한 이수원으로, 그는 1928년 9월부터 경성제대에서 연구하였고, 그 후 때때로 세의전 정신과에서 강의하였다.

동으로 약정받은 돈이 이 건물의 건축에 쓰일 수 있기를 바라고 있습니다. 그렇게 되도록 허가받기 위해 미국의 그 위원회에 요청하였는데, 더 좋은 치과 진료소를 짓기 위한 부츠 의사 계획의 이면에 이런 일이 있습니다. 그 돈은 식산은행에서 구하게 될 금액을 크게 줄여줄 것이고, 세브란스의전이 감당해야 할 위험 부담을 매우 크게 줄여줄 것입니다. 실로 그렇게 되면 그런 부담이 별로 크지 않을 것이고, 내가 방금 말한 대로 그런 도움을 받으면 이런 위험이 사실상 없어질 것입니다. 이는 이 세 과에서 치를 비용이 무시해도 될 만큼 매우 적어질 것이기 때문입니다. 내가 이 문제를 더 충분히 설명하는 보고서를 작성하고 있는데, 이제 곧 발송하여 당신들에게 그 문제를 매우 신중하게 생각해보라고 요청할 것입니다. 당신들에게 그 일을 위해 어떤 기부를 해달라고 호소하기 위해서가 아니라 존 세브란스 씨가 협력이사회의 재정위원회 위원장으로 활동하고 있으므로 이 문제가 협력이사회에 제출될 때 그가 진심으로 승인해주고 협력이사회에 추천해주기를 우리가 원하기 때문입니다.

8번 항목은 본교의 발전에 매우 크게 중요한 문제를 다루고 있습니다. 선교사 교수들이 앞으로 얼마 동안 해마다 안식년을 맞고 쉬는 것에 더하여 각자의 모국에 있는 가장 우수한 학교에서 발전된 학문을 배울 기회를 얻습니다. 그러나 한국인 교수들은 봉급만 받고 있고, 쉬는 기간이나 교수로서 책임 맡은 학업의 모든 발전과정을 계속 파악하는 데 필요한 발전된 학문을 배울 기회를 얻을 수 없습니다. 그러므로 우리는 우리 학교가 한국인 교수들에게 이 기회를 제공할 수 있게 되고, 그로써 교육의 질을 계속 높여 학교를 동급의 학교들 가운데 최고 수준으로 올리는 지점에 이르게 하려고 노력하고 있습니다. 당신은 이사회가 교수회에서 첫 번째 회원에게 이런 특권을 누릴 혜택을 주기로 결정한 것을 볼 것입니다. 그때 우리가 그 일을 실행한 사람은 학감 오긍선(K. S. Oh)이 될 것이라고 __[글자가 지워짐]하였습니다. 그는 1907년 미국의 한 대학[루이빌 의과대학]을 졸업하고 약 11년 전에 거의 일 년 동안 도쿄제국대학교에서 피부질환을 공부한 것 외에는 발전된 학문을 학습할 기회를 얻지 못하였습니다. 최근 5년간 또는 그만한 기간에 의학교 학감으로 있으면서 그 직책을 위해 눈부시게 사역하였습니다. 그러나 그는 당연하게도 자기가 1907년 이래로 미국에 간 적이 없어서 의학교 운영 방법이 자기 지식을 뛰어넘게 발전했을 것으로 여기고, 이곳의 공적 업무를 수행할 충분한 자격을 갖출 수 있도록 이 문제를 직접 조사해보기를 매우 간절히 원하고 있습니다.

회계보고서도 동봉하는데, 그것을 보면 우리 학교가 보고서에서 밝힌 모든 세부적인 재정 문제를 유능하게 처리하는 사무장과 회계를 둠으로써 큰 축복을 받은 것을 당신이 알게 될 것입니다.

본교가 전폭적으로 후원할 만한 가치가 있고, 한국인들처럼 유능하고 궁핍한 사람들에게 봉사할 기회가 매우 크며, 삶을 이곳에 바치는 우리에게만 아니라 이곳의 건설과 유지를 위해 많은 기부를 하였고 또한 많은 기부를 할 분들에게도 그 기회가 참으로 진정한 특권이 될 것이라고 당신들이 느끼실 것이므로 계속해서 관심과 신뢰를 보여주신 당신들 두 분께 다시 한 번 우리의 감사한 마음을 표합니다.

안녕히 계십시오.

ORA [O. R. 에비슨]

출처: UMAC

Dr. Sutherland

803.1

September 28, 1928.

Mr. John L. Severance
Mrs. A. F. Prentiss
Cleveland, Ohio.

Dear Friends:

I am sending you a copy of the minutes of the annual meeting of the Field Board of Managers of the Severance Union Medical College, held on the 19th instant. I have indicated by blue pencil markings the most important items.

Item 1 refers to various contributions during the year, the largest of them being from Mr. Severance and Mrs. Prentiss. It also mentions the desirability of increasing our facilities for taking advantage of the evangelistic opportunities created by the institution. I am preparing a fuller statement on this point which will be sent to you and other friends of the institution in the near future. You will also, I am sure, be interested in the fact that Government has begun to make to the institution a grant towards the expenses of the charity wards which though as yet small will doubtless increase in the future. They have also offered to grant us a subsidy of ¥ 1.50 (about 75 cents) per day per patient in a psychiatric ward which they would like us to build to accommodate twenty patients. Such a ward would enable us to give the necessary training to our students for the treatment of insane cases for which we have at present no facilities. You will note that ¥ 1.50 per day for twenty patients would mean ¥ 10,950 per year, ¥ 30.00 per day, towards the expenses of such a ward. Dr. McLaren, the head of this Department, has made a personal gift of ¥ 1061.51 toward the building and he has been working on plans for a ward of the size specified. After they are finished we will know what the total cost will be. We are of course much gratified by the attitude of the Government in this matter, as it is another proof of the confidence they place in our work. Dr. McLaren has also contributed a gift of ¥ 1000.00 towards the post graduate work of his assistant who is now taking special training in the Medical University of the Government-General in Seoul.

Mr. Severance
Mrs. Prentiss   page 2.

Item 2 refers to the address of the Secretary of the Executive Committee of the Board of Foreign Missions of the Presbyterian Church of Victoria, Australia, which carries on work in Korea and is cooperating with us in the Severance Union Medical College. He suggested while here that they would welcome a visit from me sometime, as I might be going to America perhaps, in order to arouse a greater financial interest in this work. I do not know just how this might turn out but it may be worth considering.

Item 3 refers to a matter to which we are giving very serious attention as the complete separation of the free and pay clinics and wards will help us to secure a larger number of patients able to pay well for their treatment and so ensure much larger receipts from the field towards the conduct of the work.

Item 4 speaks of the decision of the Board in reference to the Psychiatric work.

Item 5 is an indication of the high regard in which our men are being held by the principal surgical and medical bodies in the United States which give these fellowships only on full proof of special work done by these men.

Item 6 is clear without explanation. I trust the cable of thanks from the Board was received by you both, as the vote was passed in a most hearty manner.

Item 7 is a plan to enlarge our plant and pay for it out of the receipts of the Wholesale Medical Supply department, the Optical department and the Dental department, which are to occupy the new building. The sum of $30,000 mentioned in the statement was the outcome of an estimate made by our own building supervisor, a Korean young man, an estimate which I believe to be rather under what it will actually cost if we go into this work. My own feeling is that it will be nearer $40,000 by the time all the departments to carry on their work there have been fully equipped. A hope that we have in connection with this matter is that the money which was subscribed in America in response to the campaign conducted by Dr. Boots when on his recent furlough can be used towards the erection of this building. A request for such permission is being sent to the Committee in the United States which is behind Dr. Boots' plan for a better dental clinic. That would largely reduce the amount to be obtained from the Industrial Bank and so greatly reduce the risk to be undertaken by the Severance institution. Indeed, I think the risk is not very great as it is, and such help as I have just mentioned would practically remove this risk, because the payments to be made from those three departments would be so small as to be negligible. I am preparing a fuller statement with regard to this matter which I will send on very soon and I shall ask you to give it very careful consideration not because it is an appeal to you for any contribution towards it but because Mr. Severance acts as Chairman of the Finance Committee of the Cooperating Board and so we shall want his cordial approval

Mr. Severance
Mrs. Prentiss   page 3.

and his favorable recommendation to the Cooperating Board itself when this matter goes before it.

Item 8 refers to a matter of very great importance to the progress of the institution. The missionary professors go on furlough every few years and in addition to the rest which they get they have opportunities for advanced study in the best institutions in their home lands. But the Korean professors, receiving only their salary, are unable to get either the period of rest or the opportunity for advanced study which is necessary to keep them in touch with all the progress of the work for which they have assumed responsibility as teachers. We are trying therefore to bring our institution up to a point where it can offer its Korean professors these opportunities and thus continuously advance the quality of the teaching and keep the institution in line with the best of its kind. You will note that the Board decided that the first member of the Faculty to take advantage of this privilege when we are able to put it into practice will be the Dean, Dr. K. S. Oh, who graduated from an American college in the year 1907 and has had no opportunity for advanced study except during the year about eleven years ago when he spent most of a year in studying skin diseases at the Imperial University of Tokyo. For the last five years or so he has been Dean of the medical school and in that capacity has done splendid work; but he feels naturally that as he has not been in America since 1907 the methods of conducting medical schools have advanced far beyond his knowledge and he is very anxious to look into these matters at first hand so that he may be fully qualified for his official work here. And in this we all cordially agree with him.

I am enclosing also the report of the Treasurer which will indicate to you that our institution is greatly blessed in having a business manager and treasurer competent to handle all the detailed finances set forth in the report.

With renewed expressions of our gratitude to you both for your continued interest and trusting that you will feel that this institution is worthy of the fullest support, that its opportunities for serving people as capable and as needy as the Koreans are, are very great and that it is a privilege for which we who are giving our lives to it and also for those who have given and may yet give largely to its up-building and maintenance may be truly truly.

I am

Yours very sincerely,

64. 에비슨이 존 언더우드에게

1928년 9월 28일

존 T. 언더우드 씨
협력이사회 이사장
베시 스트리트 30번지
뉴욕시.

친애하는 언더우드 박사님*:

연희전문학교와 세브란스연합의학전문학교의 정기회 회의록 사본들을 당신에게 보내고, 더불어 후자[세의전]와 관련해서 존 세브란스 씨와 프렌티스 부인에게 보낸 나의 편지 사본도 보냅니다.

연희전문 이사회 회의에 관해서는 지금까지 가진 이사회 회의 중에 최고의 회의였다는 것 외에는 할 말이 별로 없습니다. 우리는 온종일 시간을 보내면서 모든 보고와 제안들을 두고 아주 철저히 토론하였습니다. 한국인 이사들이 이 이사회에서만 아니라 세브란스의전 이사회에서도 지금까지 보여주었던 것보다 훨씬 큰 관심을 보여주었다는 사실을 말할 수 있게 되어 매우 기쁩니다. 그들은 앉아서 듣고 모든 건의안에 찬성하는 투표하는 일만 하지 않고, 이런 건의를 하는 숨은 이유에 관해 질문하고 매우 진지하게 토론한 다음 자신들의 신념에 따라 투표하였습니다. 이런 것은 그들이 궁극적으로는 더 실질적인 방식으로 관심을 나타낼 것이란 점을 시사하므로 매우 고무적입니다.

당신이 신중하게 검토하도록 가장 중요한 항목들을 표시하였습니다.

1번 항목은 7월에 내가 개인적으로 캐나다연합교회 선교회에 호소했던 것에 관한 그들의 결정 사항입니다. 그때 내가 그들에게 특별히 대학의 사역에 관해 보고하고 관심을 더 가져주도록 요청하기 위해 원산에 갔습니다.

2번 항목은 우리 이사들이 [예루살렘에서 열리는] 세계선교대회에 한국을 대표하기 위해 파견된 것에 관한 것입니다.** 그들은 그뿐 아니라 다른 나라들에서 하는 사회 사역과

---

* 다른 편지에서는 사업가인 존 언더우드에게 보통 '씨'라는 호칭을 붙이는데 여기에서는 실수로 '박사'란 호칭을 붙인 것으로 보인다.
** 1928년 예루살렘에서 열린 세계선교대회(International Missionary Council)에 한국을 대표하여 참가

종교 사역을 조사하기 위해서도 파견되었는데, 이 일은 또한 한국인들이 이 문제를 매우 중요하게 여기기 시작하고 있는 것을 보여줍니다.

이 모든 것은 조만간 한국인들이 이런 위대한 국제적인 사업들에 대해 폭넓고 미래지향적인 안목을 가지고 있는 당신과 같은 사람들의 관대한 후원으로 시작된 교육기관 및 다른 것들에 대해 더 큰 책임을 질 준비가 되어있도록 성장할 것을 약속하고 있는 듯이 보입니다.

3번 항목은 자산위원회의 어떤 건의안들을 설명한 것인데, 그 건의안들은 매우 중요한 항목들을 다루고 있습니다. 이 가운데 첫 번째 것은 우리의 현재 집회실에 학생들이 250명만 앉을 수 있는데, 금년 초 개학할 때 258명이 등록하였고, 현재 실제 출석 학생 수는 236명이지만, 평균적인 증가율로 가면 내년 실제 출석 학생이 250명을 넘어설 것이란 사실에서 비롯되었습니다. 졸업식과 같은 행사들처럼 우리 학생들을 집합시키고 학생들의 친지들도 오는 큰 집회를 열기 위해 더 큰 장소를 구하도록 어떤 일을 해야 할 시간이 빨리 온다면 우리가 복도와 구석에 억지로 의자를 몇 개 집어넣을 수 있다고 할지라도 그렇게 해서는 250명을 겨우 넘게 수용할 수 있을 뿐입니다. 당신이 기억하듯이 처음에 공사 계획을 세울 때 현재 캠퍼스의 한쪽에 채플과 집회실을 건립해주도록 요청하였고, 학생활동을 위한 방들도 거기에 포함하기를 원하였습니다. 만일 당신 곁에 지도가 있다면, 더 자세히 알기 위해 이것을 찾아볼 수 있습니다. 당신은 또한 우리가 건축 프로그램을 갓 시작했을 때 노스(North) 박사가 이 건물을 짓고 싶다는 북감리회 선교부의 강력한 요망을 나타냈고 그 당시에 [뉴욕] 머피(Murphy)의 건축회사에서 설계도를 작성하였던 것을 기억할 것입니다. 그 설계도는 실로 매우 아름다웠고, 캠퍼스의 다른 건물들의 전체 구조에 매우 잘 들어맞았습니다. 그러나 그것은 650석밖에 되지 않을 예정이었고, 그뿐 아니라 비용이 최소한 10만 불은 들고 그 이상도 들 것으로 생각되었기 매우 비쌀 것으로 예상되었습니다. 바로 그때 북감리회 선교부가 대대적으로 재정 모금 운동을 시작하였고, 그 수입에서 이 계획의 이행을 위한 돈을 확보하기를 원하였습니다. 그러나 그 모금에서 바랐던 것만큼 결과를 내지 못하였고, 그 결과 그들이 하려고 했던 많은 발전 사업을 포기해야 하였는데, 그런 항목들 가운데 이 채플 건립 계획도 있었습니다. 북감리회 선교부는 백주년 모금 운동의 슬럼프에서 결코 회복하지 못하였고, 그래서 나는 그들이 지금 그런 건물을 감당할 형편이 못 된다는 것을 확신하고 있습니다. 앞서 말했듯이 겨우 650석만 있다고 한다면 금방 가까운 미래에 필요해질 공간보다 너무 적어질 것이지만, 이미 지어진

한 정인과, 김활란, 신흥우, 양주삼, 홍병선, 마펫, 노블 가운데 연전의 이사로 활동한 사람은 신흥우와 양주삼이었다.

다른 건물들은 현재의 학과들을 위해 600명 또는 700명까지 되는 전체 출석 학생을 위한 공간을 제공할 것입니다. 그러므로 우리는 바로 이런 건물을 지을 수 있게 되기까지 어떤 종류의 집회실의 건축도 미룰 수 없습니다. 그런 이유에서 자산위원회 보고서의 1번 항목은 600명가량의 채플 참석자들을 수용하기 위해 약 1만 불 또는 최대 1만 2천 5백 불이 드는 임시 건물을 지을 것을 제안하고 있습니다. 그 건물은 체육관으로도 쓸 수 있을 것이고, 영구적인 채플 부지로 사용할 자리가 아니라 교육관 캠퍼스와 운동장 두 곳에서 편리한 한쪽 가장자리에 지을 수 있을 것입니다. 그러면 건물들의 전체적인 캠퍼스 구성을 방해하지 않을 것입니다. 내가 미국에 있었을 때 포스트(Post) 씨로부터 쿤스(Koons) 씨가 교장으로 있는 경신학교에서 그런 건물을 짓도록 1만 불을 받았던 것을 당신은 기억할 것입니다. 그 건물은 1만 7천 원가량으로 건축되었지만, 우리는 화재에 덜 취약하도록 건물, 좌석, 난방 설비와 다른 필요한 설비를 위해 2만 원에서 2만 5천 원이 추정되는 건물을 갖기를 원합니다. 이사회는 이 건의안을 신중하게 검토한 후 임시 건물로 간주할 곳에 그렇게 많은 돈을 들이기보다는, 그 건물을 10년이나 15년 동안까지 사용할 수 있다고 하더라도, 더 많은 자금을 구할 수 있을 때 지을 영구적인 건물의 기초가 될만한 것을 짓는 편이 더 낫다는 입장을 취하였습니다. 그러면서 그 문제를 자산위원회로 돌려보내고 그런 기준에 따라 견적을 내게 하였습니다. 이 점에 관해 당신의 의견을 말해주면 매우 기쁘겠습니다.

자산위원회의 다른 네 항목은 [이사회의] 승인을 받고 협력이사회에 보내 의견을 물었습니다. 보고서의 2번과 3번은 모범촌의 건축공사를 위해 처음에 계획한 것을 다루고 있는데, 그 안에 그들이 그곳에서 대학 교육을 받는 동안 아내와 가족을 데려와 아내들에게 교육받을 기회를 주고 싶어 하는 기혼 학생들에게 임대할 작은 집들이 포함될 것입니다. 아내들이 향후의 삶에서 남편의 적합한 동반자가 되게 하는 데는 상급과정 교육이 그들에게 아직 적합하지 않을 것입니다. 이 계획을 이루려면 이 같은 집들과 아내들을 위한 학교와 아이들을 위한 초등학교가 필요합니다. 보고서에서 2번과 3번 항목은 이 일을 시작할 때 각각 5백 원 또는 250불이 드는 10채의 집이 필요하고, 생활비가 비싸지 않도록 적게 지어야 하며, 또한 그렇게 하여 대학이 가용 비용으로 더 많은 집을 세울 수 있게 해야 한다고 말합니다.

필요한 항목들 가운데 하나는 초등학교 건물인데, 여기에 2천이나 3천 불이 들 것으로 추정되고 있습니다. 얼마 전에 우리 대학부지 안에서 초등학교 하나가 매우 작은 한국인 가옥들에서 개교하였고, 한국인 교수부인 한 명이 그곳의 교사가 되었습니다. 그녀가 이 사역을 계속하고 있지만, 우리가 이 일대에서 인근 마을 아이들이 갈 수 있는 범위 안에 학교가 없는 사실을 고려하여 그들도 오게 하기를 원하여 학교가 점점 커졌습니다. 그 결과 지금 출석 학생이 2백 명이나 어쩌면 그보다도 더 많아졌고, 두세 명의 교사가 일하고 있습니다. 우리는 그들에게 최초로 지은 임시 건물[치원관]의 일부를 쓰도록 허락하였는데, 그 건물은 우리 대학이 처음에 이 부지로 나오고 첫 번째 영구 건물들을 짓기 전에 당신이 친절을 베풀어 지을 수 있게 했던 것입니다. 그러나 이제 우리 학생들을 더 많이 기숙사에 수용하기 위해 그 건물이 필요하므로 모범촌에 초등학교 건물을 세우는 일이 극히 바람직합니다. 이 일은 우리가 아주 처음부터 바랐던 것입니다. 그렇게 하면 그 첫 건물을 수리하여, 최종적으로는 대학 농과의 건물로 사용할 것이지만[이런 이유에서 '농업관'이라고 불렸다], 영구적인 기숙사 건물을 새로 지을 때 우리가 부담할 비용의 대략 1/10 비용으로 50명이나 60명 정도의 학생들에게 기숙사를 제공할 수 있을 것입니다.

보고서의 4번 항목은 한국인 교수 2명과 일본인 교수 1명의 사택을 총 3천 5백 불가량의 비용으로 그리고 하위 교원을 위한 사택 한 채를 2천에서 2천 5백 불의 비용으로 지을 것을 요청하는 것입니다. 우리 교수진에서 가장 중요한 교수들이 대학에서 거주할 수 있게 하고 그리하여 대학의 기풍 건립을 돕게 하기 위해 필요합니다. 좋은 교원들이 캠퍼스에서 살지 않는 한 기풍은 향상될 수 없습니다.

5번 항목은 영구 기숙사를 돈을 구할 수 있는 대로 빨리 지을 것을 요청하고 있습니다. 그 이유는 지금 우리에게 있는 캠퍼스 기숙사가 60명을 수용할 정도밖에 안 되어 수용해야 할 학생 수에 비해 이 건물이 너무 작기 때문입니다. 우리가 첫 건물[치원관]을 수리하여 60명을 더 수용하게 만든다고 하더라고 전체 수용 인원은 250여 명의 학생 가운데 120명밖에 되지 않습니다. 우리가 이 영구 기숙사를 얻을 수 있는 때가 되면 학생들이 못해도 300명으로 늘어날 것입니다. 기숙사 건립에 관한 표결을 통해 자산위원회에 한옥 양식에 대한 서양식 건물의 상대적 가치를 다시 한번 면밀히 조사하도록 지시하면서, 서양식이 훨씬 더 유리하지 않으면 기숙사 건축 자금을 마련할 수 있게 되는 대로 한옥을 더 싸게 지어서 더 많은 수를 수용하게 하자고 생각하였습니다.

4번 항목은 농업 분야에 대한 대학의 책임 문제를, 달리 말해서 한국 농촌에 대한 책임 문제를 다루고 있습니다. 당신은 내가 전에 당신에게 이 주제에 관해 아주 길게 썼던 것을 기억할 것입니다. 사회종교문제 조사기관 출신의 탐사 전문가인 브루너(Brunner)* 씨가 한국의 농촌 실태를 조사하고, 선교회들이 할 일을 조언하기 위해 이곳에 파견되었습니

---

* 브루너(Brunner, Edmund de Schweinitz, 1889-1973): 컬럼비아대 사회학 교수, 농촌경제학자. 그는 1926년부터 1년간 조사하고 작성한 "Rural Korea"란 보고서를 예루살렘 선교대회에서 발표하였다.

다. 그가 예루살렘 선교대회에서 긴 보고서를 제출하였는데, 그 안에 다음의 건의안이 들어있습니다.

> 총독부가 교육 사역을 제한하고 있고 일부 학교들의 예산과 인력이 태생적으로 제한되고 있으므로 지금 제안하고 있는 것을 따라 더 높은 수준의 교육 봉사를 하는 것이 몇몇 학교들에서는 바람직하지 않을 수 있습니다. 그런 경우에는 차라리 당장 연희전문학교와 연계해서 농촌 훈련센터를 세우고 목사들과 평신도 지도자들에게 2주에서 4주에 걸쳐 연장 사역을 해달라고 제안하는 것이 어쨌든 지혜로울 수도 있을 것입니다. 그 센터에서 지금 운영 중인 여러 학교 또는 특별 농촌강습소에서 1주일 정도 연장 사역을 해줄 사람들을 파견할 수 있습니다. YMCA는 그런 학교나 훈련센터와 협력도 하고 활용도 할 수 있을 것입니다.

한국의 YMCA 전국연합회가 농촌 사역 분야에서 많은 일을 하고 있습니다. 당신이 내 아들 윌버(Wilbur)*를 만난 적이 있어서 이미 알고 있는 것처럼, 그는 이런 유형의 사역을 주로 하고 있습니다. 언젠가 브로크만(Fletcher Brockman)**이 이곳[한국]에 왔을 때 그와 이야기를 나누었는데, 그에게 'Y'[YMCA]가 적절하게 준비된 농촌 사역자를 연희전문학교에 보내고 우리가 현장 수업 및 교실 수업과 같은 시설을 제공하여 'Y'와 대학 간의 협력으로 결정적인 이익을 얻을 조합을 이루고 대학 시설을 이용하게 해도 될 것이라고 말하였습니다. 대부분 농촌 출신이며 나중에 이 나라에서 사역하게 될 250명의 재학생이 있는데, 이들 모두에게 이 나라에서 접촉할 훨씬 많은 사역의 대상들과 협력하여 수행할 수 있을 만한 농촌 사역의 방법을 제공하는 것이 유익할 것이라고 그에게 설명하였습니다. 그는 그 문제를 검토해보겠다고 말하면서 내게 그 주제를 더 충분히 설명하는 제안서를 써서 자기에게 보내달라고 요청하였습니다.

---

* 고든 윌버포스 에비슨(Gordon Wilberforce Avison Sr., 1891~1967): 에비슨 교장의 둘째 아들로 토론토에서 태어나 1893년 부모를 따라 내한하여 서울에서 성장하였다. 미국에서 대학을 졸업한 후 미국 YMCA 간사로 활동하다 1926년 YMCA 파송 선교사로 다시 내한하여 광주를 비롯한 호남지방에서 농업실습학교를 세우며 농촌운동을 벌이고 1939년 귀국하였다.

** 브로크만(Fletcher S. Brockman, 1867~1944): 중국에서 활동한 YMCA 선교사로 한국 YMCA 창설 등과 관련하여 1901년, 1903년, 1905년에 한국을 방문하였고, 한국 YMCA의 농촌운동을 도왔으며, 동생이 한국에 파송될 수 있도록 도왔다.

이 문제를 최근[1928년 9월 20일]에 개회한 이사회 앞에 제기하였을 때 YMCA 전국연합회의 간사이자 이사회의 일원인 신흥우(Hugh Cynn) 씨가 그런 협력에 대해 매우 호의적으로 발언하여 이사회는 어떤 협력 방법이 가능한지 YMCA 측과 상의하도록 위원회를 만들기로 의결하였습니다. 당신이 이 일이 얼마나 중요한지 이해할 것이므로 이 일을 좋게 여길 것이라고 확신합니다.

5번 항목은 북감리회 선교부의 해외여선교회(Women's Foreign Missionary Society)가 이미 추진 중이고 연합사업으로 하려고 논의 중인 여자대학의 확장안을 다루고 있습니다. 그 대학[이화여전]은 이미 연희전문학교에서 아주 가까운 곳에 45에이커의 좋은 부지를 소유하고 있습니다. 이 문제를 제기하는 의도는 이 두 대학의 운영진들이 회의를 열어 어떤 교원과 장비와 시설을 활용하면서 협력할 때 효율성과 경제성에서 이로운 점이 있을지를 알아보게 하려는 것입니다. 우리는 이 조사를 통해 좋고 나쁜 점들이 어떻게 밝혀질지를 반드시 기다려보아야 할 것입니다.

6번과 7번 항목은 우리 교수진의 자질에 영향을 주는 두 가지 재정문제를 본국의 대학 경영 방법과 관련해서 다루고 있습니다. 그 두 문제는 매우 신중한 검토가 필요합니다.

8번 항목. 그 회의 때 나의 한국 귀환으로 중단되었던 미국에서의 재정 모금을 다시 재개하고 그와 동시에 한국에서도 비슷하게 모금을 해야 한다는 내용의 제안서가 제출되었습니다. 그 모든 문제, 그 같은 모금의 어려움, 성공 가능성 그리고 거기에 포함된 다른 모든 요인을 검토하기 위해 위원회를 만들었습니다.

9번 항목은 그 안에 설명이 들어있는데, 그것이 매우 호의적으로 통과되었다고 당신에게 확실하게 말할 수 있습니다.

당신은 이 편지 안에서 거론된 다른 주제들에 관해서도 조금 후에 의논하게 될 것을 기대해도 될 것입니다.

안녕히 계십시오.
서명 O. R. 에비슨

동봉된 것이 있음.

출처: UMAC

September 28, 1923.

Mr. John T. Underwood
Chairman, Cooperating Board
30 Vesey St.
New York City.

Dear Dr. Underwood:

I am sending you a copy of the minutes of the annual meetings of the Field Boards of Managers of the Chosen Christian College and the Severance Union Medical College, together with a copy of my letter to Mr. Severance and Mrs. Prentiss concerning the latter.

There is not much to be said about the meeting of the Board of the Chosen Christian College except that it was one of the best board meetings we have ever had. We spent the entire day in very thorough discussion of all the reports and suggestions. I am very glad to be able to say that the Korean members not only of this Board but of the Severance Board also are showing much greater interest than they have ever done. They do not sit still and listen only and then vote yes to all the recommendations, but they ask questions as to the underlying reasons for these recommendations and discuss them very earnestly and then vote according to their convictions. This is very encouraging because it indicates an interest which will ultimately be manifested in more practical ways.

I have marked the items which are most important for your careful consideration.

Number 1 reports a decision of the United Church of Canada Mission in reference to an appeal I made to them personally in July when I went to Wonsan especially to report to them on the work of the College and to ask them to increase their interest in it.

Number 2 shows that members of our Board are being sent to represent Korea in world missionary conventions and also to investigate social and religious work done in other lands which also is an indication of the great importance that Koreans are beginning to take in these matters. These things all give promise of

Mr. Underwood page 2.

a growth in outlook which will in due time make the Koreans ready to undertake greater responsibility for the educational institutions, and others, which we have inaugurated under the generous support of men like yourself who are taking such a broad and forward look into these great international undertakings.

Number 3 refers to some recommendations of the Property Committee which deal with five very important items. The first of these comes out of the knowledge that our present assembly room will seat but 250 students, that we opened the school at the beginning of this year with an enrolment of 258 which even now gives us an actual attendance of 236 and that normal rate of increase will give us an actual attendance next year of more than 250. While we may be able to squeeze a few chairs into the aisles and corners and so accommodate somewhat more than the bare 250, the time will soon come when we must do something towards the securing of a larger place in order to assemble our students and hold the larger meetings when the students' friends also come, such as graduation exercises, and so forth and so on. As you remember, the original construction plan calls for the erection of a chapel and assembly room, which will also contain rooms for student activities, at one side of the present campus. If you have a map near you, you can look this up for more intimate information. You may remember also that in the very beginning of our building program Dr. North expressed the strong desire of the Methodist Board to erect this building and a plan was at that time prepared by Mr. Murphy's firm which was very beautiful indeed and fitted very well into the general architecture of the other buildings of the campus. But it would only seat 650 and besides would be very expensive because it would cost probably not less than $100,000, and rather more I should think. Just at that time the Methodist Board was putting on its big financial campaign out of which they hoped to secure money for this project. However, their campaign did not produce anything like they had hoped for and as a result a great deal of the advanced things they had looked forward to had to be given up and amongst these items was this one for the erection of the chapel. That Board has never recovered from the slump in their Centenary Campaign and so I am pretty sure that they will not be in a position at present to undertake such a building as the one mentioned, which in any case seating only 650 would soon be too small for the expected needs of the near future, seeing that the other buildings already erected will provide for the present departments up to a total attendance of 600 or even 700. We cannot therefore defer the erection of any kind of assembly hall until this particular one can be built, and item 1 of the Property Committee's report is a suggestion that a temporary building at a cost of some $10,000 or at most $12,500, to accommodate a chapel attendance of some 600 and which might also be used as a gymnasium, be erected not on the position to be used as a site for the permanent chapel but at one side where it will be convenient both to the academic campus and to the athletic fields and will not interfere with the general architecture of the campus. You will remember I secured from Mr. Jost, when I was in America, the sum of $10,000 with which to erect such a building for the John D. Wells School of which Mr. Koons is Principal. That building was erected for some $ 17,000, but we would wish to have a building less easily threatened by fire and hence our estimate of

Mr. Underwood   page 3.

$20,000 to $25,000 for building, seating, heating and other necessary equipment. The Board carefully considered this recommendation but took the position that rather than put so much money into what would be considered a temporary building, even though it might be used for even ten or fifteen years, it would be better to build what might become the basement of a permanent building which could be erected when larger funds could be secured and the matter was referred back to the Property Committee to get estimates on such a basis. I should be very glad to have your opinion on this point.

The other four items of the Property Committee were approved and referred to the Cooperating Board for its opinion. Numbers 2 and 3 of the report deal with the original project for the construction of a Model Village which would contain small houses to be rented to married students who would be willing to bring their wives and families so that while they themselves were receiving an education there at the College, their wives might be receiving an education which, though not so advanced would yet fit them to be suitable companions to their husbands in after life. The project called for these houses and for a school for their wives and a primary school for their children. Numbers two and three in the report call for 10 such houses as a beginning, each to cost $500 or $250, made thus small so that the expense of living in them might not be too great and also so that the College could put up a larger number of houses with whatever money might be at their disposal.

One of the items also calls for a primary school building and it is supposed that this might cost perhaps two or three thousand dollars. Some time ago a primary school was started on our College property in a very small Korean house and the wife of one of the Korean professors became its teacher. She still continues this work but the school gradually grew because we were willing to have the children of the nearby villages attend it in view of the fact that there were not any schools within reach of this district to which they could go; and as a result the attendance is now about two hundred or perhaps even more and two or three teachers have been engaged. We have allowed them to use part of the original temporary building which you were kind enough to erect when our College first went out to the site and before the first of the permanent buildings was constructed. But that building is now needed to increase the dormitory accommodations for our own students and so it is exceedingly desirable that we should put up the primary school building in the Model Village towards which we had looked from the very beginning. Then by renovating the original building, which was to be used finally as the building to house the Agricultural Department of the College, we could provide for a dormitory for some fifty or sixty students at an expense of about one-tenth of what it would cost us to put up a permanent new dormitory building.

Item 4 of the report calls for the erection of residences for two Korean professors and one Japanese professor at a cost of some $3500, and one for a Junior Teacher at a cost of from $2000 to $2500, in order that the most important members of our faculty may be able to reside at the College and thus help to build up the College spirit which cannot be developed unless a goodly body of teachers lives on the campus.

Mr. Underwood   page 4.

Item 5 calls for the erection of a permanent dormitory as soon as the money can be secured because at the present time we have room for only sixty students on the campus in the dormitory we have and this is too small a proportion of the student body to be thus accommodated. And even after we renovate the original building and fit it to accommodate sixty more, the total accommodation will be only one hundred and twenty out of some two hundred and fifty students, so that by the time we can get this new permanent dormitory the student body will have grown to, the least one could say, three hundred. The vote taken in regard to the erection of a dormitory requests the Property Committee to investigate carefully once more the question of the relative value of a Western type of building over the Korean type with the thought that unless the Western type has great advantages we might build Korean buildings more cheaply and so accommodate a larger number when we build with whatever money we may be able to secure for dormitory purposes

Number 4 deals with the question of the College's responsibility along agricultural lines, or in other words its responsibility to the rural community of Korea. You will remember I wrote you quite at length formerly on this subject. Dr. Brunner, the expert in survey work from the Institute of Social and Religious Research, who was sent out here to survey the rural conditions in Korea and to advise what the missions should do in consideration thereof, presented a lengthy report to the Jerusalem Conference in which he made the following recommendation:

It is possible that the limitations on educational work imposed by the government, as well as limitations inherent in the budgetary and personnel factors at some of the schools, would make it inadvisable for some institutions to undertake any advance service along the lines suggested at the present time. In that case, and perhaps in any case, it might be wise to establish at once, preferably in connection with the Chosen Christian College, a rural training center where there could be offered to pastors and lay leaders extension work covering two to four or six weeks. From such a center extension workers could be sent out to the many institutes now held, or to special farmers' conferences, of one two weeks' duration. The Y.M.C.A. might both cooperate with and use such a school or training center.

The National Council of the Y.M.C.A. in Korea is doing a good deal along the line of the rural program, as you already know being in touch as you are with my son Wilber whose chief work is of this type. The other day when Fletcher Brockman was out here I had a conversation with him in which I suggested that the "Y" might utilize the facilities of the Chosen Christian College by sending a suitably prepared agricultural man to the College, we providing the facilities such as fields and class work and so making a combination in which both the "Y" and the College would cooperate with decided advantage. I pointed out to him that with two hundred and fifty young men studying and most of them from the county and destined to work later on in the country, it would be advantageous to give all of these a training in agricultural methods of such a type as they could carry out into the country in cooperation with the farmers amongst whom they might hereafter work. He said he would take the matter into consideration and asked me to write him more fully on the subject that he might have a proposition before him.

Mr. Underwood   page 5.

In bringing this before the Board of Managers at the recent meeting Mr. Hugh Cynn, the Secretary of the National Council of Y.M.C.A. who is a member of the Board of Managers, spoke very favorably concerning such cooperation and it was voted to appoint a Committee to confer with the Y.M.C.A. as to possible methods of cooperation. You will see what an important point this is and I am sure you will look on it with favor.

Number 5 deals with the proposed extension of the Woman's College, already being carried on by the Woman's Foreign Missionary Society of the Methodist Board, and its conversion into a union enterprise. The College already owns a beautiful site of forty-five acres of land very near the Chosen Christian College and the object of this motion is to bring about a conference with the administrators of the two Colleges to see if it could not be in the interests of efficiency and economy to cooperate in the use of certain teachers, equipment and buildings. Just what this investigation will bring to light in the way of advantages and disadvantages we must wait to see.

Numbers 6 and 7 deal with the two financial matters affecting the quality of our teaching staff and along the lines of college methods at home. They both of them will call for very careful consideration.

Number 8. At the meeting the proposition was brought forward that the financial campaign in the United States which was interrupted by my return to Korea should be resumed and at the same time a similar campaign should be undertaken in Korea. A Committee has been appointed to consider the whole question, the difficulties of such a campaign, the probabilities of success and all the other factors that enter into it.

Number 9 explains itself and I can assure you it passed with a great deal of good will.

You may expect some later communications in regard to subjects mentioned in this letter.

Yours very sincerely,

Signed O.R. Avison

OR:EZ
Enc.

65. 연전에서 미국의 후원자들에게

연희전문학교
서울, 한국

1928년 10월 1일

에비슨(O. R. Avison)

친애하는 우인들께:

여러분은 아마도 "1924~26년에 연희전문학교를 위해 모금했던 그 사람들이 어떻게 하고 [한국으로] 나갔는지" 궁금할 것입니다. 우리는 여러분이 우리를 생각했기를 희망합니다. 여러분의 도움과 동정이 우리에게 얼마나 큰 의미가 있었는지를 여러분이 아시기를 원합니다. 지금 우리가 어떻게 지내고 있는지를 여러분에게 알려드리려 합니다.

에비슨 박사와 원한경(Underwood) 박사는 이곳 선교현장의 상황으로 인해 모금액의 목표를 충분히 채우기 전에 [한국으로] 돌아가야 하였습니다. 아직 할 일이 너무 많아서 우리는 때때로 거의 아무것도 성취하지 못한 것처럼 느끼지만, 돌아보면 여러분의 도움으로 먼길을 왔다는 것을 깨닫고 있습니다.

1915년 첫 학년이 시작되었을 때는 부지도 없고 건물도 없었으며, 학생과 교수는 아주 적었고, 새 학교가 불안정하고 빈약한 수입과 많은 어려움에 직면해 있었던 것을 여러분은 기억할 것입니다. 우리가 도움을 청하는 어떤 호소를 널리 하게 될 때가 오기를 10년 동안 기다려 1924~26년에 이 문제로 여러분의 관심을 끌게 되었을 때는 이미 약 200에이커의 아름다운 부지와 건물 몇 개와 적당한 규모의 학생 집단과 좋은 교수진과 총독부 인가를 확보하고 있었습니다.

기본재산

1924년에는 기본재산이 없었습니다.

지금은 20만 불 이상을 투자받아 수입을 창출할 기본재산을 보유하고 있습니다. 20만 불의 기본재산을 자랑한다고 우리를 비웃지 마시기 바랍니다. 우리는 그것이 적고 불충분하다는 것을 알고 있습니다—얼마나 불충분한지는 다른 누구보다 우리가 잘 압니다. 그러나 1924년에 금고가 텅 비었을 때보다는 훨씬 나으므로 여러분이 우리와 함께 기뻐해주기를 바랍니다.

시설

1924년에는 우리에게 본관 건물 3동, 기숙사 1동, 교수 사택 몇 채가 있었지만, 캠퍼스 전체는 가장 무관심한 방문자조차도 절실한 필요성과 눈부신 가능성을 절감하게 만들 정도였습니다. 본관 건물들에 도달하려면 먼지가 가득한 땅을 기어 올라가거나 전반적인 [캠퍼스 조성] 계획과는 명확하게 어긋나 보이는 임시 도로를 운전해야 하였습니다.

지금은 서울산 화강암으로 조성된 본 계단이 방문자를 건물들 사이에 있는 4각형 안뜰로 인도합니다. 이 아름다운 계단은 주로 뉴욕시의 한인교회에서 기부하였습니다. 4각형 안뜰 중앙에서 계단 위를 보면 대학의 설립자이신 고 언더우드(Horace G. Underwood) 박사의 눈부신 동상을 곧바로 마주하게 됩니다. 이것은 한국에 있는 대학 동문들과 우인들이 세웠습니다.

우리 속담에 경건의 다음은 청결이란 말이 있지만, 전에는 학생들이 세면기에서 목욕하거나 시내의 목욕탕에 가야 했었다는 사실을 고백해야 합니다. 오늘날에는 적어도 당분간은 적절한 목욕 시설이 마련되어 욕조들의 빛나는 타일이 보는 모든 이들과 설치 전에 겪었던 불편함을 아는 모든 이들에게 기쁨을 주고 있습니다.

그러나 목욕은 물 없이 (말하기 이상하지만!) 할 수 없습니다. 전에는 급수시설이 충분하지 않았습니다. 샘들을 새로 찾고 급수 문제 전반을 연구하고, 파이프를 놓고, 저수지를 파거나 확장하고, 펌프 설비를 개선하여 사택들, 기숙사, 학교 건물들에 대한 급수를 크게 개선하였습니다.

원한경
(Hoeace H. Underwood)

부지에 있는 사택들은 처음에 서양인 교수들을 위해 지었는데, 이는 초창기에 그들이

유억겸(U. K. Yu) 학감

교수진의 중추가 되었고 한국인과 일본인 교수들은 미래를 기약하였던 사실 때문이었습니다. 1924년에는 단 한 채의 사택만 동양인 교수 1명을 위해 건축되었습니다. 그 후 동양인 교수들을 위해 3채가 지어졌습니다.

전에는 어둠이 덮이면 말 그대로 캠퍼스를 "뒤덮었고" 여기 저기에서 등잔들과 양초들의 희미한 불빛에 어둠이 약간 옅어질 뿐이었습니다. 학생들과 교수들은 등잔불을 의지하여 공부하고 책을 읽었으며, 본관 건물들은 어두워질 때부터 새벽까지 쓸 수 없었습니다. 오늘날에는 차도, 건물, 사택, 기숙사를 경성전기회사에서 보내는 전기로 밝히고 있습니다.

식당이 부족하여 언더우드관의 지하실을 이런 용도로 사용하였지만, 거무스름한 벽들, 커튼이 없는 창, 연기에 그을린 천정, 페인트칠이 안 된 테이블이 식욕을 떨어뜨리고 민감한 사람을 소화불량에 빠지게 하였습니다. 그러나 그곳을 전체적으로 다시 단장하였습니다. 테이블에 깨끗하고 예쁘게 에나멜 칠을 하고, 좌석에 페인트를 칠하고, 벽과 천정을 고치고, 창문에 커튼을 달고 (이 마지막 작업은 교수 부인들이 하였습니다), 부엌을 청소하고 재단장하여 방들을 지하 저장실에서 매력적인 지하 식당으로 바꾸었습니다.

아직 할 일이 많이 남았지만-도로 공사, 하수시설 완비, 운동장 정지와 표백제 살포, 급수시설 확대, 더 많은 기숙사 건축 등등-위에서 말한 모든 개선과 발전이 1924~1926년에 했던 모금 활동의 직접적인 결과입니다. 여러분의 협력으로 많은 일을 하였음을 여러분이 알기를 원합니다.

학생들

1924~25년에는 학비를 납부한 등록생이 평균 168명이었지만, 이번 학년에는 첫 학기의 학비 납부 등록생이 240명이었습니다. 그 수가 줄어들지라도 한 해 평균은 200명이 넘을 것입니다. 이것은 학교 지출비의 많은 부분을 현장에서 부담하고 있는 것을 뜻합니다. 등록생들 가운데 상과에 가장 많은 학생이 있고 두 번째로 문과, 세 번째로 수물과에 있습니다. 이는 나라의 경제적 어려움으로 인해 더 "실용적인" 측면의 교육을 지향하는 경향이 커지고 있기 때문입니다.

운동경기

체육관, 체육 지도자, 잘 조성된 운동장이 부족한데도 불구하고 우리 대학이 전문학교들의 축구와 야구 대회에서 우승하였습니다. 1927년 9월에는 (도쿄) 와세다대 축구팀을 4 대 0으로 이겼습니다. 그들이 몇 주 전 상해에서 열린 동아시아 올림픽 경기에서 2위를 한 직후였는데도 그들을 이겼습니다. 그 같은 승리가 한국인들에게 어떠한 만족감을 주었을지는 쉽게 상상할 수 있을 것입니다. 그 결과 승리를 얻은 대학의 명성이 크게 높아졌습니다.

교수진

이번 학년 교수들의 수는 다음과 같습니다.

에비슨 박사가 1927년 9월 14일 연희전문학교 운동장에서 개최된
전조선 중등학교 육상경기대회 우승자들에게 시상하고 있다.

한국인	20명 (Ph.D. 3명)
일본인	4명 (제국대 졸업 3명)
선교사	8명 (Ph.D. 4명)

본교의 제1회 졸업생인 이원철(David W. Lee)은 미시간대학교에서 천문학으로 Ph.D. 학위를 받고 한국에 돌아와 우리 교수진에 합류하였습니다.

이 박사가 돌아온 지 얼마 되지 않아 백낙준(L. George Paik)이 예일대학교에서 Ph.D. 학위를 받고 와서 신과에서 일하다가 올해 4월부터 문과 과장이 되었습니다. 외국인 교수 3명도 미국에서 Ph.D. 학위를 가지고 돌아왔습니다―밀러(E. H. Miller, 화학) 박사는 컬럼비아대학교에서, 피셔(J. Earnest Fisher, 교육학) 박사는 컬럼비아대학교에서, 원한

큰길에서 보는 캠퍼스 전경. 화강암 계단이 1927년 건설되었는데, 그 비용을 특별히 뉴욕시 한인교회에서 기부하였다. 그 뒤는 언더우드관이고, 오른편은 아펜젤러관(이학관), 왼편은 스팀슨관(행정 본관)이다.

경(H. H. Underwood, 심리학) 박사는 뉴욕대학교에서 연구하였습니다.

모금 활동 기간에 조병옥(P. O. Chough, 경제학)이 컬럼비아대학교에서 Ph.D. 학위를 받고 우리 교수진에 왔습니다. 베커(A. L. Becker) 박사는 1921년 미시간대학교에서 물리학으로 Ph.D.를 받았습니다. 미국에서 유학한 그들 외에도 교수진에는 일본 제국대학과 일본의 다른 대학들에서 수준 높은 교육을 받고 졸업한 여러 명이 있습니다.

훌륭한 인품과 많은 경험을 지닌 한국인 청년 신기준(Synn) 씨가 최근에 오벌린대학을 졸업하고 체육학과 학사 학위를 얻어 우리 교수진에서 체육주임과 코치로 배치되었습니다. 그는 오랫동안 느껴온 체육주임의 필요를 채웠습니다. 우리는 팀들이 승리하는 것을 좋아하지만, 모든 학생이 체육 교육을 통해서도 인품을 함양하기를 원합니다. 인품 함양은 올바른 사람의 지도 밑에서 이루어질 수 있는데, 신 씨가 그런 올바른 사람입니다.

대학 전체의 학감과 세 과, 곧 문과, 상과, 수물과 자리가 이미 한국인들로 매우 만족스럽게 채워진 사실을 여러분이 알면 흥미롭게 여길 것입니다.

학감[유억겸]은 일본 도쿄제국대학교 법과를 졸업하였고, 문과 과장[백낙준]은 프린스턴신학교 학사와 프린스턴대학교 사학과 석사, 예일대학교 종교사 및 종교교육학과 Ph.D.이며, 상과 과장[이순탁]은 일본 교토제국대학교 상과를 졸업하였고, 수물과 과장[이춘호]은 미시간대학교 석사입니다.

신과

백낙준 박사가 이 과에 온 것은 위에서 설명되었지만, 이 사역이 펜실베이니아 로체스터에 있는 우인들의 지원을 받은 사실은 설명되지 않았습니다. 이 관대한 도움 덕분에 이 과의 사역 프로그램이 크게 강화될 수 있었습니다. 거기에는 하기 수양회, 학생들의 전도 여행, 그 밖의 많은 사역이 포함됩니다.

도서실

컬럼비아대학교 사범대학 학생들이 크리스마스 선물상자에서 우리 대학 도서실에 2백 불을 기부하였습니다. 도서실이 확충되면 한국 전역의 교육사역자들이 활용할 수 있게 될 것이고, 그렇게 하여 미션학교들과 다른 학교들의 교육 활동에 크게 기여할 것입니다. 적절한 도서실은 오늘날 대학에 가장 필요한 것들 가운데 하나입니다. 이는 그것이 자금 부족으로 건물과 여타 장비 면에서 [학교의] 발전 속도를 따라가지 못하고 있고, 현재 대학이 수행하는 사역 수준에서 필요한 것들을 충분히 채우지 못하고 있기 때문입니다.

농업사역

뉴욕시 사회·종교연구소(Instute of Sociel and Religious Research)의 브루너(Edmund DeS. Brunner) 박사가 최근에 한국에서 3달을 보내면서 이 나라의 경제와 농업, 종교·교육 사역의 실태를 조사하였습니다. 그의 조사 결과 만들어진 건의안들 가운데 하나는 농촌의 가치에 관한 아이디어들을 퍼뜨릴 수 있는 사역자들을 위한 농촌사회학 및 종교교육의 센터를 우리 대학에 세우자는 것이었습니다. 우리는 자금이 마련되는 대로 그런 사역을 하기를 바라고 있습니다. 그것은 농과를 만드는 것이 아니라 관립농업학교 사역을 활용하고 보충하고 퍼뜨려서 농촌 사회에 최대한 널리 기여할 수 있게 하는 센터를 세우는 것입니다. 우리의 현재 예산에 연 3천 불에서 5천 불을 더하고 농업 선교사의 봉급을 추가하면 그런 사역을 할 수 있습니다.

학생 지원

위의 센터와 연계하면 대학을 졸업하기까지 반드시 일자리가 있어야 하는 여러 유자격 학생에게 틀림없이 일거리를 줄 수 있을 것입니다. 지금 교수들이 학생 지원의 모든 문제를 앞에 두고 그런 학생들에게, 곧 가장 우수한 학생들인 경우가 많은 그들에게 자선을 베풀지 않고 자조하게 함으로써 기독교 교육을 받을 기회를 주는 방법을 찾으려 하고 있습니다. 이 일에서도 가장 큰 난제가 상대적으로 적은 금액이기는 하지만 재정 문제인데, 아마도 연 1천 불이면 많은 사역을 할 수 있을 것입니다.

우승한 축구팀

연희전문학교 교수들

이러한 일들이 여러분께 말씀드리고 싶은, 우리가 수행하였고, 수행하고 있고, 또 수행할 일들의 일부입니다. 여러분의 관심과 후원이 필요합니다. 이곳의 교수들, 뉴욕의 협력이사회, 학생들과 한국인들이 할 수 있는 일을 하고 있고, 꾸준히 더 힘써 노력하고 있습니다. 우리는 또한 여러분이 필요합니다. 여러분의 일부가 전에 그렇게 해주셨듯이, 여러분이 만일 우리를 재정적으로 도울 수 있다면 우리에게 큰 기쁨이 될 것입니다. 그러나 우리는 여러분의 관심과 동정과 기도가 필요합니다. 여러분께 특별히 관심이 있거나 흥미를 느낄 사역 분야에 관한 더 많은 소식을 매우 기쁜 마음으로 알려드리도록 하겠습니다.

O. R. 에비슨

호러스 H. 언더우드

출처: PHS

Chosen Christian College
SEOUL, KOREA

October 1, 1928.

DEAR FRIEND:

Perhaps you have wondered "how those fellows who were raising money for the Chosen Christian College in 1924-26 came out anyhow." We hope you have thought of us. We want you to know how much your help and sympathy meant to us. We want you to know how we stand now.

O. R. AVISON

Circumstances on the field here made it necessary for both Dr. Avison and Dr. Underwood to return to Korea before the objectives of the campaign were fully attained. There is so much yet to be done that at times we feel as though little had been accomplished, yet as we look back we can see that with your help we have come a long way.

You will remember that 1915 saw the opening of the first classes with no site, no buildings, few students, few teachers, a precarious and slender income and many difficulties looming before the new school. We waited ten years before making any general appeal, and when the matter was brought to your attention in 1924-1926 we already had a beautiful site of about 200 acres, several buildings, a reasonably-sized student body, a good faculty and government recognition.

Endowment

In 1924 we had no endowment.

Today we have over $200,000 of invested and income-producing endowment. Please do not laugh at us for bragging about $200,000 of endowment. We know it is as yet small and inadequate—how inadequate we know better than any one else—but it is so much better than the empty treasury of 1924 that we want you to rejoice with us.

Plant

In 1924 we had the three main buildings, a dormitory and a few professors' homes, but the campus as a whole cried aloud to the most casual visitor its urgent needs and splendid possibilities. To reach the main buildings one scrambled up the face of a dirt fill or drove over a temporary road that obviously did not fit into the general scheme.

HORACE H. UNDERWOOD

The main stairway of Seoul granite now leads the visitor up to the quadrangle between the buildings. These beautiful steps are largely the gift of the Korean Church in New York City. In the center of the quadrangle and directly facing the top of the steps is a splendid bronze statue of the late Dr. Horace G. Underwood, founder of the College. This has been erected by the alumni and friends of the College in Korea.

Despite our saying that cleanliness is next to godliness, we must confess that formerly the students were forced to bath in a wash basin or patronize the bath-houses in the city. Today bathing facilities adequate for at least the present have been provided and the shining tiles of the tubs are a source of joy to all who see them and know the inconveniences suffered before their installation.

Presbyterian Historical Society
425 Lombard Street

Baths, however, cannot be taken (strange to say!) without water. The water supply has heretofore been inadequate. New springs have been found, the whole water supply question carefully studied, pipes laid, storage reservoirs dug or enlarged, pumping facilities improved and the water supply for residences, dormitories and school buildings greatly improved.

The residences on the site at first were largely for Occidental professors, due to the fact that in the beginning they formed the nucleus of the faculty and that the Korean and Japanese faculty was largely something of the future. In 1924 only one residence for an Oriental professor had been erected. Since then three homes for Oriental professors have been built.

Formerly when darkness fell it literally "fell" on the campus, mitigated here and there by the faint gleam of kerosene lamps and candles. Students and professors studied and read by lamp light and the main buildings were useless from dark till dawn. Today driveways, buildings, residences and dormitories are lighted with electricity from the Seoul Electric Company.

Lacking a Dining Hall the basement of Underwood Hall has been utilized for this purpose, but dingy walls, uncurtained windows, smoky ceilings and unpainted (and we fear often dirty) board tables diminished appetites and threatened indigestion to the sensitive. But the whole place has been redecorated. Tables have been covered with clean and attractive enamel, seats have been painted, walls and ceilings renewed, windows curtained (this last by the ladies of the faculty), kitchen cleaned and redecorated, and the rooms transformed from cellars into an attractive basement dining hall.

Dean U. K. Yu

All of the above improvements and advances are direct results of the campaign in 1924-1926, and while much yet remains to be done — roads to be made, drains completed, athletic field graded and bleachers provided, water still further supplied, more dormitories built, etc. — we want you to know that much has been done through your cooperation.

In addition to these direct results of the campaign there has been much other progress.

Student Body

In 1924-25 the average paid enrollment was 168, while for the present school year the paid enrollment for the first term is 240, and despite weeding out will average over 200 for the year. This means that a larger share of the expenses of the school is being paid on the field. Of the enrollment the largest number is found to be in the Commercial Department with the Literary second and the Science Department third. This is due to the fact that due to the economic difficulties in the country there is a growing tendency towards the more "practical" phases of education.

Athletics

Despite the lack of a gymnasium, a physical director and a well-graded athletic field, the College has carried off all the Intercollegiate championships in football and baseball. In September, 1927, the Waseda University (Tokyo) football team was defeated 4-0, though they came fresh from winning second place in the championships in the East Asian Olympics at Shanghai a few weeks previously. The satisfaction which such a victory gives the Korean people may be easily imagined and the resulting renown of the College which won the victory is considerable.

Dr. Avison Presenting Prizes to Winners in All Korea Middle School Field and Track Meet, Held on Chosen Christian College Grounds, September 14, 1927

Faculty

The faculty for the present academic year numbers as follows:

Koreans, 20—3 with degree of Ph.D.; Japanese, 4—3 graduates of Imperial Universities; Missionary, 8—4 with degree of Ph.D. Total, 32.

David W. Lee, a member of this school's first graduating class, has returned to Korea to join our faculty, with the degree of Ph.D. in astronomy from the University of Michigan.

Not long after Dr. Lee's return came L. George Paik with the degree of Ph.D. from Yale University to take up work in the Religious Department of the College, and from April of this year he was appointed Director of the Literary Department. Three members of the foreign staff have also returned with the degree of Ph.D. from America—Dr. E. H. Miller (Chemistry) from Columbia University, Dr. J. Earnest Fisher (Education) from Columbia University, and Dr. H. H. Underwood (Psychology) from New York University. During the time of the campaign P. O. Chough (Economics) came to our faculty with the degree of Ph.D. from Columbia University. Dr. A. L. Becker secured his Ph.D. in Physics at Michigan University in 1921. In addition to those who have studied in the United States the faculty includes a number of highly trained graduates of the Japanese Imperial Universities and other colleges in Japan.

Mr. Synn, a young Korean of high character and much experience, who recently graduated from Oberlin University with the degree of Bachelor of Physical Education, has been placed on the staff as director of physical education and coach. He fills the long felt need of a director of physical education. We like winning teams, but we want all our students to have thorough physical training plus the character building that can be done under the right man and we believe Mr. Synn is the right man.

You may be interested to know that already the positions of Dean of the whole College, and chiefs of the three Departments of Literature, Commerce and Sciences are very satisfactorily filled by Koreans.

The Dean is a graduate in Law of the Imperial University of Tokyo, Japan; the Chief of the Literary Department is a B.D. of Princeton Theological Seminary, an M.A. of Princeton University in History and a Ph.D. of Yale University in Religious History and Religious Education; the Chief of the Commercial Department is a graduate in Commerce of the Imperial University of Kyoto, Japan; the Chief of the Science Department is an M.A. of the University of Michigan.

Religious Department

The coming of Dr. L. George Paik to this department has been alluded to above, but the fact that the budget for this work has been underwritten by friends in Rochester, Pennsylvania, was not mentioned. This generous help has made it possible to strengthen greatly the program of the department, including summer conferences, preaching tours by the students and much other work.

View of Campus Approach from Main Roadway. Granite Steps Constructed in 1927 Their Cost Being Partially Contributed by the Korean Church in New York City. Underwood Hall in Background; Appenzeller Building (Science) on Right; Stimson Hall (Administration) on Left.

Library

The students at Teachers' College, Columbia University, have donated from their Christmas Chest $200.00 towards the Library of our College. As this Library grows it will more and more be made available for educational workers throughout Korea, and this will contribute greatly towards the educational activities in both mission and other schools. An adequate Library is one of the greatest needs of the College at the present time, as it has not from lack of funds kept pace with the development of buildings and other equipment, and it is not at the present time sufficing to meet the needs of the grade of work that the College is doing.

Agricultural Work

Dr. Edmund deS. Brunner of the Institute of Social and Religious Research, New York City, recently spent three months in Korea making a survey of the economic and agricultural situation of the country and its bearing on religious and educational work. One of the recommendations growing out of his survey is that a center for rural sociology and agricultural education for workers who can spread ideas of value to the rural community be established in this College. It is our desire to undertake such work as soon as funds are available. This will not be an agricultural college but a center in which the work of the government agricultural schools may be used, supplemented and spread so as to make the widest possible contribution to the rural community. The addition of $3,000 to $5,000 a year to our present budget plus the salary of an agricultural missionary would make such a work possible.

Student Help

In connection with the above center it would doubtless be possible to give work to a number of deserving students who must work their way through college. The whole question of student help is now before the faculty and an

Staff of Chosen Christian College

attempt is being made to work out methods by which such students, often the best among the student body, may be given, not charity, but an opportunity to help themselves and be thus saved for Christian education. Here also one of the chief difficulties is financial, though a comparatively small sum, possibly $1,000 per year, would enable a large work to be done.

These then are some of the things *done*, *doing*, and *to be done* of which we wanted to tell you. We need your interest and support. The faculty here, the Cooperating Board in New York, the students and Korean people are doing what they can and are being constantly urged to greater efforts. We need you also. If you can help us financially, as some of you have in the past, we shall be very grateful, but we need your interest, sympathy and prayers. We shall be very glad to give you further information on any part of the work which interests or appeals to you in particular.

Championship Soccer Team

66. 에비슨이 협력이사회 임원들에게*

1928년 10월 15일

조선 기독교 교육을 위한 협력이사회
임원들
뉴욕시.

친애하는 우인들께:

여러분은 우리가 부지 전면의 정문 남쪽(진입구의 오른쪽)에 건물을 짓는 문제를 숙고하고 있는 것을 세브란스연합의학전문학교 이사회의 정기회 회의록을 통해서 이미 알고 있을 것입니다. 우리가 처음 생각한 이 건물의 용도는 우리 병원의 판매 부서들-세브란스 의용품 도·소매상회(Severance Wholesale Medical Supply Company and the Retail Drug Store)-을 적절하게 입실시키는 것이었지만, 시 당국에서 (새로 지을 경우에) 이 길 전체에 대해 최소 3층짜리 건물의 건축을 요구하고 있기 때문에, 더 깊이 생각하다 보니 그 일을 재정적으로 성공시키기 위해서는 또 다른 부서를 그 건물 안에 넣어야 한다는 것이 분명해졌습니다.

여러분은 치과 주임 부츠(J. L. Boots) 의사가 정문에서 맞은 편에 치과 건물을 짓는 계획을 실행하기 위해 미국에서 기부금을 얻으려고 열심히 노력했던 것을 기억할 것입니다. 그러나 그의 계획은 그 기간에 의도한 대로 달성할 수 있는 것보다 더 컸던 것 같았습니다. 그는 1만 불만 얻고서 이곳에 돌아왔고, 그 가운데 적은 금액만 협력이사회 회계의 손에 들어갔으며, 나머지는 그와 관련된 미국의 위원회 회계가 가지고 있습니다.

우리는 앞으로 지을 3층 가운데 1층을 미국 치과병원(American Dental Clinic)에 최대한 많이 내어주어 향후 몇 년간 사용하게 하고, 치과와 판매부를 결합하면 건물을 짓기가

---

* 이 편지는 1페이지만 있고 뒷 페이지가 분실되어 그 뒤의 내용과 발신자 서명을 볼 수 없다. 편지지는 뉴욕 협력이사회의 것이지만, 그 내용에 학교 운영 당국을 가리키는 '우리'라는 표현과 부츠가 미국에서 모금을 하고 '이곳'으로 돌아왔다고 하는 표현이 있어 에비슨이 한국에서 쓴 것으로 보인다.

훨씬 더 쉬워지며 앞서 말한 치과 자금을 사용함으로써 재정적으로 곤란해질 여지도 줄어들 것이라고 생각하게 되었습니다.

이제 이 계획을 성취하려면 두__이 필요합니다. [다음 페이지 분실]

출처: UMAC

Dr. Sutherland

COOPERATING BOARD FOR CHRISTIAN EDUCATION IN CHOSEN
CHOSEN CHRISTIAN COLLEGE   SEVERANCE UNION MEDICAL COLLEGE
SEOUL, KOREA

O. R. AVISON, M. D., LL. D.   H. T. OWENS
PRESIDENT   SECRETARY & TREASURER

COOPERATING BOARDS
BOARD OF FOREIGN MISSIONS OF THE PRESBYTERIAN CHURCH IN THE U. S. A.
BOARD OF FOREIGN MISSIONS OF THE METHODIST EPISCOPAL CHURCH
BOARD OF FOREIGN MISSIONS OF THE UNITED CHURCH OF CANADA
BOARD OF MISSIONS OF THE METHODIST EPISCOPAL CHURCH, SOUTH
EXECUTIVE COMMITTEE OF FOREIGN MISSIONS OF THE PRESBYTERIAN CHURCH IN THE U. S.

OFFICERS OF THE BOARD
JOHN T. UNDERWOOD, CHAIRMAN
ALFRED GANDIER, VICE-CHAIRMAN
W. G. CRAM, VICE-CHAIRMAN
ERNEST F. HALL, SECRETARY
156 FIFTH AVE., NEW YORK
GEORGE F. SUTHERLAND, TREASURER
150 FIFTH AVE., NEW YORK

October 15, 1928.

To the Officers of the
Cooperating Board for Christian Education in Chosen
New York City.

Dear Friends:

    You have already learned from the minutes of the annual meeting of the Severance Union Medical College Field Board of Managers that we contemplate the erection of a building on the frontage of our property to the south of the main entrance (right of the gateway as one enters it). In our first thoughts the purpose of this building was to properly house the selling departments of our institution -- the Severance Wholesale Medical Supply Company and the Retail Drug Store -- but in the progress of thinking it through it became evident that, as the city authorities insist on at least three-story buildings along all this street (in the case of new erections) a second department should unite in the occupancy of the building in order to make it a financial success.

    You will remember that the Head of the Dental Department, Dr. J. L. Boots, made a strong effort in America to secure contributions towards a scheme for the erection of a dental building on the other side of the main entrance but his plans seem to have been greater than he could compass during the time at his disposal and he returned here with only $10,000 in sight and of this but a small portion put into the hands of the Treasurer of the Cooperating Board, the balance being held by the Treasurer of his Committee in America.

    We have been led to the thought that one story of the three to be built would give the American Dental Clinic as much room as it can probably use during the next few years and the combination of the Dental Department with the Selling Departments would make the erection of the building much easier and the likelihood of financial embarrassment would be lessened by using the dental money referred to.

    Now the accomplishment of this project requires two

67. 에드워즈가 에비슨에게

1928년 10월 29일

O. R. 에비슨 교장, 의학박사, 명예법학박사
조선 기독교 교육을 위한 협력이사회
서울, 한국

친애하는 에비슨 박사님:

세브란스연합의학전문학교 이사회 정기회 회의록과 연희전문학교 이사회 회의록에 각각 들어있던 당신의 9월 25일자 편지와 27일자 편지를 감사히 받았습니다.

우리는 당신이 수행하는 눈부신 사역에 깊이 감사하고 있고, 이 두 훌륭한 기관에서 이루는 뛰어난 발전을 기쁜 마음으로 주목하고 있습니다.

이곳 선교부는 극도로 분주한 나날을 보내고 있습니다− 이틀 전에 선교부의 회계연도가 끝났습니다. 임원들과 직원들이 184,450.33불의 적자가 나는 것을 막기 위해 모든 노력을 기울이고 있습니다. 시카고의 월드서비스(World Service) 사무실에서 보내온 소식들은 고무적입니다. 편지들이 답지하여 우리에게 앞서 말한 적자를 메꾸도록 추가로 기부금을 보내고 있습니다. 그러나 우리가 선교지들에서 하는 극히 중요한 사역을 지키려면 수천 달러를 더 모아야 합니다.

안녕히 계십시오.
존 R. 에드워즈

출처: UMAC

TRANSFERRED

803-1

October 29th
Nineteen Twenty-eight.

President O. R. Avison, M.D., LL.D.
Cooperating Board for Christian Education in Chosen
Seoul, KOREA

Dear Dr. Avison:-

We thank you for your letters of September 25th and 27th enclosing respectively copies of the minutes of the annual meeting of the Field Board of Managers of Severance Union Medical College, and the minutes of the annual meeting of the Field Board of Managers of Chosen Christian College.

We are deeply appreciative of the splendid work you are doing and are pleased to note the excellent progress being made in both of these worthwhile institutions.

These are extremely busy days here in the Board - the last two days before the close of the fiscal year of the Board. The officers and staff are bending every effort to prevent a threatened deficit of $184,450.33. The reports from the World Service office in Chicago are encouraging and each mail brings us additional gifts to apply on the above deficit, but there are still many thousands of dollars to raise if we are to save the vital work on the mission fields.

Sincerely yours,

John R. Edwards

68. 반버스커크가 에비슨에게 (전보)

1928년 12월 18일

에비슨
서울 (한국)

MYUNSYNKIM UXOEMSAUJT YEKEYVANYS AYSOFAZHUE EUNIBVANBK

JVD

"김명선*이 노스웨스턴대학교 다음 학기 장학금을 신청하려면 가능한 한 내년 2월 10일 전에 도착하도록 일정을 조정하는 것이 필요합니다."

반버스커크

출처: UMAC

---

* 김명선(金鳴善, 1897~1982): 황해도 장연에서 태어나 숭실전문 이학부를 중퇴하고 고베중앙신학대학을 다녔다. 그 후 연전 수물과에 입학했다가 세전에 편입하여 1925년 졸업하고 모교에서 가르치기 시작하였다. 1932년 노스웨스턴대에서 이학박사 학위를 받았고, 해방 후 학장이 되어 세브란스의대와 연희대의 '연세대학교' 통합에 핵심적인 역할을 하였다.

Charge to the account of _Severance Union Med Coll_ $

WESTERN UNION

December 18, 1928

DEC 21 1928

AVISON
SEOUL (Korea)

MYUNSUNKIM UXOEMSAUJT YEKEYVANYS AYSOFAZHUE

EUNIEVANEK

"Myunsunkim scholarship Northwest University next semester make necessary arrangements arrive if possible before February 10th next year."

Van Buskirk

69. 반버스커크가 에비슨에게 (전보)

1928년 12월 20일

에비슨
서울 (한국)

IJPYLVANBK

번역: "모든 경비는 이곳에서 충당합니다."
JDV(J. D. Van Buskirk)

[필기 글씨] 요금은 세브란스의전으로 청구하시오. (97센트)

출처: UMAC

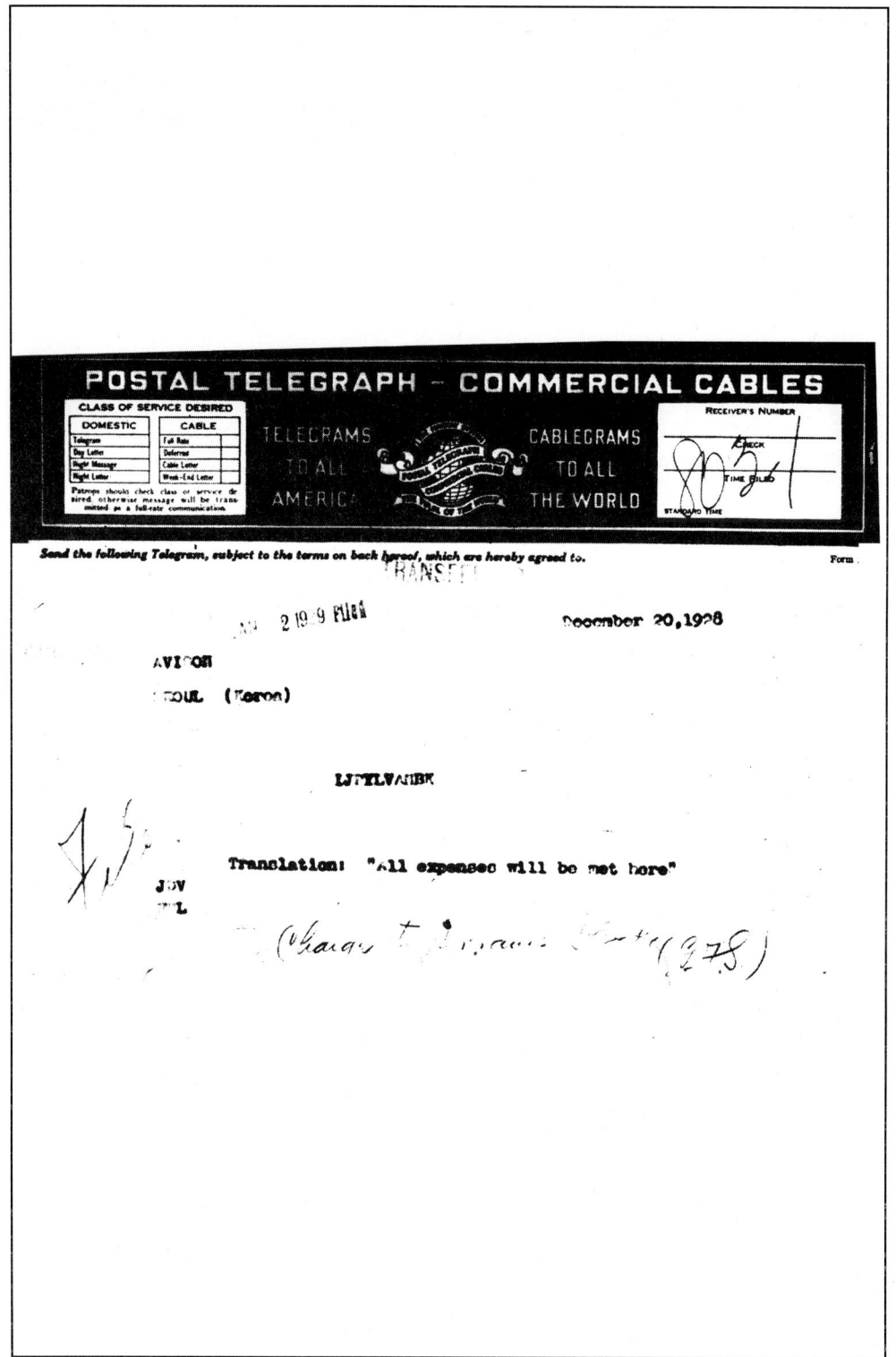

70. 에드워즈가 에비슨에게

1929년 1월 24일

O. R. 에비슨 박사, 교장
세브란스연합의학전문학교
서울, 한국.

친애하는 에비슨 박사님:

우리 의학 담당 부서에서 일어난 어떤 일에 대해 다음과 같이 간략하게 설명하겠습니다.

이곳[미국 북감리회 선교부]의 의학 부서 책임자인 보건(Vaughan) 의사를 보내어 선교지에 있는 우리의 대표적인 몇 군데 의료기관들의 상태를 갱신하게 해야겠다는 느낌을 우리 선교부 총무들과 보건이 몇 차례 받았습니다. 브라운(Brown) 의사의 안식년 시작이 지체되면서 중국의 무호병원(Wuhu Hospital)*에 곤란한 상황이 발생하였습니다. 그로 인해 현지 운영진이 보건 의사에게 브라운 의사 대신 무호 병원을 약 1년 동안 맡아달라고 요청하였습니다. 총무들은 보건의 부재 기간에 이곳 사무소의 업무들을 일시적으로 재조정하는 일이 가능해야 한다는 조건 아래 이 계획에 찬성하였습니다.

우리는 보건이 부재한 대부분 또는 전 기간에 반버스커크(J. D. Van Buskirk) 의사가 봉사해주기를 몹시 원하고 있습니다. 우리가 이 문제를 그에게 알렸는데, 그는 당신과 세브란스연합의학전문학교의 다른 관계자들의 동의를 받을 수 있게 해야 한다는 양해 아래 총무들이 바라는 바에 따라 기꺼이 안내를 받을 의향이 있다고 하였습니다. 반버스커크가 내건 조건은 세브란스의전의 이익을 도모하도록 연락을 취할 시간이 확보되어야 한다는 것입니다. 우리는 물론 이런 것에 진심으로 동의합니다. 보건 의사는 1929년 9월 중순에 무호 병원에 도착하게끔 출발한 계획이므로 1930년 9월까지는 떠나있게 될 것입니다.

반버스커크 의사가 이곳에 머물러 있는 것에 대해 당신이 세브란스의전의 교직원들에게 어떤 불이익이 있더라도 우리의 의료 사역 전반을 위해 세브란스의전 측이 공헌하겠다

---

* 무호병원(蕪湖醫院, Wuhu Gnenral Hospital): 북감리회 선교사들이 1886년 중국 안후이(安徽)성 무호(蕪湖) 시에 설립한 종합병원이다.

는 마음으로 동의해줄 것인지를 당신에게 물어보기 위해 편지를 씁니다.

이런 제안은 우리가 반버스커크 의사에게 하였고, 그가 먼저 꺼낸 것은 결코 아니며, 그 자신은 오직 위에서 내건 조건 위에서만 하겠다고 동의했다는 점을 아무 분명하게 말씀드립니다. 그의 마음은 아주 확실하게 한국에서 하는 사역에 가 있습니다. 반버스커크 의사의 장기 체류는 길게 볼 때 그로 하여금 이곳에서 의미 있는 체험을 하고 익숙한 선교 활동 영역을 잠시 떠남으로써 세브란스의전에 일시적으로 손실을 입히지만 그의 친구들이 결국에는 그곳이 더 큰 보상을 받게 할 수 있을 것이라고 우리는 믿습니다. 장기적으로 볼 때 반버스커크 박사의 오랜 체류는 그에게 가치 있는 경험을 제공하고 세브란스의전의 우인들을 사귈 수 있게 해줄 것이며, 이러한 것이 결국에는 그가 익숙한 현장 활동 영역에서 잠깐 부재함으로써 입은 손실을 보상하는 것보다 더 큰 힘이 될 것이라고 믿습니다.

베이커(Baker) 감독*에게 이 편지의 사본을 보내려 하는데, 당신이 그를 직접 만나서 상의한 후에 곧장 우리에게 답장의 전보를 보내주기를 당신에게 요청합니다. 그동안에는 보건 의사의 계획들이 중지될 것입니다. 이 문제에 대해 당신이 우리는 도울 수 있을 것이라고 아주 굳게 믿으면서, 최선을 다해줄 것으로 확신합니다.

　　　　　　　　안녕히 계십시오.
　　　　　　　　존 R. 에드워즈
　　　　　　　　통신 총무

출처: UMAC

---

* 베이커(James C. Baker, 1879~1969): 북감리회 감독으로서 한국과 일본 선교를 관리하던 웰치 감독의 후임이 되어 1928년 9월 서울에 도착하였고, 1930년 한국의 남·북감리교회의 통합을 지원하였으며, 1932년 귀국하였다. 1937년과 1941년 서울을 잠깐 방문하였다.

January 24th
Nineteen Twenty-nine.

Dr. O. R. Avison, President
Severance Union Medical College
Seoul, Korea

Dear Doctor Avison:-

A situation has arisen here, in connection with our Medical Department, which may be briefly explained as follows:

For some time it has been felt by the Secretaries of this Board and by Dr. Vaughan himself, the Director of the Medical Department here, that he should have an opportunity to refresh himself with the situations in some of our leading medical institutions on the mission field. A difficult condition has arisen in Wuhu Hospital, China, where Dr. Brown's furlough is overdue, which has led the administration of that field to request Dr. Vaughan to take the place of Dr. Brown in Wuhu Hospital, for a period approaching one year. The Secretaries are agreed to this plan, provided we can temporarily readjust matters here in the office during Dr. Vaughan's absence.

We should like very much to have Dr. J. D. Van Buskirk serve for the major portion, or the entire period of time, of Dr. Vaughan's absence. We have set this matter before Dr. VanBuskirk and he is willing to be guided by the wishes of the Secretaries, with the understanding that the consent of yourself and other interested parties in Severance Union Medical College can be secured. The stipulation which Dr. Van Buskirk makes is that he shall be given time for making contacts in the interest of Severance. To this, of course, we heartily agree. Dr. Vaughan would plan to leave in time to reach Wuhu about the middle of September, 1929, and would presumably be absent until September, 1930.

I am writing now to ask whether you will, even at some disadvantage to the staff at Severance, agree that Dr. VanBuskirk should remain here through the greater portion or the entire period of Dr. Vaughan's absence, as a contribution of Severance to our general medical work.

Let me state quite definitely that this approach comes from us to Dr. Van Buskirk and in no sense originated with him and that his personal consent is given only on the condition stipulated above. His heart is very definitely in the work in Korea. We believe that in the long run a protracted stay, on the part of Dr. Van Buskirk, will give him experience here which will be worthwhile and will enable him to make friends for Severance which in the end will we trust more than compensate for the loss sustained by his temporary absence from the accustomed sphere of activities on the field.

I am sending a copy of this letter to Bishop Baker and am requesting that after conference, you will kindly let us have a cable reply at once. Dr. Vaughan's plans, meanwhile, are being held in abeyance. I trust very much that you can help us in this matter and am sure you will do your best.

Sincerely yours,

John R. Edwards
Corresponding Secretary

71. 에비슨이 서덜랜드에게

1929년 1월 31일

조지 F. 서덜랜드 목사, 명예신학박사,
협력이사회 회계,
5번가 150번지,
뉴욕시, 뉴욕주.

친애하는 서덜랜드 박사님:

당신이 오웬스(Owens)에게 보낸 1월 2일자 편지에서, 지금 당신이 가지고 있는 자본금에서 9천 불을 아펜젤러관 건축비의 적자와 현지의 전체 자본금에서 초과 지출된 금액을 청산하는 용도로 지정하는 문제에 관해 문의하였습니다.

오웬스로부터 그 문제에 관해 보고를 받고, 현재 지정되어있지 않은 자금의 출처를 조사한 결과 이제는 이 돈을 앞서 말한 용도로 자유롭게 사용할 수 있게 되었다는 점을 알려드립니다. 따라서 이 돈의 용처를 그렇게 확정하겠습니다.

안녕히 계십시오.

O. R. 에비슨

출처: UMAC

COOPERATING BOARD FOR CHRISTIAN EDUCATION IN CHOSEN

CHOSEN CHRISTIAN COLLEGE   SEVERANCE UNION MEDICAL COLLEGE

SEOUL, KOREA

O. R. AVISON, M.D., LL.D. H. T. OWENS
PRESIDENT SECRETARY & TREASURER

COOPERATING BOARDS
BOARD OF FOREIGN MISSIONS OF THE
PRESBYTERIAN CHURCH IN THE U.S.A.
BOARD OF FOREIGN MISSIONS OF THE
METHODIST EPISCOPAL CHURCH
BOARD OF FOREIGN MISSIONS OF THE
UNITED CHURCH OF CANADA
BOARD OF MISSIONS OF THE
METHODIST EPISCOPAL CHURCH, SOUTH
EXECUTIVE COMMITTEE OF FOREIGN MISSIONS
OF THE PRESBYTERIAN CHURCH IN THE U.S.

OFFICERS OF THE BOARD
JOHN T. UNDERWOOD, CHAIRMAN
ALFRED GANDIER, VICE-CHAIRMAN
W. J. CRAM, VICE-CHAIRMAN
ERNEST F. HALL, SECRETARY
156 FIFTH AVE., NEW YORK
GEORGE F. SUTHERLAND, TREASURER
150 FIFTH AVE., NEW YORK

January 31, 1929.

Rev. Geo. F. Sutherland, D.D.,
Treasurer, Cooperating Board,
150 Fifth Avenue,
New York, N.Y.

Dear Dr. Sutherland:

In your letter of January 2nd to Mr. Owens you ask about the designation of $9,000 from capital funds now in your hands for the purpose of clearing off the deficit in the cost of Appenzeller Hall and of the amount overexpended on General Capital fund on the field.

Having had a report from Mr. Owens on the matter and having investigated the sources of the present undesignated money, I have now to advise that this money is free to be used for the purposes above mentioned, and I therefore definitely designate it to be so used.

Very sincerely,

O. R. Avison

72. 에비슨이 브라운에게*

1929년 3월 5일

아더 J. 브라운 목사, 박사,
5번가 156번지
뉴욕시.

친애하는 브라운 박사님:

오는 7월에 당신이 은퇴할 것이란 소식을 들은 후에, 나는 우리가 당신을 얼마나 그리워할지를 당신에게 말하기 위해 즉시 편지를 써야겠다는 생각으로 애를 태웠습니다. 그 이유는 첫째로 당신이 한국 사역에 큰 도움을 주었기 때문이고, 둘째로 당신의 가족과 우리 가족이 사적으로 늘 매우 친밀하게 지내왔기 때문이며, 셋째로 다른 사람이 당신처럼 사역에 대한 깊은 지식을 가지고 아주 긴 세월 동안 보여준 것만큼이나 유능해지려면 상당한 시일이 걸릴 것이기 때문입니다. 의료와 교육 사역에 대한 당신의 민감한 공감과 내가 일하는 대학들에 준 당신의 큰 도움이 대학들을 빠르게 발전시킨 큰 요인이 되었습니다. 나는 아직도 서울에서 의료사업을 확대하는 것을 막기 위해 [한국] 선교회의 일부 선교사들이 힘써 노력했던 때를 기억합니다. 그때 당신은 1900년 첫 번째 한국 방문 기간에 우리가 [황해도] 은율을 향해 가고 있는 동안, 상황을 살펴본 결과 서울에서 의료사역을 세우기 위해 쓰기에는 루이스 세브란스(Severance) 씨에게 기부받은 1만 달러가 너무 많지 않다는 느낌을 받았다고 말하였습니다. 그날 당신은 제 마음을 얻었고 그 후로 우리와 우리 사역의 충실한 친구가 되었으며, 우리는 당신의 통찰력과 끊임없는 따뜻한 지원에

---

* 브라운(Arthur J. Brown, 1856~1963): 북장로회 선교부 총무로서 1901년과 1909년 두 차례 한중일 선교지를 순방하였다. 1901년 제중원 의사 에비슨이 루이스 세브란스로부터 기부받은 병원 건립기금 1만 불에 대해 다수의 재한 북장로회 선교사들이 그 금액의 절반만 병원 건립에만 쓰고 나머지는 전도사업에 쓰기를 주장하였을 때, 한국을 방문하여 선교상황을 돌아보고 있던 브라운이 에비슨을 비롯한 서울 선교사들의 편을 들었다. 그 이유는 한국에 병원이 필요하고 기부자가 아들의 죽음을 기리기 위해 병원을 짓기를 원하기 때문이라고 하였다. 그는 1915년 대학설립 문제 선교사들이 크게 갈등하였을 때도 다수파인 평양측의 반대를 무릅쓰고 서울에 대학을 짓도록 결정하여 연희전문의 역사가 시작될 수 있게 하였다.

늘 감사하면서 확실하게 성장해왔습니다.

나도 물러나야 할 날이 머지않았다고 생각합니다. 그리고 우리가 떠난 후에 어떤 어려움이 닥칠 수도 있을 것이란 염려가 당신과 나에게 없지 않다고 생각합니다.

존 언더우드(J. T. Underwood) 씨가 최근에 내게 편지를 써서 가까운 시일 내에 미국으로 돌아가 두 대학을 위한 재정 모금 운동을 재개할 필요가 있다고 꽤 강력하게 제안하였습니다. 이곳의 두 대학에서도 그렇게 하기를 촉구하고 있습니다. 이 문제는 3월 13일과 16일에 열릴 두 이사회 회의에서 결정될 것입니다. 그러므로 당신이 정말로 전임 총무가 되기 전에 내가 뉴욕에서 당신을 만날 가능성이 있습니다. 이런 것은 물론 아직 확실하지 않습니다.

당신은 지금 당연히 누가 당신의 후임이 될지 궁금할 것입니다. 우리는 그가 한국에 진정한 가치가 있는 것을 볼 수 있는 넓은 비전을 가진 사람이기를 희망합니다. 그래서 그가 현재 수행 중이거나 이 나라의 더 높은 필요를 충족하기 위해 수행해야 할 수도 있는 다양한 형태의 기독교 교육을 더 높은 수준으로 발전시키기를 바랍니다.

아내가 나와 함께 이 편지에서 쓰고자 하는 모든 따뜻한 메시지를 보냅니다. 우리가 드리는 말씀은 당신에게 가는 것과 같은 강도로 브라운 부인에게도 적용됩니다.

안녕히 계십시오.

O. R. 에비슨

출처: PHS

Dr. O. R. Avison

OFFICE OF PRESIDENT
O. R. AVISON, M. D., LL. D.

SEVERANCE UNION MEDICAL COLLEGE
NURESS TRAINING SCHOOL
SEVERANCE HOSPITAL
SEOUL, KOREA

March 5, 1929.

Rev. Dr. Arthur J. Brown
156 Fifth Avenue
New York City.

Dear Dr. Brown:

Ever since the word came to us of your retirement in July next I have labored under the impression that I had written you immediately to tell you how much we would miss you. First because of the great help you have been to the work in Korea, secondly because of the strong personal friendship that has always existed between your family and ours, and thirdly because it will take a good while for any other man to become as efficient as you have been for so many years because of your intimate knowledge of your work. Your keen sympathy with the medical and educational work, your great helpfulness to the Colleges with which I am connected, have been a great factor in their rapid development. I still remember very keenly the time when a certain part of the Mission made strong efforts to prevent any enlargement of the medical work in Seoul and how during your first visit to Korea in 1900, when we were on the trip to Un-yool, you told me that your observations had led you to feel that the ten thousand dollars contributed by Mr. Severance was not too much to use in establishing the medical work in Seoul. You won my heart that day and ever since then you have been a loyal friend to us and our work and we have certainly grown in appreciation of your insight and constantly cordial support.

I suppose it will not be very long before I, too, will have to drop out and I suppose both you and I are not without our apprehensions of what disasters may possibly follow our withdrawal.

Mr. J. T. Underwood has recently written suggesting rather strongly the necessity of my return to America in the near future to resume the financial campaign for the two colleges. This is also being urged by both Colleges here. This question will be decided at meetings of the two Boards of Managers which will be held March 13th to 15th. So it is possible I may see you in New York before you really become a Past Secretary. This is, of course, not certain yet.

Dr. A. J. Brown. -2- 3/5/29

We are now, of course, wondering who will follow you and we are hoping it will be someone with a broad vision who will be able to see the real value to Korea of developing to a still higher degree the various types of Christian education which are now being carried on or which may have to be carried on to meet the advancing needs of this country.

Mrs. Avison joins me in all the cordial messages that I may put into this letter and our words apply to Mrs. Brown with the same force as they do to yourself.

Believe me,

Yours very sincerely,

O.R. Avison

ORA:EK

73. 에비슨이 북감리회 선교부에 (전보)

1929년 3월 16일

RV5 RCA=F KEIJO[경성] 11 16 1207P
선교사업=뉴욕시 뉴욕주=5번가 150번지 미 감리회 해외선교부

              G
CISIXELEEL YBYELEDOAZ ULAHTTAFER UNWEYIMEWT GENXCIRORJ
IGHYZGAAVZ SRYTLSEREY SLEFVYNHEJ AVISON.

대학이사회
당신들의 제안에 동의할 수 없음
J. D. 반버스커크

대학	9월경
요청	생리학
교장	단 한 명
가능한 한 빨리	파트타임
재정 모금 운동	사역자
학감	(O. R.) 에비슨 [이 이름만 필기로 쓰임]

유럽에 최대한 빨리 갈 계획임. 가장 빠르고 확실하고 안전한 송금 방법은 전신이나 케이블로 보내는 것임.

출처: UMAC

WESTERN UNION

Received at 40 Broad St., (Central Cable Office), New York, N. Y.

FV) RCA=F KEIJO 11 16 1207P

MISSIONS= BOARD OF FOREIGN MISSIONS
           OF THE METHODIST EPISCOPAL CHURCH
NEWYORKNY= 150 FIFTH AVE

CISIXELEEL YEYPLEDOIZ ULAHTIIFER UNWEYIMEWT GENXCIRORJ IGHYZGIIVZ SRYTLSEREY SLEFVYWHEJ IVISON.

"Board of Managers
cannot consent to your proposition,
J. D. Van Buskirk.
College   about September.
requests   physiology
president   only one
return as soon as possible   part
financial campaign.   worker"
Dean
going
to Europe

74. 에드워즈가 에비슨에게

1929년 3월 26일

O. R. 에비슨 박사
세브란스연합의학전문학교
서울, 한국.

나의 친애하는 에비슨 박사님:
당신의 3월 16일자 전보를 다음과 같이 수신하였습니다.

> 대학이사회는 당신들의 반버스커크(J. D. VanBuskirk)에 대한 제안에 동의할 수 없음. 대학에서 가능한 한 빨리 교장이 [미국에] 돌아가서 재정 모금 운동을 하게 해달라고 요청함. 학감[오긍선]이 9월경에 [안식년을 맞아] 유럽으로 가려고 함. 생리학 과목에 단 한 명의 파트타임 사역자만 있음.

오늘 오전 우리는 [한국에 있는] 베이커(Baker) 감독으로부터 반버스커크 의사의 귀임을 촉구하는 편지를 받았습니다. 그러므로 우리는 보건(Vaughan) 의사가 중국 무호(Wuhu)[병원]에서 봉사하기 위해 자리를 비우는 동안 그를 대신할 사람을 찾는 문제에 관해 다른 지시를 내리려 합니다. 그래서 오늘 베이커 감독에게 다음과 같은 전보를 보냈습니다.

> J. D. 반버스커크가 8월 16일 [미국에서 한국으로] 출항할 것임.

우리는 물론 반버스커크 의사를 붙잡아두고 싶지만, 이기적으로 요청하지는 않겠습니다. 그가 이곳[미국]에 머무는 동안 연락을 취할 수 있으므로 한국 사역을 재정적으로 강화하게 할 것이라고 우리는 생각합니다. 그는 이 나라에서 가장 인정받는 강연자이고 개별 인사들에게 성공적으로 접근하는 방법을 알고 있습니다. 그러나 우리는 그가 한국 현지에서 차지한 위치를 도외시하고 있지 않습니다.

안녕히 계십시오.

존 R. 에드워즈

출처: UMAC

March 26th
Nineteen Twenty-nine.

Dr. O. R. Avison
Severance Union Medical College
Seoul, Korea

My dear Dr. Avison:-

We have received your cablegram of March 16th reading as follows:

"Board of Managers cannot consent to your proposition, J.D.Van Buskirk. College requests president return as soon as possible, financial campaign. Dean going to Europe about September. Physiology only one part worker."

This morning we are in receipt of a letter from Bishop Baker urging the return of Dr. Van Buskirk. We are, therefore, turning to other directions for a substitute for Dr. Vaughan during his absence for service at Wuhu, China, and have today sent the following cable to Bishop Baker:

"J.D.Van Buskirk sailing August 16th."

We should like, of course, to have detained Dr. Van Buskirk and were not entirely selfish in the request. It was our thought that he could make contacts during his stay here which would financially strengthen the work in Korea. He is most acceptable in this country as a speaker and has a successful way of approach to individuals. However, we are not unmindful of the place which he holds in the field of Korea.

Sincerely yours,

John R. Edwards

K

John R.

75. 에비슨의 개인 연례보고서

개인 연례보고서
1928. 4. 1.~1929. 3. 31.
O. R. 에비슨

지난 세월을 보내는 동안 내가 크게 한 일은 별로 없습니다. 사실이 그러했듯이, 구겨진 부분을 문질러 없애고, 건축사업의 미진한 부분을 완성하고 다른 사람들의 작업이 제대로 수행되게 하는 데 필요한 하찮은 기술적인 직무에 주의를 기울이며 노력하였습니다. 언제라도 나를 내 사무실에서 찾지 못하였다면 나는 틀림없이 세브란스의전의 아궁이나 세탁실 또는 부엌에 있었을 것입니다.

그런 일들을 하면서 그 사이사이에 세브란스연합의학전문학교와 연희전문학교, 두 기관을 발전시킬 계획을 세우는 일에 몰두하여 충분한 운영자금을 얻기 위해 노력하였고, 꽤 광범위하게 통신하였으며, 양쪽 교직원들 사이에서 마찰이 생겨 삐걱대는 소리가 나는 곳마다 가서 "기름을 칠하는 깃털"의 역할을 하였습니다.

교회 사역은 주로 매주 토요일 저녁에 남대문교회 주일학교 교사들에게 성경을 가르치고 때때로 그 교회에서와 다른 교회들에서 강연하고 설교하는 일로 구성되어 있습니다.

사회사역은 주로 YMCA-전국, 서울시, 대학 단위 YMCA-를 통해서 합니다. 최근에 열린 모트(Mott) 집회*에서 조선예수교연합공의회(National Christian Cuncil of Korea)의 대표로서 봉사하였습니다.

두 대학 밖에서는 [서울] 선교지회 교육위원회의 위원장으로서 교육 사역을 하였습니다.

그밖에 다양하게 노력한 것들은 구체적으로 설명하면 듣기에 피곤할 것이고 선교회를 위해서 한 일이 아니므로 대학들과 병원의 여러 분야에 관한 다양한 보고서들에서 말씀드리겠습니다. 거기에서 지난 한 해 동안 그 기관들의 서로 다른 교직원들과 더불어 어떻게 노력해왔는지를 더 분명하게 알려드릴 것입니다.

---

* 모트(John R. Mott, 1865~1955): 세계 YMCA운동과 에큐메니컬운동의 지도자로서 1907년부터 여러 차례 방한하며 독자적인 한국 YMCA 조직, 조선예수교연합공의회 조직, 한국교회의 세례선교대회 참석을 독려하였다. 1929년에 방한했을 때는 연합공의회 주최로 교계 지도자들과 모여 예루살렘 세계선교대회 참석자들의 보고를 듣고 교회의 여러 현안을 논의하였다.

삼가 제출합니다.
[필기 서명 자리에 서명이 없음]
O. R. 에비슨 의사

출처: PHS

Mrs. Adeline O. Ash

ANNUAL PERSONAL REPORT
April 1, 1928 - March 31, 1929.
O. R. Avison.

My years has been spent on but few large pieces of work. I have, as it were, pottered about trying to rub out wrinkles, complete unfinished parts of the building enterprises and look after all the little engineering jobs the doing of which was necessary to the proper execution of the work of others. At any time that one could not find me in my office I was sure to be located in the furnace room, the laundry or the kitchen, provided I were at Severance at all.

In the intervals between such jobs I occupied myself with planning improvements in the two institutions, the Severance Union Medical College and the Chosen Christian College, in trying to get enough money to carry these out, in conducting a rather extensive correspondence and in acting as an "oil feather" whenever any squeaks developed showing friction anywhere between the members of either staff.

My church work has consisted mainly in teaching the weekly Saturday evening Bible class for teachers in the Sunday School of the South Gate Church, in occasional addresses and sermons in that church and others.

My social work has been mainly through the Y.M.C.A. - National, City and College. I served as delegate to the recent Mott Meeting, representing the National Christian Council of Korea.

Outside of the two Colleges, my educational work has been done as Chairman of the Station Educational Committee.

The details of my various endeavors would be tiresome to listen

Annual Personal Report - O.R.A.   -2-   April 1, 1928 - March 31, 1929.

to and of no service to the Mission, so I refer you to the various reports of the different departments of the Colleges and the Hospital which will indicate in a more definite way how, in combination with the others on the staffs of the institutions, I have been directing my efforts during the past year.

                Respectfully submitted,

                O. R. Avison, M.D.

76. 에비슨이 에드워즈에게

1929년 4월 2일

J. R. 에드워즈 목사, 명예신학박사
5번가 150번지
뉴욕시.

친애하는 에드워즈 박사님:

당신의 1월 24일자 편지로 우리에게 반버스커크(Van Buskirk) 의사가 또 다른 일 년 반 동안 미국에 머무는 것에 동의해달라는 요청이 와서, 당신도 상상할 수 있듯이, 우리가 매우 놀랐고, 이런 상태를 벗어나는 데는 얼마간 시간이 걸렸습니다. 나는 그 문제를 주요 교직원들에게 의제로 내어놓고 매우 신중하게 토론하였습니다. 토론 후에 놀랐던 마음이 누그러져서, 만일 우리가 어떻게 해서든 그가 떠나면서 남긴 사역을 보충할 수 있기만 한다면, 당신의 요청에 동의하도록 노력해야 할 것 같다고 모두가 느끼는 듯하였습니다. 이는 첫째로 반버스커크 의사가 보건 박사를 훌륭하게 대신해줄 것이므로 뉴욕의 선교부에 참으로 도움이 될 것이라고 우리가 느끼기 때문이고, 둘째로 반버스커크 의사가 혹시 틈이 난다면(?)[원문에 물음표가 있음] 세브란스의전에 어떤 재정적 도움도 줄 수 있을 것이기 때문이었습니다. 우리는 또한 그가 그 사무실에서 당신과 함께 머물면서 사역에 대해 더 좋은 아이디어를 얻을 수 있게 되고, 어쩌면 세브란스의전의 사역에 더 확실한 이익을 더해줄 수 있게 되기를 희망하였습니다. 이는 당신의 선교부가 세브란스의전에 대해서는 연희전문에 대해 의무감을 느끼는 것처럼 어떻게든 특별한 수준에서 협력해야 할 의무가 있다고 생각하지 않는다는 말을 들었기 때문입니다. 이런 것은 자연스럽게 세브란스의전에 있는 반버스커크 의사의 동료들을 다소 괴롭게 하였습니다.

이 어려운 일에 직면하여 우리는 첫째로 행정적인 필요가 있고, 둘째로 반버스커크 의사의 담당 과목을 가르치는 일에 어려움이 있는 것을 알게 되었습니다. 그 사람만 아니라 그의 조력자인 김명선(Kim Myung Sun) 의사까지 반버스커크 의사의 요청으로 노스웨스턴대학교로 보내어 이곳에 없기 때문입니다.

행정적으로 어려운 점은 학감에게 1929년 9월부터 안식년을 주는 일정이 정해지고 교장을 올여름에 미국으로 보내는 계획이 세워진 것입니다. 이로 인해 이 기관을 전체적으로 또한 특별히 대학을 운영해본 경험이 있는 사람이 이곳에 전혀 남지 않을 상황에 처하게 되었습니다. 학감이 설혹 안식년을 갖기를 기꺼이 포기한다고 하더라도 행정의 문제는 여전히 매우 불확실한 상태에 있게 됩니다. 교장이 미국으로 돌아가서 재정을 모금해와야 한다는 것에 세브란스의전 교수회의 생각이 일치하고 있고 연희전문에서도 그러합니다. 두 교수회의 결정은 두 대학이사회의 만장일치 표결로 확인되었습니다. 그 이유는 그들에게 사실상 불가피한 일로 여겨졌기 때문이었습니다.

반버스커크의 교수 사역에 관해서는, 2개 과목이 단 한 명의 파트타임 교원의 손에 맡겨져 있는데 그 사역을 위해 적어도 2명은 고용해야 합니다. 그것은 첫째로 그들을 구하기가 매우 어렵다는 것을 알게 되었고, 둘째로 그들의 봉급을 현재 예산에서 지급해야 하기 때문입니다.

교장과 부교장이 둘 다 없는 상황에서 최소한의 적정 행정 인력을 확보하기 위해 할 수 있는 방법을 알아보기 위해 교수회의 한 위원회가 만들어졌습니다. 많은 검토 후에 그들이 교수회에 그 문제는 거의 해결할 수 없다고 보고하였고, 교수회가 투표한 다음 그 직후에 모일 이사회에 부교장의 오랜 부재에 대비하여 건의할 어떤 방법도 찾을 수 없었다고 보고하였습니다. 이사회가 마침내 그 문제를 다루면서 그 제안을 승인할 수 없다고 만장일치로 의결하였습니다. 이런 일이 있은 직후에 내가 당신에게 그런 내용으로 전보를 보냈습니다. 그 후에 이곳[한국]에 있는 북감리회 선교회가 전보를 하나 받았는데, 반버스커크가 8월에 [한국으로] 출항할 것이라는 내용이었습니다.

우리는 선교부가 반버스커크를 그곳에 붙잡아두지 않고서도 그 문제를 해결할 방법을 찾은 것을 기뻐하고 있습니다. 그와 동시에 그 사역을 조정하여 그가 체류할 수 있게 하려고 이곳에서 모든 노력을 다했던 것을 당신이 알아주기를 희망하고 있습니다.

나의 미국 귀국 날짜에 관해 말하자면, 확실하게 결정되지 않았지만, 4월 9일 열리는 협력이사회 회의 때 결정되어 반버스커크 의사가 떠나기 전에 내가 미국으로 떠날 가능성이 있다고 추정합니다.

당신의 요청을 우리가 승인하지 못하게 된 일로 인해 당신이 우리에 대해 어떤 나쁜 생각을 하지 않게 되기를 희망합니다.

안녕히 계십시오.

O. R. 에비슨

출처: UMAC

OFFICE OF PRESIDENT
O. R. AVISON, M. D. LL. D.

SEVERANCE UNION MEDICAL COLLEGE
NURSES TRAINING SCHOOL
SEVERANCE HOSPITAL
SEOUL, KOREA

April 2, 1929.

Rev. J. R. Edwards, D.D.
150 Fifth Avenue
New York City.

Dear Dr. Edwards:

Your letter of January 24th asking us to consent to Dr. VanBuskirk's remaining in America for another year and a half threw us, as you may imagine, into a state of consternation, from which it took us some time to recover. I laid the matter before the principal men on the staff and we discussed it very carefully. The feeling of consternation abated after discussion and all seemed to think we should endeavor to agree to your request, if we could in any way cover the work that his absence would leave undone. - first because we realized that Dr. VanBuskirk would make an excellent substitute for Dr. Vaughan and therefore would be a real help to the Board in New York, and second because Dr. VanBurkirk might be able during intervals of leisure (?) to bring some financial aid to Severance. We hoped, too, that his stay with you in the office would enable him to get a better idea of the work and perhaps to develop in the office a more definite interest in the work of Severance, as we had been told that your Board did not consider itself in any way obligated to any particular degree of cooperation in Severance in the same sense that it felt obligated to the Chosen Christian College. Naturally this was rather distressing to Dr. VanBuskirk's colleagues in Severance.

In facing the difficulties we found they consisted of first administrative needs, and second difficulties in the teaching of Dr. VanBuskirk's subjects, due not only to his own absence but to the absence of his assistant, Dr. Kim Myung Sun, who had been sent at Dr. VanBuskirk's request to Northwestern University.

The administrative difficulties were that arrangements had been made for granting the Dean's Sabbatical year from September 1929 and plans were being laid for sending the President to America this Summer. This would leave no one here who had had experience in the general administration of the institution and in particular of the College. Although the Dean was willing to give up his Sabbatical year until later, the problem of administration still remained very uncertain. The feeling that the President should return to America on a financial campaign was unanimous in the Faculty of Severance and also of the Chosen Christian College, and the decisions of the two Faculties were confirmed by the unanimous votes of the two Boards of Managers for reasons that seemed to them practically compelling.

In regard to Dr. VanBuskirk's teaching work, the two

Dr. J. D. Edwards.   -2-   April 2, 1929.

Departments are left in the hands of only one part time teacher and to carry on that work at least two men should be employed. We would find it very difficult first to secure the men, and secondly to pay their salaries out of the present budget.

A Faculty Committee was appointed to see what could be done in the way of securing at least fair administration in the absence of both the President and the Vice President. After a great deal of consideration it reported to the Faculty that the problem was almost unsolvable and the Faculty voted to report to the Board of Managers, which was to meet very shortly, that it could not see any way of recommending the prolonged absence of the Vice President. When the matter was finally taken to the Board of Managers that body unanimously decided that it could not approve the proposal. Immediately after this I cabled you to that effect. Since then a cable has been received by the Methodist Mission here saying that Dr. VanBuskirk will sail in August.

We are glad that the Board has found a way of handling the matter without keeping Dr. VanBuskirk there and at the same time we hope you will realize that we made every effort here to adjust the work so that he might be able to stay.

As for the date of my own return to America, this has not been definitely decided but I presume will be settled by the meeting of the Cooperating Board on April 9th, and it is possible I may get to America before Dr. VanBuskirk leaves.

Hoping you will not think any worse of us because of our failure to make it possible for us to approve your request,

I am

Yours very sincerely

O. R. Avison

ORA:EK

77. 서덜랜드가 에비슨에게

5번가 150번지
뉴욕시
1929년 4월 6일

O. R. 에비슨 박사
세브란스연합의학전문학교
서울, 조선, 한국.

나의 친애하는 에비슨 박사님:

방금 존 세브란스 씨로부터 긴 편지를 받았는데, 세브란스의전에 보낸 그의 여러 가지 기부금들에 관해 상의하는 편지였습니다. 나는 모든 것을 다 처리하였고, 2개 항목 외에는 사용할 자금을 가지고 있습니다.

첫째로 내가 세탁기와 X선 장비에 청구된 돈을 갚기 위해 그에게 5천 불을 요청하여 그가 그 금액을 보내 주었습니다. 나는 이미 그 정도만큼 청구된 금액을 갚았습니다. 2백 불을 가지고 있으면서 추가로 청구될 금액을 갚을 생각입니다. 이렇게 하면 앞으로 받을 주문에 대비하여 2천 5백 불이 그의 약정금에서 남습니다.

두 번째 계정은 병원의 경상지출을 위해 프렌티스(Prentiss) 부인과 존 세브란스가 보내는 연례 기부금 10만 불*과 관련 있습니다. 존 세브란스 씨가 프렌티스 부인의 1924년 8월 6일자 편지에 관심을 갖도록 요청하며-그것이 당신에게 보내진 것 같고, 내 파일에 들어있지 않은데-이 편지에서 그 약정금은 매년 [프렌티스 부인과 존 세브란스가] 공동으로 1만 불을 4년 동안 보내는 것이라고 말하였습니다. 그런 다음 계속해서 그가 지불했던 여러 가지 금액에 대해 구체적으로 말하였고, 그가 마지막으로 1928년 10월 2일 2천 불을 지불했을 때 그녀가 편지에서 말한 지급 의무가 종료되었다는 사실에 관심을 갖도록 요청하였습니다. 그것은 1929년 3월 31일 기한 전에 미리 지급한 것이었습니다. 그것이 4년짜리 약정금이었는지는 기억나지 않지만, 아마도 그가 맞을 것입니다. 그렇다면 그의 의무

---
* 원문의 '$100,000'은 '$10,000'의 오타로 보임.

는 종료되었습니다. 그는 그의 편지를 다음과 같이 마무리하였습니다.

> 이 약정금과 관련하여 또 다른 사실에 당신이 관심을 갖기를 원합니다. 그것은 프렌티스 부인의 1924년 8월 6일자 편지에 따라 4년 기한으로 약정되었는데, 그녀의 편지 사본이 내게 있지 않지만, 1925년 4월 1일에 시작하는 4개 회계연도에 대한 것이었다고 생각합니다. 만일 내 추측이 옳다면, 이 약정은 1929년 3월 31일이 지나면서 종료되었습니다. 이 문제에 관해 프렌티스 부인과 상의하지는 않았지만, 1929년 4월 1일에 시작하는 회계연도를 위해 이 약정을 나와 함께 지속시킬 것이라고 부담 없이 말하겠습니다. 그러나 우리가 적자 비용을 부담하는 의무를 더 져야 하는지에 대해 또는 그 돈을 "예산 자금"이라고 부르는 편이 더 적절할 것 같다고 하는 내 생각에 대해 당신 또는 에비슨 박사와 함께 상의할 필요가 있을 것입니다.

존 세브란스 씨가 쓴 편지의 이 부분에 대해 나는 다음과 같이 답장을 하였습니다.

> 시간이 생각보다 훨씬 빨리 지나갔다고 고백해야만 하겠습니다. 새로운 조건에서 4년 동안 돈을 보낼 가능성은 없어 보였지만, 1924년에 시작된 새로운 조건이 이제 끝나서, 3월 31일이 만기인 [약정금의] 모든 지불이 완료되었다는 것은 매우 분명합니다. 당신의 편지에 있는 그 수치는 내가 낸 수치와 정확하게 일치합니다. 내가 기억하는 바로 프렌티스 부인의 편지는 에비슨 박사가 이 나라[미국]에 와있을 때 그에게 보낸 것이고 나에게 보낸 것이 아닙니다. 여하튼 나는 내 파일에 그것을 보관하고 있지 않습니다. 그러나 당신이 메모장에 써 놓은 그 약정이 옳다는 것을 의심하지 않습니다. 당신의 편지를 보고 당신이 그 돈을 금년도에 계속 보낼지에 관해 프렌티스 부인과 함께 상의할 것이라고 나는 추측합니다. 우리는 물론 당신이 그 돈을 계속 보낼 방법을 분명히 찾게 되기를 바라며, 만일 1925년 4월 15일 나와 합의한 것에 따라 돈을 보낼 수 있게 된다면 병원의 재정 운영을 매우 크게 도울 것입니다. 에비슨 박사에게도 편지를 써서 4년 기간이 끝난 사실에 관심을 가지도록 요청하겠습니다.

존 세브란스 씨로부터 며칠 안에 평소처럼 5천 불을 받게 되리라고 생각하지만, 프렌티스 부인과 그가 매년 이 자금을 기부하는 일과 관련하여 당신도 모든 문제를 그와 함께 새롭게 상의해보면 좋겠습니다. 존 세브란스 씨는 우리가 이 돈을 적자를 위한 약정금이라고 부르기를 바라지 않았지만 그래도 본인이 스스로 그렇게 하였던 것을 당신은 기억할 것입니다. 나는 이 돈을 그 기관의 '경상 운영비를 위한 약정금'이라고 불러왔습니다.

안녕히 계십시오.
회계

GFS[조지 F. 서덜랜드]

출처: UMAC

150 Fifth Avenue
New York City

April 6, 1929

Dr. O. R. Avison
Severance Union Medical College
Seoul, Chosen, Korea.

My dear Dr. Avison:

I have just had a long letter from Mr. Severance, taking up with me all his various gifts to Severance. I have everything cleared and the money in hand except two items.

First, I requested $5,600. to apply on the bills for the laundry machinery and X-Ray equipment and he has sent this amount. I had already paid bills of approximately that amount. I think I will have a couple of hundred dollars dollars on hand to meet additional bills. This leaves $2,500. on his pledge to apply on future orders.

The second account has to do with the annual subscription of $10,000. upon the part of Mrs. Prentiss and Mr. Severance for the current expenses of the hospital. Mr. Severance has called my attention to a letter of Mrs. Prentiss of August 6, 1924, which I think was addressed to you as it is not in my file, and says that in this letter the pledge was for four years for the sum of $10,000. per year jointly. He then goes on to detail the various payments which he has made and calls attention to the fact that the obligation on the basis of her letter was completed when he made his last payment of $5,000. on October 2, 1928, which was an advance for the period ending March 31, 1929. I do not recall that it was a pledge for four years but I think probably he is correct and, if so, his obligations have ceased. He closes his letter as follows:

"I want to call your attention to another fact in regard

Dr. O. R. Avison   -2-   April 6, 1929

to this pledge, that it was made according to Mrs. Prentiss' letter of August 6, 1924 for four years which I assume to be for the four fiscal years commencing April 1, 1925 although I do not have a copy of her letter before me. If my inference is correct, this pledge is completed by the close of March 31, 1929. I have not consulted Mrs. Prentiss in regard to this matter but I am willing to assume that she will join with me in continuing this pledge for the year commencing April 1, 1929, but it will be necessary for us to take up the matter either with you or with Dr. Avison as to further obligations towards the deficit or as I think it would be more properly called, "Budget Fund."

       I have replied to this portion of Mr. Severance's letter as follows:

" I must confess that the time slipped by altogether more rapidly than I had realized. It did not seem possible that you had been paying four years on the new basis but it is very clear that that new basis reached in 1924 is now over and all the payments due thereunder up to March 31 have been completed. The figures contained in your letter agree exactly with mine. As I recall it, Mrs. Prentiss' letter was written to Dr. Avison when he was in this country and not to me. I do not at least have it in my file. I have no doubt, however, that the pledges in your memorandum book are correct. I infer from your letter that you will consult with Mrs. Prentiss regarding the continuing of the payment for this year and we of course, are greatly in hopes that you will see your way clear to continue the amount and if you can find it possible to make a payment on the basis of the agreement which you made with me April 15, 1925, it will very greatly help the financial operations of the hospital. I will write to Dr. Avison and call his attention to the fact that the four years have expired."

       I rather assume that I will get the usual $5,000. in the new few days from Mr. Severance, but it would be well for you to take up anew the whole question with him of an annual contribution of Mrs. Prentiss and himself to this fund. You will recall that Mr. Severance has not wanted us to call this a pledge toward the deficit and yet he does it himself. I have referred to it as a pledge for the current operations of the institution.

                          Sincerely yours

                          Treasurer

GFS:VAR

78. 에드워즈가 에비슨에게

4월 29일
1929년

O. R. 에비슨 박사
세브란스연합의학전문학교
서울, 한국

친애하는 에비슨 박사님:

당신의 4월 2일자 편지를 방금 받았습니다. 반버스커크 의사가 이곳에서 봉사하게 해달라는 우리의 요청으로 인해 당신이 매우 많은 시간을 당혹감 속에서 지내게 하여 미안합니다. 당신의 노력에 진심으로 감사합니다-참으로 그러합니다. 우리가 반버스커크를 더 많이 보면 볼수록 기독교인이자 기독교 선교사인 그에게 더욱 감사하게 됩니다. 우리는 또한 당신들이 세스란스연합의학전문학교에서 그를 필요로 하는 사실도 더 절실히 느낄 수 있습니다.

우리는 북경의 자비스(Bruce Jarvis) 의사*와 상의하여 당분간 자비스가 보건(Vaughan) 의사의 사역을 맡도록 조정하였습니다. 보건 의사가 사무실로 복귀할 때까지 그가 머물러 있을 수 있기를 희망합니다.

개인적으로 큰 존경심을 표하며,
안녕히 계십시오.
존 R. 에드워즈

출처: UMAC

---

* 자비스(Bruce Jarvice, 1914~?): 북감리회 선교사로 1923년부터 1949년까지 중국에서 사역하였고, 1950~53년에 인도에서도 사역하였다.

April 29th
Nineteen Twenty-nine.

Dr. O. R. Avison
Severance Union Medical College
Seoul, KOREA

Dear Dr. Avison:-

Your letter of April 2nd has just been received. I am sorry that our request for Dr. VanBuskirk's services here gave you so many hours of perplexity in Korea. We sincerely appreciate your efforts - very sincerely indeed. The more we have seen of Dr. Van Buskirk, the more we have come to appreciate him as a Christian man and as a Christian missionary. The more also we can appreciate your need of him in Severance Union Medical College.

We have arranged with Dr. Bruce Jarvis of Peking to take up Dr. Vaughan's work for the present and are hoping it will be possible for him to remain until Dr. Vaughan returns to the office.

With great personal regard, I am

Sincerely yours,

John R. Edwards

79. 에비슨이 암스트롱에게

1929년 5월 9일

A. E. 암스트롱 목사, 명예신학박사
해외선교부
캐나다연합교회
퀸 스트리트 299번지, 웨스트
토론토

친애하는 암스트롱 박사님:

어떤 문제로 당신에게 편지를 쓴 지가 오래되었지만, 대학에 문제들이 계속 발생하여 각각의 문제들에 대처해야 하였고, 이제는 당신과 상의해야 할 차례가 된 것 같습니다.

연희전문학교 이사회가 최근 회의에서 대학 커리큘럼위원회의 요청에 부응하여 우리 아들 에드워드 에비슨(Edward S. Avison)*을 대학에 영어, 영문학, 연설 등등의 교원으로 오도록 초청하자는 건의안을 채택하였습니다. 대학이 또 다른 에비슨을 교직원으로 두는 일을 두려워하지 않는 것이 명백합니다. 그는 어떤 조건들이 맞으면, 곧 그가 가르치기를 기대하는 과목들을 가르치게 되고 총독부의 규정 대로 법적인 자격을 갖추었다고 인정되면 기꺼이 오겠다는 뜻을 표하였습니다. 지금 이 모든 문제를 조사하고 있는데, 이제 곧 답변이 도출될 것입니다.

그러는 동안 그를 기꺼이 보내줄 수 있을 선교부를 찾는 일이 필요합니다. 아직 아무 선교부에도 질의한 적이 없지만, 교직원 가운데 누가 어떤 선교부를 대표하고 있는지에 대해 간략히 조사한 바로는 나를 포함하여 북장로회 선교부에는 교직원에 3명이 있고, 북감리회 선교부에는 2명, 남감리회 선교부에는 1명이 있으며, 캐나다선교부는 1명을 보내는 대신 돈을 지불하면서도, 교직원과 긴밀한 관계를 맺고 있지는 않습니다. 에드워드가 캐나다인인 관계로 캐나다 선교부에서 어찌하든지 간에 그를 임명할 수 있지 않을까 하는

---

* 에드워드(Edward Severance Avison, 1905~89): 에비슨의 막내아들로 아들 전체로는 7번째이지만, 생존한 아들들 가운데에서는 6번째이다.

제안이 있었습니다. 이렇게 하면 당신이 교수진에 두기를 바라는 교수 대신에 돈을 제공해야 할 필요가 당연히 자동으로 사라질 것입니다.

......*

이런 우발적인 일에 대비하여 이번 연도 대학 예산에서 2천 불의 기금을 __에 제공할 준비를 하였습니다.

1930년부터 연희전문학교에 보내는 기금을 연 1천 불로 증액하고, 연희전문학교 영구기금에 대한 기부금을 5천 불로 증액하였습니다.

그러므로 우리는 당신이 최소한 선교회가 요청한 만큼이라도 할 수 있기를 희망하고, 나아가 내가 방금 언급한 금액으로 목표를 달성하기까지 하여 당신의 선교사들이, 그들이 누구이든지 간에, 도착하자마자 곧바로 집을 제공할 수 있기를 희망합니다.

이곳에 있는 당신 교단의 선교회 실행위원회에 이 편지의 사본을 보내 내가 당신에게 바로 무슨 편지를 썼는지를 그들이 알 수 있게 하려 합니다. 그래서 그들에게 적절히 취할 만한 어떤 결정을 내릴 기회를 주려 합니다.

만일 당신이 에드워드를 선교사로 삼는 일에 흥미를 느낀다면 그에게 편지를 써주겠습니까? 그의 주소는 미국 오하이오주 애쉬랜드 이스트 8번 스트리트 18번지 에드워드 S. 에비슨입니다. 그는 6월에 24세가 되고 올여름에 훌륭한 기독교인 여성과 결혼할 작정입니다. 두 사람은 오하이오주 우스터대학(Wooster College)을 1927년 6월에 졸업하였고, 두 사람은 지난 2년 동안 고등학교에서 가르쳤습니다. 에드워드는 훌륭한 한국어 회화 지식이 있습니다. 그들은 둘 다 음악인이고 대학에 있는 동안 기독청년면려회(C.E.) 사역자였습니다. 그는 3학년 때 부회장이었고, 4학년 때 회장이었습니다. 그는 남성합창단의 단원으로 바리톤이고, 뮤지컬 공연을 하고 그 프로그램에서 모든 낭독과 암송을 맡고 있습니다. 약혼녀는 여성합창단 단원이었습니다. 그녀는 피아노를 치고 노래도 합니다. 에드워드는 많은 시간을 들여 공중연설을 배웠고, 교회에서 한국어로 강연을 많이 하였습니다. 그가 최근에 강연한 것의 사본을 동봉합니다. 그는 지금 자신이 가르치는 학교의 연설부서를 이끌고 있습니다. 두 종목의 운동선수로 대학 수영팀의 주장이고, 훌륭한 테니스 선수입니다. 보이스카우트 지도자와 수영 강사와 미국 적십자사 인명 구조 요원의 자격증을 갖고 있고, 지난 여름 남학생들의 대규모 캠프에서 이 사역을 담당하였습니다. 그는 방

---

* 2페이지가 없어서 그 내용을 알 수 없다.

금 애쉬랜드에 있는 그의 교회에서 갖가지 사업가들과 전문 직업인들로 구성된 남자들의 공부반을 가르치는 성경교사가 되어 달라는 요청을 받았습니다. 성가대를 이끈 적도 있었고, 그의 마을 라이온스클럽의 오찬 때 노래하는 것을 인도하고 있습니다. 그는 지금 애쉬랜드에 있는 그의 교회 기독청년면려회의 부회장입니다.

만일 당신이 그를 보낸다면 당신은 아마도 그를 캐나다의 어떤 교회의 후원 아래 두어야 할 것입니다. 우리가 한국에 오기 전에 여러 해 동안 다녔던 쉐르본 스트리트 교회(Sherbourne Street Church) 사람들이 그를 받아들여서 그 교회와 에비슨 가족과의 관계를 새롭게 하려 한다면 참으로 매우 기쁠 것입니다.

지금은 어떤 말을 더하지 않겠습니다. 아마도 여느 아버지가 자기 아들에 관해 말해야 할 것 이상으로 너무 많은 말을 이미 하였는지도 모르겠습니다. 다른 무엇보다도 그가 아무 선교부에나 있을 수밖에 없게 되기를 원치 않습니다. 우리는 어떤 식으로라도 그에게 선교사역을 하라고 강권한 적이 없습니다.

우리 부부가 당신과 암스트롱 부인께 따뜻한 안부 인사를 드립니다.

안녕히 계십시오.

O. R. 에비슨

ORA[O. R. 에비슨]: EK[속기사의 이름 이니셜로 추정]
동봉된 것이 있음.
사본을
에드워드 S. 에비슨에게도 보냄
캐나다연합교회 한국 선교회

******

노란 피부 아래에서

1914년 10월 1일 미국 하원에서 일리노이주의 하원의원인 존경하는 만(Hon. James R. Mann) 씨가 말하였습니다. "우리는 지금 극동에서 직면할 불가피한 갈등을 염두에 두지 않은 채 입법을 하면서 우리 움직임을 결정하는 기본 원칙을 잊어버렸습니다. 내일 아침에 태평양을 가로질러 극동과 극서 사이에서 충돌이 발생할 것은 내일 아침에도 죄악이 발생하는 것만큼이나 의심할 바 없이 확실합니다."

하버드대의 스토다드(Lothrop Stoddard)가 이런 생각을 지지하며 말하였습니다. "유색인의 물결에 대한 백인의 방어는 …… 경제적 가치를 능가하는 큰 비용이 들더라도 최후의 순간까지 지켜져야 합니다. 우리 인종이 가장 원초적인 이 피의 호소에 귀를 닫아도 되는 것일까요? 그러면 실로 벽에 쓰인 글씨*가 나타날 것입니다."

나는 여기에서 이 사람들의 두려움을 지지하려 하거나 논박하려 하는 것이 아닙니다. 나는 황인종의 지배를 두려워하지 않습니다. 그런 지배는 물론 가능한 일이지만, 금방 닥칠 가능성은 거의 없습니다. 나는 15년 동안 황인종의 통치 아래 살아서 그런 것에 두려움을 느끼지 않습니다. 다른 한편으로 백인종의 일원으로서 백인종의 지배를 받는 지금의 나 외에 다른 존재가 되고 싶지도 않습니다. 그러나 그런 두려움은 우리 모두에게 있고 반드시 다루어져야 할 어떤 것에서 나옵니다. 그것은 어느 인종이든 간에 다른 인종의 힘이 세지는 것을 볼 때마다 느끼게 되는 자부심과 질투심입니다.

친구 여러분, 나의 발언의 주된 목표는 여러분에게 나는 왜 황인종의 지배를 두려워하지 않는가를 말하는 것입니다. 이 사람들과 15년을 함께 살면서 이들에 대해 알게 되었던 어떤 것을 여러분에게 말해주려 합니다. 사실 내가 한국에 다시 가서 나의 여생을 그곳에서 보내고 싶은 강렬한 요망을 갖게 된 이유는 무엇일까요? 먼저 여러분에게 한국인들의 지난 역사와 그들이 성취한 어떤 것들에 관해 어떤 이야기를 해주고, 그런 다음 그들의 현재 상황에 대해, 마지막으로 그들이 지닌 인간적 자질에 관해 어떤 이야기를 해주고 싶습니다. 그 자질은 피부색 외에는 인종 간에 진정한 차이가 없다는 것을 철저히 확신하게 해주었습니다. 그것은 내가 "모든 족속을 하나의 같은 근원에서 창조하신"(이는 성경 구절을 인용한 것입니다)** 하나님께서 모든 족속이, 한 족속으로-하나님의 자녀로서, 평화롭고 사이좋게 어깨를 나란히 하여 살 때가 오게 하실 것을 믿는 이유입니다.

한국인들과 우리 사이에 차이가 있음을 부인하는 것은 어리석은 일일 것입니다. 차이가 있는 것은 너무 명백합니다. 그러나 비슷한 점들이 있다는 것도 여러분의 마음에 새겨주

---

* 구약 다니엘서 5장에 나오는, 바벨론의 벨사살 왕이 연회 중에 이스라엘에게 빼앗은 성전 그릇으로 술을 마시면서 우상을 찬양하자 벽에 손가락이 나타나 멸망을 예고하는 글귀를 썼고 그날밤 그 일이 이루어져 죽임을 당했다고 하는 내러티브를 가리킨다.
** 신약 사도행전 17장 26절 "인류의 모든 족속을 한 혈통으로 만드사"란 구절을 가리키는 것 같다.

기를 원합니다. 그런 다음 차이점들과 유사점들 간에 어떤 것들이 더 중요한지를 결정하는 일은 여러분에게 맡기려 합니다.

우리의 한국 이야기는 우리를 이끌어 먼저 한국 역사의 초창기로 돌아가게 만듭니다. 이 사람들은 어떤 자들이고, 어디에서 왔는가? 몇 가지 이론이 있습니다. 어떤 이들은 그들이 이스라엘의 사라진 10지파들이라고 말합니다. 다른 사람들은 미국 인디언들과 관련시킵니다. 고대역사가 기록된 문서들은 그들이 (어쨌든 대부분은) 북쪽에서 이 나라로 왔고, 중국을 통과해서 왔다고 설명합니다. 그들이 야만적인 아리안 정복자들에게 본거지를 잃고 쫓겨온 인도 남쪽의 드라비다족과 어떤 형태로든 관련이 있다는 이론은 한국어가 몇 가지 점에서 드라비다인들의 언어와 비슷하다는 사실에 의해 지지를 받습니다. 전설로 전해진 한국 역사는 그들의 첫 번째 왕의 이야기로 시작합니다. 그가 세상에 어떻게 오게 되었는지에 대한 이야기는 이와 같습니다.

한번은 곰 한 마리와 호랑이 한 마리가 산에서 만나 사람이 되기를 빌었습니다. 그들은 조물주가 말하는 소리를 들었습니다. "마늘 한 다발을 먹고 저쪽 굴에 들어가 21일간 금식하면 사람이 될 것이다." 그들은 이렇게 하였지만, 호랑이는 사나운 본성 때문에 그처럼 오래 근신하는 것을 참을 수 없어 떠났습니다. 곰은 큰 인내심으로 정해진 시간 동안 머물러 있다가 완전한 여인이 되었습니다. 그 후 조물주인 환인의 아들 환웅이 아버지에게 지상에 왕국을 세우기를 요청하였습니다. 그 요청이 받아들여져서 그 영이 바람의 날개를 타고 땅에 내려왔습니다. 그는 시냇가에 앉아있는 그 여인을 발견하였습니다. 그가 그녀에게 숨을 내쉬자 그녀는 아들을 낳아 시냇가의 이끼에 뉘었습니다. 여러 해가 지나 그 지역의 미개한 주민들이 박달나무 아래 앉아있는 그 소년을 발견하고 왕으로 삼았습니다. 그는 그들에게 혼인 의례, 건축술, 천으로 머리를 묶는 법을 가르쳤습니다. 여기에서 우리는 한국인들 사이에 고대 백인의 신적 기원 및 왕권과의 유사성이 있음을 보는데—여러분은 하나님의 아들, 창조주, 동정녀 탄생이 그러한 것을 알아차렸습니까?

한국의 오랜 역사 이야기와 그 나라 고대문명의 위대함은 매혹적인 것이지만, 우리는 다만 두드러진 점만을 볼 수 있습니다. 한국 문명의 설립자인 기자는 예루살렘에 있는 다윗 왕의 시대 이전에 번창하였고, 그의 지혜와 위대함에 관한 이야기들은 솔로몬 왕의 그것과 유사합니다. 한국 문명이 이룬 높은 경지는 이 사람들의 고대 발명품들과 우리 인종의 그것들을 비교해봄으로써만 짐작할 수 있습니다.

몇 년 전 뉴욕에서 한 사람이 구텐베르크 성경을 위해 20만 불을 지불하였습니다. 그 후에는 그 책을 위해 그런 엄청난 금액을 치르지 않았는데, 그 이유는 그것이 성경이었기 때문이었습니다. 그러나 그것이 최초로 이동식 활자로 인쇄된 책이었는가에 대해 논쟁이 벌어졌습니다. 구텐베르크는 1400년에 태어났고, 구텐베르크 성경은 1460년에 발행되었습니다. 그때보다 1100년 전에 중국인들이 이동식 활자를 사용한 사실이 사전들과 백과사전들과 고대역사 기록물들로써 입증되는 것을 이 사람이 모르고 있었는지 의문입니다. 이 중국 활자는 단단하게 구워진 작은 진흙 벽돌로 만들어졌습니다. 거기에는 두 가지 심각한 결함이 있었습니다. 그것은 첫째로 매우 쉽게 깨졌고, 둘째로 굽는 과정에서 종종 벽돌이 뒤틀어져 사용하기에 부적합해졌습니다. 한국인들은 이런 점을 인지하고 1300년경 혹은 조금 후에 금속 활자를 만들기 시작하였습니다. 나는 1910년에 런던 대영박물관에서 이동식 금속활자로 인쇄된 책들 가운데 가장 오래된 것-1337년-으로 알려진 책을 보았습니다. 그 책은 구텐베르크 성경보다 113년이나 더 오래되었습니다. 그러나 역사가들에게는 이동식 인쇄술의 발명을 네덜란드로 돌리는 경향이 있는 것같습니다. 백인종이 아닌 인종이 그런 일을 할 수 있다고 믿는 것이 우리에게는 힘든 일인 듯합니다.

여러분은 대부분 모니터(Monitor)와 메리막(Merrimack) 사이의 전투* 이야기를 알고 있습니다. 그 전투가 특별한 관심을 받는 이유를 여러분은 기억하십니까? 역사가들은 최근 1927에도 여전히 모니터를 첫 번째 장갑선이라고 쓰고 있습니다. 그러나 그렇지 않습니다. 1592년 한국인들은 유명한 히데요시 장군이 지휘하는 일본인들의 침략으로 절망적인 상황에 몰리자 철판으로 지붕을 덮은 거북이 모양의 배를 진수시켰습니다. 히데요시에게 6만 명의 병력을 지원하러 온 함대를 상대로 이 배와 저 배를 동시에 들이받으며 갑판에서 화살을 쏘았습니다. 이 배로 히데요시에게 6만 명의 지원군을 데려온 함대를 상대하여 이 배 저 배를 들이받는 동시에 갑판에서 불화살을 쏘았습니다. 이 작은 선박-이 최초의 장갑 전함-으로 함대 전체가 대부분 파괴되었습니다. 이때가 1592년이었는데, 컬럼버스가 아메리카 대륙을 발견한 지 바로 1백 년 후이고, [청교도] 필그림들이 플리머스에 상륙하기 10년 전이며, 메리락과 모니터 전투가 벌어지기 거의 300년 전입니다. 그 발명가는 이순신 제독입니다. 같은 해에 필요가 발명의 어머니인 것이 또다시 입증되었는데, 그

---

* 미국 남북전쟁 중 1862년 3월 8일과 9일 버지니아의 두 강이 만나는 지점인 햄튼 로드에서 최초로 치러진 장갑선 전투로 'Battle of Hampton Roads' 또는 'Battle of Ironclads'라고도 불린다. 이 전투에서 남부군이 승리하였다

결과가 세계 최초의 군사용 부교입니다.

15세기 초에 일군의 한국인 학자들이 "가장 오래되고, 가장 간단하고, 가장 효과적이고, 가장 음성학적이라고 알려진 알파벳을 고안하였습니다." 그것은 아직까지 더 좋게 고쳐진 적이 없습니다.

그들의 옛날 발명품에 관해 매우 많은 기록이 있습니다. 우리는 어떤 결론을 내릴까요? 그런 것들이 무지한 사람들에 의해 성취되었다고 말할까요? 아니면 높은 문명 수준을 이룬 사람들에 의해 성취되었다고 말할까요?

그래서 이 모든 것이 어떻게 되었느냐고 물을 것입니다. 그러면 묻겠습니다. 그리스는 어떻게 되었고, 카르타고는 어떻게 되었으며, 로마는 어떻게 되었습니까? 위대한 백인종들도 마찬가지로 확실하게 멸망하였습니다. 이집트도 한 실례입니다. 문명이 쇠퇴하는 이유는 아마도 거의 모든 경우에 일어나는 것-민족 종교 의식과 도덕률의 소실-과 같을 것입니다.

아메리카 대륙의 발견으로 백인종은 힘을 높이는 추진력을 얻었습니다. 새로운 나라가 생겨나 종교적 원칙 위에 굳게 세워졌습니다. 미국은 오늘날 세계를 이끄는 나라입니다. 만일 미국이 사라지면 황인종이 힘을 얻게 될 것입니다. 두 가지 이유가 있을 것입니다. 동양인들의 위대한 물질적 발전과 그보다 더욱 중요한 것으로 그곳 종교의 더 큰 발전이 그것입니다. 그러나 한국으로 다시 돌아갑시다.

백인 정치인들이 동양의 무역을 개방하고 이 사람들에게 다시 발전에 대해 교훈 받도록 가르쳤습니다. 백인 선교사들이 예수의 명령을 좇아 한국인들에게 기독교, 곧 발전을 이루게 하는 종교를 전하였습니다. 백인 선교사들은 다시 한국인들을 가르치기 시작하였고, 한국인들과 다른 동양인들이 보인 빠른 활보에 놀란 백인 정치인들이 이제 "황색 위험"[황화론]*에 대해 말하고 있습니다.

신사 숙녀 여러분, 우리가 한 일에 대해 우리가 놀라야 합니까? 우리는 두려움에 떨면서 "유색인의 물결에 대항하여 백인종의 방어"를 강화해야 합니까? 그들이 더 훌륭한 자질을 가졌음을 인정하고, 결점을 바로잡도록 도우며, 우리에게도 가치가 있을 법한 그들의 옛 지혜의 교훈을 배우는 편이 훨씬 더 낫지 않을까요? 우리가 인종적인 자부심과 편견을 도덕적이고 영적인 가치 위에 두어야 할까요? 만일 우리가 그렇게 한다면 우리 인종

---

* 황인종에 대한 편견과 혐오와 공포 의식을 조장하는 황화론은 1895년 일본이 청일전쟁에서 승리한 것을 본 독일 빌헬름 황제가 러시아를 부추겨 일본을 견제하게 하기 위해 처음 주장한 후 서구 사회에서 널리 확산되었고, 특히 미국에서는 중국인 이민 노동자들에 대한 혐오감이 황화론 확산의 주요 배경이 되었다.

은 파멸할 것입니다.

　이것은 자연스럽게 우리를 다음 순서로 이끕니다. 인종의 장벽이 깨질 수 있을까요? 우리가 이들을 이웃으로 생각할 수 있게 해줄 인간적인 자질이 이 사람들에게 있을까요? 피부색이 그들을 가로막는 것은 분명히 안 될 일입니다. 내가 사귀고 싶지 않은 백인이 아주 많이 있습니다. 왜 그럴까요? 어떤 자질을 가진 나의 이웃을 갖기를 원하기 때문입니다. 당신은 이웃에 대해 무엇을 바랍니까? 야망입니까? 그것에 관해 말하겠습니다. 성취입니까? 내가 그런 것의 일부를 말하였는데, 더 말하겠습니다. 종교입니까? 그것에 관해서도 이야기할 것이 있습니다. 신사 숙녀 여러분, 한국인들은 여러분이 제기할 수 있는 모든 요구를 만족시키고 있습니다.

　40년 전에는, 여러분이 기억할 것인데, 한국인들이 무지한 국민이었습니다. 한국과 산수 공부 외에는 교육이란 것이 알려지지 않았고, 과학은 미신적이었으며, 사실상으로 종교가 없었습니다－공자와 부처조차도 힘을 잃었고, 한국인들은 성난 악신들을 달래는 데에 큰 관심을 쏟았습니다. 35년 전쯤에 한국인 7명이 그들의 유일한 교사인 내 아버지에게서 의학을 배우기 시작하였습니다. 이렇게 해서 사실상 한국에서 교육이 시작하였습니다. 그들은 당시에 소년에 불과하였지만, 야망이 그들을 붙잡아 17년간 임무를 다하고 졸업하여 한국 최초의 의사가 되었습니다.* 내게 그 사람들의 사진이 있는데, 여러분이 만일 원한다면 나중에 볼 수 있습니다. 이 사람들은 자연히 한국에서 주도적인 의사가 되었고, 나중에 미국이나 다른 나라들에서 더 수준 높은 공부를 하였습니다. 지금은 그 의학 컬리지 한곳에 15명의 한국인들이 있는데 각 분과의 주임을 받고 있습니다. 그들은 켄터키주의 루이스빌대, 조지아주 에모리대, 일리노이대, 노스웨스턴대, 존스홉킨스대, 미육군의학교, 토론토대, 그리고 미국과 캐나다와 중국과 일본과 영국과 독일의 그런 종류의 학교들에서 상급과정을 이수하였습니다. 이것이 야망입니까? 이것이 성취입니까? 뉴저지에 한국인 의사가 있는데, 그는 미국의 대표적인 과학자와 권위자들의 한 명으로 여겨지고 있으며, 매년 미국 돈으로 7천 불의 연봉을 받고 있습니다. 이것이 야망입니까? 이것이 성취입니까? 이것들은 이 사람들이 보이고 있는 많은 사례들 가운데 약간을 취한 것에 불과합니다. 이런 일이 40년 전에는 무지했던 나라 안에서 이루어지고 있습니다.

---

*　1908년 세브란스병원의학교 제1회 졸업생인 김필순, 홍석후, 신창희, 박서양, 홍종은, 김희영, 주현칙을 가리킨다. 이들은 졸업 직후에 대한제국 내부 위생국로부터 의술개업인허장 1~7번를 받아 한국 최초의 의사가 되었다.

40년 전에는 기차, 자동차, 심지어는 자건거 같은 근대 물품이 한국에서 알려지지 않았습니다. 내 아버지가 시의로서 모셨던 황제는 어느 날 아버지가 이상한 두 바퀴 기계장치를 타고 궁궐에 왔다는 말을 들었습니다. 그는 그것을 자기 앞에 가져오게 하고 아버지에게 궁궐 마당에서 그것을 타게 하였습니다. 이것이 그가 처음 본 자건거였습니다. 그는 죽기 전에는 자동차를 타고 다녔습니다. 지금은 기차와 자동차가, 심지어 택시 노선까지도, 흔한 것이 되었고, 최근에 내 고향에 200만 달러짜리 새 창고가 완공되었습니다. 그때는 보도와 포장도로를 꿈에도 생각지 못하였으나, 지금은 폭이 100피트인 포장도로와 12피트인 보도가 있습니다. 가스, 전기, 수도가 있고, 전차가 있으며, 항공 우편 서비스를 포함하여 모든 것이 근대적으로 개선되고 있습니다. 이 모든 것이 40년 전에 이런 것들에 대해 아무 것도 몰랐던 나라에서 벌어지고 있습니다. 야망을 품은 것이었을까요? 이 사람들이 무언가를 성취한 것이었을까요? 이 일들이 우리 이웃이 되기에 적합하지 않은 사람들에 의해 이루어진 것이었을까요? 우리가 그런 사람들을 피부색이 우리와 다른 까닭에 낮추어보아야만 하는 것일까요?

어느 날 전차가 신설되었 때 한 어린 소년을 치었습니다. 그는 두 다리를 잃었습니다. 그 소식을 황제가 들었을 때 측은한 마음이 들어 그 소년을 위해 아버지께 코르크 다리를 보내달라고 요청하고, 그 소년이 가난한 것을 알고는 자기가 그 비용을 치렀습니다. 그 사건은 그가 사람의 목숨을 빼앗는 명령을 내릴 수 있는 권력을 쥔 절대 군주였던 것을 생각하면 더욱 더 놀랍습니다. 이분이 붕어하셨을 때 온 국민이 애통해했던 것이 놀라운 일이었을까요? 이런 동정심을 지닌 성품이 우리 인종에게 매우 낯선 것을 우리는 두려워해야 하지 않을까요?

한 한국인 아버지가 성홍열로 몇 명의 자녀를 잃고는 그가 의지했던 무당을 믿지 못하게 되어 막내 딸을 아버지께 데려와 바로 그 무서운 질병에서 치료받기를 원하였습니다. 그 아이가 회복되어 전 가족이 기독교인이 되었습니다. 그가 청구비를 갚았을 뿐만 아니라 그 후 12년 동안 감사의 표시로 매달 첫날에 크고 살찐 닭 한 마리를 보내어 아버지가 감사하게 여기셨습니다. 감사하는 것이 우리 인종에게 낯설어서 우리가 두려워해야 하는 것이 아닐까요?

부유한 가문의 한 한국인 소녀가 내 아버지께 질병을 치료받고 부모님이 매우 싫어하는 기독교인이 되었습니다. 여러 해 동안 부모의 완강한 반대에 맞서서 믿음을 지키다가 마침내 그녀의 기도와 개인적인 노력을 통해 아버지와 어머니를 모두 개종시켰습니다. 그리고 그들은 기독교 신앙 속에서 행복하게 죽음을 맞았습니다. 그녀의 이름은 뮈미(Muimi)인데, 나를 백인 형제라고 부르곤 하였고, 내 부모를 어머니 아버지라고 불렀습니다. 우리에 대한 그녀의 애정 때문에 나는 그녀를 생각할 때 종종 기쁨과 어떤 자부심을 느낍니다. 이 소녀처럼 한국인 기독교인들이 "좋은 소식"을 전파하는 임무를 감당하였기 때문에 40년 전에 기독교인구가 _[판독 곤란]%였던 데서 오늘날 30만 명을 넉넉히 넘어섰습니다. 이것이 한국인 기독교인들이 지닌 일종의 진정성인데, 우리는 우리 이웃에게서 그런 것을 보고 싶지 않다고 말해야 할까요? 우리는 그들을 그런 이름을 가지기에 적합한 기독교 형제로 보아야 하지 않을까요? 혹은 우리가 "유색인의 물결에 대항하여 백인의 방어벽"을 높여야 할까요?

자유롭게 번역한 한국인의 시에 귀를 기울이십시오.

그들이 세상이라 부르는 곳의
끝없는 소란과
거짓 미소와 화려함에 지쳐서
집으로 돌아가는 선원처럼
파도가 더 이상 갈망하지 않아
내 인생의 돛을 걷으리.

이 장대한 산속 깊은 곳에
자연의 광활함으로 인해 축소된,
은둔의 오두막을 지으리라.
구름이 프레스코화 천장이 되고,
하늘은 끝없이 푸르러도 절반만 드러나
햇살이 서까래가 되어 별빛이 가득하리라.

이 작고 깊은 연못에서 족쇄를 채우리라
저 공정한 달에. 오, 누가 더 잘 할 수 있나
자연의 자기 유폐를?

세상을 몸값으로 바치더라도,
부자의 제안을 비웃으리
그녀를 달래며 운명을 비웃으리.

그리고 가을의 손이 나의 마루에
나뭇잎을 흩으면, 무슨 상관인가,
빗자루로 쓸 바람이 내게 있지 않나?
집 청소는 단순한 놀이라 생각하고,
폭풍의 정령들만 손짓하여 부르면;
그들이 홍수로 방마다 청소하리라.

시의 뮤즈조차 이 사람들의 마음에 감동을 주었는데, 우리는 그들에 대항하여 인종의 장벽을 쌓아도 될까요? 하나님께서 새로운 발전과 성공으로 그들의 노력을 축복하셨는데, 우리는 문을 닫고 그들을 내쫓아도 될까요? 우리가 그들을 두려워해도 될까요-그들이 또 다시 발전하게 될 것이므로 그들을 우리의 이웃으로 삼는 것을 두려워해도 될까요? 우리가 그들을 제지해도 될까요? 아니면 상호 이익을 공유하고 그들과 이웃이 되어 평화롭게 우정을 나누며 함께 사는 법을 배워야 할까요?

친구들이여, 나는 여러분께 한국인들에 대해-그들이 한 일, 흥미로운 일들을-거의 무한정으로 계속해서 이야기할 수 있습니다. 그러나 내가 충분히 이야기한 것 같습니다. 한국인들은 여러 면에서 우리와 다르지만, 마음과 영혼은 우리와 매우 비슷하여 모든 면에서 그들을 나와 동등하게 바라볼 수밖에 없습니다. 만일 여러분이 선교사들처럼 그들을 알 수 있게 된다면 선교사가 자기 임무에 좌절하지 않고 그 일에서 행복을 느끼는 이유를 깨닫게 될 것입니다. 그 이유는 이 사람들의 인간성을 믿은 것이 옳았음을 보게 되어 행복해하는 것입니다.

에드워드 S. 에비슨

출처: PCC & UCC

COOPERATING BOARD FOR CHRISTIAN EDUCATION IN CHOSEN

CHOSEN CHRISTIAN COLLEGE   SEVERANCE UNION MEDICAL COLLEGE

SEOUL, KOREA

O. R. AVISON, M.D., LL.D.   H. T. OWENS
PRESIDENT   SECRETARY & TREASURER

COOPERATING BOARDS
BOARD OF FOREIGN MISSIONS OF THE PRESBYTERIAN CHURCH IN THE U.S.A.
BOARD OF FOREIGN MISSIONS OF THE METHODIST EPISCOPAL CHURCH
BOARD OF FOREIGN MISSIONS OF THE UNITED CHURCH OF CANADA
BOARD OF MISSIONS OF THE METHODIST EPISCOPAL CHURCH, SOUTH
EXECUTIVE COMMITTEE OF FOREIGN MISSIONS OF THE PRESBYTERIAN CHURCH IN THE U.S.

OFFICERS OF THE BOARD
JOHN T. UNDERWOOD, CHAIRMAN
ALFRED GANDIER, VICE-CHAIRMAN
W. G. CRAM, VICE-CHAIRMAN
ERNEST F. HALL, SECRETARY
150 FIFTH AVE., NEW YORK
GEORGE F. SUTHERLAND, TREASURER
150 FIFTH AVE., NEW YORK

RECEIVED JUN 4 1929
ANS'D

May 9, 1929.

Rev. A. E. Armstrong, D.D.
Board of Foreign Missions
United Church of Canada
299 Queen Street, West
Toronto.

Dear Dr. Armstrong:

It is long since I wrote you on any subject but College problems will keep emerging and each must be met and it seems to be your turn now to be consulted.

At its last meeting the Board of Managers of the Chosen Christian College, in accord with the request of the Curriculum Committee of the College, adopted a resolution inviting our son Edward S. Avison to come to the College as a teacher of English, English Literature, Speech, and so forth. Apparently the College is not afraid of having another Avison on its Staff. He has expressed his willingness to come under certain conditions, teaching the subjects he will be expected to teach and provided he is found to be legally qualified in accordance with the regulations of the Government. All these matters are now being looked into and very soon the answer will be forthcoming.

In the meantime it is necessary to find out what Board may be willing to send him. As yet we have not enquired of any Board but a brief survey of the representation of the various Boards on the Faculty shows that in addition to myself the Northern Presbyterian Board has three men on the Staff, the Northern Methodist Board has two, the Southern Methodist Board has one and the Canadian Board is paying substitute money for one but has no living connection with the teaching staff. As Edward is a Canadian it has been suggested that the Canadian Board might be at least willing to appoint him. This, of course, would automatically bring to an end the need for you to provide substitute money for the professor you are expected to have on the Faculty.

On the present year's College Budget we made provision for this contingency by providing a fund of ¥ 2,000 to take the

Dr. A. E. Armstrong. -3- May 9, 1929.

From 1930 Grant to C.C.C. increased to $ 1,000 per year
Further contribution to permanent funds, C.C.C. $ 5,000

We hope, therefore, that you can do at least as much as the Council has asked and even pass that goal by the amount I have just mentioned so as to provide a home for your missionaries very soon after they arrive, whoever they may be.

I am sending a copy of this letter to the Executive Committee of your Council here so that they may know just what I have written you and so will have an opportunity to take any action thereanent that they may see fit to take.

If you feel interested in having Edward as one of your missionaries will you kindly write him? His address is Edward S. Avison, 18 East 8th Street, Ashland, Ohio, U.S.A. He will be twenty-four years old in June and expects to be married to a fine Christian girl this summer. Both are graduates of Wooster College, Ohio, June 1927, and both have been teaching High School during the two years that have elapsed. Edward has a fairly good speaking knowledge of Korean. They are both musical and both were C.E. workers while in College. He was C.E. Vice-President during his Junior year and President during his Senior year. He was a member of the Male Glee Club, singing baritone, playing the musical saw and giving all the readings and recitations on its programs. She was a member of the Female Glee Club. She plays the piano and sings also. He gave much of his time to the study of Public Speaking and has done a good deal of speaking on Korea to churches. I enclose a copy of one of his recent addresses. He is now head of the Speech Department of the School where he is teaching. He is athletic in two lines, having been captain of the swimming team of his College and being a fair tennis player. He holds the diploma as a Boy Scout-master and as a teacher of Swimming and Life Saving of the American Red Cross Society and last summer he was in charge of this work at a large camp for boys. He has just been asked to be Bible teacher of a class of men in his Church in Ashland made up of various types of business and professional men. He has done some choir leading and is leader of singing at the lunches of the Lions' Club of his town. He is now Vice-President of the C.E. in his Church in Ashland.

If you send him you would presumably put him under the support of some Church in Canada. We would be very happy indeed if the people of the Sherbourne Street Church, which was our own church for many years before we came to Korea, would renew the Avison connection with that church by taking him on.

I will not say anything more at this time. Perhaps I have already said too much - more than a father ought to say about his own son. Above all things I do not want to even appear to be forcing him on any Board. We have not in any way urged him to take up missionary work.

Dr. A. E. Armstrong   -4-   May 9, 1929.

         With kindest regards to Mrs. Armstrong and yourself
from both of us,
                    We are
                         Yours very sincerely,

                         OR Avison

ORA:EK
Enc.
Copy to
E.S. Avison
Korea Council of U.C.C.

BENEATH YELLOW SKINS.

On October First, 1914, in the House of Representatives, the Hon. James R. Mann, Representative of Illinois, said, "We who are legislating now, who do not bear in mind the inevitable conflict which we will meet in the Far East have forgotten the principles that ought primarily to actuate us. There is no doubt that it is as certain as that the sun will rise tomorrow morning that a conflict will come between the Far East and the Far West across the Pacific Ocean."

Supporting this idea, Lothrop Stoddard of Harvard University says, "The white defenses against the colored tide ... should be defended to the last extremity though the costs involved are greater than their mere economic value would warrant. Ill will it fare if our race should ever close its ears to this most elemental call of the blood. Then, indeed, would be manifest the writing on the wall."

Ladies and Gentlemen, this is the very "painting of our fears". These are expressions of a fear of what has been called a "Yellow Peril" for Stoddard continues, "There is no immediate danger of the world being swamped by black blood, but there is imminent danger that the white race may be swamped by Asiatic blood".

I am not here to uphold or to refute the fears of these men. I have no fear of a domination by the yellow races. Such a domination is of course possible, but hardly imminently possible. I have lived under the rule of the yellow race for fifteen years and I have no fear of it. On the other hand I have no desire to be other than what I am: a member of the white race, governed by members of the white race. Such fears, however, come from something which we all have, which must be dealt with: a certain race pride and a jealousy whenever we see another race growing in power.

Friends, the main purpose of my talk is to tell you why I have no fear of a domination by the yellow race - or, to put it in another way, I want to tell you something of what I have learned of these people by living with them for fifteen years - why, in fact, I have a strong desire to go back to Korea and spend the rest of my life there. I want first to tell you something about the past history of the Koreans and something of their accomplishments, then something of their present condition, and finally something of the human qualities which they possess - the things which convince me thoroughly that there is no real difference between races other than their color - the reason why I believe that God,"who created all nations from one common origin" (that is a quotation of Scripture) will bring about the time when all nations shall live side by side in peace and harmony, as one nation - the sons of God.

It would be foolish to deny that there are differences between the Koreans and us. The differences are too evident. But I do want you to be impressed with the points of similarity, and then I will leave it to you to decide which are the more important, the differences or the likenesses.

Our tale of Korea leads us first to go back to the beginnings of Korean history. Who are these people and from where have they come? There are several theories. Some say that they are the lost ten tribes of Israel. Others have tried to show that they are related to the

Beneath Yellow Skins.   page 2.

American Indians. The early historical documents show that they came into the country from the North (most of them at any rate), having come through China, and the theory that they are in some way related to the Dravidian peoples of southern India, who were driven from their homes by their savage Aryan conquerors, is supported by the fact that the Korean language is similar in some respects to the languages of these Dravidians. The legendary history of Korea begins with the story of their first king. Here is how he came into existence:

  A bear and a tiger once met on a mountain side and wished that they might become human beings. They heard the voice of the creator say, "Eat a bunch of garlic and retire to yonder cave and fast for twenty-one days and you shall become men". This they did, but the tiger by reason of the fierceness of his nature could not endure so long a restraint and left. The bear, with greater patience, remained the allotted time and came forth a perfect woman. Now Whanung, the son of Whanin, the Creator, asked his father for an earthly kingdom. The request was granted and the spirit came to earth on the wings of the wind. It found the woman seated beside a stream. It breathed about her and she brought forth a son and cradled him in moss beside the brook. Years later, the wild people of the region found the boy, seated beneath a paktal tree, and made him their king. He taught him the rite of marriage, the art of building, and how to do up their hair with a cloth. Here we have among the Koreans a parallel of the ancient white idea of the divine origin and right of Kings - and did you notice, a son of God, the Creator, born of a virgin.

  The story of the age of Korea and the greatness of her ancient civilisation is a fascinating one, but we can only touch its high points. Kija, the founder of Korean civilization, flourished before the time of King David in Jerusalem and the stories of his wisdom and greatness parallel those of King Solomon. The height attained by Korean civilization can only be guessed at by a comparison of the early inventions of these people with those of our own race.

  A few years ago a man in New York paid $200,000 for the Gutenberg Bible. Now he didn't pay this fabulous sum for the book because it was a Bible - but because it was reputed to be the first book ever printed with movable type. Gutenberg was born in 1400 A.D. and the Gutenberg Bible was published in 1450. I wonder if this man was ignorant of the fact that dictionaries, encyclopedias and ancient historical documents show that the Chinese were using movable type 1100 years before that time. This Chinese type was made of small clay blocks, baked to hardness. It had two serious faults. In the first place it was very easily broken, and in the second place the process of baking often warped the blocks and so made them unfit for use. The Koreans noticed this and in about the year 1300, or a little later, they began making metal type. In 1910 I saw in the British Museum in London, a book marked THE OLDEST BOOK KNOWN TO HAVE BEEN PRINTED WITH MOVABLE METAL TYPE - 1337. That book is just one hundred and thirteen years older than the Gutenberg Bible. Yet historians seem inclined to credit the Dutch with the invention of printing with movable type. It seems hard for us to believe that such things could be done by any but members of the white race.

  Most of you are acquainted with the story of the battle between the Monitor and the Merrimac. Do you remember why that particular battle is

Beneath Yellow Skins. page 5.

given special attention? Histories printed as recently as 1927 still call the Monitor the first iron-clad fighting boat. But it wasn't. In 1592, the Koreans, driven to desperation by the raids of the Japanese, under the famous General Hideyoshi, launched a turtle-shaped boat with the roof covered with iron plates. Taking this boat out against a fleet bringing 60,000 men as reinforcements to Hideyoshi they rammed this ship and that, at the same time shooting fire-arrows on to their decks. Almost that entire fleet was destroyed by this one little craft - this first iron-clad fighting boat. And this was in 1592, just one hundred years after Columbus discovered America and ten years before the landing of the Pilgrims at Plymouth - and nearly 300 years before the battle of the Merrimac and the Monitor! The inventor was Admiral Yi Sun Sin. In that same year, necessity again proved the mother of invention, and the result was the world's first suspension bridge built for military purposes.

Earlier in the 15th century a group of Korean scholars "devised the oldest, the simplest, the most effective and the most phonetic alphabet known to man". It has never yet been improved upon.

So much for the record of their early inventions. What may we conclude? Shall we say that such things were accomplished by an ignorant people, or by a people who had attained a high degree of civilization?

You say, well what happened to all this? And I ask, what happened to Greece? What happened to Carthage? What happened to Rome? Certainly great white races have fallen into ruin as well. Egypt, too, is an example. The reason for the decay of their civilization was probably the same as it has been in almost every other case - the disappearance of a national religious sense and moral code.

With the discovery of America, the white race took increased momentum. A new nation came into being, founded on firm religious principles. America is the leading nation of the world today. If America disappears and the yellow races come into power, there will be two causes: the great material development of the Orientals, and more important still, the greater development of religion there. But let's get back to Korea.

White politicians opened the Orient up to trade and taught these people again the lesson of progress; white missionaries, following the commands of Jesus, took to Korea the Christian religion, the religion of progress; white missionaries began again the education of the Korean people, and now white politicians, alarmed by the rapid strides the Koreans and other Orientals are making, talk about a "Yellow Peril".

Ladies and Gentlemen, are we to be afraid of what we have done? Are we to quake with fear and raise the "white defenses against the colored tide"? Would it not be far better to admit their finer qualities, to help them remedy their faults, and to learn from their ancient wisdom lessons which may be of value to us, so that we, members of all races, may live together in peace and unity. Are we to place race pride and prejudice above moral and spiritual values? If we do our race is doomed.

This naturally leads us to the next point in order: Can these racial barriers be broken down? Do these people have those human qualities which will make it possible for us to consider them as neighbors? Certainly

Beneath Yellow Skins. page 4.

the color of their skins should not bar them. There are a great many white people I would not care to associate with. Why? Because I want my neighbors to possess certain qualities. What do you desire in neighbors? Ambition? I shall speak of that. Accomplishment? I have spoken some of that and shall say more. Religion? I have something to say about that, too. Ladies and Gentlemen, the Koreans satisfy every requirement you can raise.

Forty years ago, you will remember, the Koreans were an ignorant people. Education, other than a study of Chinese and mathematics, was unknown; their science was superstition; they had practically no religion - for even Confucius and Buddha had lost their power and the Koreans paid greater attention to pacifying angry devils. About thirty-five years ago seven young Koreans began the study of medicine with my Father as their only teacher. This was practically the beginning of education in Korea. They were only boys then, but their ambition held them to their task for seventeen years, until they were graduated as the first doctors of Korea. I have a picture of those men you can see afterwards if you like. These men naturally became the leading doctors of Korea and later took advanced work in the United States or other countries. In that medical college alone now, there are about fifteen Koreans, heads of departments, who have taken advanced work in such institutions as the U. of Louisville, Ky., Emory U., Georgia, the U. of Illinois, Northwestern U., Johns Hopkins, the U.S.Army Medical School, Toronto University and other like schools of the U.S., Canada, China, Japan, England and Germany. Is this ambition? Is it accomplishment? There is a Korean doctor in New Jersey who is considered one of the leading specialists and authorities in the U.S. and draws a straight salary of $7,000 of American money every year. Is this ambition? Is it accomplishment? These are just a few examples, taken from many, of what these people are doing. And this has been done in a country which forty years ago was ignorant.

Forty years ago such modern affairs as trains, automobiles, and even bicycles were unknown to Korea. The Emperor, to whom my Father was physician, heard one day that Father had ridden to the palace on a curious two-wheeled contraption. He ordered it brought before him and had Father ride it around the court-yard. It was the first bicycle he had ever seen. Before his death he had ridden in automobiles. Trains and automobiles are common now - even taxi lines - and recently a new two-million dollar depot was finished in my home town. Sidewalks and pavements were undreamed of then, there are now one hundred foot in width pavements and twelve foot sidwalks. There is gas, electricity, running water; there are street-cars; there is every modern improvement, including air-mail service. All this has come about in a country which forty years ago knew nothing of these things. Did it take ambition? Have these people accomplished something? Are these things done by people who are not fit to be our neighbors? Must we look down on such people because the color of their skins is different than ours?

One day when street-cars were new, a little boy was run over. He lost both his legs. When the news reached the Emperor he was so touched with compassion that he had Father send for cork legs for the boy - and paid for them himself because he knew the boy was poor. The incident is all the more striking when you consider that he was an absolute monarch with the power to order a man's head off. Is it any wonder that the

Beneath Yellow Skins.   page 5.

whole nation mourned this man's death? Is this quality of compassion so foreign to our race that we must fear it?

A Korean Father who had lost several of his children from scarlet fever, losing faith in his witch doctors, brought his youngest daughter to Father to be cured of the same dread disease. The child recovered, and the whole family became Christian. The Father was so grateful that he not only paid his bill, but for twelve years after that, he sent, on the first day of each month a big, fat chicken - in token of his gratitude. Is gratitude so foreign to our race that we must fear it?

One Korean girl of wealthy parentage, cured of disease by my Father, became a Christian, much to the disgust of her parents. For years she held her faith in the face of stern parental disapproval, until finally, through her prayers and personal effort she converted both her father and her mother, and they died happy in their Christian faith. Maimi, that was her name, used to call me her white brother, and called my parents Mother and Father, and I often think of her with gladness and a certain pride because of her affection for us. It is because the Korean Christians, like this girl, have taken upon themselves the task of spreading the "good news" that the Christian population of 5 ot forty years ago is to-day well over three hundred thousand. This is the kind of sincerity the Korean Christians have, and shall we say that it something which we do not care to see in our neighbors? Shall we look on them as Christian brothers, worthy of the name, or shall we raise the "white defenses against the colored tide"?

Listen to this free translation of a Korean poem:

Weary of the ceaseless clamour,
Of the false smile and glamour
Of the place they call the world;
Like the sailor, home returning,
For the waves no longer yearning,
I my sail of life have furled.

Deep within this mountain fastness,
Minified by nature's vastness,
Hermit-wise, a lodge I'll build.
Clouds small form the frescoed ceiling,
Heaven's blue depths but half revealing;
Sunbeam raftered, starlight filled.

In this lakelet deep I'll fetter
Yon fair moon. Oh, who could better
Nature's self incarcerate?
Though, for ransom, worlds be offered,
I will scorn the riches proffered,
Keep her still and laugh at fate.

And when Autumn's hand shall scatter,
Leaves upon my floor, what matter,
Since I have the wind for broom?
Cleaning house mere play I'll reckon,
Only to the storm-sprites beckon;
With their floods they'll cleanse each room.

Beneath Yellow Skins. page 6.

    Even the Muse of Poetry has to obed the hearts of these people, and shall WE raise the barrier of race against them? God has blessed their efforts with a new progress and success, and shall WE shut them out? Shall we fear them - be afraid to have them as our neighbors because they have once more become progressive? Shall we hold them back or shall we rather share with them our mutual benefits and learn to live with them, as neighbors, in peace and friendship?

    Friends, I could continue almost indefinitely telling you about the Koreans - things they have done, things of interest - but I think I've said enough. The Koreans differ from us in many ways, but in heart and soul they are so like us, I for one cannot but look on them as my equals in every way. If you could learn to know them as the missionary does, then you would realise why the missionary is not discouraged with his task, but happy in it - happy to see that his faith in the humanness of these people has been justified.

                                                  Edward S. Avison.

80. 서덜랜드가 에비슨에게 (전보)

1929년 5월 16일

에비슨

서울 (한국)

ENOBCUNCOX SETEWADDOX SWINEHART AXIZVAGOKB AFGEZEXOCG

서덜랜드

협력이사회는 [남장로회 선교사] 스와인하트*가 동행하는 경우에만 당신의 귀국을 승인합니다. 이렇게 조정하도록 최선을 다해 노력하고 전보를 보내시오. 남장로회 선교부의 6월 11일 결정.

출처: UMAC

---

* 스와인하트(Martin L. Swinehart, 1847~1957): 남장로교 선교사로 1911년 내한하여 광주에서 활동하였고, 광주에서 여러 학교를 세우거나 운영하였다. 건축에 조예가 깊어 이화여전 교사 등을 건축하였다. 1937년 귀국한 후 협력이사회에 실행총무(Executive Secretary)로 고용되어 연전과 세전을 위해 모금을 하는 임무를 맡았으나 몸이 아파 제대로 활동하지 못하고 사임하였다. 그런데 이 전보를 보면 1929년에 이미 이런 모금 업무에 관해 어떤 협의가 이루어졌던 것으로 보인다. 에비슨은 1924~26년 미국 모금 활동을 마치면서, 협력이사회의 승인 아래, 자기가 한국으로 돌아간 후에도 미국에서 계속 모금을 해줄 사람을 물색하다 찾지 못하고 돌아온 적이 있었다. 그런 그가 1929년에 다시 미국에 가려고 했다가 스와인하트의 미국행이 취소되자 덩달아 가지 못하게 되었던 것을 보면(본 자료집 85, 86번 참조) 그의 이번 도미 계획은 스와인하트를 데리고 다니면서 모금하는 방법을 가르치고 자신의 인적 네트워크를 알려주어 스와인하트가 그 일을 시작할 수 있게 하는 데에 주된 목적이 있었던 것으로 보인다.

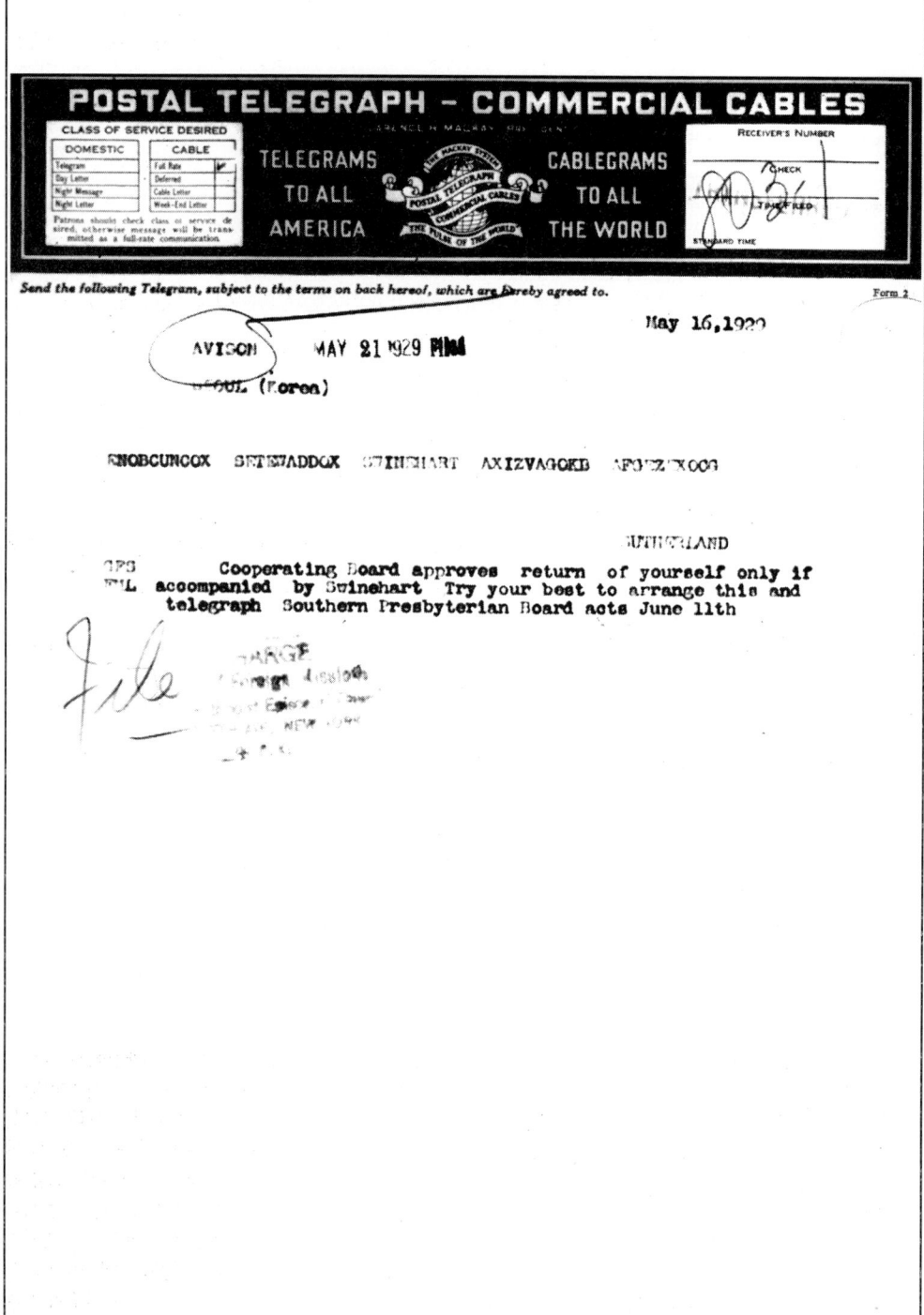

81. 에비슨 부인의 개인 연례보고서

서울 선교지회에 제출하는 연례보고서 - 1929년 5월 21일
O. R. 에비슨 부인

한 해를 돌아보면 우리가 둘 다 기복을 겪고 아프기도 하였지만 우리 마음이 찬양과 감사로 차오릅니다. 우리가 더 건강해지고 삶과 사역과 친구들을 즐길 수 있어서 매우 행복합니다. 우리는 지난해 평양에서 열림 연례회의에서 매우 즐겁게 보냈습니다. 그곳에서 우리는 우리의 존경하는 친구 레이놀즈* 부부의 집에 머물렀습니다. 다른 좋은 친구들과 어울린 것도 즐거웠습니다. 서울에 사는 에비슨 가족은 7월과 8월을 소래 해변에서 보냈습니다. 다만 우리 아들 더글라스(Douglas)는 8월에만 그곳에 있었습니다. [에비슨] 의사는 오전 시간을 자신의 추억을 구술하는 일로 보냈고, 그동안 나는 그와 함께 앉아서 그가 기억하도록 도우며 내가 늘 그랬듯이 스웨터 뜨개질을 하였습니다. 오후 시간은 휴식과 레크리에이션과 편지 쓰기 등등을 하며 보냈습니다. 가을에는 많은 회의가 열려 우리 [선교사들의] 집들이 손님들로 가득 찹니다. 우리는 멋진 손님들을 맞이하는 까닭에 그들을 접대하는 것이 즐겁습니다.

[병원] 부지에 있는 교회[남대문교회]와 우리의 관계는 매우 행복하게 계속되고 있습니다. 계속 성장하고 있고, 지난 일요일에는 23명의 성인과 20명 이상의 유아가 세례를 받았고, 장로들, 집사들 등등이 [주일학교] 교사로 있습니다. 이들이 토요일 저녁마다 우리 집에서 모이는데, 그때 [에비슨] 의사가 그들을 가르칩니다. 우리는 그들과 매주 만나는 것을 매우 크게 즐기고 있습니다. 어린이들을 위한 주일학교는 오후에만 열리고, 이(Lee) 의사가 감독하고 있습니다. 그에게 훌륭한 교사들이 있는데, 대부분 의학생들, 의사들, 간호사들이고, 우리 장로들의 딸 2명이 있습니다. 기독청년면려회는 일요일 저녁마다 모이고 여자 선교회는 한 달에 한 번 모입니다. 그들은 교장을 잃을 염려가 있습니다. 이는

---

* 레이놀즈(William D. Reynolds, 1867~1951): 남장로회 선교사로 1892년 내한한 후 전주, 서울, 평양에서 거주하면서 주로 성경번역에 종사하였고, 평양 장로회신학교에서 교리를 가르쳤으며, 1937년 귀국하였다.

그녀가 간호사인데, 우리 간호부회를 대표하여 캐나다에 가도록 뽑혔기 때문입니다. 그래서 지금 그들은 이번주에 이끌어줄 누군가를 찾고 있습니다. 이 선교회는 지난 겨울 매우 추운 날씨에 공덕리교회* 부근에 사는 어떤 극빈자들과 궁핍한 사람들을 위해 내가 옷을 만드는 것을 도왔습니다. 그곳[교회]에 있는 우리 유치원의 보모가 많이 방문하여 전도하고 있습니다. 그녀는 재령의 성경학원을 졸업하였습니다.

공덕리교회도 성장하고 있습니다. 지금 __[원본에서 숫자 기록이 비어 있음]명이 참석하고 습니다. 올해 받아들인 새 교인들이 있습니다. 주일학교도 잘 참석하고 있습니다. 유치원에는 지금 33명의 학생이 있습니다. 우리는 그곳을 위해 새로운 비품들, 곧 블록, 공, 책상 등등을 장만하였고, 그 부지가 너무 비좁아져서 금년에 작은 필지를 그곳에 더했지만, 아직도 비좁습니다. 예배당도 너무 작아서 확장할 수 있을 만한 돈이 생기면 그렇게 해야 합니다. 우리 아들 로렌스가 다니는 플레부시 에비뉴 장로교회(Flatbush Avenue Presbyterian Church)**의 주일학교가 관심을 갖고 도움을 주기 위해 약간의 돈을 보냈습니다. 에드워드도 강연료에서 약간을 보냈습니다.

나의 전도부인은 병원에서 한 가장 흥미로운 사역에 대해 보고하였습니다. 그녀는 매일 환자들을 대하고 있는데도 이 사역에서 결코 피곤을 느끼지 않는 것 같습니다. 그녀는 눈이 먼 상태로 왔다가 시력을 회복하고 집에 간 어떤 여성에 대해 말해주었습니다. 그 여성은 또한 신자가 되어 두 배로 행복해하였습니다. 나는 병원을 원하는 만큼 자주 가지는 못했어도 여러 번 갔고, 과일과 장남감으로 도왔습니다. 종종 어머니들이 자녀들과 함께 있었는데, 그런 것을 통해 누군가 자신들에게 관심을 가진다는 사실을 알고 매우 기뻐하였습니다. 나는 그들에게 전도지도 많이 나누어주었습니다.

공덕리교회에 주일학교 선생 2명이 필요합니다. 만일 그들 가운데 1명이 오르간을 연주할 수 있다면, 우리에게 작은 오르간이 하나 있는데 연주할 사람이 없으므로 큰 도움이 될 것입니다.

남대문교회를 위해서는 그 수가 아주 많은 젊은 며느리들을 가르칠 좋은 선생이 필요합니다. 유일한 어려움은 그들이 대부분 아기를 데려와서 그 때문에 귀를 기울여 듣는데 어

---

* 원문의 'Kongdukie'를 '공덕리'로 음역한 것에 대해서는 본 자료집 12번 문서의 각주를 참고.
** 뉴욕시 브룩클린에 있는 장로교회로, 1973년 루터란교회에 병합되었다.

려움을 겪고 있습니다.

편지로 연락하기, 병원 방문, 남대문교회 및 공덕리교회에서 건강이 허락하는 대로 내가 할 수 있는 일을 하기, 손님 접대하기가 내가 할 수 있는 모든 일입니다. 작은 일이라고 할 수 있어서 매우 감사하고 있습니다.

우리는 또 다른 아들이 나올 가능성이 있어서, 아직 결정된 것은 없지만, 매우 흥분되어 있습니다.

하나님은 가족처럼 우리를 선대하고 계십니다. 우리는 그분이 우리에게 하라고 주신 사역을 함께 할 수 있어서 감사합니다.

삼가 제출합니다.
J. 에비슨

출처: PHS

ANNUAL REPORT TO SEOUL STATION - May 21, 1929.

Mrs. O. R. Avison.

As we look back over the year our hearts are filled with praise and thanksgiving for though we have both been afflicted with our ups and downs, with illness, we are better and feel so happy to be able to enjoy life, our work and our friends. We greatly enjoyed the Annual Meeting last year at Pyengyang where we were the guests of our dear friends the Reynolds. It was a pleasure also to mingle with the other good friends. The Seoul Avisons spent the months of July and August at Sorai Beach, though our son Douglas was there only during August. Doctor spent the mornings dictating his memoirs while I sat with him to help his memory and knitted a sweater as I did so. The afternoons were spent in rest and recreation, letter-writing and so forth. The Fall brought many meetings so our houses were full of guests. We have such lovely guests that it is a pleasure to entertain them.

Our relations with the church on the compound continue to be very happy. It continues to grow and last Sunday there were 23 adult baptisms and over 20 babies. The building was packed full. We have the adult Sunday School in the morning, the teachers being our elders, deacons, and so forth. These meet every Saturday evening at our home when Doctor teaches them. We enjoy meeting them each week very much. There is a Sunday School for children only in the afternoon and Dr. Lee is Superintendent. He has a fine bunch of teachers, mostly medical students, doctors and nurses and one or two daughters of our elders. The C.E. meets each Sunday evening and the Women's Missionary Society once a month. They are about to lose their President as she is the nurse who has been chosen to go to Canada to represent our Nurses' Association there, so now they are looking for someone to lead in this work. This Missionary Society helped me make clothing for some desperately poor and needy folks out near the Kongdukie Church during the very cold weather last winter. The mother of our Kindergarten School there does much visiting and preaching. She is a graduate of the Chairyung Bible Institute.

The Kongdukie Church is also growing. We have now an attendance of   There were   new members taken in this year. The Sunday School is well attended. There are 33 pupils now in the Kindergarten. We have got new equipment for it, blocks, balls, tables and so forth, and this year we added a small piece of land to the site which is too small even now. The church is too small also and should be enlarged when there is money to do it. The Sunday School of the Flatbush Avenue Presbyterian Church, where our son Lawrence is, are interested and have sent a little money to help out. Edward has also sent a little from his speaking engagements.

My Bible woman reports most interesting work at the Hospital. She never seems to tire of this work though she is among sick people every day. She told of one woman who came in blind and went home seeing and who also had become a believer so she was doubly happy. I have visited the Hospital many times though not as often as I would have liked, and helped cheer the sick with flowers and books and the children with picture-cards and fruit and toys. Often the mothers are with their children and it makes them so happy to see someone interested in them. I have given out many tracts to them, too.

Page 2.   Mrs. O. R. Avison.   Annual Report to Seoul Station.   5/21/29

          We need two Sunday School teachers for the Kongdukie church.
If one of them could play the organ it would be a great help as we have
a little organ but no one to play it.

          We need for the South Gate Church a good teacher for the young
daughters-in-law of whom there a great many. The only difficulty is that
most of them bring their babies and this makes it hard for them to listen.

          My correspondence, Hospital visiting, doing what I could in
the South Gate Church and in the Kongdukie church, as health has permitted,
and the entertaining of guests, have been about all I could do. I am so
thankful to be able to do a little.

          We are quite excited over the possibility of another son's
coming out, though as yet nothing has been decided.

          God has been good to us as a family. We are thankful to be
able to share in the work He gives us to do, even though widely scattered.
There is need everywhere.

                              Respectfully submitted,

                                   J. Avison.

82. 에비슨이 미국 북감리회 선교부에 (전보)

1929년 5월 27일

FV24 RCA=KEIJO[경성] 7 27 450P

선교업무= 미 감리회 해외선교부
　　　뉴욕= 5번가 150번지

SWINEHART ELFOPAGOKB AWALXOYV EUWYJJUNST XUDYLEJOWS

번역:

"스와인하트가 테네시주 내쉬빌 5번 노스 에비슈 154번지 남장로회 해외선교부에서 [그의 미국행을] 승인한다면 동의할 것임. 그가 테네사주 내쉬빌에 전보를 보냈음. 그들에게 인정해달라고 말해줄 수 있는지?"

(AWAL이란 단어는 암호책에 없지만, AWAL은 승인됨)*

O. R. 에비슨

출처: UMAC

---

* 'AWAL'은 북감리회 선교부에서 자체적으로 정한 전보 통신용 암호문이 아닌 것으로 보인다.

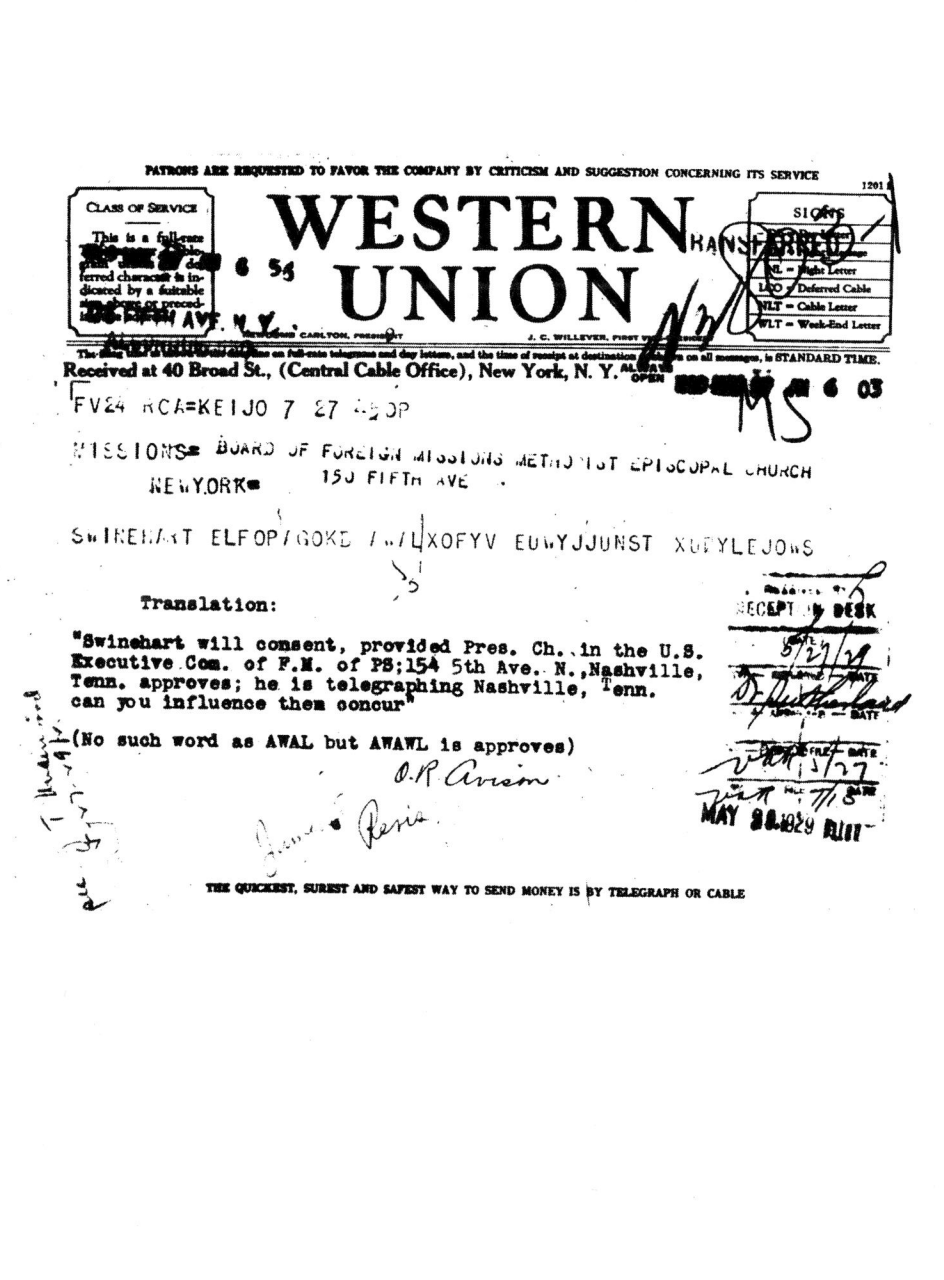

83. 에비슨이 브라운에게

1929년 6월 10일

아더 J. 브라운 목사, 명예신학박사
5번가 156번지
뉴욕시.

친애하는 브라운 박사님:

우리 부부가 두 대학을 위해 모금 사역을 하러 미국으로 가는 문제를 다룬 당신의 5월 14일자 편지를 방금 받았습니다.

당신과 선교부가 이 일에 성심으로 동의해준 사실을 알게 되어 참으로 기쁩니다. 당신은 물론 우리 부부가 개인적으로는 이곳에 머물면서 사역하는 것을 더 좋아하는 사실을 알고 있을 것입니다. 그러나 두 대학의 더 큰 발전을 위해 우리에게 미국에서 사역할 것을 요구할 때면, 우리는 덜 좋아하더라도 이 사역의 성공을 위해 더 필요한 사역을 기꺼이 맡을 의사가 있습니다.

안녕히 계십시오.

O. R. 에비슨

출처: PHS

COOPERATING BOARD FOR CHRISTIAN EDUCATION IN CHOSEN

CHOSEN CHRISTIAN COLLEGE   SEVERANCE UNION MEDICAL COLLEGE

SEOUL, KOREA

O. R. AVISON, M.D., LL.D.   H. T. OWENS
PRESIDENT   SECRETARY & TREASURER

COOPERATING BOARDS
BOARD OF FOREIGN MISSIONS OF THE PRESBYTERIAN CHURCH IN THE U.S.A.
BOARD OF FOREIGN MISSIONS OF THE METHODIST EPISCOPAL CHURCH
BOARD OF FOREIGN MISSIONS OF THE UNITED CHURCH OF CANADA
BOARD OF MISSIONS OF THE METHODIST EPISCOPAL CHURCH, SOUTH
EXECUTIVE COMMITTEE OF FOREIGN MISSIONS OF THE PRESBYTERIAN CHURCH IN THE U.S.

OFFICERS OF THE BOARD
JOHN T. UNDERWOOD, CHAIRMAN
ALFRED GANDIER, VICE-CHAIRMAN
W. G. CRAM, VICE-CHAIRMAN
ERNEST F. HALL, SECRETARY
156 FIFTH AVE., NEW YORK
GEORGE F. SUTHERLAND, TREASURER
150 FIFTH AVE., NEW YORK

June 10, 1929

Rev. Arthur J. Brown, D.D.
156 Fifth Avenue
New York City.

Dear Dr. Brown:

    I have just received your letter of May 14th referring to the return of Mrs. Avison and myself to America for campaign work on behalf of the two Colleges.

    I am very glad indeed to find that you and the Foreign Missions Board have concurred in this so cordially. You will realize, of course, that Mrs. Avison and I personally would prefer to remain here in contact with the work itself, but that when the further progress of the two institutions demands that we work in America we are willing to take up the work which is of less interest to us but more necessary to the success of the work.

    Yours very sincerely,

    O. R. Avison

ORA:EK

84. 서덜랜드가 에비슨에게 (전보)

1929년 6월 20일

에비슨 서울 (한국)
AGOKBUECYD SWINEHART AGOKBENUSN SBAIN
SWINEHART OWRNSAHZHC CLOJLOAMOB

O. R. 에비슨: 네쉬빌에 있는 남장로회 선교부가 남장로회 [한국] 선교회의 승인을 받은 후 스와인하트의 [미국] 귀국을 승인하고, 스와인하트에게 통지하는 서신의 사본을 보냈음. 당신에게 두 사람의 통행료 또는 여행 경비를 선불로 쓸 권한이 부여됨.

서덜랜드

청구비: 에비슨 특별 계정
연희전문학교

[편지 왼편 옆의 손글씨]
존 T. 언더우드(J. T. Underwood)   봄(see) 홀(E. F. Hall)
1929년 6월 14일 받음   1929년 6월 21일 보냄
1929년 6월 13일 받음
1929년 6월 21일 보냄

출처: UMAC

JUN 26 1929
JUNE 20, 1929.

AVISON   SEOUL   (Korea)

AGOKEUBOYD   SWINEHART   AGOKBKNUSN   SRAIN
SWINEHART   OWERSAHKNC   CLOJLOAMOS

O.R.Avison: Presby.Church U.S.,Nashville Bd.approves return of Swinehart subject to approval of Mission Presb.Ch.are sending copy of correspondence notify Swinehart OWENS You are authorized to advance the passage money or travelling expenses of both.

CHARGE: AVISON SPECIAL ACCT.   SUTHERLAND.
        CHOSEN CHR. COLLEGE

85. 북감리회 선교부에서 에비슨에게 (전보)

1929년 6월 27일

FY88 RCA=KEIJO(경성) 7 27 405P

LCO 선교업무= 미 감리회 해외선교부
　　뉴욕= 5번가 150번지

귀국 스와인하트(SWINEHART) 불승인됨 에비슨.*

사본이 1929년 6월 2일 홀(Hall) 박사에게 보내짐[이하 두 줄은 손으로 쓰여짐]
그가 존 언더우드(Underwood) 씨와 함께 처리할 것임.

맥켄지(MacKenzie) 씨:
홀 박사가 전화하여 존 언더우드 씨가 그 일을 에비슨 박사에게 전보로 알리는 것이 바람직하다고 말하였습니다.

내용 → 협력이사회가 당신에게 귀국하지 말도록 조언하였습니다. - 서덜랜드(Sutherland)
　　　　서명 서덜랜드 (서명이 필요한 경우)

출처: UMAC

---

* 미국에서 에비슨과 함께 모금활동을 하기로 내정된 남장로교 선교사 스와인하트가 남장로회 선교회로부터 그 일을 하는 것을 승인받았으나, 승인이 번복됨으로써 에비슨의 도미 계획까지 취소되었던 것으로 보인다.

WESTERN UNION

Received at 40 Broad St., (Central Cable Office), New York, N. Y.

FY88 RCA=F KEIJO 7 27 405P

LCO MISSIONS= BOARD OF FOREIGN MISSIONS
  NEWYORKNY= OF THE EPISCOPAL CHURCH
              150 FIFTH AVE

RETURN SWINEHART DISAPPROVED AVISON.

Mr. MacKenzie:

Dr. Hall telephoned and said Mr. Underwood thought it advisable to

Cable to Dr. Avison:

Sulatan → "Cooperating Board advises you do not return — Sutherland

Sign Sutherland (if signature is necessary)

VAR

86. 서덜랜드가 에비슨에게 (전보)

에비슨
　서울 (한국)

AJBUPOAMOS

1929년 6월 29일

(당신의 귀국을 권장하지 않음. 서덜랜드〈G. F. Sutherland〉)

출처: UMAC

Avison
   Seoul (Korea)

AJBUPOAMOS

June 29, 1929

(Do not advise your returning G. F. Sutherland)

87. 서덜랜드가 에비슨에게 (전보)

1929년 7월 24일

에비슨
 서울 (한국)

존 세브란스가 전기 엘리베이터를 제공함

세브란스 계정에 부과함.

출처: UMAC

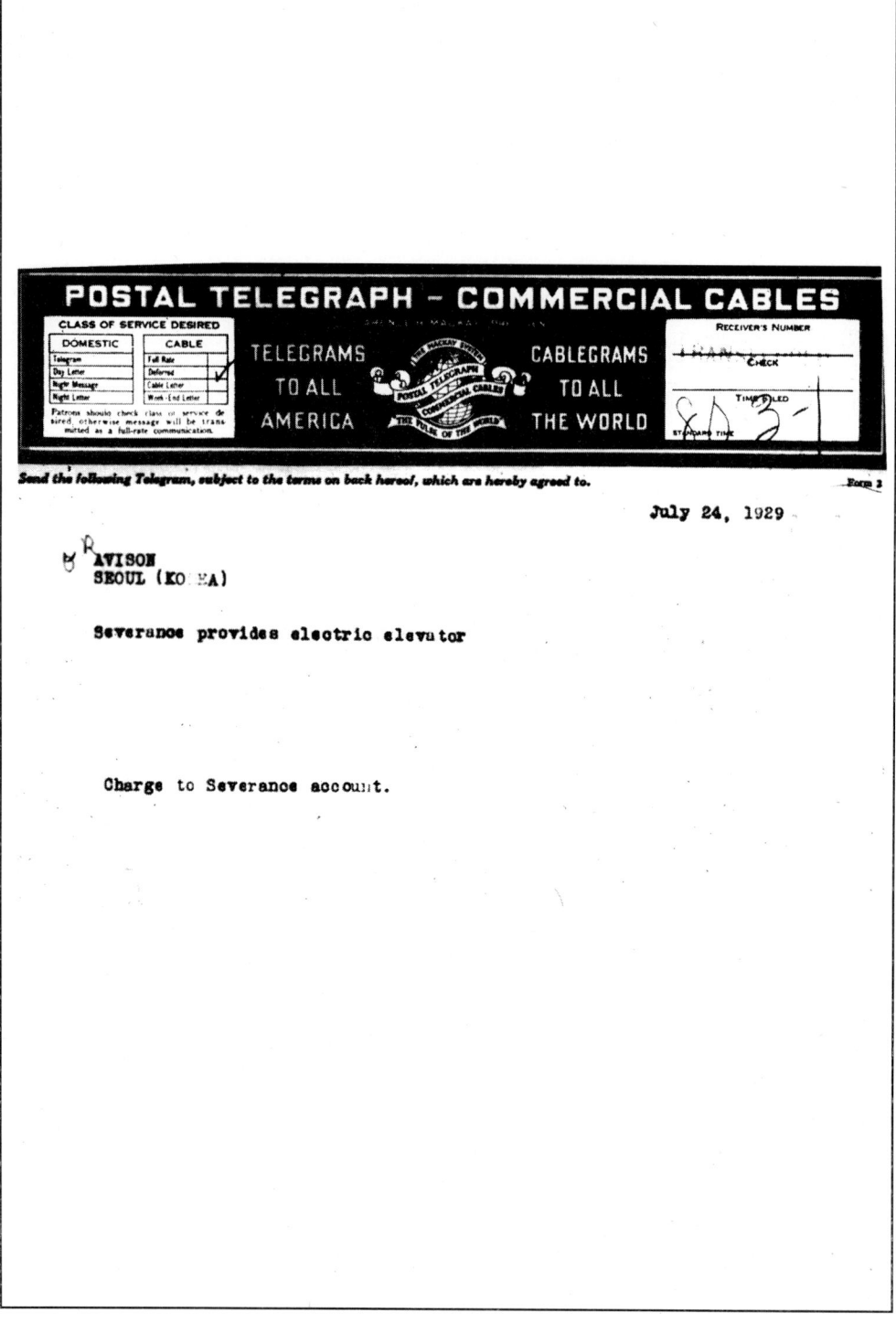

July 24, 1929

AVISON
SEOUL (KOREA)

Severance provides electric elevator

Charge to Severance account.

88. 서덜랜드가 에비슨에게

존 세브란스 씨와 존 언더우드 씨에게 보낼 사본을 만듦

1929년 7월 24일

A. R. 에비슨 박사
세브란스연합의학전문학교
서울, 한국

친애하는 에비슨 박사님:

존 세브란스(Severance) 씨가 7월 22일자로 내게 보낸 편지를 방금 받았는데, 그것은 당신에게 발송된 크노프(Knoff) 씨의 5월 7일자 편지의 사본이었습니다. 엘리베이터 문제를 다룬 것으로, 그분과 프렌티스 부인이 엘리베이터를 설치하려 한다면 전동식이어야 하므로 그분과 프렌티스 부인이 기꺼이 엘리베이터 설치를 책임을 지겠노라고 결정하였습니다. 그리고 운임과 관세와 설치비가 엘리베이터 자체에 드는 만큼의 비용 또는 총 5천 6백 불일 것이라는 가정 하에 할부금을 부담하겠다고 하였습니다.

나는 크노프(Knoff) 씨를 불러서 그와 함께 이 일을 둘러싼 최근의 동향에 관해 이야기를 나누고, 그 후에 당신에게 다음과 같이 전보를 쳤습니다.

존 세브란스가 전기 엘리베이터를 제공합니다.

이것은 매우 짧은 글이지만, 그 내용을 당신이 정확하게 이해하였을 것이라고 확신합니다. 크노프 씨가 내게 당신이 대형, 7×6짜리 엘리베이터의 설치 가능성에 관해 자기에게 편지를 보내어 자기가 그 값을 알아보고 있는데 그 비용이 2백 불 이상으로 늘어나지 않을 것으로 생각한다고 말하였습니다. 그는 그 정도면 처리 비용, 작업대 등의 문제에서 엘리베이터의 서비스 가능성을 크게 높일 것이라고 말합니다.

나는 운송비는 아주 약간만 더 들고 설치비는 얼마 들지 않을 것이라고 짐작합니다. 이

런 종류의 엘리베이터를 그보다 훨씬 더 만족스럽게 쓰려고 하면서 당신이 2백 불가량을 쓰는 문제로 망설이는 것은 존 세브란스 씨가 원치 않을 것이라고 짐작합니다. 그래서 크노프 씨에게 가능한 한 그가 당신에게 제시했던 것에 근거하여 계속 수고하도록 제안하였습니다. 물론 이 문제에 관해 존 세브란스 씨와 통신하려 합니다. 이것은 프렌티스 부인과 존 세브란스 씨의 관대함과 이 기관에 대한 그들의 관심을 보여주는 또 다른 매우 훌륭한 증거입니다.

또한, 내가 존 세브란스 씨와도 프렌티스 부인과 본인의 약정금과 관련하여 통신한 사실을 말하겠습니다. 서명이 있는 약정서는 우리에게 없고 오직 서신에서만 이 금액을 기꺼이 주겠다고 언급되어 있는 것을 발견하였습니다. 존 세브란스 씨가 내게 자기와 프렌티스 부인이 조선 기독교 교육을 위한 협력이사회 법인에 세브란스병원의 기본재산으로 쓰도록 각각 2만 5천 불을 주겠다고 분명하게 약속하였습니다.

안녕히 계십시오.
회계
GFS [G. F. 서덜랜드]

출처: UMAC

Copies to Mr. Severance and Mr. Underwood

July 24, 1929

Dr. O. R. Avison
Severance Union Medical College
Seoul, Korea

Dear Dr. Avison:

I have just had a letter from Mr. Severance under date of July 22, sending me a copy of Mr. Knoff's letter of May 7 to you, concerning the matter of elevators and saying that he and Mrs. Prentiss have decided that if an elevator is installed it should be electric and that he and Mrs. Prentiss are willing to become responsible for the elevator and its installment on the assumption that the freight, duty and erection will probably cost about as much as the elevator itself, or a total of $5,600.

I called up Mr. Knoff and talked with him about the latest development in this connection and after that talked wired you as follows:

"Severance provides electric elevator".

This is rather brief, but I felt quite sure you would be able to interpret it correctly. Mr. Knoff tells me that you have written him concerning the possibility of a larger elevator, possibly 7x8, that he is working on the figures for that and thinks that it will not increase the cost more than $200. He tells me that it will greatly increase the serviceability of the elevator in the matter of handling cots, operating tables etc.

I assume that the freight will cost very little more and the erection will not cost any more. I have rather assumed that if this sort of elevator is going to be much more satisfactory Mr. Severance would not want you to hesitate on the question of approximately $200., and I have, therefore, suggested to Mr. Knoff that he go ahead working on that basis submitting his plans to you as soon as he can. I am, of course, also communicating with Mr. Severance regarding this matter. This is another very fine evidence of the generosity of Mrs. Prentiss and Mr. Severance and their interest in the institution.

I may also say that Mr. Severance has also been in correspondence with me regarding the pledge of Mrs. Prentiss and himself for $25,000. each as endowment for the hospital. We have

Dr. O. R. Avison   -2-   July 24, 1929

found that there is nothing in the way of a signed pledge, only reference to their willingness to give this amount in correspondence. Mr. Severance tells me that he and Mrs. Prentiss will give definite pledges to the Cooperating Board for Christian Education in Chosen, Inc. for the use of endowment of Severance Hospital covering $25,000. each.

                        Sincerely yours

                        Treasurer

GFS
VAR

89. 에비슨이 크노프에게

서덜랜드(George F. Sutherland) 박사에게 보낼 사본을 만듦

1929년 9월 13일

시드니 F. 크노프 씨
메트로폴리탄 타워
메디슨 에비뉴 1번지
뉴욕시.

친애하는 크노프 씨:

당신의 8월 9일 자 편지를 받고 보내준 엘리베이터 설계도들을 신중하게 살펴보았습니다. 승강로[엘리베이터 차량의 상하 운행 공간]의 치수를 정확히 측정하여 청사진에 표시를 하였습니다. 당신이 보게 될 것처럼, 구덩이의 깊이는 3피트 10인치인데, 청사진에서 제시된 깊이는 4피트입니다. 콘크리트가 이미 굳기는 하였지만, 그것을 2인치 또는 그보다 더 깊게 하는 것이 필요하다면, 우리는 물론 그렇게 할 수 있습니다. 당신이 청사진에 있는 것들과 비교할 수 있도록 측량한 것을 표시한 승강로의 도면을 당신에게 보냅니다.

당신이 제안한 엘리베이터 칸이 6피트 4인치×7피트 10인치인 것을 주목합니다. 이곳[도쿄]에 있는 사람들이 제안한 것은 6피트 5인치×7피트 2인치입니다. 이 중 어느 것이 옳건 간에 우리의 목적은 이루어질 것입니다. 당신이 어림한 바로, 뉴욕항을 출발하는 F.A.S.기선으로 실어오는 새로운 사이즈의 엘리베이터 운송료가 2,993불이고, 관세를 포함하면 설치비가 2천 5백 불가량이 되는 점을 주목합니다. 운송료가 포함되는 것을 당신이 언급하지 않았는데, 일부러 그랬을 수도 있습니다. 당신이 운송료를 서울까지로 계산하였는지 아니면 제물포까지만 계산하였는지 의문입니다. 만일 뉴욕에서 서울까지 보내는 제반 비용을 넣어서 계산하면, 그 총액이 5,495불일 것입니다. 어떤 환율로 계산했는지는 당신이 말하지 않았는데, 설치비는 물론 여하튼 간에 원화로 지불해야 할 것입니다.

내가 최근에 보낸 편지를 보면, 미국에서 산 모든 기계의 최종 설치 작업에 대해 이곳에서 낸 견적의 총액이, 각층을 지날 때 칸의 위치를 표시하는 다이얼 시스템과 당연히 동반되는 필수 부품인 타일러(Tyler)사의 외부 게이트 세트를 포함해서, 1만 2천 불인 것을 당신은 볼 수 있습니다. 당신이 보낸, 공급이 필요한 자재들의 목록에서는 다이얼이나 타일러 게이트들이 전혀 거론되지 않았습니다. 그래서 당신이 제시한 비용 안에 이것들이 들어있지 않았다면 약 3,365원이 늘어날 것인데, 이것은 현재 환율로 1,641불가량이 될 것입니다. 이 금액을 당신이 말한 5,495달러에 더하면 총 7,136불이 되지만, 이곳[일본]의 대리점을 통해 똑같은 것을 사면 총 1만 2천 원* 또는 5,820불이 되고, 두 경우에 모두 설비 비용이 당연히 포함됩니다. 앞서 말한 두 항목이 엘리베이터 비용 안에 표시되지 않았거나 공급될 제품의 사양설명에 기재되지 않았는데, 이 항목들을 당신이 그 견적 안에 넣지 않았다면, 이 계산은 당신의 견적보다 1,316불의 비용이 증가된 것을 보여줍니다. 더 나아가 이 항목들은 미국에서 보낸 견적에서보다 가격이 더 높다고 이곳에 있는 그 회사 대리인들이 낸 견적서에서 분명하게 지적되어 있었습니다.

우리로서는 물론 그 설비를 완성하기 위해 추가로 1,641불(금화)를 우리에게 보내달라고 할 수가 없기 때문에 이 점을 분명하게 짚어야 합니다. 재정적인 측면에서 이 문제를 서덜랜드 박사에게 명확히 이해시키기 위해 이 편지의 사본을 보내려 합니다. 그가 존 세브란스 씨와 일을 처리하다가 어떤 어려움을 겪지 않도록 당신이 그[서덜랜드]와 직접 이야기를 해보고 구매와 관련된 재정문제를 명확히 이해했는지 확인해주기 바랍니다.

전에 말한 이곳 일본 백화점에 있는 소형 엘리베이터의 하루 운행 횟수는 평균 200회입니다.

1929년 10월 5일

현지 대리인들의 설명을 더 듣게 되어 위의 편지 발송이 미뤄졌습니다. 그들이 새로운 환율에 근거하여 새로 고친 견적가를 가지고 어제 왔습니다. 새 견적가는 두 부분-하나는

---

* 원문에는 숫자가 '12,00'이라고 되어 있는데, 착오로 '0'을 빠뜨린 것으로 생각된다. 원화가 5,820불에 상응하려면 12,000원이 되어야 한다.

장비에 대해, 다른 하나는 건설 비용에 대해–으로 나뉘어 있는데, 다음과 같습니다.

항목 1번: 차량을 전기 스위치로 제어하는 병원 엘리베이터 하나 (1)

    용량: 2,500파운드

    속도: 50fpm[분당 이동 거리⟨피트 단위⟩]

    이동 높이: 45피트 1⅜인치, 1층에서 마지막 층까지

    개방: 5회, 각 층에 한 번씩

    차량 공간: 현지 제작, 오티스(Otis) 회사* 제품 1번 디자인

        6피트 5인치 넓이 × 7피트 2인치 깊이

        에나멜 단색 칠로 마감

    알림기: 현지 제작, "위 아래" 잠금 해제 알림기

    윤활기: 오티스(Otis)사 심지 유형

                                 기계와 자재비   7,100.00원

                                 건설비   550.00원

항목 2번: (1) 엘리베이터 위에서 사용하기 위한 현지 제작의 기계식 다이얼 표시기 시스템으로서, 주철로 제작되고 청동 도금으로 마감된 원형 또는 반원형 다이얼과 상업용으로 디자인되고 승강로의 재료 및 작동 장치가 완비된 화살표들과 숫자들로 구성되어 있습니다.

                                 자재비   260.00원**

                                 건설비   35.00원

항목 3번: 타일러 회사에서 제작한 타일러 철제 접이식 승강로 출입문들.

---

* 오티스 엘리베이터 회사(Otis Elevator Company): 코네티컷주 파밍턴에서 1953년 오티스(Elisha Otis)가 설립한 엘리베이터 설비 제조 회사로 1976년 다른 회사에 합병된 후 2020년 분리되어 Otis Worldwide Corporation란 회사명을 갖게 되었다.

** 원문에는 이 숫자 앞에 '¥' 또는 '$'가 표기되어 있지 않지만, 윗 부분의 기계 및 자재비와 건설비 앞에 '¥'이 붙은 것을 볼 때 이 수는 원화 금액을 가리키는 것으로 짐작된다.

넓이: 5피트 2인치

높이: 7피트 8인치, 7피트 높이의 입구에 닿지 않는 적당한 높이

_____[판독 곤란]

탑 트랙, 바닥 철제 가이드와 오티스 회사의 표준 'G' 게이트 계약 포함

마감: 청동 도금

기둥: 5개의 출입문[각 층의 출입문]마다 측면에 세울 1½인치 정사각 기둥

자재비	2,300.00원
건설비	100.00원
전체 기계와 자재비	9,660.00원
건설비	685.00원
총계	10,345.00원

당신이 보듯이 타일러 사의 게이트들을 사고 설치하는 데 필요한 2천 4백 원이 여기에 포함됩니다. 방금 총독부 사무실에 가서 그곳의 엘리베이터를 살펴보고, 특별히 승강로 게이트들을 살펴보았습니다. 여기에 있는 것들은 매우 단순한 모양으로 제작되었습니다.

1929년 10월 15일

승강로는 모두 전면에서 개방되어 도어 두 개로 닫힙니다. 두 도어 가운데 하나만 움직일 수 있어서 다른 것을 지나치면서 미끄러집니다[미닫이 문 형식으로 된 것을 가리키는 듯함]. 그것은 레버 손잡이로 열리는데 움직일 수 있게 된 도어를 제자리로 끌어당긴 다음 곧게 펴서 밖에서 도어를 움직이지 못하게 막습니다. 또한, 전기로 움직이는 일종의 승강로 도어가 있어 모든 게이트를 제어하고, 도어가 열리면 차량이 움직이지 못하게 막는 안전 장치도 있습니다. 대리인에게 이런 유형의 도어는 가격이 얼마인지를 물어보니, 내가 보기에는 매우 만족스러운 가격인 것 같습니다.

그런 후에 당신에게서 전보가 와서 그것이 "단일 게이트"임을 명시하였고, 그로부터 며칠 후 도쿄에 있는 오티스 사 대리점의 관리인이 한국 방문 중에 내게 전화를 하였습니다. 그는 그 도어가 타일러(Tyler)사의 접이식 게이트에는 아주 좋지만, 손으로만 움직이고

안전장치가 없다고 설명하였습니다. 그 도어 가격을 알려주어 접이식 게이트에 매겨진 가격과 비교하게 하겠다고 내게 약속하였습니다. 이번주 중에 이 견적서가 오기를 기대합니다. 그가 수요일까지는 도쿄에 돌아갈 작정이었기 때문인데, 그 날이 곧 내일입니다.

당신의 전보를 며칠 전에 받았고, 그것의 견적가를 도쿄의 대리점에서 이미 받은 것들과 비교하였습니다. 그것들은 다음과 같이 비교되는데, 모두 완전히 미국에서 만든 제품에 대한 두 가지 견적가를 비교한 것입니다.

당신의 견적서	1번 항목	$3,300	
	2번 항목	300	
	3번 항목 (더 적은 관세로 보험료와 운송비를 내고 서울에서 배달된다는 뜻으로 받아들임)	1,500	
	판독 불가	판독 불가	
	판독 불가	$6,120	
	여기에 추가되는 설치비. 인근의 다른 곳에서는 750원 이 드는 것으로 추정됨	375	$6,495
이곳의 회사에서 준 같은 제품에 대한 견적서			5,675
차액			$ 820

이것은 여기에 있는 회사로부터 구입하면 820불의 차액이 나는 것을 보여줍니다.

이런 사실을 서덜랜드 박사에게 전보로 알렸는데, 내 전보가 물론 이 편지보다 먼저 그에게 도착할 것이므로 이 편지가 그 전보를 설명하는 역할을 할 것입니다. 존 세브란스 씨가 [미국에서] 오티스 회사로부터 직접 엘리베이터를 사는 특혜를 가지도록 선뜻 820불을 더 지불하려 하실까요?

설치비가 내가 제시한 두 가지 경우의 수치에 다 들어 있지만, 승강로 설치에 약간의 추가 작업이 필요하여, 존 세브란스 씨와 이 문제를 상의할 때 이 추가 작업을 위해 125불을 더하는 것이 좋을 듯하므로 그 총액은 두 경우에 6,620불과 5,800불이 될 것임을 말씀드립니다.

그 대리점의 매니저와 의논하였는데, 그는 이 사업을 매우 잘 잘 알고 있어서 속도를 분당 50피트에서 분당 100피트로 올리는 문제와 속도를 높이면서 균형을 잡기 위해 용량을 2,500파운드에서 1,800파운드로 줄이는 문제를 이해하는 듯하였습니다. 우리가 쓰기에는 1800파운드의 용량이면 아주 충분할 것입니다. 그는 병원용 엘리베이터로서 분당 100피트 속도는 아주 느린 것이라고 생각하였습니다. 그러나 우리가 더 의논하였을 때 그는 그 기계가 2,500파운드에 분당 50피트의 속도를 낼 것으로 예상되므로 분당 100피트의 속도를 위해서는 7½ H.P. 모터가 필요하겠지만, 그것을 쓰면 전기 소모량이 당연히 크게 늘어나, 엘리베이터 운영비가 66⅔퍼센트까지 늘어날 것이라고 말하였습니다. 속도를 이렇게 높이기 위해 그처럼 많은 돈을 지불하는 것이 옳은지는 매우 의문스러운 것 같습니다.

안녕히 계십시오.

ORA [O. R 에비슨]

출처: UMAC

Copy for Dr. George F. Sutherland.

September 13, 1929.

Mr. Sidney H. Knoff
Metropolitan Tower
1 Madison Avenue
New York City.

Dear Mr. Knoff:

I have your letter of August 9th and have gone carefully over the elevator plans sent. I have marked the blue print with the exact measurements of the hatchway. As you will see the pit is 3'10" deep, while the blue print suggests a depth of 4'. Of course if it is necessary to make it two inches deeper or more than that we can do it, although it has already been concreted. I sent you a diagram of the hatchway with measurements that you can compare with those on the blue print.

I note the car that you propose has a platform 6'4" x 7'10". That proposed by the company here is 6'5" x 7'7". Whichever one of these is correct will answer our purpose. I notice the price of the new size elevator, as quoted by you, is $2,995, F.A.S. steamer, New York Harbor, and you suggest that the cost of installation, including duty, may be about $2,500. You do not mention freight as being included but perhaps that was intended. I wonder whether you calculated freight to Seoul or only to Chemulpo. If all expenses from New York to Seoul have been included the total cost would be $5,495. You do not say at what rate you have calculated exchange and of course installation will have to be paid in yen in any case.

You will note from my last letter that the total estimate here for the finished job for a machine entirely purchased in the United States and including the dial system for showing location of car on its passage from floor to floor and a set of outside Tyler gates, which of course are essential, is ¥12,000. You have not mentioned in any list of materials to be supplied the dials or the Tyler gates, so that if these are not included in your price there will be an increase of about ¥3,365 which at present exchange would be about $1,641. This added to your sum of $5,495 would make a total of $7,136 as against a total of ¥12,00, or $5,820, for the same thing purchased through the agents here, the cost of installation being of course included in both cases. This computation shows an increased cost of $1,316 against your quotation, unless your quotation includes the two items referred to, which are not shown in the figure of the elevator nor mentioned in the specifications of what will be supplied. Furthermore, these items were specifically mentioned in the quotation from the company agents here as being over and above the quotations sent from America.

We must of course be clear in regard to this point as we

Mr. S. H. Knuff.   -2-   September 13, 1929

        cannot afford to have an extra bill of $1,641 Gold sent to us in order to complete the apparatus. In order to make this financial aspect of the question perfectly clear to Dr. Sutherland I am sending him a copy of this letter. Please talk with him personally and see that he clearly understands the finances involved in the purchase that he may not get into any difficulty with Mr. Severance.

        The number of trips per day made by the small elevator in the Japanese Department Store here, formerly referred to, averages two hundred.

                        October 5, 1929.

        The above letter has been waiting here for further information from the local agents who came in again yesterday with a revised estimate based upon the new exchange rates. The new estimate is given in two sections – one for apparatus, and one for the cost of erection – and is as follows:

Item #1: <u>One (1) Electric Car Switch Control Hospital Elevator</u>, having

        Capacity   : 2,500 pounds.
        Speed   : 50 f.p.m.
        Rise   : 45'1-3/8", 1st to roof floor.
        Opening   : 5, one at each floor.
        Car Enclosure: Local make, of Otis design,
                         6'5" wide x 7'2" deep, finished
                         in solid color enamel.
        Annunciator   : Local make, of "Up and Down" lock
                         drop annunciator.
        Lubricator   : Otis wick type.

                         Machine and Material   ¥ 7,100.00
                         Erection   500.00

Item #2: <u>One (1) Mechanical Dial Indicator System</u>, of local make, for use above elevator, consisting of circular or semi-circular dials of cast iron with bronze plated finish, arrows and numerals of stock design, complete with hatch materials and operating mechanism.

                         Material   200.00
                         Erection   35.00

Item #3: <u>Five (5) Tyler steel folding Hatchway Gates</u>, of the Tyler Company's manufacture, having

        Width   : 6'5"
        Height   : 7'0", suitable for clear height of
                         7'0" opening.

Mr. S. H. Knoff.   -3-   October 5, 1929.

                    top track, bottom steel guide and Otis
                    standard "O" gate contract are included.
        Finish   : Bronze plate.
        Post   : 1-1/2" square post for each side of all
                    five openings.

                                            Material   3,500.00
                                            Erection   100.00

            Total Machine and Material   ¥ 9,680.00
                Erection   665.00

                            TOTAL ---   ¥10,345.00

As you see, this includes ¥2,400 for the purchase and erection of the Tyler gates. I have just been over to the Government-General offices and have inspected the elevator there, especially the hatchway gates. These are of a very simple form of manufacture.

                October 15, 1929.

As the whole of the hatchway is open in front it is closed by means of two doors, only one of which is movable, and this slides past the other one. It is worked with a lever handle which draws the movable door into place and then straightens out and prevents any movement of the door from the outside. I note also that there is a type of hatchway door that is worked by electricity which controls all the gates of the series and also a safety device which prevents the car being moved if any door is open. I asked the agent to give me a price on this type of door, which seemed to me very satisfactory.

Then came your cable, which specified a "single gate", and a few days later the Manager of the Japanese agency of the Otis Company in Tokyo called on me, being on a trip to Korea. He explained that the door is much superior to the Tyler collapsible gate which is worked entirely by hand and has no safety device connected with it. He promised to give me a price for the door to compare with the price given for the collapsible gate. I expect this quotation during this week, as he expected to be back in Tokyo by Wednesday, that is tomorrow.

Your cable was received a few days ago and its quotations were compared with those already in hand from the Tokyo agency. I find they compare as follows, the comparison being made for complete American manufacture in both cases:

Your quotations -
    Item #1 $ 3,300
        2   300
        3 (c.i.f. which I take to mean delivered   1,500
            in Seoul, less duty.)

Mr. S. H. Knoff.   -4-   October 15, 1929.

Brought Forward - $ 6,120
To this I add cost of installation which would be
  in the neighborhood of ¥750, say   375 $ 6,495

Quotation given by Company here -
  For the same things   5,675

                    Difference $ 820

    This shows a difference of $820 in favor of purchasing through the company here.

    I am cabling this information to Dr. Sutherland and my cable of course will reach him before this does and this will therefore serve as an explanation of that cable. Will Mr. Severance be willing to pay $820 more for the privilege of purchasing the elevator direct from the Otis Company?

    I may say that while the figures I have given cover in both cases the cost of installation, some little work will have to be done on the hatchway itself which will be extra, so that it might be well to add $125 for this extra work in taking the matter up with Mr. Severance, making the totals in the two cases $6,620 and $5,800.

    I discussed with the manager of the agency, who seemed to understand his business very well, the question of increasing the speed from 50 feet per minute to 100 feet per minute, and reducing the capacity from 2500 pounds to 1800 pounds in order to somewhat balance the increase in speed, 1800 pounds being probably quite sufficient in capacity for our purposes. He thought that 100 feet was quite slow enough for any hospital elevator. However, as we talked further he said the machine estimated for, having a capacity of 2500 pounds and a speed of 50 feet, would require only a 4½ H.P. motor, while one for 1800 pounds and a speed of 100 feet would require a 7½ H.P. motor, which would of course greatly increase the consumption of electricity and therefore the cost of running the elevator would be increased by 66-2/3 per cent. It seems very questionable whether we would be justified in paying so much more for this increase in speed.

                            Yours very sincerely,

                              ORA

ORA:EK
Enc.

90. 연전 교장 보고서

연희전문학교
1928~1929
연례 보고서*

연희전문학교는 아직 유아기에 있고, 현재까지 역사가 14년 밖에 되지 않습니다. 그러나 그 역사에서 괄목할 만큼 빠른 동시에 견실한 성장을 이루었습니다. 우리가 보고하려는 한 해는 부지와 설비 면에서는 전년도보다 많은 변화는 없지만 주목할 만합니다.

재정

해마다 별도의 재정보고서가 작성되므로 대학의 수입과 지출을 더 자세히 알고 싶어 하는 모든 사람이 볼 수 있습니다. 따라서 이 보고서에서는 현저한 사실들만 제시하겠습니다.

1. 홀 재단 기부금

대학이 기부를 받아온 중에 가장 큰 단일 기부금인 20만 불이 홀 재단(Hall Estate)의 최종 결정으로 올해에 우리에게 왔습니다. 금년에 받기는 했지만, 그 기부금은 1924~26년에 미국에서 벌인 모금 활동의 직접적인 결과물입니다. 대학이 이미 이 재단으로부터 5만 불의 수혜를 받았으므로 이 기금에서 총 1백만 불의 ¼을 받은 것이 됩니다. 추가 수입 덕분에 우리가 사역을 위해 시설을 늘리게 된 것에서 더 나아가 이 기금의 신탁자들이 우리 대학을 이렇게 기부해도 될만한 가치가 있다고 생각한 사실을 알게 된 것이 가장 감사한 일입니다.

2. 다른 기부금들

홀 재단의 기부금 외에 존 언더우드(J. T. Underwood) 씨가 보낸 기부금들로 인해 약 1만 4천 불이 기본재산에 추가되었고, 1만 불이 다른 자본금에 추가되었습니다.

---
* 이 교보서는 1929년 9월 20일에 열린 이사회 회의 때 제출된 것으로 추정된다.

한 해를 마무리할 즈음에 로드히버(Rodeheaver) 씨와 그와 합력한 사람들이 현제명(Rody Hyun) 씨의 봉급을 몇 년간 보장함으로써 그를 임명하여 대학의 음악 과목을 맡길 수 있게 되었다는 말이 들려왔습니다.*

3. 적자와 잔액

대출 기간과 과도한 낙관주의와 그밖의 다른 요인들로 인해 1927년까지 적자가 매년 한 해를 특징짓는 현상이 되었습니다. 그때는 실습을 중단하고 누적 적자를 갚기 위해 예산에 소액을 따로 책정하였습니다. 갚아가는 과정은 길고 지루해보였습니다. 그러나 금년에는 새로운 기본재산에서 얻은 소득으로 예산의 누적 적자를 청산할 수 있게 되었고, 모금 때의 약정금 수입으로 자본금에서 빌려쓴 것을 상환할 수 있게 되었습니다. 그리하여 우리가 말끔하게 정리된 장부를 가지고 새해를 시작할 수 있게 되었습니다.

위의 사실은 기뻐해야 할 충분한 이유가 되지만, 유리한 환율과 예산 수입의 증가와 우리의 끊임없는 경계태세로 인해 우리는 실제로 지난 회계연도를 7,206.53원으로 마감하였습니다.

4. 현재 대학의 재정 상태

대학의 고정자산은 토지, 건물, 주택, 장비 등등으로 총 772,311원의 가치가 있고, 비가용 자본금을 84,026.10원입니다. 기본재산은 409,000불(이 금액은 달러로 받았고, 미국에서 조선 기독교 교육을 위한 협력이사회 법인〈Cooperating Board for Higher Education in Chosen, Inc.〉이 투자를 받았습니다)에 달하였습니다. 매년 예산 항목들은 실제 현금으로 거의 10만 원이 되었습니다. 지난해 예산은 136,652.04원이었는데, 이 가운데 4만 2천 원이 교수들과 직원들로 수고하는 여러 선교회 대표들에게 준 선교사 봉사에 대한 것으로 계산되었습니다. 이 금액을 제하면 우리에게 94,652.04원의 현금 수입과 87,445.04원의 지출이 있습니다. 이 금액 가운데 거의 2만 6천 원을 학비, 자산 등등

---

* 현제명(玄濟明, 1902~1960): 대구에서 태어나 계성학교와 숭실전문을 졸업한 후 도미하여 1929년 시카고 건 음악학교 석사과정을 졸업하고 에비슨의 초청을 받아 귀국하여 9월부터 연전에서 음악을 가르쳤다. 그는 미국에서 학비와 생활비를 대주고 3년치 연전 교수 봉급까지 제공한 후원자 로드히버(Homer A. Rodeheaver)의 이름을 따서 자신의 영어 이름을 지었다. 1932년 조선음악가협회 초대 이사장을 역임하였고, 1937년 미국 건 음악학교에서 박사학위를 받고 귀국한 직후 수양동우회사건으로 체포되면서 학교를 떠났다.

에서 받았고, 그리하여 현금 수입의 27%가량을 현지에서 받았습니다.

등록

등록생은 지난 5년 동안 느리지만 꾸준히 증가하였습니다. 이 기간에 등록금을 낸 학생은 평균적으로 다음과 같았습니다.

1924~25	168명
1925~26	179명
1926~27	194명
1927~28	204명
1928~29	214명

또는 5년간 27%가 증가하였습니다. 이 나라의 재정 여건과 경성제국대학의 개교를 고려할 여지가 있을 때 이렇게 증가한 것은 축하를 받을 일입니다.

자산

자산의 변화는 지난해 동안 주목할만한 일이 아니었습니다. 모범촌 구역의 작은 필지 4개를 샀고, 여러 곳의 소중하고 필요한 부분에 대한 보수공사를 마쳤습니다. 가장 이목을 끈 것은 철도역에서 가장 가까운 곳에 터널을 통과하는 진입로가 새로 생긴 것입니다. 이 공사는 철도국과 대학이 함께 진행하였는데, 그들이 그 일에 참여한 것에 대해 국장인 오무라(Omura) 씨께 감사를 드립니다. 이 진입로를 대학 건물들로 가는 주요 도로와 연결하기 위해 새 길을 지금 만들고 있습니다.

교수진

지난해에는 교수진에 눈에 뜨이는 변화가 없었지만, 모든 성원의 신실한 사역과 행정을 맡은 한국인 4명에 대해 증언을 하지 않고는 보고서가 완성되지 않을 것입니다. 지난해에는 학감과 3개 과의 과장들이 모두 한국인이었다는 사실을 보고하였습니다. 그 4명은 모두 교회 직원이고 교회 사역자들입니다. 이미 보았듯이 가을 학기에는 또 다른 한국인인 현제명이 와서 대학의 음악 과목을 담당하는 것을 볼 것입니다.

음악

현제명 씨가 오기 전부터도 이 분야에서 많은 일이 이루어졌습니다. 교수회의 음악부가 로즈 부인, 베커 부인, 부츠 부인의 도움을 받아 합창단, 밴드[양악대]와 오케스트라 분야에서 큰 발전을 이루었습니다. 이 악단들은 모두 한 해 동안 몇 차례 매우 훌륭한 공연을 하였습니다. 우리는 교직원에 있는 현 씨와 더불어 모든 학생에게 진정한 음악교육을 하고, 이 분야에 적성이 있는 이들에게 특별 교육을 하며, 위에서 말한 자발적으로 참여하는 악단들을 훨씬 더 발전시키고 숙련시키기를 희망합니다.

종교 활동

매년 봄마다 여는 특별 집회가 봄에 열려 매우 만족스러운 결과를 얻었습니다. 한 명은 한국인이고 다른 한 명은 외국인인 두 강사가 와서 영감 있고 유용한 메시지를 전하였습니다. 일 년 내내 여러 학생이 인근의 교회들 및 주일학교들에서 종교사역을 하였고, 복음이 전해지지 않은 지역에서는 특별 전도대가 방학기간을 이용해 활동하였습니다. 야학 교육과 다른 사역도 학생들이 수행하였습니다. 채플 예배가 더 나아지고 유익해졌으며, 기숙사에서 매주 열리는 기도회가 좋은 참석률로 만족스럽게 진행되고 있습니다. 종교사역은 교수회의 특별위원회가 큰 관심을 갖는 문제들 가운데 하나였는데, 이 위원회가 낸 제안이 채택되어 많은 향상을 기대할 수 있게 되었습니다.

특별위원회

향후의 목표와 방법과 계획을 연구하기 위해 특별위원회가 지난가을에 조직되어 한 해 동안 활동하였습니다. 그들은 중요한 많은 문제들을 검토하여 건설적인 제안을 하였습니다. 그 보고서를 봄에 열린 이사회가 상세하게 검토하여 많은 항목을 채택하였고, 나머지는 특별위원회에 회부하였습니다. 그 보고서의 내용이 대대적으로 집행되면 널리 연구에 사용될 수 있을 것입니다. 이는 연구 결과를 공개하라는 요청을 많이 받았기 때문입니다.

농업 사역

조선기독교대학(Chosen Christian College)이 처음 개교했을 때 농업 교육과정이 계획되어 한 학년[1921년 제3회 졸업식 때 3명]이 졸업하였습니다. 여건상 폐과할 필요가 생겨서 현재는 우리가 농과학부를 복설한 계획을 세우고 있지 않습니다. 그러나 대학은 이 나라의 필요에 기여할 수 있는 것이면 무엇이든 하기를 원하고 있으므로 한 위원회를 만들어 YMCA와 함께 그들의 농업사역에 협력하는 방안을 연구하게 하였습니다. 현재는 대학이 건물과 일부 농지를 임대하는 방법으로 도울 수 있는 듯하고, 가르치는 일도 일부 도울 수 있으며, 나중에 다른 도움을 줄 가능성도 있는 것 같습니다. 구체적인 계획은 아직 완성하지 않았지만, 내년에 계획의 완성만 아니라 실행까지 보고할 수 있기를 바라고 있습니다.

운동경기

현재 체육 주임인 신기준(K. J. Synn) 씨의 지도 아래 우승팀을 만드는 것보다 체육 교육과 학생 전체의 신체 발육에 더 큰 강조점을 두려는 시도가 이루어지고 있습니다. 신 씨가 학년간과 학과간 대항전을 만들어 전에는 운동경기에 참여해본 적이 없는 많은 학생들을 끌어들이고 있습니다. 갖가지 필요를 채우고 재능을 개발하기 위해 배구, 육상, 주짓수[씨름으로 이해됨]를 도입하고 추진하였으며, 테니스와 농구가 전보다 더 뛰어난 자리에 오르게 되었습니다. 팀들의 육성을 소홀히 하지 않아 그들이 전국축구경기에서 우승하고, 메이지대 축구팀을 패퇴시켰습니다. 평양 [숭실전문] 측과의 두 팀간 경기가 처음으로 열려서 연희전문이 이겼습니다. 이 대회에서 양팀이 모두 훌륭한 정신을 보여주고 두 대학의 사이가 더 돈독해져서 매우 만족스러웠습니다.

훈육

이미 언급한 특별위원회의 사역은 이론적으로 체계를 세우는 것에 치중하였지만, 행정과 훈육 문제도 많이 다루었습니다. 그 보고서를 제출하면, 다음 단계는 이 이론를 실행하는 일이 될 것이라고 모두 생각하였습니다. 이 일이 실행되어 학비 수납과 출석 등의 몇 가지 측면에서 매우 만족스런 결과를 얻었습니다. 상과에서 특별히 한 학년에서 어느 특정인이 한동안 교수들을 걱정시키는 문제를 일으켜 한 학년 전체가 징계를 받았습니다. 그들이 받은 처우에 대한 불만이 여러 방식으로 드러났습니다. 부분적으로는 선동을 받아 상과 학생 전체가 교수들에게 어떤 것을 변경하도록 청원하였고, 그러는 동안 그 학년의 한 학생을 퇴학시킬 필요를 야기하는 행동을 하였고, 그와 동시에 학생들의 요청사항 5가지 가운데 4가지가 거부되었습니다. 이로 인해 동맹휴학이 발생하여 학업을 계속하기를 원하는 학생들에게 그렇게 할 기회를 주겠다고 선언한 후, 동맹휴학을 한 100명이 넘는 학생 전체의 명단을 대학 학적부에서 제적하였습니다. 이 일은 현재 가장 불행한 상황처럼 보이지만, 이런 일을 통해 우리가 이 과를 재편하여 바람직하지 않은 학생들을 내보내며 불복종은 어떤 경우에도 관용치 않을 것이란 사실을 확립한다면, 동맹휴학에 따라가거나 강제로 끌려간 약한 학생들의 유감스러운 손실과 현재의 다른 손실까지도 미래에 유익한 보상을 받을 것이 입증될 것입니다. 동맹휴학 중에 폭력이 행사된 적은 없었고, 학년이 거의 끝나가고 있어서 방학을 선포하였는데, 소란한 상황에서 수업하는 것이 가치 있는 일인지 의심스럽게 생각되었습니다. 교수들의 지지가 돋보였고, 가장 감사한 일이었습니다.

졸업생들

지난해 동안 서울 선교지회가 서울에 있는 우리 미션학교들의 결실에 대해 조사하여, 일부 학생들의 일시적인 불복종이 이 조사에서 입증된 것 같은 결과로 바뀐 사실을 재확인하였습니다. 이번에 조사한 것을 보면, 197명의 학생이 생존해있는데, 이 가운데 79명 또는 40%가 한국에서 유급과 무급으로 기독교 사역에 열심히 종사하고 있고, 이들의 바로 절반, 곧 전체 졸업생의 20%가 선교회나 그 관할구역에서 일하고 있습니다. 또 다른 27%는 "활발한 기독교인"으로 명단에 기록되었지만, 반드시 기독교 사역에 종사하는 것만은 아닙니다. 우리 졸업생 30명이 미국에서 공부하고 있고, 그 명단의 실제 학습 내용을 보면 30명 가운데 최소한 25명은 귀국하여 이런저런 종류의 기독교 사역에 종사할 것으로 여길만한 것을 알 수 있습니다. 일본과 한국에서 공부하는 이들을 포함하면, 우리 졸업생들의 거의 60%가 기독교 사역을 하거나 준비하고 있고, 80% 이상이 활발한 기독교인들입니다. 나머지 또는 20%의 소수는 우리가 길을 잃게 한 자들인데, 이 20%에서 아주 소수만 교회를 떠난 자들로 간주할 필요가 있습니다.

그러므로 방금 마감한 한 해만 아니라 지나간 세월까지도 하나님께 깊이 감사하는 마음으로 우리가 이 보고서를 제출합니다.

출처: PHS

Appendix I

CHOSEN CHRISTIAN COLLEGE
1928-1929
Annual Report.

The Chosen Christian College is still in its infancy, the present being only the fourteenth year of its history. That history, however, has been one of remarkably rapid and withal sturdy growth. The year on which we are reporting has been noteworthy, though not for as many changes in site and equipment as the previous year.

Finances.

A separate financial report is prepared each year and is available for all who wish a more detailed knowledge of the income and expenditure of the college so that only the more salient facts are presented in this report.

1. Hall Estate Gift.

The largest single gift which the college has received came to us during this year, the receipt of $200,000 at the final settlement of the Hall estate. While received during this year the gift is directly the result of the work done during the campaign in America during 1924-26. The college was already the beneficiary of this estate to the extent of $50,000, making a total of a quarter of a million from this fund. In addition to the increased facilities for work which the additional income will give us, it is most gratifying to know that the trustees of the fund should have considered our college worthy of this gift.

2. Other gifts.

In addition to the Hall estate gift about $14,000 was added to the endowment and $10,000 to other capital funds by gifts from Mr. J. T. Underwood.

Just as the year was closing word was received that the appointment of Mr. Rody Hyun to take charge of the Music in the college had been made possible by the guarantee of his salary for a number of years by Mr. Rodeheaver and his associates.

3. Deficits and Balances.

Due to lean years, over-optimism and other features, a deficit was almost an annual feature up to 1927. At that time the practice was stopped and a small amount set aside in the budget for repayment of the accumulated deficit. It seemed that the process of repayment would be long and weary. This year, however, the income from the new endowment makes it possible to wipe out the accumulated budget deficits, and receipts from campaign pledges make it possible to repay borrowings from capital funds, thus allowing us to start the new year with a clean sheet.

The above would be ample cause for rejoicing but due to favorable exchange, increased budget receipts and eternal vigilance, we actually closed the past financial year with a surplus of ¥ 7,206.53.

4. Financial standing of the college today.

The fixed assets of the college in land, buildings, residences

C.C.C. Annual Report - 1928-29.   page -2-

and equipment, etc., represents a total of ¥ 772,311.31 with unexpended capital funds of ¥ 84,026.10. The endowment has reached the sum of $409,000. (This sum is given in dollars and the funds are invested in the United States by the Cooperating Board for Higher Education in Chosen, Inc.) Budget items each year come to almost ¥ 100,000 in actual cash. The budget for the past year was ¥ 126,652.04 of which ¥ 42,000 was computed as the value of the missionary service given by the different Mission representatives on the faculty and staff. Deducting this amount we have cash receipts of ¥ 84,652.04 and expenditures of ¥ 87,445.04. Of this amount almost ¥ 26,000 was received from fees, property, etc., so that approximately 27% of our cash receipts are from the field.

Enrolment

There has been a slow but steady increase in enrolment during the past five years. The average paid enrolment for this period has been as follows:

```
1924-25 ----- 168
1925-26 ----- 179
1926-27 ----- 194
1927-28 ----- 204
1928-29 ----- 214
```

or an increase of 27% for the five years. When the financial condition of the country and the opening of the Government University are taken into consideration, this increase is a matter for congratulation.

Property.

Changes in property are not as noticeable as during the previous year. Four small plots in the model village section have been acquired, and a number of valuable and necessary pieces of repair work have been completed. Most noticeable is the new entrance through the tunnel nearest the railroad station. This work was done jointly by the Railroad Bureau and the college and thanks are due to Mr. Ohara, the Head of the Bureau, for their part in it. The new road to connect up this entrance with the main road to the college buildings is now being constructed.

Faculty.

No changes of note have been made in the faculty during the past year but no report would be complete which did not bear testimony to the faithful work of all members and to the four Koreans in administrative positions. Report was made last year of the fact that the Dean and the Directors of the three departments were all Koreans. All four are church officers and church workers. As already noted the fall term will see the coming of another Korean, Mr. Rody Hyun, to take charge of the music in the college.

Music.

Even before Mr. Hyun's coming much has been done along this line. The Faculty Music Committee, with the aid of Mrs. Rhodes, Mrs.

C.C.C. Annual Report. - 1928-29.   page -3-

Becker and Mrs. Boots, has greatly developed the Glee Club, Band and Orchestra, all of which have performed very creditably on several occasions during the year. With Mr. Hyun on our staff we hope to give some real musical training to all the students, special work to those fitted for it and still further develop and perfect the voluntary organizations mentioned above.

Religious Activities.

The usual week of special meetings was held in the spring with very satisfactory results. Two speakers, a Korean and a foreigner, were used and both brought inspiring and helpful messages. Throughout the year a number of the students have carried on religious work in nearby churches and Sunday schools and in unevangelized districts while vacations have been utilized for special preaching bands. A night school and other work has also been conducted by the students. The chapel services have been better and more profitable and the weekly prayer meetings in the dormitory have been well attended and satisfactory. Religious work was one of the matters to which great attention was given by a special Committee of the Faculty and much improvement may be expected from the adoption of the suggestions made by this committee.

Special Committee.

A Special Committee to study objectives, methods and plans for the future was appointed last fall and worked through the year. Many important matters were considered and constructive plans offered. The report was taken up in detail by the Board of Managers at its spring meeting and many of the items adopted, others being referred to special committees. When the report as a whole is acted upon it will probably be made available for general study, many requests having been received that its findings be made public.

Agricultural Work.

When the C.C.C. was first opened, plans for an agricultural course were made and one class graduated. Circumstances made it necessary to close the department and at present we have no plans for re-opening a College of Agriculture. The College, does, however, wish to make whatever contribution it can to the needs of the country and a committee has been appointed to study methods of cooperating with the Y.M.C.A. in its agricultural work. At present it looks as though the College would be able to assist by the loan of a building and some farm land with the possibility of some teaching help and other help later. Detailed plans are not yet complete but it is hoped that next year's report will tell not only of the completion of the plans but that they have been put into operation.

Athletics.

Under the present Director of Physical Education, Mr. K. J. Synn, an attempt has been made to place greater emphasis on physical education and development of the whole student body as against the building up of winning teams. Mr. Synn has organized interclass and inter-department contests which have brought out a large number of students who

C.C.C. Annual Report - 1928-29.   page -4-

never took part in athletics before. In order to meet different needs
and abilities, volley-ball, track and jiu-jitsu have been introduced and
pushed, and both tennis and basketball have been given a more prominent
place than in former years. The teams have not been neglected for the
National Football Championship was won and the Meiji University football
team defeated. The dual meet with Pyengyang was held for the first time
and won by the C.C.C. This meet was very satisfactory in the sense that
a good spirit was shown by both sides and the relations between the two
colleges were made more cordial.

Discipline.
The work of the Spical Committee already referred to was
largely along the line of theoretical organization but included many
details for administration and discipline. All felt that, when the re-
port was once in, the next step was to put some of this theory into
practice. This was done with very satisfactory results in several
phases, such as collection of fees, and attendance, etc. A certain
element in the Commercial Department and in one class in particular had
been a matter of concern to the faculty for some time and when opportunity
offered an entire class was disciplined. Their dissatisfaction with
their treatment made itself apparent in a number of ways. Partly at
their instigation the entire Commercial Department petitioned the facul-
ty for certain changes; and in the meantime a member of this class be-
haved in such a way that it was necessary to expel him, at the same time
that four out of five of the requests from the students were refused.
This led to a strike and after opportunity had been given for such stu-
dents as wished to continue their studies to declare their intention to
do so, the names of all the striking students, over one hundred,in all,
were dropped from the rolls of the college. This seems at present a
most unfortunate situation but if through this situation we can re-or-
ganize this department, rid ourselves of the undesirable students, esta-
blish firmly the fact that insubordination will in no case be tolerated
and begin the department again on a new and better basis, even the re-
grettable loss of the weaker students who were led or forced into the
strike and the other present losses will prove future gains. No violence
was shown during the strike and a vacation was declared as the year was
almost at an end and study under the disturbed conditions seemed of
doubtful value. The support of the faculty has been remarkable and most
gratifying.

Graduates.
During the past year Seoul Station made a study of the fruits
of our mission schools in Seoul and it is reassuring to turn from tem-
porary insubordination by a few students to the results as shown by
this study. At the time of the study there were 197 living graduates.
79 of these, or 40%, are actively engaged in Christian work in Korea,
paid and unpaid, and just half of these, 20% of the total graduates,
are working in connection with the mission or in its territory. Another
27% are listed as "active Christians" but not as especially engaged in
Christian work. 30 of our graduates are studying in the United States

C.C.C. Annual Report - 1928-29.   page -5-

and actual study of the names would indicate that at least 25 of the 30 may be counted on to go into Christian work of one sort or another on their return. Counting those studying in Japan and Korea, we can say that almost 60% of our graduates are in Christian work or preparing for it and over 80% are active Christians. The remainder, or a little under 20%, represent those of whom we have lost track and only a small proportion of this 20% need be reckoned as lost from the church.

It is therefore with a deep feeling of gratitude to God for the years that are further in the past as well as for the year that has just closed that we present this report.

91. 에비슨이 에드워즈에게

1929년 9월 28일

J. R. 에드워즈 목사, 명예신학박사
해외선교부
미 감리회
5번가 150번지
뉴욕시.

친애하는 에드워즈 박사님:

이달 19일에 열린 세브란스연합의학전문학교 이사회의 정기회 회의록과 이때 제출된 다른 문서들을 동봉합니다.

그 문서들에서 그 회의 때 내려진 결정들이 설명되고 있으므로 더 설명할 필요는 없을 것입니다.

동봉된 부속 문서들 사이에서 세브란스 의료기관과 연희전문학교의 연합안을 다룬 회의의 보고서가 아마도 관심을 끌 것입니다. 그리고 반버스커크(VanBuskirk) 의사의 안식년 활동 보고서도 주목할만합니다.

머레이(Murray) 의사[세전 이사회 이사]*가 여학생의 입학을 위해 청원하였습니다. 이 일에 있어서 지금까지의 난제는 여학생들은 중등교육을 4년 동안 받고 남학생은 5년 동안 받는다는 것이었습니다. 과학 과목도 여학생의 커리큘럼에서는 남학생에 대한 것만큼 어렵지 않습니다. 이것은 극복해야 할 일부 곤란한 점들이 있는 것을 가리킵니다. 이사회가 몇 년 전 여학생 입학에 찬성하는 표결을 하였으므로 총독부의 입학 자격요건을 똑같이 갖춘다면 여학생도 남학생과 마찬가지로 받지 않을 이유가 없을 것입니다.

---

* 머레이(Florence J. Murray, 1894~1975): 캐나다장로교 여자 의료선교사로 1921년 내한하여 함흥과 용정과 함흥에서 활동하였고, 1929년 9월 20일부터 이사로서 세전 이사회 회의에 참석하였으며, 1942년 본국으로 강제 송환되었다. 해방 후 다시 내한하여 세브란스의대 교수가 되고 부원장을 역임하였으며, 1959년 원주연합기독병원을 창립하였고, 1964년 귀국하였다.

본교의 사역은 잘 진행되고 있고, 올여름에 5가지 건축 계획이 진행되었는데, 그 가운데 일부는 회의록에 언급되어 있습니다.

안녕히 계십시오.

O. R. 에비슨

출처: UMAC

COOPERATING BOARD FOR CHRISTIAN EDUCATION IN CHOSEN

CHOSEN CHRISTIAN COLLEGE   SEVERANCE UNION MEDICAL COLLEGE

SEOUL, KOREA

September 28, 1929.

Rev. J. R. Edwards, D.D.
Board of Foreign Missions
Methodist Episcopal Church
150 Fifth Avenue
New York City.

Dear Dr. Edwards:

Enclosed are the minutes and other documents connected with the annual meeting of the Severance Union Medical College Field Board of Managers which was held on the 19th inst.

The actions are all self-explanatory and will not need extended comment.

Among the appendices enclosed the report of the conference on the proposal to unite the Severance institution and the Chosen Christian College will probably be of interest, and Dr. VanBuskirk's report of his furlough activities is also worthy of mention.

Dr. Murray made a plea for the admission of women students. The difficulty heretofore has been that the girls receive a four-year middle course and the men a five-year course, and the curriculum for women students is not as strong in science as that of the men. This will indicate some of the difficulties that have to be overcome. The Board voted several years ago in favor of receiving women students so that if equal entrance standing with Government qualifications can be secured there is no reason against women students being received as well as men.

The work in the institution is progressing favorably and this summer there have been five building projects under way, some of which are alluded to in the minutes.

Very sincerely,

O. R. Avison

Enc.
HTO:EK

92. 에비슨이 북장로회 선교부 한국 담당 총무에게*

1929년 9월 28일

한국 담당 총무
해외선교부
북장로회
5번가 156번지
뉴욕시.

귀하께:

이달 19일에 열린 세브란스연합의학전문학교 이사회의 정기회 회의록과 이때 제출된 다른 문서들을 동봉합니다.

그 문서들에서 그 회의 때 내려진 결정들이 설명되고 있기 때문에 더 설명할 필요는 없을 것입니다.

첨부된 부속 문서들 사이에서 세브란스 의료기관과 연희전문학교의 연합안을 다룬 회의의 보고서가 아마도 관심을 끌 것입니다. 그리고 반버스커크(VanBuskirk) 의사의 안식년 활동 보고서도 언급될 만합니다.

머레이(Murray) 의사가 여학생의 입학을 위해 청원하였습니다. 이일에 있어서 지금까지의 난제는 여학생들은 중등교육을 4년 동안 받고 남학생은 5년 동안 받는다는 것이었습니다. 과학 과목도 여학생의 커리큘럼에서는 남학생에 대한 것만큼 어렵지 않습니다. 이것은 극복해야 할 일부 곤란한 점들이 있는 것을 가리킵니다. 이사회가 몇 년 전 여학생 입학에 찬성하는 표결을 하였으므로 총독부의 입학 자격요건을 동일하게 갖춘다면 여학생도 남학생과 마찬가지로 받지 않을 이유가 없을 것입니다.

---

* 이 문서는 바로 앞의 81번 문서와 수신자는 다르지만 내용은 똑같다.

본교의 사역은 잘 진행되고 있고, 올여름에 5가지 건축 계획이 진행되었는데, 그 가운데 일부는 회의록에 언급되어 있습니다.

안녕히 계십시오.

O. R. 에비슨

출처: PHS

COOPERATING BOARD FOR CHRISTIAN EDUCATION IN CHOSEN

CHOSEN CHRISTIAN COLLEGE   SEVERANCE UNION MEDICAL COLLEGE

SEOUL, KOREA

O. R. AVISON, M. D., LL. D.   H. T. OWENS
PRESIDENT   SECRETARY & TREASURER

COOPERATING BOARDS
BOARD OF FOREIGN MISSIONS OF THE PRESBYTERIAN CHURCH IN THE U. S. A.
BOARD OF FOREIGN MISSIONS OF THE METHODIST EPISCOPAL CHURCH
BOARD OF FOREIGN MISSIONS OF THE UNITED CHURCH OF CANADA
BOARD OF MISSIONS OF THE METHODIST EPISCOPAL CHURCH, SOUTH
EXECUTIVE COMMITTEE OF FOREIGN MISSIONS OF THE PRESBYTERIAN CHURCH IN THE U. S.

SECRETARIES
JOHN T. UNDERWOOD, CHAIRMAN
ALFRED GANDIER, VICE-CHAIRMAN
W. G. CRAM, VICE-CHAIRMAN
ERNEST F. HALL, SECRETARY
156 FIFTH AVE., NEW YORK
GEORGE F. SUTHERLAND, TREASURER
150 FIFTH AVE., NEW YORK

September 28, 1929.

Secretary for Korea
Board of Foreign Missions
Presbyterian Church in the U.S.A.
156 Fifth Avenue
New York City.

Dear Sir:

  Enclosed are the minutes and other documents connected with the annual meeting of the Severance Union Medical College Field Board of Managers, which was held on the 19th inst.

  The actions are all self-explanatory and will not need extended comment.

  Among the appendices enclosed, the report of the conference on the proposal to unite the Severance institution and the Chosen Christian College will probably be of interest, and Dr. VanBuskirk's report of his furlough activities is also worthy of mention.

  Dr. Murray made a plea for the admission of women students. The difficulty heretofore has been that girls receive a four-year course in middle school and men a five-year course, and the curriculum for women students is not as strong in science as that of the men. This will indicate some of the difficulties that have to be overcome. The Board voted several years ago in favor of receiving women students so that if equal entrance standing with Government qualifications can be secured there is no reason against women being received as well as men.

  The work in the institution is progressing satisfactorily and this past summer there have been five building projects under way, some of which are alluded to in the minutes.

          Yours very sincerely,

          O. R. Avison

Enc.
HTO:EK

93. 에비슨이 에드워즈에게

1929년 9월 30일

J. R. 에드워즈 목사, 명예신학박사
해외선교부
미 감리회
5번가 150번지
뉴욕시.

친애하는 에드워즈 박사님:

연희전문학교 이사회의 정기회 회의록을 여러 부속 문서들과 함께 동봉합니다. 다만 세브란스의전과 본 대학의 연합안에 관한 회의와 관련된 문서는 당신에게 가는 세브란스의전 봉투에 들어있습니다.

본 대학이 4월 1일 신입생을 받고 보니 우리 등록생이 지난해보다 더 많아진 것처럼 보입니다. 그러나 상과의 학생들로 인해 말썽이 일다가 결국 동맹휴학이 벌어져 사실상 그 과의 모든 남학생을 제적하게 되었습니다. 그 과는 본 대학에서 가장 학생이 많습니다. 당신이 알 듯이 학생들의 동맹휴학은 동양에서 자주 일어나므로 이번에 학생들이 호된 훈계를 받아야 할 것으로 생각되었습니다. 그 결과 그들은 복교를 갈망하고 있고, 그들 가운데 일부는 다음 봄에 학교가 새로 개강하면 받아들여질 것입니다. 그런데 학감의 보고서가 제적하는 일에 이르기까지의 상황을 아주 충분히 설명하고 있으므로 그것을 잘 읽어보시기를 권합니다.

물론 학비 수입의 손실이 예산에 영향을 미치기는 하겠지만, 조정을 통해서 적자를 내년으로 이월하지 않고 한 해의 나머지 기간을 보내게 될 것으로 예상하고 있다는 말을 들으면 당신은 기뻐할 것입니다.

첨부문서 Ⅶ에 나오는 "흙먼지 농부들"을 위한 농업부 설치안을 낸 클라크(F. O. Clark)*의 보고서는 현재의 한국 선교전략을 보여줍니다. 클라크 씨는 15년 동안 베레아

---

* 클라크(Francis O. Clark, 1886~?): 켄터키주 베레아 컬리지에서 교수로 재직하였고, 플로리다에 있

대학(Berea College)*의 직업교육학부 학장이었고, 켄터키 산지 주민들 사이에서 독특한 사역을 수행하였습니다. 지난가을 한국에 오기 전 3년 동안 그는 플로리다주 페니 팜스(Penney Farms)의 관리인이었습니다. 그래서 그는 이곳에서 그의 프로젝트**를 추진하기에 헤아릴 수 없는 경력을 지니고 있습니다. 본 대학이 클라크 씨의 노력에 협력하게 될 것을 의심치 않습니다. 그는 YMCA 전국연맹의 간사로 있습니다.

안녕히 계십시오.

O. R. 에비슨

출처: UMAC

　는 페니(J. C. Penny)의 농장을 관리하면서 덴마크식 농촌 모델을 실현하기 위해 노력하였다. 1929년 2월 재한 YMCA 선교사 브로크만의 권유로 내한하여 YMCA의 농촌사업을 주도하였다.
* 베레아 대학은 1855년에 설립된 켄터키주 베레아의 사립 학부중심대학이다.
** 클라크는 1929년 9월 20일 열린 연전 이사회에 참석하여 연전 측에 YMCA와의 협력사업으로서 1931년 겨울철에 3개월 동안 YMCA가 선별한 농부들을 훈련하는 학교를 연전 캠퍼스에 개설할 것을 제안하였다.

COOPERATING BOARD FOR CHRISTIAN EDUCATION IN CHOSEN

CHOSEN CHRISTIAN COLLEGE   SEVERANCE UNION MEDICAL COLLEGE

SEOUL, KOREA

O. R. AVISON, M. D., LL. D.   H. T. OWENS
PRESIDENT   SECRETARY & TREASURER

COOPERATING BOARDS
BOARD OF FOREIGN MISSIONS OF THE PRESBYTERIAN CHURCH IN THE U. S. A.
BOARD OF FOREIGN MISSIONS OF THE METHODIST EPISCOPAL CHURCH
BOARD OF FOREIGN MISSIONS OF THE UNITED CHURCH OF CANADA
BOARD OF MISSIONS OF THE METHODIST EPISCOPAL CHURCH, SOUTH
EXECUTIVE COMMITTEE OF FOREIGN MISSIONS OF THE PRESBYTERIAN CHURCH IN THE U. S.

OFFICERS OF THE BOARD
JOHN T. UNDERWOOD, CHAIRMAN
ALFRED GANDIER, VICE-CHAIRMAN
W. G. CRAM, VICE-CHAIRMAN
ERNEST F. HALL, SECRETARY
156 FIFTH AVE., NEW YORK
GEORGE F. SUTHERLAND, TREASURER
150 FIFTH AVE., NEW YORK

September 30, 1929.

Rev. J. R. Edwards, D.D.
Board of Foreign Missions
Methodist Episcopal Church
150 Fifth Avenue
New York City.

Dear Dr. Edwards:

Enclosed are the minutes of the annual meeting of the Field Board of Managers of the Chosen Christian College, together with the various appendices, except that of the conference on the proposed union of Severance and the College which goes to you in the Severance envelope.

The College took in new classes in April last, and it looked as if our enrolment would exceed that of the previous year. Trouble arose, however, from the students in the Commercial Department, and a strike resulted which led to the expulsion of practically all the men in that department, the largest in the College. As you know, student strikes are of frequent occurrence in the Orient, and this time it was felt that the students had to be taught a severe lesson. The result is that they are now anxious to return and some of them may be accepted next spring when the new school begins. However, the Dean's report gives a very full account of the circumstances which led up to the expulsion, and we commend its perusal to you.

The loss of student tuition of course affected the budget, but you will be glad to hear that by making readjustments we are expecting to go through the remainder of the year without carrying over a deficit to next year's account.

The statement of Mr. F. O. Clark making a proposal for an agricultural department for "dirt" farmers, Appendix VII, shows the tendency in present-day missionary strategy in Korea. Mr. Clark was for fifteen years or so Dean of Vocational Education in Berea College, and did a unique piece of work among the Kentucky mountain people. For three years prior to coming to Korea last autumn he had been manager of the J. C. Penney Farms in Florida, so that he has a background that is invaluable for his projects here. I have no doubt that the College will cooperate with Mr. Clark in his efforts. He is on the staff of the National Council of the Y.M.C.A.

Very sincerely,

94. 에비슨이 서덜랜드에게

1929년 10월 16일

FV136 RCA=F KEIJO[경성] 23 16
LCO 선교사업=
　　뉴욕시 뉴욕주=

미국 오티스(Otis)[엘리베이터회사] 제품을 도쿄의 가격으로 주문하여 설치하면 크노프(Knoff)가 말한 6천 5백 달러가 아니라 1만 2천 원이 듭니다. 크노프, 존 세브란스, 게이블(Gable)과 상의하시오. 에비슨

출처: UMAC

WESTERN UNION

Received at 40 Broad St.. (Central Cable Office), New York, N. Y.

FV136 RCA=F KEIJO 23 16

LCO MISSIONS=
NEWYORKNY=

OTIS AMERICAN IF ORDERED TOKYO PRICE INSTALLED 12000 YEN AGAINST KNOFFS QUOTATION 6500 DOLLARS CONSULT KNOFF SEVERNCE AND GABLE AWISON.

95. 에드워즈가 에비슨에게

1929년 10월 25일

O. R. 에비슨 박사
조선 기독교 교육을 위한 협력이사회
서울, 한국.

친애하는 에비슨 박사님:

우리는 당신의 9월 28일자 편지와 9월 19일에 열린 세브란스연합의학전문학교 이사회의 정기회와 관련된 문서들 그리고 당신의 9월 30일자 편지와 연희전문학교 이사회의 정기회 회의록을 매우 흥미롭게 읽었습니다.

우리가 내년에 보낼 금액과 프로그램을 조사하고 있는 까닭에 당신이 알려준 소식도 우리가 참고하고 있습니다. 그 대학의 임원들이 어떤 반발 사건을 다룬 방식을 흥미롭게 주목하면서 그 일을 해결한 것을 진심으로 칭찬합니다.

우리는 이번 가을과 겨울 극동 지방을 돌아보면서 연희전문학교와 세브란스연합의학전문학교를 방문하기를 즐거운 마음으로 고대하고 있습니다. 우리의 임시 스케줄을 여기에 동봉합니다.

안녕히 계십시오.

존 R. 에드워즈
통신 총무

출처: UMAC

TRANSFERRED

803-1

October 25th
1 9 2 9.

Dr. O. R. Avison
Cooperating Board for Christian Education in Chosen
Seoul, Korea

Dear Dr. Avison:-

We have read with very great interest your letter of September 28th with documents connected with the Annual Meeting of the Severance Union Medical College Field Board of Managers, held on September 19th, and your letter of September 30th with the annual minutes of the Field Board of Managers of the Chosen Christian College.

The information you have presented is before us as we study our next year's appropriations and program. We note with interest the way in which the officials of the college have dealt with certain insurrection troubles and commend heartily what has been done.

We are looking forward with pleasure to a visit to Chosen Christian College and to Severance Union Medical College in connection with our journey to the Far East this coming fall and winter. Our tentative schedule is enclosed herewith.

Cordially yours,

John R. Edwards
Corresponding Secretary

K
Enclosure

96. 서덜랜드가 에비슨에게

1929년 11월 12일

O. R. 에비슨 박사
세브란스연합의학전문학교
서울, 한국.

나의 친애하는 에비슨 박사님:

당신이 크노프(Knoff) 씨에게 보낸 9월 13일자 편지의 사본을 받고 오늘 그 사람과 긴 시간 동안 회의도 하였습니다. 당신에게 이미 편지를 쓴 것 같은데, 그 견적가에서 가장 큰 차이점은 크노프 씨는 도어에 근거해서 견적을 내고 당신은 게이트에 근거해서 견적을 낸 사실에서 기인한다고 생각됩니다. 크노프 씨는 게이트는 위험하다고 말하고 존 세브란스(Severance) 씨도 동의하면서 도어들을 제공하기를 원합니다.

우리가 할 수 있는 한 그것을 자세히 알아보고, 일부 부품들을 일본에서 산다면, 약 3백 불을 아낄 수 있을 것 같다는 생각이 듭니다. 크노프 씨가 일본 장비에 대해 들은 바에 의하면 그렇게 하는 것이 지혜로워 보이지 않습니다. 오티스(Otis) 회사 사람들은 일본-오티스 회사(Japan-Otis Corporation)의 어떤 생산품으로 인해 큰 말썽이 났다고 말합니다. 오웬스(Owens) 씨가 병원의 전화기 장비에 관해 자주 편지를 쓰면서 그들은 미국제 장비가 더 잘 작동하기 때문에 그것을 훨씬 선호한다고 하였습니다. 나는 크노프 씨의 말에 전체적으로 동의합니다. 전체 장비를 여기에서 주문하는 편이 더 좋을 것입니다. 그가 이런 합의 위에서 당신에게 다시 편지를 쓸 것입니다.

안녕히 계십시오.

조지 F. 서덜랜드
부회계

출처: UMAC

Copy sent Mr. Sidney H. Knoff of New York City

TRANSFERRED

NOV

803-1

November 12, 1929

Doctor O.R. Avison,
Severance Union Medical College
Seoul, Korea

My dear Doctor Avison,

I have a copy of your letter of September 13, addressed to Mr. Knoff and I have also had a long conference with him today. I think I have already written you that we feel that the chief difference in the estimated price is due to the fact that Mr. Knoff is estimating on the basis of doors and you on the basis of gates. Mr. Knoff says that gates are dangerous and Mr. Severance agrees and wants to provide the doors.

Having figured it down as closely as we can, we feel that we might save about $300, if some of the accessories were purchased in Japan. From what Mr. Knoff has heard of Japanese equipment, we do not think this is wise. The Otis people themselves say that they have a great deal of trouble with certain products of the Japan-Otis Corporation. Mr. Owens has written me frequently about the telephone equipment for the hospital, indicating that they much prefer to have American equipment because it works better and I have agreed with Mr. Knoff that on the whole, it would be better to order the entire equipment here and be in writing you again on the basis of this agreement.

Sincerely yours,

George F. Sutherland,
Assistant Treasurer.

ABJ

97. 에비슨이 홀에게

1929년 12월 13일

어네스트 F. 홀 목사, 명예신학박사
협력이사회 총무
5번가 156번지
뉴욕시.

친애하는 홀 박사님:

연희전문학교에 관해

여기에서 1930~31년 회계연도를 위한 예산서 사본을 당신에게 보냅니다. 대학이사회의 집행위원회에서 승인을 받았습니다.

당신이 보게 될 것처럼, 우리는 수입과 지출 금액을 맞추기 위해 309원의 소액을 예비비로 책정한 균형예산[수입과 지출을 같은 금액으로 맞춘 예산]을 제출하였습니다. 예산안의 초안이 제출되었을 때 여러 과에서 요구한 금액과 약 16,500원의 예상수입 사이에 차이가 나서, 예산위원회가 수입 범위 안에 지출을 맞추기 위해 꽤 많이 고생하였습니다.

올해 여러 재원에서 오는 수입이 줄고 있는데, 지난해와 비교하면 다음과 같습니다.

(a) 신과를 지원하겠다고 한 타운젠드(Townsend) 씨의 약정금 기한이 올해 끝나는데 갱신되지 않았습니다. 그래도 우리는 지금 그가 새로 3년이나 5년 동안 그 과를 지원하겠다고 서명해주기를 희망하며 그와 연락하고 있습니다. 그러는 동안 우리 예산이 그 항목에서 지난해보다 4,310원이 줄었습니다.

(b) 엔화 가치가 상승했지만, 그 계정의 수익은 예산에 넣지 않았습니다. 지난해에는 1,856원을 환차익 수익으로 잡아서 넣었습니다.

(c) 올해는 주로 상과에서 일어난 말썽 때문에 대학의 등록생 수가 더 적어질 것이므로

수입이 줄어들 것으로 예상됩니다.

우리는 캐나다연합교회 선교회에서 교수 1명 대신 보내는 4천 원을 포기할 수 있기를 바랐었지만, 그들에게 또 다른 해에도 그 돈을 우리 예산에 계속 보내달라고 요청할 계획입니다.

이 새 예산이 지난 적자의 악몽에서는 벗어났지만, 방금 말한 상황으로 인해 우리는 실제로 발전을 이루는 데에 제자리걸음만 할 수 있을 뿐입니다. 예산에서 봉급은 늘지 않았습니다. 우리는 상과에 새 교원을 투입하고 이 과에서 조병옥(P. O. Chough)을 대신할 노동규(T. K. Noh) 씨의 봉급 지급 항목도 들어있는 예산을 채택하려 합니다.

여름 동안 우리의 체육주임이 묵덴(Mukden, 현재 랴오닝성 선양〈遼寧省 沈陽〉)에 있는 공립대학에서 일자리를 얻기 위해 사임하였습니다. 우리는 내년에 매사추세츠주 스프링필드에 있는 컬리지를 졸업하고 체육교육학사(B.P.E.) 학위를 받게 될 한국인 한 명과 지금 연락하고 있습니다.

우리가 작은 발전을 이룬 덕분에 음악부 비품들을 개선할 수 있게 되었습니다. 음악부는 현제명(Rody Hyun)의 지도 아래 잘 발전하고 있습니다. 우리는 또한 세 과에 각각 약간의 연구 자금을 할당하였습니다. 기숙사의 꽤 많은 부분에서 수리가 필요하여 그 일을 위해 1천 원의 예산을 책정하였습니다.

이번 가을에는 학생이 116명가량 출석하고 있고, 학생들의 기풍이 극히 좋습니다. 최근에 발생한 정치적 상황으로 인해 대학이 이달 11일에 기말시험을 치르지 않고 학기를 마쳤습니다. 광주에서 한 남학생의 다툼에서 야기되어, 한국인들이 불공정한 처사라고 생각하는 것에 항의하는 뜻에서 많은 대학과 학교가 지금 휴교하고 있습니다.* 사실관계가 어찌 되었든지 간에 사람들은 같이 싸움을 벌인 일본인들이 정당한 수위의 비난을 받지 못했다고 믿고 있으며, 그 결과 전체 학생 사회가 문제를 제기하고 전국 각지의 학생들이 수업을 거부하고 있습니다. 관립 법률전문학교와 의학전문학교조차도 동맹휴학하는 것이

---

* 1929년 11월 3일 광주에서 촉발된 광주학생운동을 가리킨다. 1929년 10월 30일 광주발 나주역에서 일인 남자 중학생들이 광주여고보 학생 3명의 댕기머리를 잡아당기며 희롱하는 것을 보고 항의한 광주고보 학생들이 오히려 구타당한 일을 계기로 광주의 한일 학생들 간 충돌이 격화되어 11월 3일 광주고보 학생들이 본격적으로 가두시위를 벌였고, 이후 이 항일운동이 각계각층의 성원 속에서 전국으로 확대되어 많은 학교가 동맹휴교에 들어갔다.

바람직하다고 생각하고 있습니다. 이것은 1919년 독립운동 이후에 한국인들이 벌이는 가장 광범위한 항의입니다. 그러나 1월에는 수업이 재개되기를 우리는 희망합니다.

안녕히 계십시오.

O. R. 에비슨

서덜랜드(Sutherland) 박사께 사본을 보냅니다.

출처: UMAC

COOPERATING BOARD FOR CHRISTIAN EDUCATION IN CHOSEN

CHOSEN CHRISTIAN COLLEGE   SEVERANCE UNION MEDICAL COLLEGE

SEOUL, KOREA

O. R. AVISON, M. D., LL. D.   H. T. OWENS
PRESIDENT   SECRETARY & TREASURER

December 13, 1929.

Rev. Ernest F. Hall, D.D.
Secretary, Cooperating Board
156 Fifth Avenue
New York City.

Dear Dr. Hall: Re CHOSEN CHRISTIAN COLLEGE.

With this we are sending you a copy of the budget for the fiscal year 1930-1931 which has been approved by the Executive Committee of the Field Board of Managers.

As you will see we are presenting a balanced budget with the small sum of ¥309.00 for Contingencies as a balancing item. When the first draft of the budget was presented, there was a gap between the askings of the various Departments and the estimated income of about ¥16,500, and the Budget Committee had some strenuous work in order to make the expenditure come within the income.

There is a falling-off in income from several sources this year as compared with last:

(a) Mr. Townsend's pledge for the support of the Religious Department expires with this year and has not been renewed, although we are now in correspondence with him with the hope that he will underwrite the support of that Department for another three or five years. In the meantime our budget is short ¥4,310 on that item as compared with last year.

(b) Owing to the advance in the exchange value of the yen, we are not budgeting any gain on that account. Last year we included ¥1,856 as revenue from exchange.

(c) There is less revenue anticipated from tuition due to an expected smaller enrolment in the College owing principally to the troubles in the Commercial Department of the present year.

Dr. Ernest F. Hall.   - 2 -   December 13, 1929.

We had hoped to be able this year to release the ¥4,000 which the Canadian Mission has been sending us in lieu of a teacher, but we are planning to ask them to continue that contribution to our budget for another year.

Although this new budget is relieved from the incubus of past deficits, due to the circumstances just mentioned we are practically able only to mark time in our development. There are no salary increases in the budget. We are providing for a new teacher in the Commercial Department, and the adoption of the budget carries with it also the provision of a salary for Mr. T. K. Noh who will replace Dr. P. O. Chough in this Department.

During the summer our Director of Physical Education resigned to take a position in a Government College at Mukden, and we are in correspondence now with a Korean who will graduate next year from the College at Springfield, Mass., with the degree of B.P.E.

Any little advance we do make enables us to improve the equipment in the Music Department, which is developing nicely under Mr. Rody Hyun's direction. Also we have allotted some money for Research to each of the three Departments. Some rather extensive repairs are needed in the Dormitory so ¥1,000 is budgeted for that.

We have had about 116 students in attendance this Fall and the spirit of the school has been exceedingly good. The College closed for the term without examination on the 11th instant due to the political situation which has recently arisen. Many colleges and schools are closed down now as a protest against what the Koreans consider unfair treatment arising out of a school-boy feud down in Kwangju. Whatever the facts may be people believe the Japanese participators in the feud have not received their fair share of the blame with the result that the student world has taken the matter up and the students in many parts of the country are refusing to study. Even the Government Law College and the Government Medical College have thought it advisable to close down. This is the most extensive protest on the part of the Korean people since the Independence Movement in 1919. We hope, however, that studies will be resumed in January.

Yours very sincerely,

O. R. Avison

Copy to Dr. Sutherland.

98. 크노프가 에비슨에게

뉴욕, 뉴욕주 1929년 12월 14일

O. R. 에비슨 박사
세브란스연합의학전문학교,
서울, 한국.

친애하는 에비슨 박사님:

당신의 9월 13일자 편지를 받고 당신이 여러 가지로 계산한 것을 매우 면밀하게 살펴보았다는 것을 알립니다.

당신이 제시한 가격을 살피면, 당신이 미국에서 만든 제품만 아니라 일본에서 만든 것의 자재도 포함하고 있는 것으로 보입니다. 그 밖에도 당신은 도어 대신에 접이식 게이트를 쓰는 편을 생각하고 있는 것처럼 보입니다. 우리가 보낸 10월 14일자 편지를 당신이 틀림없이 받았을 것이므로 이 편지에서 미국산의 가격이 한국에서 구할 수 있는 것보다 그렇게 더 높은 이유를 설명하겠습니다.

우리는 신중하게 이 문제를 다시 산정하여 도어를 사용하는 모든 미국산 자재가 일본산과 미국산 자재를 조합한 것보다 몇 백 불밖에 차이나지 않는 것을 알아냈습니다.

필자는 서덜랜드 박사와 엘리베이터에 관해 길게 대화하고 자재를 완전히 이 나라에서 구입하고 그것을 병원에서 쉽게 세울 수 있도록 짝을 맞추고 표시하고 포장하기로 결론을 내렸습니다. 우리는 또한 존 세브란스 씨가 이 엘리베이터를 미국에서 가져가는 것에 동의한 것으로 이해하고 있습니다.

우리가 지금 만든 임시 견적은 다음과 같습니다.

1. 오티스(Otis) 사의 디자인과 마감의 장식용 압연 스틸 차량 1개.
    단색 에나멜 칠이 되고 청동 도금이 된 접이식 게이트 1개.
    전동식이고 손으로 컨트롤 하는 스위치.
    용량: 2,500파운드

속도: 50FPM[분당 이동 피트]

이동 높이: 45피트 1⅜인치

개방: 도어 5개

플랫폼: 6피트 3인치 × 7피트 10인치. 목재 충전재를 쓴 강철 프레임으로 구성되고 아래쪽에 강철 금속 방화재가 구비된 것. 입구에 고무 타일 바닥재와 청동 문지방 플레이트가 있는 것.

인디케이터: 구동 장치가 있는 기계식 다이얼 인디케이터[방향 표시기] 5개. 원형 또는 반원형의 표준 디자인에 청동으로 도금된 인디케이터.

모터 특성: 220볼트, 80사이클, 3상.

도어: 자동 전기 접촉 제어기와 도어 개폐 장치가 장착된 타일러(Tyler) 사의 단일 도어 5개.

그 위에 우리가 브라켓과 레일, 기계 고정 빔, 스프링 범퍼와 카운터 웨이트, 엘리베이터와 관련된 모든 필수 배선과 도관을 보내겠습니다. 모든 급유기와 윤활기는 오티스 사 심지형이 될 것입니다.

자재 가격은 F.O.B. 뉴욕항을 출발하는 기선으로 보내면 4,365불이 될 것입니다.

뉴욕에서 제물포까지 화물 운송료는 보험과 다른 경비를 포함하여 대략 440불이 될 것입니다.

두 개의 프린트물을 동봉합니다. No. PS-2394-C는 9월 13일자 우편으로 필자에게 보낸 이전의 레이아웃이 표시된 인쇄물을 기반으로 작성되었습니다. 위에서 말했듯이, 첨부한 도면은 당신이 수정한 것을 따랐지만, 이 청사진에서 보는 것처럼 타일러 사의 1개짜리 슬라이딩 도어와 필요한 공간은 추가하였습니다.

최대로 얻을 수 있는 개방의 폭이 3피트 6인치이고, 이런 개방의 폭을 얻기 위해 승강로 왼쪽 벽에 별로 힘들이지 않고 쉽게 파낼 수 있는 조그만 홈을 드러낼 필요가 있었던 것을 당신은 볼 것입니다.

서덜랜드 박사의 지시에 따라 우리는 이 주문을 실행하였고, 엘리베이터는 여기에 동봉된 청사진에 따라 만들어질 것입니다.

필자는 계속해서 당신에게 이 주문의 진행상황을 충분히 알려드릴 것입니다.

에비슨 부인 및 당신과의 따뜻한 기억을 간직하며,

안녕히 계십시오.

SHK[S. H. 크노프]

출처: UMAC

SIDNEY H. KNOFF
CONSULTING ENGINEER
METROPOLITAN TOWER
1 MADISON AVENUE

CALEDONIA 6783

TRANSFERRED

NEW YORK, N.Y., December 14th, 1929.

Dr. O. R. Avison.
Severance Union Medical College,
Seoul, Korea.

Dear Dr. Avison:

We acknowledge receipt of your letter of September 13th and have gone over your various calculations very carefully.

It seems apparent to us, in figuring your prices, that you have included materials of Japanese manufacture as well as American manufacture, besides, you are considering collapsible gates instead of doors. Our letter of October 14th, which, undoubtedly, you have received by this writing will explain the reason why the American prices appear so much higher than those obtained in Korea.

We have carefully refigured this matter and find the difference between all American material with the use of doors would not run more than a few hundred dollars over that of a combination of Japanese and American materials.

The writer has had a lengthy conversation with Mr. Sutherland, relative to this Elevator, and it was concluded this material was to be purchased in entirety in this country and so matched marked and packed that same could be erected readily in the hospital. We also understand that Mr. Severance has agreed to have this Elevator come from America.

The tentative estimate which we now have prepared is as follows:

1 Ornamental Pressed Steel Car of No. 1 Otis Design and finish. Solid color enamel, provided with 1 bronze plated folding gate. Electric band control switch.
Capacity: 2500 Lbs.
Speed: 90 F. P. M.
Rise: 40'1-3/8".
Openings: 5 doors.
Platform: 5'3" x 7'10". Constructed of steel frame with wood filler and provided with sheet metal fire proofing on the under side. Rubber tile floor covering and bronze threshhold plate at the entrance.
Annunciators: Electric, up and down, Annunciator having push buttons at each landing, look-igop.

(Continued on Sheet No. 2)

Sheet No. 2.

Dr. O. R. Avison.   12/14/29.

       Indicators: Five Mechanical Dial Indicators with
                driving mechanism. Indicators to be
                either standard circular or semi-circular
                design, bronze plated.
Motor Characteristics: 220 volts, 60 cycle, 3 phase.
        Doors: Five Tyler Single Doors, equipped with
             automatic electrical contact controls,
             door openers and closers.

In addition, we will send brackets and rails, also beams to hold machinery, spring bumpers and counter weights and all necessary wiring and conduit in connection with the Elevator. All oilers and lubricators will be of the Otis Wick Type.

The price of the material will be $4,365.00 F. O. B. STEAMER, NEW YORK HARBOR.

The freight rate from New York to Chemulpo, including insurance and other expenses, will be approximately $460.00.

We are enclosing two prints, No. PS-2394-C, which have been based on the marked up print of our previous layout which you mailed the writer under date of September 13th. As stated above, the attached drawing is in accordance with your corrections except that we have added the Single Tyler Sliding Door as shown on this blueprint and space it required.

You will note that the maximum opening which is obtainable is 3'6" in width and in order to obtain this opening, it was necessary to show a small recess in the hatchway wall on the left side which can be easily chiseled out without very much difficulty.

In accordance with Dr. Sutherland's instructions, we have proceeded with the execution of this order and Elevator will be fabricated in accordance with the blueprint enclosed herewith.

The writer will keep you fully informed as to the progress of this order.

With kindest remembrances to Mrs. Avison and yourself, I am

                                         Yours cordially,

SWK/JFK.

99. 연·세전 교장이 교직원에게 보내는 크리스마스 인사

연희전문학교와 세브란스연합의학전문학교의
교직원에게 보내는
에비슨 교장의 크리스마스 인사

친애하는 동료들께:

대학의 조기 종강으로 내가 늘 학생들과 교직원에게 말로 하던 크리스마스 인사를 하지 못하게 되어 불가불 여러분께 편지를 보내게 되었습니다.

여러분은 모두 나와 마찬가지로 의심의 여지 없이 크리스마스의 진정한 가치를 알고 있습니다. 곧 그것은 그리스도의 단순한 역사적 탄생 사실이 아니라 세상에 가져온 새로운 정신에 있습니다. 학생들에게 보내는 메시지를 준비하면서 이 점을 깊이 생각하였는데, 그 사본을 여기에 동봉합니다.

내가 강조하고자 하는 것은 대학의 최고 가치를 실현하려면 교수들과 학생들이 그리스도의 삶 방식을 자기 것으로 받아들일 때만 그것을 이룰 수 있다는 것입니다. 그럴 때만 대학의 정신이 올바르게 되고 그럴 때만 졸업생들이 기독교 정신(사랑을 의미합니다)으로 봉사할 수 있습니다.

그러므로 크리스마스 때 품은 나의 소망은 우리 모두 그리스도를 받아들이기로 결심하여 학생들에게 가장 고상한 영향을 주지 못하게 하는 모든 생각과 생활 습관을 버리고 그리하여 그들이 대학을 떠나기 전에 얻는 모습을 보기를 우리 모두 매우 간절히 바라는 그런 인격을 형성하는 데 긍정적인 도움을 주게 되는 것입니다.

여러분 모두가 이전의 그 어느 때보다 더 많이 이번 크리스마스를 즐기고, 이전보다 더 높은 결심을 품는 새해를 맞이하기를 기원합니다.

안녕히 계십시오.

O. R. 에비슨
교장

출처: UMAC

1727

President Avison's Christmas Greeting
to the members of the Faculties and Staffs of
Chosen Christian College and Severance Union Medical College

Dear Colleagues:

The early closing of the Colleges took away the opportunity I have usually had for giving both students and members of the Staff a Christmas greeting by work of mouth, so I am constrained to send you a written message.

Without doubt you all know the real value of Christmas as well as I do - that it lies not in the mere birth of the historical Christ but in the new Spirit that it brought into the world. I have dwelt on that in my message to the students, a copy of which I enclose with this.

What I want to emphasize is that if the highest value of the colleges is to be realized it can only be done when both teachers and students accept Christ's way of life for themselves. Then only will the college spirit be what it should be and then only will the graduates go out in the Spirit of Christian (which means loving) service.

My Christmas wish, therefore, is that we shall all determine to so accept Christ that we will cast off every habit of thought or living which may be a hindrance to our highest influence over the students and so become a positive help to them in the building up of that character which we all so earnestly desire to see them attain before they go out from our colleges.

May you all enjoy this Christmas more even than any previous one, and may you enter the new year with still higher resolves than ever before.

Yours very sincerely,

O.R.Avison

President.

100. 연·세전 교장이 학생들에게 보내는 크리스마스 인사

연희전문학교와 세브란스연합의학전문학교의 학생들에게 보내는
에비슨 교장의 크리스마스 메시지

나의 친애하는 청년들께:

종강식 때 늘 하던 크리스마스 인사를 여러분에게 드리기를 원하였으나, 상황이 그렇게 하지 못하게 막았습니다. 그러므로 여러분에게 우편으로 인사말을 보내리고 하였습니다.

여러분 각 사람에게 크리스마스 때 여러분의 마음에 그리스도 탄생이 역사적 사실임을 생각하게 하는 참된 축복이 임하기를 기원합니다. 그러나 그리스도의 탄생을 단순하게 역사적 사실로만 받아들이면 이처럼 오랜 세월이 지난 시점에서는 우리 가운데 어느 누구에게도 영향을 주지 못하게 될 것입니다. 여러분 모두가 그리스도가 자신의 삶과 가르침과 죽음과 부활로써 드러내신 하나님의 사랑을 즐겁게 깨닫기를 기원합니다. 그리고 그러할 뿐만 아니라, 그리스도 시대 이래로 세상에서 그리스도의 영적 임재를 통해 사람들의 마음을 점점 더 많이 사로잡고 있는 고상한 삶과 타인을 위한 적극적인 봉사를 지향하게 하는 영감을 여러분도 느끼기를 기원합니다.

그리스도가 인류를 광포한 이기심과 부패 행위로부터 구하기 위해, 또한 의전과 의식에 의하지 않고 사람들의 마음속에 임재하시는 성령에 의해 진정한 하나님의 나라를 지상에 세우기 위해 오신 사실을 기억해봅시다.

여러분의 관심을 끄는, 이기심과 불공정으로 초래된 고통스러운 세상을 개선하기 위한 모든 공부와 모든 계획에서 여러분은 제안받은 모든 방법의 가치를 그 일이 그리스도의 영을 따르는지 그렇지 않은지를 생각해봄으로써 시험할 수 있습니다. 그 방법이 자본주의적인지, 사회주의적인지, 볼세비즘적인지, 공산주의적인지, 공정한 행위 또는 비이기적인 봉사에 대한 사랑에서 나온 것인지에 관해 여러분은 그 방법이 그리스도의 가르침과 모범에 근거하였는지 그렇지 않은지를 시험해볼 수 있습니다.

어린아이들은 사랑의 정신이 사랑하는 친구들의 모든 선물을 통해 자신들을 비추고 있다고 느끼기 때문에 크리스마스에 즐거워하고, 역으로 자신들이 받은 것을 자신들보다 덜 행복한 다른 아이들에게 줄 때 크리스마스를 이해하게 됩니다. 이는 좋은 일입니다. 청년

들은 그리스도의 나라가 세상에 더 충만하게 임하게 하는 최선의 방법을 드러냄으로써 크리스마스에서 가장 많은 것을 얻을 수 있습니다. 이 일의 첫 번째 단계는 각 사람이 그리스도의 삶과 방법을 신중하게 알아보고 그리스도를 길이요 진리요 생명으로 받아들이기로 단호하게 결심하는 것입니다.

그런 결심은 아마도 여러분의 삶과 동포와 자신의 야망에 대한 모든 태도를 바꾸어 새로운 사람이 되게 할 것입니다. 비로 이것이 이번 크리스마스에 여러분 모두에 대해 바라는 것입니다. 모든 학생들이 그렇게 변화되고 영감을 받고 [학교로] 돌아와서 졸업한 후에 나가서 한국이 아직 경험하지 못한 방식으로 사람들에게 봉사하고 그들을 고취한다면 우리 대학은 한국을 고양시키는 힘을 갖게 될 것입니다.

충만한 마음과 큰 간절함을 가지고 여러분 각자에게 개인적으로 그리고 한국에 올 수 있는 최고의 선을 기원하며 이 같은 크리스마스 인사와 크리스마스 메시지를 보냅니다. 모든 행운이 있기를 바랍니다.

안녕히 계십시오.
O. R. 에비슨

출처: UMAC

1929

President Avison's Christmas Message to the Students of
Chosen Christian College and Severance Union Medical College.

My dear young men:

I had expected to give you my usual Christmas greetings at the closing exercises of the Colleges but circumstances have prevented that. I have therefore decided to send you my greetings by mail.

I do wish for each one of you a real blessing as Christmas brings to your minds the historical fact of Christ's birth. However, as Christ's birth, taken simply as a historical fact, would have but little effect on any of us at this distant time, I wish for you all the joyful realization of God's love that Christ revealed by His life, His teachings, His Death, and His resurrection. And not only so, but I wish also that you may feel the inspiration to high living and active service for others that has ever since the time of Christ been more and more capturing the hearts of men through the spiritual presence of Christ in the World.

Let us remember that Christ came to save mankind from the selfishness and depravity that were rampant and also to set up a real kingdom of God on earth which should depend not on rites and ceremonies but on the presence of His Spirit in the hearts of men.

In all your studies and in all the plans that may be brought to your attention for the amelioration of the distress of the world that results from selfishness and injustice you can test the value of every method proposed by considering whether it is in accord with the Spirit of Christ or not. Whether the method is that of Capitalism, of Socialism, of Bolshevism, of Communism, of love of just dealing, or of unselfish service you can apply the test of whether the method is based on Christ's teaching and example or otherwise.

Little children are joyful at Christmas because they feel the spirit of love radiating to them through all the gifts of their loving friends and they in turn get the Christmas idea when they give out of the things they have received to other children less happy than they. That is fine! Young men can get the most out of Christmas by reflecting on the best ways of bringing the Kingdom of Christ more fully into the world. The first step in this is for each one to study carefully the life and methods of Christ and to definitely determine that he will take Christ as the Way, the Truth and the Life.

Such a decision will probably change your whole attitude towards life, towards your fellowmen and towards your own ambitions, so that you will become new men. This is just what I covet for everyone of you this Christmas. What a power for the uplift of Korea our College would become should all the students return so changed and so inspired for they would go out on graduation to serve and to inspire the people in a ways Korea has never yet experienced!

I send out this Christmas greeting and this Christmas message with a full heart and a great longing for the best for each of you personally and the greatest good that can come to Korea. With all good wishes, I am

Yours very sincerely,

찾아 보기

ㄱ

개런티 리퀴드 매저 컴퍼니(Guarantee Liquid Measure Co. / Liquid Measure Quarantee Company) 118, 128, 270, 283, 291, 400
갠디어(Alfred Gandier) 168
게일(James S. Gale) 357
격리병사 또는 경성부민기념병원 61, 83, 89, 90, 189
경성전기주식회사 202, 238, 398, 441
경신학교(John D. Wells Boys' Academy) 223, 430
계단(백양로 중앙계단) 124, 237, 397, 440
고든(H. B. Gordon) 60
고명우(高明宇, M. U. Koh) 87, 93, 121, 252, 362
공덕리교회 158, 512
공중보건학 83, 251, 252
교토제국대학 164, 165, 443
구영숙(具永淑, Byron Koo) 88, 93, 251
국제학생선교대회(International Students Missionary Conference) 229
그랜트(Andrew S. Grant) 56
그리피스(Wm. E. Griffis) 167
글래스고대학(University of Glasgow) 250
기숙사(연전) 238, 401, 431, 440
김명선(金鳴善, Kim Myung Sun) 455, 478
김봉집(金鳳集, P. C. Kim) 274, 396
김상용(金尙鎔, S. Y. Kim) 275
김영환(金永煥, Y. W. Kim) 164, 275
김종우(金鍾宇, Kim Chong Woo) 329
김창세(金昌世, C. S. Kim) 251

ㄴ

남대문교회 150, 257, 362, 367, 474, 511, 512
내과 83, 88, 251
노동규(盧東奎, T. K. Noh) 571
노블(Alden E. Noble) 140, 166
노스웨스턴대학(Northwestern University) 254, 455, 478, 496
노스(Frank M. North) 263, 308, 312, 360, 384, 429

노정일(盧正一, C. Y. Roe) 167
노튼(Arthur H. Norton) 80
농업관[치원관] 402, 431
뉴아웃룩(NEW OUTLOOK) 357
뉴욕대학(New York University) 164, 166, 443
뉴욕한인교회 397, 440
니카이도(二階堂眞壽, S. Nikaid) 164, 167, 275, 396

ㄷ

다카하시(高橋慶太郞, K. Takahashi) 164, 274, 275
도서관(연전) 271~273, 444
도쿄상과대학 165
도쿄제국대학 164, 165, 423, 443
동맹휴학 147, 548, 561, 571
동문회(연전) 238, 440
동양척식회사 139, 193, 308, 310, 311
동창회(세전) 319~321, 324, 327, 336, 337, 364
드포대학(DePauw University) 164
디펜돌퍼(Ralph E. Diffendorfer) 51, 54, 73

ㄹ

러들로(Alfred I. Ludlow) 121, 252
레이놀즈(William D. Reynolds) 511
로드히버(Homer A. Rodeheaver) 544

로버츠(Elizabeth S. Roberts) 80
로즈(Harry A. Rhodes) 118, 119, 129, 138, 149, 162, 164, 237, 394, 396, 401, 546
롱아일랜드의학교(Long Island Medical College) 252
루이스빌대학(University of Louisville) 496
릴랜드 스탠포드대학(Leland Stanford Junior University) 165

ㅁ

마노(馬野精一, Mano) 256
마틴(Stanley H. Martin) 56, 57, 251, 334
만제트(Fred P. Manget) 133, 136
만(James R. Mann) 491
맥라렌(Charles I. McLaren) 251, 421, 422
맥안리스(John A. McAnlis) 110, 253
맥켄지대학(Mackenzie College) 187
맥켄지(A. C. McKenzie) 124, 266, 267, 522
맨스필드(Thomas D. Mansfield) 81, 113
머레이(Florence J. Murray) 555, 558
머피(Henry K. Murphy) 429
모범촌 139, 233, 397, 430, 431, 545
모트(John R. Mott) 474
무호병원(蕪湖醫院, Wuhu Hospital) 459

미시간대학(University of Michigan) 165, 166, 442, 443
미육군의학교(U.S. Army Medidcal School) 496
밀러(Edward H. Miller) 124, 140, 150, 165, 166, 199, 237, 395, 442
밀러(Frederick S. Miller) 330

ㅂ

박길용(朴吉龍, K. Y. Park) 165, 396
박영효(朴泳孝, Marquis Park) 328, 337
반버스커크(James D. VanBuskirk) 82, 252, 328, 331, 455, 457, 459, 460, 469, 471, 478, 479, 487, 555, 558
발생학 60
백낙준(白樂濬, L. George Paik) 118, 128, 129, 149, 164, 166, 229, 237, 273, 386, 395, 396, 401, 442, 443
백남석(白南奭, N. S. Paik) 164, 275
백남운(白南雲, N. W. Paik) 165, 275
버코비츠(Zacharias T. Bercovitz) 246, 247
버틀러(Nicholas Murray Butler) 271, 284, 292
베레아대학(Berea College) 561
베를린대학(Humboldt-Universität zu Berlin) 165
베이커(James C. Baker) 460, 471
베커(Arthur L. Becker) 140, 141, 164~166, 201, 272, 376, 395, 443
베커 부인 546
병리학 60, 83, 252
보건(J. G. Vaughan) 459, 478, 487
부인과 83, 88, 250
부츠(John L. Boots) 110, 253, 321, 336, 422, 423, 450
부츠 부인 401, 546
북경협화의학원(P.U.M.C.) 337
브라운(Arthur J. Brown) 110, 222, 246, 283, 372, 411, 465, 518
브로크만(Fletcher Brockman) 432
브루너(Edmund Des. Brunner) 198, 300, 301, 431, 444
브리티시컬럼비아대학(University of British Columbia) 196
빅터(Victor Company) 391
빌링스(Bliss W. Billings) 164, 386, 396
빌링스 부인 401

ㅅ

산과 250
산파간호부양성소 58, 83, 90, 254, 321, 337
생리학 60, 83, 252, 469
생화학 60, 83, 252
서던캘리포니아대학(University of Southern California) 165
서덜랜드(George F. Sutherland) 49, 73,

76, 121, 123, 128, 129, 132, 136, 181, 185, 198, 202, 203, 222, 227, 241, 263, 266, 291, 306, 308, 389, 391, 416, 463, 484, 509, 522, 525, 530, 533, 534, 537, 568, 572, 575, 576
선우전(鮮于全, S. Sunwoo) 165
세균학 60, 251
세브란스
  루이스 세브란스(Louis H. Severance) 312, 325, 329, 465
  존 세브란스(John L. Severance) 61, 84, 191, 329, 337, 388, 391, 416, 421, 423, 428, 482, 483, 484, 527, 529, 530, 534, 537, 564, 568, 575
세브란스의용품상회(Severance Wholesale Medical Supply Company and the Retail Drug Store) 83, 254, 416, 422, 450
소아과 83, 88, 251
손봉조(孫奉祚, P. C. Son / Sohn) 165, 275, 396
송언용(宋彦用, Song) 254
송치명(宋致明, C. M. Song) 149, 273, 402
쇼플러(A. F. Schauffler) 부인 169, 246, 247
수피아여학교 253
숭실전문학교(Union Christian College) 223
쉐르본 스트리트 교회(Sherbourne Street Church) 491
쉴드(John H. Shielde) 121

쉴즈(Esther L. Shields) 337
스미스(Euline Smith) 241
스와인하트(Martin L. Swinehart) 509, 516, 520, 522
스타이츠(Frank M. Stites) 80, 81, 132
스토다드(Lothrop Stoddard) 492
스팀슨관 203, 397, 443
스팀슨(Charles M. Stimson) 62
스피어(Robert E. Speer) 167, 222, 223
신경과 83, 89
신기준(申基俊, K. J. Synn / Shin) 270, 283, 291, 396, 443, 547
신병실(新病室) 60, 61, 149, 191, 243, 254, 255, 319, 326, 337, 363, 413, 416
신영묵(辛永黙, Y. M. Cynn) 274
신제린(申濟麟, C. R. Cynn) 274
신흥우(申興雨, Hugh Cynn) 433
심호섭(沈浩燮, Dr. Shim) 88, 93
쓰바키다(椿田琢三, T. Tsbakida) 274

ㅇ

아인스워스(William N. Ainsworth) 167, 241
아펜젤러관 124, 125, 443, 463
안경점(세전) 416
안과 83, 422
안종서(安鍾書, Ahn) 253
암스트롱(A. E. Armstrong) 57, 63, 113, 270, 358, 378, 489

야구 169, 237, 400
야마나시(山梨半造, Yamanashi) 337
약리학 60, 83
약물학 60
언더우드
  원두우(元杜尤, Horace G. Underwood) 193, 196, 204, 238, 382, 402
  원한경(元漢慶, Horace H. Underwood) 164, 166, 169, 196, 202, 232, 237, 238, 439, 440, 442, 445
  존 언더우드(John T. Underwood) 125, 139, 169, 187, 189, 222, 227, 232, 308, 310~313, 349, 416, 428, 466, 520, 522, 529, 543
언더우드관 125, 203, 441, 443
언더우드 동상 203, 326, 382, 384, 402, 440
에드워즈(John R. Edwards) 54, 116, 220, 229, 306, 376, 413, 419, 453, 460, 472, 478, 487, 555, 561, 566
에모리대학(Emory Univeristy) 164, 496
에비슨
  고든 윌버 에비슨(Gordon Wilberforce Avison Sr.) 198, 432
  더글라스 에비슨(Douglas B. Avison) 251, 364, 511
  로렌스 에비슨 512
  에드워드 에비슨(Edward S. Avison) 489, 490, 491, 499
  제니 반스 에비슨(Jennie Barnes Avison) /
에비슨 부인 158, 187, 199, 320, 326, 327, 330, 337, 358, 362, 364, 511, 513, 577
에비슨 동상 255, 319, 320, 336, 357, 364, 384
엑스(X)선과 83, 87~89, 388
엔디코트(James Endicott) 168
엘리베이터 388, 527, 529, 530, 533~538, 575, 576
여자대학(이화여전) 194, 433
여자절제회(WCTU) 158
연합기독병원(평양) 372
예루살렘 세계선교대회 198, 300, 428, 432
예일대학(Yale University) 149, 164, 166, 442, 443
오규신(吳圭信, K. S. Oh) 165
오긍선(吳兢善, K. S. Oh) 257, 423, 471
오벌린대학(Oberlin College) 270, 283, 291, 400, 443
오순형(吳舜炯, S. Y. Oh) 321
오웬스(Herbert T. Owens) 82, 189, 241, 262, 263, 313, 391, 392, 463, 568
오케스트라(연전) 276, 401, 546
오티스 사(Otis Elevator Company) 535, 536, 537, 564, 568, 575
오하이오주립대학(Ohio State University) 165
오한영(吳漢泳, H. Y. Oh) 88, 93
온타리오 약학교(Ontario School of Pharmacy) 324

온타리오 피지션스 앤 서젼스 대학(Ontario College of Physicians and Surgeons) 324
와세다대학 165, 400
외과 83, 87, 250, 252, 325
요네다(米田甚太郎, Yoneda) 337
용공운(Wong Kong Woon) 330
우스터대학(College of Wooster) 326, 490
운동장(연전) 430
웰치(H. G. Welch) 73, 133, 199, 262
위생학 60
윌러(W. Reginald Wheeler) 187, 232, 234
유기준(劉基峻, K. C. Lyu) 272
유억겸(俞億兼, U. K. Yu) 164, 165, 275, 398, 441
윤병섭(尹丙燮, P. S. Yun) 165, 275
윤원상(尹元相, W. S. Youn) 272
윤치왕(尹致旺, T. W. Yun) 250
윤치호(尹致昊, Yun Tchi Ho) 250, 326, 337
이관용(李灌鎔, K. Y. Lee) 167
이명혁(李明赫, Hunter Lee / M. H. Lee) 140, 165, 166, 274
이비인후과 83, 87, 324
이순탁(李順鐸, S. T. Lee) 165, 275
이용설(李容卨, Y. S. Lee) 87, 93, 252, 321, 323
이운용(李沄鎔, O. Y. Lee) 165, 274
이원철(李源喆, David Wonchul Lee) 163, 165, 274, 442
이춘호(李春昊, C. H. Lee) 165, 274, 398
일리노이대학(University of Illinois) 496

ㅈ

자비스(Bruce Jarvis) 487
정신병동(세전) 421
정인보(鄭寅普, Chung In Po) 165, 275, 337
정인서(鄭寅書, I. S. Chung) 165, 275
제중원(濟衆院) 324
조병옥(趙炳玉, P. O. Chough) 164, 165, 204, 275, 443, 571
조선기독교청년회(YMCA)
  전국연합회 150, 321, 367, 368, 432, 474
  서울 150, 368, 474, 547
  학생(연전) 149, 401, 474
조선여자기독교청년회연합회(YWCA) 367, 369
조선식산은행(朝鮮殖産銀行) 31, 416, 423
조선예수교연합공의회(National Christian Cuncil of Korea) 168, 474
조지아대학(University of Georgia) 164
조직학 60
조희염(曹喜炎, H. Y. Cho) 56, 63
존스홉킨스대학(Johns Hopkins University) 496
주현칙(朱賢則, Chu) 324

ㅊ

초등학교(보명학교) 430, 431
최동(崔棟, Paul Choy) 252
최영욱(崔泳旭, Y. O. Choi) 252
최필례(김필례) 252
최현배(崔鉉培, H. P. Choi) 164, 275
축구 169, 229, 237, 399, 400, 442, 445, 547
츠바키다(三琢田椿, T. Tsubakida) 165
치과 83, 89, 93, 253, 254, 416, 422, 450
(미국)치과병원(American Dental Clinic) 450
(미국)치아건강센터(American Dental Health Center) 253

ㅋ

카네기 국제평화재단(Carnegie Foundation For International Peace) 271, 284, 292
카도와키(門脇喜右衛門) 165, 274
커티스(F. S. Curtis) 197
컬럼비아대학(Culumbia University) 140, 164~166, 198, 271, 284, 292, 442, 444
커(Hugh T. Kerr) 167, 222
케네디(J. S. Kennedy) 169
코리아(KOREA)(연전 홍보책자) 232
쿤스(Edwin W. Koons) 110, 430
크노프(Sidney H. Knoff) 179, 181, 529, 530, 533, 564, 568, 577
크램(Willard G. Cram) 132, 136, 241, 242
클라크(Francis O. Clark) 561, 562
킬패트릭(William H. Kilpatrick) 168

ㅌ

타운젠드(W. S. Townsend) 119, 128, 129, 270, 283, 291, 400, 570
토론토대학(Toronto University) 252, 322, 326, 331, 496
토론토대 의과대학(Toronto School of Medicine) 324

ㅍ

파운드(Norman Faound) 252
팔모어학원(Palmore Institute) 241
페니 팜스(Penney Farms) 562
페인(Zola L. Payne) 80
평양 장로회신학교 168
프렌티스(F. F. Prentiss) 부인 61, 84, 191, 329, 337, 391, 421, 428, 482~484, 529, 530
프린스턴대학(Princeton University) 149, 164, 223, 443
프린스턴신학교(Princeton Theological Seminary) 443
플레부시 에비뉴 장로교회(Flatbush Avenue Presbyterian Church) 512
피부과 83, 87

피셔(J. Earnest Fisher) 140, 164, 166, 271, 284, 292, 395, 442
피츠필드 감리교회(First Methodist Church of Pittsfield) 124
피터스(Alexander A. Pieters) 332, 333
피터스(Eva Pieters) 251

ㅎ

하디(Robert A. Hardie) 241, 328
하버드대학(Harvard University) 492
한석진(韓錫晋, Han Suk Chin) 329
한치관(韓稚觀, C. K. Hahn) 165
해부학 60, 83
해외여선교회(Women's Foreign Missionary Society) 80, 84, 242, 433
허스트(Jesse W. Hirst) 250
현재명(玄濟明, Rody Hyun) 544, 546, 571
협력이사회(조선 기독교 교육을 위한 협력이사회, Cooperating Board for Christian Education in Chosen) 49, 50, 62, 72, 76, 78~80, 113, 114, 116, 121, 123, 128, 133, 139, 194, 198, 200, 222, 227, 241, 242, 262, 306, 308, 311, 313, 349, 350, 391, 397, 415, 416, 423, 428, 430, 450, 463, 509, 522, 566, 570
조선 기독교 교육을 위한 협력이사회 법인(Cooperating Board for Higher Education in Chosen, Inc.) 530, 544
협성신학교(감리회신학교) 168
홀드크로프트(James G. Holdcroft) 246
홀 재단(Hall Estate) 543
홀(Ernest F. Hall) 63, 72, 78, 113, 116, 183, 189, 198, 222, 284, 306, 349, 372, 415, 520, 522, 570
홍석후(洪錫厚, S. H. Hong) 86, 93, 320, 321, 324, 326, 336
홍승국(洪承國, S. K. Hong) 165, 275
화이트 치과제조회사(S. S. White Dental Manufacturing Company) 254
히라이(Hirai, 平井政治) 167
히치(James W. Hitch) 164, 166, 395

편찬자 소개

▌연세대학교 국학연구원 연세학연구소

연세학연구소는 연세 역사 속에서 축적된 연세정신, 연세 학풍, 학문적 성과 등을 정리하고, 한국의 근대 학술, 고등교육의 역사와 성격을 살펴보기 위해 설립되었다. 일제 강점하 민족교육을 통해 천명된 "동서고근 사상의 화충(和衷)"의 학풍을 계승, 재창조하는 "연세학"의 정립을 지향한다. 〈연세학풍연구총서〉, 〈연세사료총서〉를 간행하고 있다.

▌번역 | 문백란

전남대학교 사학과, 연세대학교 대학원(문학박사)에서 수학하였으며, 현재 연세학연구소 전문연구원으로 활동하고 있다. 「언더우드와 에비슨의 신앙관 비교」 등의 논문들을 썼고, 본 연구소에서 간행한 『연·세전 교장 에비슨 자료집』 (Ⅰ)과 (Ⅲ)~(Ⅶ)을 번역하였다.

▌감수 | 김도형

서울대학교 국사학과, 연세대학교 대학원(문학박사)에서 수학하였으며, 연세대학교 교수, 한국사연구회 회장, 한국대학박물관협회 회장, 동북아역사재단 이사장 등을 역임하였다. 『민족문화와 대학: 연희전문학교의 학풍과 학문』과 『근대한국의 문명전환과 개혁론: 유교비판과 변통』, 『국권과 문명: 근대 한국 계몽운동의 기원』, 『민족과 지역: 근대 개혁기의 대구·경북』을 비롯한 다수의 논저가 있다.

▌자료수집 | 최재건

연세대학교 신과대학, Yale University의 Graduate School과 Divinity School, Harvard University의 The Graduate School of Arts & Science(문학박사)에서 수학하였고, 본 연구소 전문연구원으로 활동하였다. 현재 한국성결대학교 석좌교수이다. 『언더우드의 대학설립』과 『한국교회사론』을 비롯한 다수의 국·영문 저서 및 역서가 있다.